**国家社会科学基金重大项目成果**
［产业转移与我国区域空间结构优化研究（10ZD&022）］

Industrial Transfer and Optimization of
Regional Spatial Structure in China

# 产业转移与中国区域空间结构优化

李国平 等 ◎ 著

科 学 出 版 社

北 京

**图书在版编目（CIP）数据**

产业转移与中国区域空间结构优化/李国平等著. —北京：科学出版社，2016.4

ISBN 978-7-03-047554-1

Ⅰ．①产… Ⅱ．①李… Ⅲ．①产业转移–关系–城市空间–空间结构–研究–中国 Ⅳ．①F121.3 ②TU984.2

中国版本图书馆 CIP 数据核字（2016）第 044414 号

责任编辑：石 卉 李嘉佳/责任校对：贾伟娟
责任印制：徐晓晨 / 封面设计：有道文化

科 学 出 版 社 出版

北京东黄城根北街 16 号
邮政编码：100717
http://www.sciencep.com

北京凌奇印刷有限责任公司 印刷

科学出版社发行 各地新华书店经销

\*

2016 年 4 月第 一 版 开本：720×1000 1/16
2018 年 8 月第二次印刷 印张：26 3/4
字数：549 000

定价：138.00 元

（如有印装质量问题，我社负责调换）

# 前　言

改革开放之前，中国实施向内地倾斜、均衡布局的区域发展战略，形成了沿海和内地两大板块的经济空间格局。改革开放之后，由于实施东部沿海地区优先发展的战略，中国区域经济总体呈现出不均衡的增长格局，区域差距不断扩大。近年来，国家先后实施了西部大开发、东北等老工业基地振兴、中部崛起等旨在缩小区域差异的区域政策，使得中国区域间差距呈现缩小态势，区域经济逐步从不均衡发展进入相对均衡、协调发展的阶段。在这一大背景下，本书从产业转移和空间结构的理论研究出发，聚焦于中国产业转移过程和空间结构的变迁，全面回顾了中国经济空间格局演化和产业优势的地理变迁历程，从不同视角和尺度深入探讨和分析了区域不同行业的产业转移特征和趋势，以期为国家重大区域战略和产业转移指导政策提供决策支撑。本书共分为五篇，具体包括：区域产业转移与空间结构演化的理论研究、中国区域产业转移与空间结构演化的实证研究、不同空间尺度的区域产业转移与空间结构演化研究、基于微观视角的回归式产业转移与空间结构演化研究、中国区域产业转移与空间结构优化政策研究。

本书第一篇包括第一章（中国区域空间结构相关研究回顾）、第二章（产业转移相关研究回顾）、第三章（产业转移与空间结构演化的关联机制），是本书的理论基础和研究指导框架。本篇系统梳理了国内外区域经济学者针对中国经济的空间组织构架，以及中国区域差异与空间发展平衡性两个重要论题的研究，首先重点对影响区域经济空间结构的四类主要因素进行了总结，并基于区域发展阶段视角对主导中国区域空间结构演化的因素进行了分析；其次，系统回顾了国内外关于"产业转移"的重要理论和实证研究，对经典的产业转移理论及基于新经济地理的空间一般均衡理论框架所观察的相关逻辑机制等理论研究成果进行了梳理，基于产业转移的过程、动因和效应的视角对主要的实证研究进行了评述，基于政策研究视角，在整合要素流动和产业关联两种集聚机制的空间经济模型基础上，进一步总结了相关研究在国家和区域层面围绕产业转移的激励和管控策略；最后，基于新经济地理理论，构建了一个整合要素转移和产业关联两大集聚机制的空间一般均衡模型，作为探求产业转移与空间结构相互影响的理论平台。

本书第二篇包括第四章（中国经济空间格局演化与区域产业变迁）、第五章（中国制造业的区域转移与空间结构演化）、第六章（中国纺织服装业的区域转移与空间结构演化）、第七章（中国汽车制造业的区域转移与空间集聚）、第八章（中国生产性服务业空间分布），是本书实证分析板块的核心。该部分依据不同产业属性差异，对典型产业及行业类型的产业转移与空间结构演化历程进行了全面回顾，多角度展示了区域产业转移对于中国空间结构特征变迁的重要作用和深远影响，探究了不同产业类型转移的影响因素和控制条件，力图为产业转移政策的制定提供针对性依据。本篇首先在全局视角下定量判别并刻画了中国经济空间格局演化的阶段及其特征，并对新中国成立以来的区域经济集聚程度变化进行测度和分析，阐释了中国经济空间格局所经历的沿海—内地均衡发展、沿海化非均衡发展，以及东、中、西部相对均衡发展的主要历程，发现区域经济空间格局的演化与区域产业结构和竞争优势的变迁密切相关；其次，聚焦于产业转移特征最为显著的制造业及其细分行业，分析其转移强度和路径，发现其转移过程涉及多个空间层面，总体上遵循自东向西、从发达地区向次发达地区转移的基本规律，且不同行业具有一定的差异；再次，选取具有代表性的纺织服装制造业和汽车制造业作为研究对象，全面回顾了这两大类制造业的产业转移历程，在不同空间尺度视角下分析和刻画其细分行业的转移特征及对空间结构演化所产生的效应，并使用计量方法对微观尺度的产业转移影响因素进行实证分析；最后，选取作为产业链分工体系中高附加值环节的生产性服务业作为研究对象，从行业和空间两个维度对其空间分布特征与规律进行归纳和总结，发现中国生产性服务业整体集聚程度正在上升，而市场潜能是影响该产业空间分布的关键因素。

本书第三篇包括第九章（泛长江三角洲区域制造业转移与区域空间结构演化）、第十章（京津冀区域制造业分工与区域转移、第十一章（北京都市区产业郊区化与经济空间演化），是本书实证板块的主要部分。区别于第二篇的分行业视角，该部分将空间尺度作为主要切入点选取典型地区进行实证分析发现，在包括城镇群、大都市圈和城市等不同空间层面上，产业地理格局变化同样具有推动和控制区域空间结构演化特征和方向的效应。本篇首先选取泛长江三角洲地区，系统归纳了泛长江三角洲地区制造业及其典型行业的区域转移特征及其产业职能分工现状，进而利用基尼系数方法刻画空间集聚程度的演变过程；其次，选取京津冀地区，将区域分工水平作为着眼点，刻画和归纳了制造业区域内转移的特征和趋势，并从不同角度划分转移类型，进而对分工与转移的相关关系进行了实证分析；最后，针对北京都市区产业郊区化这一具体的产业转移过程和空间特征进行分析，并从就业集聚、空间结构和地域分工格局等多个角度对郊区化的效应进行测度，发现北京都市区的就业分布明显呈现郊区化的发展趋势，并且就业分布的集聚程度有所增加，说明该过程并非"一般分散化"，而是分散化的集聚。

本书第四篇包括第十二章（回归式产业转移的转移模式与动因）和第十三章（回归式产业转移的优化效应），是本书微观案例研究的主要部分。本篇首先从回归式产业转移的概念阐释及与其他产业转移形式的区别分析出发，提出了典型地区回归式产业转移模式的理论模型，并从实证研究角度证明其理论假说；其次，对典型地区的回归式转移动因进行了统计分析，发现回归式产业转移过程发生的主要动因是土地要素；最后，分析和评价了典型地区回归式产业转移对包容性城镇化发展和推动产业转型升级的优化效应。

本书第五篇包括第十四章（中国区域空间结构的发展特征和趋势）和第十五章（面向区域空间结构优化的产业转移推进路线与政策），是本书的政策研究部分。本篇首先分析了中国区域空间结构在全国、大区、都市圈等多个空间维度上的发展态势，认为中国区域空间格局的基本特征依旧为点轴格局，同时轴线延伸与交错促成了部分地区的准网络化发展，不同大区和省市的空间格局所处阶段有一定差异，但均表现为由点状到线状、继而向多中心和网络化方向的发展趋势；其次，提出在区域空间结构优化的目标导向下，中国未来应继续坚持自东向西的区际产业转移推进路径，缓解区域发展不平衡问题。在大区层面，东部沿海地区应重点推动区域内部优势分散化的扩散式转移，促进空间格局继续向"多核心、网络化"演化；中部、西部和东北地区在因地制宜地承接东部产业转移的同时，应积极推动空间格局由"点轴"向"网络化"演化。在都市圈层面，京津冀、长三角、珠三角作为中国区域发展格局中的优化开发区域，产业转移推进的重点是在中心城市和周边城市之间构建基于价值链分工的区域产业体系，促进区域协同发展。

本书建立了产业转移和空间结构演化间的理论关系和均衡框架，揭示了当前中国多空间层面、不同程度且涉及多个产业类型的产业转移过程及其特征，对产业转移助推下的空间结构变迁过程进行了深入刻画，并提出了相关政策建议，以期为国家产业转移和空间结构优化战略的制定提供科学依据和研究参考。

李国平

2016 年 1 月

# Preface

Before undergoing economic reforms and opening up, China implemented the regional development strategy of tilting to the mainland and balanced distribution, forming two major economic spatial regimes, namely, coastal and inland. After such reforms and opening up, the regional economy of China has generally displayed an uneven growth, with increasing regional disparities, owing to the implementation of strategies for priority development in the eastern coastal region. In recent years, China has implemented the Great Western Development, revitalized the old industrial bases in Northeast China, and supported the rise of Central China and other regional policies. All these undertakings have narrowed the regional differences in the entire nation, and the regional economy has gradually entered a relatively balanced and coordinated development stage from an unbalanced development. Given this background and based on the theory of industrial transfer and regional spatial structure, this book focuses on China's industrial transfer and changes in regional spatial structure. In particular, the book comprehensively reviews the evolution of China's economic spatial patterns and the geographical changes in its industrial advantages. From different perspectives and in various scales, this book analyzes further the features and trends of regional industrial transfer in different industries and attempts to propose a national regional development strategy to provide decision-making supports for the national major regional strategy and industrial transfer policy. This book is divided into five parts, namely, ① theoretical research on regional industrial transfer and the evolution of regional spatial structure, ② empirical study on such topics in the Chinese context, ③China's regional industrial transfer and the evolution of regional spatial structure in different spatial scales, ④micro perspective-based returning industrial transfer and the evolution of regional spatial structure, ⑤China's strategies and policies regarding this topic.

The first part of this book, including Chapter 1 (Review of the research on regional spatial structure in China), Chapter 2 (Review of the research on industrial transfer), and Chapter 3 (Associative mechanism between industrial transfer and regional spatial structure evolution), provides the theoretical basis and research guidance framework for this study. This part aims to systematically review the related research at home and abroad about the two core concepts and attempts to explain their theoretical and policy implications.

Chapter 1 focuses on both domestic and foreign studies about China's economic spatial organization, regional economic disparities, and spatial coordinated development by reviewing the spatial structure evolution literature. The chapter summarizes four main factors that influence regional economic spatial structure and analyzes those factors driving China's spatial structure evolution from the perspective of regional development stage. Chapter 2 reviews the related important theories and empirical research on industrial transfer at home and abroad. The chapter also briefly reviews the classic industrial transfer theory and the related logical mechanism under the framework of spatial general equilibrium theory based on new economic geography. Furthermore, the chapter reviews the main empirical research on the process, motivation, and effect of industrial transfer. Finally, from the prospective of policy study, this chapter further summarizes the related research on the motivation and management strategy around industrial transfer at the national and regional levels based on the spatial economic model that integrates two agglomeration mechanisms, namely, factor transfer and industry association. Chapter 3 establishes a spatial general equilibrium model for integrating factor transfer and industry association mechanisms based on new economic geography theory as a theoretical platform for showing the relationship between industrial transfer and regional spatial structure evolution.

The second part of this book includes Chapter 4 (Evolution of economic spatial pattern and regional industrial transfer in China), Chapter 5 (Regional transfer and evolution of the spatial structure of China's manufacturing industry), Chapter 6 (Regional transfer and evolution of the spatial structure of China's textile and garment industry), Chapter 7 (Regional transfer and spatial clustering of China's automobile industry), and Chapter 8 (Spatial distribution of China's producer services). These chapters comprise the core of the empirical analysis. Based on the distinction of different industrial attributes, this section comprehensively reviews the evolution of industrial transfer and spatial structure in typical industries, shows the important role and influences of regional industrial transfer on the changes in China's spatial structure in multiple angles, and deeply investigates the influence factors and control conditions of different types of industrial transfer. These efforts are made to provide a targeted basis for the decisions on China's industrial transfer policy.

Chapter 4 quantitatively distinguishes and accurately describes the stages and characteristics of the evolution of China's economic spatial pattern on the whole. Through empirical analysis, the chapter also measures and analyzes the change in the regional economic agglomeration degree since the founding of new China to discuss and conclude the country's spatial structure evolution driven by regional industrial transfer. This chapter objectively explains the major processes of coastal-inland balanced development, coastal non-balanced development, and the relatively balanced development in the eastern, middle, and western regions of China. The regional disparities are basically first narrowed, then expand and narrow again. Empirical research posits that the evolution of regional economic spatial structure is closely related to the changes in regional industrial structure and competitive advantages. Chapter 5 focuses on the manufacturing industry and its sub-sectors with the most significant features of industrial transfer, and it deeply analyzes this industry's transfer intensity and routine. This transfer covers many spatial levels, generally following the basic rules from the east to the west and from the developed areas to the sub-developed ones. Furthermore, different industries indicate a certain difference. Such analysis facilitates discussion about the influence factors of the regional transfer of China's manufacturing industry through a rigorous econometric analysis. Chapters 6 and Chapters 7select the representative textile and garment manufacturing industry and the automobile manufacturing industry as the objects of study. These chapters comprehensively review the industrial transfer of such manufacturing industries and carefully analyze and describe the trend characteristics of subdivision industrial transfer and its effect on the evolution of regional spatial structure in different spatial scales and angles. In addition, these chapters empirically analyze the influence factors of industrial transfer at the micro level by using the econometric methods. The study shows that the manufacturing industry and its typical industrial transfer decrease the regional spatial agglomeration, with a significant trend of central diversification and advantage decentralization. This process is influenced in different degrees by industrial basis, market size, infrastructure, labor, and other factors. Chapter 8 selects producer services with high added value in the labor division system of industrial chain as the objects of study. The chapter concludes and summarizes the characteristics and laws of spatial distribution in industrial and spatial dimensions. The chapter reveals that the overall agglomeration of China's producer service industry increases and that market potential is the key factor that affects the spatial distribution of such industry.

The third part of this book covers Chapter 9 (Industrial transfer and evolution of the regional spatial structure in Pan Changjiang River Delta region), Chapter 10 (Labor division and regional transfer of the manufacturing industry in Beijing Tianjin Hebei region), and Chapter 11 (Industrial suburbanization and evolution of economic spatial structure in Beijing metropolitan area). This part represents an important empirical section of the book. Different from the perspective of Part 2, this part uses the spatial scale as the main entry point to select typical areas for empirical analysis. The industrial transfer in geographic locations at different spatial levels, including the extended metropolitan regions and the metropolitan areas, plays a role in driving and controlling the characteristics and direction of the evolution of regional spatial structure.

Chapter 9 selects the area with the largest economy in China, Pan Changjiang River Delta region, to comprehensively study the regional transfer characteristics and industrial labor division status of the manufacturing industry and other typical industries in this region by analyzing historical data. Such an undertaking is accomplished to describe the evolution of spatial agglomeration using the Gini coefficient and to raise the targeted suggestions about industrial transfer and spatial policy. This chapter shows that the industrial transfer in the region complies with the law to transfer from the developed areas to the less and underdeveloped ones and that the spatial agglomeration in most industries is gradually down. In this process, the area in which the industry transfers out is gradually transformed into a technology-intensive city, and the area in which industries enter and are established promotes industrial restructuring and upgrading. Chapter 10 selects the manufacturing industry in Beijing Tianjin Hebei region as the object of study. The chapter objectively describes and concludes the characteristics and trends of regional transfer in the manufacturing industry with regional labor division as a starting point and conducts an econometric empirical study on the correlation between labor division and industrial transfer. The study shows that the path features of the manufacturing industry in this region are similar to those in the Pan Changjiang River Delta region. However, the different types of industry vary in terms of their specific regional orientations. This chapter strictly proves the high correlation between industrial transfer and regional gradient under the econometric analysis. Chapter 11 narrows the spatial scale to the Beijing metropolitan area, analyzes the overall process and spatial features of the industrial suburbanization within the metropolitan area, and concludes the effects of suburbanization from the aspects of employment agglomeration, spatial structure, and regional labor division pattern. This chapter shows that the employment distribution in the Beijing metropolitan area significantly exhibits the development trend of suburbanization that mainly extends in northwest and southeast directions. With employment decentralization, the agglomeration of employment in the whole area is slightly increased, indicating that this process is not a general decentralization, but an agglomeration process with decentralization.

The fourth part of this book, including Chapter 12 (Mode and motivation of returning industrial transfer) and Chapter 13 (Optimization effect of returning industrial transfer), is the major portion of the micro level case study. Explaining clearly the concept of returning industrial transfer and its difference with other types of industrial transfer, Chapter 12 further investigates the theoretical model of returning industrial transfer in typical regions and proves the theoretical hypothesis through empirical study. To describe the detailed features of this process, a statistical analysis is conducted on the motivation for implementing returning industrial transfer in a typical region. This chapter indicates that such transfer helps underdeveloped areas seek a new means to undertake leap development; land is the main motivation for this process. Chapter 13 analyzes and concludes the optimization effects of returning industrial transfer in a typical region. This chapter also measures and evaluates the promotion effect on inclusive urbanization and industrial transformation and updating. This chapter shows that returning industrial transfer is among the processes that can be used to realize a great leap forward of the regional economy.

The fifth part of this book, covering Chapter 14 (Development characteristics and trend of the regional spatial structure in China) and Chapter 15 (Industrial transfer road map and policies to optimize China's regional spatial structure), conducts policy analyses and provides policy suggestions. Based on considerable theoretical and empirical research in previous sections, Chapter 14 concludes the basic development characteristics and trend of China's regional spatial structure in different spatial scales, such as in the whole country, in major regions, in major metropolitan areas, etc. The results indicate that the point-axis pattern remains the basic characteristic of China's regional spatial structure. The extension and interleaving of the axial lines promote a quasi-network structure in certain areas. The different major regions, provinces, and cities have different spatial patterns, but show the similar developing trend from point to line, then to multiple centers and network. Chapter 15 proposes the future directions and road map of industrial transfer in China, to further optimize China's regional spatial structure and alleviate regional disparities. It is proposed that China should insist promoting the industrial transfer from east to west throughout the whole country. Within the east region, the advantage diversification industrial transfer should be adopted to facilitate the multinucleation and networking of regional spatial structure; while in the central, west and northeast regions, the acceptance of transferred industries from eastern region should facilitate the transform of regional spatial structure from the point-axis pattern to the network structure. For three major metropolitan regions in China, namely Beijing-Tianjin-Hebei Region, Changjiang River Delta Region, Zhujiang River Delta Region, the focus of industrial transfer should be on constructing the regional industrial division of labor system between the central city and the peripheral cities, to promote the regional coordinated development.

This book establishes the theoretical relationship and equilibrium framework between industrial transfer and regional spatial structure evolution, and it reveals the process and characteristics of industrial transfer at multiple spatial scales and from different perspectives, covering many industry types in China. This book also describes thoroughly the changes in spatial structure under the promotion of industrial transfer and proposes related policy suggestions to provide guidelines for the policy decisions regarding national industrial transfer and spatial structure optimization.

Li    Guoping

January 2016

# 目　　录

# 第二篇　中国区域产业转移与空间结构演化的实证研究

# 第三篇　不同空间尺度的区域产业转移与空间结构演化研究

# 第四篇　基于微观视角的回归式产业转移与空间结构演化研究

# 第五篇　中国区域产业转移与空间结构优化政策研究

# Contents

## Part 3    Study on regional industrial transfer and the evolution of regional spatial structure at different spatial scales in China

## Part 4　Returning industrial transfer and the evolution of regional spatial structure

# Part 5    Policies of regional industrial transfer and spatial structure optimization in China

# 第一篇

区域产业转移与空间结构演化的
理论研究

本篇包含三章内容，前两章分别围绕本书的两大核心概念——区域经济的"空间结构"和"产业转移"——对国内外相关研究进行了系统回顾。在第一章围绕"空间结构"演化的文献回顾中，重点关注了国内外区域经济学者针对中国经济的空间组织构架，以及中国区域差异与空间发展平衡性两个重要论题的研究现状；同时，该章还重点回顾了区域空间结构影响因素的相关研究，总结了四类重要影响因素，分别是：要素禀赋、（贸易）开放程度与区位、产业转移和政策制度，并基于区域发展阶段的视角对主导中国区域空间结构演化的因素进行了分析。这一章阐述了产业转移作为重要但并非唯一的影响区域经济空间结构演进因素的认识，为本书进一步的研究奠定了一个重要的逻辑基点。第二章回顾了国内外关于"产业转移"的相关重要理论和实证研究，对经典的产业转移理论及基于新经济地理的空间一般均衡理论框架所观察的相关逻辑机制等理论研究成果进行了梳理；同时，基于产业转移的过程、动因和效应的视角对主要的实证研究进行了评述；最后基于政策研究视角，进一步总结了相关研究在国家和区域层面围绕产业转移的激励和管控策略。

以上研究一方面梳理了相关研究脉络，为本书之后的研究夯实了基础；另一方面，揭示了围绕"产业转移"与"空间结构"的以往研究中，恰恰在这两个核心概念之间的相互关联的机制方面，还处于研究基础相对薄弱的状态。从形态学的视角，产业转移正是空间结构演化的重要载体或者说表现形式之一，因此，对影响空间结构演化因素的研究，虽然认识了包括产业转移在内的五类重要影响因素，但是，产业转移与其他四类因素在影响路径中并不处于同一级别，而是起到了整合其他因素并"传导"其他因素影响力的重要作用，即其他影响因素在很大程度上是通过影响产业的区位再布局而发挥影响空间结构演化的效应。换一个视角，空间结构的变迁会扰动整个区域经济体系，对于维系产业布局的因素具有重要影响，进而将导致产业在空间体系中的再分布过程。但是，在关于产业转移的以往研究中，仍然缺乏对这一影响过程的系统分析。更重要的是，围绕以上双向的关联机制是否存在均衡点的问题，以及该类均衡的形成机制的相关研究极为稀少。因此，在本部分的第三章中，基于新经济地理理论，构建了一个整合要素转移和产业关联两大集聚机制的空间一般均衡模型，作为探究产业转移与空间结构相互影响的理论平台。

区域空间结构是社会经济客体在一定区域空间范围内相互作用，以及形成的空间集聚程度与集聚形态（陆大道，1988）。区域空间结构所涵盖的基本研究内容主要包括区域分工和职能定位、空间组织的架构与演变过程、区域差异与空间发展的非均衡问题等方面（图 1-1）。区域空间结构从狭义上可以理解为经济活动在区域内的分布形态，主要是经济要素的空间相互作用及其形成的空间集聚程度和集聚形态。从广义上理解，区域空间结构可视为区域发展的空间组织和过程的抽象，既包括区域经济空间组织的架构，如产业集聚形态、城镇等级体系、国土开发与利用结构等，也包括区域发展的平衡性（区域差异）、区域分工和功能分异（区域功能空间结构），以及空间相互作用及结构演变（动态的区域空间结构）等。

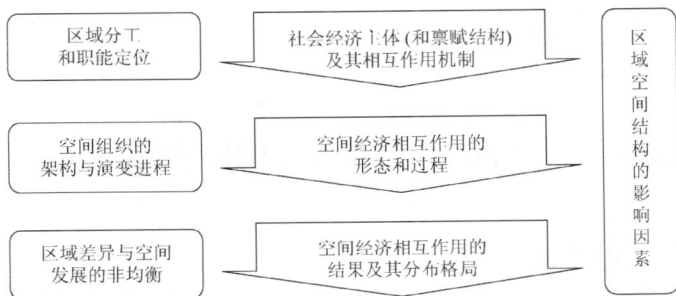

图 1-1　区域空间结构的研究内容及其相互关系示意图

进入 20 世纪 80 年代，国家开始强调"高效率"，实施以"沿海开放"为中心的非均衡发展战略，带来了东部沿海地区空前的高速增长，但却诱发区域间不平等竞争，东部与中西部经济发展差距扩大。90 年代开始，国家针对区域发展所面临的问题和以往的政策缺陷，实施了以"全方位开放"为导向、"西部开发"为重点的区域间协同发展战略。尽管区域间相对差距明显得到抑制，但区域经济非均衡发展情况已经十分严重，区域间绝对差距仍在扩大。21 世纪以来，中国先后实施了"西部大开发""东北振兴""中部崛起""东部地区率先发展"等新的区域发展政策，培育区域发展新的增长极，如天津滨海新区、北部湾经济区、关中-天水地区等。"十一五"时期提出全国主体功能区规划，"十二五"时期协同推动沿海、内陆、沿边开放，努力创建均衡协调的区域发展格局。目前，中国区域经济空间结构呈现出新的特征与矛盾，不协调经济发展格局将直接制约中国实现全面小康、构建和谐社会及实现区域协同发展。因此，重塑区域空间格局和国土开发结构，解决区域发展面临的问题，实现区域协调和可持续发展，是中国区域发展与区域政策研究的核心课题，也是经济地理学研究的重要领域。

从地区经济发展的驱动因素来看，20 世纪 90 年代中期以来，中国的空间结构发展模式逐步由投资驱动型模式取代（廉价）要素驱动型模型，区域经济增长进入规模报酬递增阶段。这一阶段，各个区域的竞争力不再是同质的。对沿海地区而言，经过前期的发展积累，随着产业和人口的进一步集中，规模经济开始发挥重要作用，出现了显著的本地市场效应（home market effect）。进入 21 世纪以来，尤其是在融入全球化时代的过程中先后经历了加入 WTO 和全球金融危机等重要历史节点，影响中国空间结构演化的背景和因素都出现了显著的新变化。全国各地新一轮基础设施的投资和建设，使中国在对外贸易、交通和通信等方面都取得了长足发展，国家高速公路里程仅次于美国，全国高速铁路网络体系的逐渐形成及其影响迅速显现，对内和对外的贸易与运输成本不断降低，势必将影响着未来中国区域空间结构的演化过程。

# 第一节　中国经济的空间组织构架研究

## 一、空间组织结构演进理论

一般来说，区域空间结构经历极核式、点—轴式到网络式的演进过程。法国经济学家佩鲁认为，经济增长首先出现在具有创新能力的行业或部门，因它们常常聚集在经济空间的某些点，就形成了增长极。极核理论是区域经济学者在增长极理论的基础上，增加地理空间概念而形成的（李小建等，1999）。增长极通过支配效应、乘数效应、极化与扩散效应等向外扩散，对整个经济产生影响（朱明春，1991）。陆玉麟等将极核式结构理论与中国的区域经济发展现实相结合，提出双核结构模式（陆玉麒，1998，2002a；陆玉麒和董平，2011），其中"一核"是区域性中心城市，另一"核"则承担区域性中心城市的门户功能。这一结构广泛存在我国的沿江和沿海地区，如沈阳-大连、广州-深圳、济南-青岛等。

点—轴理论（陆大道，1986）是国内区域发展理论研究中，将国外空间结构理论与中国区域发展实践相结合的创新性成果。该理论强调了社会经济客体在空间相互作用过程中，空间集聚和扩散两种倾向并存且相互作用，更能体现综合经济区域的结点性特征（陆玉麒，2002b）。从区域发展的实践来看，点—轴系统可有效提高区域可达性，点—轴渐进式扩散可避开跳跃式扩散存在的缺陷，进而通过线状基础设施将新旧集聚点建立紧密联系。"点"和"轴"是区域经济要素集聚的重要产物，同时具有扩散作用（陈睿，2007）。点—轴理论经历了一个逐步完善的过程。集聚区概念（陆大道，1995）的提出，极大地完善了点—轴理论的概念与内涵，使得点—轴理论对中国空间结构的解释更加切合实际（高斌和丁四保，2009）。

除"点—轴"结构以外，圈层结构也是区域空间组织的主要模式之一。圈层模式主要用于解释以城镇居民点为中心的土地利用结构形态，而后引申到区域层面则多用于解释都市圈内部的空间组织形态，如对长三角地区（宁越敏等，1998；顾朝林和张敏，2001；张祥建等，2003）、东北地区（刘继生和陈彦光，2000；Wang和Li，2008）、京津冀地区（李国平，2004；于涛方和吴志强，2006；张文忠，2006；樊杰，2008）和珠三角都市圈（唐路等，2004；周春山等，2006）的圈层体系描述，而较少用于全国层面的空间结构研究（胡序威，2000；樊杰和陆大道，2001；唐路等，2004；曹小曙等，2007；王铮等，2007；陆大道和樊杰，2009），同时，也有关于大都市区内部空间结构方面的研究（姚士谋和侯晓虹，1994；王铮等，2001；孔凡娥和周春山，2006）。这种过于集中于中观层面的区域研究现象，既源于中国区域空间的广大，也在于中国各区域间的差异化发展。

继"点"和"轴"之后，"集聚区"必将成为进一步改善区域社会经济空间结构的集聚形态和促进区域发展的有效途径。都市圈（集聚区）是区域空间结构发展的必经阶段，早期对都市圈的探讨主要集中在其建设必要性的层面上，中国部分地区的区域空间结构可采取与日本类似的发展模式（富田和晓，1995），即都市圈模式，以解决区域的土地供需矛盾问题（王建，1996）。"点—轴"构架必然会向"点—轴—集聚区"构架方向发展，由此出现了中国区域空间结构发展的"4+1"五大城市集聚区（陆大道，2003a，2003b）。近年来"学习场"（苗长虹和艾少伟，2009）的提出既是对传统"增长极"理论、"创造场"理论的提升，又是对"点-轴-集聚区"构架的完善。在发达地区，网络化、多中心将成为中国区域空间结构的主要表现形式（李国平和杨军，2009），这也为"点—轴—网络"空间构架理论提供了实践支撑。

随着信息网络的快速发展，"流动空间"开始逐步取代"地方空间"，成为一种新的空间组织形式与研究对象。作为信息时代新的区域空间形态，流动空间可分为实空间、虚空间和灰空间（甄峰，2004）三个层面。在流动空间的研究框架下，区域空间结构会随之发生深刻变革（Castells，1996），不再局限于传统空间要素，形成新的区域空间结构演化模式。流动空间的提出还为网络城市（Batten，1995；Roberts 等，1999；Bertolini 和 Dijst，2003）概念的完善提供了有力的理论支撑，后者一度被认为是新时期左右区域空间结构研究的重要理论。在这种背景下，国内学者开始对"点—轴"结构理论进行反思，并尝试在区域空间结构领域开展新的模式探讨与理论创新。一个地区进入到工业化中后期或者后工业化时代，随着交通、通信和网络技术的进步，区域经济将趋向于分散化、均衡化、面域化发展，区域空间结构将会由"点—轴"结构演变成"网络"结构（魏后凯，1998）。"网络"结构实际上是不同级别的节点城市和各等级的发展轴线在区域层面上的重复覆盖，也是"点—轴"结构在空间层面上的进一步发展（陆大道，1995）。从最新研究进展看，以网络或区域创新为视角，如区域协同发展、网络化大都市等，重新审视区域社会经济空间组织构架将是未来研究的新趋势。

中国区域空间结构理论发展脉络是一系列经典理论的演变，但整体上还处在实体空间，即地方空间的研究范畴，同时也有少数研究涉及虚拟空间，即流动空间的研究范畴。多数理论研究都基于"点—轴"理论，并在某些方面展开一定程度的理论演绎。

## 二、空间组织结构形态及功能区划

社会经济空间组织构架是空间结构的核心问题。现有研究主要关注中国区域空间结构形态构架的表述，在"T"字形结构（陆大道，1986）提出之后，陆续出现了关于中国区域空间结构形态构架的表述，如"π"字形、"开"字形、"弗"字形、"目"字形、菱形、"丰"字形、三纵四横等（张贡生，2010）。主要的空间组织结构形态及涵盖的地区如表1-1所示：

表 1-1　中国区域空间组织形态的主要观点

| 名　称 | 内　容 | 出　处 |
|---|---|---|
| "T" 字型 | 沿海、沿江 | 陆大道，1986 |
| "π" 字形 | 沿海、沿江、陇海-兰新铁路 | 晏学峰，1986 |
| "开" 字形 | 沿海、沿江、陇海-兰新铁路、京广铁路 | 戴晔和丁文峰，1988 |
| "弗" 字形 | 东、中、西三大地带，长江经济带，沿黄陇兰经济带 | 杨承训和阎恒，1990 |
| "目" 字形 | 外环：沿海、沿边，东西轴线：沿江、沿(陇海、兰新)线 | 张伦，1992 |
| 菱形 | 京津、上海、穗深、成渝、武汉为五极形成菱形 | 刘宪法，1997 |
| "丰" 字形 | 黄河、长江、珠江、京广铁路 | 张贡生和李长亮，2007 |
| 三纵四横 | 三纵：沿海、京广-京哈、乌鲁木齐-广州；四横：沿黄、长江、珠江、京包-包兰 | 张贡生，2010 |

## 三、空间组织结构模型构建

　　就区域经济空间组织的模型构建而言，20 世纪 80 年代前后，城市动力学模型（Allen，1997）将集聚经济、市场供求、人口增长、空间相互作用等城市理论研究成果统一整合到空间动力学框架中，模拟了城市作为自组织系统的空间演化过程，展示了由非线性相互作用导致的城市空间结构的涌现（emergence）特性，受到广泛重视。

　　21 世纪前后，备受瞩目的新经济地理学积极倡导利用 Dixit-Stiglitz 的垄断竞争模型、冰山交易技术、演化理论和计算机模拟等新的模型策略和研究方法来分析城市和区域的空间经济问题，得出许多创新性的结论，被认为是以经济学的视角研究空间复杂性的典范（Fujita et al.，1999）。另外，空间计量经济学的相关计量方法在区域空间结构方面应用也越来越多（沈体雁等，2010），开展了基于多主体的城市空间扩张以及城市微模拟平台研究（Shen et al.，2007；沈体雁和李迅，2007）。

　　近年来，随着复杂系统研究的进一步发展，诸如元胞自动机（CA）、分形（fractal）及基于自主体（agent）的建模（ABM）等"自下而上"的模型策略为理解和认识地理时空演化的内在机制提供了崭新的思路，特别是基于 CA 的城市模型近年来成为利用复杂性科学理论分析城市演化的理想切入点（Couclelis，1985；Batty，1995；黎夏和叶嘉安，1999；White and Engelen，2000）。从对内生发展下区域空间作用主体和作用力的分析入手，区域空间演进划分为农村地区城镇化、城镇迅速发展、城市层级演变、区域-城市网络化四个阶段（王岱霞，2012）。

　　现有的关于区域空间结构的经典理论主要包括增长极理论、核心—边缘理论、点—轴渐进扩散理论和梯度推移理论，而其形成机制则是集聚效应的空间表现。由此，形成区域空间结构演变的三（或四）阶段理论。

## 四、未来该领域的研究方向

中国区域空间结构研究主要侧重于功能区划的划定与调整等实践方面，形成了一系列各层面的区域方案，如三大地带、四大地区、七大经济区、九大都市圈等。尽管中国区域经济组织架构（或区域空间结构）研究已取得较大进展，但仍需在以下方面开展更为深入的研究。

### 1. 中国区域经济组织架构的微观机制和作用机制研究

现有对中国区域经济组织架构的研究，多从宏观层面切入，缺乏对区域经济组织架构演化的微观机制和通过重塑产业空间格局影响区域空间结构演化的作用机理研究。对中国区域经济组织架构调整和优化的探讨往往较少从产业转移的视角切入，而事实上产业转移恰恰可以作为区域空间结构调整的重要抓手。所以，有必要对产业转移和区域空间结构的相互关系和微观作用机制进行更深入的研究。

### 2. 中国区域经济组织架构的系统全面的实证研究

随着中国东部沿海向中西部地区产业转移趋势的日益明显，合理有序地推进中国产业转移进程成为重要的政策课题。产业转移如何影响区域空间发展，包括对区域空间组织构架、区域差异和区域分工格局等的影响，是研究上述课题的关键，需要对此展开全面、系统的研究。

### 3. 中国区域空间结构演化的机制研究

纵观国内研究，大多采用"问题—原因—对策"的研究范式，对发展机理的研究多局限在实际经验总结和定性分析上，或者借助经济学的手段提出较为严格的假设，其理论演绎多为静态或比较静态的一般均衡分析，而空间结构定量方面的研究常见于对水平的测度、评价及趋势的预测和发展轨迹的拟合，但对于空间结构过程中城乡系统多区域、多尺度、多主体的相互作用和动态演化规律及其涌现研究重视不够，区域空间结构的机理分析和动态演化研究在理论和方法上尚缺乏多学科的交叉、渗透和融合。因此，空间结构机理研究在方法论上需要创新，经济学演绎模型与推导→基于 agent 的计算实验→实证分析与计量检验是一个值得探索的方向。首先，经济学演绎模型能有效降低城市和区域空间结构问题的复杂性；其次，基于 agent 的建模技术能提供演绎理论难以表达和处理的情景，使得演绎推理适用性更强，并具有良好的微观基础，能够"动态地"反映区域系统各种参数的变化特征（薛领等，2009a）。

4. 区域空间结构影响因素及其作用机制的系统全面的实证研究

现有区域空间结构的研究，往往从宏观层面切入，缺乏对其结构形成演化机理尤其是微观机理的研究，区域空间结构演化机理有待更深入的研究。随着中国改革开放后推行的非均衡发展的区域战略面临调整，重塑区域空间格局和国土开发结构，解决区域发展面临的矛盾与问题，实现区域协调、可持续发展，是中国区域政策的核心课题。但目前，现有的研究仍难以满足国家战略和政策制定的需求，缺少在国家层面及在不同空间尺度上的区域层面对区域空间结构影响因素及其作用机制的系统、全面的实证研究。

# 第二节　中国区域差异与空间发展平衡性研究

区域间社会经济发展的非均衡性问题即区域差异，是区域空间结构研究的最基本内容之一。威廉逊（Williamson）提出经济增长与区域平衡之间的倒"U"形观点，已被 20 世纪 80 年代以来中国区域经济增长的空间分布格局所证实（陆大道，1988）。促进区域整体均衡协调发展是区域空间结构优化和调整的重要目标之一，而构建均衡的区域发展格局，促进区域协同发展已成为当前中国区域发展政策的核心之一。

## 一、基于区域差异与空间发展平衡性的相关研究

围绕中国区域差异与空间发展平衡性的相关研究，主要从实证分析、模型构建和政策措施三个方面展开。

### 1. 实证分析方面

区域差异实证分析的理论依据，主要包括扩散效应理论、累积因果循环理论（回波效应理论）和经济增长理论等。实证分析常用的测算指标，主要包括总产出值（GVO）、物质产品（MP）、国民可支配收入（NI）、人均 GDP、消费支出等，而常见的测算方法包括有权重或无权重的变异系数（CV）法、基尼系数法和 GE（generalized entropy）指标分类法（如 Theil 指标法）（刘夏明等，2004）。

从实证分析的结果看，利用不同的测算指标会得到不同的分析结果（吴爱芝等，2004）。改革开放前期，全国区域差异一度缩小，如三大地带间收入水平差距的缩小（杨伟民，1992），以及省际人均GNP差距的缩小（杨开忠，1994）等，但20世纪90年代后，区域差异又呈现扩大趋势（胡鞍钢等，1995），而进入21世纪以来，地区差距虽仍在扩大（王海江等，2012），但扩大的速度在逐步放缓（许召元和李善同，2006）。许多学者利用城市间经济上的相互作用确定城市吸引范围，进而确立以城市为中心的经济区域（陆大道，1988），也就是以城市经济区去考量综合经济区，而利用空间相互作用重力模型，发现中国区域经济发展偏集于东部沿海三大城镇群，并且这种不平衡的空间格局还将持续（王海江等，2012）。与全国省际数据相比，区县级、地级行政空间单元（李小建和乔家君，2001；徐建华等，2005；张占录，2011）的绝对差异（以样本标准差计）和相对差异（以样本变异系数计）非常明显，也反映了中国区域经济差异的演变（徐建华等，2005；王海江等，2012）。典型地区的研究主要集中于东部沿海地区的城镇密集地带，如长三角区域（洪银兴和吴俊，2012）等。除了对旅游等传统资源的空间格局变动分析外，还有单项要素的空间结构演变格局研究，如GIS高等教育（罗明良和汤国安，2013）。

2. 模型构建方面

有学者借鉴制度经济学理论构建中国区域差异模型，如利用新古典增长模型和结构变量来构建 $\beta$ 收敛系数，测算中国1952～1995年的地区经济增长差异（魏后凯，1997）；针对过渡期的转移支付办法，进行转移支付制度的调整和创新，发挥其区域均衡效应（陈秀山和张启春，2003）；借助梯度推移理论，探讨中国区域梯度推移黏性的特点与原因（魏敏和李国平，2005）；使用2003年中国综合社会调查资料，构建收入的区域差异模型，刻画中国城镇居民收入分配的基本模式及变化趋势（郝大海和李路路，2006）；基于新经济地理学的研究方法，构建 Krugman 城市区位模型的扩展模型，研究偏在性自然资源对非资源型制造业区位选择行为和城市区位特征的影响机理，探讨大河发展轴的经济机理（盛科荣和樊杰，2011）。

目前的理论模型对中国整体区域空间结构差异与职能分工的动态解释力度还不够，而且针对具体区域的个案分析与实践检验结构差异很大，还不能进行一般化实证检验。国外相关理论先后被国内学者应用于中国区域空间结构的划分，其中主要的研究成果包括城市经济影响区域的划分（陈田，1987）、城市经济区的划分（顾朝林，1991；周一星，1995）、区域空间演化模拟（薛领和杨开忠，2002；薛领等，2009b）、自然资源与城市区位的经济机理（盛科荣和樊杰，2011）、区域空间结构模式的发生学解释（陆玉麒和董平，2011）、中心地等级体系的演化模型（陆玉麒等，2011）等。

### 3. 政策研究方面

国家政策一定影响区域差异的扩大或缩小，反过来，区域差异始终也是国家决策关注的重要问题。新中国成立以来，国家一直试图通过经济区划实施差异化区域发展政策和投资倾斜，实现区域均衡发展。从最初的内陆与沿海的划分，到"三线"区划，再到东中西三大地带、四大区域的划分，国家开始转向地区经济协调发展和差距的缩小等方面（陈淮和吴鑫，2001），但这种努力并没有很好地表现出来（刘夏明等，2004），并且"三线"区划忽视了区域的独立经济功能（曾菊新，1996），过于强调军政国防功能。"十一五"期间，国家主体功能区政策的制定与《全国主体功能区规划（2010）》的实施标志着中国区域发展政策进入一个新的阶段。"十二五"期间，"继续实施西部大开发、振兴东北地区等老工业基地、促进中部地区崛起、鼓励东部地区率先发展的区域发展总体战略，认真落实国家促进区域协调发展的各项规划和政策，积极扶持老少边穷和资源枯竭型城市加快发展，稳步推进区域间基本公共服务均等化步伐，健全区域协调发展的体制和机制，加快形成国土开发利用有序、区域间良性互动、区域发展差距缩小的区域协调发展格局"（国土开发与地区经济研究所课题组，2010）。区域经济发展总体战略和新规划的实施，打破了改革开放以来中国区域经济增长不平衡的空间格局，中国区域经济发展已经进入了相对均衡的发展时期（年猛和孙久文，2012）。

如何建立有效的区域协调机制是中国区域协调发展面临的一个重要课题（陈耀，2010）。《中华人民共和国国民经济和社会发展第十二个五年规划纲要》提出的建立全国主体功能区，是 21 世纪国家对区域发展实现分类指导、区别对待的又一次创新性尝试。主体功能区在设立时考虑到了区域发展基础、资源环境承载能力及未来战略定位等（孙姗姗和朱传耿，2006；樊杰，2007；高国力，2007；杜黎明，2007），对区域的认识有从结点向均质回归的趋势（李柱甫，2008）。由于主体功能区的理论与实践还处于探索阶段，围绕这一全新的经济区划，尚未形成统一认识，如四类功能区是否涵盖全国范围，划分是否合理（魏后凯，2007，2010）；怎样协调功能区内主体功能与非主体功能的关系（李柱甫，2008）；主体功能区的客体（划分的基本单元）是以地、县为单位，还是以乡镇为单位（高国力，2007）。以上这些问题都有待于理论和实践的进一步探索（张文忠等，2009）。"十二五"期间，将在进一步加强"十一五"规划部分内容的基础上，培育多极带动的国土空间开发格局，促进东中西良性互动发展，健全区际利益协调机制（国土开发与地区经济研究所课题组，2010）。

中国区域差异的研究主要集中在三个方面：一是实证方面的各类测算指标

的运用，由此得出不同的结论，即不同学者对于中国区域差异变大还是变小说法不一；二是利用国外的区域差异模型来验证中国区域发展的现实，主要是区划、分类等，在此基础上形成了若干特有的计量模型；三是区域差异政策，即各时期的（非）均衡发展政策倾向对于区域发展的影响。

## 二、基于区域空间分工视角的相关研究

区域空间分工是探索和妥善解决区域差异问题，推进区域协调发展的有效抓手。正因为区域差异问题和空间经济协调发展对我国区域发展具有重要意义，针对区域空间分工的研究，一直以来是国内经济地理学和区域经济学界关注的焦点。有从理论角度来分析区域分工问题（丁四保，2001；孟庆民和杨开忠，2001；高斌和丁四保，2009；宋玉祥和丁四保，2010；姚华松等，2010）；有分析中国整体区域分工、大区功能定位以及城镇体系的职能分工问题（丁金宏和刘虹，1988；周一星和孙泽昕，1997；Fujita and Mori，1997；樊杰和陆大道，2001；张京祥等，2001；刘勇，2005；樊杰，2008）；有就某个具体区域（主要是城市群或都市圈内部大城市）来分析其内部的职能分工问题（宁越敏等，1998；丁国华，2000；陈忠暖和阎小培，2001；吴良镛等，2002；林先扬和陈忠暖，2003；陈航等，2005；于亚滨和徐效坡，2006；孔凡娥和周春山，2006；李学鑫和苗长虹，2006；李佳洺等，2010；王德利和赵弘，2012）；有针对大都市区内部结构的研究（姚士谋和侯晓红，1994；王铮等，2001；张文忠等，2002；李国平和卢明华，2002；曾刚等，2006；孙铁山等，2008）；也有结合对区域分工合理性问题的讨论提出区域空间职能分工的政策建议，以促进区域空间结构的优化（李国平和范红忠，2003；范剑勇，2004）；还有部分研究者注重国际比较的研究（梁琦，2004）。

一些研究者从国外区域空间职能分工的相关经验出发，讨论中国的国内区划与国际分工问题（卢明华等，2003；汪涛和曾刚，2003；唐路等，2004）。就具体的案例研究来看，多数学者注重于中国东部沿海地区的城市群或大都市区的内部职能分工与整合，如基于轨道公交网的珠三角城乡区域空间结构转型研究（张家睿和袁媛，2012）、黄河三角洲城镇空间格局变动（张东升等，2012）等，而较少关注中西部地区的区内职能分工问题。

20世纪80年代中期后，中国特大城市普遍出现人口和工业的郊区化，促使城市空间格局调整和变化。北京都市区自20世纪80年代以来经济空间格局不断调整优化，产业（主要是制造业）从城市中心区向郊区转移，郊区成为城市经济发展的重要舞台。产业转移促使城市空间重构，郊区出现具有专业化职能的产业集聚中心，使北京城市空间格局逐步突破原有的圈域型空间结构，向

多中心、网络化模式转变（孙铁山等，2008）。近年来，随着北京产业布局调整加速，如北京焦化厂、首钢搬迁等，以及天津滨海新区、唐山曹妃甸新区的建设，京津冀都市圈内部产业转移步伐加快，区域空间结构不断调整，区域发展由少数核心城市主导的向心集聚阶段向多中心集聚与核心城市腹地扩散并存的阶段转变（孙铁山等，2009），中国首都圈呈现以北京为中心，京、津双核明显，京、津、唐三足鼎立、共同发展的多中心空间格局（张丹等，2012），而"三轴、四区、多中心、网络化"是其空间整合发展的可行方向（陈红霞等，2011）。此外，理论研究主要涉及到都市圈等区域性规划（顾朝林等，2007；吴殿廷等，2010）。

中国区域分工的研究主要体现在对空间尺度的把握上，共包含五个空间尺度：一是研究全球尺度的国际比较；二是研究宏观层面的城镇群、都市圈或经济区等体系构建；三是研究中观层面的大都市区内部的圈层分析；四是研究微观层面的城市内部功能分区，如郊区化等；五是研究微型单元的城区职住均衡、近距离通勤等。近几年，随着新经济地理学的兴起，国内学者也将研究视角转向产业空间集聚，分析区域间分工结构的变化及其影响因素。从新经济地理学的视角研究产业空间集聚和区域空间职能分工，是经济地理学研究方法的重要创新。国内相关研究主要是实证考察中国制造业集聚的现状、趋势和影响因素等（孟庆民和杨开忠，2001；贺灿飞和刘洋，2006）。

## 第三节　区域空间结构影响因素研究

现有关于中国区域空间结构影响因素的分析差异很大，相关研究主要集中在三个方面：一是强调某一主要因素对特定地区影响的研究（李小建等，2000a，2000b；李国平和杨开忠，2000；魏后凯，2002；高更和和李小建，2006；闫小培等，2006），关注的区域单元涉及全国或者大区尺度和县区尺度；二是强调多因素综合影响的研究（樊杰等，2002；方创琳等，2005；管卫华等，2006；石敏俊等，2006；刘作丽和贺灿飞，2007；吕晨等，2009；孙铁山等，2009；王承云，2010；陈红霞和李国平，2010；陈春和冯长春，2010），多因素影响研究多采用定性分析的形式，定量分析研究近年来开始有所增加（石敏俊等，2006；孙铁山等，2009；刘立涛和沈镭，2010）；三是强调不同阶段其主导影响因素差异的研究（陆大道，2003a，2003b；刘立涛和沈镭；2010；薛领和翁瑾，2010），主要是分析在不同发展阶段，影响区域空间结构差异的主导因素变动及其影响机制的运行与表现。

本部分首先对四类主要影响因素及其影响机制进行定性阐释,而后基于区域发展阶段性演进的视角,探讨不同时期各主导性因素及其与其他影响相互作用的形式和结果。

## 一、主要影响因素及机制

近年来相关研究重点关注的因素主要包括要素禀赋、(贸易)开放程度与区位、产业转移、政策制度等(李国平等,2012)。区位条件、资源环境承载能力、产业转移、区域政策等作为影响经济地理格局的主要因素,直接影响区域经济集聚形态和结构特征(图1-2)。从狭义上理解,区域空间结构就是区域经济空间组织的形态特征,包括空间集聚程度、空间集聚载体(点、线、面)和空间集聚的形态结构(极核、点—轴、网络)。依据点—轴理论,陆大道在20世纪80年代提出了中国沿海和沿江结合的"T"字形空间结构。之后,随着多次产业转移和一系列国家区域开发战略的实施,中国区域经济空间格局出现战略性调整。"十一五"期间,一系列重点战略地区成为区域发展的新的增长极。同时,随着城市化的快速推进,都市圈和城市群成为区域经济发展的引擎和集聚的载体,是区域空间结构的重要支撑。

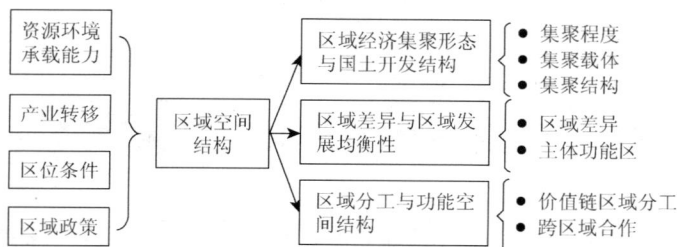

图 1-2　中国区域空间结构影响因素及作用机制框架示意图

这四大类影响因素恰好对应不同的发展时段下的主导因素,其中,要素禀赋是决定一个地区区域空间结构演变的主要因素;(贸易)开放程度与区位是决定一个地区区域空间结构演变的基础性因素;产业转移重塑了区域经济地理格局,从而对区域空间结构的发展和变化产生影响;政策制度是调控区域空间结构演化节奏的重要因素。

### (一)要素禀赋因素

要素禀赋因素可以细化为自然资源、人力资源、资本、技术、经济基础、产业结构、城市化等要素。有研究认为,劳动力和资本在区域间的重新分布直接影响了中国近几年的区域产业分工格局的演进（刘卫东和张玉斌，1992；林毅夫和刘培林，2002；陈建军和葛宝琴，2008）。从区域层面上看，技术进步是各区域改进全要素生产率最为关键的一环，与全要素生产率存在显著正相关关系（刘立涛和沈镭，2010）。在工业化初期阶段，经济基础是区域空间结构形成和演化的重要原因（高更和和李小建，2006），也是城市边缘空间结构演化的主要因素（武进和马清亮，1990）；在工业化中后期阶段，科技水平、城市化水平和开发强度等人文因素是区域空间结构进一步异化和演化的重要原因（闫小培等，2006；王承云，2010；陈红霞和李国平，2010），其中信息化对区域空间结构的影响日益明显（刘卫东和甄峰，2004），同时，自然禀赋、经济基础也是单一层面区域空间结构异化的主要因素（何秀丽等，2007；申玉铭，2007；盛科荣和樊杰，2011）。

禀赋条件是决定一个地区区域空间结构演变的主要因素。禀赋条件主要指一个地区的自然资源、人力资源与社会资源等，其中自然资源禀赋在区域开发前期是至关重要的，直接决定了一个地区在传统工业时代的区域职能分工；人力资源禀赋是一个地区发展的根本，传统劳动力的供给与高新技术人才的引进导致区域空间结构呈现出不同的空间圈层结构；社会资源禀赋则在很大程度上成为区域空间结构演化的空间管制因素，社会环境的改善有利于区域空间结构优化。改革开放以前，中国整体上处于重工业化时代，其区域空间结构基本上侧重于自然资源，尤其是矿产资源的开发与利用。为此，借鉴前苏联经验，当时中国内地的区域空间结构重心主要倾向于资源丰富地区，地区生产体系的相对完善也会导致"诸侯经济"的出现。改革开放至 20 世纪末，经历了 20 多年的发展，中国内地区域空间结构在原有的"点—轴"模式、"双核"模式等空间模式开始出现了新的特征。在此期间，人力资源，尤其是全国大量劳动力持续涌入改革开放的前沿地区。东部沿海地区的区域空间结构演变较快，三大城镇密集地区已经进入区域空间结构演化的中高级阶段。进入 21 世纪以来，中国内地开始步入新型工业化时代，科技资源、环境资源、配套资源等成为大量老工业基地实现经济复兴的关键因素。优势社会资源主要集中于东部发达地区和中西部的省会（首府）城市，由此导致发达地区区域空间结构出现"面上集聚、点上分散"并存的局面，其经济核心地域进一步扩大，而经济腹地则出现圈层结构。

（二）（贸易）开放程度与区位因素

（贸易）开放程度是影响宏观层面（大区或地带）区域空间结构差异的一个主要因素。中西部地区落后于东部沿海地区的一个主要因素是在相当长的时期内，中西部地区市场的开放程度很低，与外部的社会经济联系不畅，国际直接投资（FDI）的区域差异是一个很好的例证（李国平和杨开忠，2000）。市场扭曲和开放程度的不足使得西部地区各省市难以与东部各省市形成紧密的分工格局（蔡昉和都阳，2000）。对外开放、参与全球化程度、市场化程度及城市化进程等是导致中国区域经济差距的显著原因，开放程度与效率水平存在明显的正相关关系（Masahisa 和 Hu，2001；贺灿飞和梁进社，2004）。交通区位因素与市场开放程度、市场临近效应有着密不可分的联系，交通区位因素也是导致中国区域发展与政策差异的主要因素（陆大道和刘卫东，2000），尤其是高速公路网对区域城镇体系发展的影响越来越显著（林涛，2011）。

区位（开放度）是决定一个地区区域空间结构演变的基础性因素。随着区域开发重点和重心的转移，不同区位的城市或地区得以开发与发展的程度存在很大差异。在由大西洋经济时代到太平洋经济时代的转变过程中，中国的区域空间结构也随之发生转变。区位主要取决于交通条件的变动，良好的交通条件彰显区位优势，而闭塞的交通条件则直接影响其参与区域职能分工的程度。新中国成立初期到目前为止，陆上交通条件的改善对中国区域空间结构演化的影响非常明显，尤其是高速公路、高速铁路等现代交通设施的建设。自 1988 年，中国内地第一条高速公路——沪嘉高速公路①建成以来，很多地区的交通区位发生了很大变动。到 2012 年年底，中国内地高速公路里程达到 95 856 公里。高速公路的建设对中西部地区的中心、次中心城市交通区位影响最为明显，并东部沿海地区的空间结构出现网络化的演化趋势。自 2008 年，中国内地第一条高速铁路——京津城际高速铁路②通车以来，高速铁路进一步缩短了地区间的通勤时间。高速铁路主要连接了各个相对完整的次区域城镇体系，使中国整个区域空间结构在宏观上进一步紧凑化、合理化，在中观上进一步重心化、核心化，在微观上进一步网络化、集聚化。

（三）产业转移因素

产业转移是推动区域间产业分工形成、发展的重要因素。产业转移有利于提高转入区、转出区的产业竞争力（魏后凯，2003），有助于区域产业比较优势的形成、转换和升级，提升欠发达区域在区际分工中的地位，推动区域间产业分工发展和优化（陈建军，2002）。产业转移是区域产业结构调整升级的重要途径，产业转移与产业结构调整存在明显的互动：一方面，各国或地区的产

---

① 沪嘉高速公路于 1984 年 12 月 21 日动工，1988 年 10 月 31 日竣工，是中国内地第一条建成通车的高速公路。

② 京津城际高速铁路于 2005 年 7 月开始动工，2008 年 8 月 1 日正式运营，连接北京和天津两个城市，线路全长 120 公里，最高营运时速 350 公里。

业调整和升级促进产业的跨国或跨地区转移；另一方面，产业转移又反过来推动各国或地区的产业结构优化和调整（戴宏伟和王云平，2008），促进区域分工演进。最近的研究表明，价值链模式已成为当今全球产业转移的主要方式（赵张耀和汪斌，2005；张少军和刘志彪，2009）。区域间根据自身的比较优势或竞争优势，结合价值链环节对要素条件的不同要求，承担某些适合的价值链环节，相互进行良好的分工与合作（李国平和卢明华，2002）。产业转移会促进基于价值链的区域分工体系的形成，改变区域的功能空间结构。

产业转移重塑了区域经济地理格局，进而对区域空间结构的发展和变化产生影响。产业转移可视为经济极化中心的产业"外溢"，会带动经济要素由核心地区向外围扩散，从而促使区域发展格局由不平衡向平衡转变。作为区域空间结构演变的重要影响因素之一，产业转移主要通过影响地区职能分工，来实现区域经济要素集聚或分散的再分配，进而影响区域空间结构的演化趋势。就产业转移的结果来看，一方面，就产业转出地而言，实现本地区产业升级、高端化，形成本区域新的高级经济中心，带动整个区域"核心—边缘"模式的进一步演化；另一方面，就产业转入地而言，增加本地区新职能，参与区域经济竞争，进一步融入区域生产体系，并将部分产业向外转移，形成区域经济次中心，以带动整个区域圈层式或"雁式"演化。就目前国内环境而言，中国内地已经经历了三次产业转移浪潮，每次都对国内区域空间结构产生了深远的影响。第一次国内产业转移，即劳动力密集产业向东部沿海地区的集聚，导致了"村村点火"、"户户冒烟"的农村城镇化、小城镇化在沿海地区蔓延，促进了沿海地区区域空间结构的网络化，典型地区是 20 世纪 80 年代的珠三角。第二次国内产业转移，即污染产业北上，向东部地区集聚，短时间内带来了中国北方经济的繁荣，促进了中国南北经济联系，典型地区是 20 世纪 90 年代的长江三角洲。第三次国内产业转移，即技术密集型产业在大区内的扩散，形成区内的大集聚平台与产业高地，催生整个区域的新职能，典型地区是 21 世纪的大北京经济区域。

（四）政策制度因素

改革开放后实施的不平衡发展战略拉大了东、西部地区之间的差异（Aguighier，1988），中央政府对东部地区的优先支持和中西部不利的地理条件是中西部地区落后于东部地区的主要原因（Fleisher and Chen，1997）。地区性保护政策是地区差距拉大的关键，但地区市场分割和保护政策自身就是内生的（Young and Alwyn，2000）。中国的空间政策要由区域倾斜转向产业倾斜（宋玉祥和丁四保，2010），也强调集群政策的作用（王缉慈等，2001）。

制度因素是调控区域空间结构演化节奏的重要因素。高效的社会制度、发展政策等有利于本地区的区域空间结构优化，而低效的管理制度则会禁锢本地区区域空间结构的演化。30 多年来的改革开放使得中国社会管理效率得到较大提升，从而促进大部分地区区域空间结构得到合理优化。在经历了过度城镇化、"大城市病"等社会问题之后，地方制度性改革使得这些社会隐患得以抑制或改善，进而保障了区域城镇体系，也就是区域空间结构的健康演变。目前，对比社会制度因素，经济制度因素对调控区域空间结构演化节奏的影响力度更大。同时，这些制度因素又与当地的文化风俗等相结合，即实现"本地化"，这也就导致同一制度因素对不同地区区域空间结构的影响效果差异明显。目前，经济制度因素对东部沿海地区的区域空间结构演化影响明显，而社会制度因素对中西部地区的区域空间结构演化影响明显。从全国来看，在经济改革取得重大成就之后，其优势效应逐步缩小。今后，社会制度因素将会成为影响区域空间结构演化的重要因素。从各大区域层面来看，经济制度因素将成为中西部地区区域空间结构演变的重要影响因素，社会制度因素则成为东部沿海地区区域空间结构演变的重要影响因素。综合来看，制度因素对区域空间结构演化的影响存在着明显的地域推进趋势，应制定适当的制度、政策等来调控本地区域空间结构演变，实现区域协同发展。

总之，在全球化背景下，随着国际贸易、生产方式、交通与信息技术等的变革，中国沿海地区已成为国际产业转移的主要承接地，承接国际产业转移加速中国区域空间重构。近年来，随着区域一体化程度的加强，尤其是交通体系显著改善，成为推动沿海和内陆地区之间新一轮产业转移的重要动因。未来产业转移等因素还将进一步重新塑造中国经济的空间格局，影响区域空间结构演化。由于要素禀赋和竞争能力存在区域差异，价值链活动在区域间存在分工，即价值链区域分工，其体系的形成会改变区域的功能空间结构。区域间应根据各自要素禀赋，承担不同的价值链环节，实现区域分工格局优化和区域一体化发展。区域空间结构形成及其演化不仅有自然禀赋、地理区位、历史基础和社会观念、社会文化、基础设施、政策制度、劳动力流动、资金流动、市场发育程度等被普遍关注的影响因素（陆大道，1995；胡鞍钢等，1995；陆大道和刘卫东，2000；Wei，2000；Masahisa 和 Hu，2001；Cai 等，2002；蔡昉和王德文，2002；范剑勇，2004），也有信息、科技、生态环境、体制创新等新因素（陆大道，2003a，2003b）。

## 二、各发展阶段下主导中国区域空间结构演化的因素分析

在不同时期，中国区域空间结构演变的主导因素是有变化的。因此，可分成以下几个时间段来分析。

## （一）新中国成立初期到改革开放前

新中国成立初期到改革开放前的近 30 年内，中国区域空间结构整体上是以"极核"模式为主，东中部地区则以"点—轴"模式为主。长江中下游地区和东部沿海地区所构成的"T"字形结构，支撑全国的区域空间结构，并带动东、中、西三大地带的梯度发展。在此期间，资源禀赋和区位交通条件成为影响中国区域空间结构演变的主导因素，其中资源禀赋主要指矿产资源和农村剩余劳动力，在重工业时代，矿产资源和农村剩余劳动力成为重工业的主要支柱，一批工业基地（图 1-3）应运而生；区位交通条件主要指普通公路和普通铁路，在传统陆上交通为主的时代，中东部地区的各大节点城市借助其交通优势，集聚了大量的经济要素，形成了不同规模的城镇群或都市圈。

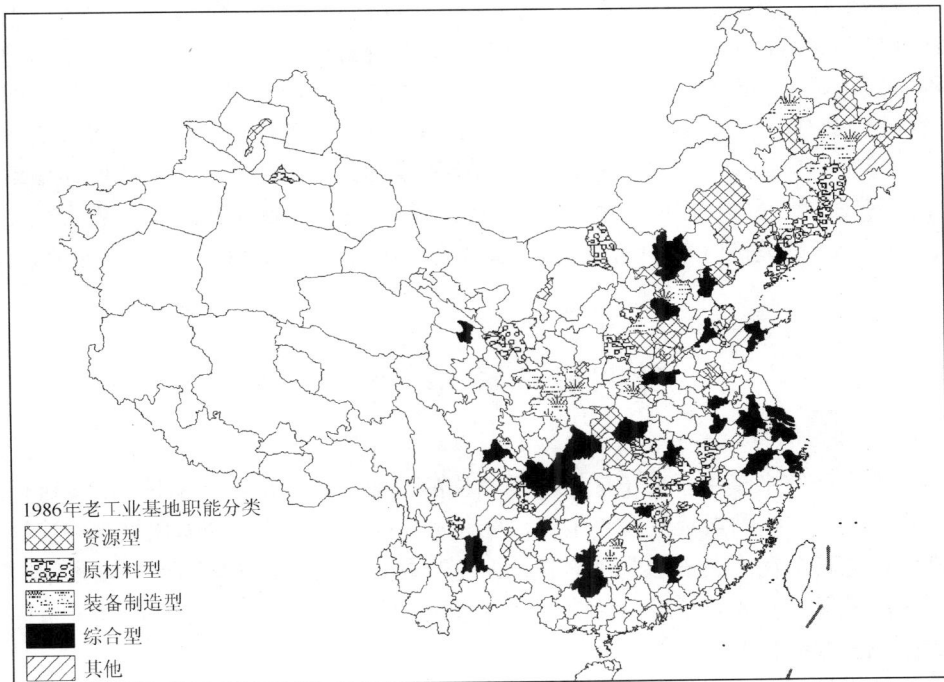

图 1-3　1986 年老工业基地分布及其职能分类示意图

数据来源：《全国老工业基地调整改造专项规划 2010》

## （二）改革开放到 20 世纪末

改革开放到 20 世纪末的 20 多年间，中国区域空间结构整体上以"点—轴"模式为主，东部沿海地区则以"准网络化"模式为主。全国层面上，区域发展政策偏重于东部沿海地区，形成明显的地带性推移发展特征，各类经济要素在政策倾斜下进一步集聚于沿海地区，造就了东部沿海地区三大城镇群的崛起，也导致中西部等"外围"地区出现增长乏力的困境，全国三大地带间或四大区域间的差异逐渐增大。经济改革政策向具有良好的国际市场接近性的区位倾斜，全国区域空间结构急剧演化，出现了一批区域中心城市、次中心城市来引领各地区的发展，造就了一批区域城镇群或都市圈，但各个城镇群或都市圈之间的联系还不紧密。

### （三）21 世纪以来

21 世纪以来的 10 多年里，中国区域空间结构整体上是以"准网络化"模式为主，东部沿海地区则以"网络化集聚"模式为主。随着高速公路和高速铁路的大量建设，全国交通体系进一步提升，各大区域间的联系更为紧密。同时，也改变了一些城市的交通区位条件，催生了新的交通节点城市。同等级城市间的经济距离、交通距离进一步缩短，使得"同城化"、"两小时交通圈"成为局部地区区域空间结构演化的新特征。由于高速公路、高速铁路的前期投入主要来自中央，全国层面上的现代陆上交通网络不像传统陆上交通网络那样明显偏重于沿海发达地区，使得四大地区之间的差距有缩小的趋势。今后 30 年将会是社会制度改革的关键时期，制度因素将会成为中国区域空间结构演变的主导因素。

# 第四节　本 章 小 结

现有研究多集中于中国区域空间结构的全局或者局部特征描述，简单讨论演化机制、影响因素及发展政策等，没有明确分析实证地区的演化机制与演化理论，尤其是在"点—轴"理论之后。关于中国区域空间结构研究更多集中于区域经济差异、区域经济变动或者区域城镇体系演化等方面，很少全面分析中国区域空间结构演化特征。

综上所述，今后中国区域空间结构研究将会集中在以下几个方面。

第一，在形成中国特有区域空间结构演化理论的基础上，进一步区别不同地区区域空间结构的演化规律。现有的"点—轴"理论、"双核"理论、"大河发展轴"理论等较好地解释了中国区域空间结构演化的前中期阶段，但对今后即将进入的"准网络化"阶段的解释力度不够，还需要借助新经济地理学、空间经济学等理论进一步形成中国今后一段时期内的区域空间结构演化理论。

第二，不同地区的区域空间结构差异化研究，将会成为新的研究重点。区域空间结构研究的重点之一将会从区域内部空间结构演变转向区域间空间结构演变对比分析等方面。区域发展存在的一系列问题，区域协同创新、区域功能定位等成为区域空间结构研究的重要内容。现有研究多集中于东部沿海地区三大城镇群的区域空间结构演化特征、机制及影响因素等，而较少关于其主导因素差异及其区域空间结构变动的差异性等方面。

第三，影响区域空间结构的主导因素会随时间发生变化，进而在不同时期形成不同的空间结构模式。近年来，不断有学者关注新因素（如高速公路、虚拟空间等）对区域空间结构演化的影响。在传统四大类影响因素的基础上，具体分析某一特定因素对区域空间结构的影响机制，有利于形成较为明显的特色演化模式，有助于有效指导实践。

第四，产业转移与区域空间结构演化之间的相互作用机制成为勾连两大研究领域的关键性纽带。一方面，产业转移导致地区职能分工的变动，形成新的区域"核心—边缘"模式或者圈层结构，以构建更为合理的区域空间结构。另一方面，区域空间结构的演化促进了生产要素向特定地区集聚与扩散，使得特定产业有规律地向某些地区集中，进而形成区域内或者区域间的产业转移浪潮。产业转移是主导很多地区区域空间结构演变的重要因素，因此，从产业转移的角度来分析区域空间结构演变成为新的研究热点与研究方向。

第五，产业转移对区域空间结构演变的影响程度与相关政策研究成为新的研究热点。主要是哪些产业导致区域空间结构的演变？是传统的制造业还是高新技术产业？而其影响程度又存在着怎样的差异？为此，地方政府需要制订怎样的相关政策？这些方面都将成为实证研究的重点。

## 参 考 文 献

蔡昉，都阳. 2000. 中国地区经济增长的趋同与差异——对西部开发战略的启示. 经济研究，（10）：30-37，80.

蔡昉，王德文. 2002. 比较优势差异、变化及其对地区差距的影响. 中国社会科学，（5）：41-54，204.

曹小曙，张利敏，薛德升，等. 2007. 中国城市交通运输发展水平等级差异变动特征. 地理学报，（10）：1034-1040.

陈春，冯长春. 2010. 中国建设用地增长驱动力研究. 中国人口·资源与环境，（10）：72-78.

陈航，栾维新，王跃伟. 2005. 首都圈内城市职能的分工与整合研究. 中国人口·资源与环境，（5）：19-23.

陈红霞，李国平. 2010. 京津冀区域经济协调发展的时空差异分析. 城市发展研究，（5）：7-11.

陈红霞，李国平，张丹. 2011. 京津冀区域空间格局及其优化整合分析. 城市发展研究，（11）：74-79.

陈淮，吴鑫. 2001. 中国西部开发政策的战略转变. 北京青年报，2月7日第2版.

陈建军. 2002. 中国现阶段产业区域转移的实证研究——结合浙江105家企业的问卷调查报告的分析. 管理世界，（6）：64-74.

陈建军, 葛宝琴. 2008. 区域协调发展内生机制的理论研究——以要素流动和产业转移为基点. 中国矿业大学学报（社会科学版）, (4): 59-66.

陈睿. 2007. 都市圈空间结构的经济绩效研究. 北京: 北京大学博士学位论文.

陈田. 1987. 中国城市经济影响区域系统的初步分析. 地理学报, (4): 308-318.

陈秀山, 张启春. 2003. 转轨期间财政转移支付制度的区域均衡效应. 中国人民大学学报, (4): 69-76.

陈耀. 2010. 国家级区域规划与区域经济新格局. 中国发展观察, (3): 13-15.

陈忠暖, 阎小培. 2001. 中国东南 6 省区城市职能特点与分类. 经济地理, (6): 709-713.

戴宏伟, 王云平. 2008. 产业转移与区域产业结构调整的关系分析. 当代财经, (2): 93-98.

戴晔, 丁文峰. 1988. 试论陇海-兰新线在我国生产力布局中的主轴线地位. 开发研究, (2): 26-29.

丁国华. 2000. 中部地区在区域分工中的格局创新刍议. 经济学动态, (4): 25-28.

丁金宏, 刘虹. 1988. 中国城镇体系规模结构模型分析. 经济地理, (4): 253-256.

丁四保. 2001. 试论经济区划的现实意义及其发展. 经济地理, (6): 641-644.

杜黎明. 2007. 主体功能区区划与建设——区域协调发展的新视野. 重庆: 重庆大学出版社.

樊杰. 2007. 解析中国区域协调发展的制约因素探究全国主体功能区规划的重要作用. 中国科学院院刊, (3): 194-201.

樊杰. 2008. 京津冀都市圈区域综合规划研究. 北京: 科学出版社.

樊杰, 陆大道, 等. 2001. 中国地区经济协调发展与区域经济合作研究. 北京: 中国友谊出版公司.

樊杰, 曹忠祥, 吕昕. 2002. 中国西部地区产业空间结构解析. 地理科学进展, (4): 289-301.

范剑勇. 2004. 市场一体化、地区专业化与产业集聚趋势——兼谈对地区差距的影响. 中国社会科学, (6): 39-51, 204-205.

方创琳, 宋吉涛, 张蔷, 等. 2005. 中国城市群结构体系的组成与空间分异格局. 地理学报, (5): 827-840.

富田和晓. 1995. 大都市圈的构造变容, 东京: 古今书院.

高斌, 丁四保. 2009. 点轴开发模式在理论上有待进一步探讨的几个问题. 科学管理研究, (4): 64-67.

高更和, 李小建. 2006. 产业结构变动对区域经济增长贡献的空间分析——以河南省为例. 经济地理, (2): 270-273.

高国力. 2007. 如何认识中国主体功能区划及其内涵特征. 中国发展观察, (3): 23-25.

顾朝林. 1991. 城市经济区理论与应用. 长春: 吉林科学技术出版社.

顾朝林, 张敏. 2001. 长江三角洲都市连绵区性状特征与形成机制研究. 地球科学进展, (3): 332-338.

顾朝林, 俞滨洋, 薛俊菲. 2007. 都市圈规划——理论、方法、实例. 北京: 北京建筑工业出版社.

管卫华, 林振山, 顾朝林. 2006. 中国区域经济发展差异及其原因的多尺度分析. 经济研究, (7): 117-125.

国土开发与地区经济研究所课题组. 2010. "十二五"时期促进中国区域协调发展的重点任务和政策建议. 宏观经济研究, (5): 3-15, 81.

郝大海, 李路路. 2006. 区域差异改革中的国家垄断与收入不平等——基于 2003 年全国综合社会调查资料. 中国社会科学, (2): 110-124, 207.

何秀丽, 张平宇, 程叶青. 2007. 吉林省粮食生产格局变化及其影响因素研究. 安徽农业科学, (5): 1536-1538.

贺进社, 梁进社. 2004. 中国区域经济差异的时空变化: 市场化、全球化、城市化. 管理世界, (8): 8-17, 155.

贺灿飞, 刘洋. 2006. 产业地理集聚与外商直接投资产业分布——以北京市制造业为例. 地理学报, (12): 1250-1270.

洪银兴, 吴俊. 2012. 长三角区域的多中心化趋势和一体化的新路径. 学术月刊, (5): 94-100.

胡鞍钢，王绍光，康晓光. 1995. 中国地区差距报告. 沈阳：辽宁人民出版社.

胡序威. 2000. 中国沿海城镇密集地区空间集聚与扩散研究. 北京：科学出版社.

孔凡娥，周春山. 2006. 广州城市腹地划分及变化研究. 城市发展研究，（4）：7-12.

李国平. 2004. 首都圈：结构、分工与营建战略. 北京：中国城市出版社.

李国平，范红忠. 2003. 生产集中、人口分布与地区经济差异. 经济研究，（11）：79-86，93.

李国平，卢明华. 2002. 北京高科技产业价值链区域分工研究. 地理研究，（2）：228-238.

李国平，杨开忠. 2000. 外商对华直接投资的产业与空间转移特征及其机制研究. 地理科学，（2）：102-109.

李国平，吴爱芝，孙铁山. 2012. 中国区域空间结构研究的回顾及展望. 经济地理，（4）：6-11.

李国平，杨军. 2009. 网络化大都市——杭州市空间发展新战略. 北京：中国建筑工业出版社.

李佳洺，孙铁山，李国平. 2010. 中国三大都市圈核心城市职能分工及互补性的比较研究. 地理科学，（4）：
        503-509.

黎夏，叶嘉安. 1999. 约束性单元自动演化 CA 模型及可持续城市发展形态的模拟. 地理学报，（4）：3-12.

李小建，葛震远，乔家君. 2000a. 偶然因素对区域经济发展的影响——以河南虞城县稍岗乡为例. 人文地
        理，（6）：1-4.

李小建，乔家君. 2001. 20 世纪 90 年代中国县际经济差异的空间分析. 地理学报，（2）：136-145.

李小建，张晓平，彭宝玉. 2000b. 经济活动全球化对中国区域经济发展的影响. 地理研究，（3）：225-233.

李小建等. 1999. 经济地理学. 北京：高等教育出版社.

李学鑫，苗长虹. 2006. 城市群产业结构与分工的测度研究——以中原城市群为例. 人文地理，（4）：25-28，122.

李柱甫. 2008. 中国主体功能区划的理论研究. 成都：西南交通大学博士学位论文.

梁琦. 2004. 中国制造业分工、地方化及其国际比较. 世界经济，（12）：32-40.

林涛. 2011. 高速公路网与区域城镇体系的关系及研究动态. 城市问题，（11）：22-28.

林先扬，陈忠暖. 2003. 长江三角洲和珠江三角洲城市群职能特征及其分析. 人文地理，（04）：79-83 .

林毅夫，刘培林. 2002. 经济发展战略与公平、效率的关系. 中外管理导报，（8）：8-12.

刘继生，陈彦光. 2000. 东北地区城市体系分形结构的地理空间图式——对东北地区城市体系空间结构分形
        的再探讨. 人文地理，（6）：9-16.

刘立涛，沈镭. 2010. 中国区域能源效率时空演进格局及其影响因素分析. 自然资源学报，（12）：2142-2153.

刘卫东，张玉斌. 1992. 区域资源结构、产业结构与空间结构的协调机制初探. 经济地理，（4）：20-25.

刘卫东，甄峰. 2004. 信息化对社会经济空间组织的影响研究. 地理学报，（S1）：67-76.

刘夏明，魏英琪，李国平. 2004. 收敛还是发散？——中国区域经济发展争论的文献综述. 经济研究，（7）：
        70-81.

刘宪法. 1997. 中国区域经济发展新构想——菱形发展战略. 开放导报，（Z1）：46-48.

刘勇. 2005. 中国新三大地带宏观区域格局的划分. 地理学报，（3）：361-370.

刘作丽，贺灿飞. 2007. 京津冀地区工业结构趋同现象及成因探讨. 地理与地理信息科学，（5）：62-66，76.

卢明华，李国平，孙铁山. 2003. 东京大都市圈内各核心城市的职能分工及启示研究. 地理科学，（2）：
        150-156.

陆大道. 1986. 2000 年中国工业布局总图的科学基础. 地理科学，（2）：110-118.

陆大道. 1988. 区位论及区域研究方法. 北京：科学出版社.

陆大道. 1995. 区位发展及其空间结构. 北京：科学出版社.

陆大道. 2003a. 中国区域发展的新因素与新格局. 地理研究，（3）：261-271.

陆大道. 2003b. 中国区域发展的理论与实践. 北京：科学出版社.

陆大道，樊杰. 2009. 2050：中国的区域发展中国至 2050 区域科技发展路线图研究报告. 北京：科学出版社.

陆大道，刘卫东. 2000. 论中国区域发展与区域政策的地学基础. 地理科学，(6)：487-493.

陆玉麒. 1998. 区域发展中的空间结构研究. 南京：南京师范大学出版社.

陆玉麒. 2002a. 区域双核结构的形成机理. 地理学报，(1)：85-95.

陆玉麒. 2002b. 论点—轴系统理论的科学内涵. 地理科学，(2)：136-143.

陆玉麒，董平. 2011. 区域空间结构模式的发生学解释——区域双核结构模式理论地位的判别. 地理科学，(9)：
    1035-1042.

陆玉麒，袁林旺，钟业喜. 2011. 中心地等级体系的演化模型. 中国科学：地球科学，11 (8)：160-171.

罗明良，汤国安. 2013. GIS 高等教育空间结构演变及研究取向分析. 地理科学，(2)：251-256.

吕晨，樊杰，孙威. 2009. 基于 ESDA 的中国人口空间格局及影响因素研究. 经济地理，(11)：1797-1802.

孟庆民，杨开忠. 2001. 以规模经济为主导的区域分工. 中国软科学，(12)：96-100.

苗长虹，艾少伟. 2009. "学习场"结构与空间中的创新. 经济地理，(7)：1057-1063.

年猛，孙久文. 2012. 中国区域经济空间结构变化研究. 经济理论与经济管理，(2)：89-96.

宁越敏，施倩，查志强. 1998. 长江三角洲都市连绵区形成机制与跨区域规划研究. 城市规划，(1)：15-19，31.

申玉铭，邱灵，任旺兵，等. 2007. 中国服务业空间差异的影响因素与空间分异特征. 地理研究，(6)：
    1255-1264.

沈体雁，李迅. 2007. 基于多主体的城市微模拟平台 Grid ABGIS 研究. 北京大学学报（自然科学版），(4)：
    502-508.

沈体雁，冯等田，孙铁山. 2010. 空间计量经济学. 北京：北京大学出版社.

盛科荣，樊杰. 2011. 自然资源与城市的区位——兼论大河发展轴的经济机理. 地理科学，(12)：1415-1422.

石敏俊，金凤君，李娜，等. 2006. 中国地区间经济联系与区域发展驱动力分析. 地理学报，(6)：593-603.

宋玉祥，丁四保. 2010. 空间政策：由区域倾斜到产业倾斜. 经济地理，(1)：1-5.

孙珊珊，朱传耿. 2006. 论主体功能区对中国区域发展理论的创新. 现代经济探讨，(9)：73-76.

孙铁山，李国平，卢明华. 2009. 京津冀都市圈人口集聚与扩散及其影响因素——基于区域密度函数的实证
    研究. 地理学报，(8)：956-966.

孙铁山，卢明华，李国平. 2008. 全国基准产业集群识别及在区域经济分析中的应用——以北京市为例. 地
    理研究，(4)：873-884.

唐路，薛德升，许学强. 2004. 北美大都市区规划及其对珠江三角洲的启示. 人文地理，(1)：66-70.

汪涛，曾刚. 2003. 新区域主义的发展及对中国区域经济发展模式的影响. 人文地理，(5)：52-55.

王承云. 2010. 日本研发产业的空间集聚与影响因素分析. 地理学报，(4)：387-396.

王岱霞. 2012. 内生发展下的区域空间演进机制研究. 规划师，(11)：101-105.

王德利，赵弘. 2012. 首都经济圈综合功能区划研究. 北京社会科学，(3)：15-20.

王海江，苗长虹，茹乐峰，等. 2012. 中国省域经济联系的空间格局及其变化. 经济地理，(7)：18-23.

王缉慈. 2001. 创新的空间——企业集群与区域发展. 北京：北京大学出版社.

王建. 1996. 九大都市圈区域经济发展模式的构想. 宏观经济管理，(10)：21-24.

王铮，邓悦，宋秀坤，等. 2001. 上海城市空间结构的复杂性分析. 地理科学进展，(4)：331-340.

王铮，李刚强，谢书玲，等. 2007. 中国新经济产业区域专业化水平分析. 地理学报，(8)：831-839.

魏后凯. 1997. 中国地区经济增长及其收敛性. 中国工业经济，(3)：31-37.

魏后凯. 1998. 跨世纪中国区域经济发展与制度创新. 财经问题研究，(12)：4-9.

魏后凯. 2002. 外商直接投资对中国区域经济增长的影响. 经济研究，(4)：19-26，92-93.

魏后凯. 2003. 长江三角洲地区制造业竞争力提升战略. 上海经济研究, (4): 3-12.

魏后凯. 2007. 对推进形成主体功能区的冷思考. 中国发展观察, (3): 28-30.

魏后凯. 2010. 中国国家区域政策: 评价与展望. 中国社会科学院重大课题.

魏敏, 李国平. 2005. 基于区域经济差异的梯度推移粘性研究. 经济地理, (1): 33-37, 48.

吴爱芝, 杨开忠, 李国平. 2011. 中国区域经济差异变动的研究综述. 经济地理, 31 (5): 705-711.

吴殿廷, 宋金平, 姜晔. 2010. 区域发展战略规划: 理论、方法与实践. 北京: 中国农业大学出版社.

吴良镛, 等. 2002. 京津冀地区城乡空间发展规划研究. 北京: 清华大学出版社.

武进, 马清亮. 1990. 城市边缘区空间结构演化的机制分析. 城市规划, (2): 38-42, 64.

徐建华, 鲁凤, 苏方林, 等. 2005. 中国区域经济差异的时空尺度分析. 地理研究, (1): 57-68.

许召元, 李善同. 2006. 近年来中国地区差距的变化趋势. 中国发展评论: 中文版, (6): 106-116.

薛领, 武倩倩, 李玉成. 2009a. 当代城市化机理模型研究的比较与融合. 城市发展研究, 16 (9): 48-53.

薛领, 翁瑾. 2010. 中国区域旅游空间结构演化的微观机理与动态模拟研究. 旅游学刊, (8): 26-33.

薛领, 杨开忠. 2002. 复杂性科学理论与区域空间演化模拟研究. 地理研究, (1): 79-88.

薛领, 杨开忠, 李国平. 2009b. 基于自主体 (agent) 的单中心城市化动态模拟研究. 地理研究, (4): 947-956.

闫小培, 毛蒋兴, 普军. 2006. 巨型城市区域土地利用变化的人文因素分析——以珠江三角洲地区为例. 地理学报, (6): 613-623.

晏学峰. 1986. 沿海、长江、陇海三大经济地带将构成我国经济的基本格局. 经济改革, (1): 12-16.

杨承训, 阎恒. 论"弗"字形网络布局和沿黄——陇兰经济带. 开发研究, (4): 31-37.

杨开忠. 1994. 中国区域经济差异变动研究. 经济研究, (12): 12, 28-33.

杨伟民. 1992. 地区间收入差距变动的实证分析. 经济研究, (1): 34, 70-74.

姚华松, 许学强, 薛德升. 2010. 人文地理学研究中对空间的再认识. 人文地理, (2): 8-12.

姚士谋, 侯晓虹. 1994. 试析上海国际化大都市的地域空间扩展. 城市规划, (4): 1-4.

于涛方, 吴志强. 2006. 京津冀地区区域结构与重构. 城市规划, (9): 36-41.

于亚滨, 徐效坡. 2006. 哈尔滨都市圈协调发展探讨. 经济地理, (6): 936-939, 960.

曾刚, 李英戈, 樊杰. 2006. 京沪区域创新系统比较研究. 城市规划, (3): 32-38.

曾菊新. 1996. 试论空间经济结构. 华中师范大学学报 (人文社会科学版), (2): 8-13.

张丹, 孙铁山, 李国平. 2012. 中国首都圈区域空间结构特征——基于分行业就业人口分布的实证研究. 地理研究, (5): 899-908.

张东升, 柴宝贵, 丁爱芳, 等. 2012. 黄河三角洲城镇空间格局的发展历程及驱动力分析. 经济地理, (8): 50-56.

张贡生. 2010. 区域经济发展战略: 从点—轴开发到网络式布局. 开发研究, (2): 1-5.

张贡生, 李长亮. 2007. "丰"字型战略: 中国经济发展的核心. 开发研究, (1): 23-26.

张家睿, 袁媛. 2012. 基于轨道公交网的珠三角城乡区域空间结构转型研究. 规划师, (7): 82-86.

张京祥, 邹军, 吴启焰, 等. 2001. 论都市圈地域空间的组织. 城市规划, (5): 19-23.

张伦. 1992. 我国对外开放的"目"字形格局. 开发研究, (3): 11-14.

张少军, 刘志彪. 2009. 全球价值链模式的产业转移-动力、影响与对中国产业升级和区域协调发展的启示. 中国工业经济, (11): 5-15.

张文忠. 2006. 京-津-冀都市圈产业发展类型划分与发展方向. 科技导报, (11): 45-49.

张文忠, 等. 2009. 产业发展和规划的理论与实践. 北京: 科学出版社.

张文忠, 樊杰, 杨晓光. 2002. 重庆市区企业的扩散及与库区企业空间整合模式. 地理研究, (1): 107-114.

张祥建，唐炎华，徐晋. 2003. 长江三角洲城市群空间结构演化的产业机理. 经济理论与经济管理，（10）：65-69.

张占录. 2011. 基于用地效率分析的城市区域空间结构极化模型及空间发展战略. 城市发展研究，（08）：46-52.

赵张耀，汪斌. 2005. 网络型国际产业转移模式研究. 理论参考，（11）：68-71.

甄峰. 2004. 信息时代的区域空间结构. 北京：商务印书馆.

周春山，王芳，陈洁斌. 2006. 珠江三角洲发展战略的思考——基于与长三角的比较. 城市规划，（S1）：56-59.

周一星. 1995. 城市地理学. 北京：商务印书馆.

周一星，孙泽昕. 1997. 再论中国城市的职能分类. 地理研究，（1）：11-22.

朱明春. 1991. 区域经济理论与政策. 长沙：湖南科学技术出版社.

Allen P M. 1997. Cities and regions as evolutionary, complex systems. Geographical Systems, 1997(4): 103-130.

Batten D F. 1995. Network cities: creative urban agglomerations for the 21st century. Urban Studies, 32 (2): 313-327.

Batty M. 1995. New ways of looking at cities. Nature, (377): 574.

Bertolini L, Dijst M. 2003. Mobility environments and network cities. Journal of Urban Design, 8 (1): 27-43.

Cai F, Wang D, Du Y. 2002. Regional disparity and economic growth in China: the impact of labor market distortions. China Economic Review, 13 (2): 197-212.

Castells M. 1996. The Rise of the Network Society. Cambridge: Blackwell Publishers.

Couclelis H. 1985. Cellular worlds: a framework for modeling micro-macro dynamics. Environment and Planning A, 17 (5): 585-596.

Fleisher, Chen. 1997. The coast-noncoast income gap, productivity, and regional economic polity in China. Journal of Comparative Economics, 25 (2): 220-236.

Fujita M, Krugman P, Venables A J. 1999. The Spatial Economy: Cities, Regions, and International Trade. Cambridge: The MIT Press.

Fujita M, Mori T. 1997. Structural stability and evolution of the urban system. Regional Science and Urban Economics, 27 (4-5): 399-442.

Masahisa F, Hu D. 2001. Regional disparity in China 1985-1994: the effects of globalization and economic liberalization. The Annals of Regional Science, 35 (1): 3-37.

Roberts M, Jones T L, Erickson N B, et al. 1999. Place and space in the networked city: conceptualizing the integrated metropolis. Journal of Urban Design, 4 (1): 51-56.

Shen T, Wang W, Hou M, et al. 2007. study on spatio-temporal sSystem dynamic models of urban growth. Systems Engineering Theory & Practice, 27 (1): 10-17.

Wang M, Li G P. 2008. The Shenyang-Dalian mega-urban region in transition. International Development Planning Review, 30 (1): 1-26.

Wei Y D. 2000. Investment and regional development in Post-Mao China. Geojournal, 51 (3): 169-179.

White R, Engelen G. 2000. High-resolution integrated modelling of the spatial dynamics of urban and regional systems. Computers, Environment and Urban Systems, 24 (5): 383-400.

Young A. 2000. The Razor's edge: distortions and incremental reform in the People's Republic of China. National Bureau of Economic Research, 115 (4): 1091-1135.

# 第二章
# 产业转移相关研究回顾

对于产业转移概念的界定，学术界尚无明确定论。有学者认为产业转移是一种新的经济运动过程（卢根鑫，1994），也有学者将产业转移限于衰退产业内，认为产业转移是衰退产业实现退出的重要方式（王先庆，1997），还有学者认为产业转移是指整个产业从一个经济地区向其他地区的转移（李新春，2000）。从比较优势角度来看，产业转移是经济发展过程中区域间比较优势转化的必然结果，是发达地区向落后地区不断转移已经丧失优势的产业（陈计旺，1999）；从产业分工角度来看，产业转移是市场条件下区域间产业分工形成的重要因素，也是转出区和转入区产业结构调整和升级的重要途径（朱宜林，2005；邹积亮，2007）；从资源流动与配置角度来看，产业转移是对生产要素的空间移动的描述，既是一个资源流动过程，也是一个资源优化配置过程（陈建军，2002a，2002b；王文成和杨树旺，2004）；从微观企业角度来看，产业转移指在市场经济条件下，发达地区的部分企业顺应区域比较优势的变化，通过跨区域直接投资把部分产业的生产转移到不发达地区的现象（郑燕伟，2000）。

目前学者普遍认同的一种观点是：产业转移是指经济发展到一定阶段，由于资源供给或产品需求条件的变化引起的产业在一国内部或国家间的转移活动，是一种产业在空间上移动的现象，是一个具有时间和空间维度的动态过程（陈建军，2002a，2002b；顾朝林，2003；陈刚和刘珊珊，2006）。产业转移是产业在空间上的移动，经济发达国家或地区通过产业转移调整产业结构，从而实现全球战略，发展中国家或地区借助产业转移改造和调整产业结构，从而实现产业升级和技术进步。按照产业转移主体的性质、转移的动机，可以分为扩张性产业转移（市场扩张型）和撤退性产业转移（成本节约型）（潘伟志，2004）；按照涉及的地域范围，可以分为国际产业转移、区际产业转移和城乡产业转移；按照转入区与转出区之间的发展水平差异，可以分为水平转移和垂直转移；按照投资性质，可以分为存量转移和增量转移；按照产出增长的情况，可以分为绝对转移和相对转移；按照转移的客体差别，还可以分为资源密集型、技术密集型、劳动密集型和资本密集型（魏后凯，2003）。

# 第一节　理论研究回顾

## 一、经典产业转移的理论解释

### 1. 20 世纪 60 年代及以前的产业转移理论

20 世纪 30 年代，日本经济学家赤松要（Akamatsu）提出了产业发展的"雁行模式"，指出在后进国工业发展的过程中，工业品呈现的"进口—国内生产（进口替代）—出口"三环节（Akamatsu，1962；胡俊文，2003；陈蕊，2007）。此后，山泽逸平（1971）将其进一步扩展，用"引进—进口替代—出口成长—成熟—逆进口"五个发展阶段来说明后发国家工业化和现代化进程。发展经济学学者在研究战后东亚国家经济变迁，认为东亚国家是"雁行模式"的经济发展形态：以日本为雁头，其次为亚洲四小龙（包含韩国、中国台湾、中国香港、新加坡），其后是东盟东各国和中国大陆。即日本先发展某一产业，当这一产业发展到一定阶段丧失竞争力后转移到亚洲四小龙，进而再转移到相对更落后的东亚国家或地区，表现为这一产业的国际间产业转移。随着发展中国家的经济崛起，以发展中国家为视角的产业转移研究逐步产生。1949 年，劳尔·普雷维什（Raul Prebisch）从依附角度提出"中心—外围理论"，分析了发达资本主义国家（中心）和发展中国家（外围）间的不对称关系和经济结构的巨大差异，但没有认识到产业转移是区域间经济关系发展变化的必然产物（Prebisch，1962；董国辉，2003）。普雷维什的关于"中心"和"外围"之间经济关系的分析反映了发达资本主义国家和发展中国家之间产业转移的现实，他的研究较早地关注到了产业转移的消极影响，认为发展中国家为了迅速实现工业化，而被迫承接发达资本主义国家的产业转移。但是，普雷维什对于产业转移能够加快欠发达地区经济发展的积极影响认识不足。

1966 年，雷蒙德·弗农（Raymond Vernon）提出"产品生命周期论"，以要素禀赋差异的存在为前提，利用产品生命周期的变化来解释发达国家如何经过产品及生产技术的创新、发展、成熟、衰落的阶段性演变，整体剖析了产业转移的驱动模式（Vernon，1966）。后来学者又提出和完善了区域生命周期理论（Thompson，1966）、产品生命周期理论（Tan，2002）、工厂生命周期理论（Dumai et al.，2002）和产业区位生命周期理论（梁琦，2004），以特定主体的生命周期为出发点解释企业或产业的空间转移现象。

### 2. 20 世纪 70 年代的产业转移理论

20 世纪 70 年代，小岛清（Kojima）分析了战后日本企业对外直接投资和美国跨国公司对外直接投资的特点，提出适应日本国情的对外直接投资理论——"边际产业扩张理论"，从后发国家的角度研究产业转移，进一步推动了"雁行模式"的发展（小岛清，1987；俞国琴，2007）。边际产业扩张论是对战后一段时间内日本对外直接投资经验的概括与总结，对日本对外直接投资的确立起到了积极的促进作用，引导日本制造业对外直接投资按照劳动密集型产业、基础产业和加工组装型产业的顺序发展。该理论比较接近带有国际产业转移性质的对外投资现实。

1976 年，巴克利（Buckley）和卡森（Casson）在《跨国公司的未来》一书中提出内部化理论，运用市场失灵的观念来解释跨国企业行为，指出企业进行内部化的最主要原因是为了降低交易成本，选择交易成本最低的进入模式（张黎黎和马文斌，2010）。拉格曼（Rugman）等在其基础上进一步研究，将企业或厂商的优势作为产生内部化的动因，认为关税和非关税壁垒、要素市场和运输成本等因素也促使企业内部化它们的优势（巴克利和卡森，2005；李轶敏，2009）。

1978 年，刘易斯（Lewis）在《国际经济秩序的演变》中探讨了产业转移的机制问题，提出劳动密集型产业转移论，即在要素禀赋理论之上，把劳动密集型产业作为产业转移的主体，把产业转移与比较优势的变化相联系，比较贴切地解释了当时美国、日本及西欧向东亚、拉美等国转移劳动密集型产业的现象（刘易斯，1984；卢根鑫，1997）。

### 3. 20 世纪 80 年代以来的产业转移理论

20 世纪 80 年代，邓宁（Dunning）在综合已有产业转移理论的基础上提出国际生产折衷论，从企业跨国直接投资的微观角度来解释产业转移现象，全面分析了国际生产的决定因素、采取的形式、开展过程等方面内容（Dunning，1977，1981，1988）。

随着产业转移理论的不断提出，学术界对产业转移的关注和认识逐步深入，部分学者在产业转移的经典理论基础上，通过实证检验，进一步完善和论证了产业转移的相关理论。例如，Cumings（1984）运用"雁行模式"对20世纪60～80年代东亚经济内部产业分工与转移的动态关系进行解释；Ozawa（1993，2001）通过经验研究证明日本许多产业的发展是符合"雁行模式"的；Penning和 Sleuwaegen（2000）针对比利时的国际性跨国公司的研究表明，在工业化程度较高的开放经济体系中，劳动密集型产业比资本密集型产业更容易发生转移，有力地证明了刘易斯的劳动密集型产业转移理论。此外，该研究还表明，规模较大和创新速率较高的跨国公司更容易通过对外投资实现产业转移，而未来的不确定性会对产业转移产生一定的阻碍作用。

## 二、新经济地理学的解释

20世纪90年代以来，信息革命的发展和交易成本的降低使得产业转移的规模不断扩大，方式越发多样化，主体更加多元化，层次日趋高端化。基于此，产业转移理论也随之不断演化，其解释力和指导作用不断得到提升。

继 Dixit 和 Stiglitz（1977）将垄断竞争市场模型化之后，以克鲁格曼（Krugman）为代表的新经济地理学得到快速发展，其将空间因素在主流模型中内生化的思想得到了普遍重视和应用，主要解释了经济的空间集聚和区域间经济不平衡的原因，首次从微观层面上严格地证明了空间里经济活动的不平衡分布是一般均衡的结果（Krugman，1991）。

与传统的产业转移理论不同，新经济地理学把经济空间高度抽象为同质平面，在没有任何外生差异的前提条件下，讨论产业空间布局的内生演化问题。因而，产业转移的新经济地理学解释不但对以"外生比较优势"为基石的传统产业转移理论进行了补充，还更准确地把握了产业转移的特征、规律及深层的影响因素（丁建军，2011）。

新经济地理学以规模报酬递增和不完全竞争市场为假设，认为经济活动存在交易成本，企业为追求利润最大化，会权衡企业内部规模报酬递增和交易成本而做出区位选择（沈滨和宋鹏程，2012）。均衡方法、垄断市场结构、空间参数和要素的流动性等构建了新经济地理学分析经济活动集聚和扩散的基本框架（杨盛标和张亚斌，2012）。产业集聚是企业的规模报酬递增、运输成本和生产要素移动通过市场传导的相互作用而产生的，经济活动的空间聚集核心主要集中于报酬递增、空间聚集和路径依赖（孙浩进，2012）。

新经济地理学主要是从产业区位、产业集聚和产业扩散角度研究产业转移问题，它以产业集聚为中心，研究产业集聚演进过程中所伴随的产业转移现象。新经济地理学构建的"中心—外围"结构模型，对区域产业结构的演变进行抽象解释，这个过程存在于突破点与维持点的比较上，其表现形式为集聚力和扩散力的大小（孙静，2009；王方方和陈恩，2011）。

新经济地理学认为，空间经济的集聚与扩散是集聚力与分散力共同作用、动态均衡的结果，产业转移的动力机制本质上是集聚力与分散力之间权衡的结果。集聚力主要包括产业的前后向关联效应（Ottaviano，2011）、溢出效应（Baldwin et al.，2006；Puga，2010）和劳动力池效应等，分散力主要包括市场拥挤效应、资源要素的非完全流动性等。

在克鲁格曼研究的基础上，越来越多的学者开始关注空间因素在经济活动中的作用，新经济地理学得到了蓬勃发展。较早的研究将有分工联系的企业的集体转移情况作为研究对象，将企业的成批转移归因于外部经济和重新定位引起的固定成本（沉淀成本）相互作用的结果（Reuch，1993）；Brakman（1996）提出了拥挤的"负外部性"概念，认为空间集中使得每种制造业产品的边际成本随着一个地区厂商数量的增多而提高，这种拥挤的负外部性的分散作用，使得完全的制造业聚集现象在现实中通常不会出现；垄断竞争、运输成本和投入产出关联会引发产业集聚，导致工人的工资水平不断提高，为了降低劳动力要素成本，厂商会向工资水平较低的地区转移，也就是说，不断提高的工资水平成为了推动产业转移的重要力量（Puga and Venables，1996）；随着集聚的加强，中心区的拥挤成本不断上升，促使在中心区集聚的企业将外部经济性较低的生产活动转移到外围地区，由于转移到外围地区的企业仍与中心区的上下游环节之间存在着市场交易联系，因此为降低市场中介成本，企业会对外围地区与中心区之间的交通和分销设施加大投资，从而催生了一个区域性的生产网络（Hanson，1998）。

在对克鲁格曼初始模型的改进方面，很多学者都做出了尝试和贡献（Martin et al.，2001；Ottaviano et al.，2002），如有学者认为克鲁格曼初始模型的一个核心假设"农产品贸易无运输成本"同现实状况不相符，现实中运输成本至少同制造业一样，这将削弱本国市场效应，在贸易模型下，当农业运输成本为零时本地市场效应存在，当农产品的运输成本与工业产品的运输成本一样时本地市场效应消失（Davis，1998）；仅从总量的角度讨论产业集聚并不完善，如果能将工业部门划分为不同的行业加以考察，研究工业部门中不同行业间的相互作用及其给区域产业结构带来的影响，将会是一项非常有价值的工作（Fujita et al.，1999）；虽然企业倾向于在市场潜力较大的地区选址，但是市场规模越大，不可贸易要素价格越高，企业的生产成本也越高，因此，包括住房在内的一系列非贸易品的价格上升推动了产业扩散（Markusen and Venables，2000）。产业集聚到一定程度后导致集聚区内非贸易品价格居高不下、地价上升、环境污染等拥挤成本产生，从而产生了推动产业向新的地理区位扩散的离心力（Klmienko, 2004）；将中心—外围模型扩展，加入农业部门和非技术劳动力需求，可以发现农产品运输成本和制造业部门对当地非技术劳动力的需求是一种促进分散形成的力量；Zeng（2006）指出，再分散过程和分散过程虽然从总量上看没有差异，但由于要素密集程度不同的行业分别聚集到了不同的地区，因此地区产业结构会发生变化。国内学者沿用新经济地理学思路，将空间维度引入到中国区域发展问题研究中，为研究区际经济差距和宏观经济平稳运行提供了一个新的分析框架（邹璇，2011），并分析了导致产业转移滞缓的因素，找出了制约产业区域转移的关键环节（李占国和孙久文，2011）。

## 第二节　实证研究回顾

产业转移作为一种经济活动和现象深刻影响着世界各国发展和全球经济格局。因此，对产业转移的实证研究已成为学术界讨论的一大热点，学者们纷纷从各自角度对现实世界中的产业转移的现象进行剖析和演绎。从宏观层面梳理世界经济发展脉络，第二次世界大战以来，全球范围内共发生了三次国际产业转移浪潮（白孝忠，2009；金东来和刘向阳，2007）。

第一次国际产业转移浪潮主要发生在 20 世纪五六十年代。第二次世界大战后，美国、英国、法国等欧美国家迅速从战后恢复过来，由此推动了国际性的产业调整和转移浪潮。美国等科技和经济发展水平处于全球领先地位的国家积极发展半导体、通信、电子计算机等新兴技术密集型产业，并将钢铁、纺织等传统产业向日本、德国等转移，加快了这些国家的工业化步伐，使其建立起比较完善的国民经济体系，获得了空前的发展。

第二次国际产业转移浪潮发生在 20 世纪七八十年代。日本、德国等经济高速发展，与美国、英国、法国等欧美国家一并成为这一时期产业转移的主导国家。他们在科技革命的推动下，集中力量发展集成电路、精密机械、精细化工、家用电器、汽车等附加价值较高的技术密集型产业，实现了产业升级，并逐渐将附加值较低的劳动密集型和资源密集型产业转移到亚洲"四小龙"（中国香港、中国台湾、新加坡、韩国）等新兴工业化国家和地区。这一时期，亚洲"四小龙"经济高速增长，年均增长率均超过 8%。

第三次国际产业转移浪潮发生在 20 世纪 90 年代以来。欧美、日本等发达国家或地区与亚洲"四小龙"等新兴工业化国家或地区大力发展自身具有竞争优势的产业，而将重化工、消费类电子产品等产业向东盟、东南亚和中国等发展中国家或地区转移，带动了承接国经济的发展和产业结构的升级。第三次国际产业转移主要呈现国际产业转移中的产业结构不断提升,服务业是国际产业转移的热点领域,项目外包成为国际产业转移的新兴主流方式,产业链条整体转移趋势明显,跨国公司成为国际产业转移的主要推动力量,国际产业转移方式多样化等特征和趋势有(潘伟志,2003;金东来和刘向阳,2007;白孝忠,2009)。

## 一、产业转移的过程

通过实证和案例详细阐述产业转移过程的相关研究意义重大,为理解产业转移的内涵、规律、特征、模式等提供了借鉴和参考。国内外很多学者致力于此方面研究,并取得了丰硕的研究成果。

国外研究方面,组织变形及区域演化模式(Taylor,1975)、全球扩张模式(Hakanson,1979)、市场区扩大模式(Watts,1980)和全球转移模式(Dicken,1992,1994)等均从企业成长的空间扩张角度指出,市场占领是企业从单一区位向多区位空间扩张的根本动因,产业转移是企业成长的空间表现,企业扩张一般遵循产品扩张(市场区位扩张)—销售部门空间扩张(销售区位扩张)—生产部门空间扩张(生产区位扩张)的顺序进行。外国制造业企业偏爱向具有相对高的制造业密度和低工资的区域扩张;Olivier和Katz(1992)利用产业集聚方面的数据资源能够清晰地描述经济活动从Rust Belt(美国中西部诸州)到Sun Belt(美国西南阳光带)的迁移轨迹;空间群集是日本制造业企业在美国区域选择的重要特征,在美国的日本汽车装配业和与汽车相关的产业群集在一起(Smith and Florida,1994);荒山裕行(1995)通过将日本分为工业发达和落后地区,建立三次产业两地区的凯恩斯学派国民收入决定模型,发现产业转移可以使转出区(工业发达地区)和转入区(工业落后地区)同时受益,而非建立在牺牲发达地区经济利益的基础上,同时,有可能提高落后地区就业结构中第三产业在国民收入中的比重;产业转移将引起企业和相关职位的空间重新布局,应出台相应的空间政策做支撑(Kemper and Pellenbarg,1997);随着产业链的区位中心转移,产业转移环节越来越细化和分散化,最后会形成涵盖整个产业链的企业集群式、组团型转移(Pennings and Sleuwaegenn,2000);Gereffi(1999)、Humphrey和Schmitz(2002)借鉴全球价值链理论指出,产业转移是集群式价值链重组的表现形式,产业升级是依托产业集群从价值链的低附加值环节向高附加值环节攀升的过程;Giraud和Mirza(2006)的实证研究以日本跨国公司为研究对象,认为生产/供应链知识、人力资源系统和技术创新受到国家和公司政策的影响,并不一定会随着产业转移而一同转移;Ihori和Yang(2009)的分析表明,在特定方式下,美国区域间税收竞争与地区间政治竞争的互动能产生最优的公共产品供给，进而影响产业的区位分布。

国内研究方面，学者们将国外相关理论和中国具体实践相结合，针对我国在国家或区域层面的经济发展进行了深入探讨。例如，夏禹龙等（1983）根据各地区经济、技术水平的高低和发展条件的优劣，提出的由高到低依次分期逐步开发的理论；石东平和夏华龙（1998）认为东亚和东南亚承接日本和美国等发达国家产业转移的承接模式呈现梯形，沿着劳动密集型—资本密集型—技术密集型产业的方向不断进行；延续发达国家到发展中国家的顺梯度产业转移模式容易使发展中国家陷入"替代（引进）—落后—再替代（再引进）—再落后"的陷阱而永远处于被动地位。为打破我国在国际产业梯度中的被动接受状态，我国应大力发展"逆梯度"对外直接投资，主动获取世界最新技术，促进高新技术产业发展；陈建军（2002a，2002b）针对现阶段沿海发达地区企业产业转移模式的研究认为，现阶段国内企业主要采取设立营销网点，建立加工点，开展对外投资等方式进行区域转移。大型重点企业的产业转移呈现业务活动以横向一体化和相关多元化为主，资金运作以银行贷款和内部积累为主，空间上以国内为主，组建方式以创建、合资控股和参股为主等特征（毛蕴诗和汪建成，2002）；关于中国—东盟的研究表明，产业转移无非是扩张性产业转移（占领更大的市场和扩大生产规模）和撤退性产业转移（由于外界竞争与内部调整引起的被动转移）（陈秀莲，2006）；浙江对江西的产业转移模式以集群转移为主，具体可分为"众星捧月"式的集群转移模式、以价值链为主导连接的集群转移模式、以生产要素共享为主导连接的集群转移模式（陈建军和葛宝琴，2008）；马永欢和周立华（2008）基于我国东、中、西、东北四大经济区的区域发展模式的研究强调了产业梯度转移对这四大区域发展的重大意义；由经济发展梯度成为了我国产业转移的基础（吕冰洋和余丹林，2009）；基于1993~2006年我国东、中、西部地区间工业产业转移的特征和趋势，可以发现，我国部分技术密集型产业会先于劳动密集型产业发生转移，东部地区的产业会越过较近的中部地区直接转移到西部地区（冯根福等，2010）；中国是国际产业转移的重点目标区域，国际资源和生产要素主要向东部沿海地区集中，市场规模化、产业链、企业集群、城市群的互动越来越明显，以高技术制造业为核心的制造业仍是我国承接国际产业转移的重点产业，服务业是我国承接国际产业转移的新领域（牛青山，2011）；赵峰和姜德波（2011）以长三角地区制造业为对象的产业转移实证研究从产业的生命周期、产业的竞争能力和产业的集聚效果三个维度对长三角地区应向外转移的产业门类进行推测；基于新经济地理理论分析，认为东莞产业集聚和产业转移是向心力和离心力动态均衡的结果（李娟和郑平，2011）；李颖等（2012）利用2001~2009年中国制造业企业统计数据，采用半参数估计方法对东、中、西三大区域纺织业与其他行业全要素生产率进行测算和比较分析发现：从 2001 年开始纺织业由东部向中西部转移的内在动力逐年加强，但 2001～2007 年却出现了从中西部向东部的增量调整为主的逆向转移，且 2001～2007 年生产要素空间配置效率的决策损失是导致 2007～2009 年纺织业从东部向中西部转移过程中空间配置效率下降的原因。

## 二、产业转移的动因

学术界对产业转移影响因素的研究十分丰富，成果显著，不同学者从多个角度和层面分析产业转移发生动因和决定因素，为剖析产业转移的本质和引导产业转移的发生奠定基础。

国外学者主要从比较优势/要素禀赋、产业链特征、经济发展阶段、规模经济、技术创新、政府政策等方面对产业转移的影响因素进行分析。Smith（1971）从企业区位迁移的微观角度着手探讨产业转移动因的研究指出，由外部环境和发展条件变化引起的企业的空间收入和空间成本的变化，会使得企业的赢利空间和最优区位也相应发生变化，从而使企业为了提高赢利水平和竞争力而实施空间迁移；安虎森（2004）认为，原有区域和目标区域的规模、区域间的距离、各区域的相对经济优势是决定产业在两个区域之间移动的主要因素；Erickson 和 Wasylenko（1980）认为，劳动力和其他集聚经济要素的可获得性导致了企业在 Milwaukee 和郊区之间的迁移；英国 500 强企业迁移的动因主要是空间的拓展及更易于管理等（Schmenner，1980，1982）；Charney（1983）对大都市内部的制造业企业迁移因素进行研究认为，财产税率是主要影响因素，而收入税的不同对大都市内制造业企业的迁移影响不大；集聚经济和市场规模是美国跨国公司向发展中国家进行转移的主要决定因素（Wheeler and Mody，1992）；从汽车行业的最大效益所需效益规模来看，规模效益或规模经济是产业转移的主要动因（Dicken，1992）；从"技术群体结构"的概念出发，日本产业结构转换和东亚国际劳动分工是未来东亚区域产业转移的重要因素（关满博，1997）；van Dijk 和 Pellenbarg（1999）基于 1300 个包含个体、企业和迁移特征的样本数据分析表明，荷兰产业转移的核心影响因素主要是企业内部因素；Berechman（1994）通过企业问卷调查重点考察公路交通和其他因素对产业转移影响进行研究，发现新的或改善后的交通设施和产业转移之间的关系很不确定；工序间国际转移普遍存在，其主要动因是资源动因、市场动因、效率动因和战略动因（Maccarthy and Atthirawong，2003）；Hwang（2004）研究认为以本国龙头企业为核心的集群式投资行为是韩国电子产业在欧盟国家投资取得成功的关键因素；Pitelis（2009）对欠发达小国的产业集群和 FDI 的研究指出，小国实施追赶战略的关键在于通过 FDI 来引导国际产业的集群式转移。

国内学者对于产业转移的影响因素也进行了一定的探讨。卢根鑫（1994）认为国际产业转移与重合产业密切相关，重合产业即发达国家和不发达国家在一定时期内使用相似的机器设备或生产线，运用相似的技术工艺，需要相似的生产资料和劳动力来生产相似的商品；李国平和杨开忠（2000）基于外商对华直接投资的分析指出，劳动力等生产要素成本在不同区域间的差异影响着外商在华的区位选择，此外，投资国和地区的产业结构转移以及中国国内的地区间产业与政策的变化也是其考虑的重要因素；陈建军（2002a，2002b）认为企业区域转移的行为方式和区域选择存在明显的相关关系，即以设立产品营销点为转移方式的企业较多选择上海等国内沿海地区，而设立生产加工点的企业，则较多选择劳动力成本较低的地区，如中西部地区、浙江省内经济欠发达地区等；石奇（2004）从集成经济角度解释产业转移的微观机理，产业转移是企业在技术手段之外通过对市场的重组和集成实现经济性的结果；产业梯度是各类经济梯度中最核心、最关键的部分，是因为国家或地区间生产要素禀赋差异、技术差距、产业分工不同而在产业结构水平上形成的阶梯状差距（戴宏伟，2006）；张为付（2006）通过对制造业与服务业领域产业转移的对比研究发现，企业往往出于寻求市场保护、低成本、技术接近和效益，以及全球发展战略等目的进行空间扩张或迁移；当生产要素聚集到一定程度后，会导致拥挤成本上升，当产业租金和地理租金逐渐被高昂的生产成本抵消时，生产要素会开始向其他产业或区域转移（臧旭恒和何青松，2007）；有学者将产业转移的要素动因归结为成本要素（主要涉及劳动力、土地等）、市场要素（包括市场扩张和市场需求）、资源要素（包括政策资源和经济资源）和所有权优势（如技术、商标、企业家才能等），将产业转移的集群化动因归纳为降低运输成本和交易成本，获得规模经济与外部效应，共享劳动力市场和增强创新能力（朱华友等，2008）；也有学者从产业链特征和地理（区位）特征上分析区域产业转移的影响因素，认为上下游产业间的垂直关联和集聚、部门水平关联和集聚、产业链要素偏好等同地理区域空间内的要素资源、市场规模、交通通信、对外开放、政府政策等因素共同影响区域产业转移（多淑杰，2010）；还有学者通过对 1998～2007 年中国食品制造业的区际转移过程的实证分析，指出市场规模、集聚效应、原材料丰裕度、劳动力成本、劳动力素质及经济政策是影响企业在区际产业转移中区位决策的主要因素（魏玮和毕超，2010）；李颖等（2012）以全要素生产率为企业集聚力和分散力合力的替代变量，比较分析其空间配置速度，得出全要素生产率的比较优势是产业转移的动力和空间区位选择决策的依据。

值得一提的是，在产业转移的动因研究中，很多学者也提出了"推拉理论"，即在产业区域转移存在两种力作用，一种是推力，另一种是拉力（张弢和李松志，2008）。更进一步的，可以将拉力与推力分解为四种力，而每个力量又都是由诸多因素构成的合力。产业转出区的推力由产业结构升级与调整（王先庆，1998）、集聚不经济（周文，1999；陈甬军和徐强，2003）、生产要素禀赋差异（陈计旺，2001）、经济发展政策等因素构成；产业转入区的拉力由欠发达地区生产成本低廉、产业集聚和投资环境改善（李俊杰，2004）等因素构成；产业转出区对产业区域转移的阻力包括产业集聚的"黏性力"（Gregersen and Johnson，1997；黄建清和郑胜利，2002）、发达地区的制度创新（邱成利，2001）、政策支持、劳动力流动等因素；产业转入区的斥力主要指欠发达地区产业发展基础相对落后（吴晓军和赵海东，2004）、观念更新慢（李松志和刘叶飚，2005）、要素市场不健全、区域间无序竞争等因素。

## 三、产业转移的效应

产业转移效应既包括对移入区的效应，也包括对移出区的效应；既包括产业转移的正效应，也应包括产业转移的负效应。现有研究多集中于产业转移对移入区正效应的探讨。

国外研究对产业转移的效应关注较少。安虎森（2004）的研究关注了1951～1981年间意大利企业从其他地区向意大利南部移动对当地企业的影响，并认为意大利南部新企业的形成，与受到区域经济政策激励而向南迁移的企业和各种生产设备的进入存在正相关性；摩洛哥公司的横断面数据证明了更高水平的国际产业转移，并不一定会带来国内企业的生产率的增长（Haddad and Harrison，1993）；当跨国公司与本地企业之间的联系比较微弱时，产业转移与本国经济增长之间是负相关的（Andres，1996）；Aitken和Harrison（1999）基于委内瑞拉的研究发现，国际产业转移可以使国内生产总值提高很快，但是会出现与国民生产总值的负相关，其对国内企业的生产率实际上有负面影响。

在国内研究中，潘未名（1994）基于微观层面的研究指出，跨国公司为追求利润最大化，由"多国国内战略"向"无国境战略"转变，会对母国制造业国际竞争力产生消极影响，引起母国"产业空心化"；有学者认为，产业转移对发展中国家的经济发展有两方面影响，一方面促进生产要素转移、生产结构调整、就业结构优化、社会资本有机构成提高，另一方面也会引起环境污染和生态恶化等（卢根鑫，1997）；也有学者认为产业转移对产业结构的整合升级效应，不仅使移出区结构优化，也会使移入区结构优化，实现"双赢"，是一种"非零和博弈"（王先庆，1998）；还有学者把产业转移对承接地的经济效应分为产业层次提升的"优化效应"、就业"扩大效应"和产业"发展效应"（陈刚和张解放，2001）；产业转移会提高区域产业竞争力，增加就业机会和产品配套能力并带来区域经济繁荣，相反的，也会带来区域投资利润率平均化，并引发环境保护、劳动保护和游移性产业问题等（魏后凯，2003）；产业转移使得承接地处于垂直分工中的底端，很有可能进一步增大转出地和承接地之间的技术差距，而各地为争夺产业移入本地区也会产生内耗，阻碍技术进步（余慧倩，2004）。针对中国经济的发展，国际产业转移加快了我国东部经济的发展，促进了东部的繁荣，改善了市场行为，促进了使产业结构的调整（罗建华和邱先裕，2005）；承接国际产业转移，促使我国成为贸易大国，使得我国贸易规模总量增加，贸易商品结构升级，服务贸易得到发展，但对我国贸易结构升级、产业技术以及国际分工地位提高等方面却有着负面影响（宋群，2005）；劳动力素质低、熟练劳动力匮乏、知识产权保护问题及东部沿海成本提升、投资环境恶化等使得我国承接国际产业转移的消极效应更突出（蒋乐，2009）；邹松涛和陈永华（2009）的研究认为，产业转移是解决长三角区域极化效应减弱、生产要素成本上升、土地供应紧张、代工型制造业危机以及产业升级过分依赖外资等发展困境的有效途径；区域产业转移既有资源流入、技术流程、关联带动和分工协作等正面效应，也有资源流失、阻碍创新和污染转移等负面效应，其通过产业结构、产业链和产业集群三个方面表现出来（陈娇，2011）。

## 四、相关研究评述

国外对产业转移的研究起始于 20 世纪 30 年代，主要是通过对产业长期发展的历史分析来揭示产业转移的内在规律。国外的产业转移研究，始于西方古典区位理论研究，其理论基础主要是比较优势理论。国内的产业转移研究，大多是在借鉴国际产业转移理论的基础上，结合中国实际来解释国内的产业转移现象。我国从经济理论的角度探讨产业转移主要发生在改革开放后我国逐步融入国际产业转移的浪潮之中，尤其是我国东部与中西部之间也出现产业转移现象之后。梳理文献后，可以发现如下规律。

第一，西方学者对于国际产业转移研究较多，对区域间和区域内的关注相对较少；从整体产业长期发展的历史角度研究较多，而少见生产要素流动性差异的研究视角；对于发达国家的研究比较多，对于欠发达地区和发展中国家研究相对较少。这主要是由于西方国家面积较小且国内发展相对均衡，国与国之间的梯度差明显要比国内区域间的梯度差大，在数量与规模上国际产业转移远远大于区际产业转移而导致的。

第二，国内学者对区际产业转移的研究大多集中于宏观角度，而从企业等微观层次研究的相对较少；定性分析较多，而定量分析相对较少；从投资角度探寻产业转移效果的研究较多，而从带动区域经济增长、缩小区域经济差异角度进行分析的较少。产业转移实证研究主要集中在东部沿海地区向其周边地区的产业转移，以及大城市的中心城区向其郊区的产业转移，且多集中在产业转移宏观发展模式的研究上，而缺乏单个企业迁移的微观视角，也缺乏一些诸如研发和服务等新兴领域的研究。

第三，对产业转移的经济影响因素研究较多，缺乏对其他影响因素的量化分析。很多专家学者注重从经济发展水平、市场完善程度、规模经济、产业集聚、比较优势、企业生产成本、经济政策等方面来探讨产业转移的影响机制，而从制度创新、社会网络、企业文化和主体决策偏好等非经济角度研究的很少。与此同时，也在一定程度上忽视交易效率对产业转移的影响，缺乏对产业内生力量的研究，更缺乏将价值链及其组成环节与产业转移契合的研究。

## 第三节　产业转移的策略研究

改革开放后，我国开始逐步融入国际产业转移的浪潮之中，沿海地区率先承接国际产业转移，积极发展劳动密集型产业和部分资本、技术密集型产业，使我国成为世界性"工厂"，工业化进程快速推进。与此同时，东南沿海发达地区失去比较优势的部分劳动密集型产业开始向中西部地区转移，特别是国家实施西部大开发战略后，我国地区间产业转移明显加快（王然，2009）。在此背景下，探讨产业转移逐步成为研究热点，有关产业转移策略、趋势和政策等问题的探究和讨论在学术界占有重要地位，对我国的经济和产业发展起到不可忽视的推动和引导作用。

### 一、国家层面的产业转移策略

在我国承接国际产业转移的过程中，学者们在探究产业转移的动因、模式和效应等基础上，从实践出发，提出一系列引导我国产业转移良性发展的政策建议和发展策略，涉及经济、环境、社会等各个方面。

在承接国际产业转移中，我国产业发展战略应该从被动接受转为主动获取（谭介辉，1998）。产业经济方面，应从创造良好的投资环境、加强财政政策对产业转移的调控力度、提升产业结构和产业竞争力、加大对公共产品的投资力度、平衡区域财力等方面积极承接国际产业转移（高永进，2006）；在劳动力二元结构特征下，中国承接国外的产业转移应从加快自身经济结构和产业结构的调整、鼓励中国企业向其他发展中国家投资和拓展技术合作等方面入手（瞿忠琼等，2007）；引导企业增加对较高附加值产品的生产与出口、优化出口产品结构、将 FDI 政策与本国产业政策密切结合及协调和处理好利用外资与自主发展的关系等也对我国承接国际产业转移起到积极作用（计志英，2008）。环境保护方面，有必要有序推进产业梯度转移，强化产业梯度转移中的环境正效应，通过严格执行国家环境政策来防范环境风险，从而实现整体环境质量的改善（林群慧等，2011）；环境政策的地区差异往往导致高污染行业实际生产成本的地区差异，进而对区域产业转移和各地区的产业结构变动产生重要影响。多产业新经济地理学模型为当前我国出现的"污染西迁，高技术产业东移，工业产值向东部集聚"现象提供了解释（金祥荣，2012）。社会发展方面，充分利用农村劳动力资源、建立和完善人力资源市场、增加人力资本投入、结合产业需求培训实用技能、提升劳动力转移就业能力等人力资源战略具有一定的实践意义（李传裕，2010）；要提高政策的质量和效果，就要立足本地区位优势和资源优势，依托本地产业基础，以产业链招商和产业集聚引进为思路，进行产业转移政策安排（张兆同，2011）；我国在承接国际产业转移中需要建立利用外资的政绩考核制度、完善体制政策环境与产业准入政策并加大社会舆论监督作用（刘汉成和夏亚华，2012）。

## 二、区域层面的产业转移策略

随着我国西部大开发战略的深化和推进，东、中、西部区际产业转移受到人们的广泛关注。与此同时，在比较优势、资源禀赋、劳动力、政策引导等因素的影响下，省际间和省内产业转移日益增多。学术界以具体案例地为研究对象，在我国产业转移的战略部署和政策研究方面取得了丰硕的成果。

有学者研究认为，为克服我国产业转移中的障碍，促进东中西部地区经济协调发展，需要产业转移规划、税收政策、土地政策、载体（工业园）、投资软环境、服务体系等的整体协调（罗美娟等，2007），张沁（2012）强调了市场主导、政府调控、改善环境和金融扶持在我国区际产业转移中的作用。空间经济学模型在政策效应分析中的非线性特征，能准确分析国内产业跨区域转移现象，从而制定切实可行的政策，推动产业跨区域转移的实现（刘红光等，2011）。中西部承接产业转移的对策主要有：做好工业用地资源储备，降低转移成本；培育发展优势产业，提供更多合资、合作可能，有效承接东部产业转移；通过整体规划、分工协作、共同发展来尽快搭建产业链平台；与产业转移的趋势相结合，主动融入高新技术产业的分工合作；不断完善公共配套，提高综合竞争力（张先进和容宁，2008）。西部地区承接产业转移的策略包括产业转移时机选择、组合策略、差异化策略和优选化策略（赵坚，2009）。以广西为例，现阶段在承接区际产业转移过程中，大力发展金融产业、积极构建有效的地方系统性的金融政策体系及制定和实施有效的金融倾斜政策有着相当的必要性，与此同时，还应加大对基础设施建设的投入、改善产业发展的基础条件、提高政府行政效能，以及实施以出口加工业、临海工业、物流业、优势资源产业为重点的产业发展战略等（蒋满元，2008；潘永和常庆，2009）。我国中部地区应加大对东部地区产业转移的承接力度，完善地方产业配套体系及设施，提高集聚产业内部分工协作程度，积极鼓励中小企业集群式创新，促进资源、要素的自由流动和合理配置，制定较为完善的产业集聚战略与政策，推进政府职能由管理型向服务型转变（郭晓远和李红昌，2011）。针对中部地区产业的具体情况，有学者提出了承接产业反梯度转移的引导政策，包括培育各具特色的产业聚集区和产业基地、加快经济结构调整并培育各省特色产业等内容（彭文斌和周善伟，2012）。以安徽承接长三角产业转移为研究对象，学者们还提出了优化区域金融生态、强化"区域金融概念"、深度融入长三角金融一体化体系、健全融资体系、构建必要的融资平台、灵活利用货币政策工具、健全信贷管理机制等对策建议（吴成颂，2009；唐雪凡，2009）；湖南省承接沿海地区劳动密集型产业转移的相应建议包括健全招商引资运行机制、提高产业配套能力、加快发展现代服务业、合理选择承接产业、优化劳动力资源、建立完善的城市网络体系以及促进区域经济分工等（杨毅，2010）；江西承接产业转移的政策主要包括建设产业转移示范区、实行跨区域土地"占补平衡"的差别化土地政策等（宋煜，2012）。而在东部地区的案例研究中，有学者提出通过加大转移支付力度、增加科技投入、税收优惠、政策性金融支持、加强基础设施建设等措施，把广东省内的产业从珠三角向广东两翼和粤北地区转移（刘艳艳等，2011）；江苏省区域内产业转移主要依托"南北飞地开发区式"模式的南北共建产业园，即规划、招商、经营以苏南为主，土地、劳动力、环境配套以苏北为主，实现苏南向苏北的产业转移（孙君和姚建凤，2011）。

# 参 考 文 献

阿瑟·刘易斯. 1984. 国际经济秩序的演变. 乔依德译. 北京：商务印书馆.

安虎森. 2004. 区域经济学通论. 北京：经济科学出版社.

巴克利，卡森. 2005. 跨国公司的未来. 冯亚华，池娟译. 北京：中国金融出版社.

白孝忠. 2009. 国际产业转移的新特点及其对全球经济的影响. 江苏商论，(5)：129-131.

陈刚，刘珊珊. 2006. 产业转移理论研究：现状与展望. 当代财经，(10)：91-96.

陈刚，张解放. 2001. 区际产业转移的效应分析及相应政策建议. 华东经济管理，(2)：24-26.

陈计旺. 1999. 区际产业转移与要素流动的比较研究. 生产力研究，(3)：64-67.

陈计旺. 2001. 地域分工与区域经济协调发展. 北京: 经济管理出版社.

陈建军. 2002a. 中国现阶段产业区域转移的实证研究——结合浙江 105 家企业的问卷调查报告的分析. 管理世界, (6): 64-74.

陈建军. 2002b. 中国现阶段的产业区域转移及其动力机制. 中国工业经济, (8): 37-44.

陈建军, 葛宝琴. 2008. 区域协调发展内生机制的理论研究——以要素流动和产业转移为基点. 中国矿业大学学报 (社会科学版), (4): 59-66.

陈娇. 2011. 区域产业转移促进产业升级研究. 西安: 西北大学硕士学位论文.

陈蕊. 2007. 区域产业梯度转移调控研究. 合肥: 合肥工业大学博士学位论文.

陈秀莲. 2006. 中国—东盟自由贸易区对产业转移的影响. 开放导报, (5): 92-93.

陈甬军, 徐强. 2003. 产业集聚的稳定性与演变机制研究. 东南学术, (5): 65-72.

戴宏伟. 2006. 产业梯度产业双向转移与中国制造业发展. 经济理论与经济管理, (12): 45-70.

丁建军. 2011. 产业转移的新经济地理学解释. 财经科学, (1): 35-42.

董国辉. 2003. 经济全球化与“中心—外围”理论. 拉丁美洲研究, (2): 50-54.

多淑杰. 2010. 产业区域转移影响因素的实证分析. 山东社会科学, (8): 93-97.

冯根福, 刘志勇, 蒋文定. 2010. 我国东中西部地区间工业产业转移的趋势、特征及形成原因分析. 当代经济科学, 32 (2): 1-9.

高永进. 2006. 我国应对国际产业转移的财政政策. 财经研究, (3): 34-36.

顾朝林. 2003. 产业结构重构与转移——长江三角洲地区及主要城市比较研究. 南京: 江苏人民出版社.

关满博. 1997. 东亚新时代的日本经济——超越“全套型”产业结构. 上海: 上海译文出版社.

郭晓远, 李红昌. 2011. 基于 NEG 理论的中东部地区产业集聚比较研究. 中州学刊, 7 (4): 67-69.

胡俊文. 2003. “雁行模式”理论与日本产业结构优化升级——对“雁行模式”走向衰落的再思考. 亚太经济, (4): 23-26.

荒山裕行. 1995. 三次产业部门两地区模式中的所得转移. 日本问题研究, (1): 24-30.

黄建清, 郑胜利. 2002. 国内集群研究述论. 学术论坛, (6): 55-58.

计志英. 2008. 国际产业转移新趋势下利用外资的战略思考. 财会月刊, (3): 11-13.

蒋乐. 2009. 论国际产业转移过程中我国产业面临的机遇与挑战. 现代商贸工业, (12): 105-106.

蒋满元. 2008. 有效承接发达地区产业转移的金融政策理性选择——以广西为例. 广西大学学报, 30 (6): 9-13.

金东来, 刘向阳. 2007. 产业转移发展历程以及现状分析. 科技广场, (4): 54-56.

金祥荣. 2012. 谭立力环境政策差异与区域产业转移. 浙江大学学报, 42 (5): 51-60.

李传裕. 2010. 承接产业转移背景下欠发达地区的人力资源发展战略——以广东省梅州市为例. 生产力研究, (8): 135-137.

李国平, 杨开忠. 2000. 外商对华直接投资的产业与空间转移特征及其机制研究. 地理科学, (4): 102-108.

李娟, 郑平. 2011. 东莞外资主导型产业集聚与产业转移——基于新经济地理的分析. 华东经济管理, 25 (1): 62-65.

李俊杰. 2004. 投资环境研究述评. 人文地理, (5): 34-39.

李松志, 刘叶飚. 2005. 欠发达地区县域经济可持续发展障碍与对策. 资源开发与市场, (2): 124-125, 158.

李新春. 2000. 企业联盟与网络. 广州: 广东人民出版社.

李轶敏. 2009. 国外产业转移研究的理论综述. 湖南工程学院学报, (2): 6-10.

李颖, 杨慧敏, 刘乃全. 2012. 新经济地理视角下产业转移的动力机制. 经济管理, 34 (3): 30-40.

李占国, 孙久文. 2011. 我国产业区域转移滞缓的空间经济学解释及其加速途径研究. 经济问题, (1): 6-8.

梁琦. 2004. 产业集聚集论. 北京：商务印书馆.

林群慧，陈冠益，范志华，等. 2011. 我国区域产业梯度转移中的环境风险及对策. 24（7）：807-811.

刘汉成，夏亚华. 2012. 中国承接国际产业转移的现状、问题及政策建议. 中国经贸导刊，（5）：34-35.

刘红光，卫东，刘志高. 2011. 区域间产业转移定量测度研究——基于区域间投入产出表分析. 中国工业经济，（6）：13-16.

刘艳艳，陈雪梅，刘京鹏. 2011. 促进珠三角地区产业省内转移的政策建议. 特区经济，（8）：20-21.

卢根鑫. 1994. 试论国际产业转移的经济动因及其效应. 上海社会科学院学术季刊，（4）：33-42.

卢根鑫. 1997. 国际产业转移论. 上海：上海人民出版社.

罗建华，邱先裕. 2005. 国际产业转移与中国区域经济的发展. 山西科技，（1）：8-10.

罗美娟，杨先明，梁戈夫，等. 2007. 加快我国地区之间产业转移对策研究. 经济界，（4）：76-81.

吕冰洋，余丹林. 2009. 中国梯度发展模式下经济效率的增进——基于空间视角的分析. 中国社会科学，（6）：60-72.

马永欢，周立华. 2008. 我国循环经济的梯度推进战略与区域发展模式. 中国软科学，（2）：82-88.

毛蕴诗，汪建成. 2002. 大企业集团扩展路径的实证研究——对广东 40 家大型重点企业的问卷调查. 学术研究，（8）：5-8.

牛青山. 2011. 我国承接国际产业转移的现状与对策. 山西大学学报（哲学社会科学版），34（4）：135-139.

潘伟志. 2003. 论经济全球化与加快产业转移. 生产力研究，（4）：209-216.

潘伟志. 2004. 产业转移内涵、机制探析. 生产力研究，（10）：119-120.

潘未名. 1994. 跨国公司的海外生产对母国产业空心化的影响. 国际贸易问题，（12）：24-29.

潘永，常庆. 2009. 广西承接东部产业转移的战略选择——基于 SWOT 方法的分析. 广西社会科学，166（4）：26-29.

彭文斌，周善伟. 2012. 反梯度视角下中部地区承接沿海产业转移的研究. 当代经济管理，34（12）：82-86.

邱成利. 2001. 制度创新与产业集聚的关系研究. 中国软科学，（9）：100-103.

瞿忠琼，欧名豪，厉伟. 2007. 劳动力二元结构、产业国际转移障碍与中国对外政策选择. 经济地理，27（5）：730-733.

山泽逸平. 1971. 日本经济发展与国际劳动分工. 东京：东洋经济出版社.

沈滨，宋鹏程. 2012. 产业转移的新经济地理学解释. 商业时代，33：130-131.

石东平，夏华龙. 1998. 国际产业转移与发展中国家产业升级. 亚太经济，（10）：5-9.

石奇. 2004. 集成经济原理与产业转移. 中国工业经济，（10）：5-12.

宋群. 2005. "十一五"时期统筹我国产业结构升级与国际产业转移的建议. 经济研究参考，52：1-17.

宋煜. 2012. 江西承接产业转移的基本特征、问题及政策启示. 江西社会科学，（9）：70-74.

孙浩进. 2012. 国内外主要产业转移理论比较与评析. 福建论坛（人文社会科学版），（2）：36-39.

孙静. 2009. 新经济地理学视角下的 FDI 区位选择研究——基于中部地区省际面板数据的实证分析. 郑州：郑州大学硕士学位论文.

孙君，姚建凤. 2011. 产业转移对江苏区域经济发展贡献的实证分析——以南北共建产业园为例. 经济地理，31（3）：432-436.

谭介辉. 1998. 从被动接收到主动获取——论国际产业转移中我国产业发展战略的转变. 世界经济研究，（6）：65-68.

唐雪凡. 2009. 安徽省承接东部产业转移所面临的问题与对策——以梯度转移理论为视角. 黑龙江对外经贸，176（2）：46-49.

王方方，陈恩. 2011. 产业转移中的企业自我选择效应分析——基于区域产业结构理论的演变. 经济与管理，25（5）：35-40.

王然. 2009. 我国产业转移的影响因素与发展趋势. 兰州学刊，（2）：175-177.

王文成，杨树旺. 2004. 中国产业转移问题研究：基于产业集聚效应. 中国经济评论，（8）：16-20.

王先庆. 1997. 跨世纪整合：粤港产业升级与产业转移. 广东商学院学报，（2）：31-36.

王先庆. 1998. 产业扩张. 广州：广东经济出版社.

魏后凯. 2003. 产业转移的发展趋势及其对竞争力的影响. 福建论坛（经济社会版），（4）：11-15.

魏玮，毕超. 2010. 区际产业转移中企业区位决策实证分析——以食品制造业为例. 产业经济研究，（2）：46-54.

吴成颂. 2009. 产业转移承接的金融支持问题研究——以安徽省承接长三角产业转移为例. 学术界，138（5）：181-187.

吴晓军，赵海东. 2004. 产业转移与欠发达地区经济发展. 当代财经，（6）：95-99.

夏禹龙，刘吉，冯之浚，等. 1983. 梯度理论和区域经济. 科学学与科学技术管理，（2）：5-6.

小岛清. 1987. 对外贸易论. 周宝廉译. 天津：南开大学出版社.

杨盛标，张亚斌. 2012. 经济活动的聚集与扩散分析——新经济地理分析框架的逻辑基础. 湖南大学学报（社会科学版），23（6）：68-72.

杨毅. 2010. 湖南承接沿海地区产业转移的思考. 特区经济，（8）：193-195.

余慧倩. 2004. 长三角需审慎对待国际产业转移. 江南论坛，（6）：9-11.

俞国琴. 2007. 国内外产业转移理论回顾与评述. 长江论坛，（5）：31-38.

臧旭恒，何青松. 2007. 试论产业集群租金与产业集群演进. 中国工业经济，（3）：5-13.

张黎黎，马文斌. 2010. 国内外产业转移的相关理论及研究综述. 江淮论坛，（5）：23-29.

张沁. 2012. 浅谈我国区际产业转移的应对政策与措施. 湖北农村金融研究，（1）：34-37.

张弢，李松志. 2008. 产业区域转移形成的影响因素及模型探讨. 经济问题探索，（1）：49-53.

张为付. 2006. 制造业与服务业国际转移特点比较. 管理世界，（4）：148-149.

张先进，容宁. 2008. 中西部地区承接产业转移应注意的问题与对策研究. 改革与战略，24（4）：112-114.

张兆同. 2011. 产业转移政策的有效性研究. 现代经济探讨，（10）：9-12.

赵峰，姜德波. 2011. 产业转移的诱因分析与趋势预测. 学术研究，（10）：62-67.

赵坚. 2009. 我国西部地区承接产业转移的时机选择与策略研究. 经济体制改革，（2）：172-175.

郑燕伟. 2000. 产业转移理论初探. 中共浙江省委党校学报，（3）：19-22.

周文. 1999. 产业空间集聚机制理论的发展. 经济科学，（6）：96-101.

朱华友，孟云利，刘海燕. 2008. 集群视角下的产业转移的路径、动因及其区域效应. 社会科学家，（7）：43-47.

朱宜林. 2005. 我国地区产业转移问题研究综述. 生产力研究，（9）：228-230.

邹积亮. 2007. 产业转移理论及其发展趋向分析. 中南财经政法大学学报，（6）：51-56.

邹松涛，陈永华. 2009. 长三角区域产业转移的实现机制分析. 物流与采购研究，15：66-69.

邹璇. 2011. 要素流动、产业转移与经济增长——空间经济学框架下的理论探索. 北京：经济科学出版社.

Aitken B J，Harrison E. 1999. Do domestic firms benefit from direct foreign investment? American Economic Review，89（3）：605-618.

Akamatsu K. 1962. A historical pattern of economic growth in developing countries. The Developing Economies，（1）：3-25.

Andres R C. 1996. Multinationals, linkages and economic development. American Economic Review, 88 (5): 1290-1310.

Baldwin, Richard E, Okubo T. 2006. Heterogeneous firms, agglomeration and economic geography: spatial selectionand sorting. Journal of Economic Geography, 6 (3): 323-346.

Berechman J. 1994. A network model for the evaluation of the impact of European aviation markets liberalization on the position of schiphol airport. Final Report, 1 (2): 351-362.

Brakman S H, Garretsen R, Gigengack C. 1996. Negative feedbacks in the economy and industrial location. Journal of Regional Science, 136 (4): 631-651.

Charney A H. 1983. Intraurban manufacturing location decisions and local tax differentials. Journal of Urban Economics, 14: 184-205.

Cumings B. 1984. The origins and development of the northeast Asian political economy: industrial sector, product cycle and political consequences. International Organization, (4): 1-40.

Davis D R. 1998. The home market, trade and industrial structure. American Economic Review, 88: 1264-1276.

Dicken P. 1992. Global Transfer: the Internationalization of Economic Activity. New York: Guilford Press.

Dicken P. 1994. Global-local tensions: firm and states in the global space economy. Economic Geography, 70 (2): 101-128.

Dixit A K, Stiglitz J E. 1977. Monopolistic competition and optimum product diversity. American Economic Review, (67): 297-308.

Dumai G, Ellison G, Glaeser E. 2002. Geographic concentration as a dynamic process. The Review of Economic and Statistics, 84 (02): 193-204.

Dunning J H. 1977. Trade, Location of Economic Activity and the Multinational Enterprise: a Search for an Eclectic Approach. The International Allocation of Economic Activity. London: Macmillan.

Dunning J H. 1981. International Production and the Multinational Enterprise. London: George Allen&Unwin.

Dunning J H. 1988. The eclectic paradigm of international production: a restatement and some possible extension. Journal of International Business Studies, 19 (1): 1-31.

Erickson R A, Wasylenko M. 1980. Firm relocation and site selection in suburban municipalities. Journal of Urban Economics, (8): 69-85.

Fujita M, Krugman P, Mori T. 1999. On the evolution of hierarchical urban systems. European Economic Review, 43 (2): 209-251.

Gereffi G. 1999. A Commodity Chains Framework for Analyzing Global Industries. Working Paper for IDS.

Giraud A, Mirza H. 2006. Multinational enterprise policies towards international intrafirm technology transfer: the case of Japanese manufacturing firms in Asia. East Asia, 23 (4): 3-21.

Gregersen B, Johnson B. 1997. Learning economies, innovation systems and European integration. Regional Studies, 31 (5): 467-478.

Haddad M, Harrison. 1993. Are three spillovers from direct foreign investment. Panel Data for Morocco Journal, 42: 51-74.

Hakanson L. 1979. Towards a theory of location and corporate growth//Spatial Analysis, Industry and the Industrial Evoiroment. vol I: Industrial System. Chichester: Wiley.

Hanson G H. 1998. Regional adjustment to trade liberalization. Regional Science and Urban Economics, 28 (4): 419-444.

Humphrey，Schmitz. 2002. How does insertion in global value chains affect upgrading in industrial cluster. Regional Studies，（9）：1017-1027.

Hwang K. 2004. Why do Korean firms invest in the EU? Evidence from FDI in the peripheral regions. Dissertation and Theses-Gradworks.

Ihori T，Yang C C. 2009. Interregional tax competition and intraregional political competition：the optimal provision of public goods under representative democracy. Journal of Urban Economics，66（3）：210-217.

Kemper N J，Pellenbarg P H. 1997. De randstadeen hogedrukpak. Economisch Statistische Berichten，82：508-512.

Klmienko M. 2004. Competition，matching，and geographical clustering at early stages of the industry life cycle. Journal of Economics and Business，56（3）：178-195.

Krugman P. 1991. Increasing returns and economic geography. Journal of Political Economy，（3）：483-499.

Maccarthy B L，Atthirawong W. 2003. Factors affecting location decisions in international operations——a delphi study. International Journal of Operations & Production Management，23：794-818.

Markusen J R，Venables A J. 2000. The theory of endowment，intra-industry and multinational trade. Journal of International Economics，52（2）：209-234.

Martin P，Ottaviano G. 2001. Growth and agglomeration. International Economic Review，42（4）：947-968.

Olivier B，Katz L. 1992. Regional fluctuations. Economic Activity，1：1-75.

Ottaviano G. 2011. "New" new economic geography：firm heterogeneity and agglomeration economies. Journal of Economic Geography，（3）：231-240.

Ottaviano G，Tabuchi T，Thisse J F. 2002. Agglomeration and trade revisited. International Economic Review，43：409-436.

Ozawa T. 1993. Foreign direct investment and structural transformation：Japan as a recycler of market and industry. Business and Contemporary World，（2）：129-150.

Ozawa T，Castello S. 2001. Toward an international business paradigm of endogenous growth：multinationals and governments as co-endogenisers. International Journal of the Economics of Business，（2）：211-228.

Pennings E，Sleuwagen L. 2000. International relocation：firm and industry determinants. Economice Letters，67（2）：179-186.

Pitelis D C N. 2009. The sustainable competitive advantage and catching up of nations：FDI，clusters and the liability（asset）of smallness. Management International Review，49（1）：95-120.

Prebisch R. 1962. The Economic Development of Latin America and Its Principal Problems. Economic Bulletin for Latin America.

Puga D. 2010. The Magnitude and causes of agglomeration economics. Journal of Regional Science，（50）：203-219.

Puga D，Venables A J. 1996. The spread of industry：spatial agglomeration in economic development. Journal of the Japanese and International Economies，10（4）：440-464.

Reuch J E. 1993. Does history matter only when it matters a little? The case of city industry location. Quarterly Journal of Economics，108（3）：843-867.

Schmenner R W. 1980. Choosing new industrial capacity：on-site expansion branching and relocation. Quarterly Journal of Economics，95：103-119.

Schmenner R W. 1982. Making Business Location Decisions. Prentice Hall：Englewood Cliffs.

Smith D F，Florida R. 1994. Agglomeration and industrial locat ion: an econometric analysis of Japanese affiliated manufacturing establishments in automotive-related industries. Journal of Urban Economics，36: 23-41.

Smith D M. 1971. Industrial Location: an Economic Analysis. NewYork: John Wiley&Sons.

Tan Z A. 2002. Product cycle theory and telecommunications industry—foreign direct investment，government policy，and indigenous manufacturing in China. Telecommunications Policy，26: 17-30.

Taylor M J. 1975. Organizational growth，spatial interaction and location decision-making. Regional Studies，9: 313-323.

Thompson J H. 1966. Some Theoretical consideration for manufacturing geography. Economic Geography，（3）: 127-145.

van Dijk J，Pellenbarg P H. Firm relocation decisions in The Netherlands: an ordered logitapproach. Papers in Regional Science，79: 191-219.

Vernon R. 1966. International investment and international trade in the product cycle. The Quarterly Journal of Economics，80（2）: 190-207.

Watts H D. 1980. The Large Industrial Enterprise. London: CroomHelm.

Wheeler D，Mody A. 1992. International investment location decision: the case of U.S. Journal of International Economics，33: 57-76.

Zeng D Z. 2006. Redispersion is different from dispersion: spatial economy of multiple industries. Annals of Regional Science，40（2）: 229-247.

# 第三章
# 产业转移与空间结构演化的关联机制

Forslid 和 Ottaviano 等学者的研究提出了基于"要素流动（factor mobility）"模型（Krugman，1991）和"垂直关联（vertical linkage）"模型（Krugman and Venables，1995）的可解析模型（closed form solution）（Forslid and Ottaviano，2003；Ottaviano and Robert-Nicoud，2006）。在此基础上进行的对比分析发现，两类模型的均衡性和稳定性具有本质一致性（fundamental equivalence），从而证明了新经济地理理论满足"内部一致性问题（within-equivalence）"（Ottaviano，2007）。此外，Puga（1999）基于克鲁格曼的"中心—外围"非线性分析框架，尝试在区域经济背景下纳入产业关联的影响。但是，这些研究并没有得到一个解析性良好的分析框架，以充分反映区域经济现实背景，具体包括：存在高流动性和高素质的技术劳动力、低流动性的普通劳动力，以及产业在现代和传统部门中的影响等机制。本书在 FE（footloose entrepreneurs）模型的基础上，构建了一个容易操作的可解析综合模型，完成了在区域经济背景下对要素流动和产业关联的整合。该模型具有便利的解析性，不仅能够透视此前被新经济地理（new economic geography，NEG）理论所忽视的空间经济特征，还可以为进一步研究空间异质性，展开系统的政策分析提供较以往模型更加优良的理论平台。

本章的模型整合了两类生产要素和一种（水平）产业关联关系。即生产中包含了三类投入品：技术劳动力，即以人力资本为代表的新经济下的高端生产要素，普通劳动力和（差别化产品构成的）中间投入。后者考虑到现代部门的生产中，由其他产品复合而形成的中间投入品必不可少，同时也是反映该部门在可变投入部门非普通劳动力投入密集度的重要因素，在产业投入—产出关联关系中，这一投入的比重则反映了该生产部门在整个产业体系中的前向和后向关联方面的带动作用，是反映产业集群和城市化经济的配套支撑作用的重要因素。

# 第一节　导　论

基于 NEG 理论视角，将产业转移与空间格局的相互关联放在不完全竞争市场中的经济相互作用框架下进行考察。这一思路符合空间不可能定理，即对空间经济现象的一般均衡分析，应立足于不完全竞争市场结构的框架。垂直关联对空间格局演化的影响，虽然早已得到实证研究的支持，但是，由于早期 NEG 的垂直关联模型非线性问题难以操控，制约了这一理论模型在解释现实中的应用。有学者针对垂直关联系列模型进行了系统的整合，并利用其中的可解析版本（俗称 FEVL）进行了全面的均衡和福利分析（Ottaviano and Robert-Nicoud，2006）。但是，该研究局限于国际经济背景，要素流动性受到严格限制。直接应用这一框架分析区域经济背景的问题时，模型的可解析性能将急剧下降，难以操控。

人口、就业和财富等社会经济空间格局所显示出的空间不平衡特性是区域经济一般理论所要解释的最基本现象，其核心是对集聚经济特性的解释。在城市与区域经济有关这一论题的研究中，新经济地理理论已经成为其中最为重要的解释框架之一（Fujita and Thisse，2002）。该理论将空间格局的不平衡性解释为空间经济在不完全竞争市场基础上相互作用的结果，其核心观点是这种相互作用能够引发一种累积因果机制，使瞬间的区际非对称扰动也可能引发经济地理格局的持久剧变，这种基于市场微观相互作用的"第二性自然"（second nature）引发的自强化的空间组织过程，一方面，与基于地区自然禀赋形成的"第一性自然"（first nature）和其引发的区域专业化分工过程具有显著差别；另一方面，新经济地理理论所阐释的以上空间组织机制，是通过描述居民偏好和厂商生产技术的微观行为参数显示，具有明确的微观机制，因此也显著区别于传统的城市与区域经济理论中的地方化技术外部性机制（Fujita et al.，1999；Ottaviano and Robert-Nicoud，2006）。

一般认为，新经济地理模型所展示的累积因果的自组织机制是由尝试层面的规模经济和贸易成本决定的三类作用力构成（Baldwin，2001；Baldwin et al.，2003）："市场接近"（market access）、"市场拥挤"（market crowding）和"生活/生产成本"三大效应。其中，"市场接近"效应和"生活/生产成本"效应，源自于区际间贸易存在成本，产品生产厂商接近其主要的需求市场（即"后向关联"机制）和产品买方接近其主要的供给厂商（即"前向关联"机制）都将有效地节约买卖双方的区际贸易成本，因此，这两种效应被认为是促进集聚的作用力；"市场拥挤"效应则源自于特定地区内厂商增加导致的单个厂商的市场份额下降、产出价格下降或要素竞价升高等降低厂商利润的影响，因此，与其他两种效应相对，被称为促使分散的作用力。但实际上，就新经济地理基础模型而言，两类市场效应所针对的市场仅为产品市场①。此外，"生活/生产成本"效应，两者无论是针对最终品消费者，还是下游生产厂商，都是前向关联的供给厂商集聚的综合结果。

　　克鲁格曼的"中心—外围"（core-periphery，CP）模型展示了基于居民消费市场的前后向关联效应；延续"中心—外围"模型的要素和生产技术建模技巧的"垂直关联"（vertical linkage，VL）模型（Venables，1996；Krugman and Venables，1995），进一步增添了中间投入品市场的前后向关联机制，并最终形成 Puga 的整合模型，此后被称为 CPVL 模型。但是，由于这一系列模型过于复杂，长期以来一直是"用户界面不友好"的理论模型，难以进行理论应用和实证分析，因而阻碍了该模型全部潜力的释放。直到 Ottaviano 等对 CP 模型进行改造后，形成自由企业家模型（footloose entrepreneurs，FE）（Forslid and Ottaviano，2003），以及在此基础上的 FEVL 模型（Baldwin et al.，2003；Ottaviano and Robert-Nicoud，2006）。该理论模型克服了 CPVL 模型难以解析的重大局限，支持了新经济地理理论一以贯之的实证特性（positive implication）；同时，也展示了要素流动和垂直关联两类集聚动力来源在影响区际福利的规范特性（normative implication）方面的差异。

　　本章研究的目的是基于新经济地理理论阐释产业转移的影响因素及其动力机制，同时，展示这些影响机制作用下的空间格局演化特征。为了能够明晰的展示各类影响因素，本章在 FE 模型的基础上，引入了产业关联机制，以观测处于产业链中下游环节的厂商区位决策的影响因素，同时，这一分析结果也可为此后的实证研究提供更为清晰的计量模型基础，如图 3-1 所示。

　　投入产出网络（CPVL）模型，是在"中心—外围"（CP）模型基础上，

---

　　① 新经济地理的基础模型，都通过特殊的建模技巧，消除或弱化了要素市场在集聚和分散经济中的作用。

重点考察生产环节配置方面形成的集聚经济，即经济活动相关环节之间，基于中间投入品产销所形成的产出—投入网络化关联。联系新经济地理的集聚经济依托前后向关联，这一模式主要阐释的是各个生产环节受到的源自于市场的后向关联和源自于供给的前向关联，实际观测中体现为"市场潜力"和"供给临近"程度。

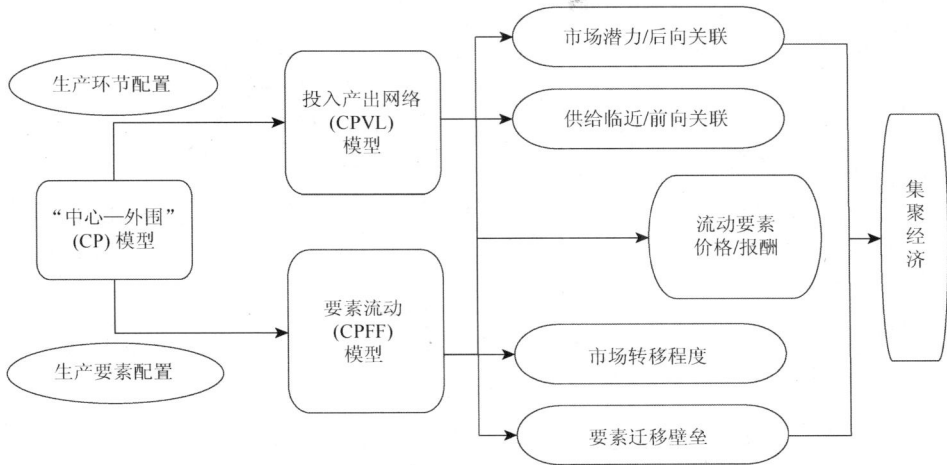

图 3-1　新经济地理模型体系及其核心影响机制和过程

要素流动（CPFF）模型，则是在"中心—外围"（CP）模型基础上，重点考察生产要素配置对集聚经济的影响，其核心是空间因素对要素所有者的禀赋及由此获得的收入的空间配置影响。对于要素的空间配置，表现为要素空间流动壁垒的影响，进而影响到要素的预期收入水平；而报酬的空间配置，则最终反映为市场空间再分布，两者分别影响集聚经济中的前向和后向关联强度。

标准的新经济地理理论框架，设置了两类要素，即本地投入要素（即不可区际流动要素）和流动要素，并对要素市场的运行尽可能的简化。本地投入要素的市场出清过程被设置为一般均衡中的最后一个市场（依据一般均衡理论瓦尔拉斯法则，这个市场将自动出清）；流动要素则通过区际间市场出清，成为决定区域市场均衡的基本方程。这种设置，是为了在探讨空间经济格局演化过程中最大程度的凸显产品市场所展示的"金钱外部性"，即通过前后向关系形成的集聚经济效应，如图 3-2 所示。

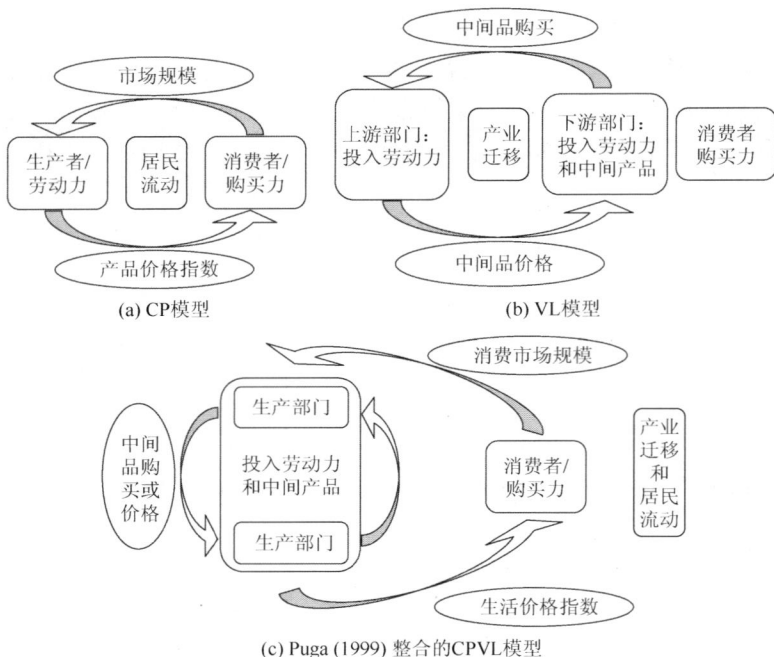

图 3-2　CPVL 模型演化脉络

# 第二节　基 本 模 型

本章构建了整合要素区际流动和产业垂直关联的新经济地理模型。该模型能够以明确的解析式形式展示影响厂商区位决策的"市场潜能"、"供给接近性"和"生活成本"等因素，并分析在以上内生和外生因素的影响下，厂商区位决策变动导致的产业转移动态，及其对长期时间尺度下空间经济格局的影响。

## 一、空间经济设定

**两区域**：包括对称的居民偏好、技术、贸易成本和不可移动要素禀赋四个方面。在指标中以下标 $r \in \{1,2\}$ 表示。

**两部门**：包括传统部门 A 和现代部门 M。两部分的特征分别是：①传统部门（A 部门），生产均质产品，采用规模报酬不变（constant return to scale，CRS）的生产技术，投入要素包括劳动力要素和复合中间产品；②现代部门（M 部门），生产异质产品，采用规模报酬递增（IRS）的生产技术，生产中需要投入复合中间产品和劳动力要素。

**两要素**[①]：技术劳动力和普通劳动力。①技术劳动力（$H$）：作为现代部门的固定投入（可以理解为从事企业研发或总部服务的劳动力要素），厂商支付给该类要素的支出是生产的固定成本之一；②普通劳动力（$L$）：是两部门的可变投入，可在部门间自由转换，厂商支付该类要素的工资计入生产的可变成本，在同一区域的两部门间相同。同时，该要素不可跨区域流动。

**贸易成本**：按照经典新经济地理模型的设置，两部门产品在区内贸易均无成本；传统部门的产品的区际贸易也假定没有成本，仅有现代部门产品存在区际贸易成本，并采用标准"冰山"交易形式。

下面对居民和厂商两类经济主体的微观行为进行设定。由于两地区对称，为了表述的简明，本部分所设定的两地区居民和厂商行为完全一致，各类指标均暂时省略表示地区的下标。

## 二、居民消费

两地区居民消费偏好相同，代表性消费者的效用函数 $U$[②]：

$$U = \frac{(M^h)^\mu A^{1-\mu}}{\mu^\mu (1-\mu)^{1-\mu}}, \quad M^h = \left(\int_{i=0}^N m_{hi}^{(\sigma-1)/\sigma} \mathrm{d}i\right)^{\sigma/(\sigma-1)}; \quad 0 < \mu < 1 < \sigma \qquad (3-1)$$

式中，$A$ 为居民对传统产品的消费量；现代制成品为水平差别化的异质品，$M^h$ 为居民对该类产品的复合消费集，表示为满足 CES（不变替代弹性）子效应函数形式，反映了迪克西特-斯蒂格利茨（DS）（Dixit and Stiglitz，1977）形式的多样化偏好；$m_{hi}$ 为居民对第 $i$ 种制成品的消费量，下标 $h$ 表示异质制成品在居民消费领域的供给，以此后在生产环节的供给形成区分；$N$ 为两地区经济体中异质制成品种类的总数；$\mu$ 和 $\sigma$ 为外生变量，由柯布-道格拉斯（CD）函数性质可知，$\mu$ 为居民对异质品的消费支出占总支出的比重，异质品复合消费集 $M^h$ 中的 $\sigma > 1$ 表示不变替代弹性。

设农产品价格为 $p_A$，第 $i$ 种制成品的市场价格为 $p_i$，代表性消费者的可

---

① 将 Krugman（1991）劳动力要素设置方式进行拓展的较早研究是由 Martin 和 Rogers（1995）构建的，后来被称为自由资本模型（footloose capital，FC），此后 Forslid 和 Ottaviano（2003）进一步构建了 FE 模型，两类模型的核心改变，是将 Krugman（1991）设定的要素部门间壁垒，改变为可变投入在部门间自由流动，而固定投入仅用于现代部门，这种变动大大简化了新经济地理理论模型的均衡分析，可以得出解析解。此后，Baldwin（2003）、Ottaviano 和 Robert-Nicoud（2006）进一步强调了将现代部门的投入，将对应要素分为固定投入和可变投入，并对应不同类型要素和产品的模型，均称为 FE 式模型，诸如本章中多次提到的 FEVL 模型等。但本章的模型，则延续了标准 FE 模型的设定，固定投入中包含了可以区际流动的人力资本和较高的技术劳动力，由此区别于 FEVL 模型。

② 分母中引入常量 $\mu^\mu(1-\mu)^{1-\mu}$ 是为了简化间接效用的表达形式。

支配收入为 $e$，其预算约束满足 $p_A A + \int_{i=0}^{N} p_i m_{hi} \mathrm{d}i \leqslant e$，对其行为作效用最大化求解，可得消费决策和间接效用分别为

$$A = \frac{(1-\mu)e}{p_A}, \quad M^h = \frac{\mu e}{G}, \quad G \equiv \left( \int_{i=0}^{N} p_i^{1-\sigma} \mathrm{d}i \right)^{\frac{1}{1-\sigma}}, \quad m_{hi} = \mu e \frac{p_i^{-\sigma}}{G^{1-\sigma}} \quad (3\text{-}2)$$

$$V = \frac{e}{p_A^{1-\mu} G^\mu} \quad (3\text{-}3)$$

式中，$G$ 为制成品消费集的复合价格指数；$p_A^{1-\mu} G^\mu$ 可视为居民获得单位"间接效用"的成本支出，即"生活成本指数"。

## 三、厂商生产

本模型将构建整合（技术劳动力）要素流动和（生产中基于中间投入形成的）垂直关联两大作用机制的模型，在 Forslid 和 Ottaviano 构建的"自由企业家"（footloose entrepreneurs，FE）要素流动模型基础上，进一步将可变投入拓展为复合了普通劳动力要素与中间投入的综合投入形式，由此实现理论机制的完整性与模型的易操作性的相互协调。以下重点阐释两个生产部门的技术特点和厂商生产决策，同时，按照经典新经济地理框架（Krugman，1991）的方式设定不同部门产品的贸易成本。

### 1. 传统部门

传统部门在规模报酬不变的技术下生产，其产品市场为完全竞争市场，产品在区际之间忽略贸易成本。将该产品设为计价物（numeraire），则两地区的均质品价格 $p_A = 1$。传统部门中投入两类要素：普通劳动力 $L$ 和复合中间投入品 $M^A$，其中普通劳动力区位固定，只能在地区内部门间自由转换，本模型中普通劳动力要素的所有者对其要素投入及自身生活区位的决策不是内生确定的，而是由外生因素确定的，即通常所设定的普通劳动力要素区际间不可以自由流动。不妨设该部门的生产函数为

$$A = \frac{(M^A)^\eta L^{1-\eta}}{(1-\eta)^{1-\eta} \eta^\eta}, \quad M^A = \left( \int_{i=0}^{N} m_{Ai}^{(\sigma-1)/\sigma} \mathrm{d}i \right)^{\sigma/(\sigma-1)} \quad (3\text{-}4)$$

式中，外生变量 $\eta \in [0,1]$ 表示产出关于复合制成品投入集的弹性，弹性越大说明中间投入品变动对产出的影响越大；$m_{Ai}$ 为传统部门对第 $i$ 种制成品的消费量，为了增强模型的可操作性，中间投入的复合形式采用与居民消费的复合形式同型的 CES 函数形式。完全竞争市场中，销售额全部用于支付产品成本，经济利润为零。通过支出最小化求解，可得该部门要素投入决策满足以下关系：

$$1 = p_A = G^\eta w^{1-\eta}, \quad \frac{GM^A}{\eta} = \frac{wL^A}{1-\eta} = p_A A^s = A^s \qquad (3\text{-}5)$$

式中，$w$ 为劳动力工资，劳动力要素可以在部门间自由流动，模型中直接考察劳动力要素在部门间市场出清的情形，即总是满足两部门劳动力工资相等（$w^A = w^M = w$）的情形；$A^s$ 为特定地区传统部门的均质品供给量，即地区总产量；厂商最优投入组合下的单位产出成本为 $G^\eta w^{1-\eta}$。进一步可以得到传统部门对特定种类异质品的需求：

$$m_{Ai} = \eta A^s \frac{p_i^{-\sigma}}{G^{1-\sigma}} \qquad (3\text{-}6)$$

2. 现代部门

现代部门生产的产品是具有水平差别化的连续产品集，生产技术具有规模经济，厂商满足一个地区只设一个工厂且专门生产一种产品；同时，产品市场为 Dixit-Stiglitz 垄断竞争结构。为了使模型变得更加简明，这里采用的复合形式与传统部门完全一致；同时，厂商的固定投入与 FE 模型的设置一致，代表性厂商的固定投入仅限于技术劳动力要素，投入量为 $h$。

本模型在现代部门中引入产业垂直关联（vertical linkage，VL）的方式与 Ottaviano 和 Robert-Nicoud（2006）所构造的可解析的垂直关联模型（习惯称为 FEVL 模型）不同。后者仅仅适合于针对国际贸易背景下缺少要素区际流动的空间经济背景。而本模型的设置，则是在存在流动要素的区域经济背景下简洁地引入产业垂直关联机制的可解析模型。

以代表性厂商为对象，不妨省略表示异质品类型的标记。设 $a_M$ 为现代部门单位产出所需要的复合投入系数，$x$ 为厂商产量，$m_{Mi}$ 为现代部门对第 $i$ 种制成品的消费量，其可变投入总量满足：

$$a_M x = \frac{L^{1-\eta}(M^M)^\eta}{(1-\eta)^{1-\eta}\eta^\eta}, \quad M^M = \left(\int_{i=0}^{N} m_{Mi}^{(\sigma-1)/\sigma} \mathrm{d}i\right)^{\sigma/(\sigma-1)} \qquad (3\text{-}7)$$

厂商的最优化决策分为两步，第一步为可变投入支出最小化决策，可以得到可变成本 $C_V$ 和作为固定投入的要素需求量：

$$C_V = (w^{1-\eta}G^\eta)a_M x = a_M x, \quad \frac{w \cdot L}{1-\eta} = \frac{G \cdot M^M}{\eta} = C_V, \quad m_{Mi} = \eta C_V \frac{p_i^{-\sigma}}{G^{1-\sigma}} \qquad (3\text{-}8)$$

第二步厂商决策是利润最大化。厂商利润为

$$\pi(x) = p(x) \cdot x - C(x) = [p(x) - a_M]x - rh \qquad (3\text{-}9)$$

式中，$r$ 为技术劳动力的价格；$\pi(x)$、$p(x)$ 和 $C(x)$ 分别表示厂商的利润、产品定价和总成本关于产量 $x$ 的函数；垄断竞争市场结构下，厂商具有一定的市场权力，其产品定价与销售量存在内生关联，由产品市场需求函数的价格弹性决定，由式（3-2）、式（3-4）和式（3-7）可知，$\dfrac{\partial x/x}{\partial p/p}=-\sigma$ [①]。对式（3-9）作最大化求解，得到厂商最优定价：

$$p=\frac{\sigma}{\sigma-1}a_M \tag{3-10}$$

最后，垄断竞争市场中，假设厂商可以瞬时且自由进出市场，使得所有现代部门厂商的经济利润为零，将式（3-10）代入式（3-9），解得 $\pi(x)=0$，得到厂商的竞争性产量：

$$x=\frac{\sigma-1}{a_M}rh \tag{3-11}$$

为了简化模型的表述，不妨通过选择异质品单位，使得 $a_M=(\sigma-1)/\sigma$，同时，进一步调整厂商数量 $N$ 的计量单位，使得 $h=1/\sigma$。由此简化式（3-10）和式（3-11），以及固定成本，得到：

$$p=1,\quad x=r,\quad C_V=\left(1-\frac{1}{\sigma}\right)r \tag{3-12}$$

设地区内部技术劳动力要素总量为 $H$，则地区内厂商数量 $n$ 为

$$n=\frac{H}{h}=\sigma H \tag{3-13}$$

此外，当地区内部劳动力市场出清时，由式（3-8）可以得到现代部门普通劳动需求为 $L^M=n\dfrac{(1-\eta)C_V}{w}$，结合传统部门生产函数特性，可得当地传统部门产量满足：

$$A=\frac{w(L-L^M)}{1-\eta}=\frac{wL}{1-\eta}-nC_V \tag{3-14}$$

实际上，在本模型中，传统和现代部门产品市场出清时，普通劳动力的收入占厂商可变投入支出的比重相同，由此可以得到 $wL=(A+nC_V)(1-\eta)$，能够可以直观解释式（3-14）的结果。

## 四、其他设定

按照新经济地理对现代部门产品贸易成本的标准设定，异质品在地区内部的贸易成本为零；在区际间贸易则存在成本，采用"冰山"交易形式，即为确保 1 单位产品到达异地，出厂的产品数量应为 $\tau>1$ 单位。此外，设定 $\phi=\tau^{1-\sigma}\in(0,1]$，

---

① 模型假设异质品品类为连续集，可以忽略单个厂商定价对全局经济中的异质品复合价格指数的影响。

恰好与贸易成本负相关，可用作衡量贸易的"自由度（freeness）"，即其值越大，异质品区际贸易的自由程度越高。

本章集中关注空间问题，不考虑增长因素，因此不妨将普通劳动力要素禀赋标准化为 $L=1$，同时，进一步调整技术劳动力要素的单位，将空间经济中的技术劳动力要素总量标准化为 $H=1$。同时，在基本模型分析中，设置空间经济为对称均质状态，即假定两地区居民消费偏好和厂商生产技术完全相同，贸易成本完全对称，以及两地区普通劳动力禀赋完全相同：$L_1=L_2=L/2$。此后，在进一步的分析中将考察异质空间的情形，包括设置非对称的普通劳动力要素禀赋分布格局等情形。

# 第三节　短　期　均　衡

从本部分的均衡分析开始，将增添反映地区 1 和地区 2 的下标。设 $\lambda$ 为地区 1 的技术劳动力所占比重，同时结合式（3-13），两地区的技术劳动力数量分别可以表示为 $H_1=\lambda=n_1/\sigma$ 和 $H_2=1-\lambda=n_2/\sigma$，短期均衡分析中假定 $\lambda$ 固定。

## 一、短期均衡方程组

首先，整理各地区对异质品支出的总量。以地区 1 为例，一方面，居民获得所有要素收入，且全部转化为当期的消费支出，其中比例为 $\mu$ 的部分用于购买异质品，加总后的地区购买异质品作为消费品的总支出为：$\mu(w_1L_1+r_1H_1)=\frac{1}{2}\mu G_1^{\frac{-\eta}{1-\eta}}+\frac{\mu}{\sigma}n_1r_1$；同时，厂商除了支付要素成本，还会购买部分异质品作为可变投入，该部分投入占两个部门的可变成本支出的比例均为 $\eta$，加总后的地区购置异质品作为中间投入的总支出为：$\eta(n_1C_{V1}+A_1)=\frac{\eta}{1-\eta}w_1L_1=\frac{1}{2}\frac{\eta}{1-\eta}G_1^{\frac{-\eta}{1-\eta}}$。

综合最终消费和中间投入两部分，两地区在现代部门方面的支出规模分别为

$$E_1=\frac{1}{2}\left(\mu+\frac{\eta}{1-\eta}\right)G_1^{\frac{-\eta}{1-\eta}}+\frac{\mu}{\sigma}n_1r_1,\quad E_2=\frac{1}{2}\left(\mu+\frac{\eta}{1-\eta}\right)G_2^{\frac{-\eta}{1-\eta}}+\frac{\mu}{\sigma}n_2r_2 \quad（3-15）$$

两地区厂商生产技术和市场结构均对称，出厂价相同，由贸易成本的特性，产品的异地售价均为 $\tau$，设 $\phi=\tau^{1-\sigma}$，由式（3-2）和式（3-12）可得地区异质

品价格指数：

$$G_1^{1-\sigma} = n_1 + \phi n_2, \quad G_2^{1-\sigma} = \phi n_1 + n_2 \qquad (3\text{-}16)$$

最后，由式（3-2）和式（3-4）得到消费者和厂商对于各类异质品的需求，同时，由式（3-9）得到各厂商的供给。均衡时供需相等，得到技术劳动力工资方程：

$$r_1 = \frac{E_1}{G_1^{1-\sigma}} + \phi \frac{E_2}{G_2^{1-\sigma}}, \quad r_2 = \phi \frac{E_1}{G_1^{1-\sigma}} + \frac{E_2}{G_2^{1-\sigma}} \qquad (3\text{-}17)$$

综合式（3-15）～式（3-17）所构建的短期均衡方程组，可以整理得到关于 $r_1$ 和 $r_2$ 的二元一次方程组：

$$\begin{cases} r_1 = \dfrac{1}{2}\left(\mu + \dfrac{\eta}{1-\eta}\right)\left(G_1^{\sigma - \frac{1}{1-\eta}} + \phi G_2^{\sigma - \frac{1}{1-\eta}}\right) + \dfrac{\mu}{\sigma}\left(\dfrac{n_1}{n_1 + \phi n_2}r_1 + \phi \dfrac{n_2}{\phi n_1 + n_2}r_2\right) \\[4mm] r_2 = \dfrac{1}{2}\left(\mu + \dfrac{\eta}{1-\eta}\right)\left(\phi G_1^{\sigma - \frac{1}{1-\eta}} + G_2^{\sigma - \frac{1}{1-\eta}}\right) + \dfrac{\mu}{\sigma}\left(\phi \dfrac{n_1}{n_1 + \phi n_2}r_1 + \dfrac{n_2}{\phi n_1 + n_2}r_2\right) \end{cases} \qquad (3\text{-}18)$$

## 二、空间经济机制分析

在进一步求解技术劳动力名义报酬率之前，不妨借助式（3-18）观察各类空间经济机制，其中，等式右边的第二项与 FE 模型完全一致，显示的是两地区技术劳动力的收益转化为所在地方支出后，对各地区制成品所形成的市场需求，其中，括号内的两个表达式中，分子部分显示了技术劳动力转移所产生的"市场规模"效应，分母部分则显示了这种转移同时将造成的"市场拥挤"效应，由数值特征可以发现，两种作用力权衡中，"市场规模效应"总是强于"市场拥挤"效应，因此，源自于技术劳动力转移的综合效应将表现为有利于转入地的集聚作用。等式右边第一项中左边括号中的 $\mu$ 反映的是各地区不可迁移的普通劳动者支出的影响，在没有引入中间投入的 FE 模型中，由于 $G_i^{\sigma - \frac{1}{1-\eta}} = G_i^{\sigma-1}$，即其对技术劳动力名义报酬率的影响总是与本地异质品复合价格指数变化正相关，即地区由于经济相对集聚造成的价格指数下降，在普通劳动力的市场效应影响下，是抑制当地技术劳动力报酬率上升的，这就是 FE 模型和 CP 模型中普遍存在的固定要素所有者所形成的固定市场的分散作用。以上三种效应囊括了 FE 模型中在短期均衡中体现的三种效应。在此基础上，本模型进一步引入了产业垂直关联关系，其空间经济影响机制仅在 Puga（1999）的研究中阐释过，但这一模型基于 CP 模型的非线性框架，十分复杂，难以进一步运用。本模型的阐释则十分简明且可解析。

垂直关联效应的影响渠道有两条，直接渠道是生产部门的中间投入形成的异质品市场需求，具体而言，以地区 1 为例，其对当地技术劳动力名义报酬的影响由以下表达式反映：

$$\frac{1}{2}\frac{\eta}{1-\eta}\left(G_1^{\sigma-\frac{1}{1-\eta}}+\phi G_2^{\sigma-\frac{1}{1-\eta}}\right)=\frac{1}{2}\frac{\eta}{1-\eta}\left[\left(\frac{1}{n_1+\phi n_2}\right)^{\frac{\sigma-\frac{1}{1-\eta}}{\sigma-1}}+\phi\left(\frac{1}{\phi n_1+n_2}\right)^{\frac{\sigma-\frac{1}{1-\eta}}{\sigma-1}}\right]$$

这一直接影响又可以进一步分为两部分。由于 $\left(G_1^{\sigma-\frac{1}{1-\eta}}+\phi G_2^{\sigma-\frac{1}{1-\eta}}\right)$ 反映的是

两地区普通劳动力的支出规模，不妨先从较直观的部分 $\frac{\eta}{1-\eta}$ 入手，该比例反

映了生产部门支付的可变成本中，对中间投入支出相对于对普通劳动力支出的比例，在普通劳动力支出规模不变的情况，这一系数反映了中间投入对异质品市场规模的影响，体现了产业关联中的下游产业所产生的需求拉动强度，$\eta$ 值越大，这一强度越大，在以上市场规模一定的情况下，形成的集聚作用越显

著。另一部分则是 $\left(G_1^{\sigma-\frac{1}{1-\eta}}+\phi G_2^{\sigma-\frac{1}{1-\eta}}\right)$ 所显示的影响，显然采用 $\left[\left(\frac{1}{n_1+\phi n_2}\right)^{\frac{\sigma-\frac{1}{1-\eta}}{\sigma-1}}+\right.$

$\left.\phi\left(\frac{1}{\phi n_1+n_2}\right)^{\frac{\sigma-\frac{1}{1-\eta}}{\sigma-1}}\right]$ 更为直观，$\frac{1}{n_1+\phi n_2}$ 和 $\frac{1}{\phi n_1+n_2}$ 对于地区 1 的综合影响，是集聚

的厂商拥挤效应在普通劳动力支出市场中的体现。表达式 $\sigma-[1/(1-\eta)]/(\sigma-1)$ 是关键，在 FE 模型中，没有基于中间投入的产业关联效应，上式表达式的值为 1，这一部分的效应仅体现了厂商集聚导致地区内竞争加剧的分散作用。但是，随着本模型将产业关联引入进来，在 $\eta\in\left[0,1-\frac{1}{\sigma}\right]$ 的值域内，$[(\sigma-1)/$ $(1-\eta)]/(\sigma-1)$ 总是小于 1，显然，厂商竞争的分散作用弱于 FE 模型中的情形，其中所抵消的部分源自于产业关联的集聚机制，更确切地说，源自于厂商集聚使下游厂商所享有的更强劲的"供给接近"效应，该效应使集聚地区的异质品价格指数相对下降，由此体现在上述表达式中，即价格指数的幂值部分。进一步观察，该幂值 $[(\sigma-1)/(1-\eta)]/(\sigma-1)$ 与 $\eta$ 负相关，随着 $\eta\in\left[0,1-\frac{1}{\sigma}\right]$ 在值域

内逐渐增大，该幂值将逐渐由 1 减小至 0，显示出随着中间投入在生产中的重要性不断上升，不断强化生产环节的"供给接近"效应强度，进而导致上述分散作用的不断衰弱，直至消失。

值得注意的是，模型将中间投入作为两类部门的共同生产投入品，因此，以上源自于现代部门集聚的供给接近效应，同样将使传统部门受益，由

$\mu\left(G_1^{\sigma-\frac{1}{1-\eta}}+\phi G_2^{\sigma-\frac{1}{1-\eta}}\right)$ 反映。这就是上述提及的引入中间投入后的另一条相对间接的影响渠道。

## 三、名义报酬率及各外生参数的空间经济影响力

利用方程组（3-18）解得（具体求解过程参见附录1）：

$$r_1=\frac{Q_1}{Q}, \quad r_2=\frac{Q_2}{Q} \tag{3-19}$$

其中，$Q\equiv\dfrac{[\mu+\eta/(1-\eta)]/[2(1-b)]}{n_1^2+n_2^2+[(1-b)/\phi+\phi(1+b)]n_1n_2}$

$$Q_1\equiv(n_1+\phi n_2)\left\{\left[n_1+\left(\frac{1-b}{\phi}+b\phi\right)n_2\right]G_1^{\sigma-\frac{1}{1-\eta}}+(\phi n_1+n_2)G_2^{\sigma-\frac{1}{1-\eta}}\right\}$$

$$Q_2\equiv(\phi n_1+n_2)\left\{\left[n_2+\left(\frac{1-b}{\phi}+b\phi\right)n_1\right]G_2^{\sigma-\frac{1}{1-\eta}}+(n_1+\phi n_2)G_1^{\sigma-\frac{1}{1-\eta}}\right\}$$

由于 $Q\equiv\dfrac{[\mu+\eta/(1-\eta)]/[2(1-b)]}{n_1^2+n_2^2+[(1-b)/\phi+\phi(1+b)]n_1n_2}>0$，利用式（3-18）的结果比较两地区技术劳动力名义报酬率的差别，只需要关注 $Q_1$ 和 $Q_2$ 的差值符号（推导过程参见附录2），整理得到

$$Q_1-Q_2=\frac{1-\phi}{\phi}\Phi \tag{3-20}$$

其中，

$$\Phi=\phi\left[\left(n_1^2G_1^{\sigma-\frac{1}{1-\eta}}-n_2^2G_2^{\sigma-\frac{1}{1-\eta}}\right)+(1-b-b\phi)\left(n_2^2G_1^{\sigma-\frac{1}{1-\eta}}-n_1^2G_2^{\sigma-\frac{1}{1-\eta}}\right)\right]$$
$$+n_1n_2\left(G_1^{\sigma-\frac{1}{1-\eta}}-G_2^{\sigma-\frac{1}{1-\eta}}\right)(\phi^2+1-b-b\phi)$$

空间经济模型经常基于式（3-20）观察如下状态：在一个特定的且不等于1的贸易自由度值 $\phi^e(\eta,\sigma,\mu)$ 下，无论技术劳动力空间分布 $\{n_1,n_2\}$ 为何种状态，其在两地区的名义报酬率 $\{r_1,r_2\}$ 都相等。不妨将其定义为"名义报酬率对称点"，通过观察各外生变量对该对称点的影响，可以发现各类参数所反映的空间经济作用机制。

不妨从两个特例开始本部分的分析。特例1是 $\eta=0$ 时的"自由企业家"（footloose entrepreneurs，FE）模型（Forslid and Ottaviano，2003）。此时，

$$Q_1-Q_2=\frac{1-\phi}{\phi}(n_1-n_2)\left[(1+b)\phi-(1-b)\right]$$

其对称点可表示为 $\phi^{e0} = \phi^e(\eta = 0)$ ，以下推导得到与 Forslid 和 Ottaviano 完全一致的结果：

$$\left. \Phi = 0 \right|_{\eta=0} \Rightarrow \Phi = (n_1 - n_2)\left[ (1+b)\phi^{e0} - (1-b) \right] = 0 \Rightarrow \phi^{e0} = \frac{1-b}{1+b}$$

特例 2，当 $\eta = 1 - \dfrac{1}{\sigma}$ 时，名义工资的差值满足：

$$\left. Q_1 - Q_2 \right|_{\eta=1-1/\sigma} = (1-\phi^2)(n_1^2 - n_2^2)b$$

上式显示，只有技术劳动力对称分布的情况下，名义报酬率才会相同。或者说 $\phi^e(\eta = 1-1/\sigma)$ 不存在。容易发现，实际上 $\phi^e\left( \eta \geqslant 1 - \dfrac{1}{\sigma} \right)$ 不存在。在 $\eta \geqslant 1 - \dfrac{1}{\sigma}$ 的情形下，技术劳动力要素相对集中的地区，其名义报酬率更大；由于厂商相对集中的地方还享有"生活成本"相对较低的优势，综合收入和生活成本两方面因素，此时经济将陷入"黑洞"状态：只要某个地区经济相对集中，该地区的技术劳动力的实际报酬率将增大，促使要素进一步向这一地区集聚，并最终形成以该地区为中心的完全的"中心—外围"格局。这一现象的出现不受贸易成本的影响。因此，使空间经济不陷入"黑洞"的必要但非充分条件是 $\eta < 1 - \dfrac{1}{\sigma}$ ，这与传统"中心—外围"模型（Krugman，1991）针对现代部门占总体经济的比重的设置类似： $\mu < 1 - \dfrac{1}{\sigma}$ 。但此后由"突破点"推出的非黑洞（充要）条件将是 $\eta < \eta_{\mathrm{NBH}}$ ，其中 $\eta_{\mathrm{NBH}} < 1-1/\sigma$ 。

在直观的特例分析之后，更一般地考察 $\phi^e(\eta) = \left. \phi^e \right|_{\eta \in [0,1-1/\sigma)}$ 。由于该对称点的性质：任意空间经济分布状态下，名义报酬率均相等，即可以选择任意一种空间分布状态展开观察，所得到的该对称点与各外生变量的关系也将适用于其他空间分布状态。最方便的空间分布是完全集聚状态，不妨选取 $\{n_1 = 1, n_2 = 0\}$ ，此时 $G_1 = 1$ ， $G_2 = \phi^{1/(1-\sigma)}$ ，对称点可以由以下隐函数决定：

$$\Phi = \phi^e\left[ 1 - (1 - b - b\phi^e)\phi^e{}^{\frac{\sigma-1/(1-\eta)}{1-\sigma}} \right] = 0 \Rightarrow \frac{\eta}{1-\eta} = (\sigma-1)\left[ 1 - \frac{\ln(1-b-b\phi^e)}{\ln\phi^e} \right]$$

设 $f(\phi^e, b) = \dfrac{\ln(1-b-b\phi^e)}{\ln\phi^e}$ ，由于 $\phi^e \in [0,1]$ ，所以容易推断 $\dfrac{\partial f}{\partial \phi^e} > 0$ ， $\dfrac{\partial f}{\partial b} > 0$ 。

由此可得： $\phi^e \propto \eta^{-1}$ ，即 $\eta$ 上升，将导致对称点值下降，这种情形说明除"生活成本"效应之外的空间经济分散力和集聚力的平衡点进一步向贸易自由度更低的方向移动。实际上， $\eta$ 越大，产业关联在现代部门厂商生产中的影响越大，由此产生的集聚效应越强，集聚力占据主导的贸易自由度范围越大。本模型将源自于中间投入在生产环节中的对空间集聚力的强化效应定义为"产业关联"效应。

此外，$\phi^e \propto \sigma$，即 $\sigma$ 上升，其他不变的情况下，$b$ 下降，保持名义报酬率对称，则 $f(\cdot)$ 增大；由于 $b$ 下降，$f(\cdot)$ 增大必然导致 $\phi^e$ 上升，$\phi^e \propto \mu^{-1}$。这两个关系分别显示了替代弹性与分散力正相关，现代部门消费支出比例与集聚力正相关的基本认识。

# 第四节　长期均衡和空间结构演化

基于区位条件，可以得到，在本模型中技术劳动力区位决策的依据是区际间间接效用（也即其实际报酬率）的差值。

$$\frac{r_1/G_1^{\mu}}{r_2/G_2^{\mu}} = \frac{G_1^{1-\sigma-\mu}\left\{n_1+\left[(1-b)/\phi+b\phi\right]n_2\right\}G_1^{\sigma\frac{1}{1-\eta}}+(\phi n_1+n_2)G_2^{\sigma\frac{1}{1-\eta}}}{G_2^{1-\sigma-\mu}\left\{n_2+\left[(1-b)/\phi+b\phi\right]n_1\right\}G_2^{\sigma\frac{1}{1-\eta}}+(n_1+\phi n_2)G_1^{\sigma\frac{1}{1-\eta}}} = \frac{\tilde{Q}_1}{\tilde{Q}_2} \quad (3\text{-}21)$$

设间接效用的"净差值"如下：

$$\begin{aligned}\tilde{\Phi} = \tilde{Q}_1-\tilde{Q}_2 &= G_1^{1-\sigma-\mu}\left(\left\{n_1+\left[(1-b)/\phi+b\phi\right]n_2\right\}G_1^{\sigma\frac{1}{1-\eta}}+(\phi n_1+n_2)G_2^{\sigma\frac{1}{1-\eta}}\right) \\ &\quad - G_2^{1-\sigma-\mu}\left(\left\{n_2+\left[(1-b)/\phi+b\phi\right]n_1\right\}G_2^{\sigma\frac{1}{1-\eta}}+(n_1+\phi n_2)G_1^{\sigma\frac{1}{1-\eta}}\right)\end{aligned} \quad (3\text{-}22)$$

以下分析围绕长期均衡下的两个破裂点——支撑点和突破点——展开（具体的推导和证明参见附录3）。

## 一、支撑点

不妨设经济在地区1完全集聚，可以得到：$\{n_1=1, n_2=0\}$，$G_1=1$，$G_2=\phi^{1/(1-\sigma)}$。该集聚状态可支撑点条件是：

$$\tilde{\Phi}_{n_1=1} = \left(1+\phi^{1+\frac{\sigma}{1-\eta}\frac{1}{1-\sigma}}\right) - \phi^{1-\frac{\mu}{1-\sigma}}\left(\left[\frac{1-b}{\phi^2}+b\right]\phi^{\frac{\sigma}{1-\eta}\frac{1}{1-\sigma}+1}+1\right) \geqslant 0$$

因此，整理后得到支撑点的隐函数形式为

$$\phi^{\frac{\eta}{s}\frac{1}{1-\eta}\frac{1}{\sigma-1}} = \frac{\phi^{s^{1+\frac{\mu}{1-\sigma}}}-\phi^{s^2}}{(1-b)+b\phi^{s^2}-\phi^{s^{1+\frac{\mu}{1-\sigma}}}} \quad (3\text{-}23)$$

容易证明，$\eta = 0$ 时支撑点即为 FE 模型中的支撑点隐函数；$\eta \geqslant 1 - 1/\sigma$ 时支撑点为 0，即集聚均衡总是可以维持。支撑点与主要的外生参数的关系如下。

附录简洁得证明了 $\phi^s \propto \eta^{-1}$。$\dfrac{r_1/G_1^{\mu}}{r_2/G_2^{\mu}} = \phi^{s\frac{\mu}{1-\sigma}} \dfrac{r_1}{r_2}$ 由 $\phi^e$ 的分析中已知的 $\dfrac{\partial \Phi}{\partial \eta} > 0$ 和 $\phi^e \propto \eta^{-1}$ 可知，$\eta$ 上升将导致既有的支撑点上，中心地区实际报酬率上升，支撑点值可以进一步减小，在其重新使得 $\dfrac{r_1}{r_2}$ 接近变化前状态时，$\phi^{\frac{\mu}{1-\sigma}}$ 体现的"生活成本"效应进一步强化了中心地区的实际报酬率优势，使支撑点值可以较名义报酬率对称点更大幅度的下降。

此外，$\phi^s \propto \sigma$ 和 $\phi^s \propto \mu^{-1}$ 两者均会影响 $\phi^{\frac{\mu}{1-\sigma}}$，进而使其对突破点的影响程度大于对名义报酬率对称点的影响程度。

## 二、突破点

在对称状态的领域内求 $\dfrac{\partial \tilde{\Phi}}{\partial n_1}$，在满足 $\left.\dfrac{\partial \tilde{\Phi}}{\partial n_1}\right|_{n_1=1/2} < 0$ 的贸易自由度取值范围内，对称状态均为稳定均衡。容易推断，这一值域的最大值即为突破点。在对称状态领域内，基于对称状态进行线性化处理，从而得到 $\mathrm{d}G_1 = -\mathrm{d}G_2$，此外 $\mathrm{d}n_1 = -\mathrm{d}n_2$，容易推断 $\mathrm{d}\tilde{Q}_1 = -\mathrm{d}\tilde{Q}_2$，$\mathrm{d}\tilde{\Phi} = 2\mathrm{d}\tilde{Q}_1$。由式（3-21）的设置：

$$\tilde{Q}_1 = G_1^{1-\sigma-\mu}\left(\left\{n_1 + [(1-b)/\phi + b\phi]n_2\right\}G_1^{\sigma\frac{1}{1-\eta}} + (\phi n_1 + n_2)G_2^{\sigma\frac{1}{1-\eta}}\right) \qquad （3\text{-}24）$$

将其在对称状态的领域内进行线性化，得到：

$$\frac{\mathrm{d}\tilde{Q}_1}{\tilde{Q}_1} = (1-\sigma-\mu)\frac{\mathrm{d}G_1}{G_1} + \frac{\mathrm{d}\left(\left\{n_1 + [(1-b)/\phi + b\phi]n_2\right\}G_1^{\sigma\frac{1}{1-\eta}}\right) + \mathrm{d}\left[(\phi n_1 + n_2)G_2^{\sigma\frac{1}{1-\eta}}\right]}{\left(\left\{n_1 + [(1-b)/\phi + b\phi]n_2\right\}G_1^{\sigma\frac{1}{1-\eta}} + (\phi n_1 + n_2)G_2^{\sigma\frac{1}{1-\eta}}\right)}$$

$$（3\text{-}25）$$

其中：

$$\frac{\mathrm{d}\left(\left\{n_1 + [(1-b)/\phi + b\phi]n_2\right\}G_1^{\sigma\frac{1}{1-\eta}}\right)}{\left\{n_1 + [(1-b)/\phi + b\phi]n_2\right\}G_1^{\sigma\frac{1}{1-\eta}}} = \left(\sigma - \frac{1}{1-\eta}\right)\frac{\mathrm{d}G_1}{G_1} + \frac{(b+b\phi-1)(1-\phi)\mathrm{d}n_1}{\phi\left\{n_1 + [(1-b)/\phi + b\phi]n_2\right\}}$$

$$\frac{\mathrm{d}\left[(\phi n_1 + n_2)G_2^{\frac{\sigma - \frac{1}{1-\eta}}{}}\right]}{\left[(\phi n_1 + n_2)G_2^{\frac{\sigma - \frac{1}{1-\eta}}{}}\right]} = \left(\sigma - \frac{1}{1-\eta}\right)\frac{\mathrm{d}G_2}{G_2} - \frac{(1-\phi)\mathrm{d}n_1}{(\phi n_1 + n_2)}$$

对称状态值如下：

$$n_1 = n_2 = 1/2, G_1 = G_2 = \left(\frac{1+\phi}{2}\right)^{1/(1-\sigma)}, \quad n_1 + \left[(1-b)/\phi + b\phi\right]n_2 = \frac{(1-b+b\phi)(1+\phi)}{2\phi}$$

代入式（3-25）并整理，得到：

$$\frac{\mathrm{d}\tilde{Q}_1}{\tilde{Q}_1} = \left[(1-\sigma-\mu) + \frac{(1-b)(1-\phi)}{(1-b)+(1+b)\phi}\left(\sigma - \frac{1}{1-\eta}\right)\right]\frac{\mathrm{d}G_1}{G_1} - \frac{2(1-b)(1-\phi)}{(1-b)+(1+b)\phi}\mathrm{d}n_1$$

此外，由 $\frac{\mathrm{d}(n_1 + \phi n_2)}{n_1 + \phi n_2} = (1-\sigma)\frac{\mathrm{d}G_1}{G_1}$，代入对称状态值得到 $\frac{\mathrm{d}G_1}{G_1} = \frac{1-\phi}{1+\phi}\frac{2\mathrm{d}n_1}{1-\sigma}$，

将其代入上式，整理得到：

$$\frac{\mathrm{d}\tilde{Q}_1}{\tilde{Q}_1} = \left\{\frac{1}{(1+b)\phi + (1-b)}\left[(1+b)\frac{1-\eta\left(\frac{\sigma - \frac{2b}{1+b}}{\sigma-1}\right)}{1-\eta}\phi - (1-b)\frac{1-\eta\frac{\sigma}{\sigma-1}}{1-\eta}\right] - \frac{\mu}{1-\sigma}\right\}\frac{1-\phi}{1+\phi}2\mathrm{d}n$$

设 $K \equiv \frac{\mu}{1-\sigma} < 0$，$B \equiv \frac{1-\eta\frac{\sigma}{\sigma-1}}{1-\eta} = 1 - \frac{\eta}{1-\eta}\frac{1}{\sigma-1}$ 和

$$A \equiv \frac{1-\eta\left(\frac{\sigma - \frac{2b}{1+b}}{\sigma-1}\right)}{1-\eta} = B + \frac{\eta}{1-\eta}\frac{1}{\sigma-1}\frac{2b}{1+b}$$

则对称均衡稳定的充要条件是：

$$\frac{\mathrm{d}\tilde{Q}_1}{\tilde{Q}_1} \leqslant 0 \Rightarrow \frac{(1+b)A\phi - (1-b)B}{(1+b)\phi + (1-b)} \leqslant K$$

由此得到突破点 $\phi^b$ 及对称均衡稳定的充分条件：

$$\phi \leqslant \phi^b = \frac{(1-b)}{(1+b)}\frac{(K+B)}{(A-K)} = \frac{(1-b)}{(1+b)}\frac{1 - \frac{\mu}{\sigma-1} - \frac{\eta}{1-\eta}\frac{1}{\sigma-1}}{1 + \frac{\mu}{\sigma-1} - \frac{\eta}{1-\eta}\frac{1}{\sigma-1}\frac{1-b}{1+b}}$$

附录证明了 $\phi^b \propto \eta^{-1}$。可以进一步得到非黑洞条件：$\eta < \eta_{\mathrm{NBH}}$，其中 $\frac{\eta_{\mathrm{NBH}}}{1-\eta_{\mathrm{NBH}}} = \sigma - 1 - \mu$，显然 $\eta_{\mathrm{NBH}} < 1 - 1/\sigma$。非黑洞条件集中体现了在 FE 模型基础上进一步引入中间投入的产业关联的影响。在 FE 模型中，非黑洞条件为 $0 < \sigma - 1 - \mu$，而本模型 $\eta$ 的引入，实际上在 $\mu$ 和 $1/\sigma$ 等与集聚作用正相关的参数的基础上增

添了一个新的基于产业关联的发挥集聚作用的参数。

# 第五节　本　章　小　结

本模型在基于区域经济背景的 FE 模型基础上，进一步整合了产业关联的影响机制。此前，仅有 Puga（1999）尝试在区域经济背景下同时整合要素流动和产业关联两种空间集聚机制，但本模型更具解析性，同时，模型背景设置更加符合区域经济现实，尤其是同时兼顾了技术劳动力、普通劳动力和产业关联效应。因此，本模型的构建对于更加系统地在区域经济中应用空间经济理论具有重要价值。

模型纳入了更加丰富的空间经济机制，包括技术劳动力转移所产生的"市场规模"效应和"市场拥挤"效应，由于前者总是强于后者，两者权衡后形成有利于集聚的综合作用；各地区不可迁移的普通劳动者的支出市场，对经济集聚形成的固定市场分散作用；整合产业垂直关联后，在前向关联方面，即源自于供给接近性方面的效应，进一步充实，厂商竞争的分散作用被产业关联，即厂商集聚使下游厂商所享有的更强劲的"供给接近"效应，部分抵消，使集聚地区的异质品价格指数相对下降，并且随着中间投入在生产中的重要性不断上升，这种生产环节的"供给接近"效应强度不断强化，进而导致厂商竞争的分散作用的不断衰弱，直至消失；此外，源自于现代部门集聚的供给接近效应，还能通过提升当地传统部门收益形成有利于集聚的效应。

模型将上述源自于中间投入在生产环节中的综合定义为"产业关联"效应，其强度由中间品在投入产出中的弹性 $\eta$ 反映。分析结果显示，支撑点和突破点与产业关联效应强度负相关，显示了产业关联效应对空间经济具有产生集聚力的作用。该参数与另两个传统新经济外生参数，现代部门在经济中的比重（$\eta$）和生产差别化程度（$1-1/\sigma$）共同构成与空间经济集聚力强度正相关的外生参数，且非"黑洞"条件中后两个参数的取值范围进一步压缩为 $\sigma - \mu > \dfrac{1}{1-\eta} > 1$。

此外，由于区域经济背景中要素流动机制的存在，生活成本效应进一步强化以上集聚效应，使得集聚过程中的实际报酬率增长速度过于名义报酬率，即名义工资区际差异的变动不能充分体现集聚过程中，中心地区相对吸引力的上升程度。

总而言之，纳入产业关联后，经济集聚机制中增添了厂商的供给接近效应和中间投入品市场规模效应，两种效应有效地抑制了固定市场的分散作用机制，因此使得集聚作用在模型中显著上升。中间投入品在生产中的投入产出弹性越大，其对空间集聚作用的影响越显著。

模型结论的启示是，在区域经济格局演化中，现代部门在消费市场中的比例与空间集聚作用的正向关联固然重要，同时在产业层面上，垂直关联的集聚效应也不容忽视。尤其是在中国空间经济格局进一步演进中，内陆地区相对拥有普通劳动力的禀赋优势，按照 Forslid 和 Ottaviano（2003）的分析，在这一优势下，空间经济将更加倾向于固定的普通劳动力要素富集的地方。但是，本模型的分析显示，在全局经济或者中心地区经济的生产部门中，中间投入品即产业生产过程中的资本密集程度相对于普通劳动力的密集度的提升，将有效地提升现有"中心—外围"格局下中心地区的集聚优势。此外，在相对对称的地区之间，引入资本密集度较高的现代部门产业的地区，其地区的集聚能力也将相对上升。这一基于区域经济背景下的产业关联机制，是以往空间经济学所忽视的。

# 参 考 文 献

Baldwin R E. 2001. Core-periphery Model with forward-looking expectations. Regional Science and Urban Economics, 31: 21-49.

Baldwin R E, Forslid R, Martin P. 2003. Economic Geography and Public Policy. Princeton: Princeton University Press.

Dixit A K, Stiglitz J E. 1977. Monopolistic competition and optimum product diversity. American Economic Review, 1977: 297-308.

Forslid R. 2003. Ottaviano G.I.P. An analytically solvable core-periphery model. Journal of Economic Geography, 3: 229-240.

Fujita M, Krugman P, Venables A J. 1999. The Spatial Economy: Cities, Regions And International Trade. Cambridge: MIT Press.

Fujita M, Thisse J F. 2002. Economics of Agglomeration: Cities, Industrial Location and Regional Growth. Cambridge: Cambridge University Press.

Krugman P. 1991. Increasing returns and economic geography. Journal of Political Economy, 99 (03): 483-499.

Krugman P, Venables A. 1995. Globalization and the inequality of nations. Quarterly Journal of Economics, 110: 857-880.

Martin P, Rogers C A. 1995. Industrial location and public infrastructure. Journal of International Economics, 39: 335-351.

Ottaviano G I P. 2001. Monopolistic competition, trade and endogenous spatial fluctuations. Regional Science and Urban Economics, 31: 51-77.

Ottaviano G I P. 2002. Models of New Economic Geography: Factor Mobility Vs. Vertical Linkages. New

Directions in Economic Geography. Cheltenham: Edward Elgar.

Ottaviano G I P, Robert-Nicoud F. 2006. The "Genome" of NEG models with vertical linkage: a positive and normative synthesis. Journal of Economic Geography, 6: 113-139.

Puga D. 1999. The rise and fall of regional inequalities. European Economic Review, 43: 303-334.

Robert-Nicoud F. 2002. A Simple Geography Model with Vertical Linkages and Capital Mobility. London: London School of Economics.

Robert-Nicoud F. 2005. The structure of simple "New Economic Geography" models (or on Identical Twins). Journal of Economic Geography, 3: 229-240.

Samuelson P. 1952. The transfer problem and transport costs: the terms of trade when impediments are absent. Economic Journal, 64: 264-289.

Venables A J. 1996. Equilibrium locations of vertically linked industries. International Economic Review, 37: 341-359.

# 第二篇

中国区域产业转移与空间结构
演化的实证研究

本部分包括第四章(中国经济空间格局演化与区域产业变迁)、第五章(中国制造业的区域转移与空间结构演化)、第六章(中国纺织服装业的区域转移与空间结构演化)、第七章(中国汽车制造业的区域转移与空间集聚)、第八章(中国生产性服务业空间分布),是本书实证分析板块的核心组团。该部分依据不同产业属性差异,针对典型产业及行业类型的产业转移与空间结构演化历程进行全面回顾,多角度展示区域产业转移对于中国空间结构特征变迁的重要作用和深远影响,并深入探究不同产业类型转移的影响因素和控制条件,力图为产业转移政策的制定提供针对性依据。

　　其中,第四章首先在全局的视角下定量判别并准确刻画中国经济空间格局演化的阶段及其特征,并对新中国成立以来的区域经济集聚程度变化进行测度和分析,进而以实证分析的方法对中国空间结构演化受到区域产业变迁驱动的过程进行讨论和总结。该章从客观上阐释了中国经济空间格局所经历的沿海—内地均衡发展、沿海化非均衡发展以及东、中、西部相对均衡发展的主要历程,而区域经济发展差距则经历了先缩小而后扩大然后再度缩小的基本过程;同时,在实证研究基础上发现区域经济空间格局的演化与区域产业结构和竞争优势的变迁密切相关,为之后篇章打下了坚实的基础。第五章聚焦于产业转移特征最为显著的制造业及其细分行业,深入分析其转移强度和路径,发现其转移过程涉及多个空间层面,总体上遵循自东向西、从发达地区向次发达地区的基本规律,且不同行业具有一定的差异,并基于此在计量经济学分析框架下对中国制造业区域转移的影响因素进行讨论。第六章和第七章选取最具代表性的纺织服装制造业和汽车制造业作为研究对象,全面回顾了这两大类制造业的产业转移历程,在不同空间尺度视角下细致分析和刻画其细分行业的转移趋势特征及对空间结构演化所产生的效应,并使用计量方法对微观尺度的产业转移影响因素进行实证分析。研究发现制造业及其典型行业的产业转移过程促使区域空间集聚程度下降、中心多元化、优势分散化的趋势明显,而这一过程又主要受到产业基础、市场规模、基础设施和劳动力等因素不同程度的影响。第八章则选取作为产业链分工体系中高附加值环节的生产性服务业作为研究对象,从行业和空间两个维度对其空间分布特征与规律进行归纳和总结,发现中国生产性服务业整体集聚程度正在上升,而市场潜能是影响该产业空间分布的关键因素。

# 第四章

# 中国经济空间格局演化与区域产业变迁[①]

新中国成立以来，伴随中国区域经济从均衡发展到非均衡发展，再到区域协调发展的战略转变，中国经济空间格局发生了巨大的变化。改革开放以前，中国实施向内地倾斜、均衡布局的区域发展战略，形成了沿海和内地两大板块的经济空间格局。改革开放之后，由于实施东部沿海地区优先发展的战略，中国区域经济总体呈现出不均衡的增长格局，区域差距不断扩大。但近年来，中国区域间差距开始呈现缩小的趋势，区域经济逐步从不均衡发展进入到相对均衡、协调发展的阶段（魏后凯，2008；刘乃全等，2008；孙久文和年猛，2011）。

经济空间格局的演化与区域产业结构演进和产业优势变迁密切相关，可以视为是区域产业结构调整以及产业竞争优势转移的结果。本章从中国省区经济份额变化出发，分析 1952～2010 年中国经济空间格局演化，并分析各阶段中国区域空间结构的变动，以总结新中国成立以来中国区域经济格局演化的规律和特征。随后，使用偏离-份额法对省区经济份额变化进行分解，刻画经济空间格局演化的产业驱动及其结构效应、区域效应和分配效应，以揭示经济空间格局演化与区域产业变迁的关系。

---

① 本章部分内容已发表：孙铁山，刘霄泉，李国平. 2015. 中国经济空间格局演化与区域产业变迁——基于 1952～2010 年省区经济份额变动的实证分析. 地理科学，（01）：56-65。

# 第一节　中国经济空间格局演化的阶段和特征

经济空间格局演化一直是区域经济研究所关注的核心问题。目前，对中国经济空间格局演化阶段的研究往往依据区域政策的变迁划分阶段，具有一定的主观性。本节以 1952～2010 年中国省区 GDP 份额数据为基础，通过有序样本聚类的方法，定量判别经济空间格局演化的阶段，以更准确地刻画新中国成立以来中国经济空间格局演化的阶段和特征。

## 一、研究数据和方法

本章使用的数据是 1952～2010 年中国省级行政单元地区生产总值及三次产业增加值，研究范围不包括香港特别行政区、澳门特别行政区和台湾省。由于海南省缺少 1978 年以前的数据，故研究区域只包括除海南省的 30 个省（自治区、直辖市）。1952～2008 年数据来自《新中国六十年统计资料汇编》，2009～2010 年数据来自《中国统计年鉴》。

区域经济份额的变动可以表征经济空间格局演化，揭示经济活动地理分布的变迁。首先，计算 1952～2010 年中国省（自治区、直辖市）地区生产总值占全国 GDP 的比重，这里全国 GDP 采用 30 个省（自治区、直辖市）的汇总数（魏后凯，2008）。为了更客观的确定区域经济格局演化的阶段，我们采用有序样本聚类的方法，对 1952～2010 年中国省（自治区、直辖市）经济份额的变化进行阶段划分。有序样本聚类又称最优分割，是对有序样本（如按时间顺序观察得到的样本）进行聚类分析的统计方法，最早由 Fisher（1958）提出。其基本思想是在样本顺序不被打乱的前提下，对样本进行分割，在各种可能的分割中寻找各段内样本间差异最小，而段与段间的差异最大的分割方法。具体步骤是首先计算各种可能分割下的段的直径，然后计算各种分割下的误差函数，通过逐步递推的计算寻找使误差函数最小的分割方法（方开泰，1982；严广松和路允芳，2008）。这里，我们以 1952～2010 年 30 个省（自治区、直辖市）地区生产总值占全国 GDP 的比重为样本进行聚类分析，段直径 $D(i,j)$ 和误差函数 $P(n,k)$ 定义如下：

$$D(i,j) = \sum_{l=i}^{j} (x_l - \bar{x}_{ij})^2 \qquad (4\text{-}1)$$

$$e[P(n,k)] = \sum_{l=1}^{k} D(i_l, i_{l+1} - 1) \qquad (4\text{-}2)$$

其中，

$$\bar{x}_{ij} = \frac{1}{j-i+1} \sum_{l=i}^{j} x_l \qquad (4\text{-}3)$$

这里，$P(n,k)$ 表示将 $n$ 个样本分割为 $k$ 段的误差函数，最后分段个数和分段结果由最小化误差函数得到。

## 二、阶段识别与特征分析

通过有序样本聚类，将 1952～2010 年中国省区经济份额变动划分为 8 个阶段。结果显示，误差函数值随分段数增加而降低，在分段数 $k=8$ 时误差函数值趋于稳定，说明分 8 个阶段较为适宜（图 4-1）。

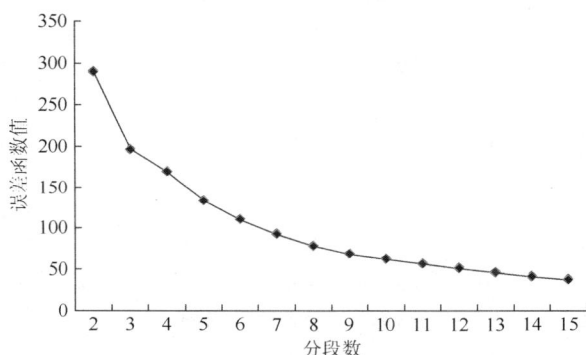

图 4-1　有序样本聚类的分段结果

通过最小化误差函数，最终分段结果为：1952～1958 年、1958～1960 年、1960～1966 年、1966～1980 年、1980～1986 年、1986～1992 年、1992～2001 年、2001～2010 年（图 4-2）。表 4-1 列出了有序样本聚类划分的各阶段中国

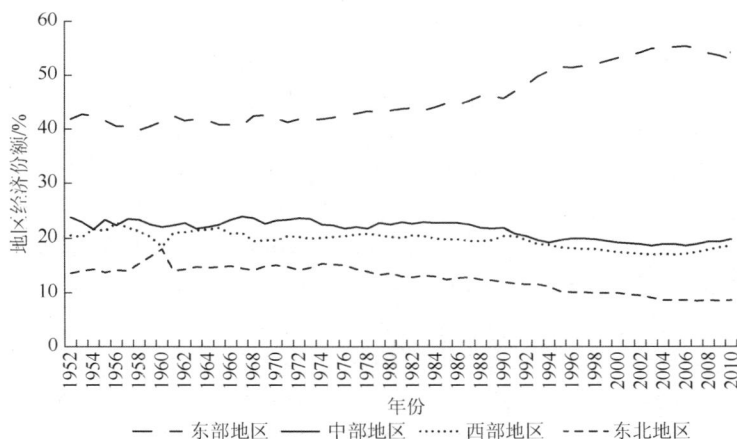

图 4-2　中国区域经济份额变动及阶段划分

东部、中部、西部和东北地区及 30 个省区市经济份额变动情况，以反映各阶段中国经济空间格局演化的主要特征。

表 4-1　分阶段中国各地区和各省区经济份额变动情况

| 地区＼年份 | 经济份额变动/% | | | | | | | |
|---|---|---|---|---|---|---|---|---|
| | 1952～1958 年 | 1958～1960 年 | 1960～1966 年 | 1966～1980 年 | 1980～1986 年 | 1986～1992 年 | 1992～2001 年 | 2001～2010 年 |
| 东部 | −2.092 | 1.585 | −0.594 | 2.736 | 1.074 | 3.687 | 5.466 | −0.859 |
| 北京 | 1.409 | 1.022 | −1.065 | 0.530 | −0.218 | −0.214 | 0.688 | −0.191 |
| 天津 | 0.449 | 0.223 | −0.412 | 0.021 | −0.342 | −0.432 | 0.184 | 0.344 |
| 河北 | −1.637 | −0.215 | 0.041 | 0.225 | −0.473 | 0.414 | 0.154 | −0.420 |
| 上海 | 1.484 | 2.780 | −2.791 | −0.317 | −2.028 | −0.786 | 0.506 | −0.878 |
| 江苏 | −2.016 | −0.264 | 0.947 | 0.755 | 0.433 | 0.531 | 0.480 | 0.766 |
| 浙江 | −0.585 | −0.359 | 0.423 | 0.636 | 1.111 | 0.106 | 1.057 | −0.015 |
| 福建 | −0.172 | 0.009 | 0.005 | 0.073 | 0.323 | 0.727 | 0.731 | −0.384 |
| 山东 | −1.448 | −1.080 | 1.209 | 0.857 | 1.036 | 0.796 | 0.003 | 0.490 |
| 广东 | 0.423 | −0.531 | 1.049 | −0.044 | 1.232 | 2.544 | 1.664 | −0.570 |
| 中部 | −0.400 | −1.403 | 1.308 | −0.895 | 0.350 | −2.325 | −1.295 | 0.630 |
| 山西 | 0.475 | 0.162 | −0.281 | −0.478 | −0.042 | −0.309 | −0.256 | 0.236 |
| 安徽 | 0.278 | −0.145 | −0.297 | −0.345 | 0.756 | −0.876 | −0.098 | −0.165 |
| 江西 | −0.639 | −0.054 | 0.507 | −0.347 | −0.142 | −0.181 | −0.204 | 0.158 |
| 河南 | −1.142 | −0.464 | 0.282 | 0.681 | −0.011 | −0.270 | 0.164 | 0.185 |
| 湖北 | 0.803 | −0.686 | 0.898 | −0.451 | 0.037 | −0.379 | −0.624 | 0.077 |
| 湖南 | −0.175 | −0.216 | 0.198 | 0.044 | −0.249 | −0.310 | −0.276 | 0.139 |
| 西部 | 0.690 | −2.832 | 2.416 | −0.575 | −0.511 | −0.127 | −2.344 | 1.373 |
| 内蒙古 | 0.210 | 0.171 | −0.077 | −0.723 | 0.324 | −0.254 | −0.047 | 1.096 |
| 广西 | −0.175 | −0.223 | 0.200 | 0.335 | −0.089 | 0.369 | −0.395 | 0.089 |
| 重庆 | −0.247 | −0.213 | −0.172 | −0.340 | −0.167 | −0.143 | 0.007 | 0.187 |
| 四川 | 0.845 | −2.234 | 1.794 | 0.827 | −0.479 | −0.203 | −0.586 | −0.025 |
| 贵州 | 0.195 | −0.106 | −0.004 | −0.101 | 0.073 | −0.134 | −0.268 | 0.009 |
| 云南 | −0.109 | −0.167 | 0.528 | −0.245 | −0.032 | 0.502 | −0.417 | −0.319 |
| 西藏 | −0.082 | 0.031 | 0.046 | −0.012 | −0.022 | −0.047 | 0.000 | −0.012 |
| 陕西 | 0.326 | 0.056 | −0.061 | −0.245 | −0.004 | −0.106 | −0.198 | 0.465 |
| 甘肃 | −0.391 | −0.628 | 0.294 | 0.244 | −0.226 | −0.232 | −0.189 | −0.095 |
| 青海 | 0.114 | 0.117 | −0.113 | 0.024 | −0.007 | −0.061 | −0.061 | 0.033 |
| 宁夏 | −0.025 | 0.054 | 0.013 | 0.042 | −0.006 | −0.037 | −0.010 | 0.076 |
| 新疆 | 0.029 | 0.311 | −0.031 | −0.381 | 0.124 | 0.217 | −0.178 | −0.131 |
| 东北 | 1.801 | 2.650 | −3.130 | −1.266 | −0.912 | −1.234 | −1.827 | −1.144 |

| 地区 \ 年份 | 经济份额变动/% | | | | | | | |
|---|---|---|---|---|---|---|---|---|
| | 1952~1958 年 | 1958~1960 年 | 1960~1966 年 | 1966~1980 年 | 1980~1986 年 | 1986~1992 年 | 1992~2001 年 | 2001~2010 年 |
| 辽宁 | 1.498 | 1.981 | −3.503 | −0.295 | −0.132 | −0.586 | −1.048 | −0.418 |
| 吉林 | −0.265 | 0.271 | 0.081 | −0.531 | 0.108 | −0.199 | −0.199 | 0.029 |
| 黑龙江 | 0.568 | 0.398 | 0.292 | −0.441 | −0.888 | −0.449 | −0.580 | −0.756 |
| 平均变动 | 0.101 | 0.253 | 0.098 | 0.025 | 0.062 | 0.069 | 0.042 | 0.032 |

注：平均变动指各阶段省区经济份额变动的绝对值的年平均值

结果显示，中国改革开放以前和以后经济空间格局演化各划分了四个阶段。从年平均变动来看，新中国成立初期（即第一和第二阶段）是省区经济份额变动最为剧烈的时期。

第一阶段即 1952~1958 年，是"一五"时期，经济布局的变动主要表现为东部地区经济份额的下降和东北以及西部地区经济份额的上升。"一五"期间，经济布局的重心主要在内地，围绕苏联援建项目，东北和西部的工业基地建设得到加强（刘慧玲，2010）。尽管东部地区经济份额整体下降，但东部的上海、北京和天津的经济份额显著上升，这说明尽管"一五"时期采取了向内地倾斜的经济建设战略，但东部沿海具有工业基础和优势的地区仍然保持了较快的经济发展速度和重要的经济发展地位。

第二阶段即 1958~1960 年，是"二五"时期的前三年，这一阶段虽然较短，但呈现了与第一阶段不同的经济布局变动趋势，主要表现为，在上海、北京、天津等东部重点区域经济份额持续上升的带动下，东部地区的经济份额显著上升，同时东北地区经济份额持续增加（主要是辽宁经济份额的快速上升），而中部和西部地区经济份额有所下降。已有研究也显示，这一阶段中国经济活动呈现向沿海集聚的趋势，省区经济差距也因此扩大（孙久文和年猛，2011）。

第三阶段即 1960~1966 年，是"二五"后期和三年调整时期，这一阶段受到"大跃进"和中苏关系紧张等的影响，经济布局重心再度向西部转移。前两个阶段经济份额大幅上升的上海、北京、辽宁等地的经济份额大幅下降，使得东部和东北地区经济份额整体降低，而中、西部地区，尤其是西部地区的经济份额显著上升。这一时期，西部地区的四川和东部地区的山东、广东、江苏等地成为经济份额上升的主要区域。

第四阶段即 1966~1980 年，是"三五"、"四五"和"五五"时期，受到"文化大革命"的影响，这一时期国民经济整体发展迟缓，经济空间格局变化较小，各省区经济份额年均变动仅有 0.025%。同时，出于战备需要和国防考虑，这一时期经济布局的重点是进行"三线"建设，即在西部开辟新的工业基地，并有计划地将东部沿海地区的工业向内地转移。尽管"三线"建设被认为是中国区域工业布局的一次重大调整，历时较长，但在这一阶段对全国各地区经济份额变动的影响并不明显。相对的，由于 20 世纪 70 年代中后期，随着国际形势变化和中国对外关系改善，中国区域经济布局在"五五"时期已开始由内地向沿海转移（孙久文和年猛，2011），从而使这一阶段的总体变动体现为东部地区份额上升，中、西部地区份额下降，和东北地区份额的持续下降。

20 世纪 80 年代后，中国进入了改革开放的新时期，经济空间格局也随着区域发展战略转变而发生明显的变化。第五阶段即 1980～1986 年，是改革开放初期，由于实行了东部沿海地区优先发展的战略，中国经济布局的重点开始向东部倾斜。这一阶段，东部地区经济份额明显上升，同时中部地区经济份额也有所上升，但西部和东北地区经济份额持续下降。值得注意的是，这一时期，上海、北京、天津等东部老工业基地的经济份额大幅下降，其中尤以上海下降最为明显。而带动东部地区经济份额上升的区域主要是广东、浙江和山东等。同时，中部地区的安徽经济份额也有明显上升。

第六阶段即 1986～1992 年，由于持续实行东部沿海地区优先发展战略，经济空间格局呈现明显的沿海化趋势。这一阶段，东部地区经济份额大幅上升，增加了 3.687%，而中、西部和东北地区经济份额全面下降。同时，东部地区经济份额的大幅上升主要受广东经济份额上升的带动，东部地区经济份额上升约 70% 来自广东。这主要是因为，改革开放初期广东充分利用地缘和政策优势，大力发展外向型经济，承接国际产业转移，促进了经济的腾飞。

第七阶段即 1992～2001 年，在"邓小平南方谈话"以及党的十四大对社会主义市场经济体制确定后，中国加快了对外开放的步伐，经济空间格局则呈现出全面沿海化的趋势。这一阶段，东部地区经济份额增加更为迅猛，上升了 5.466%，而且与上一阶段不同的是，东部地区不再是广东一省独大，而是所有省区经济份额全面上升，尤以广东、浙江、北京、上海最为明显，并且形成了京津冀、江浙沪及广东三足鼎立的区域发展格局。与此同时，除河南、重庆外，中、西部和东北省区经济份额全面下降，其中尤以辽宁经济份额下降最为明显。由于非均衡区域发展战略的实施，中国经济布局呈现了加速向东部集聚的趋势，这也导致区域差距迅速扩大。尽管"八五"计划中已提出区域协调发展战略，但整体上经济布局向东部沿海地区集聚的趋势并未从根本上改变。

第八阶段即 2001～2010 年，随着中国加入 WTO 和一系列区域协调发展战略（如西部大开发、振兴东北老工业基地和中部崛起战略）的实施，中国经济空间格局经历了从全面沿海化的非均衡发展向东、中、西部相对均衡发展的转变。这一阶段，东部地区经济份额在改革开放以来首次出现下降，降低了 0.859%，而中、西部地区经济份额开始上升，但东北地区经济份额仍在持续下降。值得注意的是，这一时期除江苏、山东、天津外，其他东部省区经济份额都有所下降，而中部和西部省区经济份额普遍上升，其中尤以内蒙古、陕西、山西、重庆、河南最为明显。

通过对八个阶段中国经济空间格局演化的特征分析，可以发现如下规律。

（1）自新中国成立以来，中国经济空间格局总体上经历了沿海—内地均衡发展、沿海化非均衡发展及东、中、西部相对均衡发展的过程，且整体上区域经济份额变动趋于减小。

（2）改革开放以前，不同区域的经济份额在不同阶段变化差异较大。1960年以前，主要表现为东北地区经济份额的大幅上升，而1960年以后，东、中、西部地区经济份额都有所增加，但东部地区主要在1958～1960年和1966～1980年两个阶段经济份额有所上升，而中、西部地区主要在1960～1966年的阶段经济份额有所上升。

（3）改革开放以后，沿海化成为经济空间格局演化的主体趋势，直到2001年以前，东部地区经济份额一直持续增加。2001～2010年，区域经济布局呈现新的变动趋势，东部地区经济份额开始下降而中、西部地区份额有所增加。

（4）值得注意的是，东北地区自1960年以来，各阶段经济份额都在持续下降。

（5）在东部地区，经济份额上升的区域也存在阶段性变化。1960年以前，带动东部地区经济份额上升的主要是上海和北京，而1960～1980年主要是山东、江苏、浙江和广东，到1980年以后，广东作为东部地区经济增长引擎的作用更加突出，而进入20世纪90年代后，东部省区经济份额出现全面上升，但2001年以后，除江苏、天津和山东外，东部省区经济份额开始全面下降。

# 第二节　经济空间格局演化下中国区域空间结构的变动

经济空间格局的演化推动区域空间结构的发展。随着中国区域发展战略的调整以及经济空间格局的演化，在各个发展阶段，中国区域空间结构也呈现出不同的特点。本节进一步讨论中国经济空间格局演化过程中区域空间结构的特点及其变化。区域空间结构的内涵十分丰富，本节主要关注区域经济集聚及其结构特征，以及经济集聚过程中的地区差异。

## 一、区域经济集聚程度与格局的变化

为了分析经济空间格局演化各阶段区域经济集聚程度的变化，本节使用区位基尼系数测度 1952～2010 年以省区为基本空间单元的区域经济集中度。其计算公式如下：

$$\text{Gini} = \frac{1}{2(N-1)} \sum_{i=1}^{N} \sum_{j=1}^{N} |\lambda_i - \lambda_j| \qquad (4\text{-}4)$$

式中，$\lambda_i$ 和 $\lambda_j$ 分别为 $i$ 省和 $j$ 省地区生产总值占当年国内生产总值的比重；$N$ 为省区的数量。

由图4-3可见，1952～2010年中国区域经济的集聚程度总体呈现上升趋势，即在省区层面经济活动的集聚水平总体上是不断提高的。从各阶段区位基尼系数的均值来看，在 1986 年之前的 5 个阶段，尽管各年份区位基尼系数波动相对剧烈，但各阶段均值变化并不大，总体在 0.34～0.36。而 1986 年之后，中国区域经济的集聚程度开始持续、快速上升，区位基尼系数由 1986 年的 0.36 上升至 2006 年的 0.43。2006 年之后，区位基尼系数开始下降，到 2010 年下降至 0.41。总体上，尽管改革开放之前中国区域经济集聚程度变动波动较大，但经济集聚的水平相对较低，而区域经济的快速聚集主要发生在改革开放之后。改革开放之后，中国实施了向沿海地区倾斜的区域发展战略，使得经济要素和活动开始快速向东部地区集聚，东部地区占全国的经济份额由 1980 年的 43.50%上升到 2006 年的 55.45%。但"十一五"时期以来，中国区域经济开始呈现从集聚到扩散的转变，主要是随着东部地区要素成本上升、产业结构升级，经济活动开始由东部地区向中西部地区转移，从而使区域经济整体集聚程度有所下降。

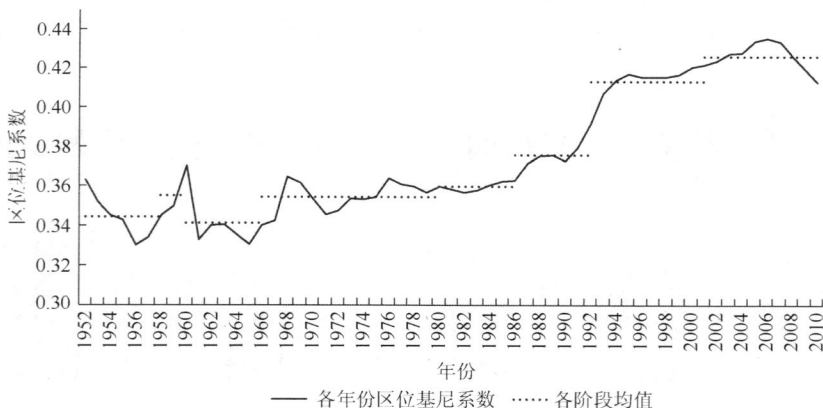

图 4-3　中国区域经济集聚程度的变化

为进一步反映各阶段区域经济集聚的变化过程，我们将每年各省区占全国的经济份额由高到低排序，并计算各阶段每一位次地区经济份额的均值，而后绘制经济份额位序分布图（图 4-4）。由图可见，在改革开放之前的各阶段，经济份额位序分布十分稳定（除了在 1958～1960 年的第二阶段有短期的不同），而改革开放之后，经济份额位序分布则表现出明显的极化过程。经济活动持续向前 3 位地区集中，前 3 位地区的经济份额都有较大的提升，而第 5 位至第 13 位地区的经济份额则有所下降。此外，在 1980～1992 年的两个阶段，经济活动整体向前 3 位地区集中，而在 1992～2010 年的两个阶段，经济活动则主要向首位地区集中，区域经济一极集中的极化特征更为凸显。

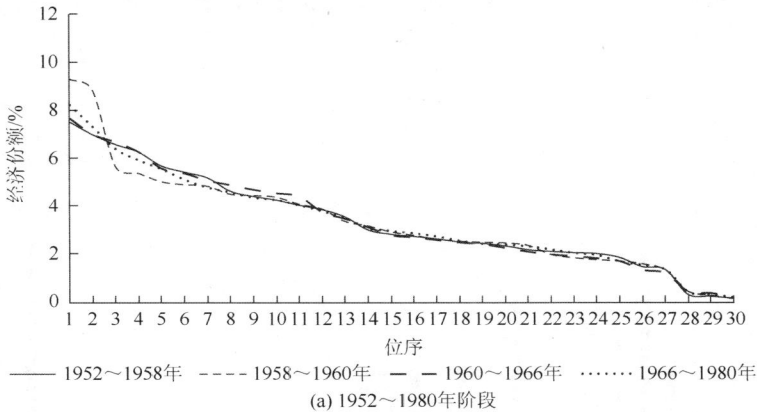

(a) 1952～1980年阶段

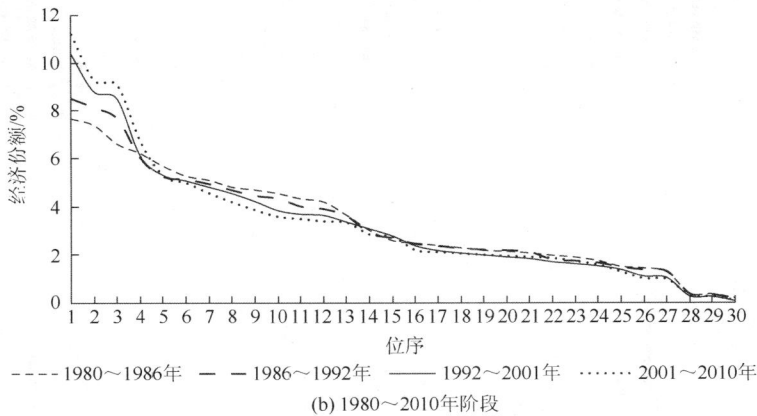

(b) 1980～2010年阶段

图 4-4　各阶段地区经济份额位序分布图

　　图 4-5 绘制了各阶段各省区占全国经济份额均值的分布情况，以反映区域经济集聚格局的变化。由图 4-5 可见，在改革开放之前的四个阶段，区域经济空间格局相对平衡，基本形成了沿海和内地两大经济板块，且经济活动更多集中在东部和东北的沿海地区。同时，东部的上海和东北的辽宁一直是经济份额

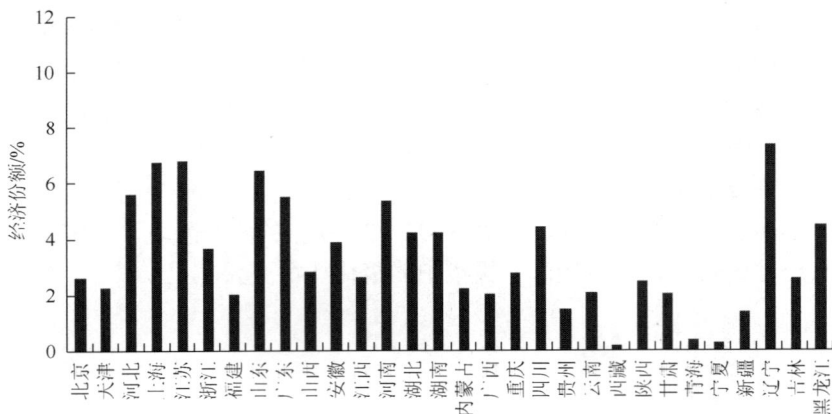

(a) 1952～1958年各地区经济份额均值

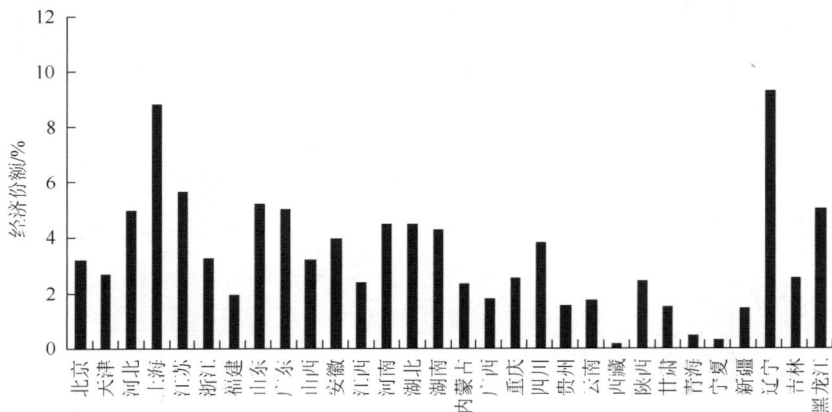

(b) 1958～1960年各地区经济份额均值

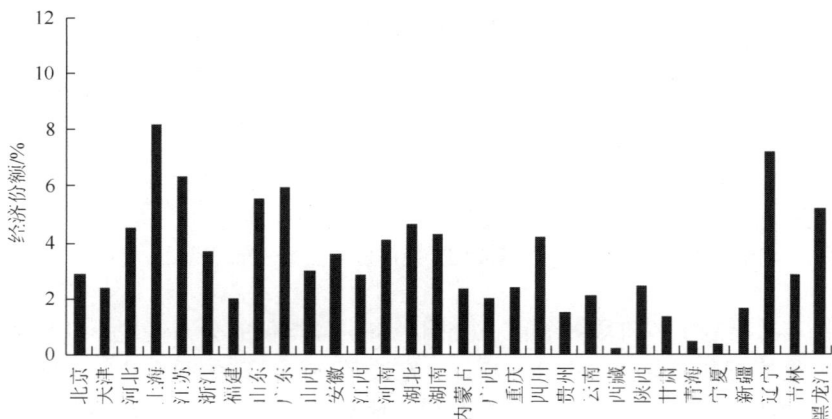

(c) 1960～1966年各地区经济份额均值

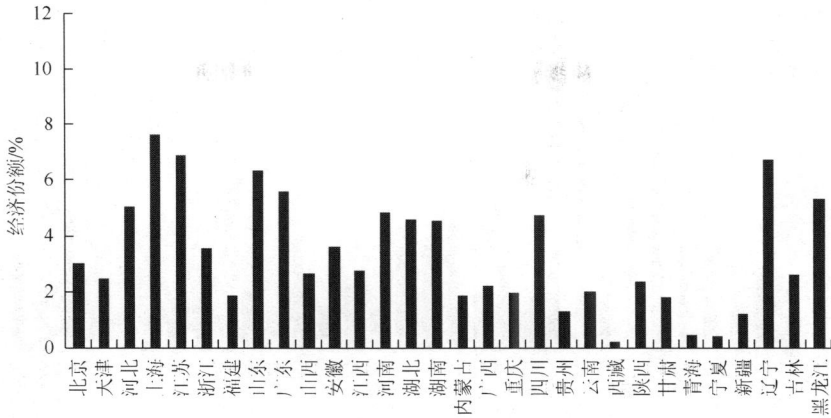

(d) 1966~1980年各地区经济份额均值

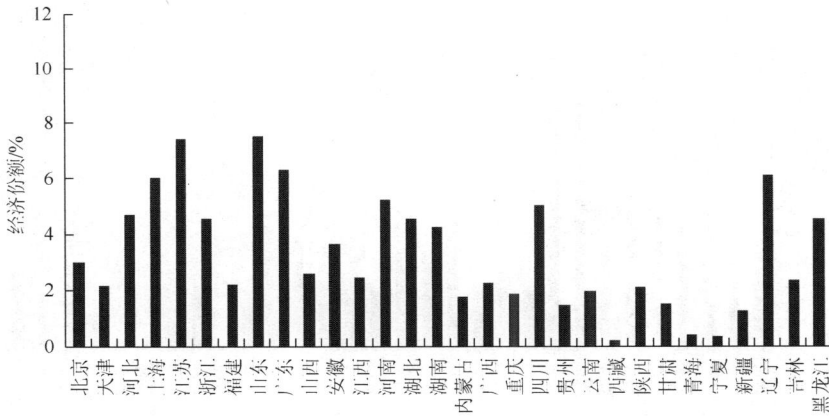

(e) 1980~1986年各地区经济份额均值

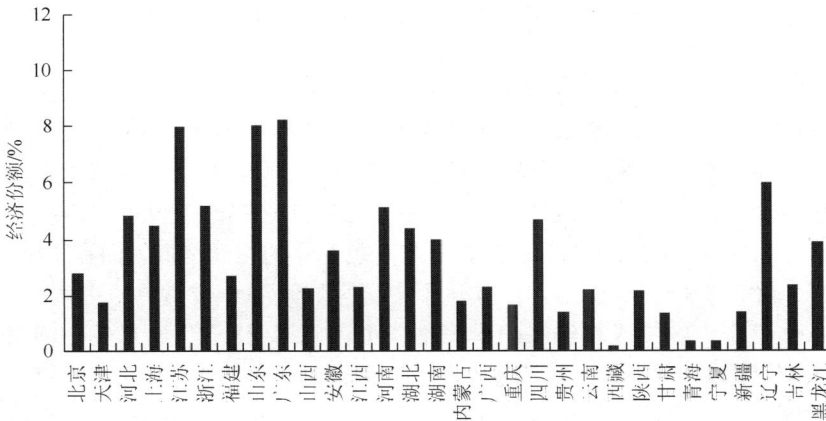

(f) 1986~1992年各地区经济份额均值

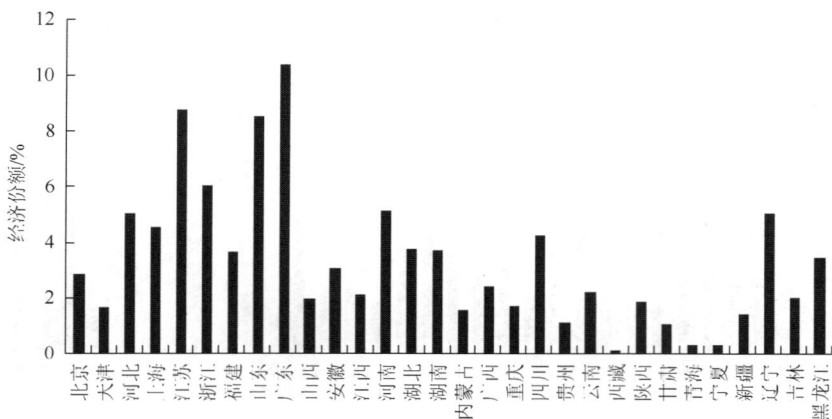

(g) 1992~2001年各地区经济份额均值

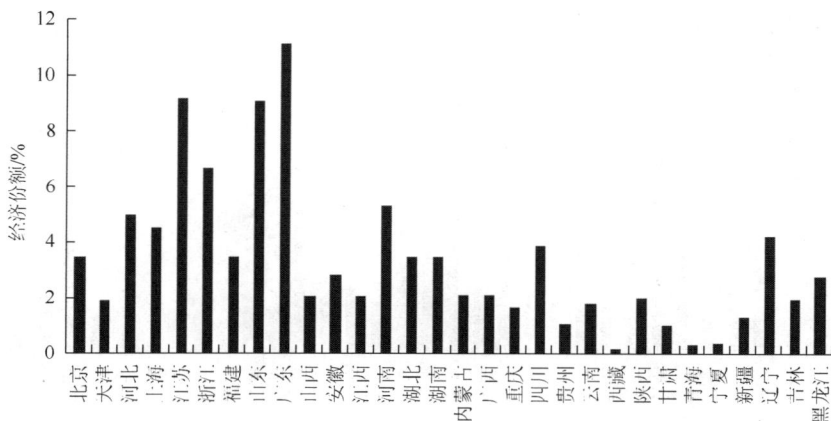

(h) 2001~2010年各地区经济份额均值

图 4-5　各阶段各省区占全国经济份额的分布情况

最高的两个地区，成为全国的经济中心。而在改革开放之后，经济活动开始向东部地区集聚，东北地区尤其是辽宁的经济份额大幅下降，不再具有经济中心的地位。而在东部地区，上海的经济份额也不断下降，相应的江苏、山东和广东逐步成为全国经济份额最高的地区。在 1980~1986 年和 1986~1992 年两个阶段，东部地区形成了江苏、山东、广东三足鼎立的空间格局，而在 1992 年之后，广东经济份额的快速上升，强化了中国区域经济一极集中的空间格局。

　　总体而言，中国区域经济的集聚格局可以概括为"T"字形的空间格局，即以东部沿海地区和长江流域地区为经济集聚的战略轴线。1952 年以来，东部沿海地区（包括北京、天津、河北、上海、江苏、浙江、山东、福建、广东）和长江流域地区（包括上海、江苏、安徽、江西、湖南、湖北、重庆、四川、云南、青海、西藏）一直是我国经济集聚的主要区域，其经济总量都分别占到全国的 40%左右（图 4-6）。改革开放以后，随着经济空间格局演化，"T"字形空间格局中的东部沿海轴线得到进一步加强，东部沿海地区占全国的经济份额在 1980 年后持续上升，最高达到 2006 年时的 55.45%。而长江流域地区占全国的经济份额则在 1980 年后持续下降，最低降至 2006 年的 32.66%。2006年以后，这一趋势得到逆转，东部沿海地区的经济份额开始下降，而长江流域地区的经济份额开始上升。

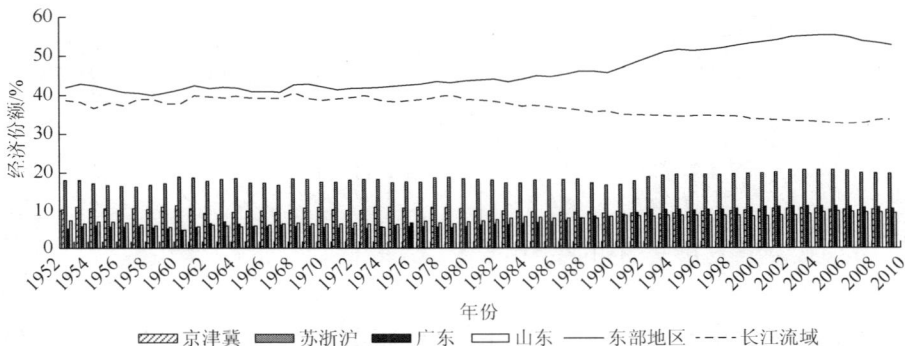

图 4-6  主要经济集聚区经济份额的变动情况

此外，在东部沿海地区内部形成了自北向南相对稳定的四个经济板块，即京津冀、山东、苏浙沪和广东。1952 年，这四个区域占全国的经济份额分别为 9.97%、7.14%、17.87%和 4.81%，四个区域共占据了全国近四成（39.79%）的经济总量。到 2010 年，这四个区域占全国的经济份额分别提升到 10.05%、9.01%、19.84%和 10.58%，四个区域已占据了全国近一半（49.48%）的经济总量。这四个区域中，京津冀占全国的经济份额相对稳定，一直在 10%左右，而山东和苏浙沪占全国的经济份额则在 20 世纪 80 年代和 90 年代后开始小幅增加，广东占全国的经济份额增长最为显著，翻了一倍之多，快速增长主要发生在改革开放以后（图 4-6）。

"十一五"时期以来，中国区域经济的集聚程度开始下降，区域经济格局呈现由集聚向扩散的转变，新一轮的产业转移势必带来区域空间结构的变化。从 2005～2010 年各省区占全国经济份额的变动来看（图 4-7），经济活动的扩散主要是由东部地区向中部和西部地区转移。2005～2010 年，东部地区除天津、江苏和福建外，其他省区经济份额都有所下降，其中尤以广东和上海下降最明显。而中、西部地区长江流域沿线的湖南、湖北、安徽、江西、四川、重庆的经济份额都有所上升，这说明东部沿海地区一极集中的集聚格局正在弱化，而长江流域地区正成为新一轮经济集聚的载体。此外，西部地区的内蒙古和陕西的经济份额显著上升，带动了西部地区经济份额的整体提升。

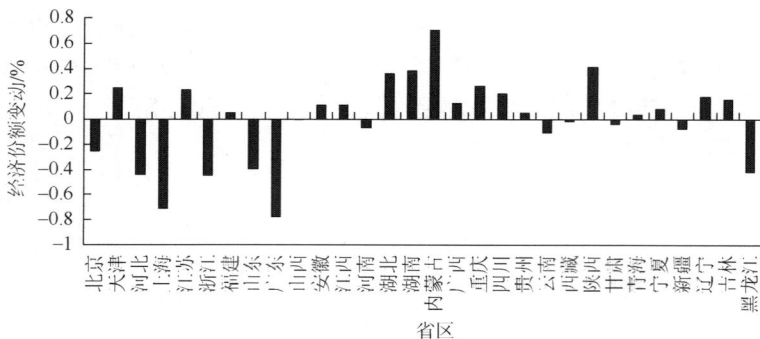

图 4-7　2005～2010 年各省区占全国经济份额的变动情况

## 二、区域经济发展差距的变化

经济集聚会带来生产效率的提升进而促进地区的经济增长，因此区域经济的集聚与分散会导致地区经济的不平衡增长，从而促使区域经济发展差距发生变化。为进一步分析经济集聚过程中区域经济发展差距的变动，我们采用泰尔指数测度省区间经济发展水平的差异。泰尔指数（Theil index）最早由泰尔基于信息理论提出，之后广泛应用于测量不平等的研究中。泰尔指数具有如下形式：

$$T = \sum_{j=1}^{N}(w_j \cdot \ln w_j / p_j) \tag{4-5}$$

式中，$T$ 为泰尔指数；$w_j$ 为 $j$ 省区地区生产总值占国内生产总值的份额；$p_j$ 为 $j$ 省区人口数占全国总人口的份额；$N$ 为省区的数量。泰尔指数以省区人均地区生产总值反映区域经济的发展水平，以各省区人均地区生产总值和全国人均国内生产总值的差异反映区域经济发展的差距。如果各省区人均地区生产总值都等于全国人均国内生产总值，即各省区占全国的经济份额与人口份额相当，则泰尔指数为 0。反之，当各省区间经济发展差距达到最大时，泰尔指数为 1。

图 4-8 显示了 1952～2010 年以省区为基本空间单元计算的区位基尼系数和泰尔指数的变动情况。总体上，改革开放之前，区位基尼系数和泰尔指数的变动都波动较大。从泰尔指数来看，相比于改革开放之后，改革开放之前的泰尔指数相对较大，说明中国区域经济发展差距总体上是趋于缩小的。改革开放以后，泰尔指数的变动呈现先下降后上升再下降的趋势。总体上，从 20 世纪70 年代中期以来，中国区域经济的发展差距就逐步缩小，这一趋势一直延续

到 1990 年。1990 年以后，随着区域经济集聚程度的快速提升，区域经济发展差距开始迅速扩大，到 2000 年以后，随着区域经济集聚速度放缓以及由集聚向扩散的转变，区域经济发展差距开始再度缩小。

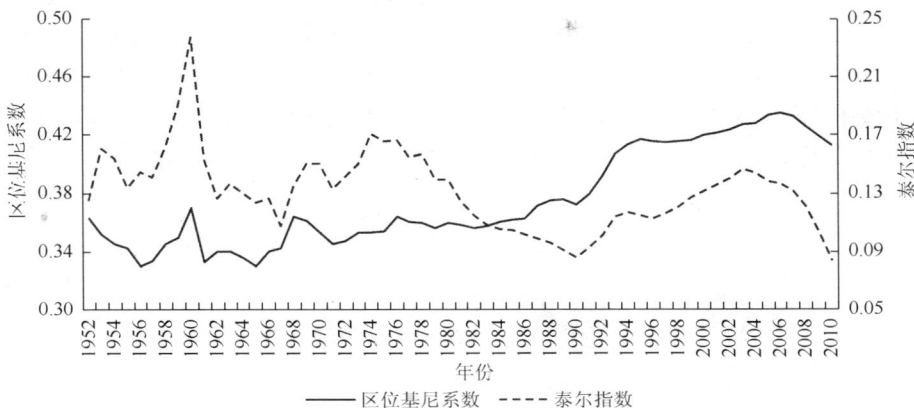

图 4-8　中国区域经济发展差距的变化

泰尔指数相比于其他测量不平等的指标，最大的优点在于其可分解性，即泰尔指数可以将区域经济发展差距分解成区域内部差距和区域间差距，从而更细致地刻画区域经济发展差距的变动过程。为了对泰尔指数进行分解，我们将全国分为东部、中部、西部和东北四个地区，并分别计算四个地区的泰尔指数 $T_i$：

$$T_i = \sum_{j=1}^{m} (w_{ij} \cdot \ln w_{ij}/p_{ij}) \qquad (4\text{-}6)$$

式中，$w_{ij}$ 为 $i$ 地区 $j$ 省份的地区生产总值占该地区的份额；$p_{ij}$ 为 $i$ 地区 $j$ 省份的人口占该地区的份额；$m$ 为 $i$ 地区内省区的数量。根据泰尔指数的分解原理，$T$ 与 $T_i$ 之间的关系为

$$T = \sum w_i \cdot T_i + \sum w_i \cdot \ln w_i/p_i = T_{\mathrm{WR}} + T_{\mathrm{BR}} \qquad (4\text{-}7)$$

式中，$w_i$ 为 $i$ 地区的地区生产总值占全国的份额；$p_i$ 为 $i$ 地区的人口占全国的份额。据此，全国层面各省区间的经济发展差距可以被分解为四大地区内部的经济发展差距（$T_{\mathrm{WR}}$）和四大地区之间的经济发展差距（$T_{\mathrm{BR}}$）。相应地，泰尔指数的变动也可以分解为两个部分，即全国区域经济发展差距的变化是四大地区内部和地区之间经济发展差距的变化之和：

$$\Delta T = \Delta T_{\mathrm{WR}} + \Delta T_{\mathrm{BR}} \qquad (4\text{-}8)$$

用 $\Delta T_{\mathrm{WR}}$ 和 $\Delta T_{\mathrm{BR}}$ 分别除以 $\Delta T$ 即可得到地区内部和地区之间经济发展差距变动对全国的贡献。如果前者贡献大于后者，说明驱动全国经济发展差距变化

的是各地区内部经济发展差距的变动，反之亦然。

图 4-9 显示了 1952～2010 年全国泰尔指数年度变动的分解结果。由图可见，改革开放以前，四大地区内部经济发展差距变动对全国的贡献总体高于地区之间，这说明这一时期中国区域经济发展差距的变动主要是由四大地区内部差距变动主导的。从 1952～2010 年全国泰尔指数和四大地区泰尔指数的变动来看（图 4-10），这一时期东部地区的泰尔指数远远高于全国，且东部地区泰尔指数的变动主导了全国的变动，这说明这一时期中国区域经济发展差距和变化主要是由东部地区内部各省区间经济发展水平的差异及其变化决定的。

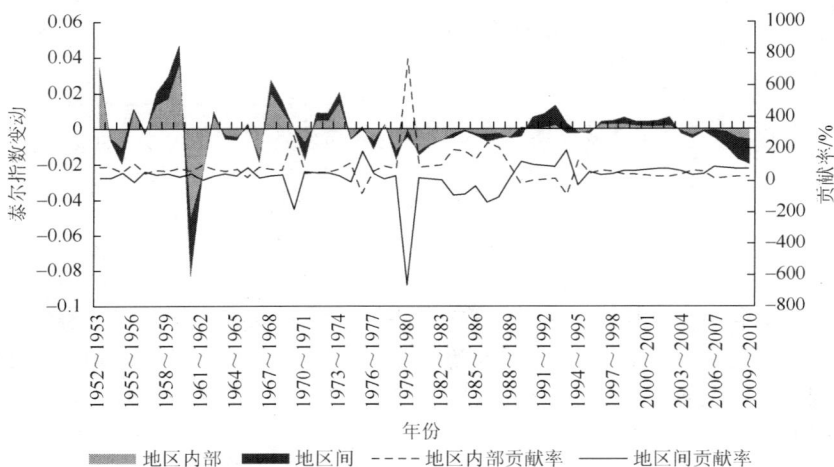

图 4-9　四大地区内部和地区之间泰尔指数变动情况

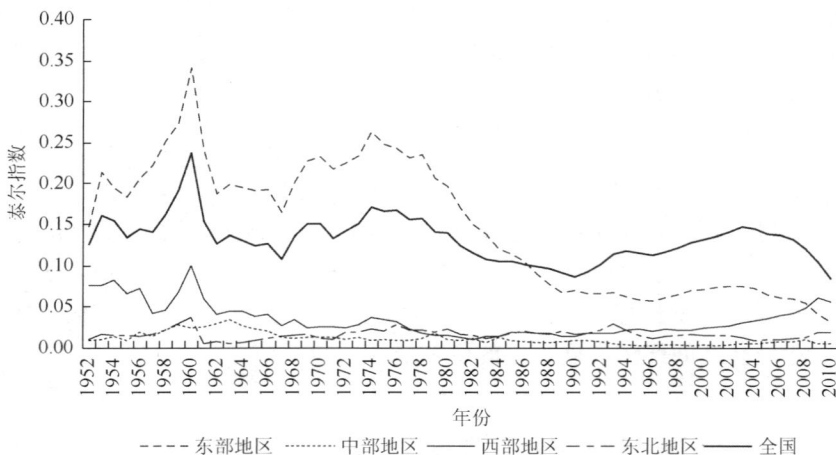

图 4-10　1952～2010 年全国和四大地区泰尔指数的变动情况

改革开放以后，中国区域经济发展差距经历了先缩小而后扩大然后再度缩小的发展过程。在改革开放初期（1980～1990 年的阶段），中国区域经济发展差距不断缩小，且四大地区内部经济发展差距变动对全国的贡献远远高于地区之间，这说明这一时期全国区域经济发展差距的缩小主要是由四大地区内部差距缩小导致的。由图 4-10 可见，这一时期四大地区中只有东部地区泰尔指数大幅下降，在 1987 年东部地区的泰尔指数首次降到低于全国，可见这一时期区域经济发展差距的缩小主要归因于东部地区内部经济发展水平的收敛。1990年以后，中国区域经济发展差距开始扩大，这一时期四大地区之间经济发展差距的变动对全国的贡献开始超过地区内部，因此 1990 年以后区域经济发展差距的扩大主要是由于四大地区间差距扩大导致的。由图 4-10 可见，这一时期四大地区的泰尔指数相对稳定且低于全国，说明四大地区内部的经济发展差距相对稳定且较小，而这一时期全国区域经济发展差距有所扩大，说明主要是地区间差距在不断拉大。2004 年以后，中国区域经济发展差距开始再度缩小，这一时期四大地区间经济发展差距的变动对全国的贡献仍高于地区内部，这说明区域经济发展差距的再次缩小主要是由于四大地区间经济发展水平差距开始缩小。而且由图 4-10 可见，这一时期东部地区泰尔指数明显下降，而西部地区泰尔指数明显上升，说明随着西部地区承接东部地区的产业转移，四大地区间经济发展水平趋于收敛，但西部地区内部区域经济发展差距开始拉大。

# 第三节　驱动中国经济空间格局演化的区域产业变迁

区域经济空间格局演化是区域产业变迁的结果。一定时期内，引领地区经济增长的优势产业在地区产业结构中占有较大份额，则会促进地区经济的快速增长和在全国经济份额上的上升。本节以各阶段省区经济份额变化表征经济空间格局演化，使用偏离-份额法对省区经济份额变动进行分解，分析驱动中国经济空间格局演化的区域产业变迁。

## 一、分解区域经济份额变动的偏离-份额法

偏离-份额法广泛应用于区域经济分析，主要通过分解区域经济增长，以评价区域产业结构的优劣和区域竞争力的强弱，从而确定区域经济发展的动力和驱动经济增长的优势产业（袁晓玲等，2008）。偏离-份额法最常分解的经济指标包括就业、劳动生产率、产业增加值、收入等，主要是对增量的分解，目

前仍缺少能够对经济份额变化进行分解的方法。这里我们提出一种新的用于分解区域经济份额变动的偏离-份额方法，以研究中国区域经济空间格局演变的产业驱动。

首先，$t+1$ 期区域 $i$ 占全国的经济份额计算如下：

$$\frac{G_i^{t+1}}{G_n^{t+1}} = \frac{G_i^t[S_{1i}^t(1+g_{1i})+S_{2i}^t(1+g_{2i})+S_{3i}^t(1+g_{3i})]}{G_n^t[S_{1n}^t(1+g_{1n})+S_{2n}^t(1+g_{2n})+S_{3n}^t(1+g_{3n})]} \tag{4-9}$$

式中，$t$ 和 $t+1$ 分别为 $t$ 期和 $t+1$ 期；$i$ 和 $n$ 分别为地区 $i$ 和全国；$G$ 为地区或国内生产总值；$S_1$、$S_2$ 和 $S_3$ 分别为第一、第二和第三产业增加值占地区或国内生产总值的比重（即产业结构）；$g_1$、$g_2$ 和 $g_3$ 分别为第一、第二和第三产业在 $t$ 至 $t+1$ 阶段的增长率。之后，对式（4-9）进一步分解：

$$\frac{G_i^{t+1}}{G_n^{t+1}} = \frac{G_i^t\sum_{j=1}^{3}[S_{jn}^t+(S_{ji}^t-S_{jn}^t)][(1+g_{jn})+(g_{ji}-g_{jn})]}{G_n^t\sum_{j=1}^{3}S_{jn}^t(1+g_{jn})} \tag{4-10}$$

进而得到：

$$\Delta P_i = \frac{G_i^{t+1}}{G_n^{t+1}} - \frac{G_i^t}{G_n^t} = \frac{G_i^t\sum_{j=1}^{3}[S_{jn}^t(g_{ji}-g_{jn})+(S_{ji}^t-S_{jn}^t)(1+g_{jn})+(S_{ji}^t-S_{jn}^t)(g_{ji}-g_{jn})]}{G_n^{t+1}}$$

$$= \mathrm{CE} + \mathrm{IM} + \mathrm{AE}$$

$$= \mathrm{PI} + \mathrm{SI} + \mathrm{TI} \tag{4-11}$$

其中，

$$\mathrm{CE} = \frac{G_i^t\sum_{j=1}^{3}S_{jn}^t(g_{ji}-g_{jn})}{G_n^{t+1}}, \quad \mathrm{IM} = \frac{G_i^t\sum_{j=1}^{3}(S_{ji}^t-S_{jn}^t)(1+g_{jn})}{G_n^{t+1}},$$

$$\mathrm{AE} = \frac{G_i^t\sum_{j=1}^{3}(S_{ji}^t-S_{jn}^t)(g_{ji}-g_{jn})}{G_n^{t+1}} \tag{4-12}$$

$$\mathrm{PI} = \mathrm{CE}_1 + \mathrm{IM}_1 + \mathrm{AE}_1, \ \mathrm{SI} = \mathrm{CE}_2 + \mathrm{IM}_2 + \mathrm{AE}_2, \ \mathrm{TI} = \mathrm{CE}_3 + \mathrm{IM}_3 + \mathrm{AE}_3$$

由式（4-9）~式（4-12）可见，$t$ 至 $t+1$ 阶段区域 $i$ 占全国经济份额的变动可以被分解为三个可加的分量，即反映产业结构效应的结构偏离分量（industry mix effect，IM）、反映区域竞争力的区域（或竞争）偏离分量（competitive effect，CE）和反映产业结构与区域竞争力之间相互作用的分配偏离分量（allocation effect，AE）。同时，份额变动也可以被分解为三个产业分量（PI、SI，TI），分别反映第一、第二和第三产业对区域经济份额变动的贡献。

## 二、驱动经济空间格局演化的产业及变迁

利用以上方法,对八个阶段中国各省区经济份额的变化进行分解,并计算三次产业对省区经济份额变动的贡献。图 4-11、图 4-12 显示了各个阶段经济份额上升的区域,可以看出随时间推移区域经济转移的整体趋势,同时标示了驱动省区经济份额上升的产业,以反映经济空间格局演化的驱动产业变迁。这里,我们将驱动产业分为单一产业和复合产业两种类型。针对经济份额上升的省区,若其三个产业分量中仅有一个为正,则该产业为该区域的单一驱动产业。

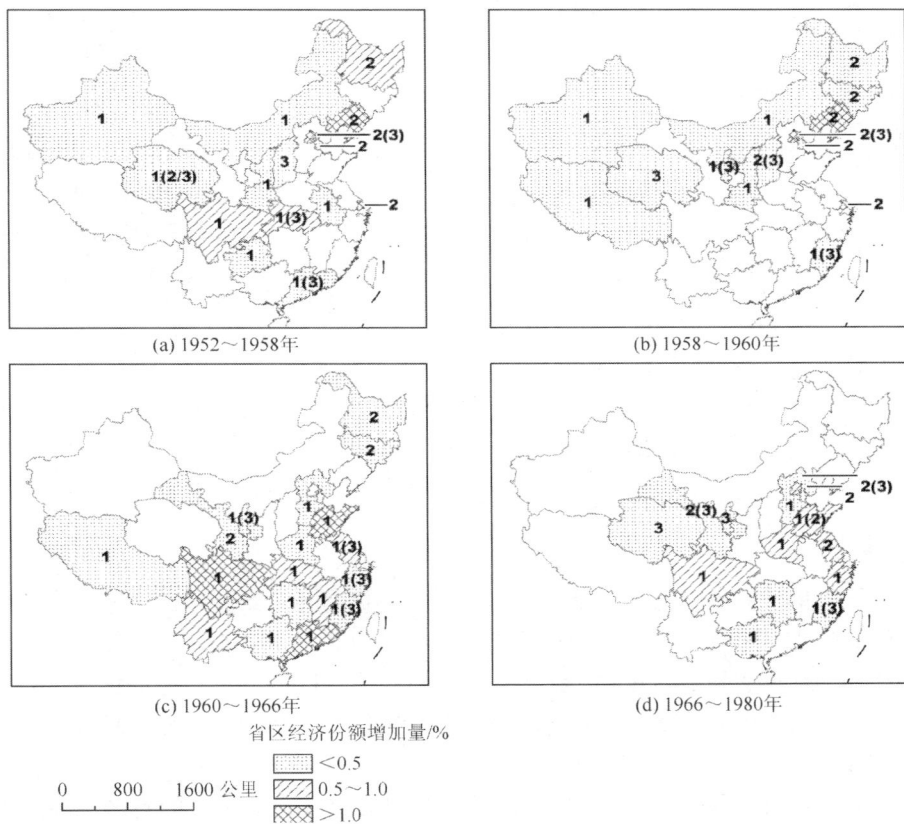

(a) 1952~1958年  (b) 1958~1960年

(c) 1960~1966年  (d) 1966~1980年

省区经济份额增加量/%
- <0.5
- 0.5~1.0
- >1.0

0  800  1600 公里

图 4-11  改革开放以前省区经济转移及其驱动产业示意图

"1"代表第一产业单一驱动;"2"代表第二产业单一驱动;"3"代表第三产业单一驱动;"1(2)"代表第一产业为主,第一和第二产业共同驱动;"1(3)"代表第一产业为主,第一和第三产业共同驱动;"2(1)"代表第二产业为主,第一和第二产业共同驱动;"2(3)"代表第二产业为主,第二和第三产业共同驱动;"3(1)"代表第三产业为主,第一和第三产业共同驱动;"3(2)"代表第三产业为主,第二和第三产业共同驱动;"1(2/3)"代表第一产业为主,第一、第二和第三产业共同驱动;"2(1/3)"代表第二产业为主,第一、第二和第三产业共同驱动;"3(1/2)"代表第三产业为主,第一、第二和第三产业共同驱动

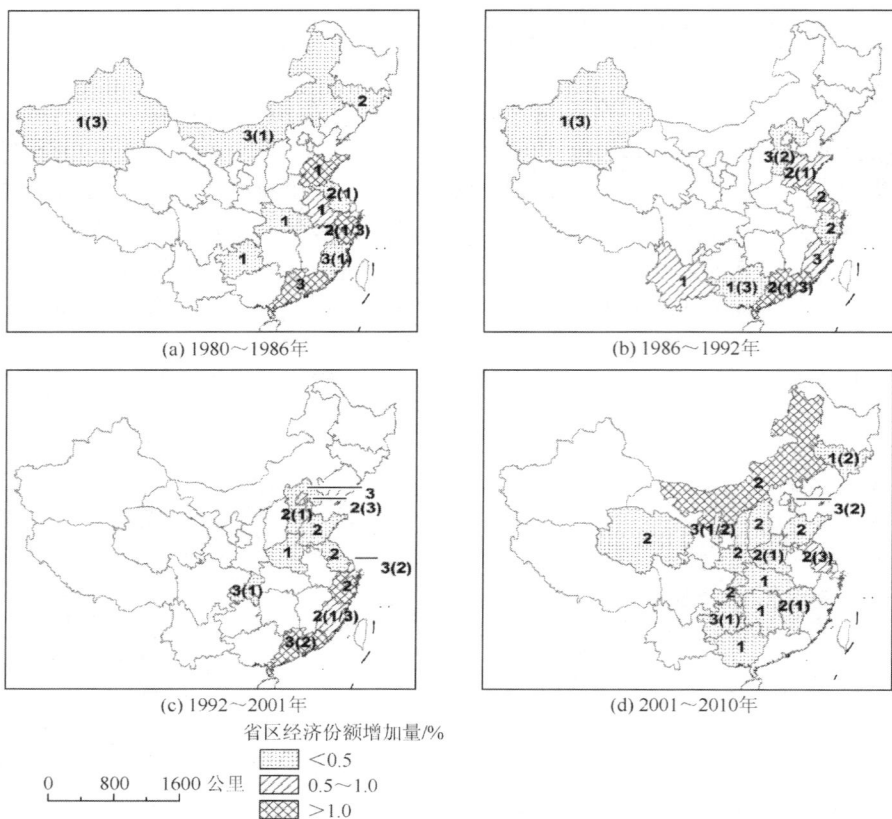

(a) 1980～1986年    (b) 1986～1992年

(c) 1992～2001年    (d) 2001～2010年

省区经济份额增加量/%

　＜0.5
　0.5～1.0
　＞1.0

0    800   1600 公里

图 4-12　改革开放以后省区经济转移及其驱动产业示意图

标注说明见图 4-11

若三个产业分量中有两个为正，且其中一个分量是另一个分量的 3 倍以上，则该产业也是该区域的单一驱动产业。若三个产业分量全部为正，当其中一个分量大于另外两个分量之和时，则该产业也被视为该区域的单一驱动产业。除此之外，该区域有两个以上的驱动产业，因此为复合驱动产业。对于复合驱动产业，图 4-11、图 4-12 中括弧外标示的是贡献最大的产业分量。

由图 4-11 可见，1960 年以前的两个阶段，经济份额上升的省区主要集中在东北和中、西部地区，东部地区经济份额上升的区域主要是上海和北京，份额上升均超过 1%。从驱动产业来看，东北和东部省区经济份额上升主要是由第二产业驱动，而中、西部省区经济份额上升则主要由第一产业驱动。这显示，在"一五"和"二五"前期，中国工业化的重点区域是东北三省和东部直辖市。1960～1966 年，中国大部分省区经济份额都有所上升，而这一阶段驱动各省区经济份额上升的产业主要是第一产业，其中只有黑龙江、吉林和甘肃经济份额上升是由第二产业驱动，但其份额上升的幅度相对较小。1966～1980 年，经济份额上升的省区主要集中在东部和西部地区，整体上份额增长的幅度都较小，且驱动产业主要以第一产业为主，部分地区如北京、天津、江苏、甘肃经济份额上升是由第二产业驱动。

改革开放以后，区域经济空间格局呈现明显的沿海化趋势，经济份额上升的省区主要集中在东部沿海，但驱动产业在不同阶段有明显变化。由图 4-12 可见，1980～1986 年，由于改革开放初期主要是农村经济体制改革，第一产业是驱动省区经济份额上升的重要产业。而 1986 年以后，随着城市改革的推进和全面的对外开放，东部沿海凭借其区位优势和制造业基础，吸引外资进入和不断承接国际制造业转移，因此东部省区经济份额上升的驱动产业主要是第二产业。值得注意的是，1992～2001 年，即改革开放后的第三阶段，东部的北京、上海和广东的驱动产业已经升级为第三产业，其中北京更是以第三产业为单一驱动，而上海和广东是以第三产业为主，第二和第三产业共同驱动。2001 年以后，中国区域经济空间格局经历了重大调整，经济份额上升的省区明显由东部向中、西部地区转移，尤其是中部省区经济份额普遍上升，且驱动中、西部省区经济份额上升的产业主要是第二产业，显示了中国新一轮区域产业转移，主要是制造业由东部沿海向中、西部地区的转移。

## 三、经济空间格局演化与区域产业结构和竞争优势变迁

为了进一步分析区域产业结构和竞争优势变迁对经济空间格局演化的影响，我们将三次产业分量进一步分解为三个偏离分量，即结构偏离分量、区域偏离分量和分配偏离分量。与 Esteban-Marquillas 拓展的偏离-份额分析相似（Esteban-Marquillas，1972），我们采用了类似的"同位概念"（homethetic concept），即全国的产业结构，因此分解出三个偏离分量。其中，结构偏离分量反映区域产业结构优于全国平均水平所带来的经济份额的上升，即区域产业结构引致的专业化效应；区域偏离分量反映区域产业增长高于全国平均水平所带来的经济份额的上升，即区域竞争优势引致的竞争力效应；分配偏离分量是一个相互作用分量，反映区域产业专业化与竞争力的交互作用，以显示区域专业化的产业是否也同时具有竞争力。

总体上，不管第一、第二还是第三产业，三个偏离分量中分配偏离分量对区域经济份额变动的贡献最小，区域经济空间格局演化主要受到区域产业结构专业化和竞争优势变化的影响。从第一产业来看，图 4-13 显示了在不同阶段对省区经济份额变动具有正向贡献的第一产业的三个偏离分量。总体上，结构偏离分量贡献最大，区域偏离分量次之，而分配偏离分量的贡献最小。从不同

阶段各偏离分量中位数（平均贡献）的变化来看，三个偏离分量的最高值都出现在 1960～1966 年。这一阶段第一产业是驱动大部分省区经济份额上升的主要产业（图 4-11），三个偏离分量都较高说明大部分省区（如山东、四川、湖北、江苏、云南）经济份额的上升主要是由于第一产业占比和增速都高于全国平均水平，但比较而言，第一产业占比高于全国平均水平带来的结构优势是区域经济份额上升的主要原因。20 世纪 80 年代中期以后，第一产业的结构和区域偏离分量都大幅下降，说明第一产业带动区域经济份额上升的作用已明显减弱。

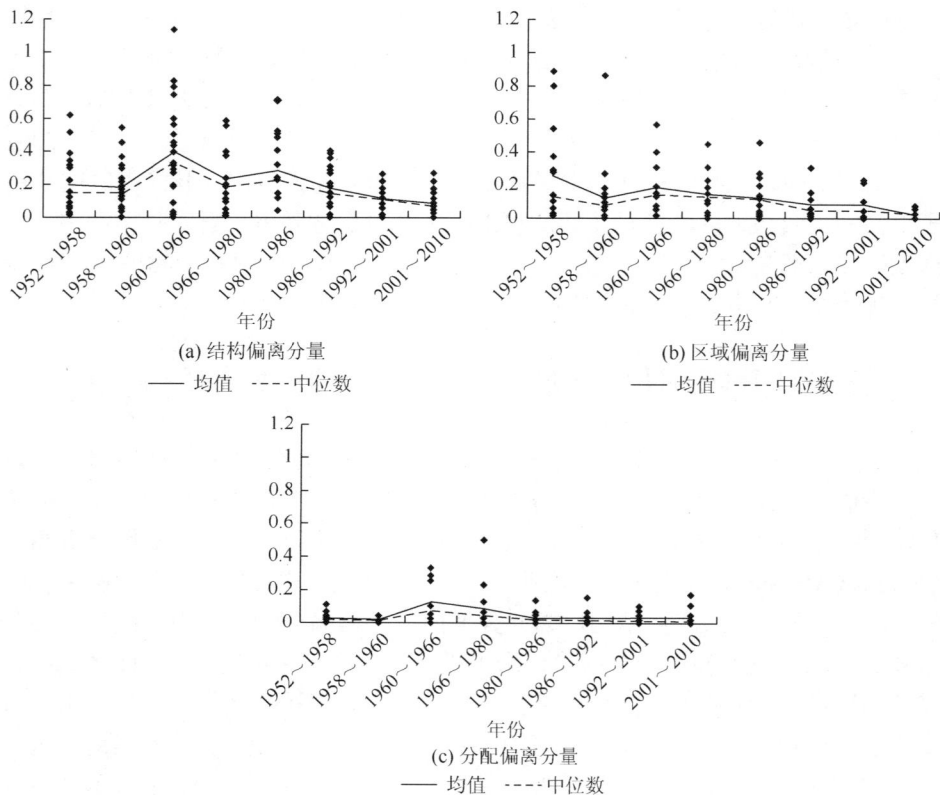

(a) 结构偏离分量
—— 均值 ---- 中位数

(b) 区域偏离分量
—— 均值 ---- 中位数

(c) 分配偏离分量
—— 均值 ---- 中位数

图 4-13　分阶段中国省区第一产业的结构、区域和分配偏离分量

此图中只显示数值为正的偏离分量

　　从第二产业来看，图 4-14 显示了各阶段对省区经济份额变动有正向贡献的第二产业的三个偏离分量。从结构偏离分量上看，东部的上海、天津、北京和东北的辽宁、黑龙江、吉林作为中国早期主要的工业基地，在第二产业上一

直具有很强的结构优势。而这种结构优势是早期带动这些地区经济份额快速上升的重要因素。其中，上海和辽宁的结构优势最明显，在第一和第二阶段对区域经济份额上升的贡献超过 2.5%。而随时间推移，上海和辽宁的结构优势不断减弱，但到 20 世纪 90 年代以前都一直保持着较大的优势。20 世纪 60 年代以后，随着"三线建设"，中、西部地区的山西、甘肃在第二产业上的结构优势开始显现且不断提高，并一直保持到 90 年代以前。而改革开放以后，东部的江苏在第二产业上的结构优势不断提高，80 年代中期以后，浙江在第二产业上的结构优势开始出现并迅速上升。20 世纪 90 年代以后，东部除福建以外的省区在第二产业上都具有较高的结构优势。新世纪以来，制造业开始由东部沿海向中、西部地区转移，但东部省区除北京和福建外在第二产业上都还保持着结构优势。

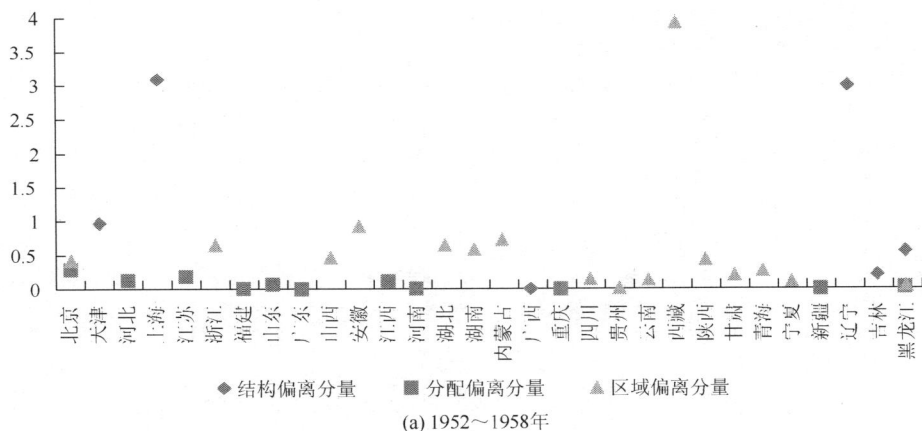

(a) 1952～1958年

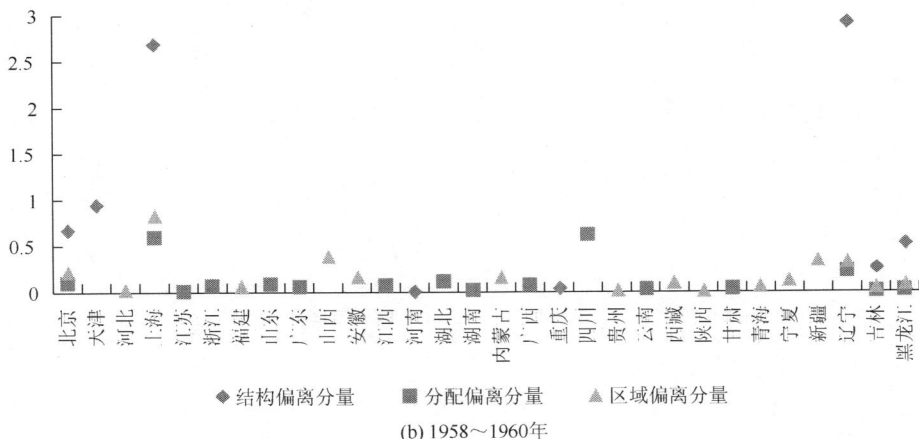

(b) 1958～1960年

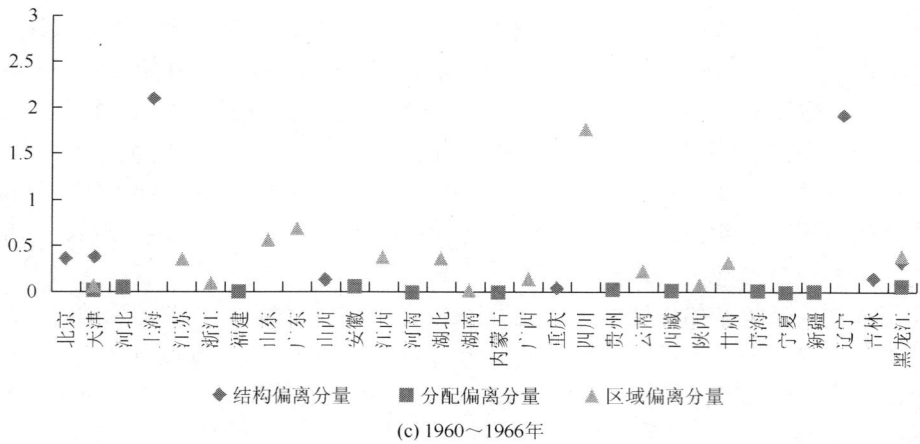

◆ 结构偏离分量　■ 分配偏离分量　▲ 区域偏离分量

(c) 1960～1966年

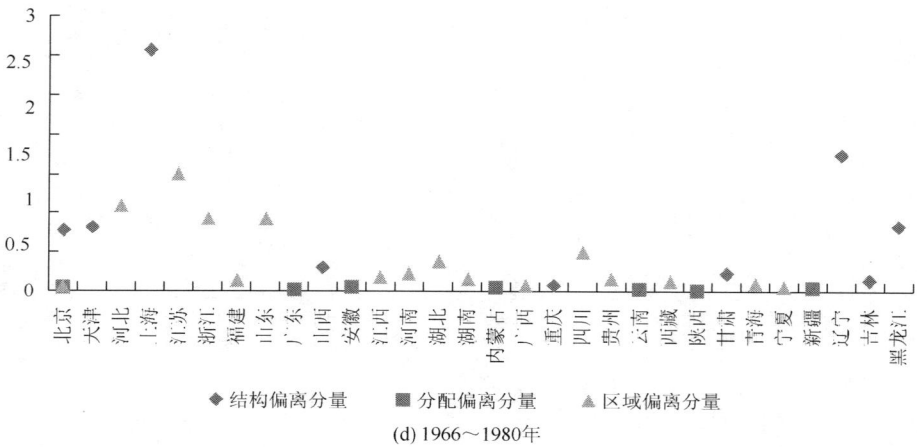

◆ 结构偏离分量　■ 分配偏离分量　▲ 区域偏离分量

(d) 1966～1980年

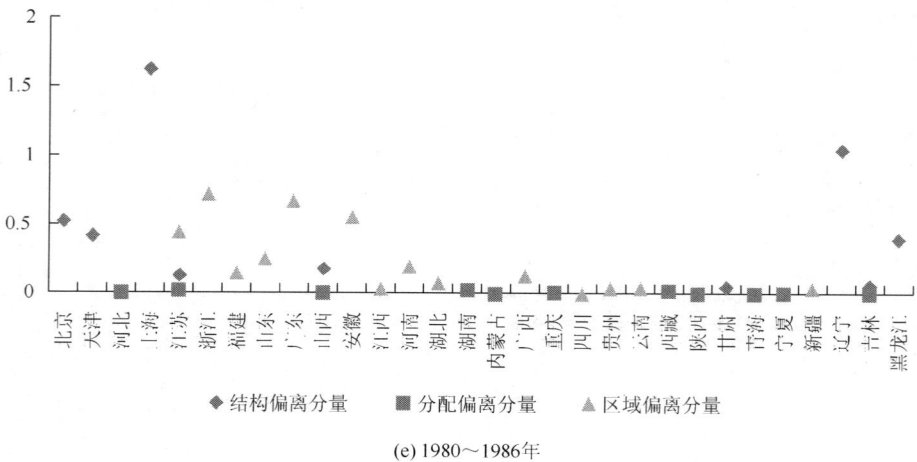

◆ 结构偏离分量　■ 分配偏离分量　▲ 区域偏离分量

(e) 1980～1986年

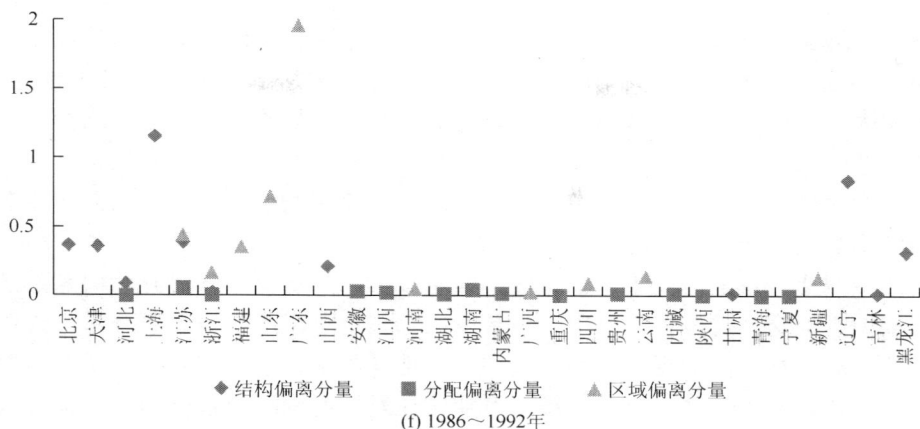

(f) 1986～1992年

◆ 结构偏离分量　　■ 分配偏离分量　　▲ 区域偏离分量

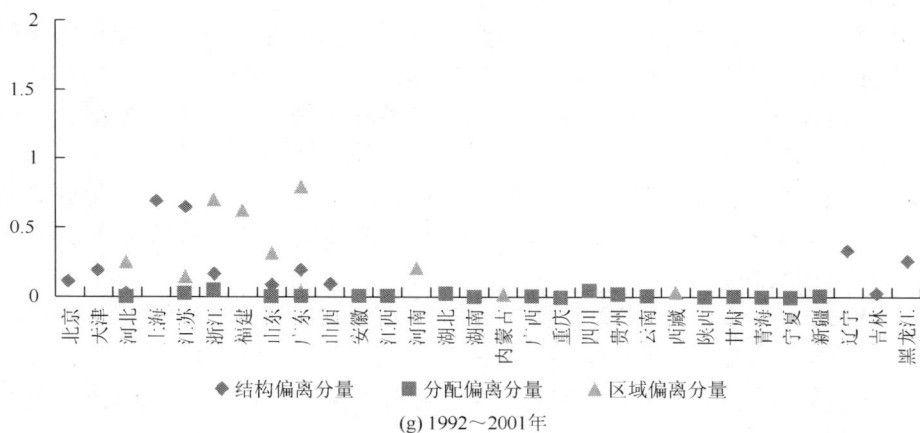

(g) 1992～2001年

◆ 结构偏离分量　　■ 分配偏离分量　　▲ 区域偏离分量

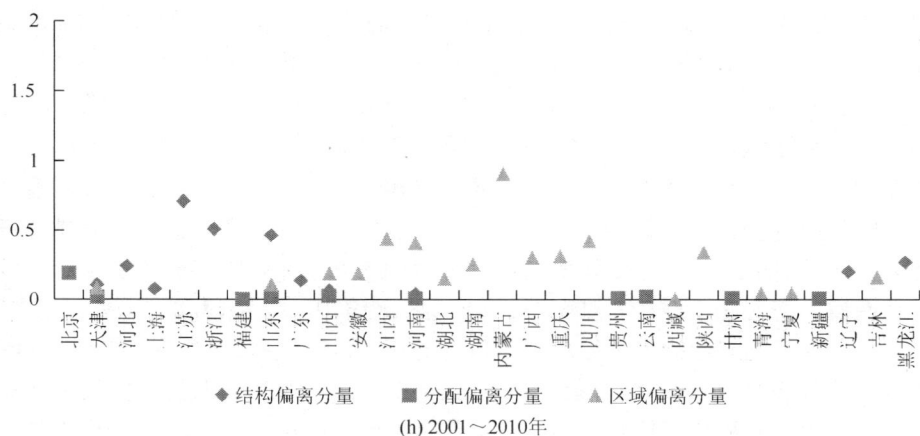

(h) 2001～2010年

◆ 结构偏离分量　　■ 分配偏离分量　　▲ 区域偏离分量

图 4-14　分阶段中国省区第二产业的结构、区域和分配偏离分量

此图中只显示数值为正的偏离分量

区域偏移分量的变化则反映了第二产业竞争优势在区域间转移的过程。图 4-14 显示,1952～1958 年,正值的区域偏离分量主要集中在中、西部地区,说明大部分中、西部省区第二产业增速高于全国平均水平,这主要因为“一五”期间布局的工业项目带动了中、西部地区第二产业的快速发展。此后,正值的区域偏离分量在东、中、西部地区分布比较均衡,显示了第二产业在全国均衡发展的格局。但到 1966～1980 年,东部的江苏、河北、浙江、山东的区域偏离分量显著高于其他省区,显示了第二产业竞争优势开始向东部沿海集中。但这一阶段大部分中、西部省区仍保持正值的区域偏离分量。改革开放以后,第二产业竞争优势持续向东部地区集中,东部的广东、江苏、浙江、山东、福建凭借区位优势第二产业快速发展,表现出很强的竞争优势。其中尤其是广东,在 1986～1992 年,第二产业区域偏离分量使地区经济份额上升了近 2%,增速远远高于其他省区。20 世纪 90 年代以后,正值的区域偏离分量基本全部集中在东部地区,显示出第二产业“沿海化”的不均衡发展格局。2001 年以后,正值的区域偏离分量出现了整体向中、西部地区的转移,东部省区除天津和山东外都不再有正值的区域偏离分量,而全部中部省区和大部分西部省区都有较高的正值的区域偏移分量,这说明中、西部地区第二产业增速普遍高于全国平均水平,显示了第二产业竞争优势由东部沿海向中、西部地区的转移。

　　从第三产业来看,改革开放以前第三产业对区域经济份额上升的贡献整体上较低,因此我们主要分析 1980 年以后第三产业三个偏离分量的变化(图 4-15)。总体上,第三产业具有结构优势和竞争优势的省区主要集中在东部地区。从结构偏离分量上看,第三产业结构优势最明显的是广东、北京和上海,其结构优势在 2001～2010 年显著增强,尤其是北京。而从区域偏离分量来看,20 世纪 80 年代第三产业增长较快的地区主要是山东、广东、浙江和江苏,到 90 年代,第三产业具有竞争优势的地区更为明显的集中在北京-天津、上海-江苏-浙江和广东三个区域,而到 2001 年以后,第三产业增长较快的地区主要是江苏、浙江和山东,北京、上海和广东的结构优势变得更加突出,但增速有所降低。从分配偏离分量上看,20 世纪 80 年代,福建和广东第三产业的三个偏离分量都为正,说明第三产业占比和增速都高于全国平均水平,第三产业是这一阶段驱动两省经济份额上升的重要力量。20 世纪 90 年代,除福建和广东外,北京、天津、上海第三产业的三个偏离分量也都为正,显示这些地区在第三产业上既有专业化优势又有竞争优势。而 2001～2010 年,广东和上海仅保持第三产业的结构优势,而福建不再具有优势,但北京、天津在第三产业上的结构优势和竞争优势一直有所保持。

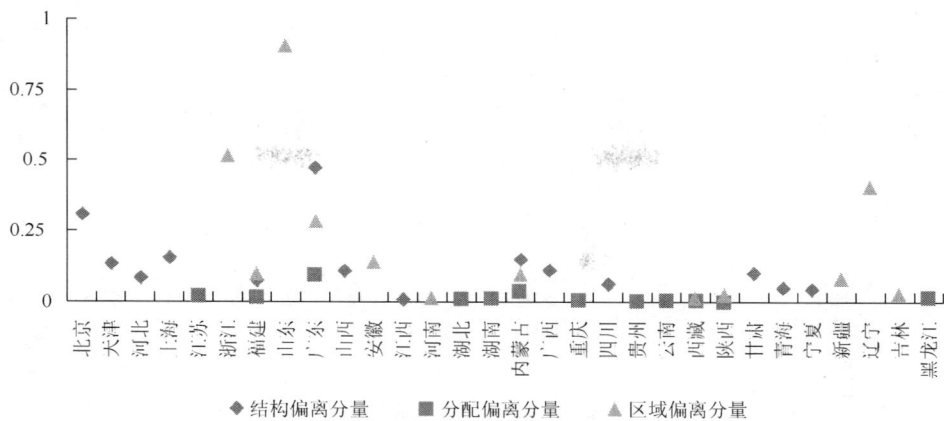

(a) 1980~1986年

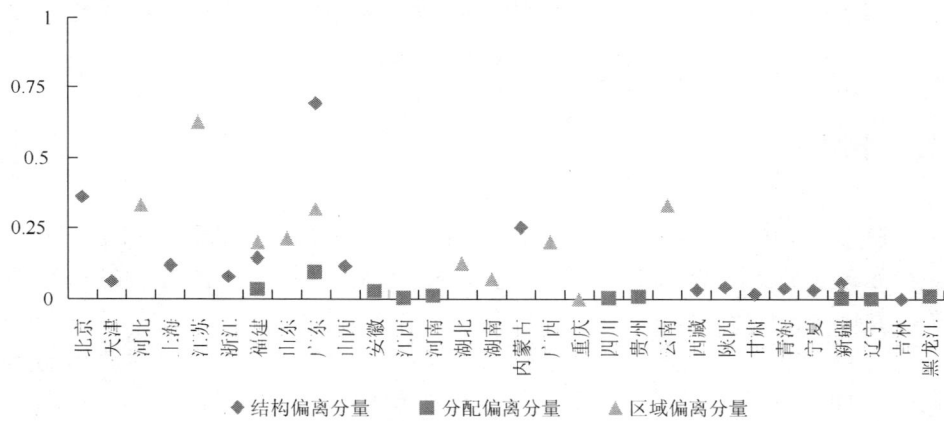

(b) 1986~1992年

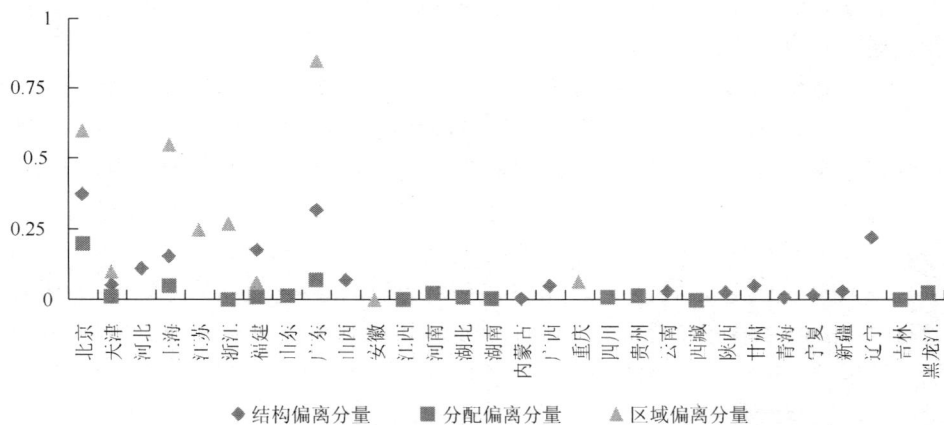

(c) 1992~2001年

图例：◆ 结构偏离分量　■ 分配偏离分量　▲ 区域偏离分量

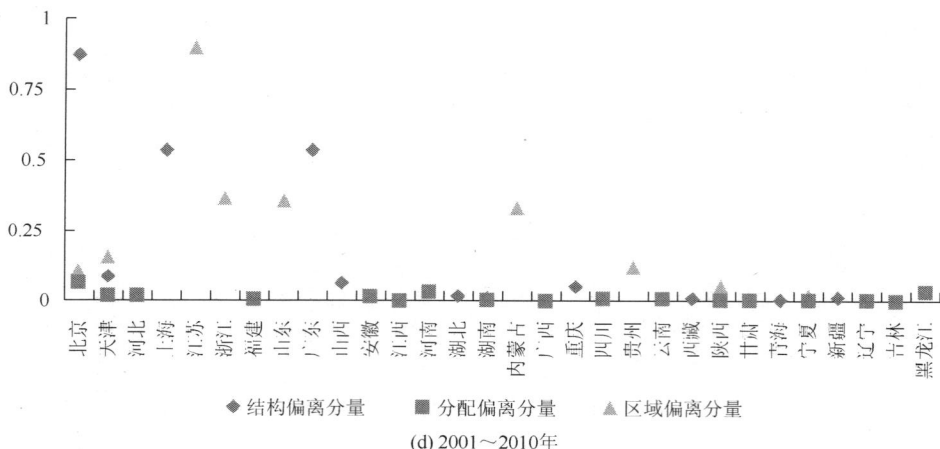

图 4-15　改革开放以来分阶段中国省区第三产业的结构、区域和分配偏离分量

此图中只显示数值为正的偏离分量

## 四、小结

通过对 1952～2010 年八个阶段中国省区经济份额变化的偏离-份额分析，我们发现区域经济空间格局的演化与区域产业结构和竞争优势的变迁密切相关。具体而言如下。

（1）1960 年以前，东北三省和东部地区的上海、北京作为工业基地的建设得到加强，在第二产业上形成了很强的结构优势，带动了东北和东部地区经济份额的整体上升。同时，中、西部部分省区经济份额有所上升，主要由第一产业驱动。"一五"期间，工业布局向内地倾斜，使得中、西部省区在第二产业发展上具有一定的竞争优势。

（2）1960～1966 年，中国大部分省区经济份额都有所上升，主要由第一产业驱动。1966～1980 年是省区经济份额变动最小的阶段，经济份额上升的省区主要集中在东部和西部地区。虽然"三线建设"推动工业布局向内地转移，但东部地区经济份额仍有大幅上升，主要由第一和第二产业驱动，东部省区在第二产业上仍具有明显的结构优势和竞争优势。

（3）改革开放以后，区域经济格局呈现明显的沿海化趋势，经济份额上升的省区主要集中在东部沿海，但驱动产业在不同阶段有所变化。20 世纪 80 年代中期以前，第一产业是驱动省区经济份额上升的重要产业，但 90 年代以后，经济空间格局演化主要由第二和第三产业驱动。20 世纪 90 年代以后，东部省区在第二产业上普遍具有较强的结构优势，而且第二产业具有竞争优势的地区也明显向东部沿海集中，这直接促使经济空间格局向沿海化非均衡发展转变。同时，这一阶段东部地区第三产业也快速发展，成为驱动北京、上海、广州等发达地区经济份额上升的重要力量，第三产业具有竞争优势的地区主要集中在北京-天津、上海-江苏-浙江和广东三个区域。

（4）21世纪以来，中国区域经济空间格局经历了重大调整，经济份额上升的省区明显由东部向中、西部地区转移，尤其是中部省区经济份额普遍上升，且驱动中、西部省区经济份额上升的产业主要是第二产业。东部省区在第二产业上仍具有明显的结构优势，但竞争优势已明显由东部向中、西部地区转移。东部的北京、上海、广东在第三产业上呈现更加显著的结构优势，显示出结构升级和服务化的发展态势。

## 参 考 文 献

方开泰. 1982. 有序样品的一些聚类方法. 应用数学学报, 5（1）: 94-101.

刘慧玲. 2010. 我国产业区域布局的发展历程与展望. 工业技术经济, 29（11）: 129-134.

刘乃全, 刘学华, 赵丽岗. 2008. 中国区域经济发展与空间结构的演变——基于改革开放30年时序变动的特征分析. 财经研究, 34（11）: 76-87.

孙久文, 年猛. 2011. 中国国土开发空间格局的演变研究. 南京社会科学,（11）: 8-14.

孙铁山, 刘霄泉, 李国平. 2015. 中国经济空间格局演化与区域产业变迁——基于1952~2010年省区经济份额变动的实证分析. 地理科学,（01）: 56-65.

魏后凯. 2008. 改革开放30年中国区域经济的变迁——从不平衡发展到相对均衡发展. 经济学动态,（5）: 9-16.

严广松, 路允芳. 2008. 多维有序样本的聚类方法研究. 统计与决策,（4）: 29-30.

袁晓玲, 张宝山, 杨万平. 2008. 动态偏离-份额分析法在区域经济中的应用. 经济经纬,（1）: 55-58.

Esteban-Marquillas J M. 1972. A reinterpretation of shift-share analysis. Regional and Urban Economics, 2（3）: 249-255.

Fisher W D. 1958. On grouping for maximum homogeneity. Journal of the American Statistical Association, 53: 789-798.

# 第五章
# 中国制造业的区域转移与空间结构演化

第一次工业革命以来，全球制造业中心已经发生三次大的转移。第一次是 18 世纪下半叶到 20 世纪初，英国借助机器工业、技术创新、产业资本积累、自由贸易政策等优势，利用坚船利炮和廉价商品把许多国家变成它们自己的市场、原料产地和供应地，使英国的制造业在世界上保持了 100 多年的独霸地位；第二次是在 19 世纪 70 年代到 20 世纪中叶，美国借助技术创新，丰富的自然资源、巨大的消费市场和充足的国际投资，相对稳定的政治环境和战争刺激等优势，通过强权政治、操纵国际组织来推广世界霸权主义，取代英国成为世界工业强国；第三次是在第二次世界大战后，日本抓住第三次科技革命浪潮的机遇，借助技术吸收战略、政府的"有所为"战略（梅松，2004）、美国强大的资金技术支持等，迅速成为世界制造业转移的又一个高地，但日本只是部分制造业工业产品的核心技术居世界领先水平，美国依然是世界科技中心的霸主，同时日本制造业产品生产量和贸易出口量所占世界的比重没有超过英美时期的相应水平（张为付，2004）。

之后的科技革命推动了美欧和日本等发达国家和地区的产业升级，劳动密集型产业不断向东亚、拉丁美洲等地区的发展中国家转移（崔海潮，2009），20 世纪 90 年代以来，尤其是近年来一些制造强国将劳动密集型和资本、技术密集型产业中的劳动密集型生产环节大量转移至发展中国家，形成了新的国际产业转移浪潮，使得中国（主要是东部地区）成为新的世界制造中心之一。目前中国制造业呈现"东强西弱"的态势，这为产业转移提供了必要的宏观条件，加之中国经济具有纵深的腹地，沿海地区、中部地区，东北地区，西北和西南地区之间均具有非常良好的功能承接和产业替补的优势。从制造业转移规律来看,研究国内产业转移其实就是研究世界制造业产业转移的延伸(张茉楠,2010)。研究中国制造业国内产业转移,尤其是 21 世纪以来国内的区域转移,有助于抓住新时期全球制造业新的发展趋势和形态。

同时,产业转移是一个动态过程,针对中国制造业,学者们对于其区域间转移路径的直接度量和分析相对比较少,大多借助其他的指标,如产业梯度系数(熊必琳等,2007;鹿朋和王泽强,2008)、FDI 的变化(张为付和张二震,2005)、静态年份数据的对比(姚芳等,2008)、产品的污染含量变化(傅京燕,2008)等来衡量区域间的制造业产业差异。对于产业转移的影响因素,孙久文和彭薇(2012)使用空间自相关分析证实劳动报酬上涨尚未成为我国产业转移的主要原因,市场竞争力也会对产业转移产生影响(陈羽,2005)。事实上,由于规模经济和外部经济,产业在最初阶段往往是集聚发展,当产业集聚到一定程度后产生生产成本上升、环境污染等拥挤成本,从而出现产业扩散和外迁,进而出现产业的区域转移(吴三忙和李善同,2010);另外,产业转移又带来了新一轮的产业集聚或分散过程。为此,本章将聚焦于中国制造业的区域转移和空间集聚状态研究,对当前中国制造业产业转移特征和趋势进行深入分析,并对影响中国制造业产业转移的因素进行进一步讨论。

## 第一节 中国制造业的区域转移[①]

### 一、中国制造业的区域布局演变历程回顾

#### (一)改革开放以前的区域布局

新中国成立后,我国政府实行了中央集中计划经济体制下的进口替代工业化战略。我国的制造业伴随着工业化的发展进入全面发展时期。总的来说,大致可以分为三个阶段(程斌,2007)。第一阶段,第一个五年计划时期,在苏联的帮助和设计指导下,我国集中力量进行了 156 个建设项目为中心的工业建设。这些项目的完成促使我国的工业体系初步形成。其中,工业基础建设投资总额中,重工业投资占工业投资总额的 85%;第二阶段,在第二和第三个五年计划期间,在我国与苏联关系的破裂以及"文化大革命"的大背景下,工业结

---

① 本节部分内容已发表:原嫄,吴爱芝,孙铁山,等.2015.中国制造业的区域转移特征与趋势研究——基于 2001 年和 2009 年数据的实证分析.人文地理,(05):99-105。

构严重失衡，重工业平均增长速度明显快于轻工业，轻工业在国民经济中所占的比重急剧下降，但整体的工业布局未出现显著的变化；第三阶段，20世纪70年代初期，我国在国际关系中的地位得到了明显提升，为与西方工业化国家之间的经济贸易提供了良好的国家环境。从1973年到1978年年底，我国累计引进了近170多亿美元的国外技术设备，同时国内的配套资金也达到600多亿元（邢伯春，2003）。在所引进的项目中，绝大多数都是以重化工业为主的基础工业，生产技术也大都具有当时的先进技术水平。

总的来看，这一时期我国的制造业布局伴随着计划经济体制下的工业发展，完全以国家政策为主导，基本上实行了以内地为中心、以重工业为核心的沿海与内地均衡发展的战略。这种均衡发展战略最终形成了在改革开放前的内地以能源、原材料和重加工为主，沿海以轻加工为主的区域经济结构。同时，出于当时国防战略的考虑，在具体的工业布点上，主要是在交通不便的边、远、穷山区布点，希望通过在边穷地区由政府对一些主导产业进行大规模的一次性投资，带动其他有直接投入产出联系的产业的同步发展，进而能形成一系列功能互补的地域综合体。因此，在新中国成立到改革开放以前这个时期内，中国制造业大体呈现出零散式的分布状态，缺乏区域转移的政策支持和基本诉求，导致这一布局状态较为稳定，整体上未出现明显的改变。

## （二）改革开放以来的区域布局

十一届三中全会后，中国开始实行改革开放政策，国民经济体制也逐步从计划经济向市场经济转变，中国制造业也随之发生了翻天覆地的变化。在此期间，全国民营经济得到迅速发展，生产能力不断增强，科技水平逐步提升，并引进大量外资，有一大批中国制造的产品产量居世界首位，这一切直接促成了中国制造业的崛起（程斌，2007）。进入21世纪后，中国制造业发展更为迅速。目前，中国制造业的生产能力还在迅速扩张，产品产量快速增长，在世界市场上所占份额不断增加，很多产品的产量已位居世界前列。

在全球尺度下，中国凭借自身制造业实力的增强，成为第三次全球产业转移的主要承接地区，世界各国著名的制造厂商纷纷把生产基地向中国转移，或者直接把生产业务外包给中国企业，产品销往世界各地，促使中国成为了名副其实的"世界工厂"。这一过程直接成为中国内部的制造业重心发生根本性区域转移的源动力。在此大背景下，中国制造业重心快速集中到作为改革开放门户的东部和南部沿海地区，并出现了明显的集聚现象，形成了以珠三角、长三角、胶东半岛为中心的工业集聚区；而中部和西部内陆地区的制造业发展逐步趋缓、甚至发生衰退。因此，在这一时期，中国制造业发生明显的渐进式转移，截至20世纪末，已经在整体上从新中国成立初期的零散式布局转化为显著的自沿海向内地阶梯式下滑的布局状态。但是，值得注意的是，部分制造业类型在近年来又开始出现由东南沿海地区向中西部地区发生转移的趋势。而近十年来的中国制造业区域转移过程与特征将在之后的几个部分中做进一步的分析。

## 二、中国制造业省区尺度的区域转移特征分析

### （一）研究数据与方法

本章数据主要来自于国家统计局工业企业数据库，包含 2001 年和 2009 年采矿业，制造业，电力、燃气及水的生产和供应业等全部国有和年销售收入 500 万元以上的非国有企业的相关数据，如区域代码、行业代码、工业总产值、从业人员数等指标。本章仅保留制造业的分析数据（行业代码为 13～42 的所有行业大类），原因在于采掘业，电力、燃气及水的生产和供应业的生产与分布在很大程度上主要依赖于当地自然资源，其进行区域转移的限制性强、可能性低。同时，由于在中国不同所有制企业里存在不同程度的冗员现象，分析就业人员数可能会造成分析结果缺乏可比性（路江涌和陶志刚，2007），为此，本章主要依据工业总产值的数据展开分析。同时，为了减少区域选择问题的影响，我们将利用不同区域空间尺度进行多组指标的计算，以观察基于不同区域层面结果的稳健性（Devereux et al.，2004）。

本章对于制造业及其各行业的产业转移分析，将立足于各区域份额增长差异，采用地区工业总产值的份额在空间上的变化来度量。同时，本章将产业转移定义为产业份额在地理空间格局上的变化或者产业总产值最高绝对值的空间位移，即从产业转移的结果去研究产业转移。

### （二）区域转移整体特征

中国制造业在 2001～2009 年得到长足发展，工业总产值（当年价格）由 2001 年的 82.85 亿元增长到 2009 年的 471.67 亿元，涨幅超过 300%。从全国在省区尺度上的制造业工业总产值占全国的份额来看（表 5-1），2001 年，份额占比最高前五位的省市分别为广东、江苏、山东、浙江和上海，占全国制造业工业总产值的总份额高达 55.63%；2009 年，份额占比最高前五位的省区分别为江苏、山东、广东、浙江和辽宁，共占全国制造业工业总产值的 54.70%，其地理分布和份额占比在整体上均未出现明显的变化。因此，在省区尺度的视角下，制造业整体的产业中心地理分布和所占份额在研究时段内大体上保持稳定，这说明中国制造业的区域产业转移可能是自下而上发生的。

表 5-1　全国各省市 2001 年和 2009 年制造业工业总产值份额及变化

| 省市名称 | 工业总产值（当年价格，元） | | 工业总产值份额（%） | | |
|---|---|---|---|---|---|
| | 2001 年 | 2009 年 | 2001 年 | 2009 年 | 2001～2009 年变化 |
| 北京市 | 269 842 184 | 875 790 580 | 3.257 2 | 1.856 8 | −1.400 4 |
| 天津市 | 268 486 571 | 1 112 318 421 | 3.240 8 | 2.358 2 | −0.882 6 |
| 河北省 | 312 096 850 | 2 013 714 902 | 3.767 2 | 4.269 3 | 0.502 1 |
| 山西省 | 88 188 420 | 468 738 854 | 1.064 5 | 0.993 8 | −0.070 7 |
| 内蒙古自治区 | 55 561 170 | 649 004 753 | 0.670 7 | 1.376 0 | 0.705 3 |
| 辽宁省 | 371 693 124 | 2 459 851 399 | 4.486 6 | 5.215 2 | 0.728 6 |
| 吉林省 | 163 371 258 | 871 789 883 | 1.972 0 | 1.848 3 | −0.123 7 |
| 黑龙江省 | 118 935 080 | 470 095 429 | 1.435 6 | 0.996 7 | −0.439 0 |
| 上海市 | 670 576 294 | 2 257 193 393 | 8.094 3 | 4.785 5 | −3.308 8 |
| 江苏省 | 1 104 205 844 | 6 942 650 421 | 13.328 5 | 14.719 2 | 1.390 7 |
| 浙江省 | 746 900 168 | 3 762 226 610 | 9.015 6 | 7.976 4 | −1.039 2 |
| 安徽省 | 152 718 553 | 1 098 424 226 | 1.843 4 | 2.328 8 | 0.485 4 |
| 福建省 | 265 915 995 | 1 511 109 329 | 3.209 8 | 3.203 7 | −0.006 1 |
| 江西省 | 81 201 461 | 821 154 717 | 0.980 2 | 1.740 9 | 0.760 8 |
| 山东省 | 796 093 865 | 6 404 831 770 | 9.609 4 | 13.579 0 | 3.969 6 |
| 河南省 | 299 079 039 | 2 197 329 075 | 3.610 1 | 4.658 6 | 1.048 5 |
| 湖北省 | 292 348 292 | 1 354 363 078 | 3.528 8 | 2.871 4 | −0.657 4 |
| 湖南省 | 154 105 966 | 1 101 444 041 | 1.860 2 | 2.335 2 | 0.475 0 |
| 广东省 | 1 290 533 659 | 6 231 827 372 | 15.577 6 | 13.212 2 | −2.365 4 |
| 广西壮族自治区 | 91 373 383 | 582 676 006 | 1.102 9 | 1.235 3 | 0.132 4 |
| 海南省 | 19 269 362 | 91 438 951 | 0.232 6 | 0.193 9 | −0.038 7 |
| 重庆市 | 93 638 373 | 583 828 219 | 1.130 3 | 1.237 8 | 0.107 5 |
| 四川省 | 191 947 978 | 1 474 196 087 | 2.316 9 | 3.125 5 | 0.808 5 |
| 贵州省 | 50 153 896 | 199 766 992 | 0.605 4 | 0.423 5 | −0.181 9 |
| 云南省 | 99 383 248 | 401 946 746 | 1.199 6 | 0.852 2 | −0.347 5 |
| 西藏自治区 | 1 014 881 | 3 260 847 | 0.012 3 | 0.006 9 | −0.005 3 |
| 陕西省 | 85 671 074 | 522 040 183 | 1.034 1 | 1.106 8 | 0.072 7 |
| 甘肃省 | 68 644 701 | 287 738 222 | 0.828 6 | 0.610 0 | −0.218 6 |
| 青海省 | 10 147 575 | 65 820 993 | 0.122 5 | 0.139 5 | 0.017 1 |
| 宁夏回族自治区 | 17 902 711 | 99 683 232 | 0.216 2 | 0.211 4 | −0.004 8 |
| 新疆维吾尔自治区 | 53 522 873 | 250 940 573 | 0.646 2 | 0.532 0 | −0.114 0 |
| 总计 | 8 284 523 848 | 47 167 195 304 | 100 | 100 | |

　　在此基础上，有必要进一步观察全国各省区在 2001～2009 年的制造业份额变化量（图 5-1）。可以发现，在研究时段内，全国制造业的份额转移绝对量总和为 11.13%（即所有份额变化量绝对值之和的 1/2）。从空间角度出发，参

与到制造业的区域产业转移过程的主要转出省区（份额降低超过 0.5%）包括上海、广东、北京、浙江、天津和湖北等，多数属于东部沿海的经济发达省份，且制造业发展处于上游或中上游水平；主要转入省区（份额上升超过 0.5%）包括山东、江苏、河南、四川、辽宁和内蒙古，而河北、安徽和湖南的转入份额也较为显著，这些转入区域主要为中西部产业基础实力相对较强的省区以及个别东北和东部省区。

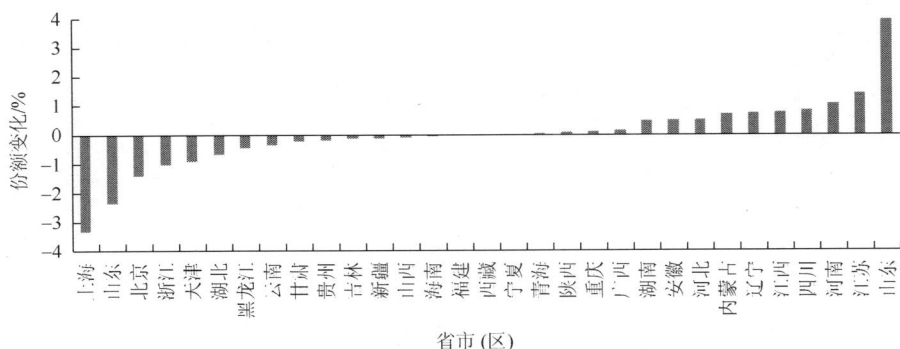

图 5-1　全国各省市（区）2001～2009 年制造业工业总产值份额变化量

总的来看，在 2001～2009 年，中国制造业的产业中心并没有发生明显的迁移，始终集中在东部和东南部沿海发达地区，并且产业中心所占据的份额总量亦较为稳定。但是，从省区尺度的份额变化绝对量来看，中国制造业确实发生了一定程度的产业转移，其主要的承接区域均分布在中西部和东北地区，而主要的转出区域均为原本处于制造业发展上游水平的东部省区。因此，在份额视角下的中国制造业分布格局并没有出现根本性的改变，但制造业在这 10 年已表现出较为明显且路径相对明确的产业转移特征趋势。

## （三）重点省区的区域转移特征

在省区尺度上的中国制造业区域转移的基本路径特征为，由东部沿海发达省份向东部其他省份和中西部省份转移。为深入研究中国制造业区域转移的特征，有必要对份额变化相对剧烈的省份在更细的地理尺度上进行观察和分析。在 2001～2009 年，制造业工业总产值份额降低超过 1% 的省份包括上海、广东、北京和浙江，而份额上升超过 1% 的省份包括山东、江苏和河南。

### 1. 重点转出省市

上海制造业份额下降量为 3.309%，而其所辖的 19 个地级区县有 17 个的制造业份额在研究时段内发生下降，其他区县变化不明显。其中，份额下降幅度超过 0.200%的地级区县有浦东新区、嘉定区、宝山区等五个，这些区县的下降总份额占上海整体制造业份额变化量的 68.4%（表 5-2）。换句话说，上海的制造业区域转移表现为涉及多数下属区县的整体性转出态势，虽然有部分区县的转出份额相对较高，但集中性并不明显。因此，上海总体上属于跨省市尺度上制造业转移过程的转出区域，其内部转移并不明显。

表 5-2　重点转出省市内部制造业份额下降较大地市的变化情况

| 省市（区）名称 | 2001 年份额 | 2009 年份额 | 份额变化量 |
|---|---|---|---|
| 上海 | 8.094 | 4.786 | −3.309 |
| 浦东新区 | 2.272 | 1.346 | −0.926 |
| 嘉定区 | 0.979 | 0.522 | −0.457 |
| 宝山区 | 0.767 | 0.390 | −0.377 |
| 闵行区 | 0.946 | 0.669 | −0.277 |
| 杨浦区 | 0.362 | 0.136 | −0.226 |
| 小计 | 5.326 | 3.063 | −2.263 |
| 广东 | 15.578 | 13.212 | −2.365 |
| 广州 | 3.214 | 2.224 | −0.990 |
| 江门 | 1.109 | 0.581 | −0.528 |
| 深圳 | 3.313 | 3.033 | −0.280 |
| 肇庆 | 0.481 | 0.213 | −0.268 |
| 珠海 | 0.721 | 0.465 | −0.256 |
| 茂名 | 0.463 | 0.214 | −0.249 |
| 惠州 | 0.834 | 0.605 | −0.230 |
| 小计 | 10.135 | 7.335 | −2.800 |
| 北京 | 3.257 | 1.857 | −1.400 |
| 朝阳区 | 0.748 | 0.101 | −0.647 |
| 石景山区 | 0.378 | 0.103 | −0.275 |
| 海淀区 | 0.507 | 0.241 | −0.266 |
| 小计 | 1.633 | 0.445 | −1.188 |
| 浙江 | 9.016 | 7.976 | −1.039 |
| 杭州 | 2.234 | 1.866 | −0.368 |
| 绍兴 | 1.402 | 1.099 | −0.303 |
| 温州 | 0.968 | 0.701 | −0.267 |
| 宁波 | 1.842 | 1.604 | −0.237 |
| 小计 | 6.445 | 5.270 | −1.175 |

注：表中"小计"部分为重点转出省市内部份额变动超过−0.200%的地市变动总和

广东制造业份额下降量为 2.365%，而其所辖的 21 个地级市有 13 个的制造业份额在研究时段内发生下降。其中，份额下降幅度超过 0.200%的地级市有广州、江门、深圳等七个，这些地市的下降总份额已经超过广东整体制造业份额变化量（表 5-2）。这一现象可能的原因有两点：第一，广东省作为制造业转出区域，但部分地市的制造业份额并未发生明显的变化，说明其内部各地市未全面性的参与制造业区域转移；第二，在研究时段内发生明显转出的地市多为经济发达地区，而佛山和清远的制造业份额则各自上升了超过 0.27%，说明广东省在跨省市尺度和省区内部均发生了制造业的区域转移。

北京制造业份额下降量为 1.400%，而其所辖的 18 个地级市有 13 个的制造业份额在研究时段内发生下降，其他区县变化不明显。其中，份额下降超过 0.200%的区县有朝阳区、石景山区和海淀区，这些区县的下降总份额占到北京整体制造业份额变化量的 84.9%（表 5-2）。这说明与上海不同，参与到北京制造业份额下降过程的区县相对集中，而其他区县的份额变化均较小。因此，北京总体上属于跨省市尺度上制造业转移过程的转出区域。

浙江制造业份额下降量为 1.039%，而其所辖的 11 个地级市有 7 个的制造业份额在研究时段内发生下降，其他地市变化并不显著。其中，份额下降超过 0.200%的地市有杭州、绍兴、温州等四个相对发达地区，这些地市的下降总份额已经超过浙江整体制造业份额变化量（表 5-2）。这些现象说明浙江总体上属于跨省市尺度上制造业转移过程的转出区域，同时，与北京相似，参与到这一过程中的地市数量较少，转出区域较为集中。

总的来说，上海、广东、北京和浙江均以跨省市尺度的制造业区域转出为主，仅有广东出现了相对明显的省区内部转移。同时，从地市级尺度来看，主要的制造业转出地区均为经济发达区域，这可能是在经济发展、产业升级的背景下，不断地去工业化、服务化过程所带来的必然影响。另外，不同省市的制造业转出过程涉及的地市数量存在一定差异，特别是上海，几乎每个区县都发生了一定程度的份额降低，说明上海的制造业转出是整体性过程。

### 2. 重点转入省市

在各制造业转入重点省市中，山东的表现最为突出，其在研究时段内的制造业份额变化量高达 3.970%，显著领先于第二位转入省区（表 5-3）。而其所辖的 17 个地级市有 14 个的制造业份额在研究时段内出现上升，且均表现较为明显。这说明在跨省区尺度上，山东承担着制造业区域转移的承接功能，并且其内部的制造业转入相对分散，大部分地市均参与到了这一过程中。同时，省区内部的转移并不明显。

表 5-3　重点转入省市内部制造业份额下降较大地市的变化情况

| 省市名称 | 2001 年份额 | 2009 年份额 | 份额变化量 |
|---|---|---|---|
| 山东 | 9.609 | 13.579 | 3.970 |
| 东营 | 0.174 | 0.751 | 0.577 |
| 烟台 | 1.163 | 1.681 | 0.518 |
| 潍坊 | 0.831 | 1.209 | 0.378 |
| 滨州 | 0.284 | 0.649 | 0.365 |
| 聊城 | 0.296 | 0.637 | 0.341 |
| 德州 | 0.313 | 0.653 | 0.340 |
| 菏泽 | 0.099 | 0.378 | 0.279 |
| 临沂 | 0.427 | 0.705 | 0.278 |
| 日照 | 0.112 | 0.377 | 0.265 |
| 泰安 | 0.263 | 0.526 | 0.263 |
| 淄博 | 0.931 | 1.179 | 0.248 |
| 济宁 | 0.308 | 0.532 | 0.224 |
| 小计 | 5.200 | 9.277 | 4.076 |
| 江苏 | 13.329 | 14.719 | 1.391 |
| 苏州 | 3.245 | 4.201 | 0.955 |
| 南通 | 0.879 | 1.274 | 0.395 |
| 扬州 | 0.663 | 0.913 | 0.250 |
| 小计 | 4.787 | 6.388 | 1.600 |
| 河南 | 3.610 | 4.659 | 1.049 |
| 郑州 | 0.652 | 0.871 | 0.219 |

注：表中"小计"部分为重点转出省市内部份额变动超过 0.200%的地市变动总和

　　江苏和河南的情况相似，在研究时段内所辖地市绝大多数的制造业份额均发生不同程度的提升，但提升较为显著的地市数量则相对较少、较为集中。其中，江苏制造业份额增长超过 0.200%的地市仅有苏州、南通和扬州，这些地市的转入总额已超过江苏省整体的增长；同时，南京的份额降低幅度为 0.626%，转出趋势明显。这些现象说明江苏制造业的区域转移既存在跨省区尺度下的转入，也存在省区内部由发达地区向相对欠发达地区转移的双重特征。而河南的情况则略有不同，其所辖地市无一例外的发生制造业份额提升，虽然幅度大多并不明显，但整体上明显体现出制造业承接特征。

　　在 2001～2009 年的中国制造业转移过程中，担任承接功能的省区数量相对转出省区数量较少，分布区域也较为零散。但从总体来看，主要的制造业转入省区仍多分布在中西部地区和部分东部省区，这既是东南沿海地区制造业集聚优势的扩散作用影响，更是其在经济发展与转型中不断去工业化过程的直接结果。而欠发达地区为了自身发展，亦积极争取承接这些已发展相对成熟的制造业企业，这在一定程度上有力促进了中国内部的制造业区域转移。同时，部分省区内也出现较为明显的省区内部尺度上的产业转移，其特征也符合由发达地区向欠发达地区的指向，成为中国制造业区域转移在另一层面上的重要现象。

## 三、中国制造业地市尺度的区域转移特征分析

在省区尺度上对于中国制造业区域转移的分析，已经大致勾勒出基本的转移路径和特征，因而有必要在更细的地理尺度上对这一转移过程做进一步的分析和理解，力求对中国制造业在 2001~2009 年的布局及其变化有更为全面的认识。

### （一）地市尺度区域转移概况

在地市尺度上的中国制造业区域转移展示出了更多细节性的特征。其中，明显的产业转出区分布较为集中，大多聚集在东部沿海和东南沿海地区，并且绝大多数属于经济发展水平较高的地市；而明显的产业转入区较为零散地分布在东部地区、中西部和东北地区，其中，沿海地区份额上升的地市数量明显较多（图 5-2）。

值得注意的是，分布在东部地区的转入地通常为经济发展水平和城市规模均处于中下游的地市，如苏州、南通、泉州、唐山以及山东的多个地市；分布在中西部和东北地区的转入地通常为经济发展水平较高且城市规模较大的地市，如沈阳、长沙、郑州、成都和重庆等。这可能在一定程度上说明，中国制造业的区域转移遵循着梯度扩散的原则，即产业发达地区的集聚度很高，因此会选择向周边地理区位条件相对近似的次级发达地区就近扩散，同时，亦会选择虽然地理区位差异较大、但经济发展水平相对近似的跨区域地区进行跳跃式转移。这种规律性的特征符合制造业本身的固有属性，而对中国制造业在这一规律中的表现做进一步观察将为指导制造业继续合理、有序的区域转移提供必要的参考。

### （二）地市尺度区域转移特征

根据上一小节对中国制造业 2001~2009 年区域转移的概况性分析可以发现，虽然制造业产业实力的地理格局分布并没有发现明显变化，但已经并正在出现一定程度的产业转移。这一过程包含扩散式和跨越式的两个层面，但均遵循着地理就近原则或经济梯度原则。因此，不难看出，城市经济发展水平和城市规模是影响中国制造业区域转移的两项重要因素。

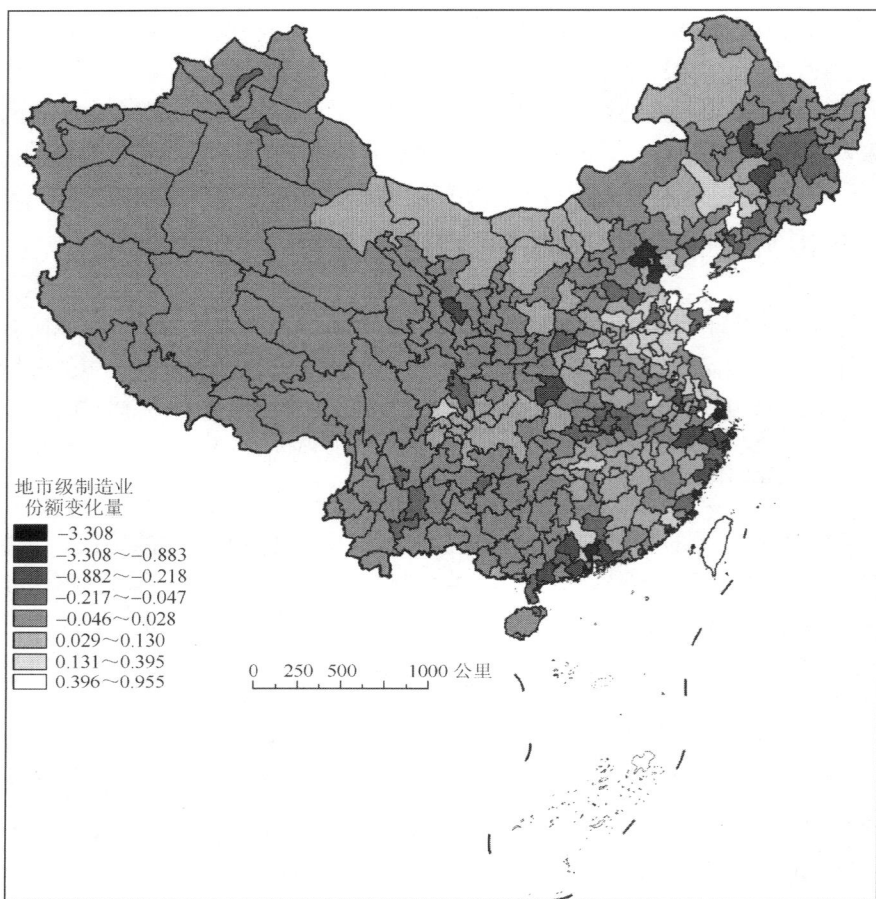

图 5-2　全国主要地市 2001～2009 年制造业工业总产值份额变化量分布

资料不含港、澳、台地区

本章使用研究时段起始年份的全市国内生产总值和市区年末总人口来分别指示城市经济发展水平和城市规模，数据来源均为《中国城市统计年鉴 2002》，地市数量为 266 个。SPSS 软件的分析显示，各地市的全市国内生产总值和制造业份额变化量显著相关，Pearson 相关性检验系数为–0.587。同时，根据两参数的散点图可以发现，随着城市经济发展总量的提升，其制造业产值占全国比重的大体趋势表现为先缓慢上升、后迅速下降的特征（图 5-3）。这说明低于这一拐点时，城市制造业份额通常保持相对稳定或有所提升，而越接近这个拐点则份额上升的程度可能越大，越过这一拐点，其制造业份额则更有可能出现下滑。

同理，针对人口规模来看，各地区制造业份额变化量与之的关系与上一小节所分析的经济总量与制造业份额变化量的关系非常相似（图 5-4）。第一，两者相

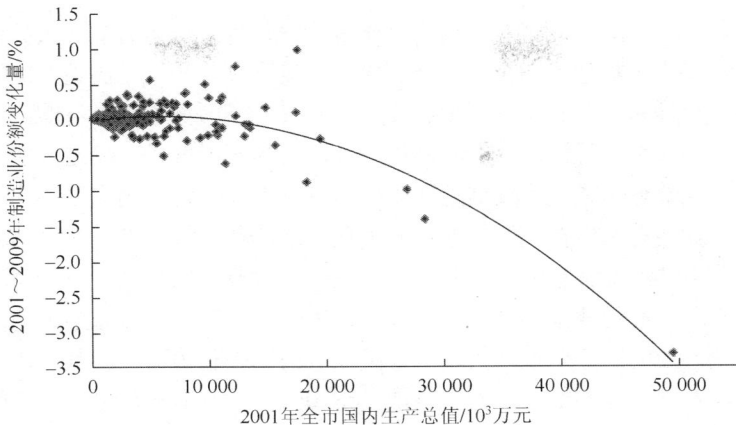

图 5-3 全国各地市 2001 年经济总量与 2001～2009 年制造业工业总产值份额变化量散点图

关关系显著，Pearson 相关性检验系数为–0.574；第二，随着城市人口规模的增长，其制造业份额表现为先缓慢增长、后逐步下降的趋势特征。这说明人口规模的增长初期对于制造业的集聚影响不明显，随着逐步接近拐点，人口对于城市制造业占全国份额的增长体现出更加明显的贡献；而越过拐点之后，制造业份额增幅开始回落随后降低，且当人口规模越大，制造业份额降低越显著。另外，图 5-3 和图 5-4 中处于趋势线上方且偏离较大的点均为中西部和东北地区的大型或省会城市，如成都、沈阳、郑州等。这一现象说明在一定的区域范围内，制造业会依据城市发展水平和城市规模的梯度进行转移；而当发生具有梯度落差的跨区域转移时，制造业会更倾向于选择发展水平和规模相近的大城市作为产业承接地。

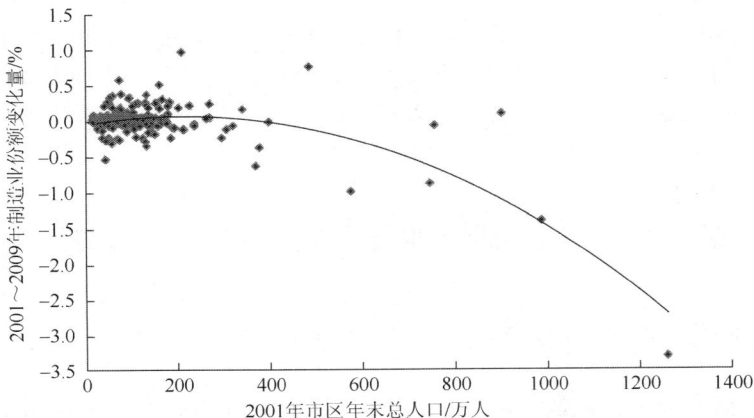

图 5-4 全国各地市 2001 年市区人口规模与 2001～2009 年制造业工业总产值份额变化量散点图

仅就城市经济总量、人口规模这两个对于中国制造业区域转移影响较为明显的变量来看，均与城市制造业产值占全国份额变化量具有显著的相关关系，且基本特征与趋势表现相似。与全球各区域制造业发展规律相似，制造业对于地方经济发展的中早期积累具有非常重要的作用和意义，是区域实现经济崛起的关键保证。但是，随着城市经济水平的不断提高和规模的不断增长，制造业所带来的负面影响往往会对城市进一步发展造成阻碍。具体而言，发达国家以去工业化为重要内容的产业转型和以提高制造业质量和素质的产业升级正是引起全球范围内多次大规模制造业产业转移的根本原因；而我国在改革开放初期，百废待兴，积极抓住历史机遇，利用我国的劳动力资源和政策优势，以东南沿海地区为门户大量承接国际制造业的生产企业，实现了中国经济的崛起和腾飞。但是，东部和东南沿海的快速发展却为制造业带来了瓶颈。自 2004 年以来，东部沿海地区的民工荒逐渐演变为普遍的招工难和涨薪潮，大幅度提高了制造业的生产成本；加之资源消耗、环境污染等外部成本的压力，不断促使制造业厂商考虑是否将企业进行搬迁。因此，近年来表现出的制造业由东部向中西部地区转移的迹象也就不难理解。

总而言之，本章在 2001～2009 年中国制造业历史数据的初步回顾中发现，虽然中国制造业的产业中心并没有发生明显的迁移，仍然始终集中在东部和东南部沿海发达地区，但已表现出较为明显且路径相对明确的产业转移特征。根据分析，这一转移过程涉及多个地理层面，既包括自东向西跨区域尺度的转移，也包括东部区域内部发达省区向欠发达省区的转移，同时也有东部省区内部发达地市向欠发达地市的转移。其中，明显的产业转出区多为东部区域的经济发达、规模较大的地市，明显的产业转入区则多为东部经济欠发达、规模中小型的地市和中西部、东北部的经济较发达、规模较大的地市。结合城市经济发展水平和城市规模与制造业份额变化量的相关分析，本书认为随着城市经济发展水平和规模的上升，制造业份额会由稳定或略有抬升到逐步下降。而中国制造业在研究时段内的区域转移所具体受到的影响及其强度变化规律，将会在本章第三节中运用更细致的方法进行深入探讨。

## 第二节　中国制造业细分行业的区域转移[①]

### 一、依据生产要素的制造业行业类型划分方法

本章所选取的制造业为行业代码为 13～42 的所有行业大类，为了便于分

---

① 本节部分内容已发表：原嫄，吴爱芝，孙铁山，李国平. 2015. 中国制造业各行业大类的区域转移特征与聚类研究. 经济地理，（10）：94-102.

析，本部分沿用依照生产要素在不同制造业行业大类的密集程度所得到的惯例分类，大致可分为以下三个类型。

第一，劳动密集型制造业。包括农副食品加工业（13），食品制造业（14），饮料制造业（15），烟草制品业（16），纺织业（17），纺织服装、鞋、帽制造业（18），皮革、毛皮、羽毛（绒）及其制品业（19），木材加工及木竹藤棕草制品业（20），家具制造业（21），造纸及纸制品业（22），印刷业和记录媒介的复制（23），文教体育用品制造业（24），橡胶制品业（29），塑料制品业（30），工艺品及其他制造业（42）等行业大类。

第二，资本密集型制造业。包括石油加工、炼焦及核燃料加工业（25），非金属矿物制品业（31），黑色金属冶炼及压延加工业（32），有色金属冶炼及压延加工业（33），金属制品业（34），通用设备制造业（35），专用设备制造业（36），仪器仪表及文化、办公用机械制造业（41）等行业大类。

第三，技术密集型制造业。包括化学原料及化学制品制造业（26），医药制造业（27），化学纤维制造业（28），交通运输设备制造业（37），电气机械及器材制造业（39），通信设备、计算机及其他电子设备制造业（40）等行业大类。

同时，本章的讨论主要聚焦在制造业各行业大类在跨区域尺度上的转移过程，而主要使用的区域划分方法包括四大区域和八大区域（表5-4）。

表 5-4　中国四大区域与八大区域的划分方法

| 四大区域 | 八大区域 | 省市名城 |
|---|---|---|
| 东部地区 | 北部沿海地区 | 山东、河北、北京、天津 |
| | 东部沿海地区 | 上海、江苏、浙江 |
| | 南部沿海地区 | 广东、福建、海南 |
| 东北地区 | 东北地区 | 黑龙江、吉林、辽宁 |
| 中部地区 | 长江中游地区 | 湖南、湖北、江西、安徽 |
| | 黄河中游地区 | 山西、河南、陕西、内蒙古 |
| 西部地区 | 西南地区 | 广西、云南、贵州、四川、重庆 |
| | 西北地区 | 甘肃、青海、宁夏、西藏、新疆 |

## 二、中国制造业细分行业八大区域尺度的区域转移

制造业整体上的区域转移主要表现在由东部发达省区向东部欠发达省区、东部沿海地区向中西部省区和东部省区等多个空间层面，体现了相对显著且路

径明确的产业转移特征。因此，有必要将制造业各细分行业做进一步观察和分析，力求在更细致的视角下对制造业区域转移有更深的认识，并确定影响制造业整体转移的行业类型及其转移特征。

（一）细分行业八大区域尺度的转移强度特征

从 2001～2009 年制造业各行业大类在中国八大区域的份额变化幅度来看，各行业大类的区域转移强度存在明显的差异（表 5-5）。劳动密集型制造业并没有表现出较为一致的区域转移强度特征，这是由于其主要依赖的生产要素在空间移动中的高度灵活性所决定的；资本密集型制造业以大型重工业企业为主，受到资本流的影响较为显著，因此这一类型行业对区域政策中有关重工业的倾向和侧重程度变化相对敏感，随着中国区域发展战略的相协调方向转变，资本密集型行业在 2001～2009 年八大区域尺度上普遍表现为产业份额变化强度较大；技术密集型制造业所依赖的主要生产要素以智力资源为主，空间移动的滞后性很强，因而总体表现为转移动力不足，除个别行业外，大多此类制造业在 2001～2009 年八大区域尺度上的份额变化幅度均偏小，甚至基本格局基本保持稳定。

表 5-5　2001～2009 年制造业各行业大类在八大区域的份额变化量　　（单位：%）

| 代码 | 行业大类 | 东北地区 | 北部沿海地区 | 东部沿海地区 | 南部沿海地区 | 长江中游地区 | 黄河中游地区 | 西南地区 | 西北地区 | 份额变化幅度 |
|---|---|---|---|---|---|---|---|---|---|---|
| 13 | 农副食品加工业 | 5.446 | −1.595 | −6.216 | −2.836 | 2.535 | 1.747 | 1.413 | −0.493 | 11.141 |
| 14 | 食品制造业 | 2.227 | 3.252 | −10.294 | −6.371 | 2.867 | 6.396 | 1.652 | 0.269 | 16.665 |
| 15 | 饮料制造业 | 2.648 | −5.101 | −5.807 | −2.403 | 1.385 | 4.473 | 5.016 | −0.211 | 13.522 |
| 16 | 烟草制品业 | 0.877 | −0.288 | 3.374 | 1.189 | 0.903 | −0.184 | −6.441 | 0.570 | 6.913 |
| 17 | 纺织业 | −0.864 | 6.554 | −5.260 | −1.748 | 0.318 | 0.695 | 0.724 | −0.419 | 8.291 |
| 18 | 纺织服装、鞋、帽制造业 | 2.795 | 3.535 | −8.632 | −0.783 | 1.739 | 0.917 | 0.724 | −0.293 | 9.709 |
| 19 | 皮革毛皮羽毛（绒）及其制品业 | −0.763 | 0.760 | −9.751 | 2.837 | 2.042 | 1.914 | 3.547 | −0.586 | 11.100 |
| 20 | 木材加工及木竹藤棕草制品业 | 2.537 | 8.550 | −12.043 | −9.172 | 2.617 | 5.620 | 1.982 | −0.091 | 21.306 |
| 21 | 家具制造业 | 2.707 | −2.327 | −2.296 | −2.921 | −0.969 | 2.453 | 4.230 | −0.878 | 9.391 |
| 22 | 造纸及纸制品业 | −0.969 | 1.829 | −3.597 | −0.861 | 1.195 | 2.335 | 0.489 | −0.420 | 5.848 |
| 23 | 印刷业和记录媒介的复制 | 1.373 | −1.201 | −1.619 | 1.568 | 1.016 | 0.029 | −0.919 | −0.247 | 3.986 |
| 24 | 文教体育用品制造业 | 0.508 | 4.400 | −7.230 | −0.787 | 2.145 | 0.696 | 0.385 | −0.116 | 8.133 |

| 代码 | 行业大类 | 东北地区 | 北部沿海地区 | 东部沿海地区 | 南部沿海地区 | 长江中游地区 | 黄河中游地区 | 西南地区 | 西北地区 | 份额变化幅度 |
|---|---|---|---|---|---|---|---|---|---|---|
| 25 | 石油加工、炼焦及核燃料加工业 | −7.932 | 6.615 | −4.714 | 0.296 | −2.812 | 7.255 | 2.218 | −0.925 | 16.383 |
| 26 | 化学原料及化学制品制造业 | −1.957 | 3.490 | −0.574 | −2.072 | 0.874 | 0.271 | −0.489 | 0.457 | 5.092 |
| 27 | 医药制造业 | −0.787 | 4.689 | −3.084 | −4.163 | 1.794 | 1.325 | 0.634 | −0.408 | 8.441 |
| 28 | 化学纤维制造业 | −2.525 | −8.969 | 18.411 | −1.642 | −2.674 | −3.539 | −0.900 | 1.837 | 20.249 |
| 29 | 橡胶制品业 | −1.037 | 1.966 | −0.419 | 0.179 | −1.030 | 1.390 | −0.134 | −0.916 | 3.535 |
| 30 | 塑料制品业 | 1.772 | 1.625 | −5.408 | −2.238 | 1.417 | 1.597 | 2.242 | −1.007 | 8.653 |
| 31 | 非金属矿物制品业 | 2.577 | 1.269 | −6.792 | −3.119 | 1.494 | 4.551 | 1.040 | −1.021 | 10.932 |
| 32 | 黑色金属冶炼及压延加工业 | −2.733 | 6.323 | −3.218 | −0.206 | −0.491 | 1.108 | −0.766 | −0.016 | 7.431 |
| 33 | 有色金属冶炼及压延加工业 | −1.977 | 3.359 | −1.257 | 2.350 | 4.465 | 2.129 | −5.033 | −4.037 | 12.303 |
| 34 | 金属制品业 | 1.988 | 1.521 | −3.779 | −3.822 | 2.113 | 0.572 | 1.718 | −0.311 | 7.912 |
| 35 | 通用设备制造业 | 3.694 | 5.597 | −10.957 | −0.022 | 0.215 | 0.882 | 1.156 | −0.565 | 11.544 |
| 36 | 专用设备制造业 | 4.918 | −4.273 | −7.555 | 1.307 | 4.038 | 0.252 | 1.959 | −0.647 | 12.475 |
| 37 | 交通运输设备制造业 | −4.035 | 6.865 | −3.128 | 0.421 | −1.673 | 1.426 | 0.260 | −0.136 | 8.972 |
| 39 | 电气机械及器材制造业 | 1.019 | −0.745 | −0.767 | −4.012 | 3.058 | 0.105 | 1.074 | 0.268 | 5.524 |
| 40 | 通信设备、计算机及其他电子设备制造业 | −1.643 | −7.662 | 10.960 | −0.266 | 0.048 | −0.951 | −0.399 | −0.087 | 11.008 |
| 41 | 仪器仪表及文化、办公用机械制造业 | 1.362 | 2.365 | 9.036 | −16.271 | 1.050 | 2.759 | 0.018 | −0.319 | 16.590 |
| 42 | 工艺品及其他制造业 | 1.715 | 0.956 | −3.863 | −1.536 | 1.321 | 0.790 | 0.597 | 0.020 | 5.399 |
| | 均值 | 0.446 | 1.495 | −2.982 | −1.969 | 1.069 | 1.690 | 0.621 | −0.370 | 10.291 |

注:"份额变化幅度"指各区域各行业大类份额变化量绝对值总和的二分之一

从各行业大类来看,份额变化幅度最大的前五位行业大类分别为木材加工及木竹藤棕草制品业(21.306),化学纤维制造业(20.249),食品制造业(16.665),仪器仪表及文化、办公用机械制造业(16.590),石油加工、炼焦及核燃料加工业(16.383);份额变化幅度最小的前五位行业大类分别为橡胶制品业(3.535)、印刷业和记录媒介的复制(3.986)、化学原料及化学制品制造业(5.092)、工艺品及其他制造业(5.399)、电气机械及器材制造业(5.524)。本章主要关注2001~2009年制造业的区域转移现象,以各行业大类份额变化幅度的均值为界限,共有13个行业大类超过这一平均水平,故本书认为这些行业属于区域转移现象较为明显的行业(图5-5)。从以生产要素划分的行业类型来看，区域转移现象明显的行业大类多集中在资本密集型和劳动密集型制造业，前者涉及 6 个行业大类，后者涉及 5 个行业大类，由此可以基本推断中国制造业在 2001～2009 年的区域转移主要是由资本密集型和劳动密集型制造业承担主导力量。值得注意的是，资本密集型制造业几乎全部为区域转移明显的类别，说明资本密集型制造业全面参与到中国制造业的产业转移过程中，而劳动密集型制造业大多数行业大类仍属于产业转移不明显的类型。

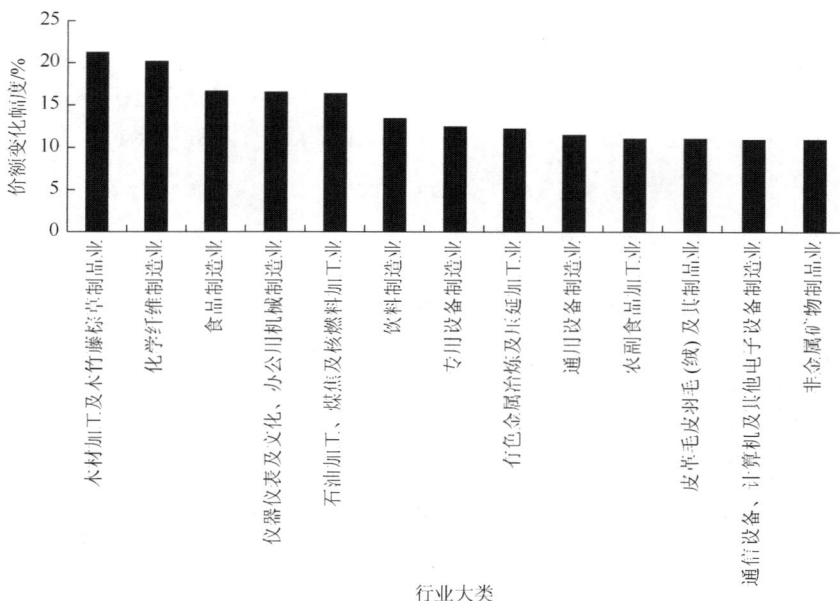

图 5-5　2001～2009 年制造业在八大区域的份额变化幅度超过平均水平的行业大类
由高至低排序

## （二）细分行业八大区域尺度的区域转移特征

在第一小节对制造业各行业大类 2001～2009 年区域转移强度的初步分析基础上发现，不同制造业类型由于主要依赖的生产要素不同，其在中国八大区域尺度上的产业转移强度展示出各自的特征。那么，有必要从各行业大类在八大区域上的份额变化量占各自份额变化幅度的百分比的角度作进一步分析，更为直观地观察不同区域参与到制造业区域转移的具体程度和各行业大类的转移路径及特征。

从以生产要素划分的制造业类型来看，大体的区域转移趋势见表 5-6：第一，劳动密集型制造业的主要转出地区为东部沿海地区（−48.11）和南部沿海地区（−11.02），主要转入地区为黄河中游地区（18.35）、北部沿海地区（15.52）、东北地区（12.11）、长江中游地区（11.84），转入地区数量较多、区域跨度大，且各地区份额变化幅度相当，说明劳动密集型制造业总体上属于由东部沿海地区向其他区域的分散式大跨度区域转移，即一对多的转移模式；第二，资本密集型制造业的主要转出地区为东部沿海地区（-36.65）、南部沿海地区（-18.31），主要转入地区为北部沿海地区（26.51）、黄河中游地区（18.96）、长江中游地区（11.68），总体表现为由东部沿海向北部沿海地区转移的基本趋势，其他涉及区域基本为转移主线路径的相邻地区，说明资本密集型制造业总体上属于由东南沿海向北部沿海及中部地区扩散式的区域转移；第三，技术密集型制造业的转出地区为南部沿海地区（-28.08）、东北地区（-16.95），主要转入地区为东部沿海地区（15.65）、北部沿海地区（12.20）、长江中游地区（10.39），整体转移幅度较前两个类型明显较小，特别是总体上的转移路径特征完全相反，表现为由南部沿海和东北地区向东部和北部沿海地区的分散区域向相邻区域的集聚式转移特征。

表5-6 2001～2009年制造业各行业大类在八大区域的份额变化量占份额变化幅度的百分比

（单位：%）

| 代码 | 行业大类 | 东北地区 | 北部沿海地区 | 东部沿海地区 | 南部沿海地区 | 长江中游地区 | 黄河中游地区 | 西南地区 | 西北地区 |
|------|----------|----------|--------------|--------------|--------------|--------------|--------------|----------|----------|
| 13 | 农副食品加工业 | 48.88 | -14.32 | -55.79 | -25.46 | 22.75 | 15.68 | 12.68 | -4.43 |
| 14 | 食品制造业 | 13.36 | 19.51 | -61.77 | -38.23 | 17.20 | 38.38 | 9.91 | 1.61 |
| 15 | 饮料制造业 | 19.58 | -37.72 | -42.94 | -17.77 | 10.24 | 33.08 | 37.10 | -1.56 |
| 16 | 烟草制品业 | 12.69 | -4.17 | 48.81 | 17.20 | 13.06 | -2.66 | -93.17 | 8.25 |
| 17 | 纺织业 | -10.42 | 79.05 | -63.44 | -21.08 | 3.84 | 8.38 | 8.73 | -5.05 |
| 18 | 纺织服装、鞋、帽制造业 | 28.79 | 36.41 | -88.91 | -8.06 | 17.91 | 9.44 | 7.46 | -3.02 |
| 19 | 皮革毛皮羽毛（绒）及其制品业 | -6.87 | 6.85 | -87.85 | 25.56 | 18.40 | 17.24 | 31.95 | -5.28 |
| 20 | 木材加工及木竹藤棕草制品业 | 11.91 | 40.13 | -56.52 | -43.05 | 12.28 | 26.38 | 9.30 | -0.43 |
| 21 | 家具制造业 | 28.83 | -24.78 | -24.45 | -31.10 | -10.32 | 26.12 | 45.04 | -9.35 |
| 22 | 造纸及纸制品业 | -16.57 | 31.28 | -61.51 | -14.72 | 20.43 | 39.93 | 8.36 | -7.18 |
| 23 | 印刷业和记录媒介的复制 | 34.45 | -30.13 | -40.62 | 39.34 | 25.49 | 0.73 | -23.06 | -6.20 |
| 24 | 文教体育用品制造业 | 6.25 | 54.10 | -88.90 | -9.68 | 26.37 | 8.56 | 4.73 | -1.43 |
| 25 | 石油加工、炼焦及核燃料加工业 | -48.42 | 40.38 | -28.77 | 1.81 | -17.16 | 44.28 | 13.54 | -5.65 |
| 26 | 化学原料及化学制品制造业 | -38.43 | 68.54 | -11.27 | -40.69 | 17.16 | 5.32 | -9.60 | 8.97 |
| 27 | 医药制造业 | -9.32 | 55.55 | -36.54 | -49.32 | 21.25 | 15.70 | 7.51 | -4.83 |
| 28 | 化学纤维制造业 | -12.47 | -44.29 | 90.92 | -8.11 | -13.21 | -17.48 | -4.44 | 9.07 |
| 29 | 橡胶制品业 | -29.34 | 55.62 | -11.85 | 5.06 | -29.14 | 39.32 | -3.79 | -25.91 |

| 代码 | 行业大类 | 东北地区 | 北部沿海地区 | 东部沿海地区 | 南部沿海地区 | 长江中游地区 | 黄河中游地区 | 西南地区 | 西北地区 |
|---|---|---|---|---|---|---|---|---|---|
| 30 | 塑料制品业 | 20.48 | 18.78 | −62.50 | −25.86 | 16.38 | 18.46 | 25.91 | −11.64 |
| 31 | 非金属矿物制品业 | 23.57 | 11.61 | −62.13 | −28.53 | 13.67 | 41.63 | 9.51 | −9.34 |
| 32 | 黑色金属冶炼及压延加工业 | −36.78 | 85.09 | −43.31 | −2.77 | −6.61 | 14.91 | −10.31 | −0.22 |
| 33 | 有色金属冶炼及压延加工业 | −16.07 | 27.30 | −10.22 | 19.10 | 36.29 | 17.30 | −40.91 | −32.81 |
| 34 | 金属制品业 | 25.13 | 19.22 | −47.76 | −48.31 | 26.71 | 7.23 | 21.71 | −3.93 |
| 35 | 通用设备制造业 | 32.00 | 48.48 | −94.92 | −0.19 | 1.86 | 7.64 | 10.01 | −4.89 |
| 36 | 专用设备制造业 | 39.42 | −34.25 | −60.56 | 10.48 | 32.37 | 2.02 | 15.70 | −5.19 |
| 37 | 交通运输设备制造业 | −44.97 | 76.52 | −34.86 | 4.69 | −18.65 | 15.89 | 2.90 | −1.52 |
| 39 | 电气机械及器材制造业 | 18.45 | −13.49 | −13.88 | −72.63 | 55.36 | 1.90 | 19.44 | 4.85 |
| 40 | 通信设备、计算机及其他电子设备制造业 | −14.93 | −69.60 | 99.56 | −2.42 | 0.44 | −8.64 | −3.62 | −0.79 |
| 41 | 仪器仪表及文化、办公用机械制造业 | 8.21 | 14.26 | 54.47 | −98.08 | 6.33 | 16.63 | 0.11 | −1.92 |
| 42 | 工艺品及其他制造业 | 31.77 | 17.71 | −71.55 | −28.45 | 24.47 | 14.63 | 11.06 | 0.37 |
| | 劳动密集型制造业 | 12.11 | 15.52 | −48.11 | −11.02 | 11.84 | 18.35 | 5.76 | −4.45 |
| | 资本密集型制造业 | 3.38 | 26.51 | −36.65 | −18.31 | 11.68 | 18.96 | 2.42 | −7.99 |
| | 技术密集型制造业 | −16.95 | 12.20 | 15.65 | −28.08 | 10.39 | 2.12 | 2.03 | 2.63 |

结合本章基于份额变化幅度得到的区域转移较为明显的行业大类，这里选取木材加工及木竹藤棕草制品业，仪器仪表及文化、办公用机械制造业，化学纤维制造业分别作为劳动密集型、资本密集型和技术密集型三个大类的典型行业，对这三个行业大类的区域转移路径及特征做一初步分析。

1. 木材加工及木竹藤棕草制品业

这一行业大类是劳动密集型制造业和所有制造业中份额变化幅度最大的行业，而东部沿海和南部沿海地区分别占据了该行业转出份额的 56.52%和 43.05%，北部沿海和黄河中游地区分别占据了该行业转入份额的 40.13%和 26.38%，而长江中游和东北地区也有可观的份额提升。作为劳动密集型制造业的典型行业，木材加工及木材藤棕草制品业的区域转移体现出明确的由东南沿海向北部沿海及中部地区转移的趋势，与制造业整体转移路径显著一致。

2. 仪器仪表及文化、办公用机械制造业

这一行业大类是资本密集型制造业中份额变化幅度最大的行业。其中，转出地区高度集中，南部沿海地区的份额减少量占据了该行业份额变化幅度的

98.08%；主要的转入区域为东部沿海地区，占据了过半的份额变化幅度，而黄河中游和北部沿海地区也有可观的份额转入量。作为资本密集型制造业转移幅度最大的行业，仪器仪表及文化、办公用机械制造业的区域转移总体上体现出由南部沿海向东部沿海的基本路径特征，与制造业整体情况有一定差别。同时，值得注意的是，该行业与其他资本密集型制造业行业大类的转移基本趋势并不一致，因此该行业属于区域转移特征较为独特的类型。

### 3. 化学纤维制造业

这一行业大类是技术密集型制造业中份额变化幅度最大的行业。其中，转出地区主体为北部沿海，占据了该行业份额变化幅度的将近一半，同时也涉及黄河中游、长江中游和东部地区；转入地区高度集中，东部沿海地区几乎占据了超过九成的份额变化增加量，显示出典型的多对一转移模式。作为技术密集型制造业的典型行业，化学纤维制造业的区域转移路径特征与制造业整体的表现几乎完全相反，并显著体现出份额变化量与区域经济发展水平的正相关关系，即经济发展水平越高的地区，份额增长量就越大。

因此，在细分行业在八大区域尺度的视角下可以看到，各行业大类的区域转移剧烈程度和转移路径不尽相同。但总的来看，劳动密集型制造业的各行业大类转移剧烈程度差异较大，转移路径以东南沿海向北部和中部地区为主；资本密集型制造业几乎所有行业大类都有较高的转移程度、区域转移明显，转移路径与劳动密集型制造业较为相似；技术密集型制造业的各行业大类总体转移剧烈程度较前两个类型整体更低，且转移路径特征较为独特，具体路径与前两类制造业恰好相反。

## 三、中国制造业细分行业八大区域尺度的转移聚类分析

基于以上分析，中国制造业各细分行业的区域转移特征已经有了初步体现，但所反映的信息仍不够细致。为了更明确的观察制造业的转移路径和方向，这里将使用聚类方法对现有数据做深度挖掘，针对 2001～2009 年中国制造业各行业大类在八大区域尺度上的份额变化量进行整理与总结，力图在聚类的基础上对制造业 29 个行业大类在研究时段内的产业转移路径特征给出更为详尽的展示。

这一分析使用 IBM SPSS Statistics 20 软件中系统聚类的功能，对中国制造业各行业大类在 2001～2009 年各自在八大区域的份额变化量进行归类，结合原数据的基本情况，本书认为各行业大类产业转移路径及其特征的分类应选取系统聚类为九大类时的结果作为基本划分依据（表 5-7）。总的来看，制造业多

数行业大类表现出由沿海地区向其他区域转移的路径特征，但在这一聚类结果上，更为详细的信息在八大区域的尺度上表现了出来。

表 5-7　2001～2009 年制造业各行业大类在八大区域的份额变化量的系统聚类结果

| 类型 | 转出区域 | 转入区域 | 代码 | 行业大类 |
|---|---|---|---|---|
| 第一类 | 东部沿海、北部沿海、南部沿海 | 其他区域 | 13 | 农副食品加工业 |
| | | | 15 | 饮料制造业 |
| | | | 21 | 家具制造业 |
| | | | 36 | 专用设备制造业 |
| 第二类 | 东部沿海、南部沿海 | 黄河中游、北部沿海 | 14 | 食品制造业 |
| | | | 20 | 木材加工及木竹藤棕草制品业 |
| 第三类 | 东部沿海 | 其他区域 | 17 | 纺织业 |
| | | | 22 | 造纸及纸制品业 |
| | | | 23 | 印刷业和记录媒介的复制 |
| | | | 26 | 化学原料及化学制品制造业 |
| | | | 27 | 医药制造业 |
| | | | 29 | 橡胶制品业 |
| | | | 30 | 塑料制品业 |
| | | | 31 | 非金属矿物制品业 |
| | | | 32 | 黑色金属冶炼及压延加工业 |
| | | | 34 | 金属制品业 |
| | | | 37 | 交通运输设备制造业 |
| | | | 39 | 电气机械及器材制造业 |
| | | | 42 | 工艺品及其他制造业 |
| 第四类 | 东部沿海 | 其他区域 | 18 | 纺织服装、鞋、帽制造业 |
| | | | 19 | 皮革毛皮羽毛（绒）及其制品业 |
| | | | 24 | 文教体育用品制造业 |
| | | | 35 | 通用设备制造业 |
| 第五类 | 东部沿海、东北 | 北部沿海、黄河中游 | 25 | 石油加工、炼焦及核燃料加工业 |
| 第六类 | 西南 | 东部沿海 | 16 | 烟草制品业 |
| 第七类 | 北部沿海 | 东部沿海 | 28 | 化学纤维制造业 |
| | | | 40 | 通信设备、计算机及其他电子设备制造业 |
| 第八类 | 南部沿海 | 东部沿海 | 41 | 仪器仪表及文化、办公用机械制造业 |
| 第九类 | 西南、西北 | 其他区域 | 33 | 有色金属冶炼及压延加工业 |

## （一）沿海地区向其他区域转移的制造业分析

这一大类的制造业包括聚类结果中的第一类至第五类（表 5-7），其总体趋势是自东向西、自沿海向内陆的方向。这部分制造业涵盖了 29 个制造业行业大类的 24 个，并且以劳动密集型行业为主，这说明制造业在 2001～2009 年的基本区域转移趋势是自东向西的渐次式转移路径。但这五类在区域转移过程中仍有细节性的区别。

**第一类，北部沿海、东部沿海、南部沿海向其他区域的转移。**此类包括农副食品加工业、饮料制造业、家具制造业、专用设备制造业等，这些行业大类的份额变化幅度均处于全国均值附近，即转移剧烈程度与平均水平接近，对于制造业整体转移具有一定的代表意义。这三个行业大类在三大沿海区域均表现出份额下降的趋势，主要的份额上升区域为东北地区和西南地区，而西北地区的份额变化幅度很小，因此这一类行业在四大区域尺度上主要表现为跨区域层面（东部向东北和西部地区）的产业转移特征。

**第二类，东部沿海、南部沿海向其他区域的转移。**此类包括食品制造业、木材加工及木竹藤棕草制品业等，这些行业大类的份额变化幅度显著高于全国平均水平，即区域转移程度剧烈。这一类行业的转移路径特征鲜明，东部沿海和南部沿海地区的份额下降均十分明显，为集中的产业转出区域；其他区域均有一定程度的份额上升，但北部沿海和黄河中游地区最为显著，而西北地区的份额变化幅度极小，几乎未参与整个转移过程。因此，这一类行业在四大区域尺度上既包括区域内部（东部地区）的扩散式转移，也包括跨区域尺度（东部向中西部）的产业转移。

**第三类，东部沿海向其他区域的转移（温和型）。**此类包括纺织业、造纸及纸制品业、印刷业和记录媒介的复制、化学原料及化学制品制造业、医药制造业等 13 个行业大类，占据了几乎一半的制造业行业。虽然这一类的行业数量明显较多，但其份额变化量几乎全部在全国平均水平以下，即这类行业的区域转移特征和趋势并不十分明显，且整体表现参差不齐，并未出现较为一致的转移路径规律。因此，此类行业参与到产业转移过程的程度并不深入，不是典型的制造业区域转移行业，但仍然体现出自东向西的大致趋势。

**第四类，东部沿海向其他区域的转移（剧烈型）。**此类包括纺织服装、鞋、帽制造业，皮革毛皮羽毛（绒）及其制品业，文教体育用品制造业，通用设备制造业等，这些行业大类的份额变化幅度与全国平均水平基本相当，且表现出的区域转移特征明显、路径明确且一致，均以东部沿海地区为集中转出区域，其他区域的份额则均匀上升，共同成为产业转入区域，而西北地区的份额变化幅度极小，并未参与转移过程。因此，这一类行业在四大区域尺度上既包括区域内部（东部地区）的扩散式转移，也包括跨区域尺度（东部向东部和中西部）的跨越式转移；同时，这一类行业仅有东部沿海地区的份额下降显著，即其转出地较前几类更为集中和单一。

**第五类，东部沿海和东北向北部沿海和黄河中游地区的转移。**此类仅包括石油加工、炼焦及核燃料加工业这一个行业大类，其份额变化量显著高于全国平均水平，区域转移特征明显。该行业虽然自成一类，但仍然表现出自东向西的特征，主要转出地为东部沿海和东北地区，主要转入地为北部沿海和黄河中游地区，因此，该行业在四大区域尺度上仍然显示出区域内部（东部地区）和跨区域（东部向中部）两个空间层面上的产业转移趋势特征。

总的来看，第一类到第五类制造业行业大类共同组成了自东向西区域转移的制造业类型，是2001～2009年中国制造业产业转移的主体部分，也代表和主导着制造业整体的区域转移过程。根据对这五类的分析，充分印证了本章第一节中对于制造业整体产业转移过程的总结，并为这一结论提供了更为有力的论据和细节性的补充。

### （二）其他区域向东部沿海地区转移及其他类型的制造业分析

这一大类的制造业包括聚类结果中的第六类至第九类（表5-7），共包含5个行业大类，以资本密集型和技术密集型制造业为主。其区域转移特征与之前五类恰好相反，其总体趋势是自西向东、自内陆向沿海的方向。

**第六类，西南向东部沿海地区的转移。** 这一类仅包含烟草制品业这一个行业大类，其份额变化量显著低于全国平均水平，区域转移特征并不明显。烟草制品业区域转移趋势与制造业整体相反的现象与该行业的本身属性密切相关，即该行业的传统优势区域在西南地区，与制造业整体并不重合，因此，2001～2009年表现出的西南区域烟草制造业份额降低过程实质上是该行业的优势溢出所造成的。换言之，烟草制造业的区域转移并不能代表制造业整体的特征，属于特例。

**第七类，北部沿海向东部沿海地区的转移。** 这一类包含化学纤维制造业，通信设备、计算机及其他电子设备制造业等两个行业大类，均属于技术密集型制造业。此类行业的份额变化量均明显高于全国平均水平，区域转移特征显著。因此，这两个行业大类与制造业整体相反的路径方向说明技术密集型行业还处在优势集聚阶段，而东部地区正是技术密集型制造业发展的高地。

**第八类，南部沿海向东部沿海地区的转移。** 这一类仅包含仪器仪表及文化、办公用机械制造业一个行业大类，属于资本密集型制造业。此类行业的份额变化量显著高于全国平均水平，区域转移特征显著。该行业的产业转出地集中在南部沿海地区，产业转入地主要为东部沿海地区。由于具有这一区域转移特征的行业数量很少，因此对于整个制造业来说并没有代表意义。

**第九类，西南和西北向其他区域的转移。** 这一类仅包含有色金属冶炼及压延加工业这一个行业大类，属于资本密集型制造业。此类行业的份额变化量高于全国平均水平，区域转移特征较明显；其与制造业整体迥异的产业转移路径可能是由于有色金属冶炼及压延加工业对资源依赖性较强，即随着原本的优势区域——西南和西北地区相关资源的消耗，导致该行业逐步衰退，进而引起其占全国的份额降低，其他区域份额则发生相应的抬升。

总的来看，在 2001~2009 年，第六类至第九类制造业与制造业整体的区域转移路径特征相反或不符，并不是参与制造业转移过程的主体。但是，这几个行业大类不可忽视的较高份额变化幅度以及与其自身属性直接相关的区域转移特征，仍然能够为研究中国制造业近十年来的产业转移过程提供更多细节性信息。

本节针对制造业细分行业在八大区域尺度上的产业转移过程分析包括转移强度和转移路径两部分内容，初步认为参与制造业区域转移的主要行业为劳动密集型和资本密集型行业，而主要的转移路径则表现为自东向西、自沿海向内陆的特征。同时，本书通过对 29 个制造业行业大类份额变化量的系统聚类，将制造业的区域转移路径进行深入分析，划分出在制造业大体的转移方向背景下更为细致的路径特征类型。这些结论与第一节中针对制造业整体的区域转移分析结果高度一致，并在行业大类的层面上对制造业整体的转移提供了更为具体的细节性支撑。

# 第三节　中国制造业区域转移的影响因素[①]

制造业区域转移的影响因素一直是经济地理学、区域经济学和产业经济学等相关学科研究的主要问题之一。将产业转移反映在空间上，可以认为，各空间单元内制造业份额的变化即在一定程度上反映了总体制造业的区域转移。因此，本节以 2001~2011 年中国 31 个省级行政单元（未包含台湾和港、澳地区）的 19 个制造业细分行业[②]的制造业份额为研究对象，从实证角度探讨哪些因素会对制造业份额在各省区的空间分布产生作用和影响，也即从一个侧面揭示了中国制造业区域转移的影响因素。

## 一、理论假说

本节在参考已有研究基础上，选取城镇化水平、劳动力工资水平、交通设

---

① 本节部分内容已发表：陈曦，席强敏，李国平. 2015. 城镇化水平与制造业空间分布——基于中国省级面板数据的实证研究. 地理科学，（03）：259-267.

② 受《中国工业经济统计年鉴》数据来源的限制，本节制造业细分行业未包括纺织服装鞋帽制造业、皮革毛皮羽毛（绒）及其制造业、木材加工及木竹藤棕草制品业、家具制造业、印刷业和记录媒介的复制、文教体育用品制造业、橡胶制品业、塑料制品业、工艺品及其他制造业、废弃资源和废旧材料回收加工业 10 个行业。

施水平、区位条件、对外开放水平和政府规模等作为主要解释变量，具体理论假说及其推演过程如下。

## （一）城镇化水平

城镇化是一个农业人口转化为非农业人口、农村地域转化为城市地域、农业活动转化为非农业活动的过程，通常用城镇化水平作为衡量城镇化进程及阶段划分的重要依据。基于诺瑟姆（Northam）的城镇化水平发展的"S"形曲线和钱纳里（Chenery）的标准产业结构和工业化阶段理论，本节认为，一个区域的城镇化水平在一定程度上影响和决定了该区域的发展阶段和产业结构，是制造业区域转移的影响因素之一，并且城镇化水平与制造业份额之间并不是简单的线性关系，而会随区域发展阶段和产业发展阶段不同发生变化。具体来说，城镇化初期阶段，产业结构由农业为主向工业为主转型，区域开始走上工业化道路，制造业得到发展，并且随着城镇化水平的提高，制造业的主体地位得到强化，所占比重不断上升；当城镇化步入快速发展阶段后，服务业迅速发展，并且地位逐步凸显，制造业开始向服务业转型，随着城镇化水平的进一步提高，制造业在区域经济发展中所占比重将不再提高甚至会有所下降。因此，在城镇化水平不断提高的过程中，制造业份额首先会上升，并在城镇化水平达到一定程度后逐步减缓增长、保持不变进而出现回落。也就是说，城镇化水平与制造业份额之间存在倒"U"形关系，两者能够拟合出一条开口向下的二次曲线。

假设 1：城镇化水平与制造业份额之间存在倒"U"形关系，即在城镇化水平较低时，随着城镇化水平的提升，制造业份额不断升高，当城镇化水平上升到一定程度后，城镇化水平的进一步提高反而会导致制造业份额的下降。

## （二）劳动力工资水平

20 世纪 90 年代以来，劳动力的重要程度显著上升，劳动力成本和素质对产业集聚和转移的影响日趋重要，劳动力成本较低或素质较高的地区都促进产业聚集。劳动力工资水平，一方面反映了劳动力成本，即劳动力工资水平越高，劳动力成本越高，会使得一些劳动密集型产业的发展受到一定程度的制约；另一方面也反映了劳动力素质，一般而言，劳动力工资水平越高，相应的劳动力素质越高，其对应的提供就业岗位的多为先进制造业、战略性新兴产业等制造业中的高端、优势产业。本节以各省制造业职工平均工资反映劳动力工资水平，并认为劳动力工资水平与制造业份额有关，如果两者正相关，则说明中国制造业发展较为成熟，以需要劳动力素质较高的高端制造业为主；如果两者负相关，则说明中国制造业发展仍主要依赖于劳动力成本低的比较优势。

假设 2：劳动力工资水平与制造业份额有关，系数符号不确定。

## （三）交通设施水平

交通基础设施改善等同于市场一体化整合的效果，能够影响经济活动的空间分布和变动。国内外很多学者的研究成果均表明，交通基础设施水平的提高对外资企业或我国制造业企业区位选择具有显著影响。本节用各省市辖区城市道路面积占市辖区总面积的比重反映交通设施水平，并认为该比重越大，交通设施条件越好，相应的交通成本越低，越有利于该省区制造业的发展，制造业份额越高。

假设 3：交通设施水平与制造业份额正相关。

## （四）区位条件

地理区位也是一种重要的自然优势。研究表明，由于沿海地区的地理位置优势和较高的基础设施网络密度等因素，中国制造业呈现较为明显的向东部沿海地区集中的趋势。本节引入区位条件虚拟变量，以沿海和非沿海作为衡量省区区位条件优劣的指标，并认为沿海省区区位条件优于非沿海省区，更有利于制造业的发展，制造业份额高于非沿海省区。

假设 4：区位条件与制造业份额正相关。

## （五）对外开放水平

中国产业通过利用外商直接投资和国际贸易参与经济全球化。因此，参与经济全球化、对外开放政策、市场化改革等也是我国产业区域转移的影响因素。本节以各省区限额以上外商投资企业产值占本省限额以上工业总产值的比重表示该省区的对外开放水平，并认为对外开放水平越高，越有利于该省区制造业的发展，制造业份额越大。

假设 5：对外开放水平与制造业份额正相关。

## （六）政府规模

政府支出主要用于建设基础设施、发展教育和卫生等公共事业、提供社会保障等方面，因此，强大的地方政府能够为区域社会经济发展提供更为优越的环境和条件。本节以各省政府非公共财政支出占本省 GDP 的比重反映政府规模，并认为政府规模越大，对制造业的扶持力度越强，越能够为制造业的发展提供更为优越的基础设施和环境条件，制造业份额越高。

假设 6：政府规模与制造业份额正相关。

## 二、数据说明与模型设定

本节以中国 31 个省级行政单元为空间单元，基于 2001~2011 年的省区面板数据，研究制造业份额在我国各省区的空间分布，揭示制造业份额，即中国制造业区域转移的影响因素。数据主要来源于 2002~2012 年《中国统计年鉴》、《中国城市统计年鉴》、《中国人口和就业统计年鉴》和《中国工业经济统计年鉴》。模型中所涉及的被解释变量和各解释变量的符号及含义见表 5-8。

表 5-8    模型中各个变量的含义

| 变量 | 符号 | 定义 |
|------|------|------|
| 制造业份额 | m | 各省制造业产值占全国制造业总产值的比重 |
| 城镇化水平 | urban | 各省非农人口数占本省总人口数的比重 |
| 劳动力工资水平 | lwage | 各省制造业职工平均工资的对数 |
| 交通设施水平 | ptran | 各省市辖区城市道路面积占市市辖区总面积的比重 |
| 区位条件 | coastal | 沿海为 1，非沿海为 0 |
| 对外开放水平 | mkt | 各省限额以上外商投资产值占本省限额以上工业总产值的比重 |
| 政府规模 | gov | 各省政府非公共财政支出占本省 GDP 的比重 |

鉴于数据的可得性，城镇化水平 urban，用各省非农人口占本省总人口数的比重来衡量，采用按农业、非农业户口分类的户籍统计口径数据，即为户籍人口城镇化水平；对外开放水平 mkt，用各省限额以上外商投资产值占本省限额以上工业总产值的比重来衡量，其中，限额以上外商投资产值=限额以上港澳台商投资企业产值+限额以上外商投资企业产值；政府规模 gov，用各省政府非公共财政支出占生产总值的比重来衡量，即政府规模=（地方财政一般预算内支出–科学支出–教育支出）/生产总值。

本节以 $i$ 省区制造业产值占全国制造业总产值的份额作为因变量，计量模型设定为

$$m_i = \alpha_0 + \alpha_1 \text{urban}_i^2 + \alpha_2 \text{urban}_i + \alpha_3 \text{lwage}_i + \alpha_4 \text{ptran}_i + \alpha_5 \text{coastal}_i \\ + \alpha_6 \text{mkt}_i + \alpha_7 \text{gov}_i + u_i \tag{5-1}$$

其中，根据第一小节理论假说，认为城镇化水平与中国制造业份额之间存在二次函数关系，开口向下，因此，在模型设定中引入 $\text{urban}_i^2$ 和 $\text{urban}_i$。

## 三、计量回归与结果分析

首先，对中国制造业份额的面板数据进行固定效应模型（FE）和随机效应

模型（RE）回归，估计结果见表 5-9。通过 Hausman 检验，$p=0.7164$，可知，采用随机效应模型（RE）估计结果更佳。

然后，对回归模型进行序列相关检验，$p=0.0000$，可知，现有回归模型存在序列自相关。因此，利用广义最小二乘（GLS）对随机效应模型（RE）进行改进，即采用带 AR 项的 GLS-RE 模型进行回归，估计结果见表 5-9。

表 5-9　中国制造业份额回归结果

| 解释变量 | FE | RE | GLS-RE |
|---|---|---|---|
| $urban^2$ | $-0.211^{***}$ | $-0.206^{***}$ | $-0.182^{***}$ |
| | $(-8.23)$ | $(-8.17)$ | $(-6.25)$ |
| urban | $0.140^{***}$ | $0.139^{***}$ | $0.132^{***}$ |
| | $(5.85)$ | $(5.89)$ | $(5.59)$ |
| lwage | 0.000 543 | 0.000 288 | 0.000 702 |
| | $(0.52)$ | $(0.28)$ | $(0.73)$ |
| ptran | $0.404^{***}$ | $0.426^{***}$ | $0.135^{*}$ |
| | $(3.74)$ | $(3.99)$ | $(1.88)$ |
| o.coastal | 0 | $0.042\ 7^{***}$ | $0.045\ 9^{***}$ |
| | $(.)$ | $(3.57)$ | $(4.69)$ |
| mkt | $0.025\ 9^{***}$ | $0.027\ 9^{***}$ | 0.007 93 |
| | $(3.11)$ | $(3.40)$ | $(1.52)$ |
| gov | 0.001 24 | 0.001 86 | 0.001 26 |
| | $(0.11)$ | $(0.17)$ | $(0.24)$ |
| _cons | 0.002 40 | $-0.011\ 9$ | $-0.011\ 7$ |
| | $(0.26)$ | $(-1.03)$ | $(-1.08)$ |
| $N$ | 330 | 330 | 330 |

$t$ statistics in parentheses

$*p<0.10$，$**p<0.05$，$***p<0.01$

下面仅根据带 AR 项的 GLS-RE 模型的估计结果，讨论实证研究结论。

（1）在控制了其他变量的影响之后，$urban_i^2$ 和 $urban_i$ 回归系数显著，且 $\alpha_1=-0.182$，为负值，说明城镇化水平与中国制造业份额之间存在二次函数关系，且开口向下，很好地印证了假设 1，即城镇化水平与制造业份额之间存在倒 "U" 形关系这一理论假设成立，如图 5-6 所示。根据 $\alpha_1=-0.182$，$\alpha_2=0.132$，计算该二次函数拐点为 $-\alpha_2/2\alpha_1=0.3626$，即当城镇化水平低于 36.26% 时，随着城镇化水平的提升，制造业份额不断升高，当城镇化水平超过 36.26% 后，城镇化水平的进一步提高反而会导致制造业份额的下降。

进一步地，本节将 19 个制造业细分行业分为劳动密集型、资本密集型和

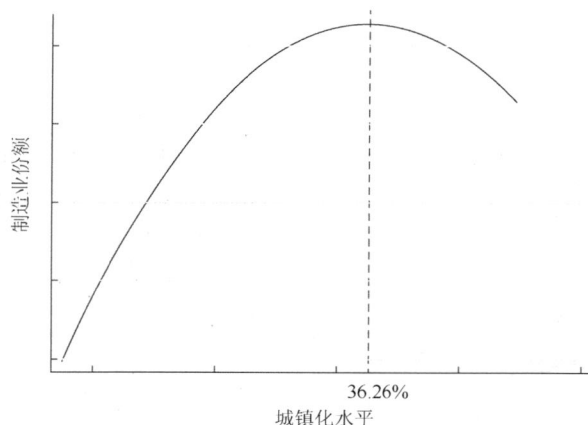

图 5-6　城镇化水平与中国制造业份额之间倒"U"形关系示意图

技术密集型三种类型[①]，分别作为因变量，以比较分析三种类型制造业之间的共性和差异，丰富制造业区域转移的影响因素的相关研究。仿照计量模型（1），将劳动密集型、资本密集型和技术密集型制造业份额与城镇化水平和其他控制变量分别进行回归。在回归过程中，首先分别采用固定效应模型（FE）和随机效应模型（RE）估计，然后进行 Hausman 检验和序列相关检验，最后运用带AR 项的 GLS-RE/GLS-FE 模型对回归进行改进，最终回归结果见表 5-10。

表 5-10　劳动密集型、资本密集型和技术密集型制造业份额回归结果

| 被解释变量 | $m$ | $l$ | $k$ | $a$ |
|---|---|---|---|---|
| | GLS-RE | GLS-RE | GLS-FE | GLS-RE |
| $urban^2$ | $-0.182^{***}$ | $-0.170^{***}$ | $-0.143^{***}$ | $-0.137^{***}$ |
| | $(-6.25)$ | $(-4.30)$ | $(-2.69)$ | $(-3.56)$ |
| $urban$ | $0.132^{***}$ | $0.091\ 5^{***}$ | $0.083\ 4^{**}$ | $0.133^{***}$ |
| | $(5.59)$ | $(2.88)$ | $(2.16)$ | $(4.28)$ |
| $N$ | 330 | 330 | 330 | 330 |

$t$ statistics in parentheses

$*p<0.10$，$**p<0.05$，$***p<0.01$

① 参考江静等（2007）的研究成果《生产者服务业发展与制造业效率提升：基于地区和行业面板数据的经验分析》，将制造业划分为劳动密集型、资本密集型和技术密集型三种类型。其中，劳动密集型包括农副食品加工业、食品制造业、饮料制造业、烟草加工业、纺织业和造纸及纸制品业 6 个行业；资本密集型包括石油加工炼焦及核燃料加工业、非金属矿物制品业、黑色金属冶炼及压延加工业、有色金属冶炼及压延加工业、金属制品业、通用设备制造业、专用设备制造业和仪器仪表及文化办公用机械制造业 8 个行业；技术密集型包括医药制造业、化学原料及化学制品制造业、化学纤维制造业、交通运输设备制造业、电气机械及器材制造业、通信设备计算机及其他电子设备制造业 6 个行业。

由表 5-10 可以发现，劳动密集型、资本密集型和技术密集型制造业在控制了其他变量的影响之后，$urban_i^2$ 和 $urban_i$ 回归系数均显著，$\alpha_1$ 均小于零，因此，二次曲线均开口向下，且拐点分别为 0.2691、0.2916 和 0.4854，说明当城镇化水平超过 26.91%、29.16% 和 48.54% 后，劳动密集型、资本密集型和技术密集型制造业份额随城镇化水平的进一步提高反而开始下降。与制造业的总体情况相比，劳动密集型和资本密集型制造业的拐点小于 0.3626，说明这一转变在劳动密集型和资本密集型制造业上较早体现，而对于技术密集型制造业来说，则要在城镇化水平较高时才发生，这也在一定程度上反映了在城镇化水平不断提升、产业结构不断演进的过程中，制造业内部存在由劳动密集型、资本密集型逐步向技术密集型转型升级的趋势。城镇化水平与三种类型制造业拟合曲线如图 5-7 所示。

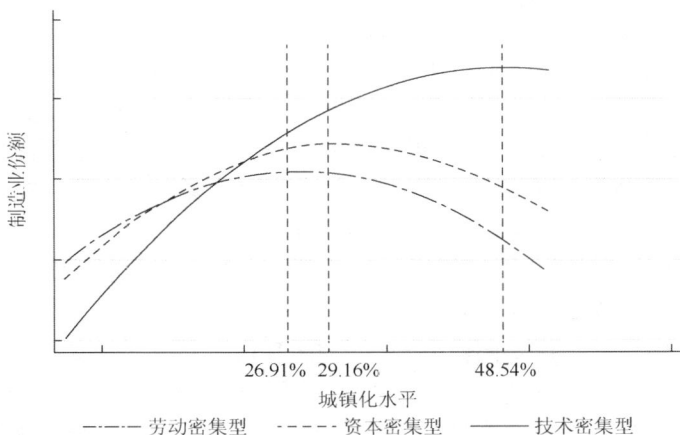

图 5-7　城镇化水平与劳动密集型、资本密集型和技术密集型制造业空间分布关系示意图

（2）lwage 回归系数虽然不显著，但为正值，结合假设 2 的推演分析，说明中国制造业的发展已不再主要依赖于劳动力成本低的比较优势。

当前中国制造业的发展迫切需要转型升级，彻底摆脱依赖低劳动力成本、低土地价格、高资源消耗等的困境和问题，不断延长产业链，调整产业结构，重点发展技术含量高、附加值高、投入产出比高的先进制造业，按照"高端、绿色、低碳"理念，构建以高端制造业为主体的制造业产业体系。因此，政府更应该注重创造良好的发展环境和服务环境，不断创新引进人才和留住人才的措施和政策，努力提高劳动力素质和水平，大力支持相关企业和科研单位从事核心技术研发和核心部件制造，推动高技术含量和自主知识产权产品的研发和生产。

（3）ptran、o.coastal 回归系数显著为正，说明交通设施水平、区位条件与中国制造业份额之间存在正相关性,在一定程度上验证了假设3和假设4。

交通设施水平和区位条件是引导制造业企业选址和产业布局的重要因素。其中,区位条件作为省区先天的自然禀赋,其沿海与非沿海的地理区位不以人为因素而改变。因此,近年来,各级地方政府在招商引资、发展地方经济的过程中,都会把重点放在改善区域交通环境方面。交通基础设施状况直接关系着制造业企业的运输费用和时间成本,要促进制造业快速发展,推动产业结构升级调整,加强交通基础设施建设,提高区域交通可达性,改善省区投资环境,是十分重要的。

(4)mkt和gov系数回归结果不显著,说明对外开放水平和政府规模对中国制造业份额的影响不明显,这与上一小节中假设5和假设6不一致。

随着经济全球化进程的加快,全球制造业进一步向发展中国家转移,虽然外贸与外资对我国制造业分布有着重要影响,但中国作为一个幅员辽阔、人口众多的经济大国,其自身制造业的发展在整个经济体系中仍然占据着主体地位,因此,对外开放水平对中国制造业区域转移的影响并不明显。在市场经济体制下,基础设施建设很大一部分属于政府公共投资,而制造业发展则大多属于市场行为,研究表明,政府规模只是省区制造业发展的必要条件而并非充分条件,因此,各级地方政府想要促进制造业发展,除了加大政府投入外,还必须制定积极的产业发展战略和投资引导政策。

综上所述,本节通过对2001~2011年省区统计数据进行面板回归,揭示了中国制造业区域转移的影响因素。

首先,城镇化水平与中国制造业区域转移密切相关。研究表明,城镇化水平与中国制造业份额之间存在倒"U"形关系,即当城镇化水平低于36.26%时,随着城镇化水平的提升,制造业份额不断升高,当城镇化水平超过36.26%后,城镇化水平的进一步提高反而会导致制造业份额的下降;城镇化水平与劳动密集型、资本密集型和技术密集型三种类型制造业份额之间也均存在倒"U"形关系,且三者拐点随城镇化水平渐次升高,较好地印证了制造业内部存在的由劳动密集型和资本密集型向技术密集型转型升级的基本规律。在新型城镇化道路上,要注重城镇化水平与制造业发展之间的相互作用,通过城镇化,不断促进产业结构升级调整,提升制造业发展水平。

其次,交通设施水平和区位条件等也是中国制造业区域转移的影响因素。交通设施水平和区位条件会影响中国制造业份额的空间分布,因此,地方政府在发展制造业时,要注重提升劳动力素质和水平,大力实施人才引进战略,积极强化交通基础设施建设,逐步改善区域投资环境。此外,劳动力工资水平与中国制造业份额正相关,在一定程度上反映了中国制造业发展正逐步摆脱主要依赖于劳动力成本低的比较优势的现实状况。

# 参 考 文 献

陈曦，席强敏，李国平. 2015. 城镇化水平与制造业空间分布——基于中国省级面板数据的实证研究. 地理科学，（03）：259-267.

陈羽. 2005. 市场竞争与外商直接投资技术转移——来自中国制造业的证据. 财经研究，31（10）：64-76.

程斌. 2007. 基于世界制造业转移大背景下的中国制造业发展研究. 保定：河北大学硕士学位论文.

楚波，梁进社. 2007. 基于 OPM 模型的北京制造业区位因子的影响分析. 地理研究，26（4）：723-734.

崔海潮. 2009. 产业转移、世界制造中心变迁与中国制造业发展研究. 西安：西北大学博士学位论文.

傅京燕. 2008. 我国对外贸易中污染产业转移的实证研究——以制造业为例. 财贸经济，（5）：97-103.

贺灿飞，谢秀珍. 2006. 中国制造业地理集中与省区专业化. 地理学报，61（2）：212-222.

贺灿飞，谢秀珍，潘峰华. 2008. 中国制造业省区分布及其影响因素. 地理研究，27（3）：623-635.

刘钜强，赵永亮. 2010. 交通基础设施、市场获得与制造业区位——来自中国的经验数据. 南开经济研究，（4）：123-138.

路江涌，陶志刚. 2007. 我国制造业区域集聚程度决定因素的研究. 经济学（季刊），6（3）：801-816.

鹿朋，王泽强. 2008. 经济和谐发展下的中国制造业区域转移研究：一个全球化视角. 当代经济管理，30（6）：42-45.

吕卫国，陈雯. 2009. 制造业企业区位选择与南京城市空间重构. 地理学报，64（2）：142-152.

梅松. 2004. 世界制造中心转移与中国成为世界工厂问题研究. 武汉：华中科技大学博士学位论文.

钱纳里，塞尔昆. 1988. 发展的型式：1950-1970. 李新华译. 北京：经济科学出版社.

孙久文，彭薇. 2012. 劳动报酬上涨背景下的地区间产业转移研究. 中国人民大学学报，（4）：63-71.

魏后凯. 2001. 中国区域基础设施与制造业发展差异. 管理世界，（6）：72-81.

吴三忙，李善同. 2010. 中国制造业地理集聚的时空演变特征分析：1980-2008. 财经研究，36（10）：4-15.

邢伯春. 2003. 中国成为世界工厂问题讨论综述. 经济理论与经济管理，（1），76-80.

熊必琳，陈蕊，杨善林. 2007. 基于改进梯度系数的区域产业转移特征分析. 经济理论与经济管理，（7）：45-49.

姚芳，孙林岩，周密. 2008. 中国制造业发展的区域比较. 西安交通大学学报（社会科学版），28（1）：19-24.

原嫄，吴爱芝，孙铁山，等. 2015. 中国制造业的区域转移特征与趋势研究——基于 2001 年和 2009 年数据的实证分析. 人文地理，（05）：99-105.

原嫄，吴爱芝，孙铁山，等. 2015. 中国制造业各行业大类的区域转移特征与聚类研究. 经济地理，（10）：94-102.

张茉楠. 2010. 产业转移：中国制造业的格局调整. 中国经贸，（1）：66-68.

张为付. 2004. 世界制造中心形成及变迁机理研究. 世界经济与政治，（12）：67-74.

张为付，张二震. 2005. FDI 与长江三角洲制造业发展的实证研究. 世界经济与政治论坛，（5）：54-58.

Gao T. 2004. Regional industrial growth: evidence from Chinese industries. Regional Science and Urban Economics，34: 101-124.

Kim T J，Knaap G. 2001. The spatial dispersion of economic activities and development trends in China: 1952-1985. The Annals of Regional Science，35: 39-57.

Michael P，Griffith D R，Simpson H. 2004. The geographic distribution of production activity in the UK. Regional Science and Urban Economics，34（5）: 533-564.

Northam R M. 1979. Urban Geography. New York: John Wiley & Sons.

Wen M. 2004. Relocation and agglomeration of Chinese industry. Journal of Development Economics，73: 329-347.

Wooldridge J M. 2002. Econometric analysis of cross section and panel data. Cambridge，MA: MIT Press.

纺织服装业是中国传统优势产业，能够提供大量的就业岗位，2010 年直接提供了 590 万个就业岗位。据纺织协会测算，纺织服装业上下游产业链条涉及的从业人员约 1.7 亿人，使用近 1000 万吨农产品（中国社会科学院工业经济研究所，2009）。同时，纺织服装业门槛低，竞争充分，对政策和市场变化极为敏感，其布局调整早于其他行业，是最早实现全球产业转移的制造业和产业转移特征最为明显的行业之一（宋磊，2008）。因此，以该产业的区域转移为突破点，有助于更真实、清晰地审视和评估中国的产业转移和产业的空间结构演化。

国内外文献中，国外多以企业迁移（firm migration）来表征产业转移（Leovan and Veronique，2005；Pellenbarg，2005），国内比较认同的产业转移指产业由某些国家或地区转移到另一些国家或地区（陈建军，2002），是产业在空间上移动的现象；区域基尼系数（Krugman，1993）、产业（品）竞争力系数（陈建军，2007）、非参数方法（王业强等，2009），以及基于区域间投入产出表建立的产业转移定量测度模型（刘红光等，2011）等测度指标或方法，都在试图

---

① 本章部分内容已发表：a. 吴爱芝，李国平，孙铁山. 2013. 中国纺织服装产业的区位迁移. 地理科学进展，（02）：233-242；b. 吴爱芝，孙铁山，李国平. 2013. 中国纺织服装产业的空间集聚与区域转移. 地理学报，（06）：775-790。

阐述中国经济市场化过程中产业转移的内在规律，但未得到大多数业内研究者的认可。针对纺织服装业，很多学者从全球角度来分析（Kitty and Judith，1999；Grace and Myrna，2011；彼得·迪肯，2007；Gereffi，1999），也有学者从国家和地区内部对地理集聚或发展的角度进行研究（Ellison and Glaeser，1997；Yamagata，2007）。总体而言，现有文献主要是定性分析或简单的定量分析，对于纺织服装业区域转移度量或测度的文献还相对比较少。鉴于以往研究、数据收集和计算方法，本研究主要使用产业发展份额在地理空间格局上的变化或者产业发展最高绝对值的空间位移来定量衡量产业转移。

　　本章在对中国纺织服装业总体发展状况进行分析后，详细研究了八大区域和地级市两个不同空间尺度上纺织服装业的区域转移特征及其对产业空间结构带来的影响。研究数据主要来源于新中国成立以来各年份《中国工业经济统计年鉴》和 2001～2009 年全国规模以上工业企业数据库，采用了纺织服装业及其子行业的工业总产值①、从业人员数②等相关数据。

# 第一节　新中国成立以来中国纺织服装业的总体发展

　　纺织服装业是中国发展最早、门类最为齐全的传统支柱行业。新中国成立之初，中国重点发展棉纺织业，积极发展毛、麻、丝纺织业；20 世纪 70 年代开始转向化学纤维，1987 年以来产品的出口数量一直居于世界首位。根据其在中国的发展历史，有学者依据国际贸易的"里兹模型"，将中国纺织工业划分为三个阶段（郭燕，2007）。但作者认为，上述划分未能全面反映我国纺织服装业发展进程中国内产业政策和市场变化对产业发展的影响。

　　将 1952～2010 年包括纺织业，纺织服装、鞋、帽制造业，皮革、毛皮、羽毛（绒）及其制品业在内的纺织服装业工业总产值数据统一使用 1980 年不变价格计算，2010 年纺织服装业及其中各行业的工业总产值分别是 1952 年的 221 倍、217 倍、222 倍和 228 倍（表 6-1）。根据纺织服装各行业部门的工业生产总值和从业人员数量（图 6-1），结合中国的发展历史和现实，本章认为新中国成立以来，中国纺织服装业的发展大致可分为四个重要的发展阶段。

---

　　① 工业总产值即以货币表现的工业企业工业生产总规模和总水平，衡量生产总成果。为了使得各年份之间的数据更具有可比性，本部分统一采用 1980 年不变价格进行计算和比较。

　　② 从业人口指从事一定的社会劳动并取得劳动报酬或经营收入的全部劳动人口，此处的数据反映了纺织服装业利用社会劳动力的实际状况。

表 6-1　1952～2010 年纺织服装业及其子行业的工业总产值　（单位：亿元）

| 年份 | 纺织业 | 纺织服装、鞋、帽制造业 | 皮革、毛皮、羽毛（绒）及其制品业 | 纺织服装业（总计） |
| --- | --- | --- | --- | --- |
| 1952 年 | 93.11 | 14.64 | 4.84 | 112.60 |
| 1957 年 | 140.71 | 29.38 | 8.97 | 179.05 |
| 1959 年 | 247.80 | 54.65 | 17.33 | 319.79 |
| 1973 年 | 344.25 | 57.57 | 20.58 | 422.41 |
| 1977 年 | 454.17 | 85.21 | 31.63 | 571.02 |
| 1978 年 | 521.60 | 87.13 | 34.37 | 643.10 |
| 1983 年 | 956.00 | 153.50 | 57.00 | 1 166.50 |
| 1986 年 | 1 351.31 | 209.33 | 89.60 | 1 650.24 |
| 1990 年 | 1 893.16 | 303.87 | 130.57 | 2 327.60 |
| 1992 年 | 2 624.06 | 421.19 | 180.98 | 3 226.22 |
| 1996 年 | 4 807.76 | 771.69 | 331.58 | 5 911.04 |
| 1997 年 | 5 352.03 | 859.05 | 369.12 | 6 580.20 |
| 2001 年 | 7 545.69 | 1 211.15 | 520.41 | 9 277.25 |
| 2008 年 | 16 597.66 | 2 664.08 | 1 144.71 | 20 406.46 |
| 2010 年 | 20 250.19 | 3 250.35 | 1 396.62 | 24 897.16 |

数据来源：根据《中国工业经济统计年鉴》相关年份数据整理而得

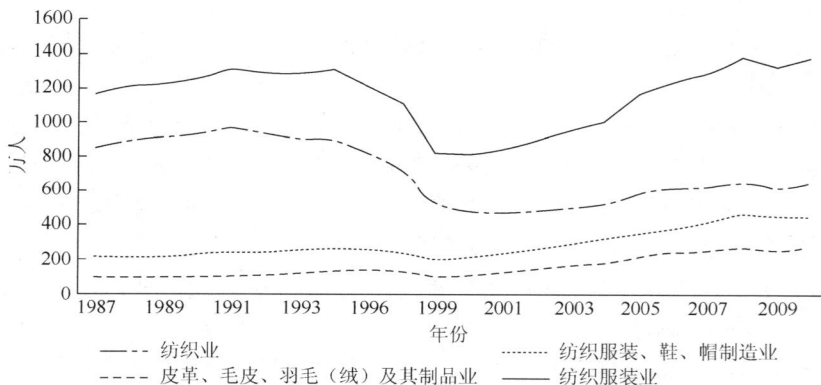

图 6-1　1987～2010 年中国纺织服装各行业从业人员数量

数据来源：根据《中国工业经济统计年鉴》相关年份数据整理而得

## 一、1949～1977 年：缓慢发展时期

　　1949 年 10 月新中国成立到 1978 年改革开放之前,中国历经土地改革、"大跃进"、"反右倾"、"文化大革命"等轰轰烈烈的大运动, 国家发展跌宕起伏, 经济建设缓慢, 物资匮乏, 导致纺织服装业最首要的目标就是尽快解决全国广

大人民的穿衣问题。为此，中央政府提出依靠农业提供的天然纺织原材料重点发展棉纺织业，同时兼顾毛、麻、丝纺织，针织以及化纤工业纺织的发展战略方针。在20世纪70年代后半期，基本成为一个品种丰富、工业门类齐全的产业。在此期间，中国的纺织服装业发展不可避免地打上了政治烙印，其发展几起几落，总体上处于缓慢发展阶段。

新中国成立以后，通过解放区原有公营经济扩张、没收"官僚资本"和"敌产"以及"外资转让"等方式，主要是接管官僚资本主义纺织工业并加以社会主义改造，来逐渐增强国有经济的发展基础和实力（武力，2006）。1952年是新中国工业基础建设的重要起步阶段，工业基础薄弱，政府财力不足。由于纺织服装业具有装备系数低、投资少、建设周期短、投资回收期短、资金效益高等特点，兼具出口换汇和改善人民生活的重要作用。因此，从国民经济的恢复到"一五"时期，纺织服装业都是我国工业化过程的先导型产业，棉花年生产量由1949年的888.8万担[①]上升至1957年的3280万担（《中国农业年鉴》编辑委员会，1981）。在1959年至1961年的"三年灾害"时期，中国国民经济大幅下滑，中国不得不进口粮食，能够换回外汇的商品在当时除了煤炭，就是棉花。经济的萧条使得纺织工业发展放缓，1962年年底，全国与纺织行业相关的化工企业关停58%。受国际局势的影响，在经历"三五"时期（1963～1967年）后，国家进入"三线建设"时期，在轻纺工业方面，造纸、缝纫机、皮革制品、棉纺织、毛纺织、丝绸、印染、针织、化纤、纺织机械等生产企业在西部全面铺开。其中，新建5万锭以上的棉纺织厂有7个，大中型维尼纶厂有5个。1966年初纺织工业部提出天然原料与化学纤维并举的方针，加快纺织原料生产，但这些政策的实施在"文化大革命"前期处于停滞状态，在"文化大革命"后期又出现盲目布点、消费严重的错误，投资效果差。直到1970年工业总产值才恢复到1959年的历史最高水平，之后增长速度时升时降，到1977年该行业的工业总产值达到571.02亿元。

## 二、1978～1990年：快速增长时期

1978年实行改革开放，这也是国家走出"文化大革命"阴影、结束徘徊的关键一年。1978～1990年恰好是中国"六五"、"七五"时期，国家通过制定产业政策引导纺织服装业发展。例如，1979年7月，棉纺织企业转变劳动制度，试行"四班三运转"制度，不仅挖掘了现有纺织设备的潜力，增加了生产和产品品种，也提高了工人的技术水平。随着全国经济形势的稳定和政府工

---

① 1担=50公斤。

作重心转移到经济建设上，纺织服装业开始快速增长。1980 年国家决定对轻纺工业实行"六个优先"原则，并在 1981 年的《全国供销合作总社关于当前农副产品收购几个问题》的报告中明确提出统购统销棉花，奖售和加价收购超额棉花，刺激了国内纺织原料市场的增长，使得纺织服装业工业总产值突破1000 亿元。1982 年的《国民经济和社会发展第六个五年计划（1981—1985）》提出了纺织服装业发展的工作任务，强调依靠老厂扩建改造、布局调整和产棉区新建工厂完成任务，我国纺织服装业由过去的机器设备和大部分原材料依赖进口、工业布局集中在沿海城市、生产技术十分落后、产业结构不完整的发展格局，建设成为棉毛麻丝化学纤维俱全、纺织印染加工能力综合发展、产品门类齐全的工业部门（常亚平，2005）。1982 年，棉花总产量达 359.80 万吨，比1978 年增长 66%，年均增长率为 13.50%；化纤总产量达 51.7 万吨，比 1978 年增长 81.7%，年均增长率为 16%；各种布的总产量达 153.50 亿米，比 1978 年增长 39.20%，人均消费比 1978 年增加了近 6 尺[①]（《中国纺织工业年鉴》编辑委员会，1986）。1983 年 12 月 1 日宣布不再使用布票，标志着中国基本实现纺织品的自我需求。1984 年，棉花产量达 1.25 亿担（《中国农业年鉴》编辑委员会，1985），比 1978 年净增 8000 万担，六年间每年递增 19%；化纤平均每年递增 17.10%，纺织工业总产值递增 10.90%。

1985 年，纺织服装业提出"出口导向型"发展战略，投资主体开始多元化，乡镇企业、三资企业快速发展，带动行业总体的快速增长，工业生产总值从 1980 年的 735.50 亿元增长到 1273.20 亿元，服装出口创汇 14.2 亿美元，比 1980 年增长一倍（《中国纺织工业年鉴》编辑委员会，1988），形成了多个行业全面发展、原料和设备基本立足于国内的完整工业体系。1986 年 5 月，纺织工业部召开的全国纺织工业发展战略讨论会指出，纺织品是中国今后一个时期增加出口创汇的重点。为此，国家决定免征纺织企业调节税，棉纺织品和针棉织品中所有适销的最终产品全面实行优质优价和花色差价，对一线工人实行新的岗位工资制。同年 10 月，纺织工业部提出《关于扩大沿海地区纺织品出口意见的报告》，力求实现从主要出口初级产品向主要出口制成品转变、从主要出口粗加工制成品向主要出口深加工制成品转变；集中力量抓好沿海 12 个城市纺织品深加工出口基地建设。在"成衣工业化"的产业政策指导下，现代服装企业快速成长。1990 年纺织工业部召开新闻发布会，总结"七五"期间中国纺织工业取得的成就，指出中国已经初步实现了向外向型发展的战略转移，出口创汇大幅度增长，纺织工业已经成为中国出口创汇的支柱产业。

---

① 1 尺=1/3 米。

## 三、1991～2000 年：调整增长时期

由于中国正处于计划经济体制向市场经济体制转变的过程中，纺织服装业进入障碍小、退出障碍大，难以形成优胜劣汰机制，到 20 世纪 90 年代初，纺织服装业总量过剩和结构不合理的矛盾日益显现，经济效益下降，为此中国纺织工业总会在 1992 年制定了压锭改造、调整结构的产业策略，1993 年纺织服装业开始积极实施控制总量、优化存量、转化机制、减员增效等改革措施。1994年国家经贸委和中国纺织工业总会根据《国务院关于搞好纺织工业生产和调整工作的通知》的要求，向各地纺织部门发出《关于做好棉纱限产和淘汰落后棉纺锭工作的通知》，提出 1994 年棉纱限产和到 1998 年淘汰落后棉纺锭的要求，1995 年我国开始实行纺织工业"东锭西移"的策略[①]。不过，由于此前 20 年形成的数量扩张性高速发展形成了行业生产过剩和产品同质化，这些策略尽管取得了一些成效，纺织服装业仍没有摆脱成本上升、库存积压、连年亏损的困境。1993 到 1998 年，国有纺织企业连年亏损，亏损额最为严重的 1996 年达到 106 亿元，是国有工业发展中困难最大、亏损最严重的行业。

1997 年中央经济工作会议决定将纺织业作为国有企业改革的突破口，出台一系列支持和调控政策，提出了"压锭、减员、扭亏"三大任务，纺织行业通过改革、调整、重组后扭亏为盈，此后呈现出一片繁荣景象（袁欣和许楠，2010）。在压缩总量的同时，纺织服装业将结构调整、资产重组与压锭有机结合，充分利用企业兼并破产、债转股等政策，促进了行业的结构调整与资源的优化配置，到 1999 年国有纺织企业实现整体扭亏为盈，纺织服装业逐步走出困境，进入产业升级的新阶段。

与此同时，我国纺织品出口结构也发生了很大变化。20 世纪 80 年代初，我国纺织品出口以纱布等初级产品为主，纱布及半成品出口占到纺织品服装出口额的 80%以上，到了 1998 年，中国纺织品服装出口占到世界纺织贸易总额的 13%，其中纺织品出口占到世界的 8.5%，服装出口占到世界的 16.70%（《中国纺织工业年鉴》编辑委员会，2001）。1999 年，美国进口的服装每平方米平均单价为 3.53 美元，其中，从墨西哥进口的平均单价为 3.17 美元，韩国 3.98美元，泰国 3.79 美元，而从中国进口服装的单价为 4.6 美元，中国对美服装出口的单价超过其进口平均价的 30%，显示出中国服装在国际市场上的竞争力。

从图 6-1 可以明显看出，纺织服装业职工人数在 20 世纪 80 年代以来持续

---

① "东锭西移"策略指在全国纺织行业总锭数不变的情况下，向新疆转移棉纺锭 50 万锭，即将棉花的初加工向棉花产地转移。其目的是将东部过剩的设备和技术与西部丰富资源和闲置设备相结合，并逐步实现纺织工业的合理布局。

增加，1991 年达到 1311.51 万人，1992 年出台压锭改造、调整结构的产业政策后从业人数略有下滑，由于《关于做好棉纱限产和淘汰落后棉纺锭工作的通知》的要求和"压锭、减员、扭亏"政策的实施，1994 年和 1997 年，各地大规模裁员，尤其纺织业最为突出，1999 年从业人员数量比 1991 年减少了 447.48 万人，仅占 1991 年的 46.69%。1997 年至 1999 年，纺织业从业人员数量基本维持在 500 万人的水平（《中国纺织工业年鉴》编辑委员会，2000）。

表 6-1 显示，从 1991 年开始至 2000 年，中国纺织服装业的工业总产值每两年就增加 1000 亿元，其中 1992 年、1993 年的增长速度分别达到空前的 21.17%和 20.09%；纺织业工业生产总值从 1893.16 亿元增长到 6943.65 亿元，纺织服装、鞋、帽制造业工业总产值从 347.60 增长至 1114.52 亿元，皮革、毛皮、羽毛（绒）及其制品业从 149.36 亿元增长到 478.89 亿元，纺织服装业工业生产总值在 2000 年达到空前的 8537.07 亿元。与此同时，在所有制结构上，纺织工业已形成了国有、集体、"三资"和私营多种所有制形式并存，多种经济成分共同发展的格局；纺织服装业整体上进行了大规模的结构调整，解决了此前总量过剩和结构不合理的矛盾，改善了经济效益，扭转了亏损的局面。这一时期也是我国市场化改革的推广时期，1998 年 9 月，中国纺织工业协会宣告成立，标志着纺织工业已完全进入市场化。2000 年是我国纺织工业进入 20 世纪 90 年代以来，生产经营状况和经济效益最好的一年（中国社会科学院工业经济研究所，2008）。在世界纺织品贸易中，纺织品出口排在第一位的是中国内地，为 153.06 亿美元，比上一年增幅 24.28%（《中国对外经济贸易年鉴》编辑委员会，2001）；中国占世界纺织品出口的比重由 1999 年的 8.8%升至 10.2%，增幅位居世界首位。

## 四、2001 年至今：挑战机遇并存时期

2001 年 12 月 11 日，中国正式恢复世界贸易组织成员国的身份，取得了适用 ATC[①]（*Agreement on Textile and Clothing*）的合法资格，这使中国纺织服装业进入机遇与挑战并存的新时期，一方面我国需要在短时期内对配额、关税和非关税措施做出反应，另一方面纺织服装产品的出口还要受到 WTO 法律条文的约束。中国纺织服装产品的世界市场需求空间扩大，同时，我国的纺织服装企业面临越来越多的国际行业竞争压力，促使国内企业加快产品结构升级与优化，利用人力资源丰富、劳动力价格低廉的比较优势，不断增强市场适应能力。

---

① ATC 即乌拉圭回合形成的《纺织品和服装协定》，该协定共分为三个阶段执行，从 1995 年制定到 2005 年通过 10 年过渡期，最终废除国际纺织品配额体制。

随着全球经济一体化进程的加快，我国纺织服装业面临着更多的困难，包括贸易摩擦加剧、人民币升值，基础原料和石油价格的上涨，劳动力价格的上涨，纺织产品利润率低下，国际市场趋于饱和，新兴经济体的竞争加剧，等等。特别是 2005 年 1 月 1 日开始纺织服装配额的全面取消，即后配额时代的到来，发达国家采取了诸如关税、反倾销、技术壁垒和社会责任标准等更为严厉的进口限制措施来保护国内市场。2008 年美国经济危机使中国纺织服装业再次面临严峻挑战，外围经济减速和居民收入增速下滑引致行业出口和内销增速下滑；2009 年纺织服装主要产品产量增速持续回落，原材料价格总体上涨，纺织服装零售物价总体回落，行业投资增速明显下滑，出口成本上升、行业周转率下降、财务费用大幅攀升。为此，中国不少企业停业或破产，企业经营困难重重，中央政府适时提出了扩大内需、向中西部转移的战略决策，为中国纺织服装业的未来可持续增长提出了新的发展思路，制定了纺织服装行业的产业转型策略，即依靠科技进步、坚持市场化改革方向，不断推进结构调整，积极利用国际国内两个市场、两种资源，实现纺织大国向纺织强国的转变。

尽管外需增长对于刺激中国纺织服装业的飞速增长起到了重要作用，但随着国民经济发展水平的提高，国内人民的需求也不断扩大。在积极扩大外需的同时，纺织工业通过提高服装产品的设计品位、档次和质量，丰富国内市场供给，基本满足了日益多样化的国内市场需求。国内城镇居民的人均可支配收入由 1978 年的 316 元增加到 2012 年的 24 565 元（现价），农村居民纯收入也从 133.60 元增加到 7917 元（中华人民共和国国家统计局，2013）。发达国家GDP 变化规律的研究发现，当人均 GDP 在 1000～3000 美元时，对该国纺织工业发展而言是重要的战略机遇期，纤维消费将进入快速增长的阶段，有利于拉动纺织服装行业的生产规模，进而扩大国内服装市场。中国 1980 年纤维消费总量从 355 万吨增长到 2010 年的 4130 万吨，年人均纤维消费量从 4.10 千克上升到 18 千克，远高于全球 11.8 千克的平均水平，但仍低于发达国家 30 千克的水平，未来仍有较大的增长空间。衣着消费市场的持续增长为纺织服装业发展提供了源源不断的动力，2010 年慢慢走出危机阴影，开始进入增长期。据统计，2012 年全国城镇居民家庭人均现金消费支出为 16 674 元，其中衣着消费为 1484.26 元，占 8.90%；全国农村居民家庭年人均消费支出为 5908 元，其中衣着消费为 396.14 元，占 6.71%。

与此同时，国内纺织服装业集群现象不断凸现。改革开放后，在市场开放程度较高的各地区出现了包括纺织服装业在内的产业集群，如浙江诸暨市集中了上万家企业从事织袜、接缝、印染、定型、包装等专业化生产（徐清华，2003），利用规模经济、公用基础设施和生产要素提高了经济效益和行业的生产能力。国内自主创新能力有所增强，经过前一时期的压锭解困策略，纺织服装行业淘汰了落后装备和技术，产业技术进步加快，一大批以新产品、新纤维、新技术、新装备为主的新型企业迅速崛起，纺织品服装出口增长较快，贸易顺差年均增加25.7%（中国社会科学院工业经济研究所，2009）。

另一个无法回避的是纺织服装业销售渠道改变所带来的变化。2000 年以后，随着电子商务进入服装领域，服装行业开始进入多渠道立体式营销时代，服装电子商务市场的增长速度大大超乎想象。通过对网民消费思维、消费习惯的引导，各网站大力加强用户体验，不断推出满足用户需求的新产品，让网络购物与实体店购物的差别越来越小，服装电子商务领域已进入快速成长期并逐渐引爆流行。据中国电子商务研究中心发布的报告显示，从 2009 年开始，中国服装网购市场交易规模呈逐年增长趋势，2010 年交易规模同比增幅为100.8%，2012 年中国服装网购市场交易规模达 3050 亿元，同比增长 49.9%，未来还将出现大幅上升的态势。在传统纺织服装业面临越来越高的店铺成本时，电子商务所带来的销售渠道的革新为未来纺织服装业的发展提供了新的发展模式和盈利空间。

## 第二节　纺织服装业在大区域间的转移及其效应分解

总体而言，中国的纺织服装业主要分布在东部沿海地区，江苏、浙江、广东、福建和上海等省市总的行业产值占到全国的 80% 以上。近些年来，由于生产管理成本上升和交通、环境保护等问题的凸显，沿海省市对该行业的经济优惠政策的取消，以及全球纺织品贸易配额的取消等原因，部分企业开始迁移，有些迁往中国的中西部地区，有些则迁至东南亚等地区（叶勇，2008）。

为了详细分析纺织服装业的区域转移，本节在八大区域的空间尺度上，首先研究该行业在空间上的转移程度以及转移特征，进而测度区域产业结构和地区竞争优势对产业转移的贡献。以往文献基本上沿用东、中、西三大地带或加入东北的四大地带的划分方式，这种划分具有一定的合理性，但考虑到纺织服装业在各区域间的发展变化状况，以及区域产业空间变化的梯度和转移态势，本书在综合以往学者对于八大区域的划分方式，提出本书所定义的空间范围：南部沿海区域（广东、福建和海南）、东部沿海区域（上海、江苏和浙江）、中部区域（河南、山西、湖南、湖北、江西和安徽）、北部沿海区域（山东和河北）、东北区域（辽宁、吉林和黑龙江）、西北区域（内蒙古、陕西、甘肃、青海、宁夏、西藏和新疆）、西南区域（广西、云南、贵州、四川和重庆）、京津区域（北京和天津），从而有助于实证研究的展开。

## 一、纺织服装业在大区域间的转移程度

新中国成立以来，我国纺织服装业高速增长和发展，在各区域间的空间分布发生了剧烈变化。为了更加清晰地展现纺织服装业在各大区域间转移的基本格局，引入各区域该产业的某区域 $i$ 行业的结构变化系数来表征纺织服装业在大区域间的转移程度，其表达式为

$$R_i = \sum_t |x_{i,t} - x_{i,t-1}| \tag{6-1}$$

其中，$x_{i,t}$ 为某区域末期 $i$ 行业部门工业总产值占全国的比重；$x_{i,t-1}$ 为某区域基期 $i$ 行业的工业总产值占全国的比重，$t=1988$，$1989$，$\cdots$，$2010$。

总体来看，由表 6-2 可知，1987～2010 年，纺织服装业的结构变化地域分异明显，东部沿海区域、南部沿海区域最高，之后为中部区域和北部沿海区域，东北区域、西北区域、京津区域和西南区域的排名比较相近，位居最后四位。东部沿海区域的高值主要集中在浙江、江苏和上海，南部沿海区域的高值主要在广东和福建，北部沿海区域的山东位居第四位，加之中部的湖北和河南，以及东北的辽宁，推高了这些区域的结构变动系数，西北区域和西南区域的多数省份则小于 1。结合以往年份京津区域的份额变化可看出，这主要与其选择资本、信息密集型的发展道路以及产业发展重点有关。西北区域的结构变动系数均大于西南区域，主要是由新疆、陕西和内蒙古等地区拉动的。

表 6-2  各区域纺织服装各行业的结构变动程度

| 序号 | 纺织业 | | 纺织服装、鞋、帽制造业 | | 皮革、毛皮、羽毛（绒）及其制品业 | | 纺织服装业（总计） | |
|---|---|---|---|---|---|---|---|---|
| | 地区名称 | 结构变动系数 | 地区名称 | 结构变动系数 | 地区名称 | 结构变动系数 | 地区名称 | 结构变动系数 |
| 1 | 东部沿海区域 | 28.81 | 东部沿海区域 | 45.63 | 南部沿海区域 | 25.37 | 东部沿海区域 | 29.87 |
| 2 | 南部沿海区域 | 18.92 | 南部沿海区域 | 32.33 | 东部沿海区域 | 19.16 | 南部沿海区域 | 24.52 |
| 3 | 中部区域 | 17.15 | 中部区域 | 18.49 | 中部区域 | 16.54 | 中部区域 | 17.59 |
| 4 | 北部沿海区域 | 11.75 | 北部沿海区域 | 13.77 | 北部沿海区域 | 9.81 | 北部沿海区域 | 12.56 |
| 5 | 东北区域 | 5.83 | 东北区域 | 10.64 | 东北区域 | 9.00 | 东北区域 | 7.06 |
| 6 | 西北区域 | 5.29 | 京津区域 | 9.34 | 西北区域 | 6.79 | 西北区域 | 5.88 |
| 7 | 西南区域 | 4.76 | 西南区域 | 5.72 | 西南区域 | 6.55 | 京津区域 | 5.77 |
| 8 | 京津区域 | 4.40 | 西北区域 | 3.56 | 京津区域 | 5.14 | 西南区域 | 5.06 |
| | 均值 | 12.11 | 均值 | 17.44 | 均值 | 12.30 | 均值 | 13.54 |
| 1 | 浙江 | 18.81 | 浙江 | 16.98 | 广东 | 20.63 | 浙江 | 19.51 |
| 2 | 江苏 | 15.50 | 广东 | 16.35 | 浙江 | 18.00 | 广东 | 18.61 |

| 序号 | 纺织业 | | 纺织服装、鞋、帽制造业 | | 皮革、毛皮、羽毛（绒）及其制品业 | | 纺织服装业（总计） | |
|---|---|---|---|---|---|---|---|---|
| | 地区名称 | 结构变动系数 | 地区名称 | 结构变动系数 | 地区名称 | 结构变动系数 | 地区名称 | 结构变动系数 |
| 3 | 广东 | 14.63 | 江苏 | 12.89 | 福建 | 13.99 | 江苏 | 16.72 |
| 4 | 山东 | 11.52 | 山东 | 9.12 | 山东 | 7.81 | 山东 | 11.29 |
| 5 | 上海 | 7.72 | 上海 | 8.37 | 辽宁 | 6.23 | 上海 | 8.25 |
| 6 | 湖北 | 6.71 | 福建 | 8.29 | 河南 | 6.06 | 福建 | 7.78 |
| 7 | 福建 | 5.88 | 辽宁 | 6.50 | 江苏 | 5.99 | 湖北 | 6.64 |
| 8 | 河南 | 4.06 | 湖北 | 5.39 | 河北 | 5.35 | 河南 | 4.55 |
| 9 | 河北 | 3.96 | 天津 | 4.20 | 四川 | 5.20 | 辽宁 | 4.44 |
| 10 | 辽宁 | 3.45 | 北京 | 4.07 | 江西 | 4.78 | 河北 | 4.16 |
| 11 | 安徽 | 3.37 | 江西 | 3.69 | 上海 | 4.68 | 安徽 | 3.58 |
| 12 | 四川 | 3.07 | 四川 | 3.64 | 天津 | 4.19 | 北京 | 3.32 |
| 13 | 天津 | 2.66 | 河南 | 3.26 | 安徽 | 3.56 | 四川 | 3.17 |
| 14 | 新疆 | 2.48 | 安徽 | 2.83 | 湖北 | 2.96 | 天津 | 3.11 |
| 15 | 北京 | 2.47 | 河北 | 2.50 | 湖南 | 2.76 | 湖南 | 2.49 |
| 16 | 湖南 | 2.35 | 湖南 | 2.24 | 黑龙江 | 2.60 | 新疆 | 2.36 |
| 17 | 江西 | 2.05 | 吉林 | 1.80 | 北京 | 2.44 | 江西 | 2.25 |
| 18 | 陕西 | 1.88 | 黑龙江 | 1.68 | 内蒙古 | 2.24 | 陕西 | 2.11 |
| 19 | 内蒙古 | 1.87 | 陕西 | 1.35 | 新疆 | 2.12 | 内蒙古 | 2.06 |
| 20 | 黑龙江 | 1.63 | 山西 | 0.92 | 吉林 | 1.80 | 黑龙江 | 1.88 |
| 21 | 山西 | 1.27 | 内蒙古 | 0.90 | 甘肃 | 1.24 | 吉林 | 1.51 |
| 22 | 吉林 | 1.21 | 广西 | 0.79 | 海南 | 1.14 | 山西 | 1.31 |
| 23 | 广西 | 0.84 | 云南 | 0.59 | 陕西 | 0.90 | 广西 | 0.88 |
| 24 | 甘肃 | 0.70 | 新疆 | 0.56 | 山西 | 0.89 | 甘肃 | 0.78 |
| 25 | 重庆 | 0.63 | 甘肃 | 0.49 | 广西 | 0.86 | 重庆 | 0.59 |
| 26 | 宁夏 | 0.52 | 贵州 | 0.47 | 宁夏 | 0.75 | 宁夏 | 0.55 |
| 27 | 云南 | 0.47 | 青海 | 0.41 | 云南 | 0.73 | 云南 | 0.55 |
| 28 | 贵州 | 0.35 | 海南 | 0.28 | 重庆 | 0.58 | 贵州 | 0.41 |
| 29 | 海南 | 0.29 | 宁夏 | 0.27 | 贵州 | 0.50 | 海南 | 0.34 |
| 30 | 青海 | 0.27 | 重庆 | 0.26 | 青海 | 0.42 | 青海 | 0.33 |
| 31 | 西藏 | 0.03 | 西藏 | 0.01 | 西藏 | 0.04 | 西藏 | 0.03 |

相比较而言，三个子行业中，纺织服装、鞋、帽制造业在八大区域空间上

的结构变动程度最大，其中东部沿海区域的变动程度为 45.63，南部沿海区域为 32.33 和中部区域为 18.49。纺织业的最高值在东部沿海区域（28.81），其次是南部沿海区域（18.92）和中部区域（17.15）。皮革、毛皮、羽毛（绒）及其制品业的最高值是南部沿海区域（25.37），其次是东部沿海区域（19.16）和中部区域（16.54）。因此，中国纺织服装业结构变动比较明显的地区分布相对较为稳定，相对集中于东部沿海区域、南部沿海区域和中部区域，因此，产业转移比较明显的区域也主要集中于这些地区。

客观来说，纺织服装业结构变动系数的大小由当地经济发展、区位性和结构性因素综合决定。经过新中国成立以来几十年的发展，人均收入水平较低、工业发展相对落后、轻工业基础薄弱的偏远的西北区域和西南区域的省市（自治区），如西藏、青海、贵州、云南等，纺织服装业的结构变化程度不会大，但部分省市，如新疆，具有雄厚的天然禀赋优势，因而纺织业的结构变动程度也相对较大；虽然具有一定轻工业基础，但并不具备发展纺织服装业绝对优势的东北区域和西北区域的部分省市，如吉林、内蒙古等，大多数存在一定的结构变化；对于中部区域的多数省份，如河南、湖南、江西等，三大子行业的结构变动系数相对较大，主要在于这些区域因其经济发展基础相对较好、临近东部沿海区域以及政府实施的产业发展政策优惠，容易成为其周边发达省份产业的重要承接地；对于不以轻工业作为城市发展的重点支撑产业的京津区域，结构变动不太大，其各省市的结构变动系数一般在 4 以下；而对于人均收入水平高、轻工业具有绝对优势的沿海区域的省份，如浙江、广东、江苏、山东等，随着几十年的产业调整，结构变动很大，一般都在 10 以上。

## 二、纺织服装业在大区域间的转移特征

结合第一小节中对于纺织服装业转移程度的分析，可以看出，纺织服装业在大区域间的转移主要集中在东部沿海区域、南部沿海区域、北部沿海区域和中部区域，其转移特征主要有以下几个特点（表6-3）。

**表6-3　各省市纺织服装业工业产值年均增长率与比重**　　（单位：%）

| 位次 | 省市 | 年均增长率 | 各年份所占比重 | | | |
|------|------|-----------|------|------|------|------|
| | | | 1987 年 | 1997 年 | 2002 年 | 2010 年 |
| 1 | 福建 | 27.24 | 0.98 | 4.88 | 2.70 | 6.45 |
| 2 | 广东 | 22.92 | 4.57 | 16.87 | 10.34 | 13.62 |
| 3 | 山东 | 19.80 | 9.34 | 9.31 | 13.61 | 15.39 |
| 4 | 江西 | 19.79 | 1.32 | 1.10 | 0.65 | 2.17 |
| 5 | 浙江 | 19.57 | 10.60 | 12.40 | 21.16 | 16.70 |

| 位次 | 省市 | 年均增长率 | 各年份所占比重 | | | |
|---|---|---|---|---|---|---|
| | | | 1987 年 | 1997 年 | 2002 年 | 2010 年 |
| 6 | 江苏 | 17.97 | 18.24 | 18.68 | 24.17 | 21.08 |
| 7 | 宁夏 | 17.77 | 0.15 | 0.04 | 0.10 | 0.17 |
| 8 | 河南 | 17.41 | 3.51 | 3.50 | 3.30 | 3.64 |
| 9 | 内蒙古 | 17.15 | 0.94 | 0.77 | 1.31 | 0.92 |
| 10 | 安徽 | 15.25 | 2.86 | 3.39 | 1.98 | 1.93 |
| 11 | 辽宁 | 15.21 | 4.36 | 2.41 | 1.39 | 2.92 |
| 12 | 湖南 | 14.51 | 2.45 | 1.23 | 1.06 | 1.43 |
| 13 | 河北 | 14.21 | 4.88 | 4.34 | 3.87 | 2.68 |
| 14 | 重庆 | 14.16 | 0.00 | 0.41 | 0.38 | 0.46 |
| 15 | 湖北 | 13.84 | 6.37 | 5.20 | 3.48 | 3.25 |
| 16 | 四川 | 12.95 | 3.84 | 1.25 | 1.23 | 1.63 |
| 17 | 青海 | 11.91 | 0.19 | 0.08 | 0.02 | 0.06 |
| 18 | 广西 | 11.66 | 1.12 | 0.58 | 0.36 | 0.37 |
| 19 | 吉林 | 11.39 | 1.10 | 0.45 | 0.45 | 0.34 |
| 20 | 天津 | 10.91 | 3.03 | 2.16 | 1.12 | 0.85 |
| 21 | 北京 | 10.76 | 2.00 | 1.33 | 0.69 | 0.54 |
| 22 | 海南 | 10.25 | 0.00 | 0.11 | 0.07 | 0.03 |
| 23 | 上海 | 10.24 | 10.38 | 6.32 | 3.70 | 2.52 |
| 24 | 新疆 | 9.64 | 1.08 | 0.72 | 0.84 | 0.23 |
| 25 | 西藏 | 8.10 | 0.01 | 0.01 | 0.00 | 0.00 |
| 26 | 陕西 | 7.51 | 2.35 | 0.84 | 0.75 | 0.32 |
| 27 | 山西 | 5.52 | 1.23 | 0.42 | 0.40 | 0.11 |
| 28 | 贵州 | 5.10 | 0.29 | 0.12 | 0.04 | 0.02 |
| 29 | 云南 | 4.50 | 0.49 | 0.17 | 0.08 | 0.03 |
| 30 | 甘肃 | 3.94 | 0.58 | 0.29 | 0.32 | 0.04 |
| 31 | 黑龙江 | 3.34 | 1.74 | 0.63 | 0.43 | 0.10 |
| | 全国 | 17.23 | 100.00 | 100.00 | 100.00 | 100.00 |

第一，东部沿海区域的部分纺织服装企业在 2005 年已经开始迁移，主要是部分生产企业或环节迁到发展基础相对较好、成本相对较低的周边区域。一直以来，东部沿海区域都是我国纺织服装业发展的重点区域，其生产总值、从业人员数量占全国的比重平均在 40% 左右，在 2003 年达到最大，接近 50%（图 6-2），但 2005 年以后，东部沿海纺织服装业的产值份额和从业人员数量开始减少。因为，随着我国经济的不断发展，东部沿海区域的纺织服装业逐渐面临一些无法克服的问题，如劳动力成本增加、土地资源紧张、

水电运输等生产管理成本的增加、交通和环境保护等问题，以及沿海各省的经济扶持政策的取消等因素，使东部沿海纺织服装行业发展明显缺乏后劲，经济效益下降，竞争力逐渐失去优势。在这种情况下，部分纺织服装企业开始发生迁移。

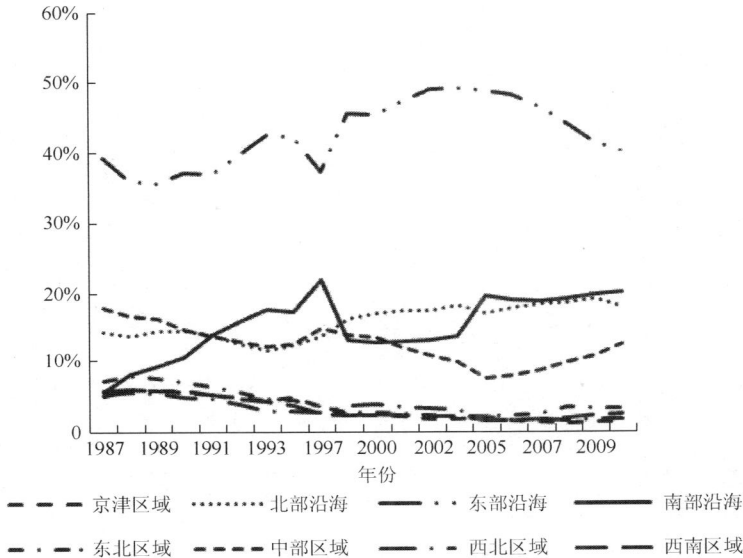

图 6-2  各区域纺织服装业工业产值历年所占比重

第二，南部沿海区域的纺织服装业的发展主要是在区域内部进行繁衍式发展并不断强大，即以区域内部转移为主的发展模式。该区域纺织服装业的工业总产值、从业人员数量占全国的比重波动明显，尤以 1998～2003 年比较突出（图 6-3）。1987～1997 年，南部沿海区域纺织服装业的工业总产值、从业人员异军突起，得益于非公有制经济的飞速发展有了爆发式的增长，1997 年工业总产值份额达到 21.86%，从业人员比重达到 18.17%，但随后出现较大滑坡，2003 年的产值份额仅为 9.53%，1999 年从业人员比重速降为 7.38%，在 2003 年缓慢增长到 10.86%。2005 年，由于服装产品出口配额的限制取消，广东、福建服装出口迅速增加，南部沿海的服装生产以"三来一补"加工出口为主要形式，因而从业人员比重迅速增加了 13.4 个百分点，此后基本稳定在 20% 的水平。同时，南部沿海地区积极将产业升级和效益提升结合起来，到 2010 年，南部沿海地区的产值份额已经恢复到 20.10%。以福建为例，它属于后起的纺织服装业大省，1987 年的工业总产值仅占到全国的 0.98%，之后在位居全国首位的年均 27.24% 的增速下，福建工业总产值占全国的比重在 2010 年跃升了近 5.5 个百分点。纺织工业是福建省的传统产业，在 20 世纪 90 年代后期，福建省利用沿海经济开放的优势，大力鼓励、引导发展多种经济成分的纺织企业，三资、民营、乡镇纺织服装企业逐渐成为福建省纺织业的一支重要生力军，产业的各项经济指标和主要纺织产品产量有了明显的改善和提高，尤以 1998～2004 年为最快发展时期（张曼，2006）。

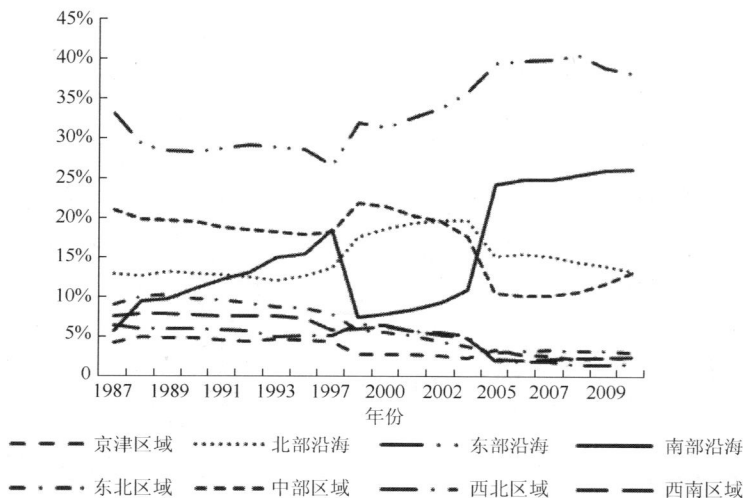

图 6-3　各区域纺织服装业从业人员历年所占比重

第三，北部沿海区域的产业转移主要发生在山东省内以及向其周边区域的转移。北部沿海地区包括山东和河北两省，其中山东为纺织服装业生产和出口大省。在 1987～2010 年，北部沿海地区稳步发展，2009 年在全国占据 19.18% 的产值份额，19.46% 的销售收入份额和 14.02% 的就业份额。在 1997～2003 年，该地区纺织服装业从业人员数量出现较为快速的增加，2003 年占全国的比重为 19.21%，2004 年以后又开始快速下降。但该地区的工业总产值在 2004 年之后出现下降趋势，但相对较为平缓，这主要在于山东纺织服装业缺乏自主品牌，以贴牌加工为主要贸易方式，巨大的产能过剩加剧了行业企业的恶性竞争，加之能源紧张、治理污染成本增加，以及"后配额时代"的到来等因素，使得北部沿海区域的行业廉价劳动力带来的价格优势被逐渐削弱，但强大的内地发展潜力却一直在支撑着其稳步向前发展，后面对地级市空间尺度上的分析可有力地支持此处的推断。

第四，中部区域是 21 世纪以来中国纺织服装业的重要承接区域。在改革开放以前，中部区域有一定的发展纺织服装业的基础，劳动力资源丰富，1987 年工业总产值比重为 17.74%，从业人员占 19.78%，随着沿海区域产业集群效应和区位优势的凸显，2005 年以前，纺织服装业一直在由中部区域向沿海区域转移，中部区域纺织服装业工业总产值和从业人员占全国的比重持续下降，仅在 1994～1997 年由于国务院向沿海地区下达了"东锭西移、压锭重组"的政策要求后，中部区域的工业总产值、从业人员数量小幅度回升，在 1997 年以后，由于沿海地区的竞争，中部区域的纺织服装业的产值继续萎缩、从业人员数量减少。但 2005 年以来，由于中部崛起的提出和地方政府的响应，中部区域各省市纷纷出台优惠政策来吸引外地的产业转移，承接东部沿海区域、南部沿海区域和北部沿海区域的产业转移。以江西省为例，2001 年以来，该省纺织工业抓住加入 WTO 的历史机遇实现跨越式发展，2002 年开始逐步减亏，至 2003 年扭转了长达八年的亏损，步入高速发展阶段，2004 年、2005 年产销增幅均稳居中部地区同行业首位、全国同行业前三位，其中从 2004 年 6 月起曾连续 7 个月稳居全国同行业首位。2001～2005 年，子行业中的服装、针织、棉纺和丝绢纺织 4 个行业效益增长 2 倍以上，特别是服装行业从"九五"期间（1996～2000 年）的行业"短腿"一跃而成省内纺织行业中运行质量最好的子行业，拓宽了全行业的发展空间，从而实现了跨越式发展，产业集群效益凸显，行业结构调整为总量由服装、棉纺、针织、化纤行业共同支撑，效益主要靠服装、针织、棉纺三大行业支撑的新局面。

## 三、纺织服装业在大区域间转移效应的分解

为了进一步理解纺织服装业在大区域间的转移，这里使用偏离-份额分析来探究产业结构优势和区域竞争优势对区域产业转移的贡献。

### （一）偏离-份额模型

偏离-份额分析作为一种统计分析工具，于 20 世纪 80 年代引入中国，因其所需要的数据易于获取，分析准确度高，且能够很好地反映区域产业随时间的变化，在区域经济学和城市经济学领域中得到广泛应用。该方法参照区域通常是国家，经济变量多采用收入、就业人数、产业增加值及其他经济变量（吴继英和赵喜仓，2009），并将区域经济增长变量的增长分解为三大分量：一是国家分量，指基期某产业按照国家所有产业的增长速度发展所增加的量，是所有地区所有产业发展的基础，用于衡量经济增长的共同部分；二是产业结构分量，即按照该产业的实际增长与全国所有产业平均增长率的差值发展所增加的量，反映地区产业结构所带来的地区经济发展差异，也就是所谓的结构效应；三是竞争力分量，指研究区域该产业的实际增长与全国该产业实际增长率的差值，即所谓的空间效应，该值越大，产业竞争力越高（魏后凯等，2010）。本

节采用以往研究者最常使用的经济变量——全部从业人员年平均人数来分析纺织服装业各部分增长的比较研究（Karlsson，1999；Robert and Shawn，2000）。经典的偏离-份额分析模型如下所示：

$$\Delta X_{ij} = X'_{ij} - X_{ij} = X_{ij}r + X_{ij}(r_i - r) + X_{ij}(r_{ij} - r_i) \tag{6-2}$$

式中，国家分量 $r = \dfrac{\sum_{i=1}^{s}\sum_{j=1}^{R}(X'_{ij} - X_{ij})}{\sum_{i=1}^{s}\sum_{j=1}^{R}X_{ij}}$；国家产业部门分量 $r_i = \dfrac{\sum_{i=1}^{R}(X'_{ij} - X_{ij})}{\sum_{j=1}^{R}X_{ij}}$，

区域产业部门分量 $r_{ij} = \dfrac{X'_{ij} - X_{ij}}{X_{ij}}$；$X_{ij}$ 为 $j$ 地区 $i$ 产业经济变量的初始值；$X'_{ij}$ 为 $j$ 地区 $i$ 产业经济变量的期末值。

式（6-2）的第一项为国家效应（national effect，NE），表示国家经济整体对经济发展的贡献；第二项为国家产业部门效应（national sectoral effect，NSE），表示产业部门结构对经济发展的贡献，即反映了地区产业结构不同所带来的经济发展差异；第三项为竞争效应（competitive effect，CE），表示产业空间竞争效应对经济增长的贡献，即反映了区域整体经济之间的竞争所带来的经济发展差异。也有学者将式（6-2）的左边叫做总增长量，右边的三项依次称作分享增长、结构性转移增长和区位性转移增长（杨开忠，1993），或者份额分量、结构偏离分量和竞争偏离分量（袁晓玲等，2008）。

但由于以上模型存在缺陷，分析结果与产业部门的总体规模有关，无法从空间效应中分离出经济增长的产业结构效应，从而造成部门和地区之间的相互依赖，从而会使得问题分析变得更加复杂（Dinc et al.，1998），为此，引入"同位变化"（homothetic change，$X^*_{ij}$）来解释产业结构影响与空间影响之间的相互作用，当地区产业结构与国家产业结构一致时，"同位变化"即为产业规模（Esteban-Marquillas，1972）。从而式（6-2）就改写为

$$\Delta X_{ij} = X'_{ij} - X_{ij} = X_{ij}r + X_{ij}(r_i - r) + X^*_{ij}(r_{ij} - r_i) + (X_{ij} - X^*_{ij})(r_{ij} - r_i) \tag{6-3}$$

其中，$X^*_{ij} = \sum_{i=1}^{s} X_{ij} \dfrac{\sum_{j=1}^{R} X_{ij}}{\sum_{i=1}^{s}\sum_{j=1}^{R} X_{ij}} = \dfrac{\sum_{i=1}^{s} X_{ij}}{\sum_{i=1}^{s}\sum_{j=1}^{R} X_{ij}} \sum_{j=1}^{R} X_{ij}$

式（6-3）右边的第一项与第二项同式（6-2），第三项为净空间竞争效应（net spatial competitive effect，NSCE），表示区域相对于整体经济的优劣势；第四项为分配效应（allocation effect，AE），表示某产业在某地区的集中程度（魏后凯等，2010）。

将式（6-3）进行改写，为

$$\Delta X_{ij} - X_{ij}r = X_{ij}(r_1 - r) + X^*_{ij}(r_{ij} - r_i) + (X_{ij} - X^*_{ij})(r_{ij} - r_i) \tag{6-4}$$

式（6-4）的左边称为总偏离（total departure，TD），是实际增量和国家分量之间的差值，表示 $j$ 地区 $i$ 产业经济变量相对于全国所有产业部门平均水平的高低，是衡量区域经济发展水平相对效果的重要指标。

### （二）纺织服装业转移效应分析

本节的基础数据具体到省级服装纺织产业的地理分布情况，以便于有条理地说明纺织服装业在中国的层级分布状况。通过对纺织服装业各行业部门全部从业人员年平均人数的分解分析，有以下结论。

对于纺织业来说，由表6-4可得，东部沿海区域和南部沿海区域的纺织业就业人口在不同的时间段内均有不同程度的增长，若将表中的三个时间段看作地区经济发展的短、中、长期发展阶段，可知：第一，1988～2010年（长期），除沿海区域，其他五大区域的就业人口都出现不同程度的下降，且竞争效应均为负值，这表明中国纺织业的优势主要集中于中国的沿海地区；八大区域的产业结构效应均为负，说明八大区域纺织业的就业人口增长低于其所在区域就业的平均增长率，即纺织业对地区就业的贡献越来越低。第二，从 2001～2010年（中期）来看，产业结构效应均为正值，说明在此期间纺织业的产业结构得到优化，该行业的就业拉动了地区就业的平均增长率；东部沿海地区和南部沿海区域具有正的空间效应，说明两区域具有很强的区域经济优势，这恰恰可以说明两区域具有很强的发展势头；只有京津区域的分配效应为正，说明其产业的集中程度比较高。第三，从短期（2005～2010 年）来看，八大区域的结构效应均为负值，这说明随着中国经济的发展，纺织业对就业的贡献率在不断下降；只有南部沿海区域、中部区域和西南区域具有正的区位效应，说明这些区域在短期间的区域经济竞争优势增强，它们对纺织业的吸引力在增强，进而促进中国的纺织业在向中部地区和西南区域的转移。

表6-4　纺织业八大区域就业人口增长效应分解

| 年份 | 地区 | 增长幅度/万人 | 总偏离量/万人 | 对增长幅度的效应分解/万人 | | | | |
|---|---|---|---|---|---|---|---|---|
| | | | | 国家分量（NE） | 结构分量（SE） | 竞争分量（CE） | 纯空间竞争分量（NSCE） | 分配效应（AE） |
| 2005～2010年 | 京津区域 | −5.81 | −10.87 | 5.06 | −0.58 | −10.29 | −10.98 | 0.69 |
| | 北部沿海区域 | 7.47 | −22.29 | 29.76 | −3.41 | −18.88 | −16.14 | −2.74 |
| | 东部沿海区域 | 53.67 | −16.18 | 69.85 | −8.00 | −8.18 | −7.83 | −0.35 |
| | 南部沿海区域 | 58.28 | 21.00 | 37.28 | −4.27 | 25.27 | 34.58 | −9.31 |
| | 东北区域 | 2.52 | −2.71 | 5.23 | −0.60 | −2.11 | −1.99 | −0.12 |
| | 中部区域 | 38.56 | 17.36 | 21.20 | −2.43 | 19.78 | 15.99 | 3.79 |

| 年份 | 地区 | 增长幅度/万人 | 总偏离量/万人 | 对增长幅度的效应分解/万人 | | | | |
|------|------|------|------|------|------|------|------|------|
| | | | | 国家分量（NE） | 结构分量（SE） | 竞争分量（CE） | 纯空间竞争分量（NSCE） | 分配效应（AE） |
| 2005～2010年 | 西北区域 | −3.04 | −7.60 | 4.56 | −0.52 | −7.07 | −4.87 | −2.20 |
| | 西南区域 | 5.69 | 0.95 | 4.74 | −0.54 | 1.49 | 1.19 | 0.31 |
| 2001～2010年 | 京津区域 | 8.05 | −6.80 | 14.85 | 1.72 | −8.52 | −11.63 | 3.11 |
| | 北部沿海区域 | 71.48 | −36.09 | 107.57 | 12.47 | −48.56 | −38.92 | −9.64 |
| | 东部沿海区域 | 265.88 | 85.16 | 180.72 | 20.95 | 64.22 | 65.61 | −1.39 |
| | 南部沿海区域 | 214.79 | 168.38 | 46.41 | 5.38 | 163.00 | 404.37 | −241.37 |
| | 东北区域 | 5.74 | −22.47 | 28.21 | 3.27 | −25.74 | −21.49 | −4.25 |
| | 中部区域 | 53.83 | −57.92 | 111.75 | 12.95 | −70.87 | −51.16 | −19.71 |
| | 西北区域 | −6.3 | −37.88 | 31.58 | 3.66 | −41.54 | −27.41 | −14.13 |
| | 西南区域 | 3.33 | −28.34 | 31.67 | 3.67 | −32.01 | −21.68 | −10.33 |
| 1988～2010年 | 京津区域 | −34.54 | −44.42 | 9.88 | −15.24 | −29.18 | −31.59 | 2.41 |
| | 北部沿海区域 | 5.26 | −23.10 | 28.36 | −43.76 | 20.66 | 19.96 | 0.70 |
| | 东部沿海区域 | 51.88 | −14.07 | 65.95 | −101.77 | 87.70 | 83.88 | 3.82 |
| | 南部沿海区域 | 157.83 | 140.54 | 17.29 | −26.69 | 167.22 | 198.05 | −30.83 |
| | 东北区域 | −87.06 | −107.94 | 20.88 | −32.22 | −75.72 | −79.11 | 3.39 |
| | 中部区域 | −96.99 | −141.07 | 44.08 | −68.02 | −73.05 | −70.79 | −2.26 |
| | 西北区域 | −49.83 | −62.45 | 12.62 | −19.47 | −42.98 | −43.71 | 0.73 |
| | 西南区域 | −63.82 | −80.66 | 16.84 | −25.99 | −54.67 | −54.81 | 0.14 |

从结构效应来看，纺织业对中国长期和短期就业的贡献都在下降，但对2001～2010年的就业却有所贡献。从空间效应来看，京津区域、东北区域和西北、西南区域在任一时期的区域竞争优势都非常弱；北部沿海区域从长期来看具有正的竞争优势；东部沿海区域在2005～2010年的竞争优势下降，中、长期来看却仍具有较强的竞争优势，说明东部沿海区域在2005年以来存在产业转移的趋势；南部沿海区域在长、中、短期间均具有正的竞争优势，说明纺织业在该区域一直处于快速增长的状态；中部区域在2005～2010年的竞争优势为正，说明中部区域在2005年以来存在承接产业转移的趋势。

对于纺织服装、鞋、帽制造业来说，时间段越长，行业就业人口下降的区域就越多，见表6-5。第一，从长期来看，八大区域的结构效应均为正值，说明与1988年相比，2010年的产业结构得到优化调整，对于地区就业和经济发展的贡献率显著增强；只有东部沿海区域和南部沿海区域的竞争效应和纯空间竞争效应为正，说明两区域的区位优势明显且具有良好的产业发展环境；北部沿海区域、南部沿海区域、中部区域、西北区域和西南区域的分配效应为正，说明纺织服装、鞋、帽制造业在这些地区的集中程度相对较高。第二，从中期来看，八大区域的结构效应均为负值，说明与2001年相比，2010年的产业结构并未得到显著的优化升级，低于地区就业和经济发展的平均增长率；南部沿海区域、东北区域、中部区域和西南区域的竞争效应和纯空间竞争效应为正，说明这些区域的区位优势显著提升；北部沿海区域、南部沿海区域和西北区域的分配效应为正，说明纺织服装、鞋、帽制造业在这些地区的集中程度相对较高。第三，从短期来看，八大区域的结构效应均为正值，说明与2005年相比，2010年的产业结构进一步优化调整，对于地区就业和经济发展的贡献率显著增强；东北区域、中部区域竞争效应和纯空间竞争效应为正，说明两区域的区位优势明显且具有良好的产业发展环境；北部沿海区域和东北区域的分配效应为正，说明纺织服装、鞋、帽制造业在这些地区的集中程度相对较高。

表 6-5　纺织服装、鞋、帽制造业八大区域从业人口增长效应分解

| 年份 | 地区 | 增长幅度/万人 | 总偏离量/万人 | 对增长幅度的效应分解/万人 | | | | |
|------|------|------|------|------|------|------|------|------|
| | | | | 国家效应（NE） | 结构效应（SE） | 竞争效应（CE） | 纯空间竞争效应（NSCE） | 分配效应（AE） |
| 2005～2010 年 | 京津区域 | −1.21 | −4.41 | 3.20 | 1.73 | −6.14 | −3.82 | −2.32 |
| | 北部沿海区域 | 1.52 | −5.72 | 7.24 | 3.90 | −9.62 | −12.48 | 2.86 |
| | 东部沿海区域 | 27.65 | 1.56 | 26.09 | 14.05 | −12.48 | −11.81 | −0.67 |
| | 南部沿海区域 | 33.23 | 11.48 | 21.75 | 11.71 | −0.23 | −0.20 | −0.03 |
| | 东北区域 | 5.67 | 3.49 | 2.18 | 1.17 | 2.32 | 1.95 | 0.38 |
| | 中部区域 | 29.02 | 24.65 | 4.37 | 2.35 | 22.30 | 32.34 | −10.04 |
| | 西北区域 | 0.59 | 0.22 | 0.37 | 0.20 | 0.02 | 0.07 | −0.04 |
| | 西南区域 | 4.50 | 4.07 | 0.43 | 0.23 | 3.84 | 12.41 | −8.57 |
| 2001～2010 年 | 京津区域 | 1.03 | −15.95 | 16.98 | −3.04 | −12.91 | −7.40 | −5.51 |
| | 北部沿海区域 | 18.07 | −6.98 | 25.04 | −4.49 | −2.49 | −4.12 | 1.63 |
| | 东部沿海区域 | 74.92 | −29.59 | 104.51 | −18.73 | −10.86 | −9.21 | −1.65 |
| | 南部沿海区域 | 75.77 | −7.74 | 83.51 | −14.97 | 7.23 | 4.78 | 2.44 |
| | 东北区域 | 9.17 | −0.06 | 9.23 | −1.65 | 1.59 | 1.95 | −0.36 |
| | 中部区域 | 35.22 | 15.76 | 19.47 | −3.49 | 19.25 | 38.29 | −19.04 |
| | 西北区域 | −0.30 | −3.60 | 3.29 | −0.59 | −3.01 | −9.13 | 6.13 |
| | 西南区域 | 3.91 | 0.61 | 3.31 | −0.59 | 1.20 | 3.74 | −2.54 |

| 年份 | 地区 | 增长幅度/万人 | 总偏离量/万人 | 对增长幅度的效应分解/万人 | | | | |
|------|------|------|------|------|------|------|------|------|
| | | | | 国家效应（NE） | 结构效应（SE） | 竞争效应（CE） | 纯空间竞争效应（NSCE） | 分配效应（AE） |
| 1988～2010年 | 京津区域 | 16.58 | -2.80 | 2.80 | 13.87 | -16.67 | -11.40 | -5.27 |
| | 北部沿海区域 | 111.62 | 12.46 | 4.12 | 20.44 | -7.98 | -9.50 | 1.52 |
| | 东部沿海区域 | 112.62 | 102.07 | 9.55 | 47.39 | 54.68 | 64.61 | -9.93 |
| | 南部沿海区域 | -8.80 | 106.33 | 6.29 | 31.21 | 75.13 | 43.77 | 31.36 |
| | 东北区域 | 15.78 | -13.42 | 4.62 | 22.94 | -36.36 | -30.69 | -5.67 |
| | 中部区域 | -8.80 | 9.32 | 6.46 | 32.06 | -22.75 | -26.90 | 4.15 |
| | 西北区域 | -8.73 | -10.82 | 2.02 | 10.03 | -20.85 | -23.69 | 2.84 |
| | 西南区域 | 16.58 | -11.49 | 2.76 | 13.71 | -25.20 | -27.56 | 2.36 |

从结构效应来看，纺织服装、鞋、帽制造业在长期和短期内对地区就业的贡献为正，但2001～2010年为负。从空间效应来看，中部区域纺织服装、鞋、帽制造业2001年以来的竞争效应最强，其纯空间竞争效应也最强，说明其区位优势不断增强，进而增强了产业的空间转移；东部沿海区域和南部沿海区域在长期间的竞争效应和纯空间竞争效应为正，而在2001年之后的区位竞争优势不断下降，凸显了产业发展的区位劣势，促进了该产业向区外的转移；西南区域和东北区域的竞争效应和纯空间竞争效应在中期和短期均为正且逐渐变大，说明其区位优势对该行业的吸引力不断增强，促进了产业向此转移。

对于皮革、毛皮、羽毛（绒）及其制品业来说，京津区域、东北区域和西北区域的从业人口在各个时间段都在下降；除了东部沿海区域在短期内有所下降，南部沿海区域、北部沿海区域和中部区域在所有时间段都是上升的，尤以南部沿海区域为最，说明该行业一直在这些区域发展较快，见表6-6。第一，从长期来看，八大区域的结构效应均为正值，说明与1988年相比，2010年的产业结构得到优化调整，对于地区就业和经济发展的贡献率显著增强；只有东部沿海区域和南部沿海区域的竞争效应和纯空间竞争效应为正，说明两区域的区位优势明显且具有良好的产业发展环境；京津区域、北部沿海区域、南部沿海区域和中部区域的分配效应为正，说明皮革、毛皮、羽毛（绒）及其制品业在这些地区的集中程度相对较高。第二，从中期来看，八大区域的结构效应均为负值，说明与2001年相比，2010年的产业结构并未得到显著的优化升级，该产业的就业低于地区就业的平均增长率；南部沿海区域和中部区域的竞争效应和纯空间竞争效应为正，说明这些区域的区位优势显著提升，一直在吸引新的产业转移；京津区域、北部沿海区域、东部沿海区域、南部沿海区域、东北区域和西北区域的分配效应为正，说明纺织服装、鞋、帽制造业在这些地区的集中程度相对较高。第三，从短期来看，八大区域的结构效应均为负值，说明与2005年相比，2010年对于地区就业和经济发展的贡献率为负；南部沿海区域、西南区域和中部区域竞争效应和纯空间竞争效应为正，说明两区域的区位优势明显且具有良好的产业发展环境；京津区域、北部沿海区域、东部沿海区域、南部沿海区域、东北区域和西北区域的分配效应为正，说明纺织服装、鞋、帽制造业在这些地区的集中程度相对较高。

表6-6　皮革、毛皮、羽毛（绒）及其制品业八大区域就业人口增长效应分解

| 年份 | 地区 | 增长幅度/万人 | 总偏离量/万人 | 对增长幅度的效应分解/万人 | | | | |
|------|------|------|------|------|------|------|------|------|
| | | | | 国家效应（NE） | 结构效应（SE） | 竞争效应（CE） | 纯空间竞争效应（NSCE） | 分配效应（AE） |
| 2005～2010年 | 京津区域 | −1.02 | −1.46 | 0.45 | −0.15 | −1.31 | −3.88 | 2.57 |
| | 北部沿海区域 | 0.49 | −3.55 | 4.04 | −1.39 | −2.15 | −3.31 | 1.16 |
| | 东部沿海区域 | −1.92 | −13.84 | 11.92 | −4.11 | −9.73 | −13.33 | 3.60 |
| | 南部沿海区域 | 18.05 | −5.25 | 23.30 | −8.03 | 2.79 | 1.49 | 1.30 |
| | 东北区域 | −1.54 | −2.10 | 0.56 | −0.19 | −1.90 | −4.09 | 2.19 |
| | 中部区域 | 10.26 | 8.17 | 2.09 | −0.72 | 8.89 | 17.82 | −8.93 |
| | 西北区域 | −0.05 | −0.19 | 0.14 | −0.05 | −0.14 | −0.81 | 0.66 |
| | 西南区域 | 4.45 | 3.54 | 0.91 | −0.31 | 3.85 | 3.90 | −0.04 |
| 2001～2010年 | 京津区域 | −1.74 | −5.30 | 3.56 | −0.40 | −4.90 | −7.43 | 2.52 |
| | 北部沿海区域 | 6.31 | −11.62 | 17.93 | −2.01 | −9.60 | −12.29 | 2.68 |
| | 东部沿海区域 | 28.80 | −8.36 | 37.16 | −4.17 | −4.19 | −5.54 | 1.35 |
| | 南部沿海区域 | 79.50 | 8.41 | 71.10 | −7.99 | 16.39 | 7.06 | 9.33 |
| | 东北区域 | −1.75 | −5.43 | 3.67 | −0.41 | −5.01 | −8.55 | 3.53 |
| | 中部区域 | 12.94 | 3.30 | 9.64 | −1.08 | 4.39 | 9.76 | −5.38 |
| | 西北区域 | −0.65 | −2.16 | 1.51 | −0.17 | −1.99 | −7.28 | 5.29 |
| | 西南区域 | 7.12 | 4.64 | 2.47 | −0.28 | 4.92 | 11.36 | −6.44 |
| 1988～2010年 | 京津区域 | −3.17 | −3.97 | 0.80 | 6.46 | −10.43 | −11.31 | 0.88 |
| | 北部沿海区域 | 10.28 | 8.23 | 2.05 | 16.54 | −8.31 | −9.02 | 0.71 |
| | 东部沿海区域 | 38.52 | 34.53 | 3.99 | 32.14 | 2.38 | 3.06 | −0.68 |
| | 南部沿海区域 | 128.41 | 126.18 | 2.23 | 17.96 | 108.22 | 80.87 | 27.35 |
| | 东北区域 | −9.74 | −11.73 | 1.99 | 16.02 | −27.75 | −24.75 | −2.99 |
| | 中部区域 | 2.82 | −0.46 | 3.29 | 26.49 | −26.95 | −28.48 | 1.53 |
| | 西北区域 | −7.95 | −9.48 | 1.53 | 12.36 | −21.84 | −14.86 | −6.98 |
| | 西南区域 | −0.15 | −1.82 | 1.68 | 13.50 | −15.32 | −12.56 | −2.76 |

从总偏离来看，短期内只有中部区域，中期的南部沿海区域、中部区域和西南区域，以及长期内的沿海区域为正。从结构效应来看，八大区域只在1988～2010年对地区就业的贡献为正，在短、中期均为负。从空间效应来看，南部沿海区域的竞争效应和纯空间竞争效应在短、中和长期内均为正，说明该区域一直保持较强的空间竞争优势；中部区域的竞争效应和纯空间竞争效应在短和中期内为正，说明其2001年以来一直具有不断增强的区位竞争优势，吸引了该产业的发展和转移；西南区域的竞争效应和纯空间竞争效应在短期内为正，说明该区域在2005年以来存在承接产业转移的趋势。

## 四、小结

各区域产值的变化和产业结构变动系数在一定程度上均可以折射出产业转移的影子。总体来看，从八大区域的空间尺度来看，中国纺织服装业主要集聚在沿海地区，尤其以东部沿海区域、南部沿海区域和北部沿海区域的山东为最。但随着生产成本的上升，尤其是近些年来我国东部沿海区域的纺织服装企业加大了对中西部地区的投资力度，纺织服装业率先向那些产业基础较好、本地市场规模较大的中西部区域和城市转移。随着劳动力和土地等要素成本的持续上升，有可能出现进一步的产业转移，沿海地区将成为纺织服装业的研发和创新基地，要素成本相对低廉和区位条件相对较好的中部区域将可能获得更多更好的发展机会。

运用偏离-份额模型进行分析可知，总体来看，竞争效应（CE）和纯空间竞争效应（NSCE）在时间上具有严格的一致性；对竞争效应进行分解，增长幅度最大的区域均具有最强的纯空间竞争效应和最低的分配效应。分配效应在各时间段和各行业部门间无特定规律而言。产业的空间效应是决定产业转移的重要影响因素，由以上分析结果可以看出，中部区域和西南区域是纺织业的重要承接区域，东部沿海区域是重要的产业转移区域，南部沿海区域依然处于高速发展的状态；东部沿海区域和南部沿海区域的纺织服装、鞋、帽制造业和皮革、毛皮、羽毛（绒）及其制品业在2005年以来存在明显的产业转移态势，而中部区域成为最为重要的产业转移承接地区，其次是西南区域、东北区域和西北区域。

## 第三节　纺织服装业在地市间的转移及对空间集聚的影响

区域面积越大，跨境转移的企业数量越少。为了说明纺织服装业是否同时存在远程和近程转移，更加清晰地展现纺织服装业在国内的转移状况，本节在地市层面进行分析研究，并深入到该行业的四位数产业，使用产业中心的变化来表征产业转移在地市间的变化态势。同时，用区位基尼系数对纺织服装产业的产业集聚程度进行分析。然后就纺织服装业产业转移对其空间集聚的影响进行研究。

## 一、纺织服装业在地市间转移的基本特征

产业由省内发达地区向欠发达地区转移，有助于促进后者的经济增长，进而缩小省内区域经济差异。定义份额大于 1.5% 的地市为该行业的产业中心，当某产业中心的位置发生变化时，认为该行业发生了产业转移。

### （一）纺织业

#### 1. 纺织产业中心有所变化

2001～2009 年，浙江绍兴和江苏苏州稳居前两位，江苏南通、山东潍坊保持稳步上升；浙江杭州、嘉兴、宁波，江苏盐城、常州，山东青岛有所起伏，但份额变化不大；江苏无锡的份额连年下降，但仍高于 2.78%。山东滨州快速发展，2009 年（占比 4.77%）成为全国第三大纺织业中心。福建泉州、上海市和山东烟台的中心地位不断削弱，在 2009 年均不是纺织业的中心城市。

#### 2. 纺织业的转移主要发生在省内

具体到山东、江浙和广州三大纺织业主要区域，由图 6-4 可看出，纺织业的转移主要是由省内发达地区向省内不发达地区转移。

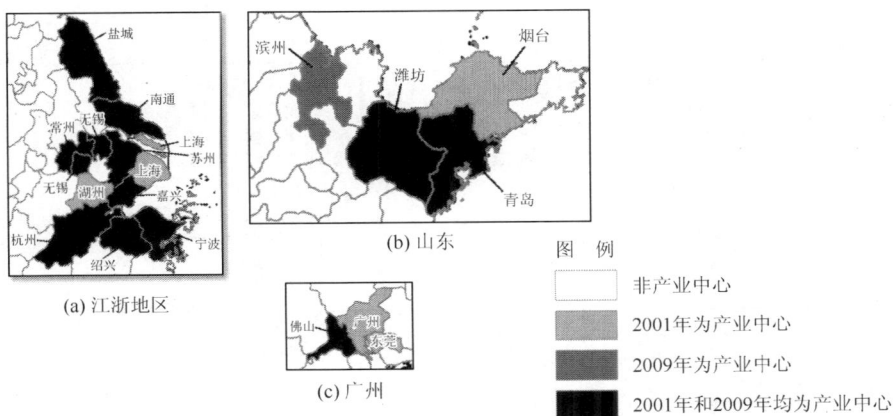

图 6-4  纺织业在江浙地区、山东和广州的区域分布格局示意图

## 3. 细分行业的产业中心变化差异显著（表6-7）

**表6-7　纺织业细分行业2001年和2009年产业中心**

| 行业小类代码 | 行业名称 | 2001年产业中心 | 2009年产业中心 |
|---|---|---|---|
| 1711 | 棉、化纤纺织加工 | 江苏无锡、苏州、常州、南通、盐城、杭州<br>山东滨州、潍坊、德州<br>浙江绍兴<br>上海<br>河北石家庄，湖北襄樊 | 江苏南通、苏州、盐城、常州、无锡<br>山东滨州、潍坊、聊城、菏泽、德州、东营<br>浙江杭州、绍兴、嘉兴<br>河北石家庄，福建福州<br>河南南阳 |
| 1712 | 棉、化纤印染精加工 | 江苏无锡、苏州、常州、南通<br>广东东莞、佛山、深圳、广州、云浮<br>浙江杭州、绍兴、湖州、宁波<br>山东潍坊、烟台<br>上海，福建泉州，河北石家庄 | 江苏苏州、常州、无锡、南通<br>广东广州、佛山、中山、揭阳<br>浙江绍兴、杭州、嘉兴、湖州<br>山东东营、潍坊、烟台、青岛<br>福建泉州，河北石家庄 |
| 1721 | 毛条加工 | 江苏苏州、常州、无锡、泰州、南通<br>浙江宁波<br>广东佛山、阳江、江门<br>上海，天津<br>河北保定，甘肃兰州，山西太原 | 江苏苏州、常州、无锡、盐城<br>浙江宁波、嘉兴、湖州<br>内蒙古通辽、锡林郭勒盟、乌兰察布、鄂尔多斯<br>山东菏泽、临沂 |
| 1722 | 毛纺织 | 江苏无锡、苏州、常州<br>上海、天津<br>河北保定<br>内蒙古鄂尔多斯<br>山东青岛<br>浙江湖州、嘉兴、宁波、绍兴、杭州 | 江苏无锡、苏州<br>河北邢台、保定<br>山东济宁、滨州<br>宁夏银川<br>浙江嘉兴 |
| 1723 | 毛染整精加工 | 内蒙古巴彦淖尔<br>江苏无锡、苏州<br>上海、北京<br>广东广州、东莞、肇庆、佛山<br>浙江绍兴、嘉兴<br>辽宁鞍山<br>福建泉州 | 内蒙古巴彦淖尔<br>江苏苏州、无锡、常州<br>上海<br>广东东莞、揭阳、云浮、肇庆、广州、中山、汕头、佛山<br>浙江嘉兴、宁波<br>山东烟台、泰安 |
| 1730 | 麻纺织 | 黑龙江哈尔滨、齐齐哈尔、大庆、绥化、佳木斯<br>吉林延边，辽宁铁岭<br>湖北咸宁、孝感，安徽铜陵<br>湖南益阳、岳阳、株洲<br>重庆，四川达州<br>山东烟台、泰安<br>江苏无锡、苏州，浙江湖州<br>内蒙古包头 | 黑龙江哈尔滨<br>湖北咸宁，安徽铜陵<br>湖南益阳、常德、岳阳<br>四川达州，重庆<br>山东泰安，烟台<br>江苏盐城、无锡、苏州、泰州<br>浙江湖州<br>河南信阳<br>江西新余 |
| 1741 | 缫丝加工 | 浙江嘉兴、湖州、绍兴、杭州<br>江苏盐城、南通、宿迁、淮安、苏州<br>重庆<br>四川南充、绵阳、内江<br>安徽六安，陕西安康<br>湖北黄冈 | 浙江湖州、嘉兴、宿迁、杭州<br>江苏盐城、南通、徐州<br>重庆<br>四川南充、资阳、内江、绵阳、广安<br>安徽安庆<br>广西南宁、柳州，辽宁营口、鞍山 |

| 行业小类代码 | 行业名称 | 2001 年产业中心 | 2009 年产业中心 |
|---|---|---|---|
| 1742 | 绢纺和丝织加工 | 浙江绍兴、杭州、湖州、嘉兴<br>江苏苏州、无锡、常州、镇江 | 江苏苏州、南通、盐城<br>浙江绍兴、湖州、杭州、嘉兴<br>四川南充 |
| 1743 | 丝印染精加工 | 浙江绍兴、杭州、嘉兴、湖州<br>江苏苏州、常州<br>上海，山东淄博 | 浙江绍兴、嘉兴、湖州<br>江苏苏州、杭州、镇江<br>四川南充，广东佛山、广州<br>辽宁沈阳、天津 |
| 1751 | 棉及化纤制品制造 | 山东烟台、潍坊、滨州、青岛、淄博<br>上海<br>江苏南通、苏州、无锡、常州<br>浙江宁波、绍兴<br>湖南长沙 | 山东潍坊、青岛、烟台、临沂、滨州、聊城，上海<br>江苏南通、苏州、盐城、无锡<br>浙江绍兴、杭州、宁波、嘉兴<br>广东佛山 |
| 1752 | 毛制品制造 | 天津，上海<br>江苏徐州、盐城、无锡、苏州、镇江、常州、淮安<br>甘肃兰州，四川成都，<br>河北唐山、保定、衡水<br>河南平顶山，山东潍坊 | 上海，重庆<br>江苏无锡、苏州、南通<br>浙江宁波、温州、绍兴、杭州、衢州、嘉兴<br>四川成都，内蒙古通辽<br>河北保定、邢台<br>河南新乡，山东聊城 |
| 1753 | 麻制品制造 | 江苏无锡<br>安徽六安、蚌埠<br>河南驻马店、信阳、周口、许昌<br>广东江门<br>湖北荆州、襄樊、潜江<br>山东菏泽、青岛<br>贵州黔南，湖南郴州<br>吉林白城 | 上海，江苏南通、苏州<br>安徽六安<br>河南信阳、广东深圳<br>山东烟台、青岛、枣庄<br>湖北黄冈、襄樊<br>内蒙古呼伦贝尔<br>黑龙江绥化<br>江西上饶 |
| 1754 | 丝制品制造 | 四川成都、南充<br>浙江绍兴、杭州、嘉兴、宁波、湖州<br>江苏无锡、苏州、南通、镇江<br>广东深圳<br>山东烟台、青岛，湖北天门 | 四川南充、成都、自贡<br>浙江绍兴、湖州、嘉兴、杭州、温州<br>江苏苏州<br>江西九江<br>山东东营、威海，湖北黄冈 |
| 1755 | 绳、索、缆的制造 | 山东烟台、威海、青岛<br>天津，广东汕头、揭阳、湛江<br>江苏盐城、淮安、苏州、连云港、泰州、南通<br>安徽巢湖，湖南益阳<br>浙江温州，福建厦门 | 山东滨州、威海、烟台、日照<br>广东揭阳<br>江苏泰州、南通、盐城、苏州、扬州<br>福建莆田<br>安徽巢湖，辽宁大连<br>浙江杭州、绍兴 |
| 1756 | 纺织带和帘子布制造 | 浙江宁波、湖州<br>江苏苏州、扬州、无锡、徐州、泰州、镇江<br>山东青岛、潍坊、威海<br>上海，天津，湖北孝感<br>广东广州、江门、佛山、东莞 | 浙江绍兴、金华、宁波、杭州、泰州、温州<br>江苏苏州、南京、南通<br>山东济宁、青岛、潍坊<br>福建泉州<br>广东东莞、中山 |

| 行业小类代码 | 行业名称 | 2001 年产业中心 | 2009 年产业中心 |
|---|---|---|---|
| 1759 | 其他纺织制成品制造 | 江苏苏州、无锡、南通、扬州、盐城、常州、镇江<br>上海，天津<br>福建厦门、泉州<br>浙江杭州、嘉兴、宁波、湖州<br>湖北仙桃、山东青岛、威海<br>广东江门 | 江苏苏州、南通、常州、无锡、扬州<br>上海<br>福建泉州<br>浙江杭州、嘉兴、丽水、宁波、湖州、绍兴<br>湖北仙桃、河南新乡<br>广东佛山、东莞、深圳、金华 |
| 1761 | 棉、化纤针织品及编织品制造 | 上海，北京，天津<br>山东青岛，江西南昌，吉林延边<br>广东广州、佛山、江门、东莞<br>浙江宁波、绍兴、金华<br>江苏苏州、南通、无锡 | 上海<br>山东青岛、烟台、滨州，江西南昌<br>广东佛山、江门<br>浙江宁波、绍兴、嘉兴、金华、杭州<br>江苏苏州、南通、无锡 |
| 1762 | 毛针织品及编织品制造 | 上海，北京，天津<br>江苏苏州、南通、盐城、无锡<br>广东汕尾、汕头、广州、肇庆、云浮、江门<br>浙江嘉兴、宁波、绍兴<br>山东威海、烟台，福建泉州<br>内蒙古乌兰察布 | 上海，北京<br>江苏苏州、南通、盐城、无锡<br>广东东莞、汕尾、中山、汕头、佛山、惠州<br>浙江嘉兴、杭州、湖州<br>山东烟台、威海，福建泉州<br>内蒙古鄂尔多斯、呼和浩特、巴彦淖尔，河南南阳、江西赣州 |
| 1763 | 丝针织品及编织品制造 | 浙江嘉兴、绍兴、杭州、温州、湖州、宁波，江苏苏州<br>福建福州，山东青岛，上海<br>广东揭阳、江门、深圳、阳江、云浮 | 浙江绍兴、嘉兴、杭州<br>江苏金华、宿迁<br>福建福州，山东威海，上海<br>广东汕头、揭阳、阳江、江门、佛山 |
| 1769 | 其他针织品及编织品制造 | 浙江杭州、宁波、嘉兴、绍兴、温州<br>江苏南通、苏州、连云港、无锡<br>上海，福建泉州<br>广东肇庆、中山、东莞、汕头、江门<br>山东临沂 | 浙江绍兴、金华、宁波<br>江苏苏州、盐城<br>上海，福建福州、泉州<br>广东汕头、佛山、东莞、广州<br>山东烟台、青岛、威海，湖南益阳 |
| 17 | 纺织业 | 浙江绍兴、杭州、宁波、嘉兴、湖州<br>江苏苏州、无锡、南通、常州、盐城<br>上海，广东广州、佛山<br>山东烟台、潍坊、青岛 | 浙江绍兴、杭州、嘉兴、宁波<br>江苏苏州、南通、无锡、盐城、常州<br>广东佛山<br>山东滨州、潍坊、青岛 |

第一，产业中心变化非常显著的行业主要有：毛条加工，毛纺织，麻纺织，毛织品制造，麻制品制造，丝织品制造，纺织带和帘子布制造，毛针织品及编织品制造，以及其他针织品及编织品制造。按照转移的空间尺度，将这些行业分为三种类型。

（1）空间大尺度转移类型。具有从东部地区向西部地区转移特征的为毛条加工，毛针织品及编织品制造。具体来说，毛条加工（1721）产业中心具有从东部的上海、天津、广东和江苏向西部的内蒙古转移的趋势，内蒙古的通辽等3地市的份额均上升10多个百分点；同时，东部的浙江和山东多地市不断发展壮大。毛针织品及编织品制造（1762）产业中心有从北京、上海、天津向内蒙古转移，以及山东、广东、江苏等省内的临近地市转移的特征。

麻纺织（1730）产业中心由原来主要集中在东北地区，逐渐向中部的达州、常德等地市，东部的山东泰安，江苏盐城、泰州和浙江湖州转移的趋向。麻制品制造（1753）的产业中心却有从不发达地市向东部发达地市转移的动向，如河南的驻马店、周口和许昌、安徽蚌埠和六安、山东菏泽等地市向上海、深圳、青岛、烟台等地区转移。

（2）临近转移类型。具有明显临近转移的特征的有毛织品制造、纺织带和帘子布制造，以及其他针织品及编织品制造。具体来说，毛织品制造（1752）各产业中心，如从天津转移到河北的保定、邢台，从上海、江苏转移至浙江的多地市；同时，西部的产业中心在消失。纺织带和帘子布制造（1756）产业中心主要集中在江浙、广东和山东一带，除了宁波和苏州外，大部分地市的份额有所增加；山东济宁从无到有，2009年为全国第2位；上海和广州市该产业发展萎缩。其他针织品及编织品制造（1769）产业中心的临近转移主要发生在江苏、浙江、广东和山东省内发达地市向不发达地市的转移。

（3）更加集中类型。生产变得更加集中的有毛纺织和丝织品制造。具体来说，毛纺织（1722）产业中心数量减少，产值集聚程度加强，江苏无锡一直位居榜首；发展最快的地级市主要是东部的苏州、济宁和西部的银川，银川从无到有，2009年占比5.56%。丝织品制造（1754）的首位产业中心一直是浙江绍兴，份额由13.48%跃升至42.56%，周边江浙一带的许多地市在逐渐萎缩。

第二，产业中心变化相对明显的行业有棉、化纤纺织加工，棉、化纤印染精加工，毛染整精加工，缫丝加工，绳、索、缆的制造，其他纺织制成品制造，棉、化纤针织品及编织品制造，以及丝针织品及编织品制造。可将这些行业分为以下两种类型。

（1）省内转移类型。具有省内蔓延发展特征的有棉、化纤纺织加工，以及棉、化纤印染精加工。具体来看，两产业在山东和浙江众多地市得到快速发展，并成为重要的产业中心；以山东为例，棉、化纤纺织加工（1711）产业中心在山东增加聊城、德州和东营这些相对比较落后的地市，棉、化纤印染精加工（1712）产业中心则增加东营和青岛。毛染整精加工（1723）产业中心在广东和山东增加多地市，但内蒙古巴彦淖尔一直是中国毛染整精加工（1723）的龙头地市，占到全国的1/5以上。

具有省内转移特征的有绳、索、缆的制造，以及丝针织品及编织品制造。具体而言，山东的绳、索、缆的制造（1755）产业中心由烟台转移到滨州；福建的产业中心则由厦门移向莆田。丝针织品及编织品制造（1763）产业中心存在广东、浙江、江苏和山东等省内部转移的特征；同时，浙江的产业中心数量减少，生产更加集中。

（2）省际转移类型。具有从东部地区向中、西部和东北地区转移特征的有缫丝加工和其他纺织制成品制造。具体来说，缫丝加工（1741）生产在浙江和江苏多地市的份额明显下降，取而代之的是四川的资阳和广安，安徽安庆，辽宁营口和鞍山，广西南宁和柳州等地市份额的显著上升。从产业份额变动来看，尽管其他纺织制成品制造（1759）产业中心在江浙和广东一带分布较多但份额在下降，而湖北仙桃和河南新乡等地市的份额明显上升。棉、化纤针织品及编织品制造（1761）产业中心变化在北京、天津和广东的数量在减少。反之，浙江嘉兴和杭州、山东烟台和滨州在 2009 年跨入产业中心行列。

第三，产业中心变化不明显的行业有绢纺和丝织加工，丝印染精加工，以及棉及化纤制品制造。

具体来说，绢纺和丝织加工（1742）产业中心主要集中在江浙一带，其中首位产业中心由浙江绍兴变为江苏苏州，浙江湖州和四川南充发展快速。丝印染精加工（1743）产业中心分布极为集中。棉及化纤制品制造（1751）产业中心主要分布在山东、江苏、浙江及上海，但 2001 年位居第一位的山东烟台发展放缓，其临近的不发达地市如临沂、滨州和聊城开始快速发展。

## （二）纺织服装、鞋、帽制造业

（1）纺织服装、鞋、帽制造产业中心变化巨大，见表 6-8。上海由 2001 年的首位下降至 2009 年的第三位，份额由 9.08%降至 4.47%；福建泉州是 2009 年的首位城市。山东青岛，江苏扬州，辽宁大连，山东威海、潍坊在 2009 年进入中心城市的行列。广东江门、浙江金华和北京的地位不断下降，在 2009 年均不再属于该行业的中心城市。

表 6-8　纺织服装、鞋、帽制造业及皮革毛皮、羽毛（绒）及其制品业细分行业
2001 年和 2009 年产业中心

| 行业小类代码 | 行业名称 | 2001 年产业中心 | 2009 年产业中心 |
|---|---|---|---|
| 1810 | 纺织服装制造 | 福建泉州，上海，天津，北京<br>江苏苏州、南通、无锡、常州、南京<br>浙江宁波、绍兴、嘉兴、杭州、温州<br>广东广州、江门、佛山、中山、深圳、揭阳<br>湖北武汉 | 福建泉州，上海，天津<br>江苏苏州、南通、无锡、常州、南京、扬州<br>浙江宁波、嘉兴、杭州、温州、绍兴<br>广东佛山、中山、东莞、深圳、揭阳、汕头<br>山东青岛、威海、潍坊，辽宁大连 |
| 1820 | 纺织面料鞋的制造 | 浙江温州，江苏苏州、扬州<br>广东东莞、广州、肇庆、深圳、中山、佛山 | 浙江杭州，江苏扬州、淮安<br>广东佛山、东莞、肇庆、清远、中山<br>福建泉州、莆田、福州 |

| 行业小类代码 | 行业名称 | 2001 年产业中心 | 2009 年产业中心 |
|---|---|---|---|
| 1820 | 纺织面料鞋的制造 | 福建莆田、泉州<br>河北衡水、石家庄，山东青岛<br>上海、河南许昌 | 河北石家庄，山东青岛、烟台<br>上海，河南驻马店、洛阳<br>辽宁沈阳，四川乐山 |
| 1830 | 制帽 | 上海，天津<br>广东广州、阳江、东莞、江门<br>江苏苏州、扬州、无锡、镇江、南通、南京、淮安<br>山东青岛，河南开封，河北保定<br>浙江台州，福建漳州 | 上海<br>广东阳江、中山、佛山、广州<br>江苏扬州、南通、淮安、镇江、苏州、泰州<br>山东青岛，河南周口，河北石家庄<br>浙江宁波，青海西宁 |
| 18 | 纺织服装、鞋、帽制造业 | 上海，天津，北京<br>江苏苏州、南通、无锡、常州、南京<br>浙江宁波、绍兴、嘉兴、温州、杭州<br>广东广州、江门、佛山、中山、深圳、东莞<br>福建泉州<br>湖北武汉 | 上海，天津<br>江苏苏州、南通、无锡、扬州、常州、南京<br>浙江宁波、嘉兴、杭州、温州、绍兴<br>山东青岛、威海、潍坊、辽宁大连<br>广东佛山、广州、中山、东莞、深圳<br>福建泉州 |
| 1910 | 皮革鞣制加工 | 浙江温州、嘉兴、衢州<br>河南周口、焦作，<br>河北石家庄<br>上海，天津，山东青岛、威海<br>广东江门、广州、佛山、东莞、中山、肇庆<br>湖南湘潭 | 浙江嘉兴、温州<br>河南周口、商丘、焦作，<br>河北石家庄、沧州<br>山东滨州<br>广东江门、惠州<br>福建泉州<br>湖南湘潭 |
| 1921 | 皮鞋制造 | 广东广州、佛山、肇庆、深圳、中山、东莞、江门<br>浙江温州、台州<br>福建福州、莆田、泉州<br>山东青岛、威海、辽宁大连<br>江苏盐城、上海、天津 | 广东佛山、东莞、中山、清远、深圳、广州、惠州<br>浙江温州、台州、丽水<br>福建泉州、莆田、福州<br>山东青岛<br>四川成都 |
| 1922 | 皮革服装制造 | 河北石家庄<br>浙江嘉兴、杭州<br>山东青岛、潍坊、烟台、威海<br>江苏扬州、江门<br>广东佛山，湖南长沙 | 河北石家庄<br>浙江嘉兴、杭州、湖州<br>山东青岛、烟台、潍坊、临沂<br>四川成都<br>广东揭阳，江西吉安 |
| 1923 | 皮箱、包（袋）制造 | 广东广州、东莞、深圳、中山、肇庆、惠州、江门、佛山<br>上海<br>山东威海、青岛，河北保定<br>浙江嘉兴、杭州、温州、苏州、扬州、金华<br>福建泉州、厦门、辽宁营口 | 广东广州、东莞、清远、中山、深圳、江门<br>上海<br>山东青岛、威海，河北保定<br>浙江嘉兴、杭州、温州、金华<br>江苏苏州、常州、扬州<br>福建泉州、福州、厦门 |
| 1929 | 其他皮革制品制造 | 广东茂名、江门、广州、中山、深圳、惠州、肇庆、东莞<br>江苏苏州、无锡、南通、镇江、南京<br>浙江温州、嘉兴<br>上海，福建厦门、泉州<br>山东威海、辽宁营口 | 广东茂名、东莞、中山、广州、佛山<br>江苏扬州、南通<br>浙江嘉兴、温州<br>上海，福建泉州、厦门<br>四川成都，广西玉林，江西吉安<br>山东青岛、淄博 |

| 行业小类代码 | 行业名称 | 2001 年产业中心 | 2009 年产业中心 |
|---|---|---|---|
| 1931 | 毛皮鞣制加工 | 河南驻马店、商丘、开封、周口<br>山东菏泽、济南、烟台<br>广西北海，四川乐山，辽宁营口<br>广东惠州、江门、杭州、珠海、东莞<br>河北沧州，浙江湖州，甘肃兰州 | 河南焦作、开封、驻马店、周口<br>山东德州、菏泽、威海、烟台、临沂<br>黑龙江大庆<br>河北沧州，浙江嘉兴 |
| 1932 | 毛皮服装加工 | 广东揭阳、广州<br>山东青岛，河南焦作、许昌<br>辽宁辽阳、沈阳、葫芦岛、大连<br>河北衡水、邢台、沧州，河南商丘<br>上海，北京，天津<br>江苏扬州、南京，浙江宁波<br>内蒙古巴彦淖尔 | 广东佛山<br>山东菏泽、临沂、济宁<br>辽宁沈阳、辽阳<br>河北沧州、邢台<br>北京<br>江苏扬州，浙江嘉兴、宁波、湖州<br>甘肃兰州 |
| 1939 | 其他毛皮制品加工 | 江苏苏州、无锡、南京<br>河南焦作、新乡<br>河北沧州、保定、张家口<br>福建福州<br>天津，广东惠州、东莞 | 江苏无锡，山东青岛<br>河南焦作、驻马店<br>河北衡水<br>浙江嘉兴<br>内蒙古赤峰 |
| 1941 | 羽毛（绒）加工 | 浙江绍兴、杭州<br>江苏南京、扬州<br>广东湛江、茂名、佛山<br>山东青岛<br>安徽六安<br>四川成都，重庆<br>福建福州，宁夏银川 | 浙江杭州<br>江苏扬州、淮安、镇江、南京<br>广东湛江<br>河南濮阳、漯河，江西宜春<br>安徽六安、安庆、巢湖<br>四川内江、成都，重庆<br>广西贵港 |
| 1942 | 羽毛（绒）制品加工 | 浙江杭州、绍兴、嘉兴，广东江门<br>江苏苏州、南京、扬州、盐城<br>江西九江，安徽安庆<br>河北邯郸，湖北武汉 | 浙江杭州、嘉兴、绍兴，广东佛山<br>江苏扬州、苏州、南京、上海<br>安徽六安、安庆、巢湖、滁州<br>山东德州、威海，河北石家庄<br>河南濮阳，四川内江 |
| 19 | 皮革毛皮、羽毛（绒）及其制品业 | 浙江温州、杭州、嘉兴、台州<br>广东广州、佛山、江门、深圳、肇庆、中山、东莞<br>山东青岛、威海<br>河北石家庄<br>福建福州、莆田、泉州<br>上海，天津<br>江苏苏州、南京、盐城<br>河南周口 | 浙江温州、嘉兴、杭州、台州<br>广东东莞、东莞、广州、佛山、中山、清远、深圳<br>河北石家庄<br>山东青岛、威海、滨州<br>福建泉州、莆田、福州<br>上海，四川成都<br>江苏扬州、苏州<br>河南周口、焦作 |

（2）细分行业产业中心变化差异明显，见表 6-8。纺织服装制造（1810）产业中心数量及所在地区在 2001～2009 年变化不明显，湖北武汉和北京退出，山东三地市和辽宁大连进入产业中心行列。纺织面料鞋的制造（1820）产业中心变化相对显著，有从东部的浙江和江苏向中、西部和东北地区转移的趋势，如温州和苏州分别由前两位产业中心到退出产业中心行列，辽宁沈阳则升至首

位；四川乐山从无到有，河南驻马店和洛阳等地市发展迅速。制帽（1830）产业中心及历年份额变化较显著，存在东部沿海地区内部转移的特征，尽管上海、广州、江苏仍属于产业中心，但份额在快速下降，反之是山东青岛，江苏的南通、淮安、扬州、镇江、泰州和河北石家庄等地市份额的快速上升；青海西宁从无到有，2009年份额达到2.07%。

## （三）皮革、毛皮、羽毛（绒）及其制品业

### 1. 皮革、毛皮、羽毛（绒）及其制品业的产业中心变化显著

泉州取代温州成为首位城市。浙江温州由2001年和2005年的首位降至2009年的第二位，福建泉州发展迅速，2009年跃迁至首位城市。四川成都、广东清远、河南焦作、江苏扬州发展加快，地位不断增强。浙江台州、山东威海、江苏苏州和南京、广东江门和肇庆，不断退出中心城市的行列。

### 2. 各细分行业产业中心的变化差异相对明显（表6-8）

第一，产业中心变化非常显著的行业主要有：皮鞋制造，皮箱、包（袋）制造，毛皮鞣制加工，毛皮服装加工，以及羽毛（绒）加工。

（1）空间大尺度转移类型。具有明显从东部向中、西部转移特征的是羽毛（绒）加工。具体来说，羽毛（绒）加工（1941）中心从浙江和广东的多个地市向安徽六安、安庆和巢湖，四川内江，河南濮阳和漯河，江西宜春和广西贵港等地市转移。

（2）临近转移类型。具有明显临近转移特征的是皮箱、包（袋）制造和毛皮服装加工。皮箱、包（袋）制造（1923）产业中心的省内转移主要发生在广东省内，其次是山东境内；上海和广州的份额有明显下滑，周边地市的份额却在显著上升。毛皮服装加工（1932）产业中心的临近转移主要发生在广东、山东、河南和辽宁境内；迅猛发展的是河北沧州，2009年占全国的37.99%。

（3）更加集中类型。生产变得更加集中的是皮鞋制造和毛皮鞣制加工。具体来说，皮鞋制造（1921）产业2009年24.49%的产值都来自福建泉州；山东青岛、福建福州和广东广州尽管依然是产业中心，但份额已明显下滑。毛皮鞣制加工（1931）产业中心在2001~2009年变化极为显著，河南已成为该行业的重点生产大省，焦作在2009年的份额高达44.53%；其次，山东境内的不发达地市也有较大发展；广西北海、辽宁营口、甘肃兰州全部退出，近乎停产。

第二，产业中心变化比较明显的行业主要有：皮革鞣制加工，其他皮革制品制造，其他毛皮制品加工，以及羽毛（绒）制品加工。

（1）空间大尺度转移类型。具有从东部向中、西部地区转移趋向的是其他

皮革制品制造和其他毛皮制品加工。具体来说，其他皮革制品制造（1929）产业中心由广东和江苏多地市向四川成都、广西玉林等地市转移；同时，上海市的份额却大大上升，成为2009年的首位中心。其他毛皮制品加工（1939）首位产业中心则由江苏、福建、河北向内蒙古通辽和赤峰、河南焦作和商丘等地市转移。

（2）临近转移类型。具有临近转移特征的是皮革鞣制加工和其他皮革制品制造。具体来说，皮革鞣制加工（1910）产业中心由天津转移到河北石家庄、沧州，由山东青岛转移到滨州及临近的河南商丘，由广州转移到惠州。

（3）更加集中类型。生产变得更加集中的是羽毛（绒）制品加工。具体来说，羽毛（绒）制品加工（1942）产业中心数量在2001～2009年有所增加，浙江杭州一直是首位产业中心，占全国的份额由25.26%增加到30.90%；上海、山东德州和威海、河南濮阳、四川内江等发展迅速。

第三，产业中心变化不明显的行业是皮革服装制造（1922），2001年21.36%、18.74%和15.59%的产值集中在河北石家庄、浙江嘉兴和杭州，2009年38.07%和14.67%的产值集中在河北石家庄和浙江嘉兴，如图6-5所示。

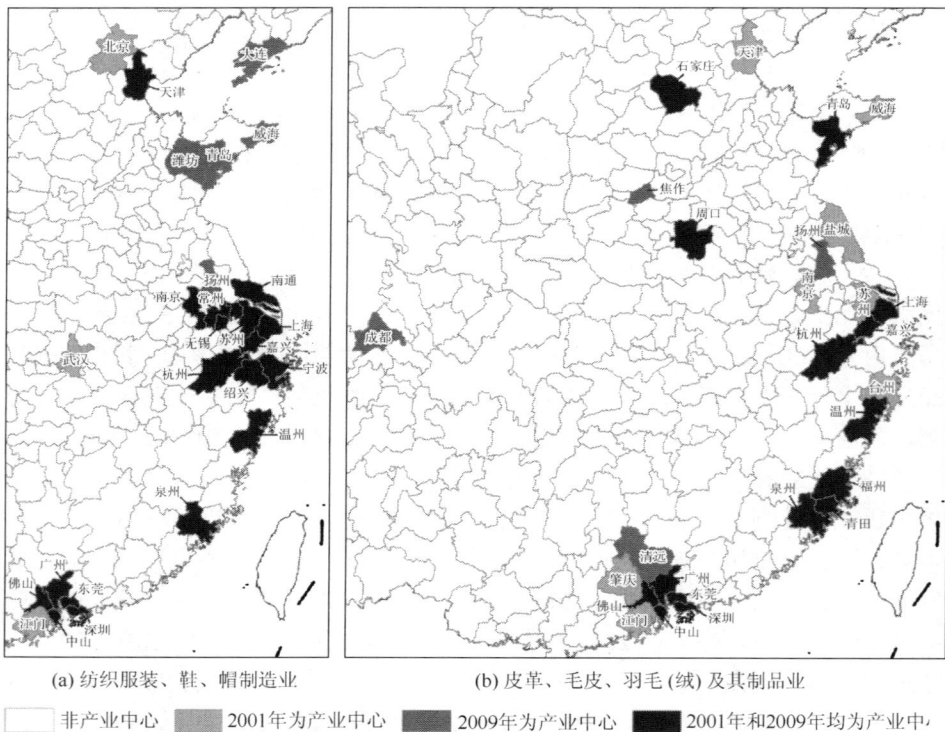

(a) 纺织服装、鞋、帽制造业　　　　　(b) 皮革、毛皮、羽毛（绒）及其制品业

☐ 非产业中心　▨ 2001年为产业中心　▨ 2009年为产业中心　■ 2001年和2009年均为产业中心

图6-5　纺织服装、鞋、帽制造业和皮革、毛皮、羽毛（绒）及其制品业的区域
分布变化示意图

## 二、纺织服装业在地市尺度上的空间集聚分析

在对纺织服装业的空间集聚测度进行研究时，使用基尼系数来表征纺织服装产业分布的空间特征，从而揭示产业转移对该行业空间集聚的影响。

### （一）空间集聚的测度方法

基尼系数起初用来评价社会收入分配的公平均等程度，之后被诸多学者用于衡量各种变量之间的不均等问题（张琳等，2012），后来用于定量测度产业分布的集聚程度或产业的专业化程度（Krugman，1991；梁琦，2004；林秀丽，2010）。科拉多·基尼（Corrado. Gini）在 1921 年给出了基尼指数（约翰·伊特维尔等，1996）的表达式，公式如下：

$$G = \frac{1}{2\mu} \sum_{j=1}^{n} \sum_{i=1}^{n} |x_j - x_i| / n(n-1) \tag{6-5}$$

式中，$\mu$ 为均值；$|x_j - x_i|$ 为一对样本的收入差的绝对值；$n$ 为样本数量。

后来，式（6-5）有了诸多变形和改进。总体来看，区位基尼系数主要分为绝对区位基尼系数（文玫，2004；贺灿飞和谢秀珍，2006）和相对区位基尼系数（Amiti，1999；梁琦，2003；Bai et al.，2004），两者的区别在于前者给予每个地区同样的比重，而后者赋予总产业规模较小地区以更大的比重。在度量产业集聚时，相对区位基尼系数不一定是一个最好的选择，因为规模较大产业的该值往往越低；绝对区位基尼系数也并非全无道理（蒲业潇，2011）。在综合考察纺织服装产业的区域分布和计算后，使用绝对区位基尼系数与我们平时对产业集聚的一般认识更为一致，因此，这里使用绝对区位基尼系数，来阐明纺织服装产业在全国各地市间的集聚程度，以此来衡量和分析该产业工业总产值的区际分布差异，公式如下：

$$G^s = \frac{1}{2(n-1)} \sum_{i=1}^{n} \sum_{j=1}^{n} |x_i^s - x_j^s| \tag{6-6}$$

式中，$x_i^s$ 和 $x_j^s$ 分别为地区 $i$ 和 $j$ 的 $s$ 产业在全国所占的比重；$G^s \in [0,1]$。

### （二）纺织服装业的空间集聚分析

本节计算了全国 31 个省市（不包括香港、澳门和台湾）的 343 个地市之间的纺织服装产业的 3 个两位数产业和 33 个四位数产业的区位基尼系数（表 6-9～表 6-11）。总体来看，纺织服装业是我国相对非常集中的行业，尤其

21 世纪以来，随着纺织技术的提高和产业竞争的增强，纺织服装企业工业总产值的 65%以上主要集中在粤、鲁和江浙一带的地市间。在 2001~2009 年，除了棉、化纤纺织加工业，各行业区位基尼系数都非常大，均在 0.8 以上，与现状非常吻合。同时，尽管基尼系数变动幅度不大，但整体上呈现下降的趋势。区位基尼系数的下降，说明该产业分布的空间集聚程度在逐渐降低，集聚和地方化趋势也开始有所下降。

表 6-9　纺织服装产业的年度区位基尼系数

| 行业代码 | 行业名称 | 2001 年 | 2009 年 | 变化值 |
|---|---|---|---|---|
| C17 | 纺织业 | 0.8025 | 0.8123 | 0.0098 |
| 1711 | 棉、化纤纺织加工 | 0.7705 | 0.8388 | 0.0683 |
| 1712 | 棉、化纤印染精加工 | 0.9075 | 0.9166 | 0.0091 |
| 1721 | 毛条加工 | 0.9693 | 0.9515 | −0.0178 |
| 1722 | 毛纺织 | 0.9211 | 0.9297 | 0.0086 |
| 1723 | 毛染整精加工 | 0.9754 | 0.9599 | −0.0155 |
| 1730 | 麻纺织 | 0.9116 | 0.9182 | 0.0066 |
| 1741 | 缫丝加工 | 0.9182 | 0.9031 | −0.0151 |
| 1742 | 绢纺和丝织加工 | 0.9752 | 0.9709 | −0.0043 |
| 1743 | 丝印染精加工 | 0.9890 | 0.9748 | −0.0142 |
| 1751 | 棉及化纤制品制造 | 0.8914 | 0.8880 | −0.0034 |
| 1752 | 毛制品制造 | 0.9668 | 0.9288 | −0.038 |
| 1753 | 麻制品制造 | 0.9571 | 0.9539 | −0.0032 |
| 1754 | 丝制品制造 | 0.9536 | 0.9582 | 0.0046 |
| 1755 | 绳、索、缆的制造 | 0.9584 | 0.9376 | −0.0208 |
| 1756 | 纺织带和帘子布制造 | 0.9529 | 0.9439 | −0.009 |
| 1759 | 其他纺织制成品制造 | 0.9096 | 0.8688 | −0.0408 |
| 1761 | 棉、化纤针织品及编织品制造 | 0.9079 | 0.9097 | 0.0018 |
| 1762 | 毛针织品及编织品制造 | 0.9134 | 0.8833 | −0.0301 |
| 1763 | 丝针织品及编织品制造 | 0.9608 | 0.9523 | −0.0085 |
| 1769 | 其他针织品及编织品制造 | 0.9421 | 0.9229 | −0.0192 |

表 6-10　纺织服装、鞋、帽制造业的区位基尼系数

| 行业代码 | 行业名称 | 2001 年 | 2009 年 | 变化值 |
|---|---|---|---|---|
| C18 | 纺织服装、鞋、帽制造业 | 0.8817 | 0.8433 | −0.0384 |
| 1810 | 纺织服装制造 | 0.8866 | 0.8473 | −0.0393 |
| 1820 | 纺织面料鞋的制造 | 0.9303 | 0.9071 | −0.0232 |
| 1830 | 制帽 | 0.9555 | 0.9489 | −0.0066 |

表 6-11  皮革、毛皮、羽毛（绒）及其制品业的区位基尼系数

| 行业代码 | 行业名称 | 2001 年 | 2009 年 | 变化值 |
|---|---|---|---|---|
| C19 | 皮革、毛皮、羽毛（绒）及其制品业 | 0.8827 | 0.8699 | −0.0128 |
| 1910 | 皮革鞣制加工 | 0.9165 | 0.9151 | −0.0014 |
| 1921 | 皮鞋制造 | 0.9451 | 0.9401 | −0.005 |
| 1922 | 皮革服装制造 | 0.9523 | 0.9645 | 0.0122 |
| 1923 | 皮箱、包（袋）制造 | 0.9407 | 0.9209 | −0.0198 |
| 1929 | 其他皮革制品制造 | 0.9396 | 0.8915 | −0.0481 |
| 1931 | 毛皮鞣制加工 | 0.9595 | 0.9701 | 0.0106 |
| 1932 | 毛皮服装加工 | 0.9560 | 0.9682 | 0.0122 |
| 1939 | 其他毛皮制品加工 | 0.9636 | 0.9652 | 0.0016 |
| 1941 | 羽毛（绒）加工 | 0.9612 | 0.9424 | −0.0188 |
| 1942 | 羽毛（绒）制品加工 | 0.9431 | 0.9456 | 0.0025 |

1. 纺织业

由表 6-9 可以看出，纺织业整体上是趋于集中布局的，但其子行业的布局变化差异较大。2001 年纺织业中分布最为集中的行业是丝印染精加工，区位基尼系数高达 0.989，其次是毛染整精加工，绢纺和丝织加工，毛条加工，丝针织品及编织品制造，绳、索、缆的制造业，麻制品制造，丝制品制造，以及纺织带和帘子布制造。2009 年，分布最为集中的行业依然是丝印染精加工，区位基尼系数为 0.9748，其次是绢纺和丝织加工，毛染整精加工，丝制品制造，麻制品制造，丝针织品及编织品制造，以及毛条加工等，而且其分布的地市也是十分明显的，如福建泉州占有丝制品制造业的 42.56% 和丝针织品及编织品制造业的 26.33%，内蒙古巴彦淖尔占有毛染整精加工业的 22.40%，江苏苏州占有绢纺和丝织加工业的 35.34%、丝印染精加工业的 40.70% 和纺织带和帘子布制造业的 22.11%，山东滨州占绳、索、缆的制造业的 20.00%。

2001～2009 年，区位基尼系数变小、在空间上分布趋于分散相对明显的产业依次有其他纺织制成品制造，毛制品制造，毛针织品及编织品制造，绳、索、缆的制造，其他针织品及编织品制造，毛条加工，毛染整精加工，缫丝加工，丝印染精加工；区位基尼系数变化幅度小于 0.001 的有纺织带和帘子布制造，丝针织品及编织品制造，绢纺和丝织加工，棉及化纤制品制造，麻制品制造。区位基尼系数变大、在空间分布上趋于集聚最为显著的产业是棉、化纤纺织加工，其他产业的区位基尼系数变化幅度均小于 0.001，包括棉、化纤印染精加工，毛纺织，麻纺织，丝制品制造，棉、化纤针织品及编织品制造。

## 2. 纺织服装、鞋、帽制造业

由表 6-10 可以看出，2001～2009 年，纺织服装、鞋、帽制造业及其子行业的区位基尼系数在变小，其在空间上趋于分散布局。分散趋势最为明显的是纺织服装制造，其次是纺织面料鞋的制造和制帽。三行业中，制帽行业是分布最为集中的产业，区位基尼系数在 2001 年和 2009 年分别为 0.9555 和 0.9489，2001 年 12.85%、9.86% 和 9.47% 的工业总产值集中在上海、广州和江苏苏州，2009 年 17.96% 和 12.01% 的工业总产值集中在山东青岛和江苏扬州。纺织面料鞋的制造在 2009 年 17.96% 和 12.01% 的工业总产值也集中在山东青岛和江苏扬州。

## 3. 皮革、毛皮、羽毛（绒）及其制品业

由表 6-11 可以看出，皮革、毛皮、羽毛（绒）及其制品业整体上是趋于分散布局的，但其子行业的变化差异相对较大。2001 年分布最为集中的行业是其他毛皮制品加工，其区位基尼系数是 0.9636，如 20.73%、11.50%、10.87% 和 10.69% 的工业总产值分布在江苏苏州、河南焦作、福建福州和河北沧州；其次是羽毛（绒）加工、毛皮鞣制加工、毛皮服装加工、皮革服装加工等。2009 年分布最为集中的行业是毛皮鞣制加工，其区位基尼系数是 0.9701，如 44.52% 的工业总产值布局在河南焦作；其次是毛皮服装加工、其他毛皮制品加工、皮革服装制造等。

2001～2009 年，区位基尼系数变小、在空间上分布趋于分散的产业依次有其他皮革制品制造，皮箱、包（袋）制造，羽毛（绒）加工，皮鞋制造，皮革鞣制加工；区位基尼系数变大、在空间分布上趋于集聚的产业依次有皮革服装制造，毛皮服装加工，毛皮鞣制加工，羽毛（绒）制品加工，其他毛皮制品加工。

因此，总体来看，2001～2009 年，纺织服装业的众多行业在空间上呈现出不断分散的趋势。区位基尼系数的下降，说明该产业分布的空间集聚程度在逐渐降低，集聚和地方化趋势也开始有所下降。除了资源禀赋，产业空间集聚程度还会受到运输成本、规模经济、地方化需求、生产外部性和市场等因素的影响，产业转移也会带来产业空间分布的分散化和一定程度上的均质化。随着中国市场经济的发展和纺织服装产业的竞争加剧，以上因素对于产业的空间集聚程度的影响将越来越显著。同时，随着大众生活水平的提高，人们对于服装需求和个性化需求将越来越强，厂商会根据市场需求而进行重新定位，市场容易形成新的分割和布局，纺织服装生产的集中度就不会太高了。

## 三、纺织服装业区域转移对空间集聚的影响

一般来说，产业转移中伴随着劳动力、资本、生产设施、技术等资源的迁移或流动，是一个资源流动与优化配置的过程。产业集聚是相同或相似产业在某些地区聚集，形成强大的产业竞争优势。因此，两者之间存在着密切的联系，彼此间相互促进，形成良好循环往复。首先，产业集聚影响产业转移。研究表明，产业集聚产生的经济效应，如知识外溢、市场接近与共享等，会吸引更多的同类企业、上下游企业或相关企业在此布局；有利于吸引更多的高素质人口，缓解产业转移中出现的用工难题（万三敏，2011）。其次，产业转移会促进承接地的产业集聚。随着大批项目产业和工程向承接地转移，会在产业承接地形成经济累积效应，进而提高其产业集聚度（江雯，2013），当然，政府的引导也会带来产业的分散布局，降低产业集聚度。

本节主要从产业转移和产业集聚的形成的最终结果进行指标测度，可以发现，纺织业，纺织服装、鞋、帽制造业，以及皮革、毛皮、羽毛（绒）及其制品业的确存在产业转移，且对产业集聚的发展具有重要的影响作用。

对于纺织业来说，产业转移会带来显著空间集聚的行业主要有棉、化纤纺织加工；产业转移会带来显著空间分散布局的行业有其他纺织制成品制造，毛制品制造，毛针织品及编织品制造，绳、索、缆的制造，其他针织品及编织品制造，毛条加工，毛染整精加工，缫丝加工；产业转移和空间集聚程度均不明显的是绢纺和丝织加工，棉及化纤制品制造。

对于纺织服装、鞋、帽制造业来说，产业转移特征变化不明显但却带来产业显著分散布局的行业是纺织服装制造，产业转移特征相对明显也带来相对显著的空间分散的行业是纺织面料鞋的制造，产业转移特征显著但产业依旧处于高度集中布局的行业是制帽业。

对于皮革、毛皮、羽毛（绒）及其制品业来说，产业转移特征明显且带来空间布局分散的行业有皮鞋制造，皮箱、包（袋）制造，皮革鞣制加工，其他皮革制品制造；产业转移特征明显且带来空间布局集聚的行业有毛皮鞣制加工，毛皮服装加工，羽毛（绒）加工，羽毛（绒）制品加工；产业转移特征不太明显但也促进产业集中布局的行业有皮革服装制造。

与其他的制造业行业（汪彩君，2011）相比，纺织业，纺织服装、鞋、帽制造业，以及皮革、毛皮、羽毛（绒）及其制品业的区位基尼系数（均大于0.8）非常高，因此存在过度集聚的现象。同时，集聚的地区主要在江苏、浙江、广东、山东、福建等这些经济比较发达的沿海省份及其地市。

从分析的结果和数据来看，区位基尼系数的整体下降态势，反映了产业转移在逐渐进行，也就是说，由于产业转移的发生，才会带动纺织服装业各个行

业总体空间集聚程度的下降。从地市层面来看，既存在东部沿海省份内部从发达地市向周边不发达地市的转移，也存在向中、西部和东北地区经济发展基础较好、软硬件设施相对完备的地市转移的趋势。

## 四、小结

本节在对产业转移进行定义的基础上，总结出纺织服装业产业转移的主要特征和趋势；利用空间统计和自相关分析等方法对纺织服装业区域转移带来的空间集聚状况进行了研究，主要有以下重要结论。

第一，2001～2009 年，中国纺织服装产业的空间集聚程度呈现出下降的趋势，产业发展中心尽管有所变化，但主要仍集中于东部地市和部分中部地市。从分析结果来看，中国纺织服装业的确在发生着产业转移，主要发生在山东和江浙一带的省内地市间的转移，并逐步向河南、安徽、江西等中部地区的部分地市转移，事实上，这主要是我国地方政府的行政命令和地方保护主义造成的；资源环境、政策扶持、交通优势等生产要素均对纺织服装业区域转移的方向和区位选择产生重要影响；产业互动性强的产业具有空间布局临近性，但总体上仍存在一定的空间分异性。

第二，本节在进行空间统计的基础上，借用区位基尼系数进行产业空间集聚程度的分析，为合理引导纺织服装业的区域转移提供了翔实可靠的资料和依据。该方法还可以为产业转移的动态研究提供一种简便实用的研究模式，启发新的研究方法的出现。

第三，产业转移并不必然带来产业的空间集聚，也会带来产业的分散布局。在中国当今经济发展过程中，政府通过出台对产业转移的各种规划和优惠政策加以引导和调控，会弱化市场机制对产业转移的引领作用，带来产业转移的非自然运行。

## 参 考 文 献

彼得·迪肯. 2007. 全球性转变——重塑 21 世纪的全球经济地图. 刘卫东译. 北京：商务印书馆.

常亚平. 2005. 中国纺织产业分析与发展战略. 北京：中国纺织出版社.

陈建军. 2002. 中国现阶段的产业区域转移及其动力机制. 中国工业经济，(8): 37-44.

陈建军. 2007. 长江三角洲地区产业结构与空间结构的演变. 浙江大学学报，(3): 93-97.

郭燕. 2007. 后配额时代的中国纺织服装业. 北京：中国纺织出版社.

贺灿飞, 谢秀珍. 2006. 中国制造业地理集中与省区专业化. 地理学报, 61 (2): 212-222.

江雯. 2013. 基于产业转移的安徽省产业集聚现状及对策研究. 上海: 上海师范大学硕士学位论文.

梁琦. 2003. 中国工业的区位基尼系数——兼论外商投资对制造业集聚的影响. 统计研究,（9）: 21-25.

梁琦. 2004. 中国制造业分工、地方专业化及其国际比较. 世界经济,（12）: 32-40.

林秀丽. 2010. 省区工业产业专业化与经济发展水平. 宏观经济研究,（7）: 35-41.

刘红光, 刘卫东, 刘志高. 2011. 区域间产业转移定量测度研究——基于区域间投入产出表分析. 中国工业经济,（6）: 79-88.

蒲业潇. 2011. 理解区位基尼系数: 局限性与基准分布的选择. 统计研究, 28（9）: 101-109.

宋磊. 2008. 中国版模块化陷阱的起源、形态与企业能力的持续提升. 学术月刊,（2）: 88-93.

万三敏. 2011. 基于产业集聚度演变的河南省承接产业转移研究. 地理与地理信息科学, 27（5）: 59-62.

汪彩君. 2011. 过度集聚、要素拥挤与产业转移研究. 杭州: 浙江工业大学博士学位论文.

王业强, 魏后凯, 蒋媛媛. 2009. 中国制造业区位变迁: 结构效应与空间效应——对"克鲁格曼假说"的检验. 中国工业经济,（7）: 44-55.

魏后凯, 白玫, 王业强, 等. 2010. 中国区域经济的微观透析——企业迁移的视角. 北京: 经济管理出版社.

文玫. 2004. 中国工业在区域上的重新定位和聚集. 经济研究,（2）: 84-94.

吴爱芝, 李国平, 孙铁山. 2013. 中国纺织服装产业的区位迁移. 地理科学进展,（02）: 233-242.

吴爱芝, 孙铁山, 李国平. 2013. 中国纺织服装产业的空间集聚与区域转移. 地理学报,（06）: 775-790.

吴继英, 赵喜仓. 2009. 偏离-份额分析法空间模型及其应用. 统计研究, 26（4）: 73-79.

武力. 2006. 新中国工业化起步阶段的国有经济. 学术月刊,（6）: 126-127.

徐清华. 2003. 中国纺织服装业的发展趋势. 企业研究,（8）: 48-49.

杨开忠. 1993. 迈向空间一体化——中国市场经济与区域发展战略. 成都: 四川人民出版社.

叶勇. 2008-06-16. 越南危机将延缓我纺织业转移速度, 上海证券报, 第2版.

袁晓玲, 张宝山, 杨万平. 2008. 动态偏离-份额分析法在区域经济中的应用. 经济经纬,（1）: 55-58.

袁欣, 许楠. 2010. 我国纺织服装业发展历程与现状分析. 经济研究导刊,（14）: 25-26.

约翰·伊特维尔, 默里·米尔盖特, 彼得·纽曼. 1996. 新帕雷格拉夫经济学辞典（第二卷）. 北京: 经济科学出版社.

张琳, 陈逸, 张群, 等. 2012. 基于基尼系数的耕地保有量分配优化模型. 经济地理, 32（6）: 132-137.

张曼. 2006. 福建省纺织业发展现状与展望. 纺织服装周刊,（29）: 17.

中国社会科学院工业经济研究所. 2008. 中国工业发展报告. 北京: 经济管理出版社.

中国社会科学院工业经济研究所. 2009. 中国工业发展报告. 北京: 经济管理出版社.

中华人民共和国国家统计局. 2013. 中国统计年鉴 2013. 北京: 中国统计出版社.

《中国对外经济贸易年鉴》编辑委员会. 2001. 中国对外经济贸易年鉴 2000. 北京: 中国对外经济贸易出版社.

《中国纺织工业年鉴》编辑委员会. 1986. 中国纺织工业年鉴 1984~1985. 北京: 纺织工业出版社.

《中国纺织工业年鉴》编辑委员会. 1988. 中国纺织工业年鉴 1986~1987. 北京: 纺织工业出版社.

《中国纺织工业年鉴》编辑委员会. 2000. 中国纺织工业年鉴 1997~1999. 北京: 纺织工业出版社.

《中国纺织工业年鉴》编辑委员会. 2001. 中国纺织工业年鉴 2000. 北京: 纺织工业出版社.

《中国农业年鉴》编辑委员会. 1981. 中国农业年鉴 1980. 北京: 农业出版社.

《中国农业年鉴》编辑委员会. 1985. 中国农业年鉴 1985. 北京: 农业出版社.

Amiti M. 1999. Specialization patterns in Europe. Weltwirtschaftliches Archive, 135（4）: 573-593.

Bai C E, Du Y J, Tao Z G, et al. 2004. Local protectionism and regional specialization: evidence from China's industries. Journal of International Economics, 63（2）: 397-417.

Dinc M，Haynes K E，Qiangsheng L. 1998. A comparative evaluation of shift-share models and their extensions. Australasian Journal of Regional Studies. (4)：275-302.

Ellison G，Glaeser E L. 1997. Geographic concentration in U.S. manufacturing industry：a dartboard approach. Journal of Political Economy，105（5）：889-927.

Esteban-Marquillas J M. 1972. A Reinterpretation of shift and share analysis. Regional and Urban Economics，2（3）：249-261.

Gereffi G. 1999. International trade and industrial upgrading in the apparel commodity chain. Journal of International Economics，48：37-70.

Grace I K，Myrna B G. 2011. Going Global：the Textile and Apparel Industry. London：Fairchild Books.

Karlsson C. 1999. Spatial industrial dynamics in Sweden urban growth industries. Growth and Change,（Spring）：184-212.

Kitty G D，Judith H. 1999. Textile and Apparel in the Global Economy. Merrill：An Imprint of Prentice Hall.

Krugman P. 1991. Geography and Trade. Cambridge M. A.：MIT Press.

Krugman P. 1993. First nature，second nature and metropolitan location. Journal of Regional Science，(33)：129-144.

Leo van W，Veronique S. 2005. Geographical scale and the role of firm migration in spatial economic dynamics. Amaterdam：Paper for the 45th ERSA congress.

Pellenbarg P H. 2005. Firm migration in the Netherlands. Amsterdam：Paper for the 45th ERSA congress.

Robert Q H，Shawn B. 2000. Shift-share analysis and changes in Japanese manufacturing employment. Growth and Change，31（Winter）：108-123.

Yamagata T. 2007. Prospects for Development of the Garment Industry in Developing Countries：What has Happened since the MFA Phase-out?. Paper for the seminar "Asia's Clothing Industry at a Crossroads Amid Intensified Global Competition" held by the Institute of Developing Economics（IDE），5.13.

# 第七章
# 中国汽车制造业的区域转移
# 与空间集聚①

　　汽车制造业被称为"产业中的产业"（the industry of industries），是公认的能够带动整个国民经济迅速发展的引擎行业。无论是发达国家还是发展中国家，汽车制造业对国家经济总体及相关产业都有极大的支撑和带动作用，因此，汽车制造业的发展水平也被视为衡量一国工业经济发展水平的标志。自 2001 年加入 WTO 以来，中国汽车制造业实现了突破性发展，行业整体竞争力和技术管理水平都有了极大提高，并且从 2009 年开始连续成为世界汽车产销量第一大国。加之国际大牌汽车企业的进驻与整合，使得原先分散的汽车制造业空间布局发生了一定程度的变化，近年来初步形成了在沿长江流域、珠江三角洲、京津地区、东北地区、华中地区和西南地区的产业集聚和转移（胡安生和冯夏勇，2004；黄水灵，2004）。

　　本章以国家统计局《中国工业企业数据库》及历年《中国汽车工业年鉴》等相关数据和资料为基础，对近十年来我国汽车制造业的空间分布进行直观描述，动态展示该产业在区域间的转移过程，并通过对产业集中率和集聚指数的测算来评价我国汽车制造业集中与集聚程度，通过比较和分析近十年来我国汽车制造业产业空间集聚程度的变化，来观察和演绎汽车制造业的区域产业转移

---

　　① 本章部分内容已发表：赵浚竹，孙铁山，李国平. 2014. 中国汽车制造业集聚与企业区位选择. 地理学报，（06）：850-862。

对空间集聚水平的影响。为更加细致地了解汽车制造业区域转移的深层次原因，还需要对汽车制造业内部细分行业的情况进行深入剖析和挖掘，对其空间结构的变化进行动态演绎和测算，以探究汽车制造业区位变迁和演化的主导力量。最后在前期观察和评价的基础上，从企业微观区位决策原理出发构建出能够解释汽车制造业新增企业区位选择的模型，对影响目前我国汽车制造业区域转移的因素进行了估计和评价，从而进一步提出促进我国汽车制造业区域空间结构优化的对策和建议。

# 第一节　汽车制造业及细分行业的区域转移分析

产业活动在地理位置上的迁移和产业自身规模变化所带来的空间分布的变动可视为产业转移的两种空间结构变动方式（覃成林和熊雪如，2013）。对第一种空间结构变动方式的考察需要精密的实时动态跟踪信息和数据，其数据信息量之大、难度之巨使得现实操作较难实施。因此，我们主要对各区域汽车制造业自身规模及其相对份额的变化进行纵向和横向的观察和比较，以这种增量的变迁（即自身规模的前后变化）而非存量的转移方式来刻画出汽车制造业近年来空间格局的总体发展。汽车制造业（国民经济行业分类代码为 372）作为三位数行业，下属有 6 个四位数行业，研究这些行业的空间分布变化，有助于进一步解释造成我国汽车制造业区域转移的主导力量和原因。基于以上思考，下面将对我国汽车制造业及其细分行业的空间结构进行动态描述，来展示其区域间转移的情况。

## 一、汽车制造业的区域转移分析

### （一）汽车制造业发展历程

我国的汽车制造业从 1953 年第一汽车制造厂的破土动工开始，迄今已走过了 60 多个春秋。改革开放前 20 多年，中国汽车制造业在艰难曲折中发展，技术进步十分缓慢，基本上是闭门造车。1977 年我国汽车年产量仅为 10.01 万辆，1980 年为 16.90 万辆，同期的世界汽车总产量（包括乘用车和商务车）已达到 3714 万辆（1981 年）。出于战略和国民经济发展的需要，我国汽车工业的布局也伴随有一定的时代特点，20 世纪 60 年代初期已基本形成了第一汽车制造厂、南京汽车制造厂、上海汽车制造厂、济南汽车制造厂和北京汽车制造厂等五大汽车生产基地。三线建设时期，为响应"备战"和建设完整工业体系的号召，各个地方积极新建汽车制造厂，汽车企业过度进入，到 1980 年已有 2379 家汽车企业遍布我国几乎所有省区，进一步强化了我国汽车工业空间分布的分散程度，行业规模和生产能力都非常弱。全国 30 个省市（不含港澳台）除了西藏外均有汽车工业，长期的地区配套和集团配套使得零部件企业布局更为分散（张旭明等，2005），这种过度分散、市场集中度低的状况在世界汽车生产国中是绝无仅有的［图 7-1（a）］。

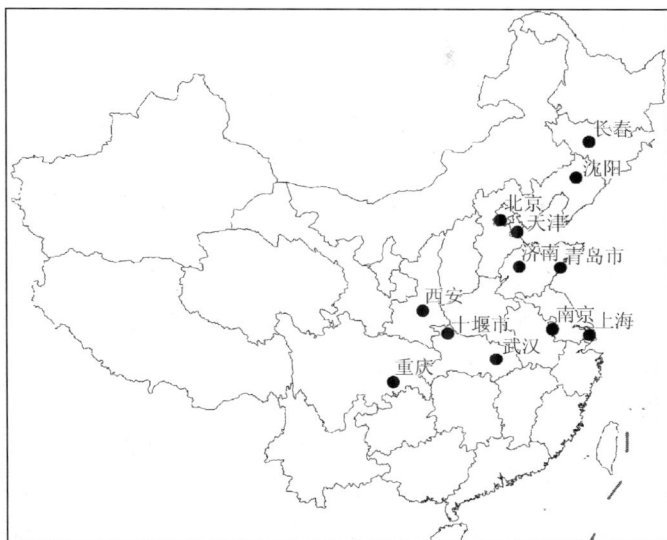

(a) 1980 年以前主要汽车制造企业所在地

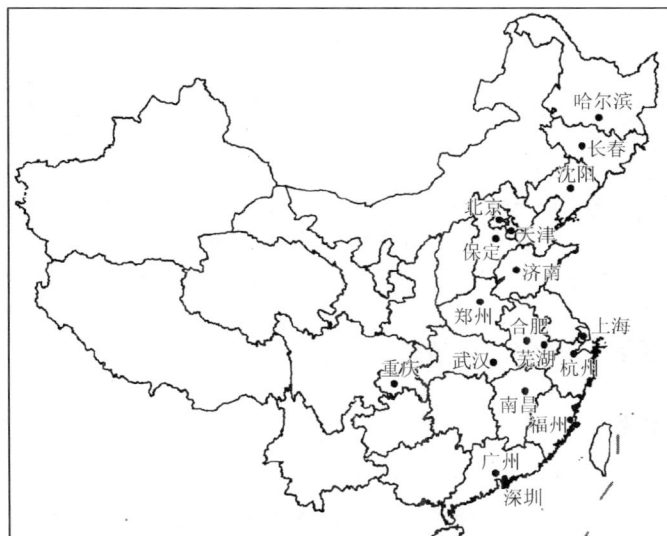

(b) 2008 年主要汽车制造企业所在地

图 7-1　1980 年和 2008 年主要汽车制造企业分布示意图

数据来源：Victor 和 Liu（2000）及《中国汽车工业年鉴（2009）》

随着改革开放的逐渐深入，中国经济迅速发展，特别是 2001 年加入 WTO 后，中国汽车生产与全球接轨，一方面不断接受发达国家的产业转移，另一方面自主创新能力也不断增强。汽车制造业成为许多地区争相发展的重要产业，2008 年全国规模以上汽车企业数量达到 12 291 个，其中 15 家主要大型企业产量达到 874 万辆，占全国产量的 95% 以上[①]，这些企业主要散布在东北、环渤海、长三角、珠三角、华中和西南等地区 [图 7-1（b）]。

## （二）研究区域及数据来源说明

受自然资源、政治、经济和历史等因素的影响，我国汽车制造业分散布局的空间布局特点依然存在，基于省级行政区单元来研究我国汽车制造业的空间分布变化恰恰符合我国汽车制造业的发展特点。由于我国区域经济差异较明显，在进一步分析中，参考大多数学者对中国区域经济分析时所应用的八大经济区划分方法（许宪春和李善同，1997；李准晔，2005；汤学兵和陈秀山，2007），将中国除港澳台以外的 31 个省（直辖市、自治区）划分为八大区域，对我国汽车制造业的空间格局变化进行分析。这八大区域为：东北地区（包括黑龙江、吉林、辽宁）、北部沿海地区（包括山东、河北、北京、天津）、东部沿海地区（包括上海市、江苏省、浙江省）、南部沿海地区（包括广东、福建、海南）、长江中游地区（包括湖南、湖北、江西、安徽）、黄河中游地区（包括陕西、河南、山西、内蒙古）、西南地区（包括广西、云南、贵州、四川、重庆）和西北地区（包括甘肃、青海、宁夏、西藏、新疆）。研究期间为 2001~2009 年，资料主要来源于 2001~2009 年国家统计局的《中国工业企业数据》规模以上工业企业数据，空间数据来自 2000 年全国省级行政区划底图。

为直观表述我国汽车制造业这些年来的变化情况，下面将对地区汽车制造业工业总产值和从业人员的时空格局变化进行分析，并计算八大区域各自份额的变化，用以反映我国汽车制造业区域转移的演变。

## （三）区域转移特征及分析

### 1. 工业总产值

从 2001 年到 2009 年，我国汽车制造业工业总产值增长了 5.33 倍（按 2000 年不变价计算），年均增长率为 23.30%。2009 年达到 29 766.28 亿元（当年价）。由图 7-2 和图 7-3 可以看出，2001 年八大区域工业总产值份额最高与

---

[①]《中国汽车工业年鉴 2009》。

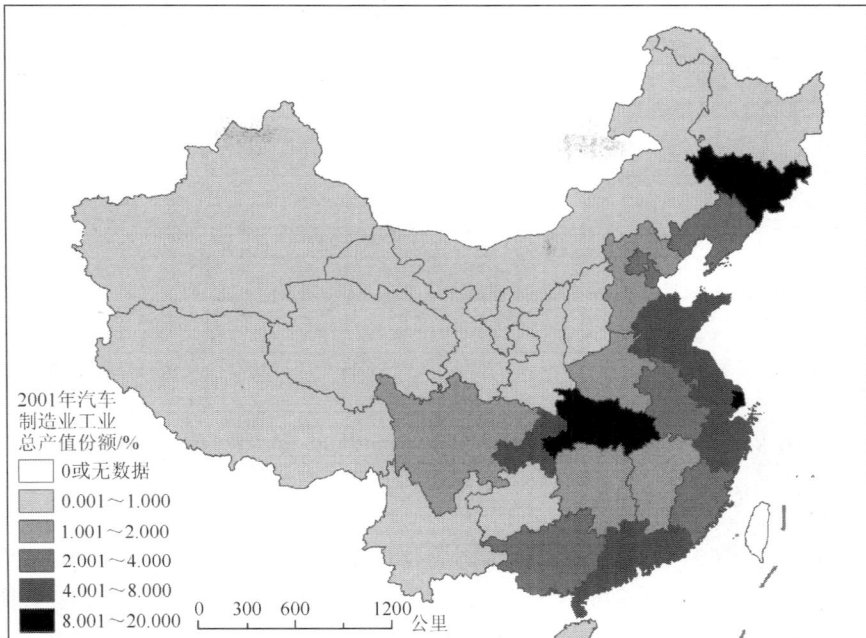

(a) 2001年

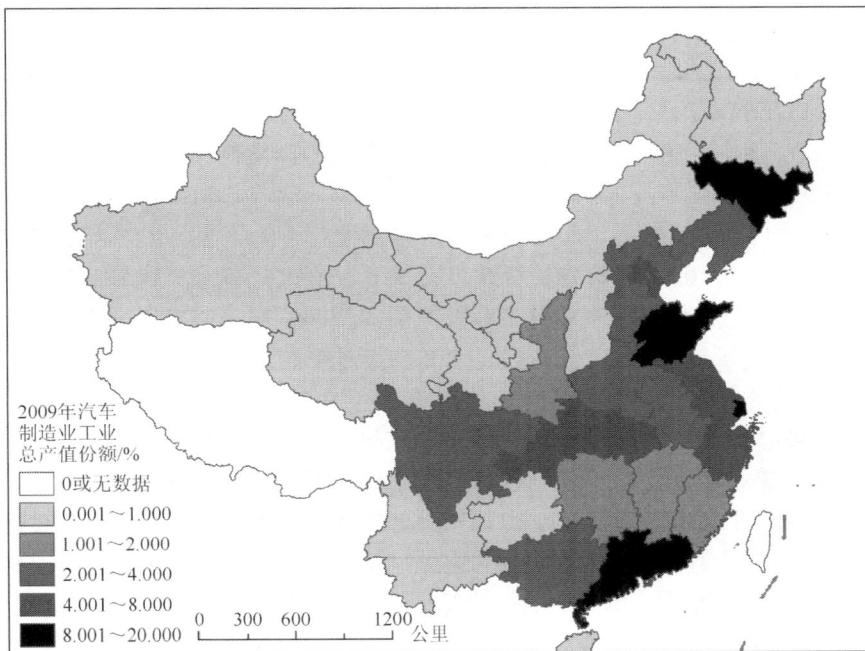

(b) 2009年

图 7-2　汽车制造业工业总产值份额分布变化示意图

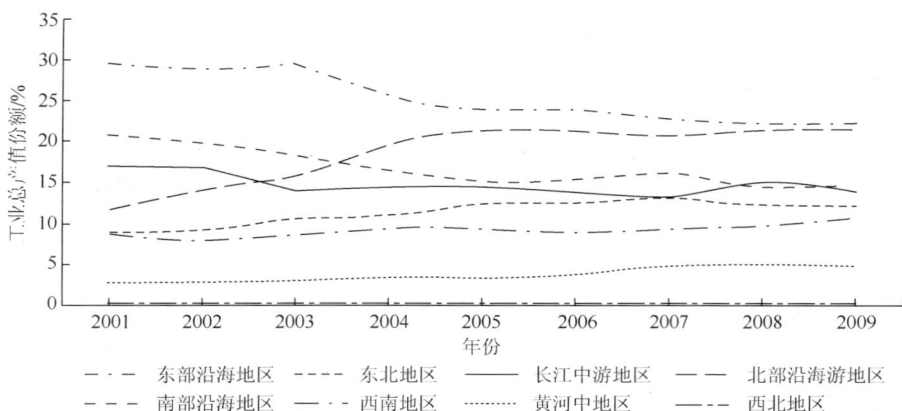

图 7-3  八大区域汽车制造业工业总产值份额变化趋势（2001～2009 年）

2004 年汽车制造业工业总产值数据缺失，使用"主营业务收入"指标代替

最低的绝对差为 29.36%，2009 年则降为将近 22%，这有可能是 2005 年开始北部沿海地区和南部沿海地区生产能力的扩张和规模化生产，使得我国汽车制造业的产值分布出现"北上南下"两大拉力，将东部沿海地区本来较为集中的产值分布向南北两向扩散，削弱了产业的空间集聚性。

北部沿海、南部沿海、西南和黄河中游地区工业总产值份额均得到了提升，2001 年四个区域的工业总产值之和占全国总产值的比重仅为 32.40%，2009 年底达到 49.09%，上涨了 16.69 个百分点，几乎占到全国汽车制造业工业总产值的一半；然而，东北、东部沿海、长江中游地区的产值份额之和的变化与上述区域的变化形成强烈反差，从 2001 年的 67.37% 下降至 2009 年的 50.93%，下降 16.54 个百分点；另外，西北地区的汽车制造业不断萎缩，2009 年占全国总产值的份额仅为 0.1%。从省级行政单元来看，原来具有绝对优势的省份产值份额在逐渐缩小，使汽车制造业工业总产值的空间格局表现出以原有集聚区为中心向其他区域扩散的特点。例如，2001 年汽车制造业工业总产值占全国该产业总产值比重超过 10% 的省（市）有上海（17.00%）、吉林（16.42%）和湖北（10.59%），至 2005 年处于此类水平的仅剩吉林（11.09%），比重处于 8%～10% 的有广东、上海、山东等三省（市），2009 年情况与 2005 年大体相当，但除广东和山东比重略有上升外，吉林和上海的产值所占份额均有不同程度的降低，湖北省的产值份额更是濒临 8% 边缘。其中上海出现的巨大变化与其近年来转变经济发展方式，调整产业结构等举措的实施有一定关系。

2. 从业人员

在涉及汽车制造业生产的所有要素中，劳动力是流动性较高的要素。以下通过汽车制造业从业人员分布的变化，来进一步说明近些年汽车制造业生产布局的改变。2001～2009 年，我国从事汽车制造业的全部从业人员年平均人数由151.96 万人增加到 307.83 万人，年均增长率为 9.22%，相比较而言，同期制造业从业人员年均人数增长率为 6.40%，第二产业从业人员年均增长 3.32%[①]。汽车制造业的迅速发展带来了显著的就业效应，2009 年年底汽车制造业从业人数占制造业从业人员总数的比重为 3.54%，相较于 2001 年上涨了 0.67 个百分点。从八大区域的分布来看，汽车制造业从业人员主要集中在东部沿海、长江中游和北部沿海地区，2009 年，此三个地区的总就业人数比重为 60.54%。此外，除长江中游地区外，南部沿海和东部沿海地区汽车制造业从业人数占全国总数的比重增幅最大，分别为 5.67 和 5.11 个百分点，其中，广东省、浙江省从业人员比重增幅最大，分别是 4.19 和 3.65 个百分点（图 7-4 和图 7-5）。

中国汽车制造业工业总产值与从业人员分布存在两类变化趋势：一类是呈逆向变化的地区，如 2009 年北部沿海和西南地区工业总产值分别占全国总量

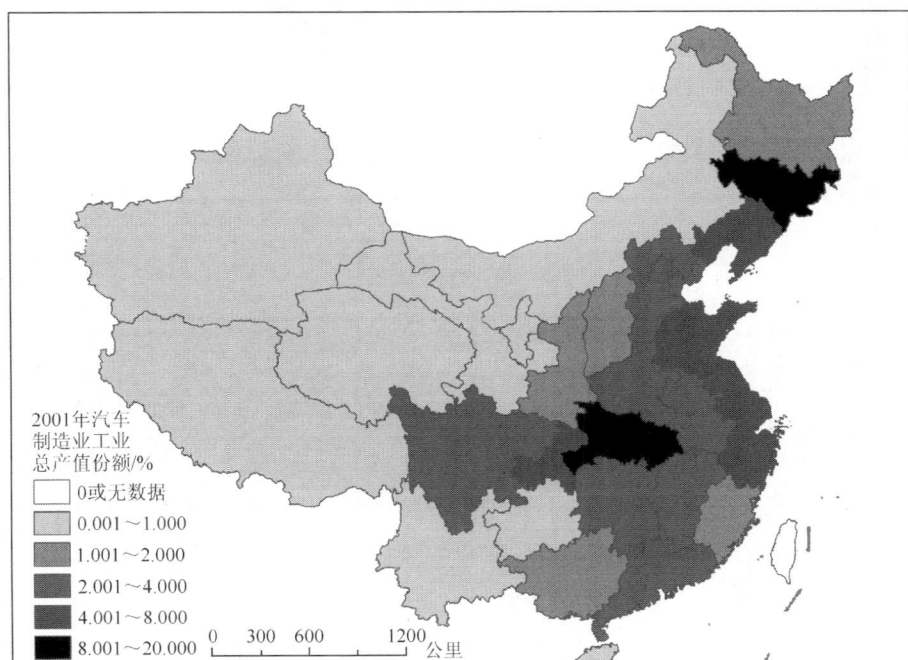

2001年汽车
制造业工业
总产值份额/%
　0或无数据
　0.001～1.000
　1.001～2.000
　2.001～4.000
　4.001～8.000
　8.001～20.000

0　　300　600　　　1200
　　　　　　　　　　公里

(a) 2001年

---

① 其中，制造业从业人数年均增长率根据《中国工业企业数据库》规模以上制造业"全部从业人员年均人数之总计"计算所得，第二产业从业人数年均增长率按照相关年份《中国统计年鉴》按三次产业分就业人员数计算。

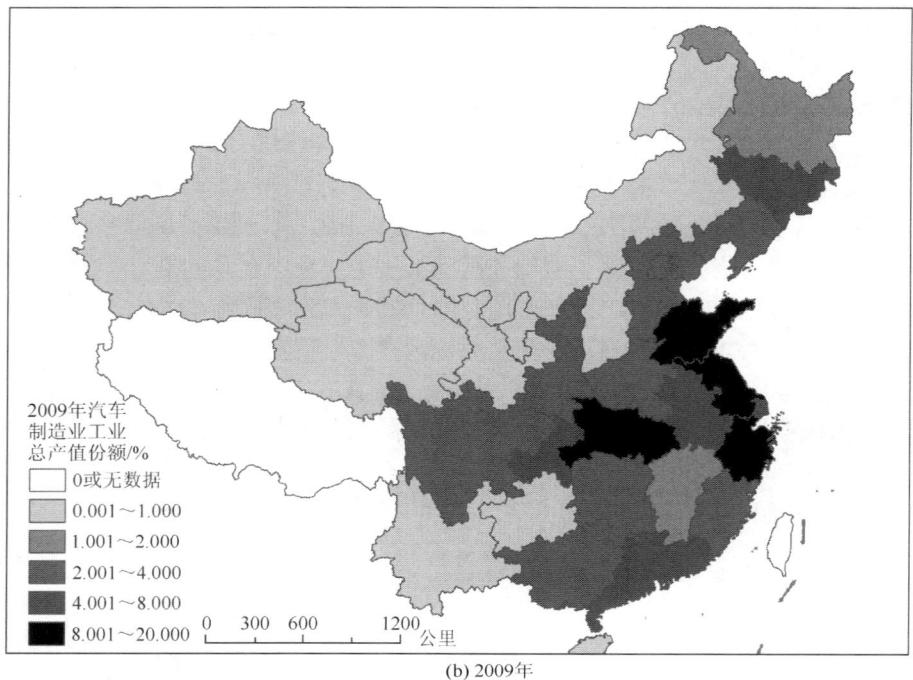

(b) 2009年

图 7-4　汽车制造业从业人数份额分布变化示意图

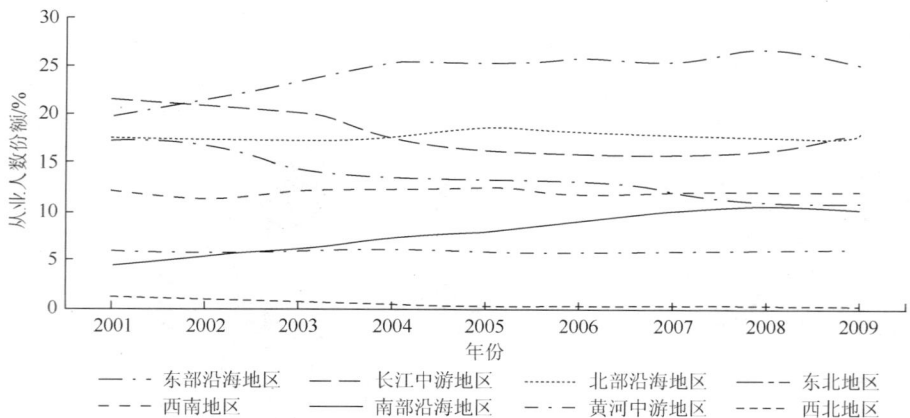

图 7-5　八大区域汽车制造业从业人数份额变化趋势（2001～2009 年）

的比重达到 21.33% 和 10.78%，分别上升了 9.48% 和 2.12%，而从业人员份额均有小幅下降，这可能源于大型企业入驻及对原有企业的整合，提升了产业的技术水平和劳动生产率；而东部地区从业人员份额明显上升而工业总产值份额却不断缩水，下降幅度达到 7.51%，劳动生产率显著下降；另一类是呈同向变

化的地区，如 2009 年南部沿海和黄河中游地区工业总产值分别增加了 3.11%
和 1.98%，从业人员在全国的份额也比 2001 年分别提升了 5.67%和 0.44%，这
主要归功于广东省和河南省汽车制造业的快速发展。东北地区由于老工业基地
发展滞后等历史遗留所形成的瓶颈，在从业人员比重下降 6.57%的同时工业总
产值份额下降了 6.09%。

从各个区域汽车制造业工业总产值和从业人员份额等指标增量的此消彼
长，能够解读出近年来我国汽车制造业向北部、南部、西南和黄河中游地区集
中转移的趋势，具体到省级单元即在山东、北京、天津、河北、广东、广西、
重庆、四川、陕西和河南等，而主要转出区域则为东部、东北和长江中游地区。

## 二、细分行业的区域转移分析

为进一步洞悉汽车制造业的空间格局变化，有必要对汽车制造业所包含的
四位数行业进行观察，来分析内部细分行业能够多大程度上反映整个行业的转
移规律。考虑统计指标的连贯性和后续研究的可行性，本章沿用 2002 年我国
国民经济行业分类标准中对汽车制造业的界定，即汽车制造业包括汽车整车制
造业、改装汽车制造业、电车制造业、汽车车身及挂车制造业、汽车零部件及
配件制造业、汽车修理业 6 个小类行业（表 7-1）。

表 7-1    中国汽车制造业的行业分类

| 代码 | 类别名称 | 定义 |
| --- | --- | --- |
| 372 | 汽车制造业 | |
| 3721 | 汽车整车制造业 | 指由动力装置驱动，具有四个以上车轮的非轨道、无架线的车辆，并主要用于载送人员和（或）货物，牵引输送人员和（或）货物的车辆制造。还包括汽车发动机的制造 |
| 3722 | 改装汽车制造业 | 指利用外购汽车底盘改装各类汽车的制造活动 |
| 3723 | 电车制造业 | 指以电作为动力，以屏板或可控硅方式控制的城市内交通工具和专用交通工具的制造 |
| 3724 | 汽车车身及挂车制造业 | 指其设计和技术特性需由汽车牵引，才能正常行驶的一种无动力的道路车辆的制造 |
| 3725 | 汽车零部件及配件制造业 | 指机动车辆及其车身的各种零配件的制造 |
| 3726 | 汽车修理业 | 指专业汽车修理企业进行的修理活动，但不包括非汽车修理厂（即规模较小的路边修理服务部）的修理和维护 |

数据来源：《国民经济行业分类》（GB/T 4754—2002）

汽车的生产过程是焊接、冲压、涂装、总装所组成的一条流水线，其中零
部件与整车生产之间的垂直关系是汽车产业中最重要也最核心的部分。一般情
况下，国外汽车大国的迅速崛起主要是由汽车整车制造和零部件及配件制造这

两个行业支撑起来的。通过观察比较我国汽车制造业 2001～2009 年的四位数行业构成，汽车整车制造业和汽车零部件及配件制造业无疑是我国汽车制造业的主力军。2001 年两类行业的工业总产值（当年价）占汽车制造业工业总产值（当年价）为 88.18%，到 2009 年这一比重为 93.06%；2001 年和 2009 年从业人数比重分别是 81.24% 和 90.15%，即 2009 年年底有 277.52 万人从事这两个行业；企业数量也从 2941 个激增到 11 484 个，占全国汽车制造业企业总数的比重由 66.69% 增长到 87.60%，仅零部件及配件制造业就达到 10 904 个（占总量的 96.78%）。可以毫不夸张地说，近年来中国汽车制造业的迅速壮大主要来自于汽车整车制造业和汽车零部件及配件制造业的带动。但两类行业的工业总产值、从业人数及企业数量三者之间关系呈相反的阶梯形构架（图 7-6 和图 7-7），从而体现出我国的汽车整车制造和汽车零部件及配件制造业截然相反的产业特点：整车制造业是相对劳动生产率比较高，规模效应显著的行业，具有较大的知识投入和丰厚的价值产出，而零部件及配件制造业存在企业规模小而散，研究开发投入不足等问题，导致行业整体劳动生产率较低，规模不经济，竞争力较弱。

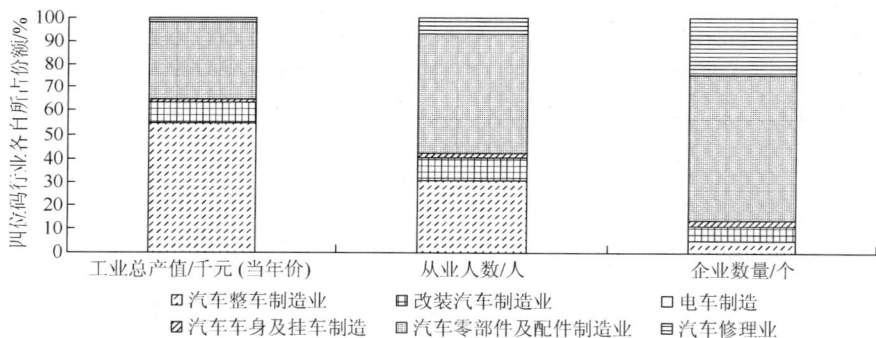

图 7-6　2001 年汽车制造业四位数细分行业情况

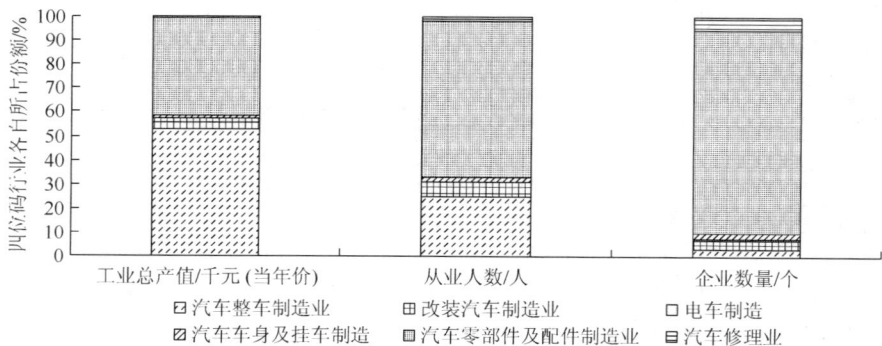

图 7-7　2009 年汽车制造业四位数细分行业情况

随着改革开放的深入和加入 WTO 后国外市场的扩大，我国汽车制造业的出口也呈现较快增长，主要表现在汽车整车制造业和零部件及配件制造业的出口上。2001～2011 年，我国汽车整车出口由 2.61 万辆增长到 84.98 万辆，11 年来翻了五番以上。汽车产品出口贸易额达到 719.65 亿美元，占当年我国出口贸易总额 19081.04 亿美元（按照 2011 年当年平均汇率折算）的 3.77%，且汽车产品出口总额中有 63.85% 来自汽车配件的出口（图 7-8）。然而，与国外相比，我国的汽车制造业出口比例还较小，且多集中在劳动密集型产品，部分精密零配部件还需要完全进口，这与加入 WTO 之初中方期望的以"以市场换技术"的初衷背道而驰。当时许多国外著名跨国汽车公司希望借合资的名义回避关税来开拓中国市场，可时至今日，当涉及核心零部件生产时，不少成立多年的汽车合资企业仍采用完全进口的方式进行。

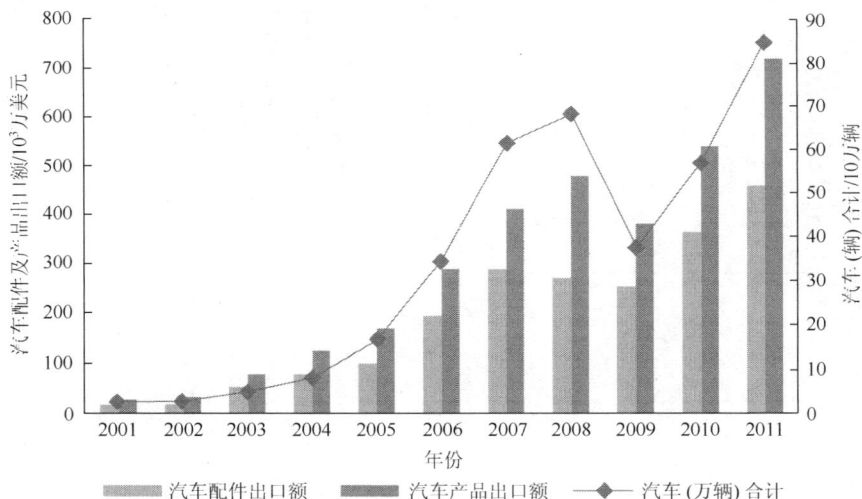

图 7-8　中国汽车出口量及汽车产品出口情况（2001～2011 年）

资料来源：《中国汽车工业年鉴 2012》

## （一）整车制造业

以下主要分析汽车整车制造业和零部件及配件制造业近十年来的区域转移。2001 年时，我国 31 个省区市中有 4 个省区没有整车制造业（贵州、宁夏、青海和西藏，以当年价工业总产值有无来判断），11 个省区的整车制造业工业总产值占全国的比重在 1% 以下，其他 16 个省区市总计占全国比重为 95.26%，主要分布在东北、北部沿海、东部沿海、长江中游和西南地区。然而，近些年汽车整车制造业的空间格局也显现出"北上"和以长江中游地区为核心的扩散趋势（图 7-9）。南部沿海地区、北部沿海地区发展最为迅速，广东、山东和北京的产值份额分别增长了 5.73、6.21 和 3.79 个百分点，广东、山东汽车整车制

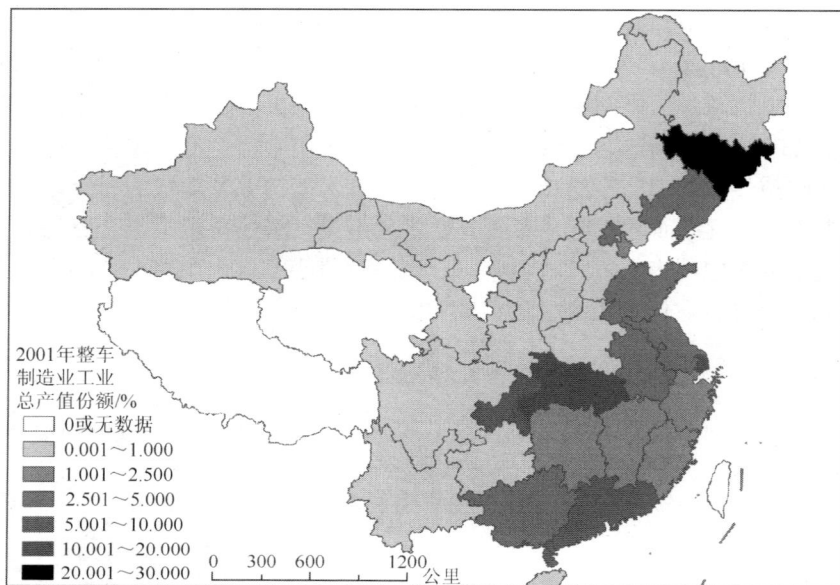

(a) 2001年

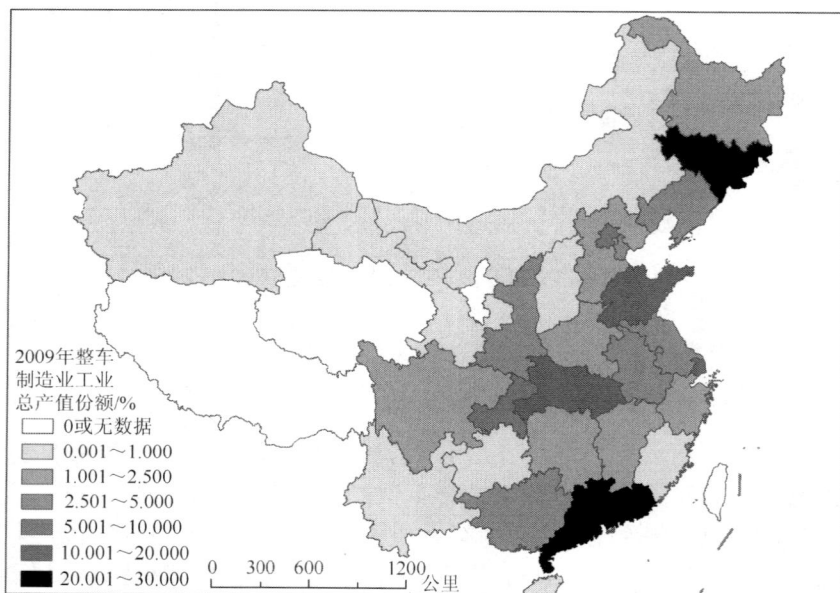

(b) 2009年

图 7-9　汽车整车制造业工业总产值份额分布变化示意图

造业在全国的比重分别达到 11.46% 和 9.80%，顺利跻身汽车整车制造业大省第二位和第三位；天津和陕西也分别提高了 2.02 和 2.01 个百分点，成为我国整车制造业的新兴增长区。东北和东部沿海绝对优势地位显著下滑，逐渐被北部沿海和南部沿海所赶超。曾经排名靠前的吉林和上海两省市的产值份额均下降超过 10 个百分点，分别由 2001 年的 24.96% 和 18.39% 下降到 2009 年的 14.26% 和 8.38%。汽车制造大省湖北也减少了 2.61 个百分点，2009 年份额排名跌至第四位。实力减弱的省份还有福建、江西、海南、山西和新疆，但幅度都不大。

在从业人员方面，吉林省出现了大量减少，其在全国的比重较 2001 年下降了 11.33 个百分点，2009 年为 11.12%，这恰恰印证了东北等老工业基地人才流失严重、技术创新后劲不足等问题（图 7-10）。而北部沿海、长江中游和黄河中游地区的山东、安徽和陕西却成为吸引大量人才涌进的富集区，截至 2009 年年底，三省共容纳汽车整车制造业劳动力 16.23 万人，占全国汽车整车制造业总数的 21.02%，较 2001 年提高 11.36 个百分点。湖北省从业人数变动不大，吉林的迅速落后使得湖北在从业人数绝对量上遥遥领先于全国其他省区，其占全国总量的比重维持在 16% 以上（表 7-2）。因此，结合整车制造业工业总产值和从业人员份额在研究时段内的变化，可以发现该产业发生转移的目标区域主要是北部沿海地区、南部沿海地区和黄河中游地区，主要的移出区域为东部沿海地区和东北地区。

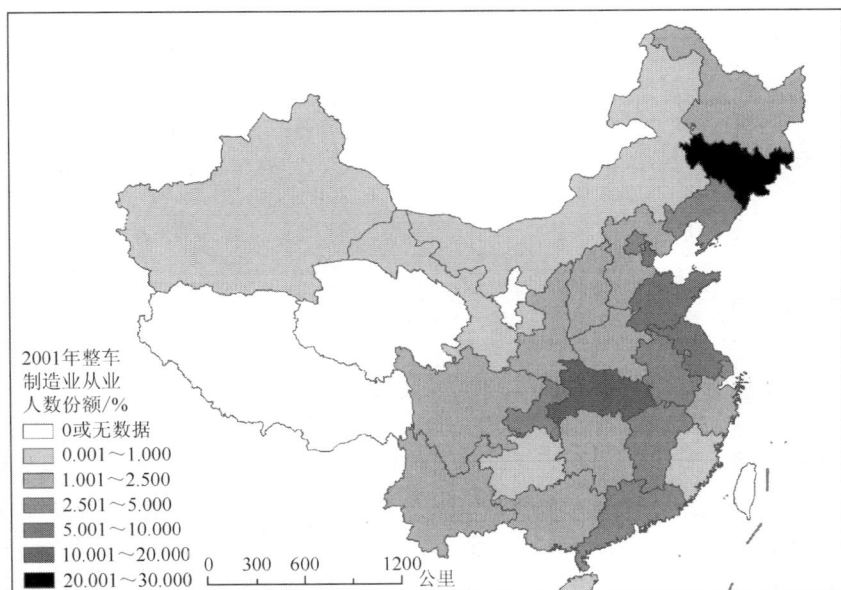

2001年整车
制造业从业
人数份额/%
□ 0或无数据
0.001～1.000
1.001～2.500
2.501～5.000
5.001～10.000
10.001～20.000
20.001～30.000

0  300  600      1200
　　　　　　　　　　公里

(a) 2001年

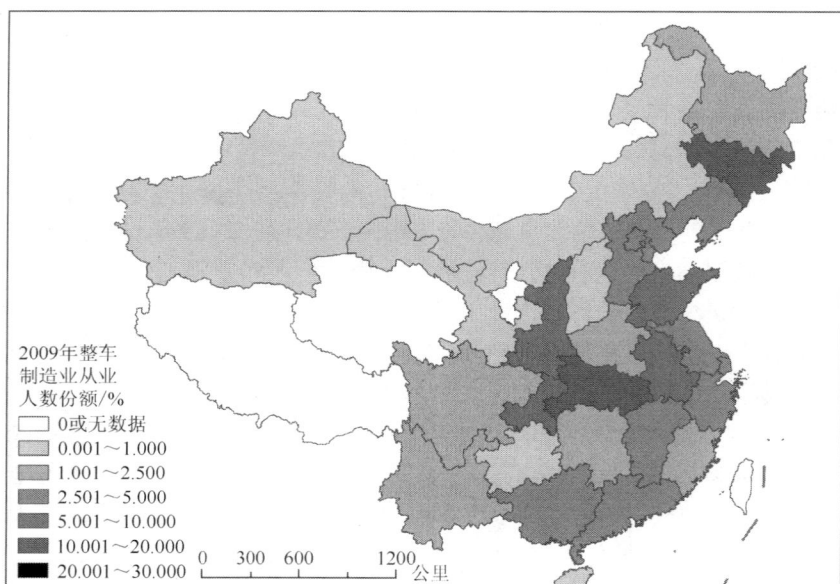

(b) 2009年

图 7-10　汽车整车制造业从业人数份额分布变化示意图

表 7-2　汽车整车制造业各区域相关份额变动

| 区域<br>份额及其变动/% | | 北部沿<br>海地区 | 东部沿<br>海地区 | 南部沿<br>海地区 | 东北<br>地区 | 西北<br>地区 | 西南<br>地区 | 黄河中<br>游地区 | 长江中<br>游地区 |
|---|---|---|---|---|---|---|---|---|---|
| 工业总<br>产值 | 2001 年 | 8.71 | 23.58 | 8.37 | 29.37 | 0.03 | 10.30 | 1.61 | 18.03 |
| | 2009 年 | 21.93 | 14.38 | 12.75 | 19.07 | 0.07 | 11.74 | 4.42 | 15.64 |
| | 2001~2009 年变动 | 13.22 | -9.20 | 4.38 | -10.30 | 0.04 | 1.45 | 2.82 | -2.39 |
| 从业<br>人数 | 2001 年 | 16.68 | 11.39 | 3.36 | 29.16 | 0.24 | 10.20 | 4.49 | 24.47 |
| | 2009 年 | 19.17 | 11.00 | 5.32 | 16.43 | 0.20 | 12.65 | 8.08 | 27.15 |
| | 2001~2009 年变动 | 2.48 | -0.39 | 1.95 | -12.72 | -0.04 | 2.45 | 3.59 | 2.68 |

数据来源：2001 年和 2009 年《中国工业企业数据库》

## （二）零部件及配件制造业

以零部件及配件制造业工业总产值份额的增减分布来看，全国除西藏原本无此行业外，有一半的省区近些年出现了不同程度的缩减，西北地区的宁夏和青海甚至先后于 2005 年和 2007 年退出该行业。2001 年份额最大的两个省市上海和浙江则分别下降了 9.29 和 2.54 个百分点，但仍然与江苏（11.25%）共同位居汽车零部件及配件制造业的前三甲，分别占到全国总量的 9.87% 和 11.95%。

2001～2009 年，工业总产值份额增长最为明显的为北部沿海地区、南部沿海地区和西南地区。从省区尺度来看，湖北省的变化较为显著，由 9.57% 降到 6.28%，跌出前五名的行列（图 7-11）。近年来，北京、天津、山东、江苏、广东、重庆、

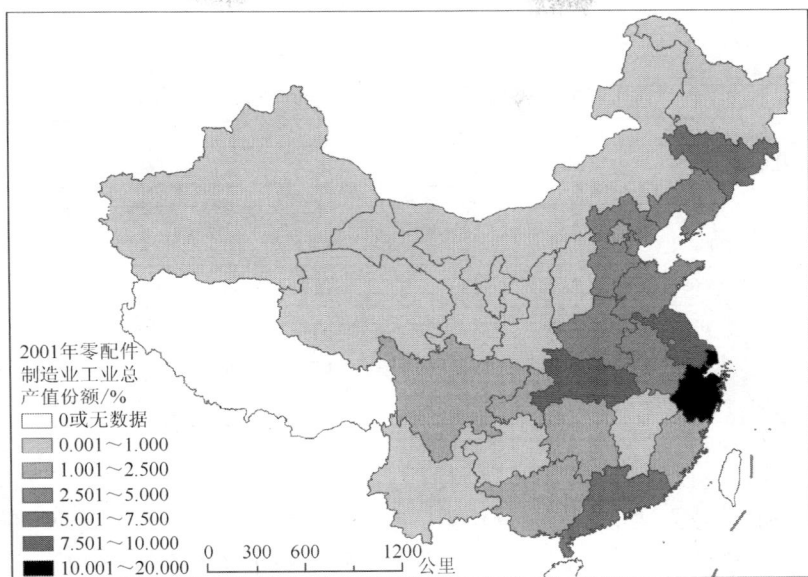

2001年零配件制造业工业总产值份额/%
0或无数据
0.001～1.000
1.001～2.500
2.501～5.000
5.001～7.500
7.501～10.000
10.001～20.000

0    300   600          1200
公里

(a) 2001年

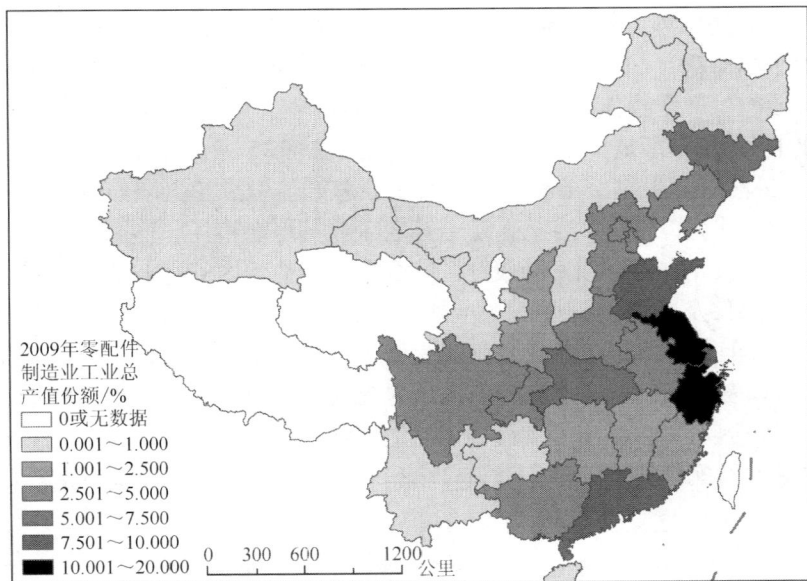

2009年零配件制造业工业总产值份额/%
0或无数据
0.001～1.000
1.001～2.500
2.501～5.000
5.001～7.500
7.501～10.000
10.001～20.000

0    300   600          1200
公里

(b) 2009年

图 7-11　汽车零部件及配件制造业工业总产值份额分布变化示意图

四川等逐渐成为汽车零部件及配件制造业发展的重要区域，7个省市所占的份额总量由2001年的28.32%增长到2009年的43.48%。黄河中游地区的河南、陕西表现也较为突出，共增加了2.14个百分点，这与实施中部崛起战略，积极承接东部沿海产业转移，大力拓展内地市场的历史机遇不无一定关系（表7-3）。

表7-3 汽车零部件及配件制造业区域相关份额变动

| 区域<br>份额及其变动/% | | 北部沿海地区 | 东部沿海地区 | 南部沿海地区 | 东北地区 | 西北地区 | 西南地区 | 黄河中游地区 | 长江中游地区 |
|---|---|---|---|---|---|---|---|---|---|
| 工业总产值 | 2001年 | 11.74 | 43.04 | 7.49 | 12.29 | 0.09 | 6.36 | 3.38 | 15.61 |
| | 2009年 | 19.15 | 33.07 | 11.80 | 9.82 | 0.01 | 9.48 | 5.29 | 11.37 |
| | 2001～2009年变动 | 7.41 | −9.96 | 4.31 | −2.47 | −0.08 | 3.12 | 1.91 | −4.23 |
| 从业人数 | 2001年 | 15.06 | 27.08 | 4.33 | 14.52 | 0.41 | 12.75 | 5.75 | 20.10 |
| | 2009年 | 15.44 | 32.03 | 12.02 | 8.72 | 0.01 | 12.19 | 5.52 | 14.07 |
| | 2001～2009年变动 | 0.38 | 4.95 | 7.69 | −5.80 | −0.40 | −0.56 | −0.23 | −6.03 |

数据来源：2001年和2009年《中国工业企业数据库》

联系到从业人数份额分布变化图，初步了解到研究时段内份额增长最明显的区域包括南部地区和东部地区，北部地区亦有微弱提升（图7-12）。广东、浙江、江苏、福建、山东等地相对灵活的市场环境，有益于汽车零部件及配件制造业企业的发展，从而也吸引了大量劳动力。但由于企业规模较小，生产技术和水平有限，自主研发能力弱，使得这些企业的竞争力缺乏，从而导致整个行业的生产率较低。2009年浙江、江苏两地3395家汽车零部件及配件制造企业中有3070家是小微型企业，大型企业仅有35家，其余290家都是中型企业[①]。虽然企业数量节节攀升，但其工业总产值份额在全国的地位却大大落后。另外，湖北、湖南、吉林、辽宁等老工业基地在市场、体制、技术等条件的影响下，从业人数份额下降较快。综合全国其他地区的行业情况来看，我国的汽车零部件及配件制造业还基本处于劳动密集型和原材料密集型阶段。因此，结合汽车零部件及配件制造业工业总产值和从业人员份额在研究时段内的变化，可以发现该产业主要的转入区域包括北部沿海地区和南部沿海地区，而主要的转出区域为东部沿海地区、东北地区和长江中游地区。其中，东部沿海地区零部件及配件制造业的工业总产值份额下降显著，而从业人员份额却有所

---

① 根据《中小企业划型标准规定》（工信部联企业〔2011〕300号）中关于工业行业的划分标准计算。即从业人员1000人以下或营业收入40000万元以下的为中小微型企业。其中，从业人员300人及以上，且营业收入2000万元及以上的为中型企业；从业人员20人及以上，且营业收入300万元及以上的为小型企业；从业人员20人以下或营业收入300万元以下的为微型企业。

提升，这说明东部沿海地区该行业的劳动生产率降低，暗示其竞争力有所衰退。

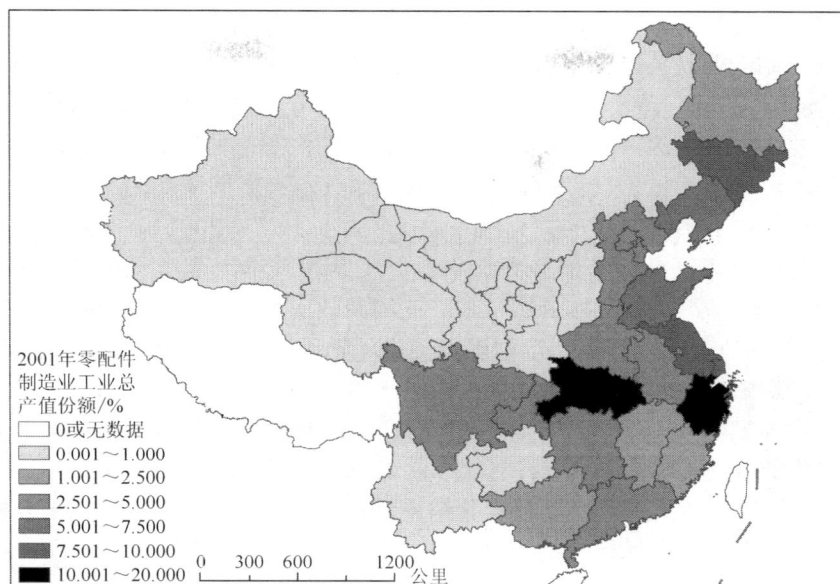

(a) 2001年

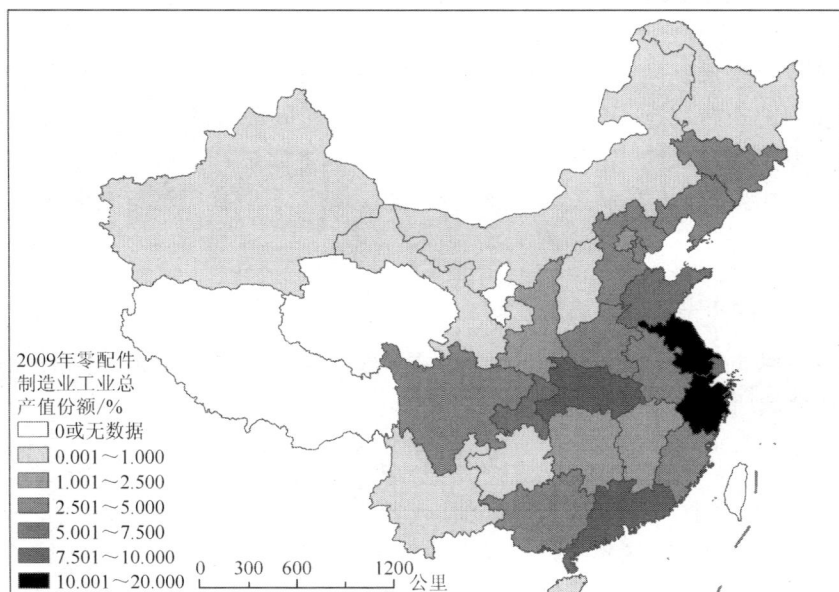

(b) 2009年

图7-12  汽车零部件及配件制造业从业人数份额分布变化

## 第二节　区域转移过程中汽车制造业的空间集聚及变化

汽车制造业是典型的集聚性行业，且存在非常强的集群正效应（Beaudry and Swann，2001），因此，产业集群也是世界汽车工业发展的基本规律。纵观世界主要汽车工业国家的发展，都形成了各自的汽车产业集群，如美国的底特律，日本的"丰田城"，德国汽车工业集中地沃尔夫斯堡和斯图加特等。由于产业集聚和产业转移二者的并存性（孟庆民和杨开忠，2001），产业在空间上的集聚也是汽车产业转移的必然结果。以美国和日本汽车产业转移路径历史演变为例，汽车产业的转移必然带来产业集聚效应，美国的底特律和日本的东京-名古屋就是产业转移在一定程度上促进了地区产业集聚效应，从而成为世界汽车制造中心（范鹏辉和顾海兵，2010）。

为了探究当前我国汽车制造业的区域产业转移对于汽车制造业集聚演化具体产生的效应和作用，本节将对汽车制造业及其细分行业的集聚指标进行测算，在集聚的视角下对产业转移及其结果进行观察和描述，从总体上来分析我国汽车制造业发生区域转移的程度。

### 一、汽车制造业的集聚水平及变化

产业集聚水平的高低实质是产业空间分布的不均匀程度，空间集聚水平越高表明产业布局越不均匀，反之亦然，一定时间段内均匀与不均匀之间的变化，能够动态反映出产业的空间分布。本节将通过计算产业集中率和 EG 指数，来考察我国汽车制造业产业集聚程度，细致了解我国汽车制造业的空间分布状况。

#### 1. 产业集中率

集中率（concentration ratio，CR）是指某产业某项指标规模最大的前 $n$ 个地区在全国所占的总份额。其计算公式为

$$CR_{n,k} = \sum_{i=1}^{n} S_i^k \qquad (7\text{-}1)$$

式中，$n$ 为地区数，一般取 1、3、5，或者 10%和 20%的地区。该指标是借用产业集中分析中的市场集中率来分析地理集中现象。

#### 2. 地理集聚系数（EG 指数）

区位基尼系数是衡量产业集聚程度中应用最普遍的指标之一，但由于其

对企业规模差异的模糊处理，并不能真实反映产业集群存在与否。企业规模和地理空间大小的不同也会使得区位基尼系数在比较产业集聚水平时出现较大误差（Ellison and Glaeser，1997）。为克服区位基尼系数测度产业集聚程度的失真问题，Ellison 和 Glaeser(1997)设计了一个新的地理集聚指数——EG 指数（也称 $\gamma$ 指数）来测定产业的地理集中度。该指数假设将某一国家或地区划分为 $M$ 个地理单元，共存在有 $N$ 个企业，这 $N$ 个企业分布在 $M$ 个区域中，具体计算公式如下：

$$\gamma = \frac{G-(1-\sum_i x_i^2)H}{(1-\sum_i x_i^2)(1-H)} = \frac{\sum_{i=1}^{M}(s_i-x_i)^2-(1-\sum_{i=1}^{M}x_i^2)\sum_{j=1}^{N}z_j^2}{(1-\sum_i x_i^2)(1-\sum_{j=1}^{N}z_j^2)} \qquad （7-2）$$

式中，$s_i$ 为区域 $i$ 所有行业占全国所有行业就业人员的比重；$x_i$ 为行业 $i$ 在区域 $j$ 的就业人数占该行业全国总就业人员数量的比重。赫芬达尔指数（HerfindahlIndex）为 $H = \sum_{j=1}^{N} z_j^2$，$z_j$ 为企业 $j$ 的就业人员占行业 $i$ 总共就业人数的比例[①]。按照 Ellison and Glaeser（1997）的描述，$\gamma$ 指数被划分为三个区间：第一，当 $\gamma<0.02$，表示该产业在区域内的分布是比较分散的；第二，当 $0.02<\gamma<0.05$ 时，表示该产业在该区域的分布较为均衡；第三，当 $\gamma>0.05$ 时，表示该区域的产业集聚程度较高。

利用 2001～2009 年全国规模以上汽车制造业的工业总产值和从业人员年平均数计算得出我国汽车制造业各集聚指数，见表 7-4。

表 7-4  汽车制造业产业集中度和 EG 指数

| 年份 | CR$_3$（总产值） | CR$_5$（总产值） | CR$_3$（从业人数） | CR$_5$（从业人数） | EG 指数（总产值） | EG 指数（从业人数） | 主要分布地区（从业人员 CR$_5$ 前五位） |
|---|---|---|---|---|---|---|---|
| 2001 年 | 44.01% | 57.06% | 32.35% | 45.34% | 0.0351 | 0.0244 | 湖北、吉林、江苏、山东、上海 |
| 2002 年 | 42.88% | 55.91% | 32.05% | 46.75% | 0.0342 | 0.0250 | 湖北、吉林、江苏、山东、浙江 |
| 2003 年 | 39.03% | 53.06% | 29.77% | 29.71% | 0.0302 | 0.0236 | 湖北、吉林、浙江、江苏、山东 |
| 2004 年 | 33.24% | 48.86% | 46.22% | 45.80% | 0.0265 | 0.0247 | 浙江、湖北、江苏、山东、吉林 |

① 此处，赫芬达尔指数计算公式 $H = \sum_{j=1}^{N} z_j^2 = \sum_{j=1}^{N} \left(\frac{x_j}{x}\right)^2$。其中，$X$ 为市场总规模。$X_j$ 为 $j$ 企业的规模；$Z_j=X_j/X$ 为第 $j$ 企业的市场占有率；$N$ 为该产业内部的企业数。

| 年份 | CR₃（总产值） | CR₅（总产值） | CR₃（从业人数） | CR₅（从业人数） | EG 指数（总产值） | EG 指数（从业人数） | 主要分布地区（从业人员 CR₅ 前五位） |
|---|---|---|---|---|---|---|---|
| 2005 年 | 30.05% | 47.24% | 29.48% | 46.28% | 0.0168 | 0.0232 | 浙江、山东、湖北、江苏、吉林 |
| 2006 年 | 30.17% | 45.83% | 29.23% | 45.68% | 0.0172 | 0.0230 | 浙江、山东、江苏、湖北、吉林 |
| 2007 年 | 30.86% | 47.44% | 28.25% | 43.53% | 0.0162 | 0.0208 | 浙江、山东、江苏、湖北、吉林 |
| 2008 年 | 29.90% | 47.07% | 28.94% | 44.30% | 0.0155 | 0.0201 | 浙江、江苏、山东、湖北、广东 |
| 2009 年 | 30.19% | 46.56% | 28.57% | 44.62% | 0.0189 | 0.0198 | 浙江、湖北、江苏、山东、广东 |
| 2001～2009 年变动 | −13.82% | −10.50% | −3.78% | −0.72% | −0.0162 | −0.0045 | |

注：2004 年汽车制造业工业总产值数据缺失，使用"主营业务收入"指标代替

第一，根据集中率指数的变化可以发现，2001～2009 年汽车制造业工业总产值份额最大的前 3 个地区集中度指数由 44.01%下降到 30.19%，前 5 个地区集中度指数由 57.06%减少为 46.56%；从业人数份额最大的前 3 个地区和前 5 个地区集中度指数变化相对缓和些，分别为 3.78%和 0.72%。这说明我国汽车制造业在研究时段内的单中心集中度明显降低。与此同时，可以看到我国汽车制造业主要分布以三大汽车集团（中国第一汽车集团公司、上海汽车集团股份有限公司、东风汽车公司）为首的地区。

第二，根据集聚指数的变化，总体认为我国汽车制造业产业集聚性并没有得到增强反而减弱，尤其是在从业人数相对下降不显著的情况下，工业总产值的集聚性指标下降非常明显。工业总产值 $\gamma$ 指数在 2001 年和 2002 年还大于 0.03，说明我国汽车制造业在此阶段分布比较均匀，但到了 2005 年以后，EG 指数下降幅度很快，一直低于 0.02；从业人员 EG 指数虽然变化缓和，但基本趋势与工业总产值 EG 指数一致。结合集中度指数的变化特征，可以发现我国汽车制造业在单中心集聚度降低的同时，整体集聚度也明显下降，表明近年来我国汽车制造产业区域间布局分散程度不断增强，也体现出该行业有向其他地区扩散转移的趋势。与此同时，集聚地区仍然主要分布在广东、吉林、山东、上海、湖北、江苏等地，空间布局并未发生太大变化，仅在这些地区之间排名略微调整。还可以看出，汽车制造业有继续转移扩散的趋势，而在内陆地区转移并不明显。

## 二、细分行业的集聚水平及变化

对汽车整车制造业和零部件及配件制造业的产业集中和集聚水平进行计算比较后，发现这两个四位数行业的集聚演化趋势与汽车制造业的特征基本一致。其中，整车制造业的从业人数前三地区的份额下降了接近 10 个百分点，前五位地区也有明显下降，说明整车制造业单中心集聚程度明显弱化（表 7-5）。以工业总产值计算的 EG 指数逐步下降，说明整车制造业产值地理分布在区域转移过程中逐渐发生扩散化趋势，这一特征与汽车制造业整体非常相似。但是，以从业人员计算的 EG 指数却迅速增加，特别是 2004 年，该指数明显异常，这可能是由于 2004 年该指数 $H$ 指数偏低（探究微观数据发现 2004 年整车制造业众多企业人数为 0，从而导致 $H$ 指数异常）造成的。从业人员 EG 指数在 2009 年达到 0.0430，这说明该行业劳动力分布的地理集聚程度明显增强。

表 7-5　整车制造业产业集中度和 EG 指数

| 年份 | CR$_3$/% | CR$_5$/% | γ指数（从业人员） | γ指数（工业总产值） | CR$_5$ 由高到低的地区 |
|---|---|---|---|---|---|
| 2001 年 | 45.87 | 56.46 | 0.0194 | 0.0428 | 吉林、湖北、江苏、天津、广东 |
| 2002 年 | 44.50 | 56.03 | 0.0216 | 0.0477 | 吉林、湖北、江苏、北京、广东 |
| 2003 年 | 41.85 | 54.16 | 0.0288 | 0.0383 | 吉林、湖北、江苏、江西、北京 |
| 2004 年 | 33.86 | 47.94 | 0.0462 | 0.0311 | 湖北、吉林、江苏、北京、重庆 |
| 2005 年 | 36.08 | 49.25 | 0.0324 | 0.0228 | 吉林、山东、湖北、江苏、北京 |
| 2006 年 | 37.21 | 49.05 | 0.0407 | 0.0271 | 吉林、湖北、山东、江苏、北京 |
| 2007 年 | 34.86 | 46.97 | 0.0408 | 0.0264 | 吉林、湖北、山东、重庆、江苏 |
| 2008 年 | 28.81 | 41.98 | 0.0406 | 0.0247 | 湖北、吉林、山东、重庆、安徽 |
| 2009 年 | 36.81 | 48.83 | 0.0430 | 0.0203 | 湖北、吉林、山东、重庆、陕西 |

注：产业集中度指数 CR$_3$ 和 CR$_5$ 指数测算数据均来自《中国工业企业数据库》中"全部从业人员年平均人数"指标

汽车零部件及配件制造业前三位和前五位的产业集中率在研究时段内均保持幅度相对较小的波动特征，未出现明显的单调变化趋势，说明该产业的单中心集聚程度变化不大。但是，根据份额前五位省市可以看出，该产业的主要中心地区的地理分布还是略有调整，山东、重庆和陕西等北部、西南和黄河中游省市替代了江苏、北京等省市，这与本章对该四位码行业的区域转移分析结果一致。2009 年，劳动力资源相对富足的东部沿海、南部沿海和长江中游等地是零部件及配件生产企业最为集中的区域，而吉林省由于从业人员规模数量陡降从而退出前列。从工业总产值和从业人员的 EG 指数变化来看，汽车零部件及配件制造业工业总产值和劳动力的地理分布与汽车制造业一致，均不断分散化。其中，工业总产值 EG 指数下降较为显著，而从业人员 EG 指数则相对缓和，但是，两者在 2009 年均跌至 0.02 以下，说明汽车零部件及配件制造业在中国的空间分布已呈非常分散的状态（表 7-6）。

**表 7-6　汽车零部件及配件制造业产业集中度和 EG 指数**

| 年份 | CR₃/% | CR₅/% | $\gamma$ 指数<br>（从业人员） | $\gamma$ 指数<br>（工业总产值） | CR₅ 由高到低的地区 |
|---|---|---|---|---|---|
| 2001 年 | 31.78 | 47.66 | 0.0257 | 0.0326 | 吉林、湖北、江苏、天津、广东 |
| 2002 年 | 33.71 | 50.20 | 0.0291 | 0.0331 | 吉林、湖北、江苏、北京、广东 |
| 2003 年 | 33.64 | 48.31 | 0.0266 | 0.0352 | 浙江、湖北、江苏、上海、吉林 |
| 2004 年 | 33.69 | 49.32 | 0.0253 | 0.0230 | 浙江、江苏、湖北、山东、吉林 |
| 2005 年 | 35.19 | 49.51 | 0.0262 | 0.0198 | 吉林、山东、湖北、江苏、北京 |
| 2006 年 | 33.87 | 47.83 | 0.0251 | 0.0179 | 吉林、湖北、山东、江苏、北京 |
| 2007 年 | 33.91 | 48.04 | 0.0207 | 0.0143 | 吉林、湖北、山东、重庆、江苏 |
| 2008 年 | 33.97 | 48.91 | 0.0204 | 0.0127 | 湖北、吉林、山东、重庆、安徽 |
| 2009 年 | 33.14 | 48.10 | 0.0184 | 0.0137 | 湖北、吉林、山东、重庆、陕西 |

注：产业集中度指数 CR₃ 和 CR₅ 指数测算数据均来自《中国工业企业数据库》中"全部从业人员年平均人数"指标

### 三、汽车制造业区域转移对空间集聚的影响

第一节的分析已初步确认了我国汽车制造业区域转移的状态和演化过程。在此基础上，根据八大区域汽车制造业工业总产值份额数据可以看出，2001～2009 年，我国汽车制造业的主要转出区域为东部沿海地区、东北地区和长江中游地区，这三个区域的移出总份额达到 16.54%，而值得注意的是，此三个区域也正是 2001 年汽车制造业工业总产值份额最高的前三位地区（表 7-7）。与之相对应的是，2001～2009 年，我国汽车制造业的主要转入区域为北部沿海地区、南部沿海地区、西南地区和黄河中游地区，因此，这四个区域在八大区域中的排名得到了明显提升。不难看出，我国汽车制造业在本章时段内不仅发生了明显的区域转移，且清晰地表现出优势区域弱化、中游区域后来居上的特征与趋势。

表 7-7　八大区域汽车制造业工业总产值 2001 年和 2009 年的份额及其变化

| 份额/%　　地区　　年份 | 东部沿海地区 | 东北地区 | 长江中游地区 | 北部沿海地区 | 南部沿海地区 | 西南地区 | 黄河中游地区 | 西北地区 |
|---|---|---|---|---|---|---|---|---|
| 2001 年 | 29.60 | 20.79 | 16.98 | 11.85 | 8.91 | 8.66 | 2.98 | 0.24 |
| 2009 年 | 22.09 | 14.70 | 14.04 | 21.33 | 12.02 | 10.78 | 4.96 | 0.10 |
| 2001～2009 年变动 | −7.51 | −6.09 | −2.94 | 9.48 | 3.11 | 2.12 | 1.98 | −0.14 |

产业转移深刻改变了生产要素的空间分布形态和集聚程度,促成了区域空间结构的形成和演化。在此意义上,我国汽车制造业的区域转移实质上是促使产业单中心集聚度降低、集聚程度弱化的过程,这一结论不仅是区域转移分析的结果,更得到了空间集聚指标演化趋势的佐证（表 7-8）。特别是从工业总产值指标来看,在本章研究时段内的汽车制造业 $CR_3$ 和 $CR_5$ 指数均显著下降,而这两个参数直接表征着产业单中心集聚程度,可见我国汽车制造业的单中心优势在区域转移过程中被逐步削弱。同时,汽车制造业工业总产值 EG 指数也明显下滑,指示该产业在研究时段内保持逐渐分散的趋势,具体来说,即原优势区域为转出区、具备一定产业基础的原中游区域为转入区。因而,区域间份额差距缩小、差异性降低,进而促使产业集聚的分散化。根据从业人员得到的集聚指数趋势也同样表现出了以上特征,但并不十分显著。

表 7-8　2001 和 2009 年汽车制造业产业集中度和 EG 指数

| 年份 | $CR_3$/%（总产值） | $CR_5$/%（总产值） | $CR_3$/%（从业人数） | $CR_5$/%（从业人数） | $\gamma$ 指数（总产值） | $\gamma$ 指数（从业人数） |
|---|---|---|---|---|---|---|
| 2001 年 | 44.01 | 57.06 | 32.35 | 45.34 | 0.0351 | 0.0244 |
| 2009 年 | 30.19 | 46.56 | 28.57 | 44.62 | 0.0189 | 0.0198 |
| 2001～2009 年变动 | −13.82 | −10.50 | −3.78 | −0.72 | −0.0162 | −0.0045 |

因此,总的来说,根据我国汽车制造业的区域转移演化特征及其集聚分析可以发现,我国汽车制造业的区域产业转移正在推动该行业的布局分散化、差距缩小化、优势扩张化,促使其区域发展从不平衡向平衡演进。根据本章对汽车制造业区域转移及其集聚水平变化的综合分析,认为目前该行业已由单中心演化成为多中心产业集聚态势。

在此基础上,有必要进一步观察与分析整车制造业和零部件及配件制造业两个四位码行业的区域转移与集聚过程。从八大区域工业总产值占全国的份额变动来看，整车制造业和汽车零部件及配件制造业区域转移的地理分布与汽车制造业整体情况高度一致。其中，针对包括北部沿海、南部沿海、黄河中游和西南地区等的主要转入区域，整车制造业转入总份额高达 21.87%，汽车零部件及配件制造业转入总份额为 16.75%；而针对包括东部沿海、东北和长江中游的地区的主要转出区域，整车制造业转出总份额高达 21.89%，汽车零部件及配件制造业转出总份额为 16.66%（表 7-9）。最为重要的是，汽车制造业的区域转移是份额高值逐步降低、中值不同程度提升的过程，这一演化特征在这两个四位码行业中得到进一步的印证。

表 7-9　整车制造业和汽车零部件及配件制造业工业总产值八大区域份额及 EG 指数

| 行业 | 地区 | 北部沿海地区 | 东部沿海地区 | 南部沿海地区 | 东北地区 | 西北地区 | 西南地区 | 黄河中游地区 | 长江中游地区 | $\gamma$ 指数 |
|---|---|---|---|---|---|---|---|---|---|---|
| 整车制造业 | 2001 年 | 8.71 | 23.58 | 8.37 | 29.37 | 0.03 | 10.30 | 1.61 | 18.03 | 0.0428 |
| | 2009 年 | 21.93 | 14.38 | 12.75 | 19.07 | 0.07 | 11.74 | 4.42 | 15.64 | 0.0203 |
| | 2001~2009 年变动 | 13.22 | −9.20 | 4.38 | −10.30 | 0.04 | 1.45 | 2.82 | −2.39 | −0.0225 |
| 零部件及配件制造业 | 2001 年 | 11.74 | 43.04 | 7.49 | 12.29 | 0.09 | 6.36 | 3.38 | 15.61 | 0.0326 |
| | 2009 年 | 19.15 | 33.07 | 11.80 | 9.82 | 0.01 | 9.48 | 5.29 | 11.37 | 0.0137 |
| | 2001~2009 年变动 | 7.41 | −9.96 | 4.31 | −2.47 | −0.08 | 3.12 | 1.91 | −4.23 | −0.0189 |

注：份额和 EG 指数测算数据均来自《中国工业企业数据库》中"工业总产值"指标

从工业总产值 EG 指数来看，整车制造业和零部件及配件制造业的 $\gamma$ 指数均发生下降，整体趋势与汽车制造业一致，这说明这两个四位码行业在研究时段内的集聚程度均有所降低。其中，整车制造业 EG 指数下降明显，结合汽车制造业工业总产值 EG 指数的变化可以发现，整车制造业的集聚程度仍然高于汽车制造业，但其下降幅度达到 0.02 以上，说明该行业的集聚变化幅度相对较大；汽车零部件及配件制造业 EG 指数亦有下降，其下降幅度与汽车制造业工业总产值 EG 指数相当，值得注意的是，该行业 2009 年的 EG 指数降至 0.0137，表明该行业工业总产值的地理分布已经非常分散，这一分散程度远高于汽车制造业的整体集聚状态。

在四位码行业区域转移与集聚水平的分析基础上，可以发现汽车制造业的转移特征在其最重要的两个细分行业上得到了更为细致而深刻的反应。具体来说，在区域转移的视角下，整车制造业和汽车零部件及配件制造业的主要转入和转出区域均与汽车制造业保持一致或被包含其中；在集聚水平变化的视角下，两个四位码行业与汽车制造业的变化趋势保持一致，但具体变化幅度和集聚水平则略有差异。

## 第三节　汽车制造业区域转移的区位决策分析

产业的转移与集聚归根结底是企业的区位选择问题，因此，企业微观主体在进行区位决策时最为关心的因素正是产业集聚的内在动力。随着世界经济日益全球化，大多数学者对产业集聚因素的探讨多聚焦在国际投资或跨国公司的区位选择，认为在市场经济条件下，市场潜力、集聚经济、政策优惠、劳动力、基础设施等因素导致产业集聚（David and Rosenbloom，1990；Wheeler and Moody，1992；Head et.al.，1995；李小建，1996；Devereux and Griffith，1998；Nachum，2000；Coughlin and Segev，2000；李国平，2000；贺灿飞和魏后凯，2001；梁琦，2004）。近十年来我国汽车制造业出现的多中心产业集聚，虽有一定地理、历史和政治等特殊原因，但随着社会主义市场经济体制的逐步确立、完善及与全球市场的融合，我国汽车制造业产业转移所形成的空间格局变化实则与企业微观理性选择存在根本性的联系。

### 一、汽车制造业企业区位决策的实证模型

#### （一）企业区位决策的影响因素

在考虑对新建企业选择行为形成影响的区位因素时，综合企业区位选择原理方面的理论研究及其进展，有几个方面的思路是值得遵循的。

##### 1. 收益与成本

影响企业利润的因素同样会对投资者的成本和收益发生作用。在收益方面，人均 GDP 可被看作是衡量市场需求的一个指标，且它对企业的选择影响预期是正的，这一合理性已被 Glickman 和 Woodward（1987）证实过。成本因素方面，劳动力是地理可变成本中最重要的，是新制造企业最为重视的（Jackson et al.，2010）。Bartik（1985）发现较高的工资对企业新办工厂的选址而言在统计学意义上是显著的，且这一影响是负的，同时，Luger 和 Shetty（1985）也发现了类似的结果。

### 2. 制造业密度

Luger 和 Shetty（1985）就曾利用一个对集聚经济不同的估计方法，证实了三类产业的外商新办企业与集聚经济的关系是确定的。因此，制造业密度也被认为是对外商投资具有积极意义的。Smith 和 Florida（1994）对与汽车生产有关的日本制造业在美国的投资区位的研究也表明，日本的制造业公司除了更喜欢定位在具有密切联系的其他日本公司外，这些公司似乎更倾向于选择具有巨大人口和高制造业密度的区位。

### 3. 劳动力规模

不同地区的失业率也可能与外商直接投资积极相关，Coughlin（1991）认为较高的人均收入和失业率能够吸引相对更多的外国直接投资，更广泛的运输基础设施和大幅支出也有利于外商直接投资的增加，而高工资和更高的税收水平阻碍了外国直接投资，Luger and Shetty（1985）研究外商投资企业在美国的选址行为时发现不同行业对税率的反映不同。

### 4. 区域面积

随机镖靶（dart board）理论（Ellison and Glaeser，1997）的一个推论认为某地区企业的多少与该地区的面积正相关，而且其弹性应该为1。

## （二）企业区位决策的模型构建

企业的区位选择实则为区位特征（区位影响要素）的效用函数（吕卫国和陈雯，2009）。基于此，一些学者试图将离散选择模型方法引用到产业区位选择和决策的经验分析中来。最早将这种建模方法运用到产业区位选择实证研究的是 Carlton（1979），他运用 McFadden（1974）的多元逻辑模型（multinomial logit model）对企业的区位决策进行了研究尝试。自此以后，离散选择模型特别是条件 logit 模型（conditional logit model）逐渐成为产业区位研究的重要分析方法，且被许多学者广泛运用在外商直接投资、跨国企业或本国新兴企业选址使用中（Carlton，1983；Bartik，1985；Hansen，1987；Coughlin et al.，1991；Friedman et al.，1992；Head et al.，1995；Guimarães et al.，2000，2003；Head and Mayer，2004；余珮和孙永平，2011；王俊松，2011；Chen，2012）。

本节使用 Mcfadden（1974）提出的条件 logit 模型来对我国汽车制造业企业的区位选择与决策进行研究。该模型的经济学原理是选择主体的利益最大化原则，即在所有可供选择的区位中，选择主体都会选择使其利润最大化的区位进入。也就是说，当某一个新企业在进行区位选择之前，会考虑所有的离散区位以后，选择定位在能够使其实现利润最大化的地区。它主要估计区域特性如何增加或降低区域相对于其他区域被选中的概率。

对于每一个新建企业而言，任何地区对其都有一定的效用（即利润等），企业会理性地选择能够使其获得最大效用的地区。在企业进行选址行为之前，企业自身的特征我们是无从观测到的，因此当企业面临区位选择时，某一地区所具有的现有条件信息将对其决策产生重要影响。每一个地区的效用可分解为两部分，一部分受地区特质影响；而另一部分是随机项，它包含所有未被直接观测且能够影响利润最大化的因素。因此任何一个地区的效用都是随机的，而企业对每个地区都有一定的选择概率。假设企业 $i$ 选择进入地区 $j$ 得到的利润为 $\pi_{ij}$。$\pi_{ij}$ 是利润决定因素和随机项之和，可表示为

$$\pi_{ij} = U_{ij} + \varepsilon_{ij} \qquad (7\text{-}3)$$

式中，$\varepsilon_{ij}$ 为随机误差项，$U_{ij}$ 为影响企业区位选择因素的函数，如果地区 $j$ 带给企业 $i$ 的利润大于其他地区，即如果 $\pi_{ij} > \pi_{ik}$，$\forall k$，$k \neq j$，则企业 $i$ 会选择进入地区 $j$。Mcfadden（1974）提出，如果 $\varepsilon_{ij}$ 符合独立类型 I 极值分布，那么企业 $i$ 选择进入地区 $j$ 的条件概率可以写成

$$P_{ij} = \frac{\exp(\beta \cdot U_{ij})}{\sum_{k=1}^{s} \exp(\beta \cdot U_{ij})} \qquad (7\text{-}4)$$

式中，$s$ 为可选择的地区数量。

假设企业 $i$ 的利润受到 $m$ 个因素的影响，$U_{ij}$ 可表示为

$$U_{ij} = \beta_1 X_{ij}^1 + \beta_2 X_{ij}^2 + \cdots + \beta_m X_{ij}^m \qquad (7\text{-}5)$$

这里参数 $\beta$ 将采用最大似然估计法（maximum likelihood estimation）得到。由于本节模型涉及的企业均为新建企业，其预设前提是任何一个企业在进行区位选择时所面临的不同地区条件是其决策结果的影响因素，即假设企业 $i$ 选择地区 $j$ 是基于该地区上一年的经济特征，则企业 $i$ 选择年 $t$ 在地区 $j$ 注册开工的条件概率为

$$P_{ij} = \frac{\exp(\beta \cdot U_{ij(t-1)})}{\sum_{k=1}^{s} \exp(\beta \cdot U_{ij(t-1)})}$$

（三）研究样本

基于本书描述以及数据的可得性，本节以 2007～2009 年在中国 31 个省市自治区新建的汽车整车制造业和零部件及配件制造业的企业为主体进行研究，企业数据来源于《中国工业企业数据库》。需要说明的是，由于该数据库是基于国家统计局每年进行的"规模以上工业统计报表统计"取得的资料整理，所

收录的工业企业总产值占全国工业总产值的 95%左右，覆盖了大部分企业，但遗漏一些当年未上规模而后来进入规模以上企业统计范围的企业，如 2007 年某企业开工但当年并未实现达标规模，因此在 2007 年数据库中并不会得以出现。为此我们还要考察随后几年（如 2008 年和 2009 年）数据库中标示开工时间为 2007 年但在此前尚未出现的企业。经过逐年查询和排重之后，本节最终确定 2007～2009 年中国新建（即开工时间为 2007～2009 年）的汽车整车制造企业共计 59 家，除 2007 年辽宁省新建一家大型企业外，其余企业规模均为中小型，且小型居多，新建数量依次为：26、15 和 17 家。同理，最后排查筛选出的汽车零部件及配件制造业 2007～2009 年新建企业数量有 1776 个（表 7-10）。由于新建企业在做区位选择时会被现有激励所吸引，它们比现有企业的就业更加能预示区域未来的经济走向，而这些既有企业的决策显然是受它们之前区位决策所影响（Carlton，1983）。因此，区域现有的经济等特性将对企业的区位决策产生重要影响。本节主要搜集 2006～2008 年对应的经济情况来反映影响企业区位选择的因素，区域特征数据主要来源于 2007～2009 年《中国统计年鉴》。其中，西藏自治区的失业率数据缺失。

表 7-10  整车制造和零部件及配件制造新建企业地理分布    （单位：个）

| 省名 | 2007 年 | | 2008 年 | | 2009 年 | | 省名 | 2007 年 | | 2008 年 | | 2009 年 | |
|---|---|---|---|---|---|---|---|---|---|---|---|---|---|
| | 3721 | 3725 | 3721 | 3725 | 3721 | 3725 | | 3721 | 3725 | 3721 | 3725 | 3721 | 3725 |
| 北京 | 1 | 14 | 0 | 5 | 0 | 1 | 湖北 | 1 | 76 | 2 | 58 | 1 | 49 |
| 天津 | 0 | 15 | 0 | 7 | 0 | 11 | 湖南 | 3 | 17 | 0 | 13 | 0 | 3 |
| 河北 | 1 | 20 | 1 | 13 | 0 | 5 | 广东 | 0 | 41 | 1 | 14 | 0 | 10 |
| 山西 | 2 | 0 | 0 | 2 | 1 | 0 | 广西 | 0 | 15 | 1 | 12 | 0 | 7 |
| 内蒙古 | 2 | 1 | 1 | 1 | 0 | 0 | 海南 | 0 | 1 | 0 | 2 | 0 | 0 |
| 辽宁 | 1 | 24 | 0 | 21 | 4 | 23 | 重庆 | 2 | 51 | 0 | 48 | 0 | 17 |
| 吉林 | 0 | 31 | 0 | 35 | 0 | 34 | 四川 | 1 | 35 | 0 | 16 | 2 | 14 |
| 黑龙江 | 0 | 1 | 0 | 1 | 0 | 0 | 贵州 | 0 | 2 | 0 | 3 | 0 | 0 |
| 上海 | 0 | 32 | 0 | 13 | 0 | 5 | 云南 | 0 | 1 | 0 | 1 | 1 | 3 |
| 江苏 | 1 | 75 | 0 | 52 | 2 | 31 | 西藏 | 0 | 0 | 0 | 0 | 0 | 0 |
| 浙江 | 5 | 125 | 0 | 77 | 2 | 48 | 陕西 | 0 | 2 | 0 | 0 | 0 | 2 |
| 安徽 | 3 | 65 | 2 | 59 | 1 | 44 | 甘肃 | 0 | 0 | 0 | 0 | 0 | 0 |
| 福建 | 1 | 12 | 1 | 19 | 0 | 9 | 青海 | 0 | 0 | 0 | 0 | 0 | 0 |
| 江西 | 0 | 17 | 0 | 19 | 0 | 7 | 宁夏 | 0 | 0 | 0 | 0 | 0 | 0 |
| 山东 | 3 | 108 | 4 | 82 | 3 | 53 | 新疆 | 0 | 0 | 0 | 0 | 0 | 0 |
| 河南 | 0 | 20 | 0 | 25 | 0 | 1 | 全国总计 | 27 | 801 | 15 | 598 | 17 | 377 |

注：3721 和 3725 分别为整车制造业和汽车零部件及配件制造业的四位码

## 二、汽车制造业企业区位决策的实证分析结果

根据本章对制造业企业区位决策影响因素的相关总结，结合本章提出的企业区位选择模型，本节决定选取影响中国汽车制造业企业区位决策的因素主要来自六个方面（表5）：①产业基础。某一地区原有的汽车制造业企业数量对后进企业具有一定吸引力，这主要反映地区汽车制造业原有的产业基础，包括两方面，即各省汽车制造企业数量占全国比重（AUTO_NUM）和各省汽车制造业年末资产占全国比重（AUTO_ASSESTS）；②劳动力市场以制造业职工工资水平（LNWAGE）和地区失业率（LNUNEMP）来代表，其中西藏自治区城镇登记失业率数据缺失；③市场规模由地区人均GDP构成（LNPER_GDP）；④基础设施方面由铁路运输线路（LNRAILWAY）和公路运输线路（LNROAD）指标来体现；⑤对于任何新建企业而言，当地的税收政策也是企业决定是否选址于此的重要因素，由于中国各个省区的税率相差无几，这里以各省区财政税收收入占地区GDP比重的对数值（LNFR）来代表一个地方中企业所承担的税负。按照常理，税负对新建企业而言影响是消极的，但高额税收收入又能够使地方政府有能力承担更高的公共产品支出，提供更好的公共服务，对企业投资建厂具有较大的吸引，所以，其对因变量的作用是不确定的，视具体情况讨论；⑥最后将各个省区的地区面积（LNLAND）也纳入到本节的模型框架中作为控制变量（表 7-11）。囊括以上变量，我们将要估计的基于整车制造业和零部件及配件制造业新建企业 $i$ 选择进入地区 $j$ 得到利润函数可表示为

$$\pi_{ij} = U_{ij} + \varepsilon_{ij} = \beta_1 \text{AUTO\_NUM}_{ij} + \beta_2 \text{AUTO\_ASSETS}_{ij} + \beta_3 \text{LNWAGE}_{ij}$$
$$+ \beta_4 \text{LNUNEMP}_{ij} + \beta_5 \text{LNPER\_GDP}_{ij} + \beta_6 \text{LNRAILWAY}_{ij} + \beta_7 \text{LNROAD}_{ij}$$
$$+ \beta_8 \text{LNFR}_{ij} + \beta_9 \text{LNLAND}_{ij} + \varepsilon_{ij}$$

企业 $i$ 选择进入地区 $j$ 的条件概率公式表示不变。

#### 表 7-11　解释变量定义及预期影响

| | 解释变量 | 定义 | 预期影响 |
|---|---|---|---|
| 产业基础 | 汽车制造企业数量（AUTO_NUM） | 各省汽车制造业企业数量占全国比重 | + |
| | 汽车制造业年末资产总计（AUTO_ASSESTS） | 各省汽车制造业企业年末资产占全国比重 | + |
| 劳动力市场 | 制造业职工工资水平（LNWAGE） | 各省制造业职工平均工资（单位：万元）对数值 | − |
| | 地区失业率（LNUNEMP） | 各省城镇登记失业率对数值 | + |
| 市场规模 | 地区人均GDP（LNPER_GDP） | 各省人均GDP（单位：万元/人）对数值 | + |

| | 解释变量 | 定义 | 预期影响 |
|---|---|---|---|
| 基础设施 | 铁路运输线路（LNRAILWAY） | 各省每平方公里铁路运输线路长度（单位：公里/平方公里）对数值 | + |
| | 公路运输线路（LNROAD） | 各省每平方公里公路运输线路长度（单位：公里/平方公里）对数值 | + |
| 财政因素 | 税收收入（LNFR） | 各省财政税收收入在地区 GDP 中所占比重的对数值 | ? |
| 区域面积 | 地区面积（LNLAND） | 各省省区面积（单位：万平方公里）对数值 | + |

注："+"代表正向影响；"–"代表负向影响；"？"代表影响方向不确定

　　利用最大似然法对本节所构造的条件 logit 模型进行估计。我们根据解释变量的性质设定了三个模型（表 7-12）。模型 1 包括表 7-11 提及的所有解释变量，对该模型加以最大似然估计后，我们发现对于整车制造业、零部件及配件制造企业而言，各省区汽车制造企业的数量对新建企业选址的影响是显著的。而在区域特性方面，对汽车整车制造企业的区位决策有显著影响的变量只有公路运输线路、地区面积、地方财政税收和铁路运输线路等因素在统计水平上显著。地方财政税收对整车制造企业选择的作用是积极的，这与 Luger 和 Shetty（1985）的研究结论吻合，但对零部件及配件制造企业不然。我们猜测当一个地方财政税收收入的增加会带动公共基础设施的改善和公共服务水平的提高，整车制造企业相对于汽车零部件及配件制造企业的规模较大，它的选址行为受当地基础条件的影响也较敏感，也可以理解为地方较高的税收水平所带来的高投入为"筑巢引凤"创造了条件。为考察所选变量是否存在线性相关，在执行多重共线性检验后发现，本节所引用的解释变量对两类行业都不存在共线性关系。考虑到在指标选取时引进了汽车制造业的行业特性，为了单独考察区域特性对该行业布局的扰动，因此模型 2 剥离了行业特性，仅对区域特有的指标进行估计，对两类行业回归的结果除财政税收收入外，代表市场规模的人均 GDP、劳动力市场中的失业率、公路线路密度和地区面积都呈现出 1%以上统计水平，但似然对数比略有上升。基于模型 1 和模型 2 的估计和对比，模型 3 又把代表汽车制造业企业数量这一指标纳入后，发现模型较好的符合之前预期，大部分解释变量（人均 GDP 对汽车零部件及配件制造企业例外）都具备统计意义显著。

　　综合以上三个模型的模拟结果，我们看到新建企业大多选择在已有企业数量较多的地区进行投资建厂，但汽车制造业年末固定资产规模对其影响并没有体现，与预期一致的是，企业数量规模对新建企业的影响为正，即在保持其他解释变量不变的情况下，汽车制造业企业数量占全国的比重每增加 1%，新建整车制造企业选择该地区的可能性将增加 11.63 倍。劳动力的工资水平对新建企业的影响是负的，但影响并不大。较高的失业率对新建整车制造企业形成较大吸引，特别是在仅考虑区域特性的模型 2 中，在保持其他解释变量不变的情况下，失业率每上升 1%，对新建企业的吸引力将会提高 2.90 倍，这意味着较高的失业率能够保证充足的劳动力供给，如辽宁、四川、黑龙江、上海、安徽、湖北、吉林、重庆等省区劳动力市场流动性较强，有利于为中小型企业建立和组织生产提供充足劳动力。人均 GDP 等对整车制造企业虽具有正向带动作用，特别在模型 2 中非常显著，可考虑到产业自身特性时却不那么明显，从全国范围来看，较高人均 GDP 主要集中在沿海发达地区。在基础设施方面，铁路和公路的路网密度会是汽车整车制造企业考虑建厂的一个重要背景，尤其是公路运输的线路长度，而铁路却不是十分显著。这是由于目前汽车整车的运输主要是靠平板车托运至目的地，这样为企业节约了大量运输成本，加之较为发达的公路路网系统能够实现整车产品运输的便捷性和经济性。模型 1 和模型 2 中所预测的地区面积系数较大，而模型 3 中的系数与随机标靶理论预测的弹性系数为 1 的假设较为接近，这可以认为是集聚效应的作用。变量间的比较研究使得我们基本形成了一个感受，对于中国汽车整车制造企业而言，企业在进行选址决策时，最为关心的是当地已有的汽车制造企业规模以及地区的基础设施条件，劳动力供给和市场规模虽然对企业的选址行为有所扰动，但其显著性并不稳定。

汽车零部件及配件制造企业对模型 1 的所有变量都很敏感，在考虑其他变量不变的情况下，除失业率水平在 5% 统计学水平上显著以外，其他变量均在 1% 水平上统计意义显著。该模型中，市场规模与我们的理论预期并不一致，政府税收对企业的区位选择造成消极影响，这与前期的经验研究有很好的印证。在模型 2 中，当汽车制造业自身的基础条件被排除以后，人均 GDP 的系数又变得在 1% 统计学水平上显著为正，这有可能是产业基础对市场规模造成干扰所致。接着，将汽车制造业已有的企业数量纳入到模型 3 中，排除了地方财政税收的影响后，尽管能够看到了市场容量对企业区位决策的影响由负转正，但这种效应几乎可以忽略不计。能够确定的是，现有产业基础、劳动力市场和基础设施对于汽车零部件及配件制造企业而言具有积极的引导作用，而高税收水平不利于吸引企业落户，当地的市场经济水平及规模对企业的区位决策还不能完全确定。观察三个模型的对数似然比，模型 2 的估计与我们的预期最为一致，地区面积的弹性接近于 1。

表 7-12　最大似然估计结果

|  | 3721<br>模型 1 | 3721<br>模型 2 | 3721<br>模型 3 | 3725<br>模型 1 | 3725<br>模型 2 | 3725<br>模型 3 |
|---|---|---|---|---|---|---|
| AUTO_NUM | 11.6823**<br>(2.2012) |  | 8.0897**<br>(2.2539) | 15.7168***<br>(15.6232) |  | 12.5289***<br>(20.0542) |

| | 3721 模型1 | 3721 模型2 | 3721 模型3 | 3725 模型1 | 3725 模型2 | 3725 模型3 |
|---|---|---|---|---|---|---|
| AUTO_ASSESTS | 1.5906 (0.2694) | | | 10.2394*** (11.3652) | | |
| LNPER_GDP | 0.2971 (0.3883) | 1.5773*** (3.6368) | 0.9632* (1.7612) | −0.7547 (−4.8413) | 1.2555*** (15.1567) | 0.0033 (0.0329) |
| LNWAGE | −0.6717 (−0.3210) | | | 1.0432*** (2.6527) | | |
| LNUNEMP | 1.6713 (1.3043) | 2.9031*** (2.6365) | 2.1743* (1.8363) | 0.4798** (1.9917) | 2.2799*** (11.9747) | 1.9062*** (8.8345) |
| LNRAILWAY | 1.0896* (1.7902) | | | 0.4803*** (3.8644) | | |
| LNROAD | 1.4885** (2.4726) | 2.3089*** (4.7218) | 1.5885*** (3.9654) | 0.8624*** (9.1859) | 2.0060*** (23.9806) | 1.6210*** (20.5387) |
| LNLAND | 1.8985*** (3.3164) | 1.7071*** (4.2303) | 1.2052*** (3.6530) | 0.2976*** (3.2326) | 0.8223*** (13.6139) | 0.4783*** (9.0515) |
| LNFR | 1.7267* (1.7019) | 0.9838 (1.3393) | | −0.8942*** (−4.1617) | −0.3610*** (−2.5878) | |
| OBS | 1770 | 1770 | 1770 | 53280 | 53280 | 53280 |
| Log Likelihood | −171.9452 | −175.8713 | −174.4160 | −5033.9189 | −5307.6705 | −5130.5337 |

注：①3721 和 3725 分别为整车制造业和汽车零部件及配件制造业的四位码；②括号内数据为 z 检验值，在大样本统计量情况下（n>30），通常用 z 检验代替 t 检验；*、**、***分别表示在 10%、5%、1%统计水平上显著

总的来看，这两个汽车制造业的四位数行业在 2007～2009 年新建企业的地理分布大体一致。其中，零部件及配件制造企业对沿海沿江的倾向更加明显，但还未形成连片集聚；整车制造新建企业选择建厂的区域主要集中在南部沿海和北部沿海等地区。而本节的实证分析表明，整车制造和汽车零部件及配件制造业两类行业新建企业布局主要受到企业数量、人均 GDP、路网密度以及失业率等因素的影响，即均倾向于选择产业基础较好、市场规模较大、基础设施较完善、劳动力市场较活跃的地区进行布局；而较低的财政税收收入意味着较为低廉的土地和税收负担，同样吸引汽车零部件及配件制造企业落地。

# 第四节　本　章　小　结

通过描绘我国汽车制造业区域转移与空间结构演化，以及对企业微观区位决策原因的探析，我们看到中国汽车制造业在加入 WTO 后发生了翻天覆地的

变化，这一系列变化既有来自历史方面的路径依赖和沉淀，也有在新形势新环境下的顺势而为。在企业区位选择原理基础上，利用以企业区位选择模型为基础的集聚指数对中国汽车制造业及其四位数行业的集聚水平进行测算，辅以空间布局演化等描述性方法，得到多个具有启发性的结论。

第一，我国汽车制造业近年来已表现出向北部沿海、南部沿海、西南和黄河中游地区集中转移的趋势，具体到省级单元即在山东、北京、天津、河北、广东、广西、重庆、四川、陕西和河南等，而主要转出区域为东部沿海地区和东北地区等。基于我国汽车制造业的区域转移演化特征，结合汽车制造业集聚指数逐步下降的趋势，可以发现我国汽车制造业的区域产业转移正在推动该行业的布局分散化、差距缩小化、优势扩张化，促使其区域发展从不平衡向平衡演进。总的来看，我国汽车制造业呈现出单中心演化成为多中心产业集聚态势。

第二，根据细分行业的区域转移与集聚水平分析结果，可以发现整车制造业和汽车零部件及配件制造业的产业转移和集聚程度变化趋势的基本特征与汽车制造业相一致。因此，本章认为汽车制造业的区域转移主要受到整车制造业和汽车零部件及配件制造业的影响和驱动，并且前者的贡献高于后者。在产业转移的过程中，汽车制造业的集聚水平明显下降，地理分布逐步呈现多中心集聚状态，这一优势衰退、布局分散的演化特征受到了整车制造业和汽车零部件及配件制造业的共同控制，并且前者的集聚程度明显高于后者，而汽车制造业的集聚程度正反应了两者的中和状态。

第三，整车制造和汽车零部件及配件制造业两类行业 2007～2009 年的新建企业空间分布大体一致，所不同的是零部件及配件制造企业在沿海沿江的布局意图更加清晰，但未形成连片集聚；整车制造新建企业选择建厂的区域主要集中在北部沿海、长江中游、东部沿海和西南地区。从实证分析结果来看，这两类四位码行业新建企业布局主要受到企业数量、人均 GDP、路网密度及失业率等因素的影响，因此，产业基础较雄厚、市场规模较大、基础设施较完善、劳动力市场是控制汽车制造业新建企业区位选择的主要因素。例如，浙江、江苏、上海、山东、湖北、广东、重庆等地是这两类行业共同青睐的，山东、吉林、湖北、四川等地较低的财政税收收入有可能意味着当地较低的土地成本和税收负担能够吸引市场准入条件较低的汽车零部件及配件制造企业落地，然而这一条件也反映当地用于公共产品的投入不足而对整车制造企业的区位选择构成阻碍。

产业的集中集聚是世界汽车生产国的共同规律，中国汽车生产企业的过度分散、市场集中度低实为世界罕见。这种分散布局既有历史因素，也有人为干扰。但随着市场在资源配置中的作用日益显著，企业更加倾向于在市场经济发达、经济基础雄厚的地区选址建厂。产业的集聚归根结底是企业的区位选择问题，因此，影响企业区位决策的因素也是产业集聚的内在动力。目前，中国大部分省区都将汽车制造业作为主导产业或支柱产业来发展，但国内依然面临区域经济差距较大，劳动力、资本等要素流动性不足等问题，许多地区经济状况在短时期内还不能实现跨越发展。对于地方政府而言，应充分考虑经济社会发展水平及其所处阶段，结合地方特有地理、历史、环境等因素，确立和制定适宜于自身发展的产业方向和政策。基于以上分析，我们提出建议如下。

（1）在汽车制造业基础较好、发展迅速的浙江、江苏、山东、湖北、上海、广东、辽宁、重庆、安徽、吉林等省区，鼓励跨省区之间整车企业兼并重组，拓展与周边零部件及配件制造企业的配套关系，整合资源，节约成本，提高生产率，建成具有核心竞争力的大型汽车企业集团。积极发展研发、采购、物流、服务为一体的汽车制造服务体系，改善基础设施建设，扩大地方公共财政支出，为大型企业集团发展创造良好的经济基础和外部环境。

（2）对于劳动力相对富余，产业发展空间较大的地区，吸引汽车零部件及配件制造企业投资建厂，加强对劳动者的知识和技能培训，提高研发投入，强化自我创新和自我调节能力，以市场为主导，积极探索和开发具有品牌竞争力的产品，稳固与国内外大型整车制造企业的配套供应关系，实现专业化分工和协作化生产。

（3）进一步巩固和强化沿海沿江地区产业集聚中心的地位，建立以沿海沿江省区大型整车制造企业为核心，周边零部件及配件制造企业为支撑的汽车制造业产业集群，实施网络化分工与合作，建立一体化产业集群区，提升汽车制造业的产业集中度和空间集聚水平。

## 参 考 文 献

范鹏辉, 顾海兵. 2010. 美日汽车产业转移路径特点与比较分析. 福建论坛（人文社会科学版），(4): 24-29.

贺灿飞, 魏后凯. 2001. 信息成本、集聚经济与中国外商投资区位. 中国工业经济, (9), 38-45.

胡安生, 冯夏勇. 2004. 我国汽车产业集群发展研究. 中国机电工业, (6), 44-46.

黄水灵. 2004. 产业集群与我国汽车产业. 北京汽车, (3), 29-32.

李国平. 2000. 对外直接投资的区位选择与基本分析框架. 北京大学学报（哲学社会科学版），(1), 52-59.

李小建. 1996. 香港对大陆投资的区位变化与公司空间行为. 地理学报, (3), 214-223.

李准晔. 2005. 中国各区域对外贸易的决定因素分析——中国八大区域与东亚三经济体间的贸易. 经济研究, (8): 116-127.

梁琦. 2004. 产业集聚的均衡性和稳定性. 世界经济, (6), 11-17.

吕卫国, 陈雯. 2009. 制造业企业区位选择与南京城市空间重构. 地理学报, (2): 142-152.

孟庆民, 杨开忠. 2001. 一体化条件下的空间经济集聚. 人文地理, (12): 7-11.

覃成林, 熊学如. 2013. 我国制造业产业转移动态演变及特征分析——基于相对净流量指标的测度. 产业经济研究, (1): 12-21.

汤学兵, 陈秀山. 2007. 我国八大区域的经济收敛性及其影响因素分析. 中国人民大学学报, (1): 106-113.

王俊松. 2011. 集聚经济与中国制造业新企业区位选择. 哈尔滨工业大学学报(社会科学版), 13 (6): 19-26.

许宪春, 李善同. 2008. 中国区域投入产出表的编著及分析 (1997 年). 北京: 清华大学出版社.

余珮, 孙永平. 2011. 集聚效应对跨国公司在华区位选择的影响. 经济研究, (1): 71-82.

张旭明, 李辉, 王亚玲. 2005. 汽车产业集群的理论依据与政策选择. 工业技术经济, (12), 115-117.

赵浚竹, 孙铁山, 李国平. 2014. 中国汽车制造业集聚与企业区位选择. 地理学报, 69 (6): 850-862.

Bartik T J. 1985. Business location decisions in the United States: estimates of the effects of unionization, taxes, and other characteristics of states. Journal of Business and Economic Statistics, 3 (1): 14-22.

Beaudry C, Swann P. 2001. Growth in industrial cluster: a bird's eye view of the United Kingdom. SIEPR Discussion Paper, 00-38.

Carlton D W. 1979. Why new firms locate where they do: an econometric model//Wheaton W. Interregional Movements and Regional Growth. Washington D C: The Urban Institute: 13-50.

Carlton D W. 1983. The location and employment choices of new firms: an econometric model with discrete and continuous endogenous variables. The Review of Economics and Statistics, 65 (3): 440-449.

Chen, M Y. 2012. Entry mode choice and performance: evidence from Taiwanese FDI in China. Emerging Markets Finance & Trade, 48 (3): 31-51.

Coughlin C C, Segev E. 2000. Location determinants of new foreign-owned manufacturing plants. Journal of Regional Science, 40 (2): 323-351.

Coughlin C C, Terza J V, Arromdee V. 1991. State characteristics and the location of foreign direct investment within the United States. The Review of Economics and Statistics, 73 (4): 675-683.

David P, Rosenbloom J. 1990. Marshallian factor market externalities and the dynamics of industrial location. Journal of Urban Economics, 28: 349-370.

Devereux M P, Griffith P. 1998. Taxes and the location of production: evidence from a panel of US multinationals. Journal of Public Economics, 68: 335-367.

Ellison G, Glaeser E L. 1997. Geographic concentration in U.S. manufacturing industries: a dartboard approach. Journal of Political Economy, 105 (5): 889-927.

Friedman J, Gerlowski D, Silberman J. 1992. What attracts foreign multinational corporations? evidence from branch plant location in the United States. Journal of Regional Science, 32 (11): 403-418.

Glickman N J, Woodward D P. 1988. The Location of foreign direct investment in the United States: patterns and determinant. International Regional Science Review, 11 (2): 137-154.

Guimarães P, Figueirdo O, Woodward D. 2000. Agglomeration and the location of foreign direct investment in Portugal. Journal of Urban Economics, 47 (3): 115-135.

Guimarães P, Figueirdo O, Woodward D. 2003. A tractable approach to the firm location decision problem. The Review of Economics and Statistics, 85 (1): 201-204.

Hansen E. 1987. Industrial location choice in Sao Paulo, Brazil: a nested logit model. Regional Science and Urban Economics, 17 (2): 89-108.

Head K, Mayer T. 2004. Market potential and the location of Japanese investment in the European Union. The Review of Economics and Statistics, 86 (4): 959-972.

Head K, Ries J C, Swenson D L. 1995. Agglomeration benefits and location choices: evidence from Japanese manufacturing investments in the United States. Journal of International Economics, 38 (5): 223-247.

Jackson M, Highfield M, Redabaugh S. 2010. Labor trumps other factors in the location decision. Area Development Site and Facility Planning, 45 (3): 71-73.

Luger M I, Shetty S. 1985. Determinants of foreign plant start-ups in the United States: lessons for policy makers in the southeast. Vanderbilt Journal of Transnational, 224 (18): 223-236.

McFadden D. 1974. Conditional logit analysis of qualitative choice behavior//Zarembka P. Frontiers in Econometrics. New York: Academic Press.

Nachum L. 2000. Economic geography and the location of TNCs: financial and professional service FDI to the USA. Journal of International Business Studies, 3: 367-385.

Smith D F, Florida R. 1994. Agglomeration and industrial location: an econometric analysis of Japanese-affiliated manufacturing establishments in automotive-related industries. Journal of Urban Economics, 36: 23-41.

Victor F S, Liu, W D. 2000. Restructuring and spatial change of China's auto industry under institutional reform and globalization. Annals of Association of American Geographers, 90 (4): 653-673.

Wheeler D, Moody A. 1992. International investment location decisions. Journal of International Economics, 33: 57-76.

生产性服务业处于基于价值链的产业链分工体系中的高附加值环节，是当今产业国际竞争的焦点和全球价值链中的主要增值点、盈利点。由于生产性服务业部门与制造业产业联系紧密，两大产业部门在空间布局上也随之存在紧密联系，生产性服务业在区域产业空间布局中日益发挥着重要的功能。虽然我国的生产性服务业水平远落后于西方发达国家，但生产性服务业在经济发展中的地位在不断提升，2014 年《政府工作报告》提出加快发展生产性服务业，是向结构调整要动力、促进经济稳定增长的重大措施。生产性服务业已成为我国未来经济增长的重点发展方向，本章将利用 2003~2012 年全国 285 个地级城市面板数据，深入探讨中国生产性服务业的空间分布特征，并基于面板工具计量模型，实证研究生产性服务业市场潜能等影响因子对其空间分布的影响。

## 第一节　国内外相关研究综述

自新古典经济学时代以来，对于产业空间布局和集聚现象的研究一直是学术界关注的热点问题之一。新古典经济理论强调第一自然因素的作用，对经济活动空间分布的研究更多的关注了区域自身特征的影响（Weber，1929；

① 本章部分内容已发表：席强敏，陈曦，李国平. 2016. 中国生产性服务业市场潜能与空间分布——基于面板工具模型的实证研究. 地理科学，（01）：1-9.

Harrigan，1995；Henderson，1998），如要素禀赋、经济结构、技术水平等。新经济地理理论兴起后，以 Krugman、Venables 和 Fujita 等为代表的研究者们更强调第二自然因素，将空间因素纳入一般均衡的分析框架中（Marshall，1961；Krugman and Venables，1995；Fujita and Krugman，1999），如外部性、运输成本、规模报酬递增等，对经济活动的空间分布规律和空间集聚机制进行了更为深入的探讨。

新经济地理学更多的关注距离和相邻区域特征等对本地经济活动的影响，在规模收益递增、垄断竞争、存在运输成本等假定下建立模型，并在 Harris 有关"市场潜能"的研究成果的基础上，提出市场潜能效应（Harris，1954；Krugman，1991，1992），从更全面的角度考察了经济地理在经济活动空间分布中的作用。在市场潜能对经济活动影响的实证研究方面，Redding 和 Venables（2004）的研究表明，一个国家对目标市场的通达性越好，其制造业的工资水平越高；Keith 和 Thierry（2003，2004，2006）的相关研究重点阐述了市场潜能通过贸易对产业集聚产生的影响，将运输成本和规模经济之间的相互作用视为产业集聚的重要因素，强调了前向和后向联系在空间集聚过程中的作用，并分别以 57 个欧洲地区 13 个制造业细分行业和日本制造业厂商在欧洲各国直接投资的分布与欧洲各国市场潜能之间关系为对象，得出市场潜能对于工资收入、就业率和吸引制造业投资存在正向影响的结论。国内研究中，刘修岩等（2007）通过建立一个关于制造业空间集聚影响因素的新经济地理学模型，利用 1999～2004 年 210 个地级城市面板数据，证明了市场潜能对制造业空间集聚具有显著的正向影响；周伟林等（2011）通过我国 1997 年八大区域间投入产出表建立贸易引力模型，在证明了市场潜能对制造业产值分布具有显著的正向影响的同时还指出，区域内部市场潜能所占比重越高，制造业越高；赵增耀和夏斌（2012）利用我国 2004～2010 年省际面板数据的研究认为，国内市场潜能、国外市场潜能与工业集聚具有非线性关系，其中，国内市场潜能和工业集聚之间呈现"U"形关系，只有国内市场潜能跨越特定门槛值时，工业集聚效应才能逐步实现，而国外市场潜能则存在双门槛效应，国外市场潜能越高，工业集聚效应越显著；杨亚平和张会勤（2013）利用 2000～2010 年全国 43 个城市面板数据进行实证分析，结果表明本地市场潜能、国外市场潜能对电子与通信设备制造业产业集聚具有正向作用，周边市场潜能对产业集聚作用不明显。已有实证研究多关注制造业，通过企业利润最大化和工资水平提升等作用机制阐释市场潜能对制造业空间分布产生的影响，而对在区域经济发展中作用日益突出的生产性服务业空间分布受市场潜能影响的研究还比较缺乏。

在生产性服务业区位选择和空间布局的研究领域，主要的经典理论包括 Christaller 的中心地理论、Alonso（1964）的竞租理论及 Gad（1985）的空间选择性扩散理论等。国外学者关于生产性服务业空间分布的实证研究表明，交易成本的节约、信息交流的便捷、创新的可能性等因素使得生产性服务业倾向于在大都市区集聚（Porter，1990；Marshall and Wood，1992；Illeris，1996）。国内学者中，陈建军等（2009）采用全国 222 个地级以上城市截面数据进行实证分析，研究表明，知识密集度、信息技术水平、城市和政府规模对生产性服务业集聚有显著的影响，并表现出一定的区域差异性；张勇（2012）研究发现知识存量、滞后四期的服务业集聚程度、城市化对生产性服务业集聚发展有促进作用，而政府规模则呈现负相关，信息化水平在东部地区呈现负相关，在中西部地区呈现正相关；杨帆和叶嘉安（2013）研究认为生产性服务业倾向于集中在特大城市，这种不均衡分布格局决定了大城市和特大城市在新一轮的城市发展中具有更大的竞争力；李佳洺等（2014）通过区位基尼系数和空间自相关性分析，发现中国生产性服务业在地理空间中整体呈现点状集中的模式，其中，信息服务业和商务服务业是首位城市集聚模式，科研技术服务业和房地产服务业是位序规模分布的模式，金融业则是均衡分布的模式。综合国内外已有研究成果，可以发现，目前关于生产性服务业空间分布的研究还不够成熟，基于集聚现象的理论性推理和描述性分析比较普遍，探究影响因素的实证研究相对较少，更缺乏新经济地理学视角下的考虑市场潜能因素的相关研究。因此，本章将以中国地级城市生产性服务业为研究对象，在对其空间分布特征进行深入研究的基础上，利用面板工具计量模型，对生产性服务业市场潜能等影响因子与其空间分布之间的关系进行实证研究。

## 第二节　生产性服务业空间分布特征

本节将从市级尺度和区县级尺度对中国生产性服务业各部门的空间集聚水平进行测度分析，以揭示中国生产性服务业空间集聚的行业特征，并对生产性服务业各部门之间的空间协同集聚关系进行了测度分析。

### 一、生产性服务业空间分布的行业特征

根据国家标准《国民经济行业分类》（GB/T 4754—2011）对于服务业的分类界定和《国民经济和社会发展第十一个五年规划纲要》中将生产性服务业分为交通运输业、现代物流业、金融服务业、信息服务业和商务服务业，本章将

二位数行业代码在 53～60，63～75 的服务业确定为生产性服务业。即交通运输、仓储和邮政业，信息传输、计算机服务和软件业，金融业，房地产服务业，租赁和商务服务业，科学研究和技术服务业这六大类①。由于《国民经济行业分类》（GB/T 4754—2002）与《国民经济行业分类》（GB/T 4754—1994）相比，关于服务业细分行业的分类发生了较大的调整，这种调整使得 2003 年前后生产性服务业细分行业的数据可比性较低，所以本章研究的时间段是从 2003 年起至 2012 年。

在关于制造业的研究中，国内外很多学者大多用工业产值来衡量产业发展水平和进行指标测算，由于制造业产品是有形的，在统计口径和统计方法上都已经较为完善，采用这样的指标有一定的合理性，但是对于服务业而言，目前学术界普遍认为我国关于服务业行业增加值的统计被严重低估（岳希明和张曙光，2002；许宪春，2004），因此采用产值来衡量地区服务业发展水平不太合适，另外关于各城市生产性服务业细分行业的从业人数数据远比产值数据全面，因此本章的研究均采用各地级市生产性服务业细分行业的从业人员数据进行指标测算。

关于产业集聚的度量基于不同的角度有不同的测算方法，如从企业角度来看，可以通过赫芬达尔指数衡量，从行业角度来看，则可以通过空间基尼系数来衡量，尽管 E-G 系数（Ellision and Glaeser，1997）综合考虑了企业和行业 2 个维度，而且服务业集聚的二维评价模型（李文秀和谭力文，2008）也认为 E-G 系数是检验服务业集聚程度的较好指标，仅采用空间基尼系数来衡量生产性服务业集聚程度。

本节借鉴 Krugman 等（1991）的方法，用空间基尼系数测算中国生产性服务业的集聚程度，其计算方法如下：

$$G = \sum_i (s_i - x_i)^2 \tag{8-1}$$

式中，$G$ 为空间基尼系数；$s_i$ 为 $i$ 地区某产业就业人数占全国该产业总就业人数的比重，$x_i$ 为该地区就业人数占全国总就业人数的比重。空间基尼系数越大说明集聚度越高，系数越小说明集聚度越低（$0 \leqslant G \leqslant 1$）。本章利用 2003～2012 年中国 285 个地级及地级以上城市生产性服务业各行业的就业人口数据，测算了全国生产性服务业及其各行业的空间基尼系数，以揭示中国生产性服务业空间分布的行业特征。

由表 8-1 和图 8-1 的测算结果可以发现如下规律。

---

① 为了叙述方便，这里将以上六类生产性服务业部门分别称为交通运输业、信息服务业、金融服务业、房地产服务业、商务服务业和科技研发业。

表 8-1　2003～2012 年中国生产性服务业各行业空间基尼系数

| 年份 行业 | 2003 年 | 2012 年 | 2003～2012 年平均 | 2003～2012 年变化 |
|---|---|---|---|---|
| 金融服务业 | 0.0012 | 0.0024 | 0.0012 | 0.0012 |
| 交通运输业 | 0.0024 | 0.0048 | 0.0040 | 0.0024 |
| 房地产服务业 | 0.0139 | 0.0100 | 0.0165 | −0.0039 |
| 科技研发业 | 0.0143 | 0.0181 | 0.0152 | 0.0038 |
| 商务服务业 | 0.0287 | 0.0291 | 0.0416 | 0.0004 |
| 信息服务业 | 0.0096 | 0.0338 | 0.0260 | 0.0242 |

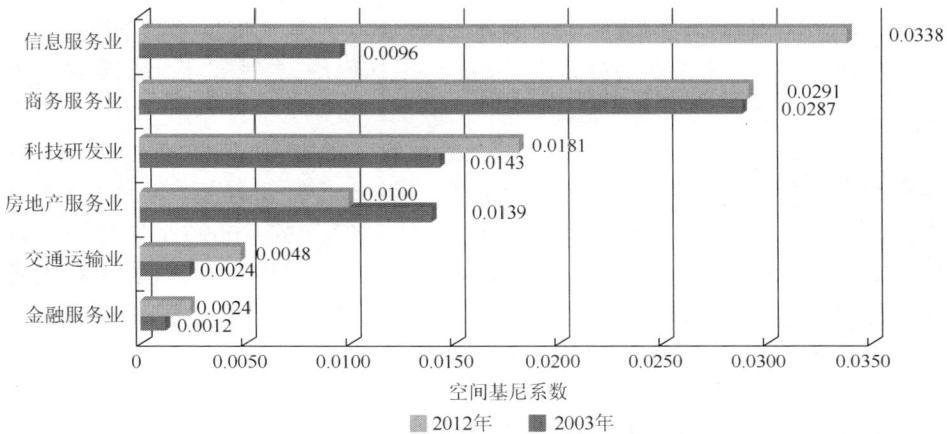

图 8-1　2003 年、2012 年中国生产性服务业各行业空间基尼系数

（1）不同的生产性服务业部门的空间集聚程度表现出很大的差异性。在六个生产性服务业部门中，2003～2012 年平均空间集聚程度最高的部门是商务服务业，其平均空间基尼系数为 0.0416，而最低的金融服务业平均空间基尼系数仅为 0.0012，前者是后者的 34.6 倍。生产性服务业部门的空间分布与其服务对象的分布密切相关，各生产性服务业部门由于服务对象的不同及与服务对象交易方式的不同，决定了各生产性服务业部门集聚程度的差异性。

（2）根据生产性服务业各行业空间基尼系数的差异性，可以将六个生产性服务业部门分成两个梯度。

第一，高集聚性部门：商务服务业、信息服务业、科技研发业、房地产服务业。

商务服务业、信息服务业、科技研发业等知识密集型生产性服务业部门显示出较高的集聚性，这些行业的信息技术嵌入程度比较高，其产品具有高度信息化的特点，可以进行远程传输或在虚拟空间提供服务，信息技术的使用带来的虚拟空间会削弱面对面服务的必要性，从而扩大每个企业的服务半径，进而使得这些行业的空间集聚程度比较高。

第二，低集聚性部门：交通运输业、金融服务业。

交通运输业和金融服务业的集聚水平都比较低，这些行业的最大特征就是它们提供的服务都是接触紧密型服务，服务提供点需尽可能地靠近服务对象，服务提供者必须面向消费者提供个性化的服务。接触紧密型的服务需求使得交通成本成为影响消费者选择的一个重要因素，一个企业能够辐射的范围也就非常有限，这就造成行业在区域分布上越来越均匀，行业的区域集聚程度也就相对较低。金融服务业分为两种：一种是向居民提供的金融服务；另一种是向企业提供的金融服务。目前我国的金融业尚未成熟，向居民提供的金融服务占相当大的比重，因此金融业的分布也主要围绕着居民均匀布局，行业的集聚程度较低。

（3）从 2003～2012 年生产性服务业各行业空间基尼系数的变化可以发现：除房地产服务业的空间集聚水平下降以外，其余五个行业的空间集聚水平都有提高，其中信息服务业集聚水平增幅最大，从 2003 年的 0.0096 增加到了 2012 年的 0.0338，增长了 2.5 倍。由此可见信息服务业等高知识密集型产业部门越来越集中于大城市，如北京、重庆、西安、杭州等大城市信息服务业的就业份额分别上升了 6.5%、3.5%、2.7%、2.5%。

## 二、生产性服务业空间分布的区域特征

传统的服务经济学认为，服务业的产品和制造业产品有着巨大的差别，其中最主要的一条是库存和运输的不可能性（井原哲夫，1986），这使得服务一般被认为是不可贸易的，从而在空间布局上倾向于分散，难以形成集聚。但是生产性服务业的发展使得这种观点受到挑战。Krugman（1991）研究得出，作为中间投入的生产性服务业，比如金融服务业是可以贸易的，从而可以服务到周边地区，进而形成一些区域性的集聚中心，如哈特福德是保险业集聚的中心，芝加哥是期货交易中心，洛杉矶是娱乐中心。大部分生产性服务业由于其可贸易的产业特征导致这些行业在区域中心城市呈现空间集聚的特征。

从图 8-2 显示的 2012 年生产性服务业在全国城市中的空间分布情况可以看出，生产性服务业主要集中在区域中心城市[①]，2012 年区域中心城市的生产

---

① 这里把各省的行政中心（即省会城市）和直辖市作为各区域的中心城市。

性服务业就业人数占全国的份额高达 56%，就业密度是非区域中心城市生产性服务业就业密度的 11.8 倍。从生产性服务业各行业来看，商务服务业和科技服务业在区域中心城市集聚的特征最为显著，占全国份额分别高达 65.5%、62.6%，就业密度分别是非区域中心城市的 17.5 倍和 15.5 倍。

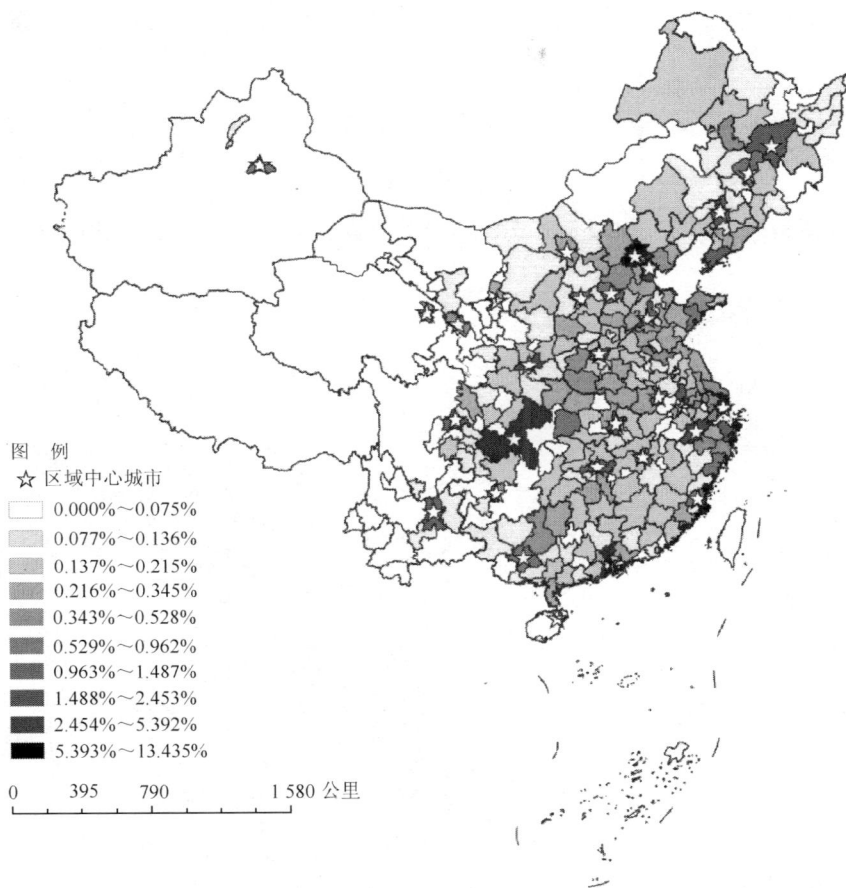

图 8-2　2012 年生产性服务业空间分布示意图

从图 8-3 和图 8-4 显示的生产性服务业份额的时序变化上来看，生产性服务业向区域中心城市集聚的特征越来越显著，2003～2012 年，中心城市生产性服务业占全国的份额上升了 7.8%，其中信息服务业向区域中心城市加速集聚的特征最为突出，份额上升了 12.7%。从空间上看，重庆、深圳、北京、杭州四个中心城市的生产性服务业在 2003～2012 年的份额上升最大，分别上升了 2.6%、1.8%、1.7%和 1.3%。

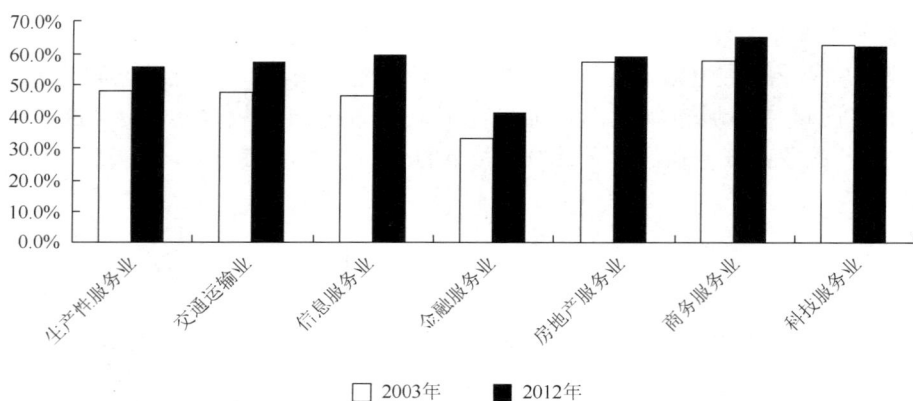

图 8-3　2003 年、2012 年区域中心城市生产性服务业及其各行业占全国份额

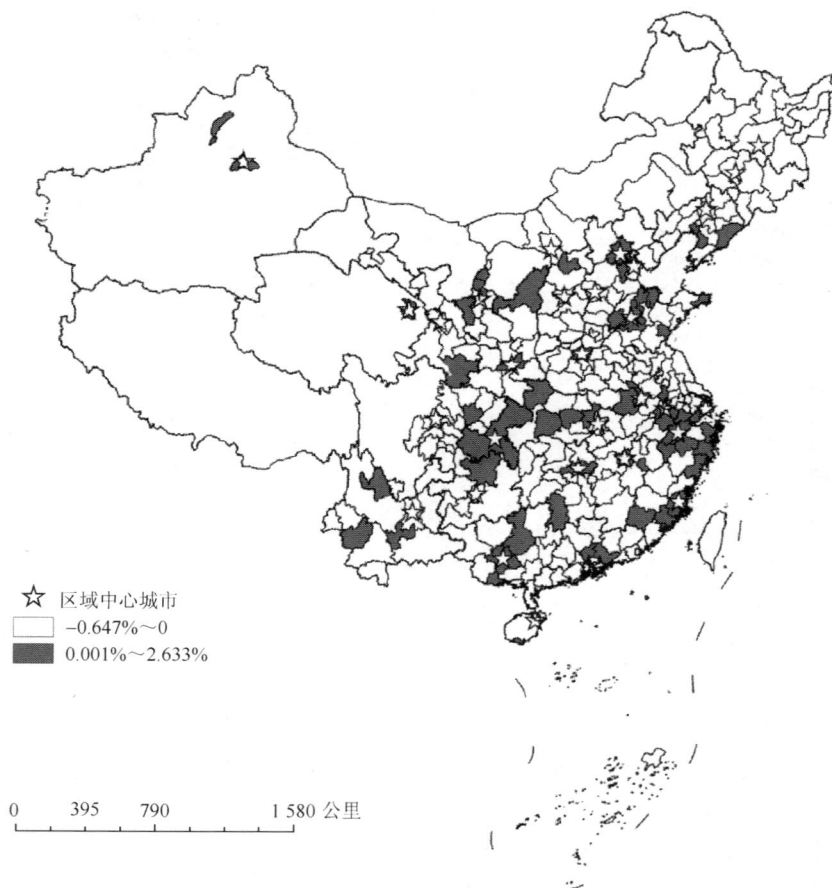

图 8-4　2003～2012 年生产性服务业空间分布变动示意图

## 三、生产性服务业行业内的空间协同分布

本节将利用 Ellison 和 Glaeser（1997）提出的产业间协同集聚度（co-agglomeration）来测度生产性服务业各部门之间的空间协同集聚关系。此方法考虑了不同行业内企业集中程度的差别，较为准确地反映了产业之间的空间集聚程度，有利于产业之间和地区之间的比较研究。目前利用该方法对中国的产业间集聚进行研究的文献很少，主要原因是该方法对数据要求比较高，不仅需要各行业在各区域产值（或从业人员）数据，而且需要各行业内企业集中程度的信息。路江涌和陶志刚（2006）利用产业间集聚度方法，考察了中国制造业产业之间的区域聚集。

Devereux（1999）等对 Ellison 和 Glaeser（1997）提出的产业间集聚度的计算公式做了一定的简化，公式为

$$r_{ij} = \frac{H_{ij} - (H_i \times w_i^2 + H_j \times w_j^2)}{1 - (w_i^2 + w_j^2)} \qquad (8\text{-}2)$$

式中，$w_i$、$w_j$ 为权重指标，用单个产业从业人员占两个产业从业人员之和的比重表示；$H_i$、$H_j$、$H_{ij}$ 分别代表产业 $i$、产业 $j$ 及两个产业形成的地理集中度，本节中用赫芬达尔指数来计算，公式为

$$H = \sum_{k=1}^{n} S_k^2 - \frac{1}{n} \qquad (8\text{-}3)$$

式中，$S_k$ 为某产业第 $k$ 个地区的从业人员占该产业整个区域从业人员的比重，$n$ 为地区个数。计算出来的 $r_{ij}$ 值越大，就表示产业 $i$ 和产业 $j$ 之间集聚度越高，空间分布上越邻近。

参照 Devereux（1999）的研究，依据协同集聚度，可以将行业间的产业间集聚关系分为高度空间集聚（$r>0.05$），中度空间集聚（$0.02<r<0.05$）及低度空间集聚（$r<0.02$）。由表 8-2 可知，在生产性服务业的 21 个行业组合中：①商务服务业与信息服务业空间协同集聚关系属于高度集聚，这个行业组合属于知识密集程度非常高的行业之间的组合；②绝大多数行业组合的空间协同集聚关系属于中度集聚；③金融服务业-交通运输业、金融服务业-房地产服务业和金融服务业-科技研发业三个行业组合的空间协同集聚关系属于低度空间集聚，金融服务业与其他生产性服务行业之间的空间集聚程度最低。

表 8-2　2012 年中国生产性服务业各行业之间空间协同集聚度矩阵

| 生产性服务业部门 | 交通运输业 | 信息服务业 | 金融服务业 | 房地产服务业 | 商务服务业 | 科技研发业 | 平均值 |
|---|---|---|---|---|---|---|---|
| 交通运输业 | | 0.030 | 0.015 | 0.025 | 0.032 | 0.024 | 0.024 |
| 信息服务业 | 0.030 | | 0.022 | 0.038 | 0.055 | 0.044 | 0.041 |

| 生产性服务业部门 | 交通运输业 | 信息服务业 | 金融服务业 | 房地产服务业 | 商务服务业 | 科技研发业 | 平均值 |
|---|---|---|---|---|---|---|---|
| 金融服务业 | 0.015 | 0.022 | | 0.017 | 0.023 | 0.018 | 0.018 |
| 房地产服务业 | 0.025 | 0.038 | 0.017 | | 0.040 | 0.030 | 0.030 |
| 商务服务业 | 0.032 | 0.055 | 0.023 | 0.040 | | 0.043 | 0.041 |
| 科技研发业 | 0.024 | 0.044 | 0.018 | 0.030 | 0.043 | | 0.033 |

## 四、生产性服务业与制造业的空间协同分布

生产性服务业是制造业中间投入品的"供应商"，而制造业则是生产性服务业的"客户"，两者之间存在投入产出关系。生产性服务业为了接近"客户"，节省交易成本，提供"面对面（face to face）"服务，其区位选择会趋向于在制造业周围，由此就会产生协同集聚的现象，但随着信息通信技术的发展和交通运输成本的下降，有些生产性服务业并不需要接近制造业，而可能为了获得知识溢出，在其他高级生产性服务业周围集聚。因此生产性服务业与制造业在空间上的布局关系与各个产业的特征以及各产业间的产业联系存在一定的关系。

### （一）生产性服务业与制造业空间结构变动关系

生产性服务业与制造业之间由于投入产出关系的存在，两者之间的空间布局必然会存在一定的关联，为了揭示生产性服务业各部门与制造业的空间布局关系，利用 2003～2012 年我国 285 个地级及地级以上城市生产性服务业各部门和制造业的就业人口数据，对我国各城市的生产性服务业就业份额变化与制造业就业份额变化进行了测度，并在地图上反映出其空间分布状态。

通过把各城市制造业就业份额变化和生产性服务业份额变化（图 8-5）对比分析得出。

（1）2003～2012 年，我国 73.6%的城市制造业就业份额与生产性服务业份额呈现同向变化特征。其中，161 个城市的制造业和生产性服务业的就业份额均下降，并且此类城市的平均人口规模仅为 106 万人，由此说明我国制造业和生产性服务业就业整体上都呈现出由较小规模城市向较大规模城市集聚的特征。另外，深圳、杭州、宁波、嘉兴、温州等沿海城市的制造业和生产性服务业的就业份额均呈现上升的特征（表 8-3）。

（2）北京、上海、天津、重庆、武汉、西安、沈阳、济南等直辖市和绝大多数省会城市随着"退二进三"产业结构的调整，制造业逐渐往外转移，而生产性服务业的就业人数不断集聚。

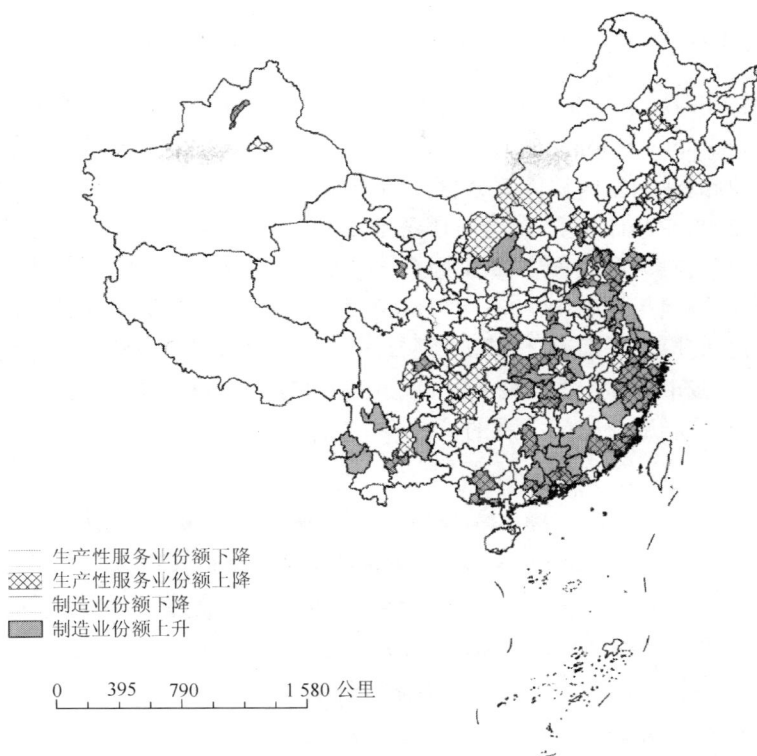

图 8-5　2003～2012 年生产性服务业与制造业空间结构变动分布示意图

表 8-3　2003～2012 年生产性服务业与制造业空间结构变动关系

| | 空间结构变动关系 | 城市数量/个 | 占比/% | 平均人口规模/万人[*] | 典型城市 |
|---|---|---|---|---|---|
| 同向变动 | 制造业份额上升<br>生产性服务业份额上升 | 48 | 16.9 | 159 | 深圳、杭州、宁波、嘉兴、泉州、温州 |
| | 制造业份额下降<br>生产性服务业份额下降 | 161 | 56.7 | 106 | 哈尔滨、石家庄、兰州、邯郸、洛阳 |
| 反向变动 | 制造业份额下降<br>生产性服务业份额上升 | 36 | 12.7 | 281 | 北京、上海、天津、重庆、武汉、西安、沈阳、济南 |
| | 制造业份额上升<br>生产性服务业份额下降 | 39 | 13.7 | 101 | 荆州、盐城、菏泽、黄冈 |

[*] 此处的城市平均规模是指该类型城市 2010 年市辖区年末人口的平均值

（3）荆州、盐城、菏泽、黄冈等 39 个平均人口规模仅为 101 万人的城市发展仍处于二产主导的阶段，制造业发展速度仍快于生产性服务业的发展速度，由此制造业的就业份额处于上升阶段，而生产性服务业的就业份额呈现下降特征。

## （二）生产性服务业与制造业的空间协同集聚关系

参照 Ellison 和 Glaeser（1997），以及 Devereux（1999）的产业间协同集聚度（co-agglomeration）的方法，测算我国 2003 年、2012 年生产性服务业及各部门与制造业的空间协同集聚度，结果如图 8-6 所示。对比分析得出。

（1）2003～2012 年，除金融服务业以外，其他 5 个生产性服务业部门与制造业的空间协同集聚程度都出现了一定程度的下降，生产性服务业整体与制造业的空间协同集聚度由 2003 年的 0.0105 下降到 2012 年的 0.0097，造成这种现象可能的原因是随着大城市"退二进三"产业结构调整的快速推进，制造业逐渐从大城市转移出去，而生产性服务业则在大城市不断集聚，由此导致生产性服务业与制造业空间关系的拉远。

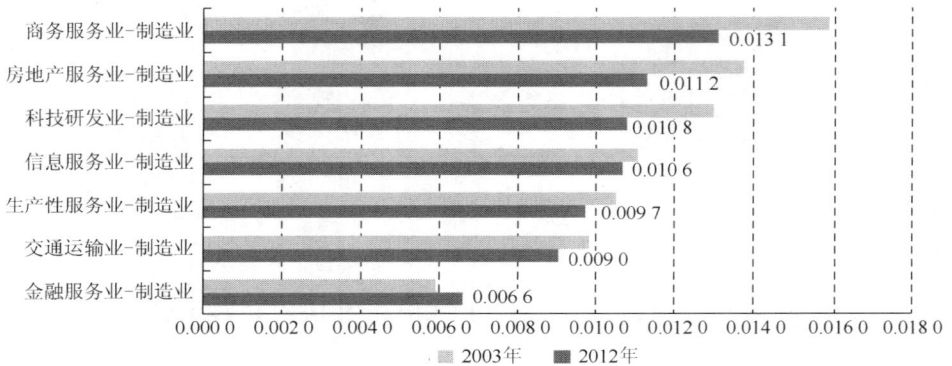

图 8-6　2003 年和 2012 年生产性服务业各部门与制造业的空间协同集聚程度

（2）从不同生产性服务业部门与制造业空间协同集聚关系的对比得出：商务服务业、房地产服务业、科技研发业、信息服务业等高集聚特征的生产性服务业部门与制造业的空间协同集聚度也相对较高，而交通运输业、金融服务业等低集聚特征的生产性服务业部门与制造业的空间协同集聚度也相对较低。

# 第三节　生产性服务业空间分布的影响因素分析

## （一）空间分布影响因素的理论假说

生产性服务业集聚的形成机理分析是伴随着产业集聚理论不断发展而逐

渐深入的。早期大多数生产性服务业集聚的研究都是以马歇尔（Marshall）为代表的新古典经济学的观点为基础，即认为促进产业集聚的根本动因在于获得外部经济。然后随着制度经济学引入到产业集聚分析中后，Scott（1988）从企业组织效率和核心竞争力的角度出发，认为企业为了增强核心竞争力，提高组织效率，把重心放在具体的生产环节，把不相关的技术和部门转移出去，于是就出现了大量的生产性服务业外包，而外包的生产性服务业需要与原来的企业紧密接触，于是就产生了集聚的内在需求。随后以克鲁格曼、藤田昌久为代表的新经济地理学派在 20 世纪 90 年代提出了中心—外围模型，但由于生产性服务业与制造业的产业特性不同，这种研究范式在解释生产性服务业集聚时就会显得比较勉强。目前国内外很多学者都在用理论分析或者实证分析的方法在探究生产性服务业集聚的形成机理，试图找出其内在的实证动因。

本章的研究表明生产性服务业内各行业的产业分布特性差异较大，因此本研究将生产性服务业各行业作为实证分析的研究对象，选取各城市某行业从业人员数占全国该行业从业人员总数的份额来衡量行业的空间分布。大多数生产性服务业企业都具有高度知识密集性，其区位选择的重要影响因素并不是传统区位理论认为的原材料、自然条件、运输成本等传统影响因素，而主要考虑与市场势能、劳动力成本、交通设施水平、高等教育水平、政府政策等因素，这些因素是生产性服务业集聚形成的主要影响因子。

### 1. 市场潜能

市场潜能对产业空间集聚存在重要影响的思想最早可以追溯到 Harris（1954）的研究。他首次采用以空间距离为权重的所有其他地区国内生产总值的加总来衡量一个地区所生产的产品和服务的潜在需求规模。20 世纪 90 年代初，由 Krugman 等（1991）所开创的新经济地理学基于垄断竞争、收益递增和运输成本相结合的一般均衡模型重新推导出包含市场潜能函数的工资方程，从而为传统的市场潜能研究提供了坚实的理论基础。新经济地理学模型揭示：在规模收益递增和存在运输成本的情况下，企业总是选择在市场潜能较大的地区进行生产，因为在这些地区企业可以最大限度地节省产品销售到消费者或产业下游企业和从产业上游企业购买中间投入品时的运输成本。

对于生产性服务业而言，一个地区第二产业规模及其周边地区的第二产业规模是其潜在的需求规模，需求规模越大，市场潜能也相应越大。这里借鉴 Harris（1954）度量方法来衡量各地级城市生产性服务业的市场潜能 mp，计算公式如下：

$$mp = \ln\left(\sum_{i \neq j} Y_j / d_{ij} + Y_j / d_{ij}\right) \tag{8-4}$$

式中，$Y$ 为各市第二产业生产总值；$d_{ij}$ 为各市中心之间的欧式直线距离，根据国家测绘局公布的国家基础地理信息系统中的中国 1：400 万地形数据库整理得出。各地级市的内部距离 $d_{ii} = 0.66\text{area}/\pi$，其中 area 为各地级市的土地面积。

**假设 1**：城市的生产性服务业就业份额与其市场潜能正相关。

从 2012 年生产性服务业市场潜能在全国的空间分布情况（图 8-7）可以看出，生产性服务业市场潜能大体上呈现由沿海地区向内陆地区逐渐减弱的趋势，市场潜能高的地区主要集中在长三角、珠三角和环渤海区域，西部地区和东北地区的市场潜能都相对较小，但从 2003～2012 年市场潜能的空间变动趋势（图 8-8）来看，随着国家实施西部大开发和促进中部地区崛起战略的大力推进，中西部地区生产性服务业市场潜能的增长明显快于东部沿海地区的市场潜能，差距逐渐缩小。

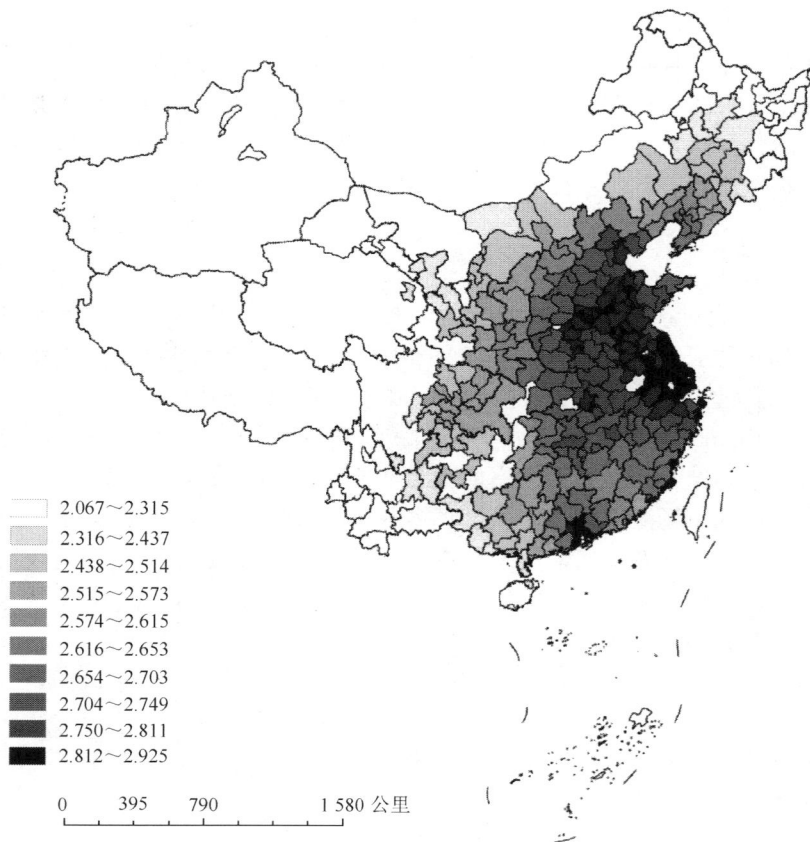

图 8-7　2012 年生产性服务业市场潜能空间分布

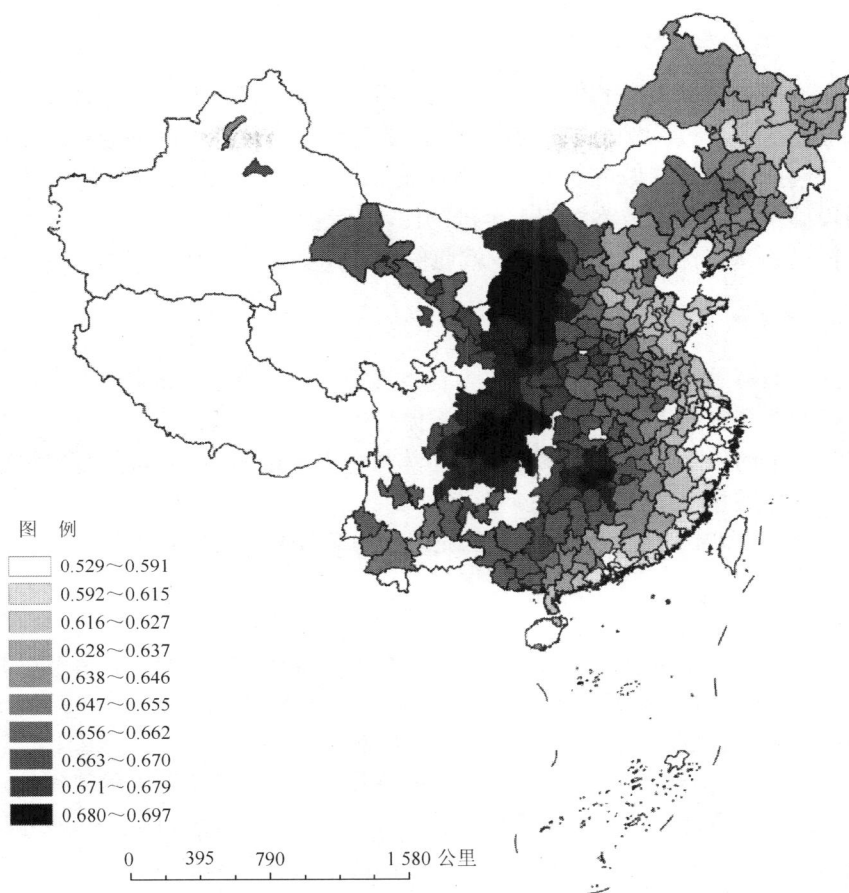

图 例

| | |
|---|---|
| □ | 0.529～0.591 |
| | 0.592～0.615 |
| | 0.616～0.627 |
| | 0.628～0.637 |
| | 0.638～0.646 |
| | 0.647～0.655 |
| | 0.656～0.662 |
| | 0.663～0.670 |
| | 0.671～0.679 |
| ■ | 0.680～0.697 |

0　　395　　790　　　　1 580 公里

图 8-8　2003～2012 年市场潜能空间分布变动①

## 2. 劳动力工资水平

生产性服务业提供的产品主要是服务, 进而劳动力成本是生产性服务业的主要成本。生产性服务业企业在劳动力工资水平相对较低的城市能够降低经营成本, 提高企业利润。因此本研究预测城市的生产性服务业就业份额与其劳动力工资负相关。劳动力工资变量用各市职工平均工资的对数衡量。

**假设 2**: 城市的生产性服务业就业份额与其劳动力工资负相关。

---

① 图 8-7 和图 8-8 均利用自然断点分类法（natural break, Jenks）来进行聚类分析。自然断点分类法采用使类内均值与该范围内的数据值尽可能接近的算法, 来划分类别。此种方法使得各类能很好地使用均值代表, 且类中的各值能尽可能的接近。因此, 聚类划分的结果可以很好地 "物以类聚", 类别之间的差异明显, 而类内部的差异非常小。

### 3. 交通设施水平

交通基础设施水平的提高，将降低生产性服务业的交易成本，提高生产性服务业的服务质量。城市交通设施条件的改善将促进生产性服务业向该城市的集中。因此本章预测城市的生产性服务业就业份额与其交通设施水平正相关。交通设施水平用各市道路面积占全国的比重衡量。

**假设3**：城市的生产性服务业就业份额与其交通设施水平正相关。

### 4. 高等教育水平

高等教育水平较高的城市的人力资本素质相对较高，能够满足生产性服务业各行业对高素质人才的需求，有利于提高生产性服务业的服务质量。因此本章预测城市的生产性服务业就业份额与其教育水平正相关。高等教育水平用各市高等学生数量占全国的份额衡量。

**假设4**：城市的生产性服务业就业份额与其教育水平正相关。

### 5. 政府规模

许多政府行为本身就构成一种对生产性服务业的替代，一个无所不包的政府会对一个地区的生产性服务业集聚产生抑制等负面作用，Ram（1986）、Barro（1991）等的研究都验证了政府规模与服务业发展的负相关关系。基于此，本章假设城市的生产性服务业份额与其政府规模负相关。鉴于数据的可得性，用政府非公共财政支出占 GDP 的比重来衡量政府规模，即政府规模=（地方财政一般预算内支出−科学支出−教育支出−抚恤和社会福利救济支出−社会保障补助支出）/生产总值。

**假设5**：城市的生产性服务业就业份额与其政府规模负相关。

## （二）数据说明和模型设定

基于 2003～2012 年的城市面板数据，研究生产性服务业在我国各城市的地理集聚，并揭示中国生产性服务业地理集聚的形成机制。数据主要来自于 2004～2013 年《中国城市统计年鉴》。这里以城市 $i$ 的生产性服务业各部门的就业分额作为因变量，计量模型设定为

$$ps_{it} = \alpha_0 + \alpha_1 lmp_{it} + \alpha_2 wage_{it} + \alpha_3 tran_{it} + \alpha_4 edu_{it} + \alpha_5 gov_{it} + u_{it}$$
$$tranind_{it} = \beta_0 + \beta_1 lmp_{it} + \beta_2 wage_{it} + \beta_3 tran_{it} + \beta_4 edu_{it} + \beta_5 gov_{it} + u_{it}$$
$$softind_{it} = \gamma_0 + \gamma_1 lmp_{it} + \gamma_2 wage_{it} + \gamma_3 tran_{it} + \gamma_4 edu_{it} + \gamma_5 gov_{it} + u_{it}$$
$$finind_{it} = \delta_0 + \delta_1 lmp_{it} + \delta_2 wage_{it} + \delta_3 tran_{it} + \delta_4 edu_{it} + \delta_5 gov_{it} + u_{it}$$
$$estaind_{it} = \varepsilon_0 + \varepsilon_1 lmp_{it} + \varepsilon_2 wage_{it} + \varepsilon_3 tran_{it} + \varepsilon_4 edu_{it} + \varepsilon_5 gov_{it} + u_{it}$$

$$\text{busind}_{it} = \sigma_0 + \sigma_1 \text{lmp}_{it} + \sigma_2 \text{wage}_{it} + \sigma_3 \text{tran}_{it} + \sigma_4 \text{edu}_{it} + \sigma_5 \text{gov}_{it} + u_{it}$$

$$\text{tecind}_{it} = \theta_0 + \theta_1 \text{lmp}_{it} + \theta_2 \text{wage}_{it} + \theta_3 \text{tran}_{it} + \theta_4 \text{edu}_{it} + \theta_5 \text{gov}_{it} + u_{it}$$

上述模型中各变量的含义见表 8-4。

**表 8-4　模型中各个变量的含义**

| 变量 | | 符号 | 含义 |
|---|---|---|---|
| 被解释变量 | 生产性服务业各行业的分布 | ps | 各市生产性服务业占全国城市的就业份额 |
| | | tranind | 各市交通运输业占全国城市的就业份额 |
| | | softind | 各市信息服务业占全国城市的就业份额 |
| | | finind | 各市金融服务业占全国城市的就业份额 |
| | | estatind | 各市房地产服务业占全国城市的就业份额 |
| | | busind | 各市商务服务业占全国城市的就业份额 |
| | | tecind | 各市科技研发业占全国城市的就业份额 |
| 主要解释变量 | 市场潜能 | lmp | 各市的生产性服务业市场势能的对数 |
| 控制变量 | 劳动力工资 | wage | 各市职工平均工资的对数 |
| | 交通设施水平 | tran | 各市道路面积占全国城市的份额 |
| | 高等教育水平 | edu | 各市高等学生数量占全国城市的份额 |
| | 政府规模 | gov | 各市非公共财政支出占本市 GDP 的份额 |

## （三）模型估计与结果分析

### 1. 模型选择与内生性检验

首先对以上面板模型进行豪斯曼检验，以确定模型到底采用固定效应还是个体效应。经过检验后各模型均应采用固定效应模型（表 8-5）。

**表 8-5　各面板模型豪斯曼检验结果**

| 行业 | chi2（6） | $p$ 值 | 选择结果 |
|---|---|---|---|
| 生产性服务业 | 268.7 | 0 | 固定效应 |
| 交通运输业 | 414.8 | 0 | 固定效应 |
| 信息服务业 | 189.1 | 0 | 固定效应 |
| 金融服务业 | 897.8 | 0 | 固定效应 |
| 房地产服务业 | 86.4 | 0 | 固定效应 |
| 商务服务业 | 50.9 | 0 | 固定效应 |
| 科技服务业 | 265.3 | 0 | 固定效应 |

按照固定效应模型对模型回归得到的结果显示，市场潜能的系数符号都与理论模型所预期的完全一致，但是估计结果都不显著。这其中很重要的一个原

因是内生性问题造成的：在计算我国各地级城市生产性服务业市场潜能时，我们将各地级城市的本地制造业对生产性服务业的市场需求规模也考虑在内。一般而言，一个城市生产性服务业的发展也会带动其制造业的发展。因此，一个地区较大的生产性服务业份额究竟是由该地区较大的市场潜能引起，还是相反就难以判断，也就是说生产性服务业就业份额和市场潜能之间可能存在联立内生性。考虑到数据的可获得性，我们所设立的计量模型中遗漏了一些诸如资源禀赋等变量而可能导致市场潜能与随机误差项之间存有相关性，进而引致较为严重的内生性偏误。

本章用 Baum 等（2007）提出的内生性检验方法对市场潜能的内生性进行检验，检验方法是分别把市场潜能当做内生变量、外生变量，对两个回归结果的 Sargan-Hanse 统计量进行比较，检验的原假设是被检测变量是内生变量。由表 8-6 的检验结果可知，市场潜能变量在生产性服务业及其各行业的回归模型中均显著地存在着内生性偏误。

表 8-6　生产性服务业各行业市场潜能的内生性检验结果

|  | 生产性<br>服务业 | 交通<br>运输业 | 信息<br>服务业 | 金融<br>服务业 | 房地产<br>服务业 | 商务<br>服务业 | 科技<br>服务业 |
|---|---|---|---|---|---|---|---|
| Endogeneity test 统计量 | 0.378 | 0.540 | 0.025 | 0.099 | 0.061 | 0.296 | 0.059 |
| $p$ 值 | 0.54 | 0.46 | 0.87 | 0.75 | 0.80 | 0.59 | 0.81 |

#### 2. 工具变量的选择与检验

基于上述检验结果，这里通过引入工具变量解决市场潜能的内生性问题。一个良好的工具变量必须满足两个条件：①这一变量与市场潜能相关；②这一变量与随机误差项不相关。借鉴 Head 和 Mayer（2000）及 Hering 和 Poncet（2006）的研究方法，本节首先选取了衡量各地级城市"地理中心度"的指标 $G_c$ 作为市场潜能的工具变量，其计算公式为

$$G_c = \ln \sum_{i \ne j} d_{ij}^{-1}$$

同时本节还选取了市场潜能滞后一阶变量 L.lmp 当做工具变量。为检验工具变量的有效性，这里用 Underidentification test（Angrist and Pischke，2009）、Weak identification（Stock and Wright，2000）和 Sargan-Hansen test 来进行检验。underidentification test 是利用工具变量回归方程的 LM 统计量检验工具变量对内生变量的相关性，原假设是工具变量不能有效地解释内生变量；Weak identification 是对工具变量解释力的强弱进行检验，当统计量大于临界值时，表明工具变量对内生变量的解释力较强。Sargan-Hansen test 是用 GMM 方法做过度识

别检验，原假设是工具变量回归过度识别。由表 8-7 的检验结果可知本节选取地理中心度和市场潜能滞后一阶变量来作为市场潜能的工具变量是合理的。

表 8-7　市场潜能工具变量的有效性检验结果

| 检验方法 | 检验结果 |
| --- | --- |
| Underidentification test | 统计量 1983.1、$p$ 值 0.000 |
| Weak identification test | 统计量 7597.7、临界值 19.93 |
| Sargan statistic | $p$ 值 0.000 |

### 3. 面板工具模型结果分析

综上检验结果，本节的计量模型宜采用使用 $G_c$、L.lmp 作为 lmp 的工具变量，并进行 GMM-FE 方法进行估计。

由表 8-8 显示的实证结果可以得出。

表 8-8　考虑内生性情况下的生产性服务业各行业集聚影响因素实证结果

| | 生产性服务业 | 交通运输业 | 信息服务业 | 金融服务业 | 房地产服务业 | 商务服务业 | 科技服务业 |
| --- | --- | --- | --- | --- | --- | --- | --- |
| lmp | 0.000 73*** | 0.000 65*** | 0.000 76* | 0.000 20 | 0.000 84** | 0.001 9*** | 0.000 38 |
| | (3.61) | (2.78) | (1.68) | (1.3) | (2.08) | (3.56) | (1.43) |
| wage | −0.001 9*** | −0.001 7*** | −0.002 1* | −0.000 48 | −0.002 2** | −0.005 0*** | −0.001 0 |
| | (−3.72) | (−2.85) | (−1.84) | (−1.25) | (−2.18) | (−3.69) | (−1.44) |
| road | 0.044 7*** | 0.013 1 | −0.041 1 | −0.175 | 0.265*** | 0.507*** | −0.122 |
| | (3.49) | (0.89) | (−1.43) | (−18.39) | (10.34) | (15.04) | (−7.31) |
| edu | 0.144*** | 0.035 2 | −0.114 | −0.289 | 1.025*** | 0.992*** | −0.034 |
| | (4.33) | (0.92) | (−1.53) | (−11.72) | (15.42) | (11.32) | (−0.79) |
| gov | −0.000 43 | −0.000 54 | 0.000 51 | −0.000 47 | −0.000 15 | −0.000 73 | −0.000 39 |
| | (−0.77) | (−0.84) | (0.41) | (−1.12) | (−0.13) | (−0.49) | (−0.53) |
| N | 2 565 | 2 565 | 2 565 | 2 565 | 2 565 | 2 565 | 2 565 |

\* $p < 0.1$, \*\* $p < 0.05$, \*\*\* $p < 0.01$

（1）在控制了其他变量的影响之后，一个地级城市的市场潜能对其生产性服务业及其各行业占全国的份额有正的影响。这与之前的理论假设一致，即一个地区生产性服务业的潜在制造业市场需求越大，该地区代表性企业所获得的净利润就越多，从而促使以利润最大化为目标的企业向该地区集聚，其生产性服务业在全国的就业份额也就会越高。

（2）从市场潜能回归系数的显著性上来看，在 6 个生产性服务业行业中金融服务业和科技服务业的回归系数没有通过显著性检验，其余 4 个行业中商务服务业的空间分布受市场潜能的影响最为显著，且回归系数最大。

（3）从其他控制变量的回归结果可以得出：生产性服务业及其大多数行业的空间分布显著地受劳动力工资水平的影响，劳动力工资水平越低的城市对生产性服务业的吸引力越强；交通设施水平、高等教育水平对生产性服务业份额的影响为正且显著，与之前的理论预测相一致，其中商务服务业和房地产服务业受交通设施和高等教育的正向影响最为显著；政府规模对大部分生产性服务业行业的回归系数为负，虽然没通过显著性检验，但在一定程度上表明政府规模越大，其政府行为本身就构成一种对生产性服务业的替代，从而会对一个城市的生产性服务业发展产生抑制作用。

为了进一步揭示生产性服务业分布受市场潜能影响在不同地区的差异性，本节分别对区域中心城市和周边城市的生产性服务业分布的影响因素进行了实证回归，为克服内生性，同样采用了工具变量下的固定效应模型（IV-FE）。由于本节重点关注的是市场潜能对生产性服务业空间分布的影响，所以表 8-9 仅列出了市场潜能的实证结果。

**表 8-9　区域中心城市和周边城市生产性服务业分布受市场潜能影响对比**

| 行业 | 区域中心城市 | 周边城市 |
|---|---|---|
| 生产性服务业 | $0.0143^{***}$ | $0.0000224$ |
| | （4.3） | （0.35） |
| 交通运输业 | $0.0110^{***}$ | $-0.0000683$ |
| | （2.97） | （-0.70） |
| 信息服务业 | $0.0221^{***}$ | $-0.000153$ |
| | （2.87） | （-1.38） |
| 金融服务业 | $0.00619^{***}$ | $-0.000190$ |
| | （2.82） | （-2.59） |
| 房地产服务业 | $0.0144^{**}$ | $0.000261^{*}$ |
| | （2.17） | （1.94） |
| 商务服务业 | $0.0311^{***}$ | $0.000318^{*}$ |
| | （3.57） | （1.88） |
| 科技服务业 | $0.00883^{**}$ | $0.000187^{*}$ |
| | （2.02） | （1.93） |

$* p < 0.1, \ ** p < 0.05, \ *** p < 0.01$

对比区域中心城市和其他城市的实证结果可以发现：生产性服务业及其各行业在区域性中心城市的分布份额明显受市场潜能的正向影响，本地及周边的工业发展水平越高，中心城市的生产性服务业也随之发展得越快，换一个角度也可以说明中心城市的生产性服务业能够有效地服务于本地和周边市场。而非中心城市的生产性服务业受市场潜能的影响则不显著，分行业看仅有商务服务业、科技服务业和房地产服务业在 10%的显著水平下通过了显著性检验，由此说明非中心城市的生产性服务业受市场潜能的带动作用不明显，潜在的市场需求不能有效地转换为生产性服务业的真正需求。

# 第四节　本章小结

本章分析了 2003～2012 年中国地级城市生产性服务业及空间分布的行业特征和区域特征，并基于面板工具计量模型，实证研究了生产性服务业空间分布的影响因素。本章的主要结论如下。

第一，2003～2012 年中国生产性服务业整体上集聚程度在上升。分行业看，除房地产服务业的空间集聚水平下降以外，其余五个行业的空间集聚水平都有提高，其中信息服务业集聚水平增幅最大。商务服务业、信息服务业、科技研发业等知识密集型生产性服务业部门随着信息技术水平的快速发展，企业的服务半径不断扩大，行业显示出较高的集聚性。而交通运输业和金融服务业提供的服务都是接触紧密型服务，服务提供点需尽可能地靠近服务对象，服务半径较小，这两个行业的集聚水平都比较低。

第二，生产性服务业高度集中在区域中心城市，并且集聚特征越来越突出，其中商务服务业和科技服务业的集聚特征最为显著；生产性服务业市场潜能则主要集中在东部沿海地区，从时序变化上看，中西部地区生产性服务业市场潜能得到明显增强，而东部沿海地区的市场潜能在逐渐减弱。

第三，在控制了其他影响生产性服务业空间分布的影响因素，并利用工具变量克服了模型的内生性之后，市场潜能对生产性服务业就业份额的提高具有显著正向影响。分行业看，市场潜能仅对金融服务业和科技服务业的空间分布影响不显著，对商务服务业影响最大；分地区看，市场潜能对生产性服务业空间分布的影响主要体现在区域中心城市，对非中心城市的影响不显著。

区域中心城市由于自身优越的地理位置和较强的生产性服务业市场潜能，已经使中国生产性服务业向这些地区集聚，而这种空间集聚又会进一步提高该地区的规模经济和市场潜能，通过这种因果累积循环机制，区域性中心城市与非中心城市生产性服务业发展的差距越来越大。因此，在中国新型城镇化战略和区域经济协调发展大力推进的大背景下，本章认为中国在今后很长一段时间内应着手加强区域中心城市与非中心城市的产业联系，通过推进区域中心城市部分传统制造业向非中心城市的梯度转移，大力提高非中心城市生产性服务业的市场潜能，带动其生产性服务业的发展，从而缩短区域中心城市与非中心城市之间生产性服务业发展的差距，促进区域经济协调发展。

# 参 考 文 献

陈建军，陈国亮，黄洁. 2009. 新经济地理学视角下的生产性服务业集聚及其影响因素研究——来自中国222个城市的经验证据. 管理世界，（4）：83-95.

陈强. 2010. 高级计量经济学高等计量经济学及 Stata 应用. 北京：高等教育出版社.

井原哲夫. 1986. 服务经济学. 北京：中国展堂出版社.

李佳洺，孙铁山，张文忠. 2014. 中国生产性服务业空间集聚特征与模式研究——基于地级市的实证分析. 地理科学，（4）：385-393.

李文秀，谭力文. 2008. 服务业集聚的二维评价模型及实证研究——以美国服务业为例. 中国工业经济，（04）：55-63.

刘修岩，殷醒民，贺小海. 2007. 市场潜能与制造业空间集聚：基于中国地级城市面板数据的经验研究. 世界经济，30（11）：56-63.

路江涌，陶志刚. 2006. 中国制造业区域聚集及国际比较. 经济研究，3：103-114.

沃尔特·克里斯塔勒. 2000. 德国南部中心地原理. 常正文等译. 北京：商务印书馆.

席强敏，陈曦，李国平. 2016. 中国生产性服务业市场潜能与空间分布——基于面板工具模型的实证研究. 地理科学，（01）：1-9.

许宪春. 2004. 中国服务业核算及其存在的问题研究. 经济研究，（03）：20-27.

闫小培，钟韵. 2005. 区域中心城市生产性服务业的外向功能特征研究——以广州市为例. 地理科学，（05）：27-33.

杨帆，叶嘉安. 2013. 中国生产性服务业发展与空间分布. 热带地理，02（02）：178-186.

杨亚平，张会勤. 2013. 市场潜能、要素成本与制造业的集聚与扩散——以我国电子与通信设备制造业为例. 工业技术经济，（12）：125-136.

岳希明，张曙光. 2002. 我国服务业增加值的核算问题. 经济研究，（12）：51-59.

张丹，孙铁山，李国平. 2012. 中国首都圈区域空间结构特征——基于分行业就业人口分布的实证研究. 地理研究，（05）：899-908.

张勇. 2012. 生产性服务业空间集聚的实证研究. 沈阳：辽宁大学博士学位论文.

赵增耀，夏斌. 2012. 市场潜能、地理溢出与工业集聚——基于非线性空间门槛效应的经验分析. 中国工业经济，（11）：71-83.

周伟林，林琳，郝前进. 2011. 市场潜能与我国制造业的空间集聚——以各省制造业（大类）工业总产值为例. 上海经济研究，（3）：45-55.

Alonsow. 1964. Location and Land Use: Toward a General Theory of Land Rent. Boston: Harvard University.

Angrist J D, Pischke J S. 2009. Mostly Harmless Econometrics: An Empiricist's Companion. Princeton: Princeton University Press.

Barro R. 1991. Economic growth in a cross section of countries. Quarterly Journal of Economics，（106）：407-443.

Baum C F, Schaffer M E, Stillman S. 2007. Enhanced routines for instrumental variables/GMM estimation and testing. The Stata Journal，7（4）：465-506.

Crozet M. 2004. Do migrants follow market potentials? An estimation of a new economic geography model. Journal of Economic Geography, (4): 439-458.

Davis D, Weinstein D. 2003. Market access, economic geography and comparative advantage: an empirical test. Journal of International Economics, (1): 1-23.

Devereux M B. 1999. Growth and the dynamics of trade liberlization. Journal of Economic Dynamics and Control, 23: 773-795.

Elison G, Glaeser E L. 1997. Geographic concentration in U. S. manufacturing industries: a dantboard approach. Journal of Political Economic, 105 (5): 889-927.

Fujita M, Krugman P, Venables A J. 1999. The Spatial Economy: Cities, Regions and International Trade. Cambridge: MIT Press.

Gad G. 1985. Office location dynamics in Toronto: suburbanization and central district specialization. Urban Geography, 6 (4): 331-351.

Harrigan J. 1995. Factor Endowments and the international location of production: econometric evidence for the OECD, 1970-1985. Journal of International Economics, 39: 123-141.

Harris C. 1954. The market as a factor in the localization of industry in the United States. Annals of the Association of American Geographers, 44: 315-348.

Head K, Mayer T. 2000. Non-Europe: the magnitude and causes of market fragmentation in the EU. Weltwirtschaftliches Archiv, 136: 285-314.

Henderson J V. 1998. Urban Development Theory, Fact and Illusion. London: Oxford University.

Hering L, Poncet S. 2006. Market Access Impact on Individual Wages: Evidence from China. CEP working paper.

Illeris S. 1996. The Service Economy: A Geography Approach. Chichester: John Wiley&Sons.

Keith H, Thierry M. 2003. The Empirics of Agglomeration and Trade. CEPII Working Paper.

Keith H, Thierry M. 2004. Market potential and the location of Japanese investment in the European Union. The Review of Economics and Statistics, 86 (4): 959-972.

Keith H, Thierry M. 2006. Regional wage and employment responses to market potential in the EU. Regional Science and Urban Economics, 36: 573-594.

Krugman P. 1991. Increasing returns and economic geography. Journal of Political Economy, 99 (3): 483-499.

Krugman P. 1992. A Dynamic Spatial Model. NBER Working Paper.

Krugman P, Venables A J. 1995. Globalization and the inequality of nations. Quarterly Journal of Economics, 110: 857-880.

Maeshall A. 1961. Principles of Economics. London: Macmillan.

Marshall L N, Wood P A. 1992. The Role of Services in urban and regional development: recent debates and new directory. Environment and Planning, 23 (24): 1255-1270.

Porter M. 1990. The Competitive Advantage of Nations. London: Macmillan.

Ram R. 1986. Government size and economie growth: a new framework and some evidence from cross-section and time-series data. The American Economic Review, (76): 191-203.

Redding S, Venables A J. 2004. Economic geography and international inequality. Journal of International Economics, 62: 53-82.

Scott A J. 1988. Metropolis: From the Division of Labor to Urban Form. California: University of California Press.

Stock J H, Wright J H. 2000. GMM with weak identification. Econometrica, 68 (5): 1055-1096.

Weber A. 1929. Theory of the Location of Industries. Chicago: Chicago University.

# 第三篇

不同空间尺度的区域产业转移
与空间结构演化研究

本部分包括第九章(泛长江三角洲区域制造业转移与区域空间结构演化)、第十章(京津冀区域制造业分工与区域转移)、第十一章(北京都市区产业郊区化与经济空间演化),是本书实证板块的又一重要组团。区别于第二篇的分行业视角,该部分将空间尺度作为主要切入点选取典型地区进行实证分析发现,在包括城镇群、大都市圈和城市等不同空间层面上,产业地理格局变化同样具有推动和控制区域空间结构演化特征和方向的效应。

　　其中,第九章选取中国经济总量最大的区域——泛长江三角洲地区,在对历史数据的分析基础上,全面总结归纳了泛长江三角洲制造业及其典型行业的区域转移特征及其产业职能分工现状,进而利用基尼系数方法刻画空间集聚程度的演变过程,并提出具有针对性的产业转移和空间政策建议。该章研究发现,泛长江三角洲地区的产业转移同样遵循从发达地区向次发达和欠发达地区的规律,且多数行业的空间集聚程度在逐步下降。在此过程中,产业转出地逐步向技术密集型城市转型,而产业承接地则借力推动产业转型升级。第十章选取作为全国重要制造业基地的京津冀区域制造业为研究对象,将区域分工水平作为着眼点,客观刻画和归纳了制造业区域内转移的特征和趋势,并从不同角度划分转移类型,进而对分工与转移的相关关系进行计量实证研究。研究发现京津冀区域制造业的路径特征与泛长江三角洲地区一致,但不同类型的行业在具体区域指向上存在差异;同时,该章在计量经济学框架下证明了产业转移与地区梯度高度相关。第十一章将空间尺度缩小至北京市,针对都市区产业郊区化的总体历程和空间特征进行深入分析,并从就业集聚、空间结构和地域分工格局等多个角度对郊区化的效应进行测度和总结。该章研究发现北京都市区的就业分布明显呈现郊区化的发展趋势,并且主要是向西北和东南方向延伸。就业分散化的同时,北京都市区就业分布的集聚程度有所增加,说明该过程并非"一般分散化",而是分散化的集聚过程。

# 第九章

# 泛长江三角洲区域制造业转移 与区域空间结构演化

在经济全球化的浪潮下，大量国际资本与产业涌入我国长江三角洲沿海地区，推动长江三角洲地区参与全球资源的重新配置。改革开放以来，以上海为龙头，江苏省和浙江省为辅助的长江三角洲区域凭借优越的自然环境、雄厚的人文基础及广阔的经济腹地等优势条件，成为我国经济发展最迅速、经济总量最大的地区（范剑勇，2004），也是全国经济最发达的地区之一，并已经成为全球制造业转移的主要承接基地（殷君伯，2008）。但受到生产成本提高、劳动力短缺、土地资源紧张等问题和国际国内金融环境的双重影响，长三角地区制造业开始逐步对外转移。2010 年 1 月 12 日国务院正式批复《皖江城市带承接产业转移示范区规划》，正式将安徽省纳入泛长江三角洲区域，由此，安徽省真正的参与到长江三角洲地区的制造业分工中来，开始了从传统的长江三角洲地区到泛长江三角洲区域的转变。因此，本章试图总结泛长江三角洲区域的制造业转移及区域空间结构演化的基本特征，为地区发展提供一定的借鉴依据及政策建议。

## 第一节 泛长江三角洲区域制造业转移的特征

本节将以 2001～2009 年泛长江三角洲区域江苏省、浙江省及安徽省所辖的地级行政单元及上海市的制造业产值数据为基础，对三省一市制造业各行业占区域制造业工业总产值的份额进行分析，以期能够得出泛长江三角洲区域制造业转移的基本特征和趋势。

## 一、泛长江三角洲区域制造业区域转移的总体程度

本节测度的地理范围为泛长江三角洲三省一市的 60 个地域单元，包含浙江省、江苏省和安徽省的 41 个地市级单元和上海市的 19 个区（县）单元。首先需要明确区域经济学意义范畴的长江三角洲地区与泛长江三角洲区域。长江三角洲的概念有广义和狭义之分，广义的长江三角洲指上海市、江苏省和浙江省两省一市的全部地域，面积为 21.07 万平方公里。狭义的长江三角洲指上海市和江苏省的南京市、苏州市、无锡市、常州市、镇江市、南通市、扬州市、泰州市和浙江省的杭州市、宁波市、湖州市、嘉兴市、绍兴市、舟山市、台州市共计 16 个城市（上海财经大学区域经济研究中心，2011）。关于泛长江三角洲区域的界定，理论界一直众说纷纭，包括了安徽省、江西省、福建省，甚至辐射到山东省。本章界定的范围主要基于区域资源禀赋及经济发展状况等条件，囊括了安徽省。安徽省生产成本相对较低、市场广阔、交通便利、劳动力价格相对低廉，具有广阔的发展空间与潜力，近年来与长三角地区合作日益紧密，承接了长三角部分传统产业的转移。

根据目前我国的国民经济分类，制造业分为 30 个大类，但在 2003 年之前制造业分为 29 个大类，废弃资源和废旧材料回收加工业被归为"其他制造业"，为了便于比较研究，这里排除了废弃资源和废旧材料回收加工业这一行业，选取了 29 个行业。数据来源主要基于国家统计局工业企业数据库，包括 2001 年至 2009 采矿业，制造业，电力、燃气及水的生产和供应业全部国有和年销售收入 500 万元以上的非国有企业的相关数据，如区域代码、行业代码、工业总产值等。本章中，我们仅保留制造业的分析数据，原因在于采掘业等行业的生产和分布在很大程度上依赖于当地的自然资源，转移的可能性较小。为了更加清晰的描述不同类型的细分产业扩散及转移趋势，按照要素密集度将 29 个细分行业分为三种类型：劳动力密集型、原材料密集型、资本或技术密集型①。

---

① 劳动力密集型主要包括：农副食品加工业，食品制造业，饮料制造业，纺织业，纺织服装、鞋、帽制造业，皮革、毛皮、羽毛（绒）及其制品业，木材加工及木、竹、藤、棕、草制品业，家具制造业，印刷业和记录媒介的复制，文教体育用品制造业，塑料制品业，非金属矿物制品业，金属制品业；原材料密集型包括：黑色金属冶炼及压延加工业，有色金属冶炼及压延加工业，造纸及纸制品业；资本或技术密集型包括：烟草制品业，石油加工、炼焦及核燃料加工业，电气机械及器材制造业，通信设备、计算机及其他电子设备制造，仪器仪表及文化、办公用机械制造业，工艺品及其他制造业，橡胶制品业，通用设备制造业，专用设备制造业，交通运输设备制造业，化学原料及化学制品制造业，化学纤维制造业，医药制造业。

从长江三角洲地区制造业总体来看，2001～2009 年区域内的制造业发生了较为明显的产业转移现象，如图 9-1（a）所示，从 2001 年长江三角洲地区各市制造业总产值占地区制造业总产值的比重来看，长江三角洲地区制造业主要集中分布在南京、无锡、苏州至上海一线及杭州、绍兴及宁波一线，大体上上海及江苏、浙江东部沿海城市的制造业发展程度都较为发达，而北部及西部地区的制造业发展水平相对较弱，且大部分位于安徽境内。

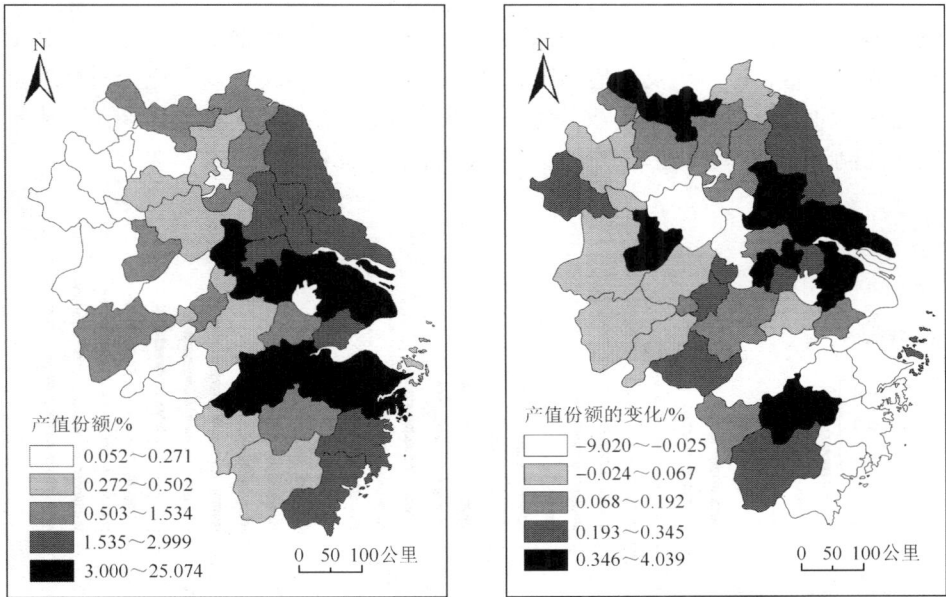

(a) 2001年泛长江三角洲地区制造业份额　　(b) 2001～2009年泛长江三角洲地区制造业份额的变化

图 9-1　泛长江三角洲区域制造业 2001 年产值份额及 2001～2009 产值份额的变化

数据来源：2001～2009 年国家统计局工业企业数据库

如图 9-1（b）所示，从 2001～2009 年的制造业产值份额的变化趋势来看，份额降低主要发生在部分 2001 年制造业相对集中的区域，即上海及浙江东部沿海城市。而产值份额增加的则呈现出整个区域分散的特征，大体上呈现出了由东部沿海向内陆分散化的趋势。

总体来看，泛长江三角洲区域内制造业转移的整体趋势主要表现为以下特征：主要路径是从以上海、江苏及浙江东部沿海地区的主要城市向内陆转移，产值份额增长较大的地区散布在整个泛长江三角洲区域，安徽大部地区产值份额增长较快。

那么，在了解了泛长江三角洲区域产业转移的基本路径基础上，本章将引入结构变动系数的方法作为衡量区域内制造业不同行业区域转移剧烈程度的指标，力图对区域内制造业转移进行更为细致的描述。

$$R_i = \sum |x_{it} - x_{i0}| \qquad (9\text{-}1)$$

式中，$R_i$ 为结构变动系数；$x_{it}$ 为某地末期 $i$ 行业工业总产值占泛长江三角洲区域 $i$ 行业工业总产值的比重；$x_{i0}$ 为基期 $i$ 行业工业总产值占泛长江三角洲区域 $i$ 行业工业总产值的比重。本节中末期即 2009 年，基期即 2001 年。

如图 9-2 所示，生产总值占泛长江三角洲区域制造业生产总值份额变化程度较为剧烈的制造业行业前十位依次为：木材加工及木、竹、藤、棕、草制品业，通信设备、计算机及其他电子设备制造业，家具制造业，黑色金属冶炼及压延加工业，化学纤维制造业，仪器仪表及文化、办公用机械制造业，工艺品及其他制造业，印刷业和记录媒介的复制业，食品制造业，橡胶制品业。

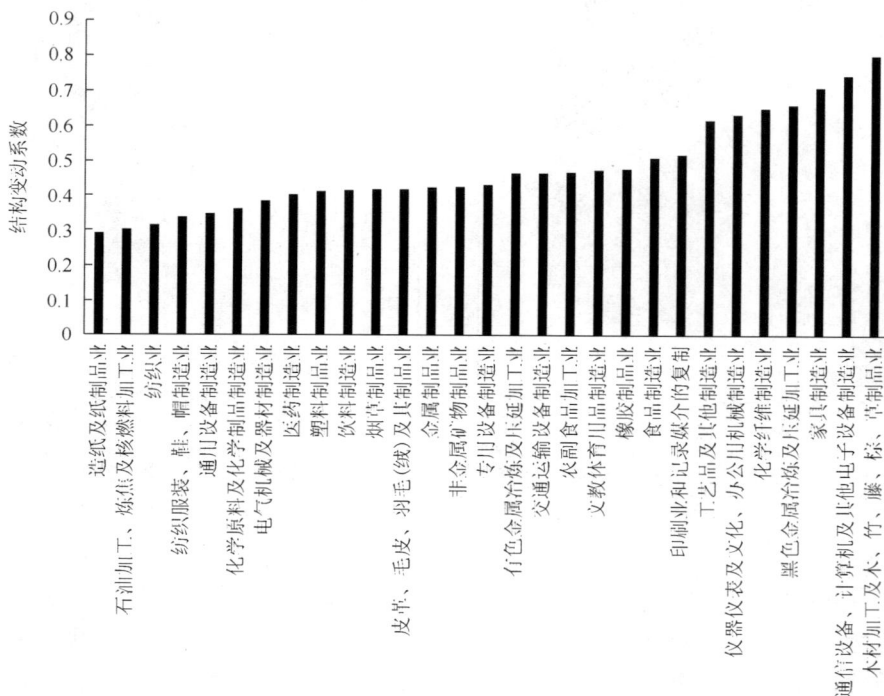

图 9-2　泛长江三角洲区域制造业 2001～2009 年结构变动系数

数据来源：2001～2009 年国家统计局工业企业数据库

可见，在 2001～2009 年，泛长江三角洲区域制造业行业发生产业转移程度较为剧烈的行业并未集中在任一类型的行业上，制造业各行业都普遍发生了较为明显的转移现象，没有个别行业发生了较为突出的转移现象。

## 二、泛长江三角洲区域制造业典型行业产业转移的空间特征

为了进一步分析在泛长江三角洲区域制造业行业性质所引起的产业转移空间特征的差异，本节总结了原材料密集型、劳动力密集型及技术或资本密集型行业并分别总结其转移的特征，在三类行业中选取了产值份额变化最为显著的黑色金属冶炼及压延加工业、木材加工及木、竹、藤、棕、草制品业，通信设备、计算机及其他电子设备制造业为代表进一步进行讨论。

### 1. 原材料密集型行业

2001～2009 年，泛长江三角洲区域原材料密集型行业表现出了较为明显的转移，如图 9-3（a）所示，2001 年泛长江三角洲区域原材料密集型行业主要集中在江苏省和上海市，其份额分别达到地区总产值的 39.5% 和 31.8%，其中上海市宝山区、江苏省苏州市、无锡市的份额分别达到 17.2%、12.8% 和 10.4%，上海市浦东新区、浙江省杭州市、宁波市、江苏省南京市和安徽省马

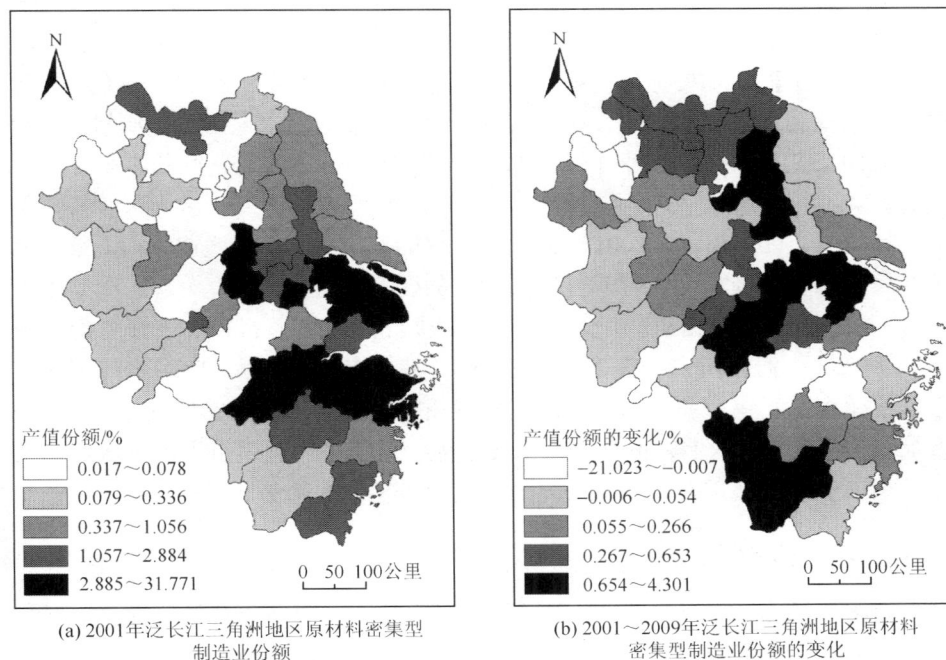

产值份额/%
- 0.017～0.078
- 0.079～0.336
- 0.337～1.056
- 1.057～2.884
- 2.885～31.771

0  50  100公里

(a) 2001年泛长江三角洲地区原材料密集型制造业份额

产值份额的变化/%
- −21.023～−0.007
- −0.006～0.054
- 0.055～0.266
- 0.267～0.653
- 0.654～4.301

0  50  100公里

(b) 2001～2009年泛长江三角洲地区原材料密集型制造业份额的变化

图 9-3　泛长江三角洲区域原材料密集型行业 2001 年产值份额及 2001～2009 年产值份额的变化

数据来源：2001～2009 年国家统计局工业企业数据库

鞍山市的份额也都超过了 4%。从整体上看,泛长江三角洲区域沿海地区的各地市,除浙江省舟山市外,都较内陆地区的地市占据更大的份额。安徽省全省的份额仅占泛长江三角洲区域的 8.5%,除马鞍山市和铜陵市外,其余地市份额均不到地区的 1%。

如图 9-3(b)所示,2001~2009 年,从省区尺度分析,江苏省份额增加最为显著,所占份额由 2001 年的 39.5%增长至 2009 年的 56.4%,而上海市则由 2001 年时的 31.8%降低至 2009 年时的 10.7%,安徽省份额增加 3.1%,浙江省增加了 1.1%。从地市尺度分析,2001~2009 年份额增加最为明显的是江苏省的常州市、无锡市和苏州市,份额增加均超过了 4%,偏内陆地区的江苏省扬州市、淮安市、安徽省宣城市、浙江省丽水市、衢州市占地区份额也有了较大增长,除上海市所辖区县外,浙江省杭州市、绍兴市在 2001~2009 年也存在较为明显的份额下降,原材料密集型行业在内陆地区相比沿海地区得到了更快的增长,伴随着上海市产业结构转型升级的契机,与上海市临近的苏锡常地区承接了相关的产业转移,并逐步向内陆地区扩散。

如图 9-4(a)所示,从省区尺度分析,2001 年上海市和江苏省黑色金属冶炼及压延加工业占地区行业总产值的份额分别达到地区行业总产值的 43.7%和 38.0%,上海市宝山区、浦东新区、江苏省苏州市、无锡市、南京市、浙江省杭州市、宁波市和安徽省马鞍山市的份额都超过了地区行业总产值的 4%。安徽省东部和北部的巢湖市、宿州市、阜阳市、淮南市、亳州市、池州市、滁州市等地市在所占份额都小于 0.1%,行业发展和份额的地区间的不平衡十分显著。

如图 9-4(b)所示,2001~2009 年,伴随着上海市等地产业结构调整,黑色金属冶炼及压延加工业份额显现出剧烈的变化。从省区尺度分析,江苏省份额增加最为显著,所占份额增加了 24.0%,浙江省增加了 5.0%,安徽省份额增加了 2.0%,上海市所占份额下降了 31.0%。从地市尺度分析,临近上海市的江苏省常州市、无锡市和苏州市,浙江省湖州市、宁波市在 2001~2009 年份额增加最为显著,显示上海市产业结构转型辐射带动了周边地市黑色金属冶炼及压延加工业的发展,并呈现出向内陆地区逐步扩散的趋势。

2. 劳动力密集型行业

如图 9-5(a)所示,2001 年泛长江三角洲区域劳动力密集型行业主要集中在江苏省、上海市和浙江省,三省市份额分别达到地区行业总产值的 41.1%、35.2%和 17.3%,而同期安徽省仅占地区行业总产值的 5.4%。江苏省苏州市、无锡市、南通市、南京市、常州市和浙江省杭州市、绍兴市、宁波市、温州市占地区行业总产值的份额都超过了 3%。安徽省南部的池州市、铜陵市、马鞍

(a) 2001年黑色金属冶炼及压延加工业产值份额

(b) 2001~2009年黑色金属冶炼及压延加工业
产值份额的变化

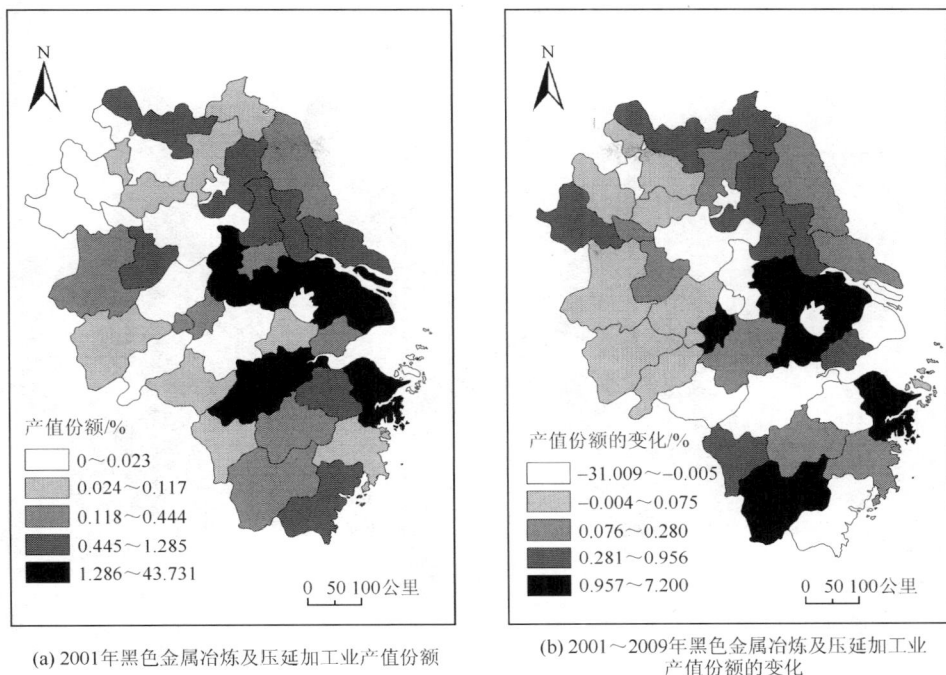

图9-4 泛长江三角洲区域黑色金属冶炼及压延加工业2001年产值份额及2001~2009年产值份额的变化

数据来源：2001~2009年国家统计局工业企业数据库

山市、黄山市和北部的淮南市、宿州市、淮北市、亳州市份额都小于 0.3%，表明 2001 年时，劳动力密集型行业仍主要分布在沿海地区。

如图 9-5（b）所示，2001~2009 年，从省区尺度分析，四省市份额变化并不显著，其中安徽省份额增加了 3.4%，江苏省增加了 2.8%，浙江省增加了 1.0%，上海市份额下降了 7.3%。从地市尺度分析，2001~2009 年份额增加最为明显的是江苏省南通市、徐州市、泰州市、浙江省金华市、嘉兴市、丽水市、安徽省合肥市、安庆市份额增加均超过了 0.5%，劳动力密集型行业向内陆地区转移趋势明显。

如图 9-6（a）所示，从省区尺度分析，劳动力密集型行业中木材加工及木、竹、藤、棕、草制品业地区行业总产值份额占比较多的分别为江苏省、浙江省和上海市，分别达到 38.0%、27.4% 和 27.2%，同期安徽省份额仅占地区总产值的 7.5%。从地市尺度分析，江苏省徐州市、宿迁市、苏州市、浙江省湖州市、台州市、杭州市、上海市奉贤区、南汇区、青浦区的份额都超过了 3%，部分具有自然资源优势的地市份额较高，产业在各地区分布较为均衡。

(a) 2001年泛长江三角洲地区劳动力密集型
制造业份额

(b) 2001～2009年泛长江三角洲地区劳动力密集
型制造业份额的变化

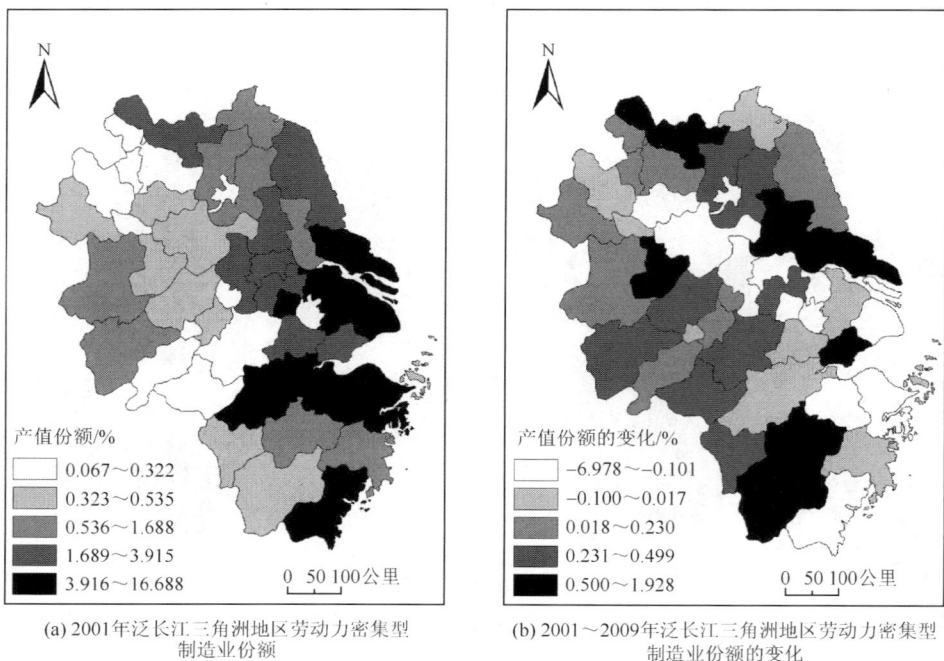

图9-5 泛长江三角洲区域劳动力密集型行业2001年产值份额及2001～2009年产值份额的
变化

数据来源：2001～2009年国家统计局工业企业数据库

如图 9-6（b）所示，2001～2009 年，伴随着上海市等地产业结构调整，木材加工及木、竹、藤、棕、草制品业份额显现出剧烈的变化。从省区尺度分析，江苏省份额增加了 18.8%，安徽省增加了 5.1%，上海市份额下降了 22.3%、浙江省份额下降了 0.17%。从地市尺度分析，江苏省徐州市、镇江市、常州市、宿迁市、浙江省湖州市、衢州市和安徽省巢湖市的份额增加均超过了 1%，上海市奉贤区、青浦区、浙江省台州市、杭州市、江苏省苏州市、南京市份额下降较多，表现伴随着沿海地区劳动力成本的升高，劳动力密集型行业如木材加工及木、竹、藤、棕、草制品业逐步向安徽省、江苏省北部等劳动力成本较低的地区转移。

3. 资本及技术密集型行业

如图 9-7（a）所示，2001 年泛长江三角洲区域资本及技术密集型行业主要集中在江苏省、上海市和浙江省，三省市份额分别达到地区行业总产值的 41.1%、29.1%和 24.5%，而同期安徽省仅占地区行业总产值的 5.4%。在地市尺度，上海市浦东新区、嘉定区、闵行区、江苏省苏州市、南京市、无锡市、

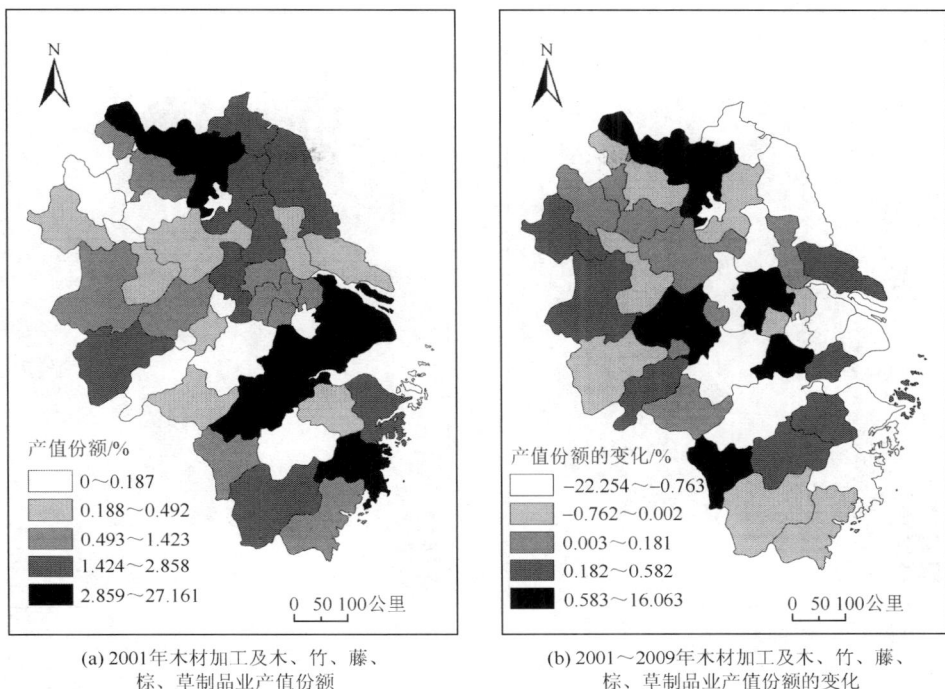

(a) 2001 年木材加工及木、竹、藤、
　　棕、草制品业产值份额

(b) 2001～2009 年木材加工及木、竹、藤、
　　棕、草制品业产值份额的变化

图 9-6　泛长江三角洲区域木材加工及木、竹、藤、棕、草制品业 2001 年产值份额及 2001～
2009 年产值份额的变化

数据来源：2001～2009 年国家统计局工业企业数据库

常州市、浙江省杭州市、宁波市占地区行业总产值的份额都超过了 3%。安徽省南部的池州市、马鞍山市、黄山市、北部的淮北市、亳州市、宿州市、淮南市西部的六安市和江苏省宿迁市占地区行业总产值的份额都小于 0.1%，资本及技术密集型行业在沿海地区，尤其上海市及周边地市集聚，泛长江三角洲区域北部和中西部的地市在资本及技术密集型行业发展上与东部沿海地区具有较大差距。

如图 9-7（b）所示，2001～2009 年，从省区尺度分析，四省市份额变化并不显著，其中江苏省份额增加 9.0%，安徽省增加 1.2%，上海市份额下降 9.1%，浙江省下降 1.1%。从地市尺度分析，2001～2009 年份额增加最为明显地市主要分布江苏省东部的苏州市、南通市、扬州市、泰州市份额增加均超过了 2%，原本发展较为薄弱的泛长江三角洲区域北部和中西部的地市稳步发展，上海市及浙江省杭州市、台州市、宁波市、绍兴市、温州市等沿海地市份额下降显著，资本及技术密集型行业由沪宁杭、苏锡常地区向江苏省东北部和安徽省转移。

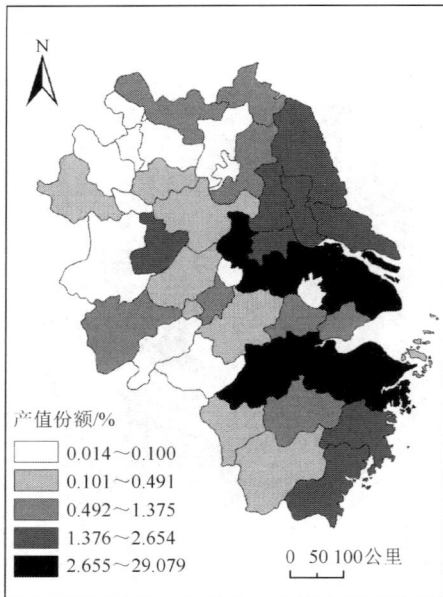

(a) 2001年泛长江三角洲地区资本或技术密集型
制造业份额

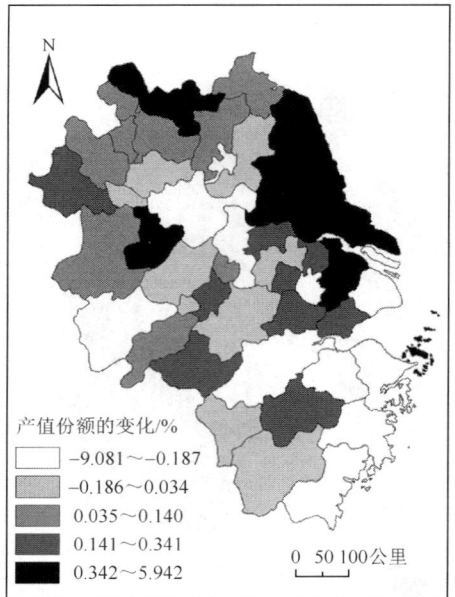

(b) 2001～2009年泛长江三角洲地区资本或技术
密集型制造业份额的变化

图9-7 泛长江三角洲区域资本及技术密集型行业2001年产值份额及2001～2009产值份额
的变化

数据来源：2001～2009年国家统计局工业企业数据库

如图9-8（a）所示，从省区尺度分析，资本及技术密集型行业中通信设备、计算机及其他电子设备制造业地区行业总产值份额占比较多的分别为江苏省和上海市，分别达到44.0%和40.6%，同期浙江省和安徽省份额仅占地区总产值的13.5%和2.0%。从地市尺度分析，上海市浦东新区、闵行区、徐汇区、江苏省苏州市、南京市、无锡市、常州市、浙江省杭州市、宁波市的份额都超过了2%，安徽省西部和北部的大部分地区产值占地区份额小于0.01%，显现出通信设备、计算机及其他电子设备制造业发展不平衡。

如图9-8（b）所示，2001～2009年，通信设备、计算机及其他电子设备制造业份额变化明显，从省区尺度分析，江苏省份额增加17.6%，上海市、浙江省和安徽省均整体上呈现出下降趋势。从地市尺度分析，江苏省苏州市、上海市松江区的份额增加分别达到22.1%和9.1%，显著高于其他所有地市，江苏省无锡市、扬州市、泰州市、淮安市和上海市奉贤区的份额增长也超过了0.4%，通信设备、计算机及其他电子设备制造业逐步在苏州等地形成产业集聚。

总体来看，2001～2009年，泛长江三角洲区域的制造业各类型行业均呈现出由沪宁杭及周边沿海发达地区向苏北及安徽内陆城市转移的趋势。

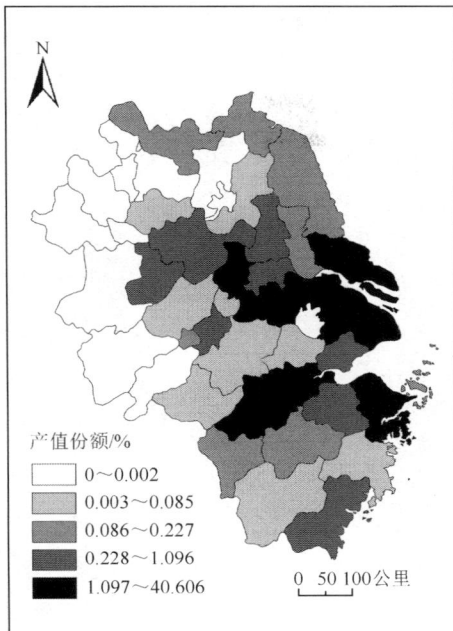

(a) 2001年通信设备、计算机及其他电子设备
制造产值份额

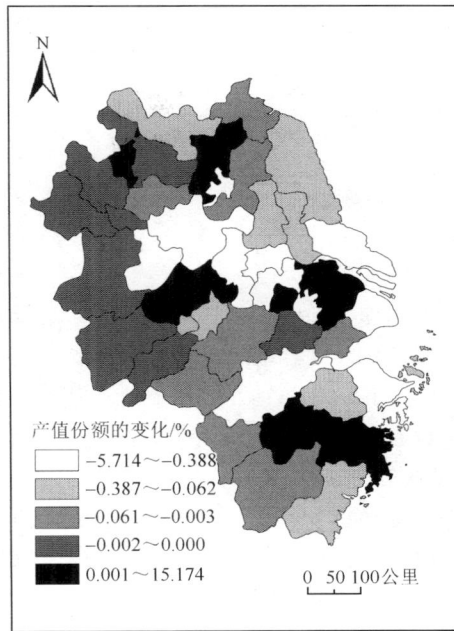

(b) 2001~2009年泛长江三角洲地区原材料
密集型制造业份额的变化

图 9-8　泛长江三角洲区域通信设备、计算机及其他电子设备制造业 2001 年产值份额及
2001~2009 年产值份额的变化

数据来源：2001~2009 年国家统计局工业企业数据库

## 三、泛长江三角洲区域的制造业产业分工现状

随着 2007 年泛长江三角洲区域规划开始推行，产业转移在更大的区域范围内实现，各个城市依据制造业基础及自身发展优势，积极融入一体化进程。上海市逐步向总部经济发展，以高附加值的先进制造业为主，传统制造业实现了向郊区的转移及向周边省市的扩散，专业化程度逐步降低。通过承接产业转移，使安徽省和江苏省北部的经济得到了长足进步，制造业专业化程度逐步提高。而浙江省长期重点扶持制造业的发展，形成了以临海石化、生物医药、新型纺织为主体的特色制造业发展模式。泛长江三角洲区域正逐步形成以上海市为发展先导，南京市、杭州市为发展的副中心，安徽省为新增点及制造业后备基地，各个城市突出优势产业的区域分工格局。

为了更加清晰的描述 2001~2009 年区域内产业转移对三省一市产业分工带来的影响，本节测算了 2009 年三省一市制造业各行业的区位商，见表 9-1。

表 9-1　泛长江三角洲区域三省一市制造业区位商

| 行业/地市名称 | 上海市 | 江苏省 | 浙江省 | 安徽省 |
|---|---|---|---|---|
| 农副食品加工业 | 0.41 | 1.02 | 0.67 | 3.22 |
| 食品制造业 | 1.90 | 0.56 | 1.07 | 1.71 |
| 饮料制造业 | 0.79 | 0.78 | 1.17 | 2.24 |
| 烟草制品业 | 2.15 | 0.54 | 0.79 | 2.28 |
| 纺织业 | 0.19 | 0.97 | 1.71 | 0.45 |
| 纺织服装、鞋、帽制造业 | 0.67 | 1.08 | 1.21 | 0.46 |
| 皮革、毛皮、羽毛（绒）及其制品业 | 0.43 | 0.48 | 2.37 | 0.76 |
| 木材加工及木、竹、藤、棕、草制品业 | 0.31 | 1.15 | 0.96 | 1.61 |
| 家具制造业 | 1.42 | 0.37 | 2.02 | 0.60 |
| 造纸及纸制品业 | 0.57 | 0.91 | 1.47 | 0.85 |
| 印刷业和记录媒介的复制 | 1.49 | 0.60 | 1.33 | 1.39 |
| 文教体育用品制造业 | 0.90 | 0.88 | 1.42 | 0.50 |
| 石油加工、炼焦及核燃料加工业 | 1.89 | 0.65 | 1.12 | 0.98 |
| 化学原料及化学制品制造业 | 0.86 | 1.17 | 0.82 | 0.85 |
| 医药制造业 | 0.96 | 0.98 | 1.08 | 0.95 |
| 化学纤维制造业 | 0.08 | 0.94 | 1.91 | 0.17 |
| 橡胶制品业 | 0.76 | 0.94 | 1.15 | 1.37 |
| 塑料制品业 | 0.91 | 0.68 | 1.63 | 1.08 |
| 非金属矿物制品业 | 0.69 | 0.95 | 1.03 | 1.83 |
| 黑色金属冶炼及压延加工业 | 0.79 | 1.26 | 0.55 | 1.36 |
| 有色金属冶炼及压延加工业 | 0.44 | 1.00 | 1.02 | 2.10 |
| 金属制品业 | 0.82 | 1.01 | 1.14 | 0.81 |
| 通用设备制造业 | 1.31 | 0.93 | 1.03 | 0.68 |
| 专用设备制造业 | 1.15 | 1.06 | 0.80 | 0.98 |
| 交通运输设备制造业 | 1.66 | 0.80 | 0.88 | 1.28 |
| 电气机械及器材制造业 | 0.75 | 0.99 | 1.05 | 1.39 |
| 通信设备、计算机及其他电子设备制造业 | 1.78 | 1.25 | 0.33 | 0.14 |
| 仪器仪表及文化、办公用机械制造业 | 0.80 | 1.19 | 0.95 | 0.39 |
| 工艺品及其他制造业 | 0.87 | 0.53 | 2.03 | 0.71 |

数据来源：根据国家统计局工业企业数据库 2001～2009 年数据计算

　　装备制造业作为上海市的支柱产业，其中交通运输设备制造业一直是上海的优势产业，以嘉定区、卢湾区为主要生产地，2001～2009 年交通运输设备制造业区位商始终保持在 1 以上，集聚程度大幅提升。上海市装备制造业的发展与大型国有企业密不可分，当前上海市装备企业的发展逐步与国际接轨，顺应全球制造业信息化、集聚化、服务化的趋势，引入多元投资，进行研发工艺、设计实施等多方面的重组与改革，培育了一批如上海电气（集团）总公司等具有竞争优势的大型新型装备制造业企业集团。

江苏省制造业总产值始终位于泛长江三角洲区域首位，2009 年达到 69.6 万亿元，江苏省的优势产业集中在原材料密集型和劳动力密集型，以纺织服装业为代表。江苏省是人口大省，而纺织服装业一直是民营企业投资的重点，随着技术的进步，江苏省的纺织服装业也得到了长足发展，同时承接上海纺织服装业企业的转移，目前南京市拥有全国丝绸服装行业最大的研发中心——江苏苏豪研发中心，无锡市等地也建有服装、棉纺等研究中心。

浙江省制造业发展相对比较平衡。优势行业集中在食品加工业、化学纤维制造业、塑料品制造业、石化行业等。浙江省多个地市的食品加工业的主要行业区位商均高于 0.5，是泛长江三角洲区域食品加工业集聚度最高的地方。2008 年石化工业占总产值达到 18.9%。目前镇海炼厂成为全国炼油综合能力最强的炼厂，宁波市、嘉兴市、舟山市等地均建有全国领先的石化园区。

安徽省原材料密集型行业优势明显，黑色金属及有色金属冶炼业份额保持在 6%左右。作为产煤供电大省，煤炭资源十分丰富，保有储量 246 亿吨，位于华东地区首位（殷君伯，2008），同时其他矿藏含量也十分丰富，与此相关的黑色金属及有色金属冶炼加工业极其发达。但该类行业完全依靠资源无法实现可持续发展，近年来安徽省不断整合资源密集型企业，提高资源利用率，提升行业质量和水平，力争建成一批具有地方特色、低能耗、高附加值的矿业企业。例如，马鞍山市钢铁的环境保护搬迁、池州市优质钢厂基地的建成等都大力推动了安徽省重工业的升级换代。同时近年来长江三角洲地区的金属冶炼及压延加工业逐步转移到安徽省，也为安徽省的产业升级换代注入新鲜血液。近年来，承接长江三角洲三省一市的产业转移，安徽省制造业门类更加广阔，发展更为齐全。尤其是以农副食品加工业、饮料制造业为代表的劳动密集型行业发展迅速。

总体来看，在泛长江三角洲区域内明确的区域分工正在形成：上海市全力发展总部经济，成为区域信息、资源及技术的集散地；江苏省重点承接上海市的劳动密集型产业，发展先进的民用制造业；浙江省进一步做大做强临海石化及相关制造业，打造特色品牌；安徽省承接了长江三角洲地区大量的劳动力密集型制造业，不断完善行业门类，基于产业转移的区域一体化进程不断推进。

# 第二节　泛长江三角洲区域制造业空间集聚变动分析

第一节分析了泛长江三角洲区域制造业的份额变动程度，考察了泛长江三角洲区域制造业转移的趋势特征，本节将在上一节的基础上，运用区域基尼系数分析法研究泛长江三角洲区域制造业空间集聚变动。

## 一、泛长江三角洲区域制造业分行业空间结构变动分析

产业空间结构的变动主要指某产业表现出的集聚或者分散的趋势，本节中基于区域基尼系数指标分析，衡量泛长江三角洲区域制造业转移后的空间结构变动趋势与程度。

基尼系数最早由意大利经济学家 Gini 根据洛伦兹曲线提出，用于研究居民收入分配均衡程度。Krugman（1991）计算了美国 3 位数行业的区域基尼系数，分析了美国行业的地区化程度，首先提出了区域基尼系数的概念。这里选取 Wen（2004）的构造公式，具体形式如下：

$$G_d = \frac{1}{2N} \sum_{i,j} | S_i^d - S_j^d | \qquad (9\text{-}2)$$

式中，$d$ 为制造业行业；$i$ 和 $j$ 均为区域；$N$ 为区域个数；$S_i^d$ 为地区 $i$ 的制造业行业 $d$ 的总产值占标准区同行业总产值的比重。区位基尼系数反映了该行业的集聚程度，其取值范围也为[0, 1]，当产业的空间平均分布时，区位基尼系数取 0；若该行业集聚在一个地区，则其基尼系数为 1。区位基尼系数取值越大表明该产业集聚程度越高。

### 1. 资本密集型和技术密集型行业的区域集聚度较高

如图 9-9 所示，显示了泛长江三角洲区域制造业各个行业 2001 年、2005 年、2009 年的基尼系数及变动程度，区域基尼系数总体呈现出先集聚后分散的特点。从细分行业来看，2009 年集中度最高的产业顺次为：烟草制品业（0.92），化学纤维制造业（0.87）、石油加工、炼焦及核燃料加工业（0.87），通信设备、计算机及其他电子设备制造业（0.86），黑色金属冶炼及压延加工业（0.79），纺织业（0.77），皮革、毛皮、羽毛（绒）及其制品业（0.77），仪器仪表及文化、办公用机械制造业（0.76）；而相对较为分散的行业则为：非金属矿物制品业（0.54），农副食品加工业（0.56），食品制造业（0.58），通用设备制造业（0.62），化学原料及化学制品制造业（0.63）。集聚度高的行业多数为技术或资

本密集型，长期为地区传统优势产业，产业升级换代主要在地区内部进行，转移成本比较高，同时受到地方政策的干预和影响，部分行业较为集聚。部分较为分散的行业集中常用消费品行业，这些行业布局比较分散，由于考虑到运输成本等因素的影响，行业布局相对分散。

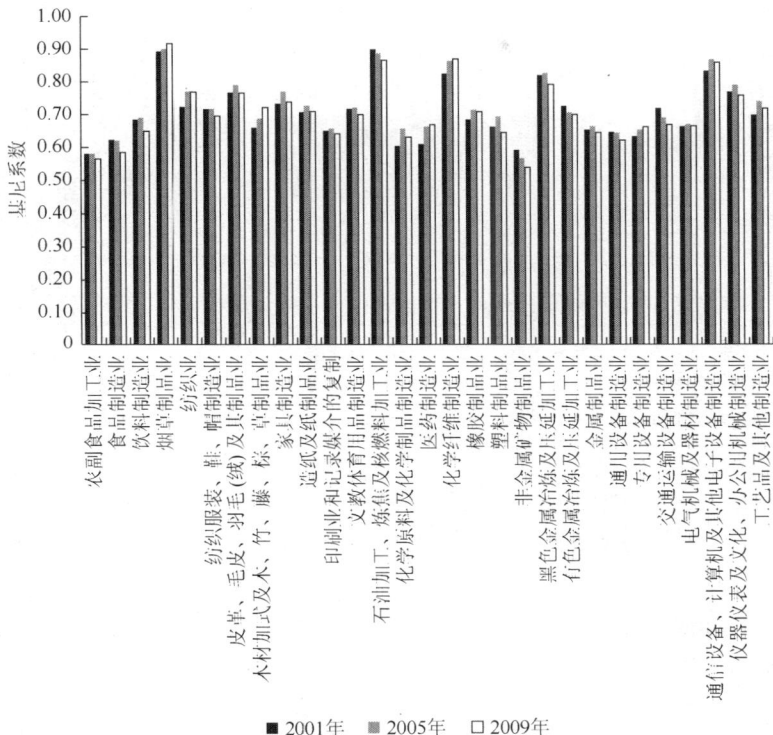

图9-9　泛长江三角洲区域2001年、2005年、2009年各行业区域基尼系数

数据来源：2001～2009年国家统计局工业企业数据库

## 2. 2001～2009年各行业区域集聚度呈现先集聚后分散

考察变动程度，2001～2005年29个细分行业中有22个行业更加集聚，集聚较为明显的行业集中在：医药制造业，化学原料及化学制品制造业，纺织业，工艺品及其他制造业，化学纤维制造业，家具制造业，橡胶制品业和塑料制品业（3%以上），上升较为迅速的行业集中在资本或技术密集型和劳动力密集型行业。2005～2009年，各个行业集聚程度放缓，大部分行业呈现一定的分散趋势，29个细分行业中只有5个行业更加集聚，主要集中在木材加工及木、竹、藤、棕、草制品业、烟草制品业、专用设备制造业、化学纤维制造业

和医药制造业等，主要为资本或技术密集型行业，见表 9-2。

**表 9-2　泛长江三角洲区域 2001～2009 年年主要年份区域基尼系数变动趋势**

| 代码 | 制造业门类 | 2001 年 | 2005 年 | 2009 年 | 2001～2005 年变动率/% | 2005～2009 年变动率/% |
|---|---|---|---|---|---|---|
| 13 | 农副食品加工业 | 0.58 | 0.58 | 0.56 | −0.11 | −2.91 |
| 14 | 食品制造业 | 0.62 | 0.62 | 0.58 | −0.28 | −6.32 |
| 15 | 饮料制造业 | 0.68 | 0.69 | 0.65 | 0.76 | −6.67 |
| 16 | 烟草制品业 | 0.89 | 0.90 | 0.92 | 1.16 | 1.73 |
| 17 | 纺织业 | 0.72 | 0.77 | 0.77 | 6.22 | −0.19 |
| 18 | 纺织服装、鞋、帽制造业 | 0.72 | 0.72 | 0.70 | 0.06 | −2.78 |
| 19 | 皮革、毛皮、羽毛（绒）及其制品业 | 0.77 | 0.79 | 0.77 | 3.08 | −3.36 |
| 20 | 木材加工及木、竹、藤、棕、草制品业 | 0.66 | 0.69 | 0.72 | 4.28 | 4.79 |
| 21 | 家具制造业 | 0.73 | 0.77 | 0.74 | 4.81 | −4.27 |
| 22 | 造纸及纸制品业 | 0.71 | 0.73 | 0.71 | 3.03 | −2.93 |
| 23 | 印刷业和记录媒介的复制 | 0.65 | 0.66 | 0.64 | 0.89 | −2.21 |
| 24 | 文教体育用品制造业 | 0.72 | 0.72 | 0.70 | 0.62 | −3.49 |
| 25 | 石油加工、炼焦及核燃料加工业 | 0.90 | 0.89 | 0.87 | −1.47 | −2.47 |
| 26 | 化学原料及化学制品制造业 | 0.60 | 0.66 | 0.63 | 7.84 | −3.77 |
| 27 | 医药制造业 | 0.61 | 0.66 | 0.67 | 8.15 | 0.56 |
| 28 | 化学纤维制造业 | 0.82 | 0.86 | 0.87 | 4.69 | 0.74 |
| 29 | 橡胶制品业 | 0.68 | 0.71 | 0.71 | 4.51 | −1.08 |
| 30 | 塑料制品业 | 0.66 | 0.69 | 0.65 | 4.39 | −7.65 |
| 31 | 非金属矿物制品业 | 0.59 | 0.57 | 0.54 | −3.93 | −5.41 |
| 32 | 黑色金属冶炼及压延加工业 | 0.82 | 0.83 | 0.79 | 0.49 | −4.73 |
| 33 | 有色金属冶炼及压延加工业 | 0.73 | 0.71 | 0.70 | −2.87 | −1.08 |
| 34 | 金属制品业 | 0.65 | 0.66 | 0.65 | 1.25 | −2.71 |
| 35 | 通用设备制造业 | 0.65 | 0.64 | 0.62 | −0.55 | −3.91 |
| 36 | 专用设备制造业 | 0.63 | 0.65 | 0.66 | 3.00 | 1.35 |
| 37 | 交通运输设备制造业 | 0.72 | 0.69 | 0.67 | −4.53 | −3.24 |
| 39 | 电气机械及器材制造业 | 0.66 | 0.67 | 0.66 | 0.85 | −0.76 |
| 40 | 通信设备、计算机及其他电子设备制造业 | 0.84 | 0.87 | 0.86 | 3.35 | −0.83 |
| 41 | 仪器仪表及文化、办公用机械制造业 | 0.77 | 0.79 | 0.76 | 2.41 | −4.09 |
| 42 | 工艺品及其他制造业 | 0.70 | 0.74 | 0.72 | 5.58 | −3.21 |

数据来源：2001～2009 年国家统计局工业企业数据库

## 二、泛长江三角洲区域分省区空间结构变动分析

### 1. 上海市资本密集型行业呈现出高集聚度

如图 9-10 所示，2009 年上海市制造业集聚度较高的行业为烟草制造业（0.89），黑色金属冶炼及压延加工业（0.85），石油加工、炼焦及核燃料加工业（0.83），饮料制造业（0.79），通信设备、计算机及其他电子设备制造业（0.76），化学纤维制造业（0.74），交通运输设备制造业（0.71），集聚度较高的行业多具有较高的资本与技术附加值，而传统的纺织业、金属制品业、非金属矿物制品业等劳动力、原料密集型行业由于仅分布于个别区县，较为分散。

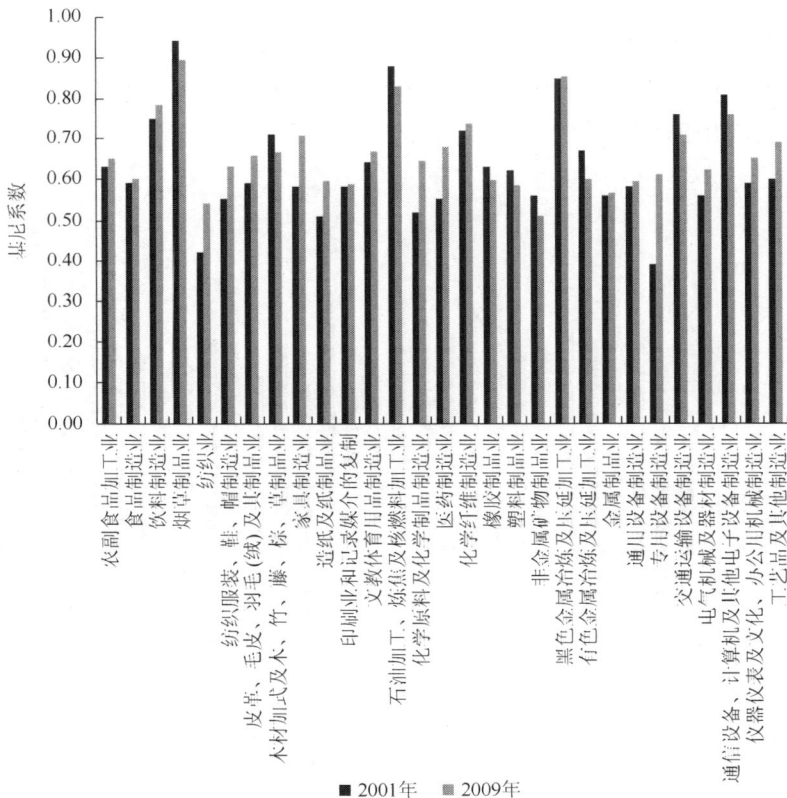

图 9-10　2001～2009 年上海市制造业细分行业区域基尼系数

数据来源：2001～2009 年国家统计局工业企业数据库

从变动趋势来看，2001～2009 年上海市 29 个细分行业中有 20 个行业集聚度增高，主要集中在专用设备制造业（36.1%），纺织业（22.4%），化学原料

及化学制品制造业（19.1%），医药制造业（18.9%），家具制造业（17.9%），造纸及纸制品业（14.1%），工艺品及其他制造业（13.1%），纺织服装、鞋、帽制造业（12.5%），表现出分散趋势的多集中在原材料加工业等行业，如有色金属冶炼及压延加工业（-12.5%），非金属矿物制品业（-9.6%），交通运输设备制造业（-7.0%），木材加工及木、竹、藤、棕、草制品业（-6.7%），这部分行业已经开始有序的向周边省市转移，这与上海市产业发展战略密不可分，在做大做强传统优势产业装备制造业的基础上，有序的实现部分低附加值、高劳动力成本的产业转移，重点培育现代生物医药产业、高级仪器仪表机械制造业等高新技术领域，推进科研教育与生产一体化，从而辐射周边地区发展，带动泛长江三角洲区域产业升级换代。

### 2. 江苏省制造业细分行业呈现分散趋势

如图 9-11 所示，江苏省 2001～2009 年制造业细分行业区域基尼系数变动幅度较大，由于江苏省各地市间制造业基础接近，各行业集聚程度显著低于泛

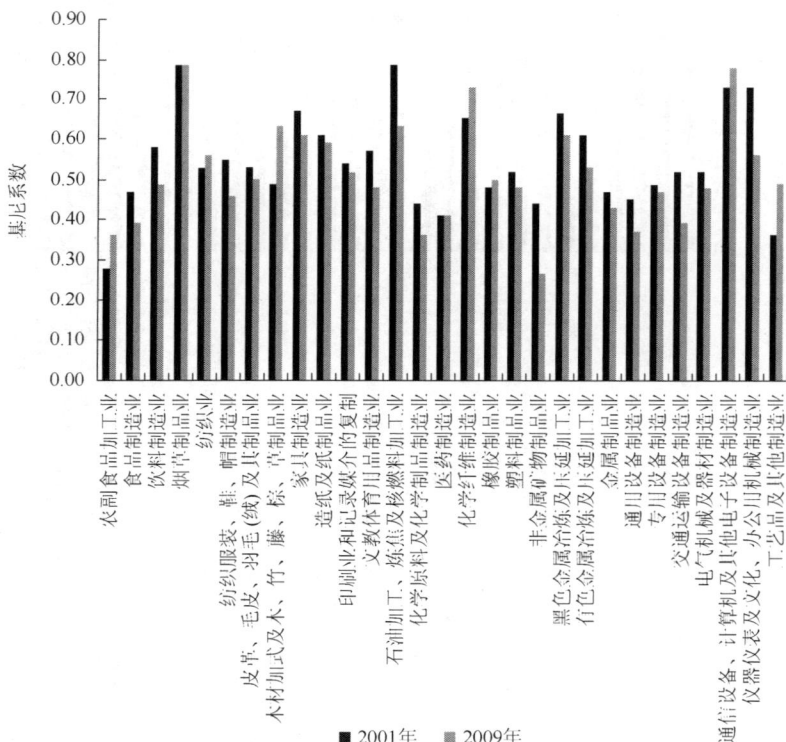

图 9-11　2001～2009 年江苏省制造业细分行业区域基尼系数

数据来源：2001～2009 年国家统计局工业企业数据库

长江三角洲区域其他省市。2009年集聚度最高的行业集中在：烟草制品业（0.79），通信设备、计算机及其他电子设备制造业（0.78），化学纤维制造业（0.73），石油加工、炼焦及核燃料加工业（0.63），木材加工及木、竹、藤、棕、草制品业（0.63），家具制造业（0.61）。集聚度较高的行业集中在资本密集型行业，一方面是承接了上海市的产业转移，实现了二次发展，另一方面与近年来地方政府将发展重点放在基础材料与新材料、装备制造业等行业密不可分，江苏省将逐步打造成石化冶金、光电显示、集成电路等行业的先进设备基地。

从变动趋势来看，2001～2009年29个细分行业中有20个行业呈现出分散趋势，变动幅度较大的依次为非金属矿物制品业（–63.0%），交通运输设备制造业（–33.3%），仪器仪表及文化、办公用机械制造业（–30.0%），石油加工、炼焦及核燃料加工业（–25.4%），化学原料及化学制品制造业（–22.2%）等，主要集中在劳动力密集型行业，这些产业在21世纪初的江苏省产业发展中多数为优势产业，但随着劳动力及土地成本的增加，资源禀赋的优势不再明显，开始呈现出向周边的安徽省等地的扩散趋势。

### 3. 浙江省优势行业显著集聚，其他行业逐步分散

如图9-12所示，浙江省2001～2009年行业集聚度变动幅度较大，2009年集聚程度较高的细分行业为石油加工、炼焦及核燃料加工业（0.87），烟草制品业（0.85），化学纤维制造业（0.69），橡胶制品业（0.65），仪器仪表及文化、办公用机械制造业（0.64），通信设备、计算机及其他电子设备制造业（0.63）。高集聚度的行业是浙江省产业政策的体现，浙江省重点发展石化企业，将发展临港石化列入特色产业基地之一，石化产业实现了跨越式发展。与之相关的化学纤维制造业、橡胶制品业等也逐步实现了由劣势转化为优势的过程，成为浙江省最具竞争力的几大行业之一。相对于高集聚度的产业来说，传统的劳动力密集型行业例如农副食品加工业（0.37），塑料制品业（0.41）则开始逐步表现出了扩散趋势，扩散地主要集中在临近的江西等省市。

考察变动趋势，2001～2009年浙江省29个细分行业中有21个行业呈现出分散趋势，2001～2009年变动幅度较大的行业为黑色金属冶炼及压延加工业（–44.5%），塑料制品业（–31.7%），家具制造业（–29.2%），交通运输设备制造业（–24.0%），通信设备、计算机及其他电子设备制造业（–17.5%），工艺品及其他制造业（–16.7%），文教体育用品制造业（–16.7%），农副食品加工业（–16.2%）等，原料和劳动力密集型行业正在逐步从浙江省转出，推动了行业结构的升级换代。

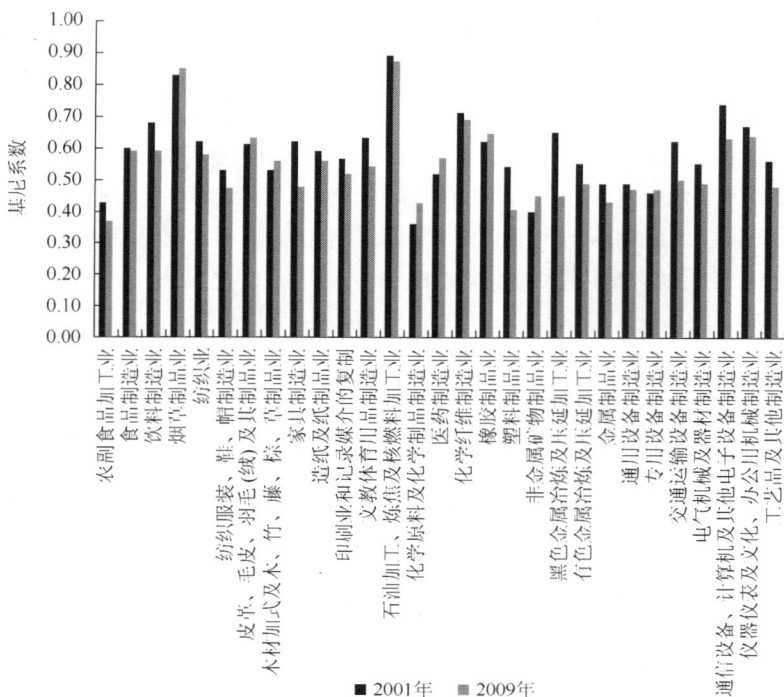

图 9-12　2001～2009 年浙江省制造业细分行业区域基尼系数

数据来源：2001～2009 年国家统计局工业企业数据库

### 4. 安徽省分行业显现不同特征，产业承接态势明显

如图 9-13 所示，安徽省总体发展战略为"工业强省"，2009 年集聚度最高的行业集中在烟草制品业（0.93），石油加工、炼焦及核燃料加工业（0.91），化学纤维制造业（0.87），黑色金属冶炼及压延加工业（0.80），有色金属冶炼及压延加工业（0.78），橡胶制品业（0.77），通信设备、计算机及其他电子设备制造业（0.77），交通运输设备制造业（0.74），仪器仪表及文化、办公用机械制造业（0.74），电气机械及器材制造业（0.72），集聚度高的行业除却原有的采矿业相关行业之外，安徽省已经开始部分承接临近的江苏省、上海市的产业转移。

从变动趋势上看，2001～2009 年安徽省过半制造业细分行业分行业显现不同特征，2009 年变动率最大的几个行业为纺织业（28.6%），医药制造业（17.3%），烟草制品业（17.2%），通用设备制造业（11.9%），金属制品业（9.8%），而这一变动趋势也印证了长江三角洲地区产业转移的方向，近年来安徽省越来越多的承接了长江三角洲的产业转移，在原有工业化的基础上，开始发展装备制造业、纺织、服装、石化及物流等行业。

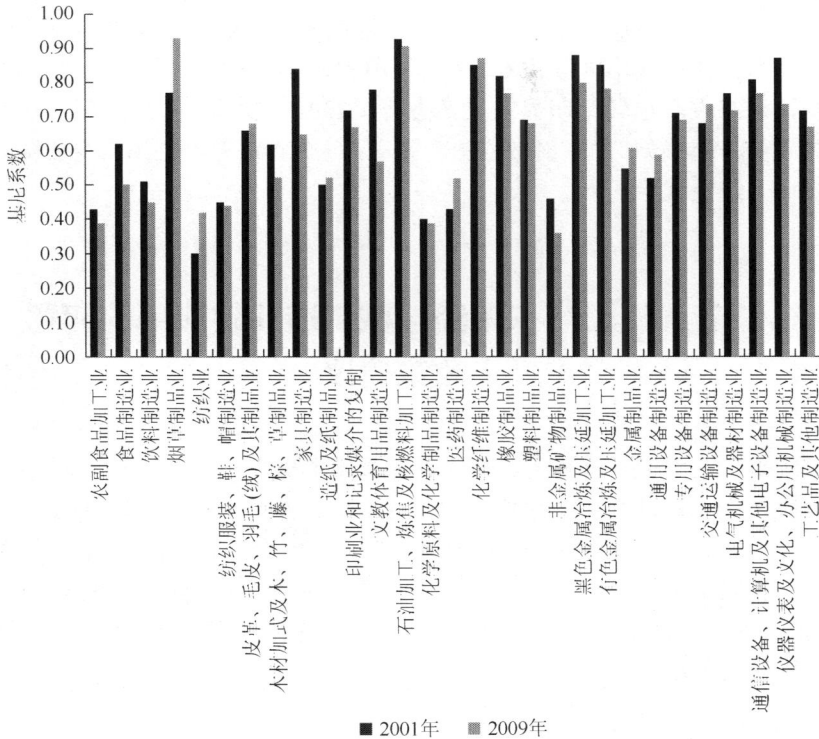

图 9-13　2001～2009 年安徽省制造业细分行业区域基尼系数

数据来源：2001～2009 年国家统计局工业企业数据库

## 三、泛长江三角洲区域制造业空间结构变动特征分析

随着产业转移的深入推进，泛长江三角洲区域制造业空间结构变动明显，总体表现出集聚趋势，具体来说主要有以下几大特征。

（1）从集聚地行业变化趋势来看，三省一市集聚程度表现出强烈的分异。

基于产业转移的趋势和方向，上海市的大多数行业进一步集聚，以专用设备制造业，纺织业，化学原料及化学制品制造业，医药制造业为代表；江苏省各地市由于制造业基础雄厚，大多数行业显现出分散趋势；浙江省表现出较为强烈的分异，重点行业例如石化集聚度明显升高，传统行业诸如农副产品加工业不断分散；安徽省近年来不断参与长江三角洲的分工，产业承接态势明显，尤其是承接了长江三角洲地区的劳动密集型行业表现出强烈的集聚型。

（2）从集聚的行业分类来看，技术或资本密集型行业集聚程度逐步升高，原材料密集型行业分布较为分散。

泛长江三角洲区域资本与技术密集型行业表现出最为强劲的集聚趋势，劳动力密集型行业呈现出区域集聚态势，原材料密集型行业由于受到原产地的极大限制，没有表现出较为明显的集聚态势。2001～2009 年，更多的行业表现出分散趋势，产业转移的辐射效应更为显著，各个省市充分利用自身优势条件，推动产业升级换代。

## 第三节　泛长江三角洲区域制造业转移中的问题及政策建议

近年来，泛长江三角洲区域制造业转移逐步推进，区域分工格局正在逐步形成，但是在转移过程中也存着诸如盲目承接、环境承载力急剧降低等问题，且呈现出不断矛盾激化的趋势。由于区位条件、历史基础等多方面的因素使得安徽省的发展水平长期低于泛长江三角洲区域的整体水平，如何发挥"后发优势"，积极促进安徽承接长三角核心地区的产业转移，实现泛长三角地区的产业协同发展至关重要。

### 一、泛长江三角洲区域制造业转移中存在的问题

（1）部分行业区域结构性转移与承接存在不理性，盲目性较大。

产业转移是一个动态的长期的过程，在产业转移过程中部分行业不理性现象，部分地市忽略自身资源禀赋情况，盲目承接产业转入，造成了资源的重复利用与浪费，加剧了产业结构的同构，未能良好的推动产业结构升级换代。产业转移是一把双刃剑，合理利用可以推动经济增长，但如果对于产业转移一概无条件的承接，则会造成环境污染、重复建设等严峻问题。

（2）不合理的产业转移加大了环境压力，环境可承载力急剧下降。

长三角区域土地资源承载力极低，人均耕地仅占 0.05 公顷，仅占全国平均水平的 2/3（苏伟忠等，2009），主要城市人均用水用地十分紧张，耕地负荷量超标，土地质量较差，可利用土地资源严重不足，环境承载力低下。而产业转移后主要承接地区为安徽省，安徽省以"工业强省"作为主要发展战略，但是长期工业化推进和能源的消耗，产生了大量的消耗物，过度排放造成了严重的大气、土壤等污染，环境问题凸显。从长远角度来看，资源正在不断的枯竭，

难以支撑能源密集型工业的可持续发展，从而严重影响了产业结构的升级换代。同时环境问题区域性强，潜伏周期长，难以准确的预测和发现，加大了治理的难度，节能减排任重而道远。泛长江三角洲区域制造业如果要实现可持续发展，就必须走低污染、低能耗、高附加值之路。

（3）产业集群效应未能有效发挥，区域一体化进程缺乏深度与广度。

随着长江三角洲地区制造业的转移及产业结构的优化升级，安徽省逐步融入泛长江三角洲区域的发展中，区域一体化进程进一步推进。但是虽然三省一市都具有良好的制造业基础，但以现代农业、服务业及金融业为主的综合配套能力却难以满足产业转移的要求，导致许多行业转移后无法找到合适的配套企业，尤其以安徽省和江苏省表现明显。产业整体实力比较弱，缺乏强竞争力的产业集群，集聚效应不明显，特别是在先进轻型制造业、生物医药等新兴制造业行业领域，缺乏龙头企业的拉动，产业链不完整，相互衔接不紧密。而整个泛长江三角洲区域经济传递的规模十分有限，区域之间行政壁垒问题严重，错综复杂的利益关系严重影响了要素自由流动，加之部分地区思想较为保守，严重影响了产业转移的推进，区域一体化需要在深度和广度上进一步推进。

## 二、泛长江三角洲区域制造业转移的政策建议

基于本章的理论与实证分析，结合泛长江三角洲产业转移的现状及存在的问题，政策建议如下。

（1）深入推进区域经济一体化，加快要素与资源流动，建立更广泛的利益共享机制。

2009年9月16日国务院公布的《关于进一步推进长江三角洲地区改革开放和经济社会发展的指导意见》中关于长江三角洲的定位是：生产性服务业、先进制造业、世纪级城市群。要求长江三角洲积极推动传统产业的升级改造和梯度转移，进一步提升企业的竞争力。在未来的发展中，要逐步打破区域分割，树立整体观念，消除地方保护主义，更加深入推进区域人才、交通、经济等建设一体化。统筹规划泛长江三角洲制造业发展，充分发挥上海市的龙头作用，建成现代服务业、高新技术为主题的世界大都市，江苏省以装备制造业和加工产业为龙头发展，浙江省主要发展加工工业，形成小规模的企业产业集群，安徽省在大力推进工业的同时，依托资源优势，同时发展现代采矿业及农副产品加工业，不断加快要素与资源流动。

当前长江三角洲制造业生产趋于饱和，部分制造业企业因为高能耗、劳动成本提升等原因陆续出现集聚不经济问题，为实现产业升级，长江三角洲部分制造业企业逐步向东西部转移，为了大力推动部分产业的转出，可以采取长江

三角洲与安徽省等地市合作方式，共建产业转移园区，实现更为广泛的利益共享机制。

（2）安徽省应积极营造承接产业转移的软环境。

软环境包括许多方面，其中最为重要的是思想解放、企业家精神以及人力资本的建设。安徽省最浓厚的陈腐思想即为官本位思想，经济进一步发展的最大障碍也是官本位障碍（殷君伯，2008），企业家精神缺乏，所以承接产业转移、促进产业发展中，安徽省在思想和观念上应该进行一场深刻的变革，打破官本位意识、小农思想及打工意识，将其转变为一种创新式的企业家精神，在精神上驱动安徽省的发展。具体来说，需要进一步完善社会主义市场经济体制，从经济体制、政策环境、文化环境及市场环境多个方面营造一个长期稳定的社会环境，营造尊重企业家发展的良好氛围，支持服务企业家的中介组织和机构，建立科学合理的企业经营者考评制度及薪酬体系，培育职业经理人市场，为企业家发展创造良好的环境。

人始终是推动经济发展的主体。在泛长江三角洲区域未来的发展中应大力改善人才环境，发挥科教文化资源的优势，走独具特色的自主创新之路。首先，强化企业的主体地位，建立以市场为导向的产学研相结合体系，加强重点实验室、重点工程的建设，建设一批高竞争力的龙头制造业企业，提升产品的附加值；其次，加强重点领域的研发，尤其是在装备制造、节能环保等各省市优势领域实现技术突破，打造一批具有国际影响力的品牌，建立区域创新体系；再次，不断完善科技服务体系，建立健全科技创新的政策制度，支持中介组织的全面发展，建立完善的科技企业融资制度，推动更多的知识成果转化为切实生产力；最后，加快人才队伍建设，完善人才激励机制，积极开展引进人才活动，为人才发展提供良好的经济和社会环境，推动经济的跨越式发展。

（3）重点推进皖江城市带制造业承接的发展，提升安徽省制造业总体水平。

皖江城市带是泛长江三角洲区域的重要组成部分，也是长江三角洲制造业向中西部转移和辐射的桥头堡。2010年国务院通过了皖江城市带承接产业转移示范区规划，从此上升为国家战略，开启了区域协调发展的新时期。示范区包括合肥、芜湖、马鞍山、铜陵、安庆、池州、巢湖、滁州、宣城九个地市全境及六安市金安区、舒城县，共59个县（市、区），规划区总人口3058万人（上海财经大学区域经济研究中心，2011）。在未来的发展中，瞄准长三角等沿海地区迫切需要转移的企业，积极吸纳资本、技术、人才等要素，大力振兴装备制造业，推进原材料及轻纺产业发展，着力培育高新技术产业，构建特色鲜明、高竞争力的现代制造业体系，将皖江城市带建成中西部崛起发展的先行区及重要增长极之一，建成全国先进制造业及服务业的基地。

具体分析，装备制造业方面，应进一步推进奇瑞、江淮等汽车品牌的重组与创新，发展新能源汽车，积极开拓国际市场，实现关键零部件标准化生产，建设具有国家自主知识产权的生产基地。开拓并建成以合肥为中心的电气设备产业集群，承接发展船用动力设备、舱室设备等制造业，重点建设芜湖、马鞍山等机床零部件产业集群；原材料产业方面，逐步淘汰落后企业，推动产业结构的升级换代，实现铜陵有色、马鞍山钢铁、芜湖新兴铸管等骨干企业的改造，推动合肥铝厂建设，实现铝电联营，妥善关闭资源枯竭的矿山，推进低能耗、高附加值的加工企业发展，发展中国石油化工股份有限公司安庆分公司、宣城市化肥有限公司等精细化工，实现产业链的延伸。各地市产业分工明确，深入合作，充分发挥毗邻长江三角洲的区位优势，依托长江水道，不断推进产业集聚，大力发展主导产业，培育产业集群，形成现代化的制造业重要集聚区域。

## 参 考 文 献

上海财经大学区域经济研究中心. 2001. 2011 中国区域经济发展报告-从长三角到泛长三角-区域产业梯度转移的理论与实证研究. 上海：上海财经大学出版社.

苏伟忠，杨桂山，董雅文. 2009. 长三角区域发展的资源环境约束与调控，现代城市研究，（10）：19-23.

范剑勇. 2004. 长三角一体化、地区专业化与制造业空间转移.管理世界，（11）：77-84.

殷君伯. 2008. 泛长江三角洲区域发展分工与合作—泛长三角区域经济发展研究报告. 安徽:安徽人民出版社.

Krugman P. 1991. Increasing returns and economic geography. Journal of Political Economy，99（3）：483-499.

Wen M. 2004. Relocation and agglomeration of chinese industry. Journal of Development Economics，（73）：329-347.

# 第十章
# 京津冀区域制造业分工
# 与区域转移[①]

　　京津冀区域作为我国三大社会经济活动密集区域、重要的经济增长极之一，同样是我国重要的制造业基地。改革开放以来，随着内部产业结构的不断优化调整，地区经济发展内生动力的激活，京津冀地区已经与珠三角、长三角共同支撑起了当代中国制造业的半壁江山，研究制造业内部产业分工结构与产业转移特征之间的关系对于京津冀区域协同发展有一定的现实意义。产业转移与区域产业分工之间存在着密切的关系，一方面，产业转移促进了各地的产业结构优化，进而推动了各地的经济发展；另一方面，各地产业结构优化与经济发展又反过来会进一步促进产业在地区间的不断转移，最终呈现出"螺旋式"上升的发展格局（谷永芬等，2007）。因此，本章将基于京津冀区域制造业 2000～2009 年的数据对其产业分工与转移的特征和演化趋势进行初步研究，并力图在实证分析的基础上对两者的动态关系进行探讨。本章使用的主要数据如无特殊说明均来源于国家统计局工业企业数据库 2000～2009 年的统计数据以及 2000～2010 年的《北京统计年鉴》、《天津统计年鉴》及《河北经济年鉴》。

---

　　① 本章部分内容已发表：李国平，张杰斐. 2015. 京津冀制造业空间格局变化特征及其影响因素. 南开学报，（01）：90-96。

# 第一节　京津冀区域制造业分工水平与特征

随着区域内分工的不断变化，京津冀区域制造业逐步形成了北京以技术密集型产业为主导，天津兼顾资本密集型及技术密集型产业，河北以劳动力密集型产业为基础、重点发展资本密集型产业、大力推进技术密集型产业建设的特点。本节将就京津冀区域制造业分工的水平及基本特征进行分析总结。

## 一、京津冀区域制造业总体发展状况

从京津冀区域制造业整体发展趋势来看，2009 年京津冀区域制造业生产总值已达 40 018.24 亿元，与 2000 年相比，京津冀区域制造业生产总值呈现出逐年增长的趋势，年均增速达到 20.57%，产值规模不断扩大（图 10-1）。与全国制造业生产总值比较，2009 年京津冀制造业生产总值占全国制造业生产总值达到 8.48%，总体来看 2000～2009 年京津冀区域制造业占全国制造业产值的比重基本上保持在 9% 左右，但已呈现出逐年下降的趋势。可见京津冀区域制造业发展速度已落后于全国。

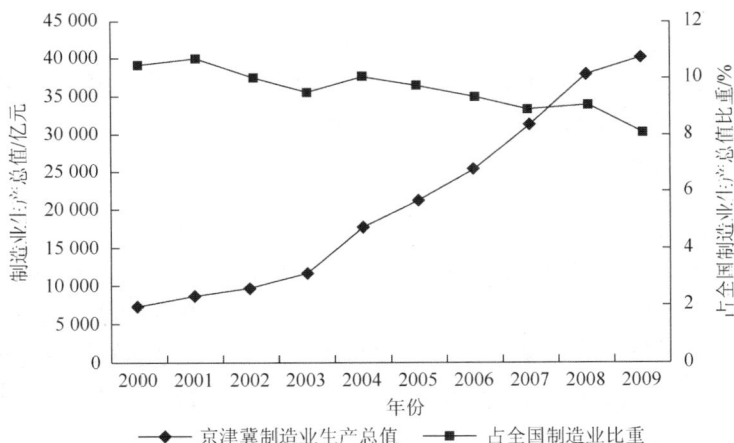

图 10-1　京津冀制造业总产值及占全国制造业总产值的比重

数据来源：2000～2009 年国家统计局工业企业数据库，2001～2010 年《北京统计年鉴》、
《天津统计年鉴》及《河北经济年鉴》

从京津冀区域内部三地制造业生产总值的差异程度来看，北京市制造业生产总值占京津冀地区制造业生产总值的比重逐年下降，从 2000 年的 34.0% 降

低至 2009 年的 21.88%（图 10-2），说明其制造业产值的增长已落后于天津、河北两地，与北京市实施退二进三的产业发展战略，大量高排放、高污染制造业逐步被替代或转移有着密切的关系。天津市的制造业生产总值占比历年来基本保持稳定但增长势头明显放缓。而河北省的制造业生产总值占京津冀区域制造业生产总值的比重逐年上升，从 2000 年的 33.78%到 2009 年已上升至 50.32%。所以，京津冀区域三地制造业在 2000~2009 年，制造业总体发展最明显的特征为产业重心的显著转移，其具体路径趋势也相对明确，即逐步从北京、天津两大城市转到河北省。这一现象在一定程度上表明了区域内三地制造业产业分工也在随重心转移而发生新的变化。

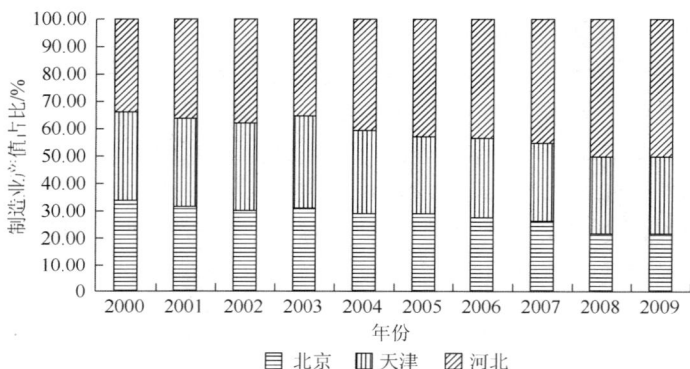

图 10-2 北京、天津及河北制造业产值占京津冀区域制造业产值的比重变化

数据来源：2000~2009 年国家统计局工业企业数据库，2001~2010 年《北京统计年鉴》、《天津统计年鉴》及《河北经济年鉴》

如图 10-3 所示，从京津冀制造业行业结构呈现出的特点来看，以 2009 年为例，京津冀地区产值规模最大的前十个行业依次为：黑色金属冶炼及压延加工业，交通运输设备制造业，通信设备、计算机及其他电子设备制造业，石油加工、炼焦及核燃料加工业，电气机械及器材制造业，化学原料及化学制品制造业，通用设备制造业，农副食品加工业，非金属矿物制品业，金属制品业。上述十类行业的生产总值占到京津冀区域制造业生产总值的 77.92%。

其中，黑色金属冶炼及压延加工业是京津冀区域传统的优势行业，2009 年生产总值达 10 477.50 亿元,占全国同行业生产总值比重达到 24.57%。石油加工、炼焦及核燃料加工业产值达 2316.94 亿元，占全国同行业的 10.81%。此外，京津冀地区集中了包括天津一汽丰田汽车股份有限公司、北京汽车股份有限公司及河北长城汽车股份有限公司等一批优势整车生产企业，以及摩托罗拉、诺基亚、西门子等一批通信制造商，以及"空中客车天津总装项目"的落户，使得

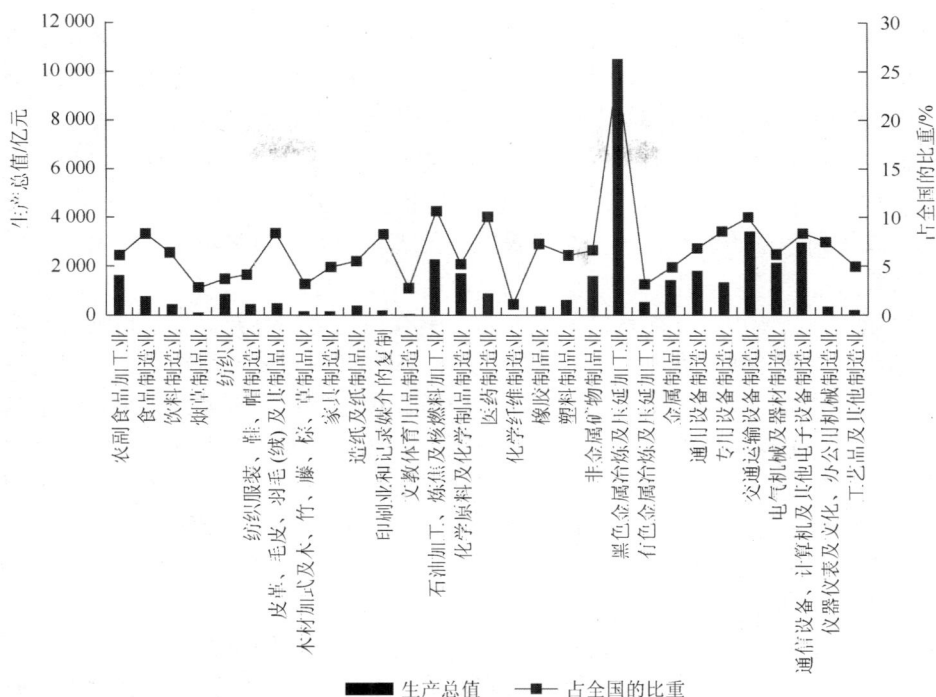

图 10-3　2009 年京津冀区域制造业各行业总产值及占全国的比重

数据来源：2009 年国家统计局工业企业数据库，2010 年《北京统计年鉴》、《天津统计年鉴》及
《河北经济年鉴》

京津冀地区在交通运输设备制造、通信设备制造等领域具有突出的实力，从全国的横向对比来看，也具备相当的竞争力。其中，交通运输设备制造业 2009年产值在京津冀区域排在第二位，达 3887.53 亿元，占全国的 9.65%；通信设备、计算机及其他电子设备制造业 2009 年实现产值 3755.89 亿元，排区域内第三位，占全国的 8.45%。

可见，京津冀区域制造业整体上在产业结构中呈现出由传统的资源型行业为主的资本密集型产业（黑色金属冶炼及压延业、石油加工、炼焦及核燃料加工业等）及技术密集型产业（通信设备、计算机及其他电子设备制造业、交通运输设备制造业等）共同占据主要地位的基本特征。

## 二、京津冀区域制造业要素禀赋及结构差异

在了解了京津冀区域制造业发展基本情况的基础上，本节将以此为背景进一步深入分析京津冀区域制造业的结构差异。而要素禀赋是区域结构差异形成

的发端，是区域经济活动主体选择行为发生的直接原因，有必要由此入手对京津冀区域制造业分工的基础进行初步掌握。要素禀赋中的技术要素、资本要素以及劳动力要素是经济发展最为基本的三个方面，能够对产业结构的发展及其方向产生根本性影响。此外，区域发展的要素禀赋还包括区位条件、自然资源以及政策制度等。特定的要素禀赋组合决定了该地区分工及专业化的发展方向。具体到本章研究对象——京津冀区域的基本要素禀赋来看，主要表现出以下特征。

第一，区域内部各城市之间的技术要素存在显著的差异。北京是国内乃至国际科技资源高度密集的地区，天津也是全国区域科技中心城市之一，河北省虽然初步建成了工业和农业科技体系，但整体仍与京津两市差距较大、水平有待提高。相关实证研究也证明了京津冀区域内部技术要素有着明显的差异，北京在我国属于创新能力的第一集团，天津属于第二集团，而河北属于第三集团（柳卸林和胡志坚，2002）。从技术要素的综合水平来看，北京排在全国三十一个省市自治区的第一位，天津排在第十二位，河北则排在第二十位（于刃刚和戴宏伟，2006）。

第二，资本要素在区域内也存在差异。北京属于全国金融中心，天津也是区域内的金融中心，在资金支配上具有优势，资金量能够体现出资金对于当地经济发展的支持程度，是支持地区支柱产业的快速发展的动力，也是培育新兴产业的重要源泉。

第三，劳动力要素在京津冀内部各城市之间存在较强的互补性，北京和天津的劳动力较少，但劳动力的发展潜力和素质较高，而河北劳动力数量多，但素质偏低，技术型人才匮乏。同时，北京和天津的劳动力成本较高，而河北省劳动力相较而言较低。

可以看到，从要素禀赋的角度来看，北京、天津及河北在京津冀这一区域内存在着较为明显的要素禀赋差异，为制造业的区域产业分工奠定了基础。目前，大部分学者认为我国大部分地区的产业结构仅在三次产业分类这一宏观面上存在严重同构的表现，随着产业转移和地区专业化程度的不断变化，在制造业这一层面上并不存在产业同构的现象，即多数区域即使没有明显的产业间分工现象，仍存在一定的产业内分工。因而，为了判断京津冀区域制造业分工的水平，本节将在行业大类的水平上对京津冀区域制造业的同构化水平进行测度来判断其分工水平及变化。

为了判断京津冀区域制造业分工的水平，这里将基于行业大类对京津冀区域制造业的同构化水平的测度来判断其分工水平及变化，目前国内大部分学者是根据联合国工业发展组织 1979 年提出的产业结构相似系数进行研究（UNDIO，1979；陈建军，2004）

$$S_{ij} = \frac{\sum_{k=1}^{n} x_{ik} x_{jk}}{\sqrt{\sum_{k=1}^{n} x_{ik}^2 \sum_{k=1}^{n} x_{jk}^2}} \qquad 0 < S_{ij} < 1 \qquad (10\text{-}1)$$

式中，$S_{ij}$ 为 $i$ 区域和 $j$ 区域的结构相似系数；$i$ 和 $j$ 为两个相比较的区域；$x_{ik}$ 表示 $i$ 地区 $k$ 产业占该地区制造业总产值的比重；$x_{jk}$ 表示 $j$ 地区 $k$ 行业占该地区制造业总产值的比重。$S_{ij}$ 的值在 0 和 1 之间变动。如果其值为 0，表示两个相比较地区的产业结构完全不同；如果其值为 1，说明两个地区间产业结构完全相同。$S_{ij}$ 的值越趋近于 0，表明同构程度越低，即产业分工较为明显，产业结构差异度较大。

基于工业企业统计数据库 2000～2009 年的行业大类的产值数据，京津冀区域制造业同构系数如图 10-4 所示。

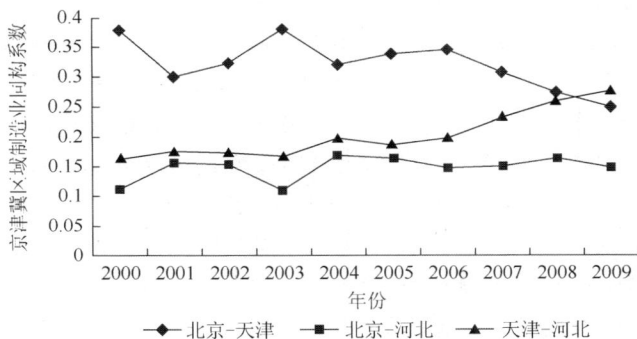

图 10-4　2000～2009 年京津冀区域制造业同构系数

数据来源：2000～2009 年国家统计局工业企业数据库、2001～2010 年《北京统计年鉴》、《天津统计年鉴》及《河北经济年鉴》

可以看到，在行业大类的尺度上，京津冀区域内部两市一省的制造业同构化程度明显较低，2000 年以来都集中在 0.4 以下。比较而言，北京和天津的制造业同构程度相对较高，2000 年达到 0.37；但总体呈现逐年下降的趋势，到 2009 年已下滑至 0.25；而北京和河北的制造业同构程度基本维持在较低的水平，总体较为平稳，基本上稳定在 0.15 左右；天津和河北的制造业同构程度呈现出逐年上升的趋势，在 2009 年已达 0.28 超过了北京和天津的制造业同构程度。

由此可见，京津冀区域内三地的制造业的结构差异较为明显，两两之间的差异程度均较大，但天津与和河北之间呈现出了差异程度下降的趋势。随着京津冀区域内部产业调整的不断深入，在实现"退二进三"加快首都经济结构优化调整的进程中，北京市高耗能、高污染类型的制造业发展逐渐放缓。与此同时，北京进一步发挥其在创新资源上的优势，不断扩大技术密集型产业在制造业中的比重。另外，一批以资源型和劳动力密集型行业为主的制造业行业逐步退出北京，向周边区域转移，而天津及河北在这一过程中承接了大量相似的制造业行业，使得天津和河北的制造业行业结构差异逐年减少，而北京和天津的制造业结构性差异也在逐年扩大。但随着天津自身产业升级的需要，尤其是伴随着滨海新区等工业新区的不断发展，使得技术密集型行业在天津的发展势头也显著加快，使得京津两地的制造业结构差异扩大的趋势逐步放缓。

## 三、京津冀区域制造业分工特征

制造业作为一个区域工业的重要组成部分，其在区域内部分工规律应符合梯度分布的特征，产业梯度是因为国家或地区间生产要素禀赋差异、技术差距、产业分工不同而在产业结构水平上形成的阶梯状差距（戴宏伟，2006）。京津冀区域内部本身体现出的经济发展梯度、要素禀赋梯度在一定程度上能够影响产业结构梯度的形成，而产业结构梯度是最能够综合反映区域产业结构和分工层次差异的指标，是区域产业转移的重要基础。因此，在了解了京津冀区域制造业分工的要素禀赋分异及总体结构性差异水平变化规律的基础上，本节将对京津冀区域制造业的分工特征进行详细的描述。

为了能够更为直接的表征京津冀区域制造业分工特征，这里选取了区位商这一指标。区位商能够区别出区域的优势产业并区分出其专门化率，通过优势产业的甄别对分工特征进行描述。

2001年京津冀区域两市一省制造业各行业存在着显著的梯度分布，见表10-1。河北在农副产品加工、原料加工等资源型为主导的制造业行业具有较强的比较优势，而北京和天津在资源型产业特别是重化工业及装备制造业等方面均具备一定的优势。同时，北京和天津具有比较优势的制造业行业类型有较强的相似性，如医药制造业、黑色金属冶炼及压延加工业、石油加工、炼焦及核燃料加工业、通信设备、计算机及其他电子设备制业等，相较于河北省均位于较高的梯度层级上。但天津市在化学原料及化学制品制造业上相较其他两省（市）梯度水平十分显著。由此看来，2001年京津冀区域内的产业分工尚未形成当前普遍认知内的三地要素禀赋差异规律；尤其是京津两地的大部分优势产业所处的梯度水平近乎一致，且部分资源型产业在京津两地仍处在与河北相近或略高的梯度水平。但是，京津与河北之间的产业梯度已经形成且十分明显，那些具有高资本投入、高附加值特征的产业多集中在京津两地，而具有低附加值、劳动力密集型特征的产业优势集中在河北，基本上能够呈现出北京、天津兼顾资本密集型和技术密集型产业，而河北则兼顾劳动力密集型产业与资本密集型产业的产业梯度格局特征。

**表 10-1　2001 年京津冀区域制造业各行业区位商**

| 产业部门 | 行业名称 | 北京 | 天津 | 河北 |
|---|---|---|---|---|
| 劳动力密集型制造业 | 农副食品加工业 | 0.59 | 1.56 | 1.08 |
| | 食品制造业 | 0.83 | 1.47 | 0.95 |
| | 饮料制造业 | 0.97 | 1.32 | 0.91 |
| | 烟草制品业 | 0.69 | 0.57 | 1.36 |
| | 纺织业 | 0.45 | 1.33 | 1.25 |
| | 纺织服装、鞋、帽制造业 | 0.80 | 2.30 | 0.68 |
| | 皮革、毛皮、羽毛（绒）及其制品业 | 0.12 | 1.48 | 1.42 |
| | 木材加工及木、竹、藤、棕、草制品业 | 0.43 | 1.47 | 1.22 |
| | 家具制造业 | 0.94 | 2.43 | 0.54 |
| | 造纸及纸制品业 | 0.41 | 1.32 | 1.28 |
| | 印刷业和记录媒介的复制 | 1.41 | 1.73 | 0.47 |
| | 文教体育用品制造业 | 0.91 | 3.46 | 0.21 |
| | 橡胶制品业 | 0.33 | 2.81 | 0.82 |
| | 塑料制品业 | 0.57 | 2.21 | 0.87 |
| | 工艺品及其他制造业 | 0.41 | 3.17 | 0.64 |
| 资本密集型制造业 | 石油加工、炼焦及核燃料加工业 | 1.58 | 0.88 | 0.65 |
| | 非金属矿物制品业 | 0.73 | 0.73 | 1.27 |
| | 黑色金属冶炼及压延加工业 | 0.73 | 1.26 | 1.09 |
| | 有色金属冶炼及压延加工业 | 0.31 | 2.00 | 1.11 |
| | 金属制品业 | 0.57 | 2.40 | 0.80 |
| | 通用设备制造业 | 0.80 | 2.00 | 0.79 |
| | 专用设备制造业 | 1.14 | 1.25 | 0.82 |
| | 仪器仪表及文化、办公用机械制造业 | 1.84 | 1.70 | 0.19 |
| 技术密集型制造业 | 化学原料及化学制品制造业 | 0.53 | 2.64 | 0.74 |
| | 医药制造业 | 0.69 | 1.58 | 1.01 |
| | 化学纤维制造业 | 0.24 | 0.88 | 1.55 |
| | 交通运输设备制造业 | 1.00 | 2.14 | 0.60 |
| | 电气机械及器材制造业 | 0.76 | 2.52 | 0.63 |
| | 通信设备、计算机及其他电子设备制造 | 1.71 | 2.35 | 0.05 |

数据来源：2001 年国家统计局工业企业数据库，2002 年《北京统计年鉴》、《天津统计年鉴》及《河北经济年鉴》

而到 2009 年，京津冀区域内三地的制造业各行业的梯度水平差异出现了较为显著的变化（表 10-2）。在不到十年的时间内，河北省大部分资源型产业、农副产品及轻纺工业的梯度水平已明显高出北京、天津两市，如黑色金属冶炼及压延加工业、石油加工、炼焦及核燃料加工业，化学原料及化学制品制造业、纺织业、农副食品加工业等，在河北省的集中程度已优于北京和天津两市。天津市一方面在化学原料及化学制品制造业、有色金属冶炼及压延加工业、黑色金属冶炼及压延加工业等资源型产业的梯度水平上与河北相近甚至超出，另一方面在医药制造业、设备制造业等行业上的梯度则明显高于北京和河北。北京市在通信设备、计算机及其他电子设备业、交通运输设备制造业与天津处在同一梯度水平上，且显著高于河北省。

表 10-2　2009 年京津冀区域制造业各行业区位商

| 产业部门 | 行业名称 | 北京 | 天津 | 河北 |
|---|---|---|---|---|
| 劳动力密集型制造业 | 农副食品加工业 | 0.48 | 1.06 | 1.29 |
| | 食品制造业 | 0.71 | 1.60 | 0.95 |
| | 饮料制造业 | 1.08 | 1.09 | 0.92 |
| | 烟草制品业 | 0.71 | 0.67 | 1.30 |
| | 纺织业 | 0.23 | 0.37 | 1.69 |
| | 纺织服装、鞋、帽制造业 | 0.70 | 1.96 | 0.83 |
| | 皮革、毛皮、羽毛（绒）及其制品业 | 0.05 | 0.20 | 1.86 |
| | 木材加工及木、竹、藤、棕、草制品业 | 0.26 | 0.52 | 1.61 |
| | 家具制造业 | 0.95 | 1.23 | 0.94 |
| | 造纸及纸制品业 | 0.49 | 1.02 | 1.30 |
| | 印刷业和记录媒介的复制 | 1.64 | 0.75 | 0.71 |
| | 文教体育用品制造业 | 0.63 | 2.81 | 0.55 |
| | 橡胶制品业 | 0.22 | 1.68 | 1.22 |
| | 塑料制品业 | 0.41 | 1.88 | 1.03 |
| | 工艺品及其他制造业 | 1.43 | 1.43 | 0.58 |
| 资本密集型制造业 | 石油加工、炼焦及核燃料加工业 | 0.97 | 1.07 | 0.99 |
| | 非金属矿物制品业 | 0.71 | 0.65 | 1.30 |
| | 黑色金属冶炼及压延加工业 | 0.15 | 1.33 | 1.39 |
| | 有色金属冶炼及压延加工业 | 0.21 | 2.32 | 0.99 |
| | 金属制品业 | 0.39 | 1.80 | 1.07 |
| | 通用设备制造业 | 0.68 | 1.85 | 0.88 |
| | 专用设备制造业 | 0.94 | 1.87 | 0.71 |
| | 仪器仪表及文化、办公用机械制造业 | 1.78 | 1.67 | 0.29 |

| 产业部门 | 行业名称 | 北京 | 天津 | 河北 |
|---|---|---|---|---|
| 技术密集型制造业 | 化学原料及化学制品制造业 | 0.44 | 1.57 | 1.13 |
| | 医药制造业 | 1.11 | 1.42 | 0.78 |
| | 化学纤维制造业 | 0.18 | 0.66 | 1.62 |
| | 交通运输设备制造业 | 1.35 | 1.91 | 0.45 |
| | 电气机械及器材制造业 | 0.90 | 1.52 | 0.87 |
| | 通信设备、计算机及其他电子设备制造 | 1.83 | 2.11 | 0.10 |

数据来源：2009 年国家统计局工业企业数据库，2010 年《北京统计年鉴》、《天津统计年鉴》及《河北经济年鉴》

由此可见，到 2009 年，北京、天津及河北在制造业这一产业层面上基本上形成了在北京集中发展技术密集型产业，天津兼顾技术密集型与资本密集型产业，而河北省兼顾资本密集型与劳动力密集型产业的基本产业分工格局。

对比 2001 年和 2009 年分工特征，京津冀区域内部的产业分工呈现出十分明显的梯度化特征，同时发生了一定程度的变化。其差异变化情况可以明确的显示京津冀区域的制造业正在逐步沿着区域协调化的路径发展，即北京逐步退出资本密集型产业，弱化技术密集型行业中资源型行业的优势，仅保留部分高端制造业；天津则在发展资本密集型行业的同时，加大技术密集型产业的发展势头；河北则在以劳动力密集型产业为基础，兼顾资本密集型产业尤其是资源型行业，同时发展部分技术密集型行业，提升制造业水平。

# 第二节　京津冀区域制造业转移的特征与趋势

本节以 2001 年、2009 年京津冀区域内两市一省制造业产值数据为基础，对三省市以及各区县制造业各行业占京津冀制造业工业总产值的份额进行分析，进而得出京津冀制造业产业转移的基本特征和趋势。

## 一、京津冀制造业区域转移的总体程度

从京津冀区域制造业整体来看，2001～2009 年区域内的制造业发生了较为明显的产业转移现象。如图 10-5（a）所示，从 2001 年京津冀区域内各区县制造业总产值占京津冀区域制造业总产值的比重来看，京津冀区域制造业主要

集中分布在京津走廊及周边以及河北主要城市的核心区县，处于京津冀区域腹地的冀中南地区以及冀北区域制造业发展水平相对较弱。就发达区域来看，北京制造业相对发达的地区集中在近郊的城市拓展区，而天津则主要集中在临港地区。

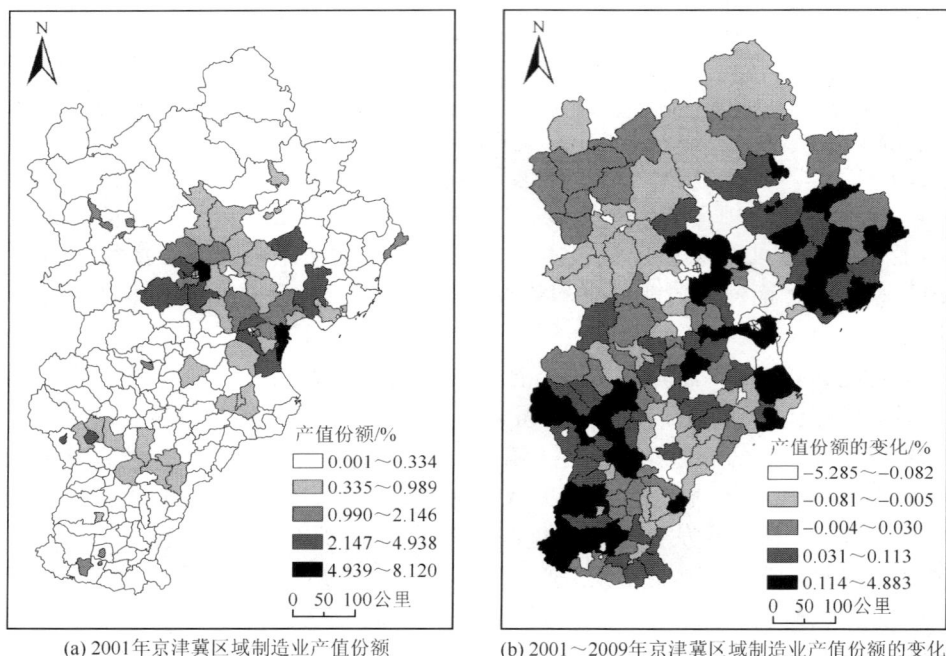

(a) 2001年京津冀区域制造业产值份额    (b) 2001～2009年京津冀区域制造业产值份额的变化

图 10-5    京津冀制造业 2001 年产值空间分布及 2001～2009 年产值份额的变化

数据来源：2001～2009 年国家统计局工业企业数据库，2002～2010 年《北京统计年鉴》、《天津统计年鉴》及《河北经济年鉴》

如图 10-5（b）所示，从 2001～2009 年的制造业份额变化趋势来看，份额降低的主要发生在 2001 年制造业相对集中的区域，即京津走廊及河北省主要城市的核心区县。而产业的份额增加的则主要发生在唐山、秦皇岛各区县以及冀中南地区包括石家庄、邢台以及邯郸城区的周边区县。

总体来看，京津冀区域内制造业转移的整体趋势主要表现为以下基本特征：从区域整体的空间尺度来看，主要路径是从京津走廊向河北东部沿海的唐山、秦皇岛及河北腹地的冀中南地区转移。从区县水平的空间尺度来看，主要路径是从京津的近郊区域向远郊转移，从河北主要城市的城区向外围区县转移。对比制造业分工的梯度化特征，可以看到京津冀区域制造业基于梯度的分工变化与对应时段内产业转移的基本路径特征及其趋势较为吻合。

那么，在了解了京津冀区域产业转移的基本路径基础上，这里将引入结构变动系数的方法作为衡量区域内制造业不同行业区域转移剧烈程度的指标，力图对区域内制造业转移进行更为细致的描述。

$$R_i = \sum |x_{it} - x_{i0}| \tag{10-2}$$

式中，$R_i$ 为结构变动系数；$x_{it}$ 为某地末期 $i$ 行业工业总产值占京津冀区域 $i$ 行业工业总产值的比重；$x_{i0}$ 为基期 $i$ 行业工业总产值占京津冀区域 $i$ 行业工业总产值的比重。本节中末期即 2009 年，基期即 2001 年。

如图 10-6 所示，生产总值占京津冀区域制造业生产总值份额变化程度较为剧烈的制造业行业前十位依次为：工艺品及其他制造业，皮革、毛皮、羽毛（绒）及其制品业，纺织业，石油加工、炼焦及核燃料加工业，木材加工及木、竹、藤、棕、草制品业，橡胶制品业，家具制造业，化学原料及化学制品制造业，黑色金属冶炼及压延加工业，文教体育用品制造业。这大体上可以表征在 2001～2009 年京津冀区域制造业行业发生产业转移程度较为剧烈的行业。

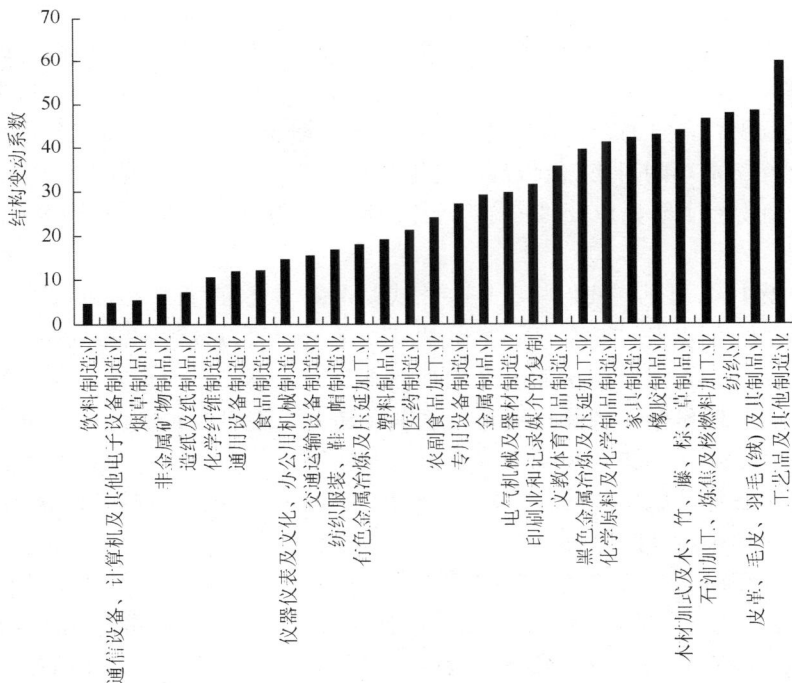

图 10-6　京津冀区域制造业各行业结构变动系数

数据来源：2001～2009 年国家统计局工业企业数据库，2002～2010 年《北京统计年鉴》、《天津统计年鉴》及《河北经济年鉴》

可见，在 2001～2009 年，京津冀区域制造业行业发生产业转移程度较为剧烈的行业仍集中在劳动力密集型制造业上，低端行业的产业转移依旧是这一时间段内京津冀区域制造业转移的主体。而资本密集型行业有黑色金属冶炼及压延加工业以及石油加工、炼焦及核燃料加工业转移明显，技术密集型行业仅有化学原料及化学制品制造业转移明显。值得注意的是，资本密集型行业和技术密集型行业中转移较为剧烈的行业主要集中在以资源型行业为代表的制造业行业上。同时，结合第一节的讨论可以发现，京津冀区域转移较为剧烈的产业类型与区域分工布局特征变化的基本规律相互吻合，即在区域制造业发展中以低端行业为主体的产业转移是促使北京承担的分工逐步高端化、天津承担的分工不断升级化、河北承担的分工比重扩大化的根本动力之一。由此可见，京津冀区域制造业的分工特征与产业转移很有可能存在一定的内在关系。

## 二、京津冀区域制造业转移的基本类型

上一小节总结了京津冀区域制造业转移的总体程度特征，我们可以清楚地了解到基本的行业类型差异特征，但具体到三省市之间生产总值份额变化的情况，我们需要进一步对其进行分解。为了便于研究，本节将三省市各行业 2001 年至 2009 年按照产值份额的变化划分为"＋－－"，即一地产值分配上升、两地产值份额下降，以及"＋＋－"，即两地产值份额上升、一地产值份额下降两大类。

由表 10-3 可见，我们将"＋＋－"类型分为"北京+天津+河北－"、"北京+天津－河北+"以及"北京－天津+河北+"。第一，可以发现河北一地产值份额降低而北京、天津产值份额上升的行业不存在。第二，北京、河北产值份额上升天津产值份额下降的行业包括饮料制造业、造纸及纸制品业、电气机械及器材制造业、印刷业和记录媒介的复制业等。其中，饮料制造业、造纸及纸制品业本身份额变化的程度较小，均在 5%以下；而电气机械及器材制造业、印刷业和记录媒介的复制业在北京上升的份额也在 5%以下，即份额正向变化集中表现在河北、负向变化集中表现在天津。第三，天津、河北产值份额上升、北京产值份额下降的行业包括黑色金属冶炼及压延加工业，石油加工、炼焦及核燃料加工业，通用设备制造业，仪器仪表及文化、办公用机械制造业以及食品制造业等。其中，食品制造业的份额变化整体较小，变化特征不明显，而其余行业均体现出北京集中表现负向变化、河北体现正向变化的趋势特征。

表 10-3　京津冀区域制造业各行业 2001～2009 年份额的变化 　　（单位：%）

| 行业 | 2009～2001 年产值份额变化 | | |
| --- | --- | --- | --- |
| | 北京 | 天津 | 河北 |
| 农副食品加工业 | −5.05 | −6.95 | 12.00 |
| 食品制造业 | −6.07 | 4.70 | 1.37 |
| 饮料制造业 | 0.55 | −2.26 | 1.71 |
| 烟草制品业 | −1.55 | 2.71 | −1.16 |
| 纺织业 | −8.02 | −15.92 | 23.94 |
| 纺织服装、鞋、帽制造业 | −5.55 | −2.83 | 8.38 |
| 皮革、毛皮、羽毛（绒）及其制品业 | −2.56 | −21.68 | 24.25 |
| 木材加工及木、竹、藤、棕、草制品业 | −6.47 | −15.50 | 21.96 |
| 家具制造业 | −2.25 | −18.83 | 21.08 |
| 造纸及纸制品业 | 1.06 | −3.61 | 2.55 |
| 印刷业和记录媒介的复制 | 2.91 | −15.70 | 12.79 |
| 文教体育用品制造业 | −11.10 | −6.73 | 17.83 |
| 石油加工、炼焦及核燃料加工业 | −23.26 | 4.86 | 18.40 |
| 化学原料及化学制品制造业 | −4.46 | −16.08 | 20.54 |
| 医药制造业 | 10.58 | −0.57 | −10.01 |
| 化学纤维制造业 | −2.44 | −2.84 | 5.28 |
| 橡胶制品业 | −4.60 | −16.81 | 21.41 |
| 塑料制品业 | −6.62 | −2.90 | 9.52 |
| 非金属矿物制品业 | −2.97 | −0.39 | 3.35 |
| 黑色金属冶炼及压延加工业 | −19.71 | 3.35 | 16.36 |
| 有色金属冶炼及压延加工业 | −4.19 | 9.05 | −4.86 |
| 金属制品业 | −7.01 | −7.57 | 14.58 |
| 通用设备制造业 | −5.92 | 0.27 | 5.64 |
| 专用设备制造业 | −9.28 | 13.49 | −4.21 |
| 交通运输设备制造业 | 7.75 | −1.09 | −6.66 |
| 电气机械及器材制造业 | 1.92 | −14.79 | 12.87 |
| 通信设备、计算机及其他电子设备制造 | −1.35 | −0.99 | 2.34 |
| 仪器仪表及文化、办公用机械制造业 | −7.30 | 1.98 | 5.33 |
| 工艺品及其他制造业 | 29.86 | −27.84 | −2.01 |

数据来源：2001～2009 年国家统计局工业企业数据库，2002～2010 年《北京统计年鉴》、《天津统计年鉴》及《河北经济年鉴》

　　另外，将"−−+"类型分为"北京+天津−河北−"、"北京−天津+河北−"

以及"北京-天津-河北+"。第一,可以看到北京一地产值份额上升、天津和河北两地下降的行业有交通运输设备制造业、医药制造业、工艺品及其他制造业等。其中,交通运输设备制造业、医药制造业体现为北京集中表现正向份额变化、河北集中表现负向份额变化,工艺品及其他制造业则体现为北京集中表现份额正向变化、天津集中表现负向变化。第二,天津一地产值份额上升、北京和河北两地下降的行业包括烟草制品业、有色金属冶炼及压延加工业及专用设备制造业等。其中,烟草制品业份额变化较小,不具备明显份额变化特征。第三,河北一地产值份额上升、天津和河北两地下降的行业则占到了制造业行业种类的半数,并且集中在劳动力密集型产业上。具体包括:通信设备、计算机及其他电子设备制造业,非金属矿物制品业,纺织业,纺织服装、鞋、帽制造业,皮革、毛皮、羽毛(绒)及其制品业,化学纤维制造业,橡胶制品业,塑料制品业,金属制品业,文教体育用品制造业,化学原料及化学制品制造业,家具制造业,木材加工及木、竹、藤、棕、草制品业等。其中,通信设备、计算机及其他电子设备制造业份额变化不明显。

从各行业要素属性来看,劳动力密集型行业大体上表现出北京、天津两地或其中一地份额明显下降而河北一地份额显著上升的趋势特征,促使劳动力密集型行业在河北省的优势逐渐加强,而北京的劳动力密集型行业中的相对优势行业基本局限在都市型工业的范畴,如印刷业和记录媒介的复制以及工艺品及其他制造业,而天津的行业优势正逐步丧失。整体上看,劳动力密集型行业在2001~2009 年呈现出从京津两地向外转移,并逐步向河北省集聚的路径与趋势特征。

资本密集型行业呈现出的特征显示,部分资源类资本密集型行业如黑色金属冶炼及压延加工业,石油加工、炼焦及核燃料加工业等表现出北京份额下降而河北份额上升的状况;部分资本密集型行业则表现为北京、天津份额共同下降而河北份额上升的特征,如非金属矿物制品业、金属制品业等;部分资本密集型行业则体现为北京和河北份额下降、而天津份额上升的特征,如有色金属冶炼及压延加工业以及专用设备制造业。

技术密集型行业的部分行业份额变化的特征不明显,仅有交通运输设备制造业、医药制造业表现为北京份额上升、河北份额下降,电气机械及器材制造业和化学原料及化学制品制造业则体现出天津份额下降、河北份额上升的特征。

所以,从整体上来看,京津冀区域内的产业转移以劳动力密集型行业为主体,由京津两市向河北省转移的路径特征相对明确;而资本密集型制造业以及技术密集型制造业在省级层面上并不存在一致的、规律性的产业转移趋势。为了更细致的进行讨论,本章将继续在区县层面的空间尺度上深化分析。

## 三、京津冀区域制造业典型行业产业转移的空间特征

为了更进一步分析京津冀区域制造业转移的基本特征，我们利用总产值在区县层面上 2001～2009 年份额的变化，对制造业在京津冀区域空间上的转移特征进行分析。首先，本节总结了劳动力密集型行业、资本密集型行业及技术密集型行业等三类行业在区县空间尺度上的产业转移基本特征，并在上一小节的基础上分别从上述三类行业中选取产业转移特征最为显著的纺织业、黑色金属冶炼及压延加工业及电气机械及器材制造业等作为典型行业进一步详细讨论。

### （一）劳动力密集型行业

如图 10-7（a）所示，2001 年京津冀区域劳动力密集型制造业主要集中在京津走廊周边区县及石家庄市区等区县。而 2001～2009 年，如图 10-7（b）所示，

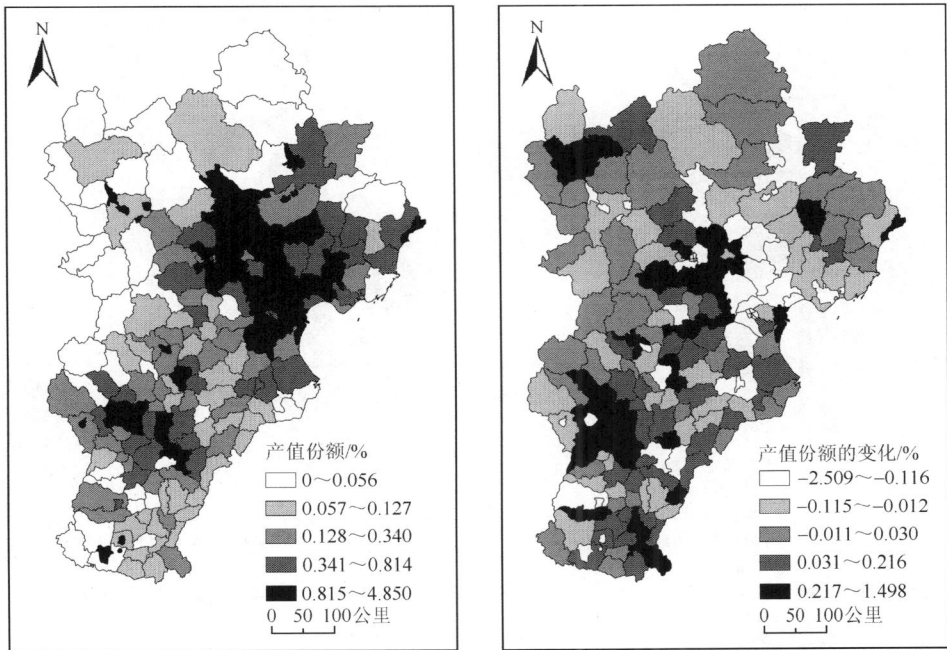

(a) 2001年京津冀区域劳动力密集型制造业产值份额

(b) 2001～2009年京津冀区域劳动力密集型制造业产值份额的变化

图 10-7　2001 年京津冀区域劳动力密集型制造业产值份额及 2001～2009 年产值份额的变化

数据来源：2001～2009 年国家统计局工业企业数据库，2002～2010 年《北京统计年鉴》、《天津统计年鉴》及《河北经济年鉴》

劳动力密集型制造业的对外转移发生最剧烈的区域也发生在上述区县，而发生产业转入的区域则集中在北京远郊区县及石家庄周边区县，以及邢台、邯郸、唐山、张家口等部分区县。

大体上京津冀区域劳动力密集型制造业转移呈现出了以下基本特征：逐渐从京津走廊向冀中南地区的河北腹地转移，并有向北部地区分散转移的趋势；在北京市区域内呈现出明显的向南部远郊区县转移的特点，而在天津市则主要向滨海新区转移。

具体到劳动力密集型行业中较为典型的纺织业来看，生产总值份额下降最为剧烈的区县主要集中在北京、天津所属区县及周边地区，而产值份额上升的区县主要集中在河北腹地的冀南地区，整体呈现出由核心城市所属区县向河北南部邢台、石家庄及保定所属的经济相对落后区县转移的基本态势（图10-8）。

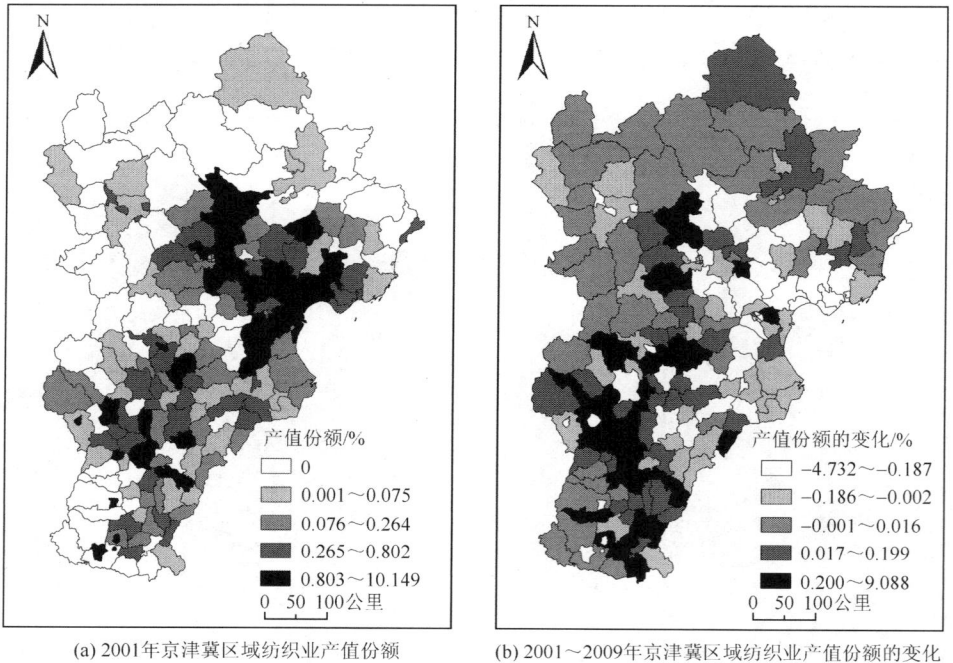

(a) 2001年京津冀区域纺织业产值份额    (b) 2001～2009年京津冀区域纺织业产值份额的变化

图10-8　2001年京津冀区域纺织业产值份额及2001～2009年产值份额的变化

数据来源：2001～2009年国家统计局工业企业数据库，2002～2010年《北京统计年鉴》、
《天津统计年鉴》及《河北经济年鉴》

从产业整体发展的角度来看，2001年纺织业占到当年京津冀制造业产值的3.90%，2009年则降低至2.20%，行业整体呈现衰退迹象。如图10-8所示，2001年集中分布在京津走廊及零散分布在冀中南地区的部分区县，至2009年

京津冀区域的纺织业大致形成了由原有的北京、天津主要区县向冀中南地区集中转移的基本路径特征。

### （二）资本密集型行业

如图 10-9（a）所示，2001 年京津冀区域内制造业的资本密集型行业基本集中在京津走廊周边区县以及河北省各地级市的市辖区。如图 10-9（b）所示，在 2001~2009 年，产值份额增加最为集中的区域是唐山、秦皇岛及沧州所属区县，以及邢台、邯郸所属区县。产值份额降低最为剧烈的区域主要集中在京津周边区县及衡水周边区县。

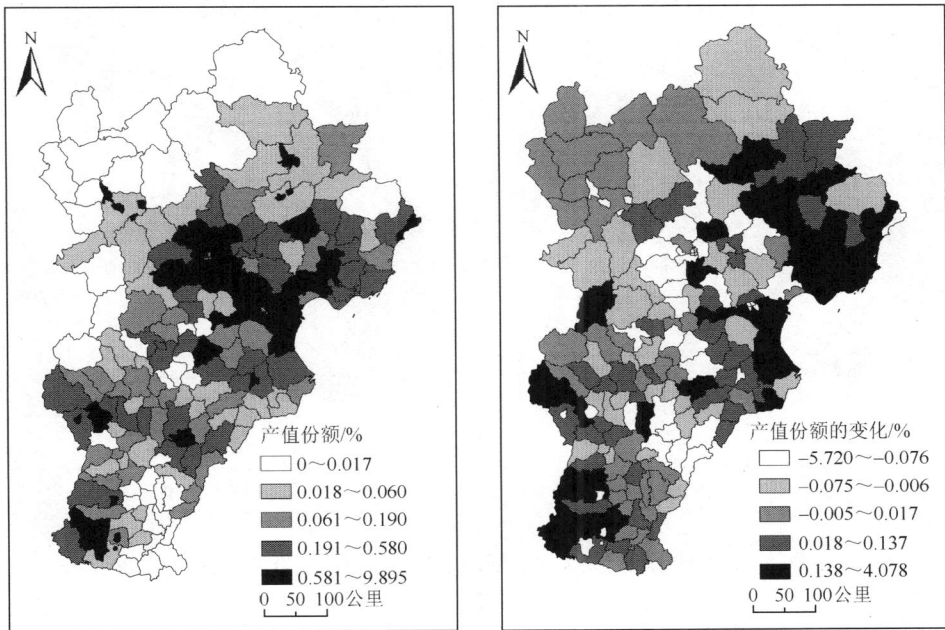

(a) 2001年京津冀区域资本密集型制造业产值份额

(b) 2001~2009年京津冀区域资本密集型制造业产值份额的变化

图 10-9　2001 年京津冀区域资本密集型制造业产值份额及 2001~2009 年产值份额的变化

数据来源：2001~2009 年国家统计局工业企业数据库，2002~2010 年《北京统计年鉴》、
《天津统计年鉴》及《河北经济年鉴》

因此，资本密集型制造业的转移路径特征主要是从京津走廊向东部沿海一带包括唐山、秦皇岛及沧州部分区县转移，同时在冀中南地区由向非核心区县转移的趋势。

具体到资本密集型制造业中较为典型的黑色金属冶炼及压延加工业来看，

生产总值份额下降的区域主要集中在北京、天津等两市，以及河北省的张家口、承德和石家庄等主要城市市辖区，份额上升区县主要集中在天津滨海新区及唐山所属沿海区县，以及邢台所属区县（图 10-10）。整体上呈现出由京津冀区域主要核心城市市辖区逐渐向沿海区域转移的主要态势，同时向经济相对落后区域转移。

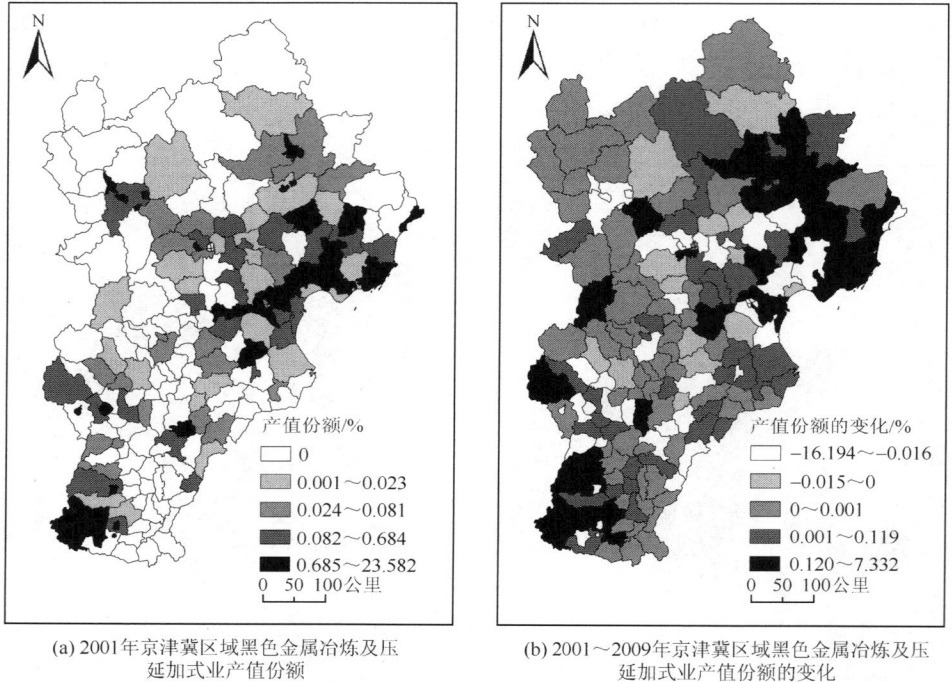

(a) 2001 年京津冀区域黑色金属冶炼及压延加式业产值份额

(b) 2001～2009 年京津冀区域黑色金属冶炼及压延加式业产值份额的变化

图 10-10　2001 年京津冀区域黑色金属冶炼及压延加工业产值份额及 2001～2009 年产值份额的变化

数据来源：2001～2009 年国家统计局工业企业数据库，2002～2010 年《北京统计年鉴》、《天津统计年鉴》及《河北经济年鉴》

从产业总体发展情况来看，黑色金属冶炼及压延加工业在 2001 年总产值占京津冀制造业总产值的比重为 16.63%，2009 年则升至 28.08%，是京津冀地区制造业的绝对优势行业。在 2001～2009 年除北京向河北发生的转移造就了新的产业中心外，其他传统优势地区自身也在稳定的增长。

（三）技术密集型行业

如图 10-11（a）所示，2001 年京津冀区域制造业的技术密集型行业主要集中在京津走廊的周边区县，以及河北省各地级市的市辖区。如图 10-11（b）所示，2001～2009 年，技术密集型制造业产值份额下降最为明显的区县主要集中在北京市核心区及天津市周边区县，而产值份额上升最为明显的区县则仍集中在北京周边区县及冀中南地区包括石家庄、邢台等周边区县。

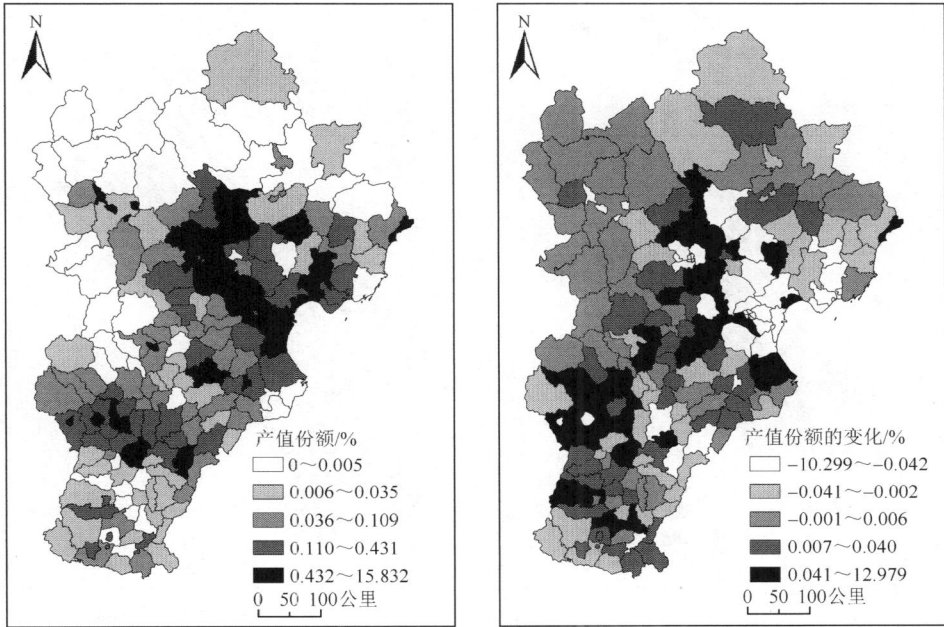

(a) 2001 年京津冀区域技术密集型制造业产值份额

(b) 2001～2009 年京津冀区域技术密集型制造业产值份额的变化

图 10-11　2001 年京津冀区域技术密集型制造业产值份额及 2001～2009 年产值份额的变化

数据来源：2001～2009 年国家统计局工业企业数据库，2002～2010 年《北京统计年鉴》、
《天津统计年鉴》及《河北经济年鉴》

　　大体上，技术密集型制造业呈现出从京津走廊的集中区域向北京周边转移并开始向京津冀区域分散化扩散的基本趋势。

　　就技术密集型行业较为典型的电气机械及器材制造业来看，如图 10-12 所示，2009 年生产总值份额下降的区域主要集中在北京、天津所属区县及环京津周边区县，同时该区域是 2001 年产值份额较高且较为集中的区域，生产总值上升的区域主要包括北京远郊区县，张家口、承德、唐山、石家庄、保定等所属区县。整体呈现出分散的转移态势。

　　总的来看，京津冀区域制造业的产业转移特征，按照不同的行业类型，劳动力密集型制造业呈现出了向河北腹地的冀中南地区转移的特征，资本密集型制造业则呈现出了向东部沿海带以及冀中南地区同时转移的特征，而技术密集型制造业则呈现出了继续向北京周边区县集聚的同时向京津冀全域分散化的转移特征。

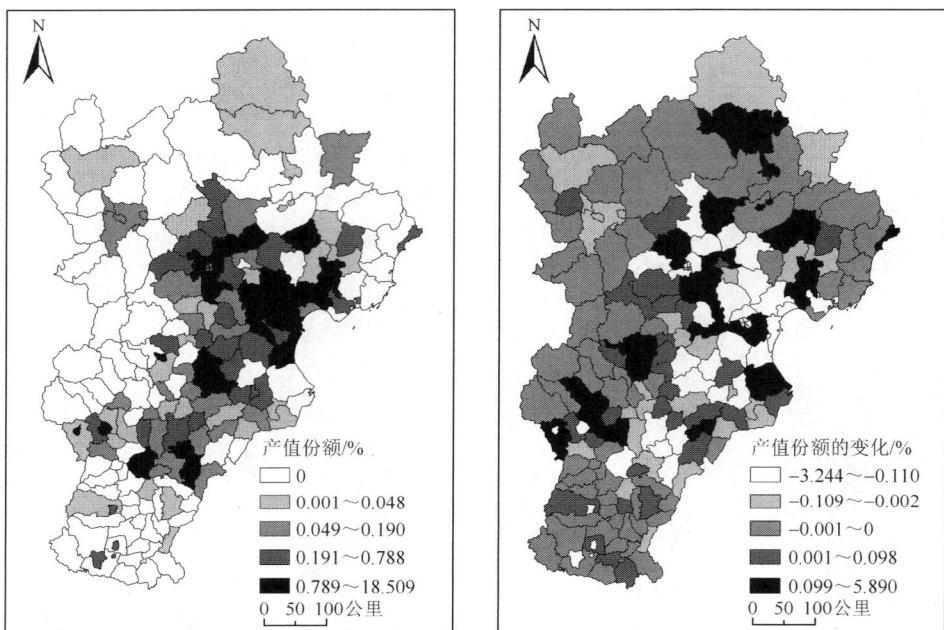

(a) 2001年京津冀区域电气机械及器材制造业产值份额

(b) 2001～2009年京津冀区域电气机械及器材制造业产值份额的变化

图 10-12　2001 年京津冀区域电气机械及器材制造业产值份额及 2001～2009 年产值份额的变化

数据来源：2001～2009 年国家统计局工业企业数据库，2002～2010 年《北京统计年鉴》、《天津统计年鉴》及《河北经济年鉴》

# 第三节　京津冀区域制造业分工与转移关系的实证研究

通过对京津冀区域制造业的分工与转移的基本特征及趋势分析，发现分工转移两者存在一定的关系，为了验证这种关系，本节将就其相互关系展开研究。

在国外有关产业分工与转移的理论研究中，Raymond 的产品生命周期论，小岛清的边际产业扩张论及 Krumme 和 Hayor 的梯度转移理论等相对成熟的理论都在理论框架中考虑了产业分工与产业转移的相互关系（Balassa，1966；Kojima，1978；Raymond，1996）。国内的相关研究多聚焦于产业转移与产业分工各自的影响因素、动力机制等，部分学者从梯度转移的研究角度出发，阐释了由于区域经济发展规律的存在，区域经济要素的累积、升级导致了新的主导产业的生成与原有主导产业的衰退，在区域间经济梯度的作用下，原有的主导产业由高梯度区域向低梯度区域产业转移，实现了经济增长在区域间的传递（娄晓黎，2004；刘满平，2004）。只要区域内分工产生了产业梯度，就自然会出现产业从高梯度地区往低梯度地区进行转移（夏禹龙等，1983）。梯度转移主要是通过多层次的城市体系扩展开来的，局部的扩散主要向经济联系比较密切的邻近城市转移，形成了一个区域内技术扩散、产业结构升级的基本过程。随着区域经济协作的快速发展，地区间的产业转移也发展较快，并越来越成为区域经济协作的重要途径之一，尤其是针对珠三角、长三角、京津冀都区域这三大经济增长极来讲，产业转移与区域内的合理分工都将扮演越来越重要的角色（戴宏伟，2008）。尽管高梯度区域转移出去的一般都是在区内丧失了比较优势的产业，而在低梯度区域仍具有比较优势，往往会成长为该区域的主导产业。正是主导产业的新陈代谢，才导致了区域产业结构的不断升级换代，并使区域经济保持着旺盛的活力与持久的增长，

产业转移有助于区域产业比较优势的形成、转换和升级，提升欠发达区域在区际分工中的地位，推动区域间产业分工发展和优化（陈建军，2002；赵长耀，2005）。另外，产业转移是欠发达区域经济启动、发展的良好契机（陈刚，2001），它不仅对于提高转移产业的生产能力，增加就业机会，提高整个地区的产业竞争力和经济总量，带动地区经济繁荣具有重要作用（卢根鑫，1994；魏后凯，2003），产业转移促进了各地的产业结构优化，并进而推动了各地的经济发展；各地产业结构优化与经济发展又反过来会进一步促进产业在地区间的不断转移，最终呈现出"螺旋式"上升的发展格局（戴宏伟，2007）。

## 一、研究假设

本节重点关注的是京津冀区域制造业分工对转移的影响，并选取行业的劳动力工资水平、劳动力使用情况和固定资产投资情况以及地区劳动力工资水平和经济发展水平等作为控制变量。

### （一）产业分工

产业分工考察了地区之间产业规模差异的问题，通常产业分工的形成受到

区域经济发展阶段的影响，处于不同发展阶段区域的主导经济要素不同，导致了主导产业的差异，不但形成了各自的分工，而且区域分工具有明显的经济梯度。所以从根本意义上说，产业分工是形成产业梯度的原因，自从发生了分工，就有了分工的产业级差。同时产业分工与专业化生产不但带来了生产上的专业化和高效率，而且促使了规模经济与聚集经济的形成，从而进一步强化了地区之间的产业梯度。这也符合循环累积因果论的一般规律，即循环积累因果运动及其正负效应：一种是发达地区（增长极）对周围落后地区的阻碍作用或不利影响，即"回波效应"，促进各种生产要素向增长极的回流和聚集，产生一种扩大两大地区经济发展差距的运动趋势；另一种是扩散效应，即通过建立增长极，带动周边落后地区经济迅速发展，从而逐步缩小与先进地区的差距，这两种效应的循环往复最终实现区域分工梯度的形成（Perroux，1950；缪尔达尔，1992）。

按照梯度转移的基本规律，由于这种产业梯度的存在以及地区产业结构不断升级的需要，产业在地区间是梯度转移的，地区相对落后或不再具有比较优势的产业可以转移到其他与该地区存在产业梯度的地区，成为其他地区相对先进或具有相对比较优势的产业，从而提高吸收方的产业结构层次与水平。同时，受到回波效应的影响，产业的逆梯度转移也可能在地区产业结构不断调整过程中发生，强化处于高梯度地区产业的优势地位，进一步推动产业梯度的巩固和扩大。

基于上述基本理论，本节认为区域的产业分工所形成的梯度在一定程度能够影响产业转移的发生，但究竟由于产业分工所形成的梯度与产业转移存在正向还是负向的关系，是受到扩散效应和回波效应的影响的。

**假设1**：在扩散效应的作用下，产业分工与产业转移负相关。

**假设2**：在回波效应的作用下，产业分工与产业转移正相关。

## （二）其他控制变量

虽然本节重点研究京津冀区域制造业分工与转移之间的关系，但由于产业的不同，地区经济发展水平的不同，分工与转移的关系势必受到其他因素的影响。因此，结合已有研究，这里选取行业因素和地区因素两类指标作为控制变量，行业因素包括劳动力供给和固定资产投资情况。地区因素包括地区劳动力工资水平和经济发展水平等。

### 1. 劳动力供给水平

企业的区位选择会受到财政刺激、劳动力供给、产业区位控制、交通状况和市场开放度等多个因素的影响（Munday，1990），劳动力的供给效应对产业发展发挥了重要作用，作为重要的要素禀赋，劳动力供给充足的地区更加能够吸引企业的迁入，导致产业转移的发生。所以，这里以京津冀各区县制造业各行业的平均就业人数来反映劳动力供给水平，并认为劳动力供给水平与制造业的转移有关。

**假设3**：劳动力供给水平与制造业转移呈正相关关系。

### 2. 固定资本投入水平

固定资本具有显著的资产专用型和沉没成本特征，特定产业的固定资本投入越大，意味着产业进行转移的机会成本越大，进行转移的可能性就越低。同时，固定资产投资水平能够在一定程度上表征地区资本要素的活跃程度和禀赋差异，这种差异本身也会带来产业转移的发生。所以这里以京津冀各区县制造业各行业的固定资产总额来反映固定资本投入水平，并认为固定资本投入水平与制造业的转移有关。

**假设4**：固定资本投入水平与制造业转移呈正相关关系。

### 3. 劳动力工资水平

劳动力工资水平一方面反映了劳动力成本，即劳动力工资水平越高，劳动力成本越高，会使得一些劳动力密集型产业的发展受到一定程度的制约；另一方面也反映了劳动力素质，一般而言，劳动力工资水平越高，相应的劳动力素质越高，其对应的就业岗位应多为附加值较高的制造业行业。所以这里以京津冀各区县制造业各行业的平均工资来反映劳动力工资水平，并认为劳动力工资水平与制造业的转移有关，如果两者负相关则说明京津冀区域制造业劳动力工资水平促进了制造业的转移，如果两者正相关则说明京津冀区域制造业发展较为成熟，需要较高的劳动力素质支撑。

**假设5**：劳动力工资水平与制造业转移相关，但方向不确定。

### 4. 经济发展水平

地区经济发展水平是反映地区经济发展阶段的重要综合性指标。一方面，经济发展水平越高的地区能够形成较强经济吸引能力，导致产业转入活动的发生；另一方面，经济发展水平较高的地区能够产生对周边地区的辐射带动作用，实现产业的对外扩散。所以，这里以京津冀各区县人均 GDP 来反映地区经济发展水平，并认为地区经济发展水平与制造业的转移有关。

**假设6**：地区经济发展水平与制造业转移相关，但方向不确定。

## 二、数据说明及模型设定

本节以京津冀区域 182 个区县作为空间单元,基于 2001～2009 年的区县面板数据,研究制造业产业转移的影响因素,重点关注产业分工形成的梯度与产业转移之间的关系。数据主要来源于国家统计局工业企业数据库 2001～2009 年的统计数据以及北京、天津、河北 2001～2009 年的统计年鉴。其中以 2001～2008 年每年各区县各行业的区位商表示产业分工,以 2001～2009 年中每两年各区县制造业产值占京津冀制造业总产值的份额的差值反映制造业的产业转移。研究涉及的指标体系见表 10-4。

**表 10-4　京津冀区域制造业分工与转移变量指标体系**

| 类型 | | 变量 | 符号 | 定义 |
|---|---|---|---|---|
| 被解释变量 | | 产业转移 | m | 各区县各行业每年较前一年产值份额占京津冀区域制造业总产值的变化/% |
| 主要解释变量 | | 产业分工导致的梯度 | d | 各区县各行业的区位商 |
| 控制变量 | 行业因素 | 劳动力供给水平 | li | 各区县各行业的年平均从业人数/万人 |
| | | 固定资本投入水平 | ki | 各区县各行业的固定资产总值/万元 |
| | 地区因素 | 劳动力工资水平 | w | 各区县在岗职工年平均工资/元 |
| | | 地区经济发展水平 | pgdp | 各区县人均 GDP/元 |

依据本节研究的基本假设以及相关理论研究的结论,我们设立以下计量模型:

$$m_{rt}^i = \alpha_0 + \alpha_1 d_{rt}^i + \alpha_2 \ln l_{rt}^i + \alpha_3 \ln k_{rt}^i + \alpha_4 \ln w_{rt} + \alpha_5 \ln pgdp_{rt} + \varepsilon \qquad (10\text{-}3)$$

式中,$i$ 为二位行业代码;$r$ 为区县;$t$ 为年份。

## 三、回归结果

首先,分别对京津冀区域制造业各行业的面板模型分别进行了 Hausman 检验,以确定模型采用固定效应(FE)还是随机效应(RE)。检验结果见表 10-5。

**表 10-5　Hausman 检验结果**

| 行业 | Chi2(5) | P 值 | 选择结果 |
|---|---|---|---|
| 农副食品加工业 | 24.25 | 0.0002 | 固定效应 |
| 食品制造业 | 46.29 | 0.0000 | 固定效应 |

续表

| 行业 | Chi2（5） | P 值 | 选择结果 |
|---|---|---|---|
| 饮料制造业 | 24.42 | 0.0002 | 固定效应 |
| 烟草制品业 | 9.85 | 0.0797 | 随机效应 |
| 纺织业 | 147.84 | 0.0000 | 固定效应 |
| 纺织服装、鞋、帽制造业 | 35.53 | 0.0000 | 固定效应 |
| 皮革、毛皮、羽毛（绒）及其制品业 | 56.45 | 0.0000 | 固定效应 |
| 木材加工及木、竹、藤、棕、草制品业 | 34.23 | 0.0000 | 固定效应 |
| 家具制造业 | 10.66 | 0.0586 | 随机效应 |
| 造纸及纸制品业 | 21.48 | 0.0007 | 固定效应 |
| 印刷业和记录媒介的复制业 | 10.42 | 0.0643 | 随机效应 |
| 文教体育用品制造业 | 8.97 | 0.1104 | 随机效应 |
| 石油加工、炼焦及核燃料加工业 | 26.12 | 0.0001 | 固定效应 |
| 化学原料及化学制品制造业 | 22.56 | 0.0004 | 固定效应 |
| 医药制造业 | 18.45 | 0.0024 | 固定效应 |
| 化学纤维制造业 | 14.90 | 0.0108 | 固定效应 |
| 橡胶制品业 | 8.92 | 0.1123 | 随机效应 |
| 塑料制品业 | 8.96 | 0.1107 | 随机效应 |
| 非金属矿物制品业 | 22.47 | 0.0004 | 固定效应 |
| 黑色金属冶炼及压延加工业 | 12.62 | 0.0495 | 固定效应 |
| 有色金属冶炼及压延加工业 | 85.48 | 0.0000 | 固定效应 |
| 金属制品业 | 62.37 | 0.0000 | 固定效应 |
| 通用设备制造业 | 23.57 | 0.0003 | 固定效应 |
| 专用设备制造业 | 29.80 | 0.0000 | 固定效应 |
| 交通运输设备制造业 | 29.61 | 0.0000 | 固定效应 |
| 电气机械及器材制造业 | 15.99 | 0.0069 | 固定效应 |
| 通信设备、计算机及其他电子设备制造业 | 30.65 | 0.0000 | 固定效应 |
| 仪器仪表及文化、办公用机械制造业 | 16.22 | 0.0062 | 固定效应 |
| 工艺品及其他制造业 | 17.21 | 0.0041 | 固定效应 |

然后，分别对回归模型进行序列相关检验，现有回归模型均存在序列自相关。为克服序列自相关，采取带 AR 项的广义最小二乘（GLS）模型进行回归。估计结果见表 10-6。

表10-6 回归结果

| | 农副食品加工业 | 食品制造业 | 饮料制造业 | 烟草制造业 | 纺织业 | 纺织服装、鞋、帽制造业 | 皮革、毛皮、羽毛（绒）及其制品业 | 木材加工及木、竹、藤、棕、草制品业 | 家具制造业 |
|---|---|---|---|---|---|---|---|---|---|
| d | -0.0763*** | -0.173*** | -0.146*** | -0.131 | -0.0473*** | -0.0933*** | -0.140*** | -0.0749*** | -0.0103 |
| | (-4.05) | (-6.65) | (-6.14) | (-1.33) | (-3.74) | (-5.53) | (-8.54) | (-3.64) | (-1.29) |
| lli | -0.09117 | -0.00327 | -0.242 | 0.429 | -0.0912 | -0.315 | 0.264 | -0.345 | -0.143 |
| | (-1.92) | (-0.04) | (-1.65) | (0.16) | (-1.90) | (-2.13) | (1.74) | (-2.27) | (-1.88) |
| lki | 0.00315 | -0.0321 | -0.0916 | 0.0489 | 0.0287 | -0.0211 | -0.0593 | 0.00539 | 0.0603 |
| | (0.07) | (-0.60) | (-1.06) | (0.03) | (0.82) | (-0.22) | (-0.75) | (0.06) | (1.02) |
| lw | 0.00718 | -0.0753 | -0.124 | -0.34 | -0.0209 | 0.00952 | 0.024 | 0.113 | -0.0476 |
| | (0.14) | (-1.00) | (-1.03) | (-0.23) | (-0.55) | (0.12) | (0.2) | (0.93) | (-0.44) |
| lpgdp | 0.113 | 0.108 | 0.17 | 0.694 | 0.0142 | 0.0201 | 0.0313 | -0.0982 | 0.0207 |
| | (1.52) | (1.01) | (1.00) | (0.49) | (0.25) | (0.14) | (0.16) | (-0.50) | (0.2) |
| _cons | -0.104 | 0.504 | 2.427 | -7.004 | 0.523 | 1.242 | -1.415 | 1.645 | 0.593 |
| | (-0.24) | (0.48) | (1.32) | (-0.47) | (0.90) | (1.19) | (-0.86) | (0.97) | (0.58) |
| N | 746 | 556 | 504 | 34 | 642 | 474 | 306 | 304 | 363 |

| | 造纸及纸制品业 | 印刷业和记录媒介的复制 | 文教体育用品制造业 | 石油加工、炼焦及核燃料加工业 | 化学原料及化学制品制造业 | 医药制造业 | 化学纤维制造业 | 橡胶制品业 | 塑料制品业 | 非金属矿物制品业 |
|---|---|---|---|---|---|---|---|---|---|---|
| d | -0.0469*** | -0.00992 | -0.0158 | -0.327*** | -0.113** | -0.393*** | -0.26 | -0.000281 | -0.00293 | -0.0165** |
| | (-4.32) | (-1.62) | (-0.65) | (-2.86) | (-2.55) | (-4.39) | (-1.63) | (-0.04) | (-0.23) | (-2.04) |
| lli | -0.138 | -0.0269 | -0.0229 | -0.692* | -0.0914 | -0.0911 | -0.384 | -0.0767 | -0.00302 | -0.0636 |
| | (-2.02) | (-0.42) | (-0.13) | (-1.72) | (-1.14) | (-0.46) | (-0.46) | (-1.39) | (-0.07) | (-1.31) |

|  | 造纸及纸制品业 | 印刷业和记录媒介的复制业 | 文教体育用品制造业 | 石油加工、炼焦及核燃料加工业 | 化学原料及化学制品制造业 | 医药制造业 | 化学纤维制造业 | 橡胶制品业 | 塑料制品业 | 非金属矿物制品业 |
|---|---|---|---|---|---|---|---|---|---|---|
| lki | 0.013 1 | 0.003 79 | -0.099 5 | -0.105 | -0.068 7 | 0.003 24 | -0.276 | 0.002 93 | -0.034 2 | -0.039 6 |
|  | (0.25) | (0.07) | (-0.76) | (-0.43) | (-1.21) | (0.02) | (-0.58) | (0.07) | (-1.03) | (-1.29) |
| lw | 0.002 72 | -0.180** | 0.029 2 | 0.323 | -0.002 91 | -0.122 | 0.542 | -0.071 6 | -0.060 9 | -0.001 98 |
|  | (0.04) | (-2.48) | (0.15) | (0.95) | (-0.03) | (-0.87) | (0.81) | (-0.93) | (-0.94) | (-0.06) |
| lpgdp | -0.031 8 | 0.179** | -0.029 4 | 0.402 | 0.157 | 0.279 | -0.502 | 0.001 86 | 0.051 3 | 0.016 3 |
|  | (-0.34) | (2.5) | (-0.16) | (0.76) | (1.33) | (1.29) | (-0.45) | (0.03) | (-0.83) | (0.33) |
| _cons | 0.956 | 0.186 | 1.363 | -1 | 0.305 | -0.184 | 4.55 | 1.213 | 0.423 | 0.579 |
|  | (1.03) | (0.26) | (0.69) | (-0.23) | (0.25) | (-0.14) | (0.45) | (1.56) | (0.69) | (1.18) |
| N | 522 | 453 | 310 | 226 | 770 | 458 | 130 | 476 | 647 | 784 |

|  | 黑色金属冶炼及压延加工业 | 有色金属冶炼及压延加工业 | 金属制品业 | 通用设备制造业 | 专用设备制造业 | 交通运输设备制造业 | 电气机械及器材制造业 | 通信设备、计算机及其他电子设备制造业 | 仪器仪表及文化、办公用机械制造业 | 工艺品及其他制造业 |
|---|---|---|---|---|---|---|---|---|---|---|
| d | -0.031 2 | -0.152*** | -0.193*** | -0.101*** | -0.260*** | -0.782*** | -0.444*** | -2.709*** | -0.190*** | -0.026 0** |
|  | (-1.30) | (-12.02) | (-6.84) | (-4.70) | (-5.74) | (-6.72) | (-4.19) | (-5.07) | (-3.54) | (-2.36) |
| lli | -0.032 3 | 0.005 05 | 0.073 7 | -0.028 | -0.070 6 | 0.025 8 | -0.016 9 | -0.075 | -0.479 | -0.154* |
|  | (-0.94) | (0.02) | (-0.91) | (-0.36) | (-0.65) | (0.11) | (-0.07) | (-0.18) | (-1.14) | (-1.88) |
| lki | 0.010 3 | -0.283* | -0.167** | -0.06 | -0.044 | -0.072 9 | -0.012 6 | 0.291 | -0.203 | 0.005 67 |
|  | (0.42) | (-2.05) | (-2.96) | (-1.07) | (-0.51) | (-0.42) | (-0.08) | (1.19) | (-0.67) | (0.08) |

| | 黑色金属冶炼及压延加工业 | 有色金属冶炼及压延加工业 | 金属制品业 | 通用设备制造业 | 专用设备制造业 | 交通运输设备制造业 | 电气机械及器材制造业 | 通信设备、计算机及其他电子设备制造业 | 仪器仪表及文化、办公用机械制造业 | 工艺品及其他制造业 |
|---|---|---|---|---|---|---|---|---|---|---|
| lw | 0.0306 | -0.624** | -0.0384 | -0.0161 | -0.00405 | 0.16 | 0.229 | -0.12 | 0.395 | 0.283** |
| | (0.63) | (-2.17) | (-0.59) | (-0.25) | (-0.05) | (0.95) | (1.6) | (-0.49) | (1.44) | (2.06) |
| lpgdp | -0.0000618 | 0.499 | 0.0663 | 0.0852 | 0.0625 | 0.345 | -0.0602 | -0.000908 | -0.0504 | -0.0206 |
| | (-0.00) | (1.34) | (0.68) | (0.94) | (0.49) | (1.36) | (-0.28) | (-0.00) | (-0.13) | (-0.17) |
| _cons | -0.0301 | 5.211 | 1.038 | 0.341 | 0.693 | -2.129 | -0.367 | 0.069 | 0.171 | -1.83 |
| | (-0.07) | (1.21) | (1.19) | (0.4) | (0.64) | (-0.91) | (-0.23) | (0.02) | (0.03) | (-1.46) |
| N | 586 | 287 | 604 | 710 | 540 | 503 | 509 | 287 | 253 | 459 |

*t* statistics in parentheses

\* $p < 0.10$, \*\* $p < 0.05$, \*\*\* $p < 0.01$

根据上述回归结果，进行如下讨论。

（1）在控制了其他变量后，大部分京津冀区域制造业行业中，产业分工与产业转移的回归系数显著，同时全部行业呈现出负相关的关系，说明假设 1 成立，即在扩散效应的作用下，产业分工与产业转移负相关，即地区的产业分工所形成的梯度水平越高，产业就会向产业梯度较低的地区转移。则假设 2 不成立，即在 2001～2009 年产业转移的主导效应是扩散效应而不是回波效应。

进一步考察产业性质带来的结果差异，我们发现，从分行业来看，技术密集型制造业转移受分工影响程度最大，其次是资本密集型制造业，劳动力密集型制造业转移受分工影响最小。在劳动力密集型产业全部 15 个行业中，只有 9 个行业呈现出显著的相关关系，且相关系数相对较小。

（2）对比行业因素和地区因素两类控制变量发现，地区因素在回归结果中表现出了相对显著的特征，行业因素对京津冀区域制造业转移的影响相对较小且基本不显著，假设 3 及假设 4 未能得到验证。而在地区因素中，仅有少量行业表现出较高的显著性。其中，劳动力工资水平在工艺品及其他制造业中显示出了正相关关系，而印刷业和记录媒介的复制业及印刷业和记录媒介的复制业显示出了显著的负相关关系。地区经济发展水平则在印刷业和记录媒介的复制业中显示出了显著的正相关关系。考察劳动力工资水平及地区经济发展水平对产业转移影响的符号关系，假设 5 及假设 6 能够得到一定程度上的验证。可知在京津冀区域产业转移的过程中，更加关注了地区经济水平和工资水平等，而对行业本身的相关特性并不关注。

所以，我们有必要进一步考察地区因素对产业转移受分工差异影响程度的作用，在模型中加入梯度与劳动工资水平以及梯度与地区经济发展水平的交叉变量（dwagei 和 dpgdpi），采取带 AR 项的广义最小二乘（GLS）模型进行回归，回归结果见表 10-7。

回归结果表明，地区因素与产业转移受分工差异影响程度之间的关系显著。就大部分行业而言，地区因素与梯度水平的交叉变量的相关系数为负，即劳动力工资水平越高、产业分工形成梯度水平较高的地区发生产业对外转移的程度较大；地区经济发展水平较高、产业分工形成梯度水平较高的地区发生产业对外转移的程度也较大。相反地，就劳动力工资水平与梯度水平的交叉变量来看，显著正相关的行业主要有通用设备制造业、电气机械及器材制造业、仪器仪表及文化及办公用机械制造业等，这表示这些行业劳动力工资水平越高、产业分工所形成的梯度水平越高的地区发生产业转入的程度较大，而就地区经济发展水平与分工的交叉变量显著正相关的行业主要有医药制造业，即地区经济发展水平越高、产业分工所形成的梯度水平越高的地区发生产业转入的程度较大。

表10-7 梯度与劳动工资水平以及梯度与地区经济发展水平的交叉变量的回归结果

| | 农副食品加工业 | 食品制造业 | 饮料制造业 | 烟草制品业 | 纺织业 | 纺织服装、鞋、帽制造业 | 皮革、毛皮、羽毛(绒)及其制品业 | 木材加工及木、竹、藤、棕、草制品业 | 家具制造业 | 造纸及纸制品业 |
|---|---|---|---|---|---|---|---|---|---|---|
| dwagei | −0.035 3 | 0.046 6 | 0.029 2 | 0.015 7 | −0.078 4*** | −0.029 | 0.122** | 0.050 3 | −0.127** | 0.006 21 |
| | (−1.37) | (0.8) | (0.52) | (0.03) | (−3.24) | (−1.61) | (2.21) | (1.1) | (−2.04) | (0.68) |
| dpgdpi | −0.053 3*** | −0.111** | −0.161*** | (0.048 9) | 0.053 0*** | (0.020 2) | −0.074 9** | −0.088 6** | 0.100* | −0.047 1*** |
| | (−3.48) | (−2.51) | (−5.49) | (−0.15) | (2.89) | (−0.96) | (−2.19) | (−2.36) | (1.77) | (−3.06) |

| | 印刷业和记录媒介的复制 | 文教体育用品制造业 | 橡胶制品业 | 塑料制品业 | 工艺品及其他制造业 | 石油加工、炼焦及核燃料加工业 | 非金属矿物制品业 | 黑色金属冶炼及压延工业 | 有色金属冶炼及压延工业 | 金属制品业 |
|---|---|---|---|---|---|---|---|---|---|---|
| dwagei | 0.017 6 | −0.129** | −0.073 8*** | 0.050 4 | 0.112** | −0.137 | 0.037 1 | −0.068 7 | −0.025 1 | −0.134** |
| | (0.55) | (−2.01) | (−2.93) | (0.68) | (1.98) | (−1.14) | (1.54) | (−1.45) | (−0.42) | (−2.55) |
| dpgdpi | 0.007 33 | 0.023 2 | −0.006 1 | −0.465*** | −0.169*** | −0.057 6 | −0.059 4*** | −0.159*** | −0.108** | 0.039 7 |
| | (0.29) | (0.5) | (−0.43) | (−6.05) | (−3.83) | (−0.49) | (−3.26) | (−3.03) | (−2.54) | (1.07) |

| | 通用设备制造业 | 专用设备制造业 | 仪器仪表及文化、办公用机械制造业 | 化学原料及化学制品制造业 | 医药制造业 | 化学纤维制造业 | 交通运输设备制造业 | 电气机械及器材制造业 | 通信设备、计算机及其他电子设备制造 |
|---|---|---|---|---|---|---|---|---|---|
| dwagei | 0.065 7* | 0.036 4 | 0.196* | −0.003 5 | −0.121 | −0.034 5 | −0.046 | 1.314*** | −0.821*** |
| | (1.67) | (0.74) | (1.87) | (−0.07) | (−0.95) | (−0.43) | (−0.71) | (18.75) | (−3.60) |
| dpgdpi | −0.194*** | −0.238*** | −0.125 | −0.197*** | 0.303*** | 0.058 2 | −0.987*** | −0.886*** | 0.418 |
| | (−6.93) | (−4.75) | (−1.58) | (−4.15) | (2.8) | (1.06) | (−6.63) | (−10.25) | (1.39) |

# 第四节　本章小结

本章通过对 2001～2009 年京津冀区域区县层面的面板数据进行分析后，总结了京津冀区域制造业分工与转移的基本特征，并通过面板模型的计量分析，发现了产业分工与产业转移密切相关。

第一，京津冀区域制造业的分工呈现出明显的梯度化特征，三地差异化的分工格局正在形成。即北京逐步退出资本密集型产业，保留部分高端制造业；天津则表现出资本密集型行业及技术密集型产业并举的特征；河北则在以劳动力密集型产业为基础，兼顾资本密集型产业，同时发展部分技术密集型行业。

第二，从区县层面来看，京津冀区域制造业在区域内部的转移主要从京津走廊向河北东部沿海的唐山、秦皇岛及河北腹地的冀中南地区转移；从各个城市内部来看，表现出从中心城区向外围区县转移的特征。在 2001～2009 年，京津冀区域制造业行业发生产业转移程度较为剧烈的行业仍集中在劳动力密集型制造业上，低端行业的产业转移依旧是这一时间段内京津冀区域制造业转移的主体。而资本密集型行业中的黑色金属冶炼及压延加工业，以及石油加工、炼焦及核燃料加工业，技术密集型行业的化学原料及化学制品制造业的转移特征也较为明显。资本密集型行业和技术密集型行业中转移较为剧烈的行业集中在以资源类为代表的制造业行业上。从不同的产业要素类型来看，京津冀区域制造业的劳动力密集型行业、资本密集型行业，以及技术密集型行业在 2001年都呈现出了集中在京津走廊周边的基本特征。但考察其产值份额的变化可知，到 2009 年劳动力密集型行业主要呈现出了向河北腹地的冀中南地区转移的特征，资本密集型行业则呈现出了向东部沿海带及冀中南地区同时转移的特征，而技术密集型行业则呈现出了继续向北京周边区县集聚，同时在京津冀全域分散化的转移特征。

第三，通过面板模型进行实证分析后，得出了在扩散效应的作用下，产业分工所形成的梯度与产业转移负相关，即地区产业分工所形成的梯度水平越高，产业就会向产业梯度较低的地区转移的主要结论。并发现产业转移受分工影响程度的大小与产业性质密切相关，基本上呈现出了"技术密集型制造业＞资本密集型制造业＞劳动力密集型制造业"的特征。此外，与行业因素相比，地区因素对转移的作用相对显著，且大体上表现出劳动力工资水平越高、产业分工所形成的梯度越高、地区经济发展水平越高则向外转移的程度越高的特征。因此，在制定地方产业转移政策时，应综合考虑到产业特性、地方特性及整个区域内产业转移的基本特征及趋势，不能盲目引进或外迁产业，以实现区域产业的合理分工与协调发展。

# 参 考 文 献

陈刚. 2001. 接受产业转移,促进经济发展——对欠发达地区经济发展战略的一点思考. 思考与运用,（10）: 29-31.

陈建军. 2002. 中国现阶段产业区域转移的实证研究:浙江 105 家企业问卷调查报告分析. 管理世界,（6）: 64-74.

陈建军. 2004. 长江三角洲地区的产业同构及产业定位. 中国工业经济,（02）: 19-26.

戴宏伟. 2007. 中国制造业参与国际产业转移面临的新问题及对策分析. 中央财经大学学报,（7）: 69-74.

戴宏伟, 王云平. 2008. 产业转移与区域产业结构调整的关系分析. 当代财经,（02）: 93-98.

谷永芬, 洪娟, 卢立伟. 2007. 长三角都市圈服务产业的地区差异与地区竞争. 当代财经,（9）: 92-94.

李国平, 张杰斐. 2015. 京津冀制造业空间格局变化特征及其影响因素. 南开学报,（01）: 90-96.

刘满平. 2004. "珠江"区域产业梯度分析及产业转移机制构建. 经济理论与经济管理,（11）: 45-49.

柳卸林, 胡志坚. 2002. 中国区域创新能力的分布与成因. 科学研究,（5）: 550-556.

娄晓黎. 2004. 地域梯级分工模型与产业区域转移的空间机制分析. 当代经济研究,（07）, 41-43.

卢根鑫. 1994. 试论国际产业转移的经济动因及其效应. 学术季刊,（4）: 33-42.

缪尔达尔. 1992. 亚洲的戏剧——对一些国家贫困问题的研究. 谭力文等译. 北京: 北京经济学院出版社.

魏后凯. 2003. 产业转移的发展趋势及其对竞争力的影响. 福建论坛（经济社会版）,（4）: 11-15.

夏禹龙, 刘吉, 冯之浚, 等. 1983. 梯度理论和区域经济. 科学学与科学技术管理,（2）: 5-6.

于刃刚, 戴宏伟. 2006. 京津冀区域经济协作与发展——基于河北视角的研究. 北京: 中国市场出版社.

赵张耀, 汪斌. 2005. 网络型国际产业转移模式研究. 中国工业经济,（10）: 12-19.

Balassa B. 1966. European integration: problems and countermeasures. American Economics Review, 53, 12-35.

Kojima K. 1978. Direct Foreign Investment: A Japanese Model of Multinational Business Operations. London: Croom Helm.

Munday M. 1990. Japanese Manufacturing Investment in Wales. Cardiff: University of Wales Press.

Perroux F. 1950. Economic space: theory and application. Quarterly Journal of Economics, 64（1）: 89-104.

Raymond V. 1996. International investment and international trade in the product cycle. The Quarterly Journal of Economics, 80（2）: 190-207.

UNIDO. 1979. World Industry Since 1960: Progress and Prospects. New York: United Nations.

# 第十一章
# 北京都市区产业郊区化与经济
# 空间演化①

产业郊区化是城市增长和空间扩张过程中，都市区内部产业转移和空间分布变动的一般性趋势。随着城市增长，产业活动总是由城市中心区向郊区转移，并带来都市区经济空间组织和结构的演化。本章以北京都市区为例，研究都市区空间尺度下产业转移和经济空间演化的相互关系。本章所用数据主要来自于各年份《北京区域统计年鉴》及 2004 年和 2008 年北京市经济普查资料，我们以就业的地区分布及其空间变动反映北京都市区产业的郊区化，并分析其对都市区经济空间组织和结构演化的影响。

## 第一节　北京都市区产业郊区化的总体特征

产业郊区化是指随着城市增长产业活动的去中心化（decentralization），其本质是产业活动在都市区范围内由城市中心区向郊区扩散并重新分布。产业郊区化可以由企业数量、就业人口或产业产值的空间分布及变动来表征，本章中的产业郊区化是指就业的郊区化，即以郊区化过程中就业的分散化来反映产业

---

① 本章部分内容已发表：孙铁山. 2015. 郊区化进程中的就业分散化及其空间结构演化——以北京都市区为例. 城市规划，（10）：9-15。

郊区化。本节首先阐述城市增长过程中产业郊区化的一般规律，而后分析北京都市区产业郊区化的总体趋势和基本特征。

## 一、城市增长与产业活动的郊区化

郊区化是城市空间发展最为突出和普遍的特征，表现为伴随城市增长，人口和经济活动等由城市中心区向郊区的扩散。郊区化是城市化的特定阶段，并带来城市空间结构的转变，对经济社会发展具有深刻的影响。按照霍尔（Hall）的城市变动模型，城市发展分为五个阶段：第一阶段，人口和产业绝对集中在中心区，并高速增长；第二阶段，人口和产业在中心区和郊区都有增长，但中心区增长更快，是相对集中阶段；第三阶段为相对分散阶段，中心区增长速度低于郊区，是郊区化的前兆；第四阶段，中心区出现人口和产业的负增长，人口和产业向郊区分散，是典型的郊区化阶段；第五阶段，郊区化进一步发展，甚至演化为逆城市化（李国平等，2012）。

19世纪20年代以来，随着第二次世界大战后资本主义经济的迅猛发展，西方发达国家城市化进程加速，城市规模不断膨胀，城市人口和产业向城市中心区以外的郊区发展，形成了由中心城市和郊区共同组成的现代大都市区。郊区化使郊区在政治、经济上不断独立，并同中心城市形成竞争（陈雪明，2003），成为承载城市人口和产业新的地域空间。西方发达国家城市郊区化始于富有阶层和中产阶级出于对居住品质和生活环境质量等的追求开始搬入郊区居住，人口的外迁成为西方发达国家城市郊区化的第一波推动力。此后，随着居住的郊区化，出现了制造业、商业和零售业、办公业、高技术产业及现代服务业的郊区化（祝俊明，1995；冯健，2005；马清裕、张文尝和2006），逐步形成了西方发达国家普遍高度分散化的都市区空间形态。米耶史考斯基（Mieszkowski）和米尔斯（Mills）的研究显示，20世纪50年代美国都市区57%的人口和70%的就业集中在城市中心区，而到了1990年这一比例已分别下降至37%和45%（Mieszkowski and Mills，1993）。而格莱泽（Glaeser）和卡恩（Kahn）也发现，1996年美国都市区的就业分布已高度分散化，仅有不到四分之一的就业还集中在距城市中心3英里的范围内，而就业追随人口向郊区扩散已成为都市区空间发展的重要趋势（Glaeser and Kahn，2001）。

城市郊区化过程中，产业的分散化具有阶段性行业特征。首先开始郊区化的产业部门是制造业。由于郊区土地价格较低，对于需要占用大片土地的制造业部门，向郊区转移有助于降低成本。同时，随着人口的郊区化，劳动密集型的制造业部门向郊区转移也会更加接近其所需的技术工人。制造业郊区化的动力不仅仅在于降低成本和接近劳动力，更重要的是技术进步带来的生产组织变革，如生产的标准化和生产环节的垂直分离、现代运输技术的发展等都促进了制造业向郊区的扩散（祝俊明，1995）。之后开始郊区化的产业部门是商业和零售业。商业和零售业的郊区化可以认为是人口居住郊区化的直接结果。随着居住的郊区化，商场、超市、购物中心等需要更加接近消费者，因此开始向郊区扩散。而商业和零售业的郊区化为催生服务业在郊区的集聚创造了初期的集聚区位效应（祝俊明，1995）。此后，随着城市中心区越来越拥挤，地价不断上涨，一些不需要集中在城市中心区的办公活动，也会逐步向郊区转移。随之而来的新一波郊区化浪潮则主要由办公业的郊区化来推动。而 20 世纪 90 年代以来，随着西方发达国家城市郊区化的不断发展，更为高级的产业功能和部门，如原本只集中在城市中心区的金融、商务服务等高端商务功能也开始郊区化，而新一轮郊区化使得都市区就业持续分散，并且郊区的就业构成变得更加广泛和专业化，郊区出现新的就业中心（产业中心），且集聚规模不断扩大，发展成为新的城市中心，也称边缘城市，促使都市区空间结构向多中心结构转变（Stanback，1991；冯健，2005）。

中国的特大城市在 20 世纪 80 年代中期后开始出现郊区化，并在 90 年代后不断加速，主要表现为城市中心区人口增长趋缓而近郊区人口迅速增加，以及工业向郊区的迁移（周一星和孟延春，1998；冯健和周一星，2003）。例如，北京的人口郊区化始于 20 世纪 80 年代，并一直持续至今，人口分散化的空间范围主要在距城市中心 40 公里以内（Sun et al.，2012；孙铁山等，2012）。而北京的产业郊区化也始于 20 世纪 80 年代中期，早期主要是受到工业搬迁的驱动，因此主要以工业的郊区化为主（周一星和孟延春，1998）。而 20 世纪 90 年代开始，随着大量郊区开发区和工业园区的建设，北京制造业郊区化的特征变得更加明显，且这一趋势一直在持续。

## 二、北京都市区产业郊区化的总体历程

已有研究显示北京的郊区化空间范围还比较有限，主要是近域郊区化，因此本章的研究区域限定为北京都市区，主要指北京中心城区及与其具有紧密联系的郊区共同构成的区域。其范围包括北京的城六区和与之相邻的各区，共 12 个市辖区，地域面积约为 9116.3 平方公里。分析郊区化需要确定"城区"和"郊区"的范围。关于郊区的划分，有按照行政区划和是否具备郊区特征两种判断方法。从郊区特征角度，郊区是指城市辖区内、建成区以外一定范围内的区域，是城市和农村的过渡地带，因而在经济、生活等方面与城区具有紧密的联系，为城区提供农副产品，承载城区的人口、产业扩散（王放，2010）。但以上特征在实际研究中并不容易把握。一方面，"城区"与"郊区"的概念具有时间动态性，郊区化的作用就是使郊区具备城市的综合职能而发展成为城区；另一方

面，"城区"与"郊区"的分界线并不明晰，郊区作为城区与农村的过渡带，难以界定其范围。因此，本章对"城区"和"郊区"的界定主要依据行政区划，并将行政区按照距城市中心距离远近划分为三个圈层，分析北京都市区产业郊区化的总体趋势和基本特征。第一圈层是由东城区和西城区构成的中心城区；第二圈层是由海淀区、朝阳区、丰台区和石景山区构成的城郊过渡带；第三圈层是由昌平区、顺义区、通州区、大兴区、房山区和门头沟区构成的外围郊区。

北京的产业郊区化始于 20 世纪 80 年代，最初主要由市区工业企业的整顿和搬迁驱动。80 年代后，北京重新明确了作为首都的城市性质，致力于调整业已形成的以重化工业为主的经济结构及发展布局对首都发展的不利影响。为了缓解六七十年代时所形成的工业在市区过度集中和不合理布局与首都城市性质和职能之间的矛盾，北京开始大力推动对市区内污染、扰民工业企业的整顿和搬迁。尤其是 80 年代中期后，北京市政府根据国务院对北京城市总体规划方案的批复精神，制定了市区工业企业外迁的优惠政策，加上城市土地有偿使用制度的确立，市区工业企业在城市土地级差效益和相关优惠政策的利益驱动下，有了自主搬迁的积极性，从而大大加快了北京工业郊区化的进程。这一时期北京工业布局调整提出"退三进四"，即将工业由城市中心区（即三环路以内）向郊区（即四环路以外）转移，开启了北京的工业郊区化。

20 世纪 90 年代中期后，随着北京经济结构重组和产业布局的进一步调整，北京的产业郊区化得到进一步发展。一方面，配合产业结构调整，市区工业布局调整进一步深化，市区内污染、扰民工业企业的整顿、搬迁力度与速度逐年加大、加快。另一方面，在 1992 年前后，北京在市郊先后批准建立了一批市级和区县级工业园区，这些园区的建立不仅有效集中了郊区工业，使得郊区工业规模化发展，还成为市区工业向郊区转移的重要承载地。郊区工业园区的发展促进了工业向郊区转移，加速了工业郊区化发展趋势。此外，随着高新技术产业迅速发展，高新技术产业集群的出现和成长也成为推动北京产业郊区化的重要力量。空间上，高新技术产业主要在环城近郊地区发展，并呈现出明显的空间集聚特征，推动了整体产业布局进一步向郊区的延伸。

进入 21 世纪，北京城市经济快速发展，产业结构加速升级，城市增长和空间扩张的速度也明显加快。这一时期，北京经济空间格局变得更加复杂和多样，产业分散化和郊区化程度也大大提高。产业活动不再只集中在中心城区，郊区尤其是平原地区作为城市发展新区，成为城市经济发展的重要舞台，外围郊区出现了新的、具有多样化职能的产业集聚中心，使城市经济空间组织和结构发生了根本性的变化。根据 2001～2012 年《北京区域统计年鉴》中各区县城镇单位从业人员数，我们可以分析就业在北京都市区各圈层分布的变化（图 11-1）。2001 年，北京中心城区共有就业（城镇单位从业人员）131.4 万人，占北京都市区的 31.3%，而城郊过渡区共有就业 226 万人，占都市区的 53.8%，外围郊区共有就业 62.3 万人，占都市区的 14.8%。总体上，超过三成的就业仍集中在中心城区，超过一半的就业集中在城郊过渡区，而外围郊区仅有不到一成半的就业。从 2001 到 2012 年，中心城区就业增长了 23.4 万人，年均增速为 1.5%，增长主要发生在 2010 年以后。而 12 年间，城郊过渡区就业增长了 139.6 万人，年均增速为 4.5%，超过一半以上的就业增量集中在这一圈层，而外围郊区就业增长了 98.3 万人，年均增速达 9.0%。由此可见，尽管中心城区就业仍在持续增长，但增速远远低于郊区，而尽管增长的就业量主要集中在城郊过渡区，但外围郊区的就业增速是最快的，这都反映出北京都市区就业郊区化的总体趋势。从三个圈层就业占都市区份额的变化来看，中心城区比重不断降低，从 2001 年的 31.3% 下降到 2012 年的 22.7%，而外围郊区比重不断上升，从 2001 年的 14.8% 上升至 2012 年的 23.6%，城郊过渡区就业占都市区比重基本稳定，在 53% 左右。这说明，以就业反映的产业活动整体上呈现出由中心城区向郊区转移的郊区化特征，虽然中心城区的就业仍在保持增长，但郊区尤其是外围郊区就业增长更快，越来越多地集聚了都市区内的产业活动。

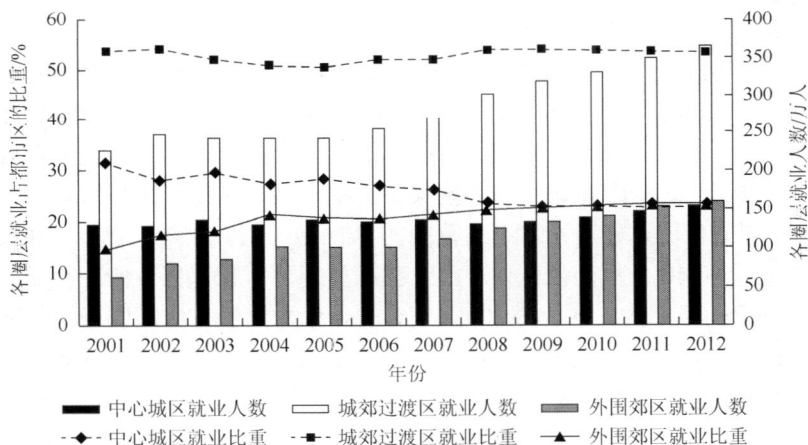

图 11-1　2001～2012 年北京都市区就业在各圈层分布的变化

## 三、北京都市区产业郊区化的空间特征

为进一步分析北京都市区产业郊区化的空间特征，我们使用 2004 年和 2008 年北京市经济普查资料中分街道、镇乡的就业数据进行分析。相比于《北京区域统计年鉴》中的城镇单位从业人员数，经济普查中的从业人员数是指第二和第三产业法人单位从业人员数，统计口径更加完整。而且，经济普查资料

中提供基于街道、镇乡的从业人员信息，能够更好地揭示北京都市区产业郊区化的空间特征与模式。

根据经济普查资料，2004 年北京都市区共有第二、第三产业就业人口 663.1 万人，到 2008 年增长至 777.3 万人，年均增长率为 4.05%。为测度北京都市区产业郊区化的程度，我们采用 Wheaton（2004）提出的就业分散化指数，其基本原理是通过绘制随到城市中心距离增加就业人口的累积百分比曲线反映都市区内就业人口在城市中心区的集中度，通过比较两年份间曲线的变化可以显示就业人口的去中心分散化程度（即郊区化程度）。Wheaton 指数主要是计算就业人口累积百分比曲线下的面积，可以大致估算如下：

$$DC = \frac{\sum_{i=1}^{n} E_{i-1} D_i - \sum_{i=1}^{n} E_i D_{i-1}}{D_{max}} \tag{11-1}$$

式中，$n$ 为空间单元个数；$E_i$ 为空间单元 $i$ 的就业累积百分比；$D_i$ 为空间单元 $i$ 到城市中心的距离；$D_{max}$ 为所有空间单元到城市中心距离的最大值，计算时需要将空间单元按到城市中心距离由近及远进行排序。Wheaton 指数取值在 $-1$ 到 1，值越大代表就业人口越向城市中心区集中，两年间指数值降低则说明就业人口呈现郊区化趋势。

表 11-1 列出了基于 2004 和 2008 年北京都市区各街道、镇乡就业数据计算得出的 Wheaton 指数的结果。北京都市区的区域半径大约为 78.5 公里，在整个都市区范围内，2004～2008 年 Wheaton 指数值有所上升，说明就业整体上并未分散化，而仍然向城市中心区集中。我们将北京都市区按距城市中心距离划分不同的范围，分别计算不同范围的 Wheaton 指数。结果显示，在距城市中心 35 公里和 40 公里的范围内，就业都未呈现郊区化趋势，但在距城市中心 30 公里以下的范围内，2004～2008 年 Wheaton 指数值有明显降低，显示就业分布呈现郊区化的特征。这说明与人口的近域郊区化相似，北京都市区产业郊区化的空间范围也比较有限，在整个都市区范围内就业整体上呈现向心集聚的趋势，但在距城市中心 30 公里的范围内，就业分布表现出明显的郊区化特征。

表 11-1　北京都市区不同空间范围就业郊区化程度

| 距城市中心距离/公里 | Wheaton 指数 | |
| --- | --- | --- |
| | 2004 年 | 2008 年 |
| $d_{max}$=78.5 | 0.661 | 0.672 |
| $d$=40 | 0.399 | 0.403 |
| $d$=35 | 0.362 | 0.366 |
| $d$=30 | 0.295 | 0.268 |
| $d$=25 | 0.244 | 0.233 |

为更好地分析北京都市区产业郊区化的空间特征,我们绘制了2004～2008年各街道、镇乡的就业占都市区的份额变动随到城市中心距离增加的分布图(图 11-2 和图 11-3)。从两张图中可以看出,就业份额增加的空间单元全部集中在距城市中心 45 公里以内的地区,其中 80%的空间单元又集中在距城市中心 30 公里的范围内。而就业份额减少的空间单元则散布在整个都市区范围内,在距城市中心 45 公里以外的街道、镇乡就业份额全部是减少的,这说明整体上就业是向距城市中心 45 公里以内的区域集中。此外,由图 11-2 可见,就业份额显著增加的地区(份额增幅大于 0.5%)主要集中在距城市中心 5～20 公里的范围内,而就业份额显著减少的地区(份额降幅大于 0.5%)主要集中在距城市中心 8 公里的范围内。从图 11-3 也可以看到,在距城市中心 8 公里以

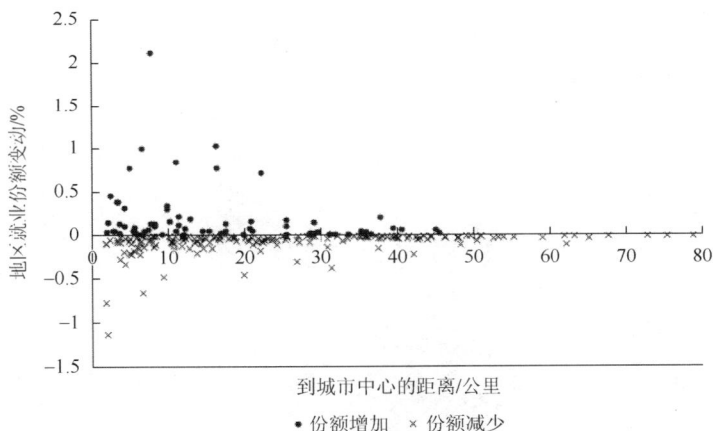

图 11-2　各街道、镇乡就业占都市区份额变动的空间分布

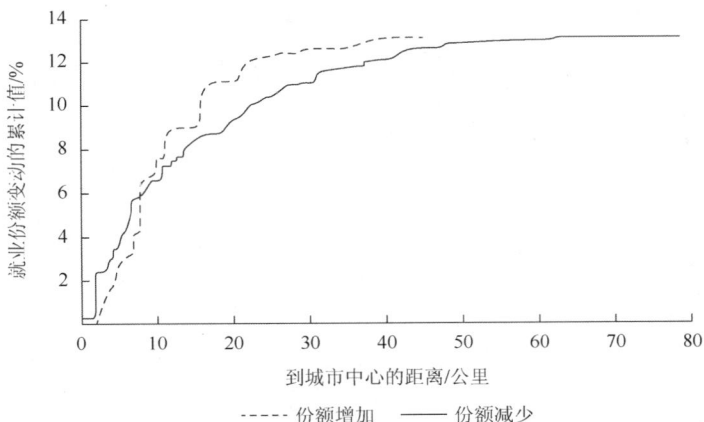

图 11-3　地区就业占都市区份额的变动随距离的累积分布

内，就业份额减少累积的速度快于就业份额增加，此后就业份额增加的累积速度开始快于就业份额减少，在距城市中心 10～20 公里的范围内，就业份额增加累计值远远高出份额减少的累计值，这说明北京都市区的产业郊区化主要表现为距城市中心 8～10 公里和 45 公里以外地区就业份额下降，而就业主要向距城市中心 10～20 公里范围的地区集中。这和 Wheaton 指数分析得到的距城市中心 30 公里以内范围呈现就业分散化而 30 公里以上范围呈现就业中心化的结果相一致。

图 11-4 显示了 2004～2008 年就业占都市区份额增加的街道、镇乡的地理分布。由图可见，就业相对增长的地区大都集中在距城市中心 30 公里的范围内，其中绝大部分集中在五环路以内，五环路以外就业份额增加明显的地区

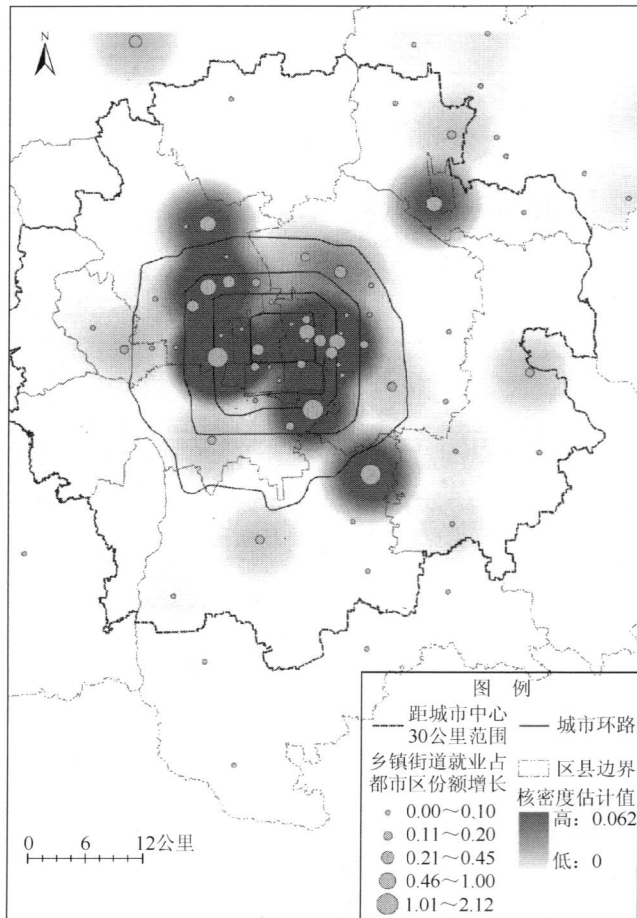

图 11-4　就业占都市区份额增加的街道、镇乡的地理分布示意图

主要有 3 个，分别是海淀区的上地街道、大兴区的亦庄地区和顺义区的天竺地区。通过核密度平滑可以看出就业份额增加的地区主要形成两条增长带，一条是在西部地区自羊坊店街道向北经过海淀和中关村街道至上地街道的增长带，另一条是在东部地区自朝阳门和建国门周边地区向南经过东铁匠营街道至亦庄地区的增长带。这显示北京都市区的产业郊区化主要是向西北和东南方向延伸。

# 第二节　北京都市区产业郊区化的行业特征

西方发达国家城市郊区化的发展历程显示，郊区化过程中产业的分散化具有一定的阶段性行业特征。随着人口向郊区扩散，不同行业在不同阶段先后向郊区转移，顺序依次为制造业、商业和零售业、办公业和高技术产业等。本节使用 2004 年和 2008 年北京市经济普查资料中分街道镇乡、分行业就业数据分析北京都市区产业郊区化的行业特征和差异。

## 一、不同行业郊区化的圈层特征

为分析北京都市区产业郊区化的行业特征，我们以北京都市区内的主要环路为分界划分不同圈层，分别计算 2004 年和 2008 年总就业和不同行业就业人口在各圈层的分布及变动（表 11-2）。2008 年，在整个都市区内，70.2%的就业人口集中在五环路以内，但制造业的就业人口只有 28.4%集中在五环路以内，大部分制造业活动都已分散到五环路以外，而服务业的就业人口则有 79.4%集中在五环路以内，显示出制造业活动已高度郊区化，但服务业仍呈现中心集聚的分布特征。从 2004～2008 年的变动来看，就业人口主要向二环路到四环路之间的地区集中（图 11-4 也显示了这一特征），但制造业就业主要由五环路以内向五环路以外扩散，说明制造业郊区化的趋势仍在持续，服务业就业则更多地向三环路到四环路之间的地区集中，郊区化的空间范围十分有限。

就不同的服务业行业而言，生产性服务业中金融业在城市中心区的集中度最高，2008 年有 60.3%的就业集中在二环路以内，而其他生产性服务业都只有不到 20%的就业集中在二环路以内。大部分生产性服务业，如租赁和商务服务业，信息传输、计算机服务和软件业，科学研究、技术服务和地质勘查业，都主要集中在二环路到四环路之间，有超过 50%的就业集中在这一范围。房地产

表 11-2　北京都市区按环路分不同圈层各行业就业份额及变化

（单位：%）

| 项目 | 二环路以内 | | 二环路到三环路之间 | | 三环路到四环路之间 | | 四环路到五环路之间 | | 五环路以外 | |
|---|---|---|---|---|---|---|---|---|---|---|
| | 2008年 | 2004~2008年变化率 | 2008年 | 2004~2008年变化率 | 2008年 | 2004~2008年变化率 | 2008年 | 2004~2008年变化率 | 2008年 | 2004~2008年变化率 |
| 总就业 | 14.3 | -2.1 | 21.9 | 0.6 | 17.5 | 2.8 | 16.6 | -0.3 | 29.8 | -0.9 |
| 制造业 | 2.3 | -0.8 | 4.5 | -1.4 | 5.7 | -1.3 | 15.8 | -2.8 | 71.6 | 6.3 |
| 服务业 | 17.0 | -3.7 | 25.9 | -0.4 | 19.9 | 3.1 | 16.6 | -0.3 | 20.6 | 1.3 |
| 交通运输、仓储和邮政业 | 6.8 | -17.2 | 37.9 | 12.1 | 7.6 | 1.9 | 25.3 | 1.6 | 22.4 | 1.6 |
| 信息传输、计算机服务和软件业 | 8.6 | -3.1 | 22.1 | -8.3 | 30.6 | 4.0 | 16.6 | 1.1 | 22.0 | 6.3 |
| 金融业 | 60.3 | 2.1 | 26.7 | -1.0 | 6.7 | 3.3 | 5.6 | -3.0 | 0.6 | -1.4 |
| 房地产业 | 17.3 | 0.3 | 26.9 | -0.8 | 20.0 | 0.4 | 14.6 | -0.8 | 21.2 | 1.0 |
| 租赁和商务服务业 | 19.1 | -8.9 | 28.0 | -3.5 | 26.2 | 11.9 | 11.9 | -1.3 | 14.7 | 1.7 |
| 科学研究、技术服务和地质勘查业 | 10.9 | 1.2 | 24.8 | -5.2 | 25.5 | 4.9 | 20.8 | -3.1 | 17.9 | 2.1 |
| 批发和零售业 | 14.2 | -2.4 | 23.1 | -1.2 | 22.7 | 0.8 | 19.0 | 0.1 | 20.9 | 2.8 |
| 住宿和餐饮业 | 21.3 | 0.1 | 28.5 | -2.7 | 19.4 | 1.5 | 14.1 | 1.8 | 16.8 | -0.7 |
| 居民服务和其他服务业 | 14.5 | -0.6 | 20.2 | -0.4 | 20.5 | -1.7 | 21.1 | -1.2 | 23.7 | 3.8 |
| 教育 | 10.0 | -2.1 | 18.0 | -0.7 | 17.7 | 2.2 | 20.9 | -0.6 | 33.4 | 1.3 |
| 卫生、社会保障和社会福利业 | 24.7 | -3.5 | 17.6 | -1.9 | 18.0 | 1.7 | 10.3 | -0.2 | 29.4 | 3.7 |
| 文化、体育和娱乐业 | 24.4 | -3.7 | 33.7 | 1.2 | 19.8 | 1.1 | 10.6 | 0.9 | 11.6 | 0.5 |
| 水利、环境和公共设施管理业 | 12.6 | -1.5 | 16.4 | -3.8 | 12.3 | 1.0 | 25.4 | 1.5 | 33.3 | 2.8 |
| 公共管理与社会组织 | 25.8 | -0.8 | 19.0 | 0.4 | 11.2 | 0.5 | 9.0 | -0.6 | 35.1 | 0.6 |

服务业则在各圈层分布相对比较平均。在消费性服务业中，住宿和餐饮业相对集中在城市中心区，有49.8%的就业集中在三环路以内，而批发和零售业以及居民服务和其他服务业则更多分布在二环路以外，且在各圈层分布相对比较平均。在公共服务业中，卫生、社会保障和社会福利业，文化、体育和娱乐业，公共管理与社会组织主要集中在二环路以内，有大约四分之一的就业集中在二环路以内，其中文化、体育和娱乐业有58.1%的就业集中在三环路以内，市区集中度较高，而教育，水利、环境和公共设施管理业则主要集中在四环路以外，布局相对分散，有超过一半的就业分布在四环路以外。

从2004～2008年的变动来看，生产性服务业中除金融业外，其他行业在三环路以内的就业份额都有所下降，显示出不同程度郊区化的趋势，见表11-2。而金融业就业仍保持向心集聚，2004～2008年在二环路以内的就业份额上升了2.1%，在四环路以内的就业份额上升了5.3%。生产性服务业中，就业郊区化较明显的主要有租赁和商务服务业，信息传输、计算机服务和软件业，科学研究、技术服务和地质勘查业。其中，2004～2008年租赁和商务服务业在三环路以内的就业份额下降了12.4%，而三环路到四环路之间的就业份额上升了11.9%，就业分布变动剧烈，主要由三环路以内向三环路到四环路之间的地区扩散。而信息传输、计算机服务和软件业，科学研究、技术服务和地质勘查业在三环路以内的就业份额分别下降了11.4%和4.0%，就业分布主要向三环路到四环路之间和五环路以外的地区扩散。此外，交通运输、仓储和邮政业在二环路以内的就业份额下降了17.2%，而二环路到三环路之间的就业份额上升了12.1%，就业分布主要由二环路以内向二环路到三环路之间的地区扩散。2004～2008年，消费性服务业和公共服务业的就业分布整体变化不大，三环路以内的就业份额都略有降低。其中，居民服务和其他服务业在五环路以内各圈层的就业份额都在下降，而五环路以外的就业份额有所上升，显示出与制造业类似的郊区化趋势。

通过对各行业就业圈层分布变动特征的聚类分析（图11-5），我们发现不同行业郊区化的特征不同，大致可以分为6类。其中，房地产服务业、住宿和餐饮业以及公共管理和社会组织就业圈层分布的变动幅度较小，产业布局相对稳定。其他的行业可以分为5类，图11-6显示了这5类行业就业在各圈层分布的变动特征。第一类是制造业和居民服务和其他服务业，这两类行业是在西方城市郊区化中较早开始郊区化的产业部门，在北京都市区也呈现了最明显的郊区化特征，表现为五环路以内各圈层就业份额的减少和五环路以外就业份额的增加。这说明，这两类行业郊区化的空间范围已突破五环路，就业主要是由五环路以内的中心城向五环路以外的郊区转移。第二类是交通运输、仓储和邮政业，其就业圈层分布的变动幅度很大，但主要表现为二环路以内就业份额减少和二环路以外各圈层就业份额的增加，就业主要向二环路至三环路之间的地区集中，总体上尽管分布变动幅度大，但郊区化的空间范围十分有限。第三类是租赁和商务服务业以及信息传输、计算机服务和软件业，这两类行业就业圈层分布的变动幅度也较大，主要表现为三环路以内就业份额的显著减少和三环路以外各圈层就业份额的增加。其中，租赁和商务服务业就业主要向三环路至四环路之间的地区集中，因此郊区化的空间范围相对有限，而信息传输、计算机服务和软件业就业在三环路以外的三个圈层份额都有增加，且五环路以外就业份额增加最多，显示其郊区化的空间范围相对较大。第四类是金融业和科学研究、技术服务和地质勘察业，虽然这两类行业被聚为一类，但其就业分布变动特征有本质的区别。金融业是唯一没有表现出去中心分散化特征的行业，甚至在五环路以内就业份额整体都是在增加的，这说明其就业整体上仍呈现中心化集聚的发展趋势。而科学研究、技术服务和地质勘察业在三环路以内就业份额是减少的（减少了4%），在五环路以内就业份额也是减少的（减少了2.15%），这说明其就业整体上表现出了一定的去中心分散化特征。第五类是批发和零售业，教育，卫生、社会保障和社会福利业，水利、环境和公共设施管理业，以及文化、体育和娱乐业，这五类行业就业圈层分布的变动相对较小，但基本都呈现了三环路以内就业份额减少和三环路以外各圈层就业份额增加的变动特征，表现出微弱的郊区化趋势。

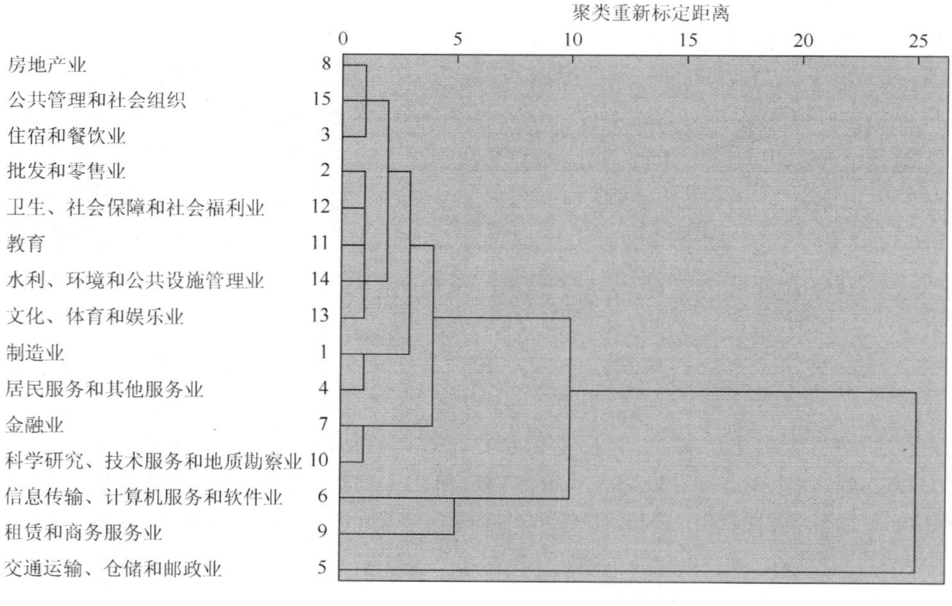

图 11-5　各行业就业圈层分布变动特征的聚类分析

本树状图为对 2004～2008 年各行业在二环路以内、二环路至三环路之间、三环路至四环路之间、四环路至五环路之间以及五环路以外各圈层就业份额的变动量进行 Ward 系统聚类所得到的分析结果

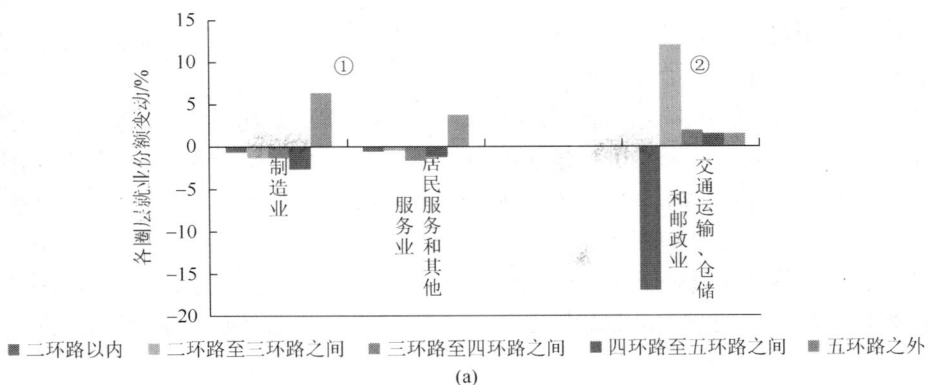

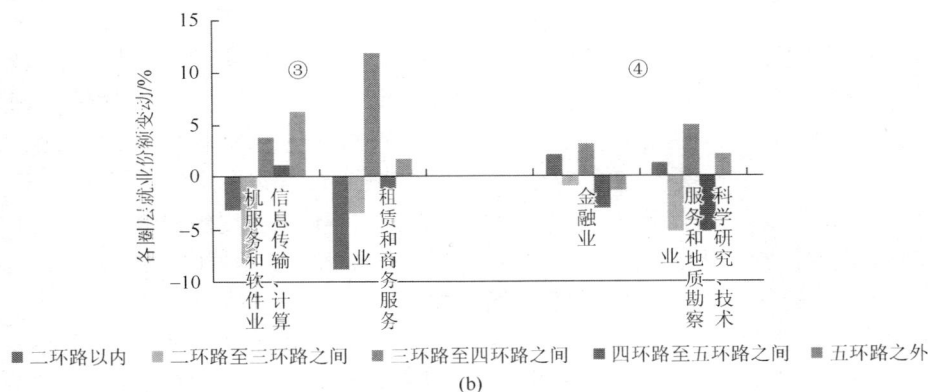

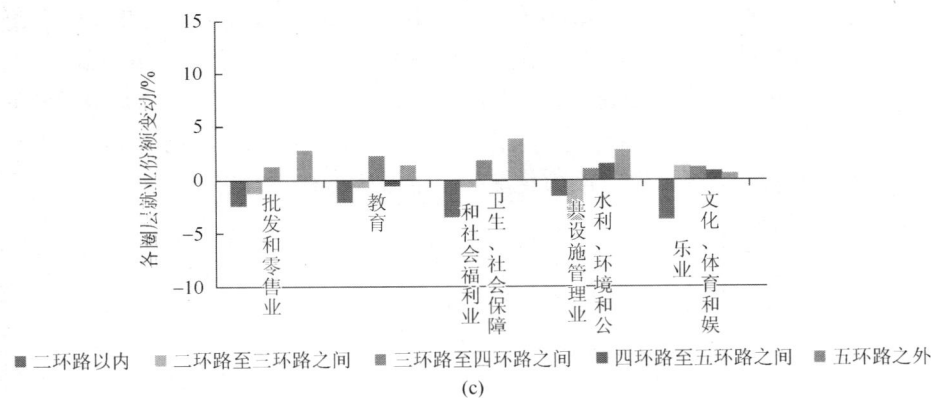

图 11-6 不同类别行业各圈层就业份额的变动特征

## 二、典型行业郊区化的空间特征

综上所述，北京都市区产业郊区化的行业特征与西方发达国家城市郊区化发展过程中呈现的规律基本一致。在各类产业活动中，郊区化特征最明显的是制造业，不仅就业分布已高度分散在五环路以外的郊区，而且就业向五环路以外地区转移的趋势仍在持续。而在服务业中，郊区化趋势最明显的是居民服务和其他服务业，就业在五环路以外地区的份额有所上升，而五环路以内各圈层就业份额都有不同程度的下降。此外，随着制造业向郊区转移，与制造业相关的生产性服务业，如租赁和商务服务业，信息传输、计算机服务和软件业，科学研究、技术服务和地质勘查业等也表现出一定的郊区化趋势。为进一步揭示这些行业郊区化的空间特征，我们分别对这些行业就业的地理分布变动进行分析。

### 1. 制造业和居民服务和其他服务业

制造业和居民服务和其他服务业就业都表现出从五环路以内向五环路以外地区的转移，但两个行业就业分布的分散化程度有很大的差异，制造业有 71.6% 的就业已分散到五环路以外地区，而居民服务和其他服务业仅有 23.7% 的就业分布在五环路以外地区。在就业分布变动上，两者也有并不完全相同的空间特征。图 11-7 显示，对制造业而言，就业分布变动整体上呈现出去中心分散化的趋势，就业份额显著减少的地区（份额降幅大于 0.25%）主要集中在距城市中心 5～25 公里的范围内，而就业份额显著增加的地区（份额增幅大于 0.25%）则主要集中在距城市中心 15～45 公里的范围内，显示出就业整体上向外围地区的转移。而对居民服务和其他服务业而言，就业份额显著减少的地区主要集中在距城市中心 15 公里范围内，其中份额减少超过 0.5% 的地区又主要集中在距城市中心 10 公里的范围内，而就业份额显著增加的地区则主要集中在距城市中心 10 公里以内和 15～30 公里范围内的地区。这一方面显示居民服务和其他服务业就业在向距城市中心 15～30 公里范围内的郊区转移，另一方面也显示在距城市中心 10 公里以内的区域里，该行业就业分布仍存在着剧烈的空间转移。

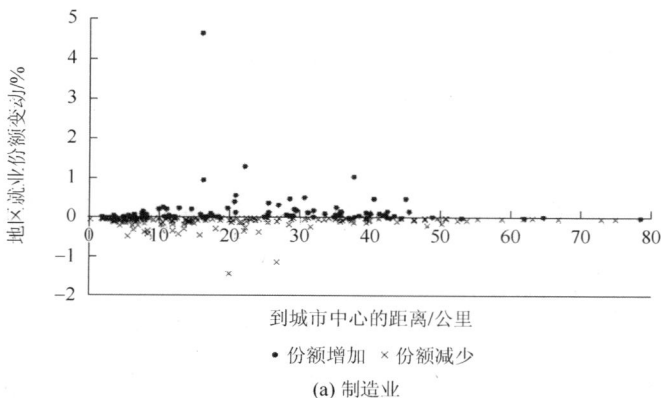

(a) 制造业

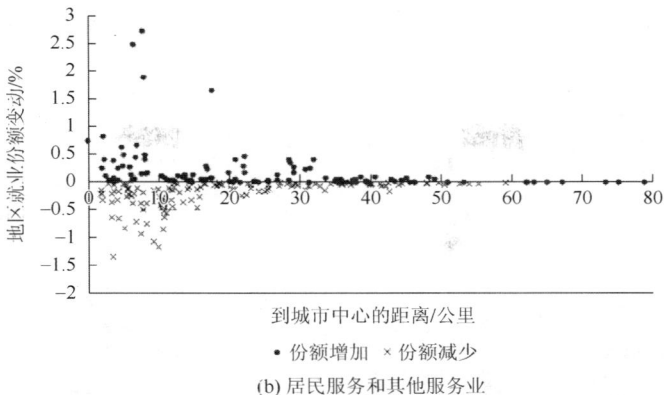

地区就业份额变动/%

到城市中心的距离/公里

• 份额增加 × 份额减少

(b) 居民服务和其他服务业

图 11-7　制造业和居民服务和其他服务业地区就业份额变动的空间分布

## 2. 生产性服务业

与制造业相关的生产性服务业随着制造业向郊区转移也表现出一定的郊区化趋势。为探查这些行业的就业空间分布变动，绘制交通运输、仓储和邮政业，租赁和商务服务业，信息传输、计算机服务和软件业，科学研究、技术服务和地质勘查业就业分布增幅和降幅大于 0.5% 的地区分布图（图 11-8），以反映这些行业郊区化的空间特征。

（1）交通运输、仓储和邮政业就业份额降幅较大的地区主要集中在三环路以内，而增幅较大的地区主要集中在三环路以外，并主要在南部地区。总体上，交通运输、仓储和邮政业显示出由三环路以内向三环路以外，尤其是南部地区的转移。

（2）租赁和商务服务业郊区化的空间范围比较有限，就业空间分布变动总体表现出向东部地区转移的趋势。就业份额增幅较大的地区主要集中在东部和东南部地区，而降幅较大的地区主要集中在西部，尤其是西二环路周边及与西三环路之间的地区。同时，随着首都机场临空经济的发展，东北部的首都机场及其周边的天竺地区的租赁和商务服务业就业份额也有明显增加。

（3）信息传输、计算机服务和软件业郊区化特征明显。就业份额降幅较大的地区主要集中在长安街沿线自东向西的区域，而增幅较大的地区主要集中在以海淀、中关村和上地街道为核心的西北部地区，以及东北部的望京街道、东南部的亦庄地区和昌平区的昌平镇、顺义区的仁和地区。就业空间分布表现出由城市中心区向外围郊区，尤其是西北部郊区转移的趋势。

（4）科学研究、技术服务和地质勘查业同样表现出明显的郊区化趋势。就业份额降幅较大的地区主要集中在沿西北二环路向北的区域，而增幅较大的地

第十一章　北京都市区产业郊区化与经济空间演化 ｜ 307

区主要集中在西北部和东南部郊区，包括海淀街道、上地街道、曙光街道、四季青镇、昌平镇和亦庄地区。

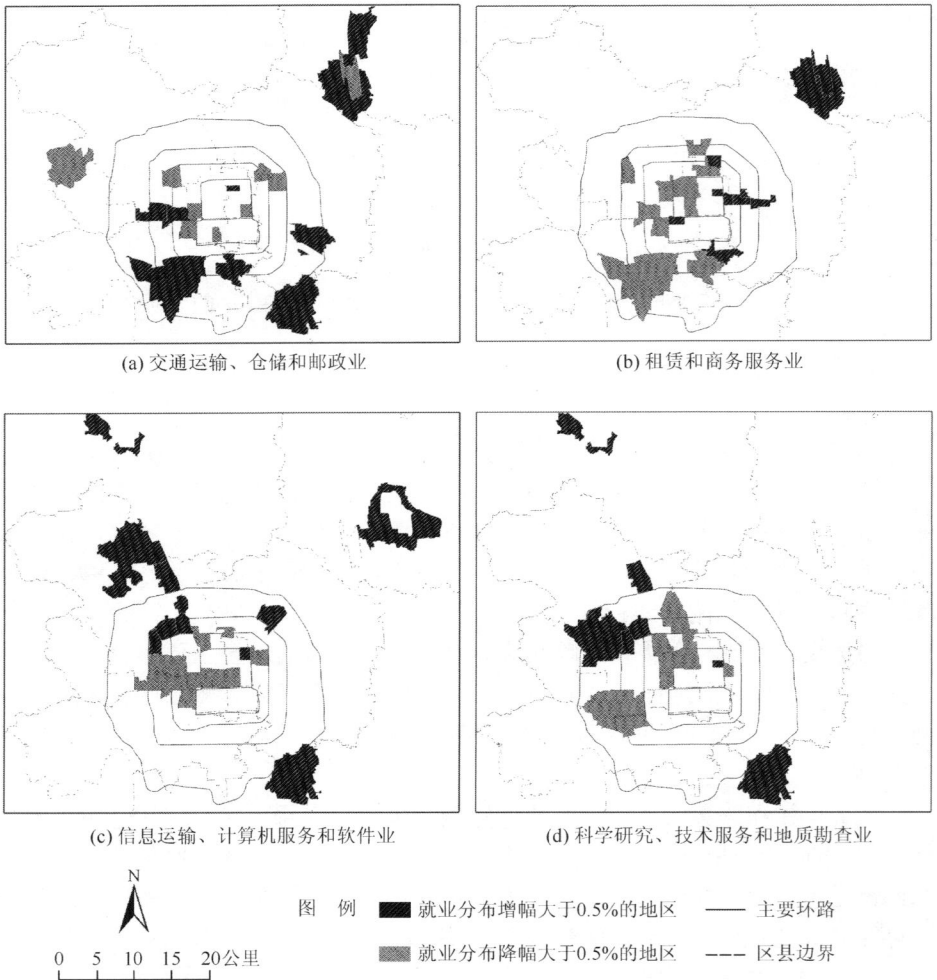

(a) 交通运输、仓储和邮政业        (b) 租赁和商务服务业

(c) 信息运输、计算机服务和软件业      (d) 科学研究、技术服务和地质勘查业

图 例   ■ 就业分布增幅大于0.5%的地区  —— 主要环路

       ▨ 就业分布降幅大于0.5%的地区  --- 区县边界

0　5　10　15　20公里

图 11-8　生产性服务业就业空间分布的变动示意图

# 第三节　产业郊区化过程中北京都市区经济空间演化

　　产业活动的郊区化是驱动都市区经济空间演化的重要力量，产业活动由城

市中心区向郊区转移并在都市区内重新分布使得都市区经济空间组织和结构发生改变。本节考察产业郊区化过程中北京都市区经济空间组织和结构的演化特征，包括就业分布的集聚程度、空间结构与专业化分工的变化，揭示产业郊区化对北京都市区经济空间演化的影响。

## 一、产业郊区化对城市经济空间演化的影响

产业郊区化过程中就业的分散化会如何改变都市区经济空间组织和结构仍处于争论之中，目前存在两种不同的观点。一种观点认为，产业活动从城市中心区向郊区转移后，为了获取集聚经济效益，仍倾向于在特定区域再度集中，形成新的就业集聚中心，从而使都市区经济空间结构由单中心向多中心结构转变。尤其是随着郊区就业集聚中心规模不断扩大和经济活动的多样化，可能会在郊区形成和城市中心区一样具有高等级和复合城市职能，并且较大规模的新的城市中心，从而挑战传统城市中心区的地位，进而从根本上改变都市区经济空间结构特征（Anas et al.，1998）。而另一种观点则认为，随着交通、信息技术发展和生产组织变革，不断降低的交通和通信成本降低了空间临近的重要性，经济组织可以在更大空间尺度上垂直分离并获取集聚经济效益，因此产业郊区化并不一定形成新的就业集聚中心，就业有可能在都市区内分散布局，形成所谓"一般分散化"的空间结构，即一种不形成任何可识别的集聚中心的分散化发展的城市形态（Gordon and Richardson，1996）。

此外，就业分散化不仅会改变都市区的经济空间结构，也可能改变地域分工格局。因为如果产业分散后倾向于再集中，考虑到不同行业对集聚经济的要求不同，也有不同的区位偏好，具有相同区位指向的行业在向郊区分散的过程中，可能重新集聚在一起，形成专业化的就业集聚中心，从而改变都市区的地域分工格局。而如果产业倾向于一般分散化，则可能带来区域就业的整体增长和地区产业的多样化，从而形成更加同质的地域功能格局（Gilli，2009）。

## 二、产业郊区化过程中北京都市区就业集聚特征的变化

首先考虑产业郊区化过程中就业的分散化是否会影响北京都市区就业分布的整体集中度。总体上，北京都市区的就业分布具有一定程度的分散化特征，主要是在距城市中心 30 公里的范围内就业分布呈现去中心分散化趋势，就业人口主要由二环路以内向二环路到四环路之间的地区扩散并再集中。为考察就业分布变动如何影响就业分布的集聚特征，我们采用区位基尼系数和 $G$ 统计量

来度量就业分布的集聚程度。区位基尼系数可以反映就业在各空间单元间分布的均衡性，而 $G$ 统计量则用于反映相邻空间单元就业分布的相关性，两者测度的重点有所不同，互为补充。我们采用反映绝对集聚的区位基尼系数，即基准分布是地区间的平均分布，计算如下：

$$\text{Gini} = \frac{1}{2(n-1)}\sum_{i=1}^{n}\sum_{j=1}^{n}\left|\lambda_i - \lambda_j\right| \qquad (11\text{-}2)$$

式中，$\lambda_i$ 和 $\lambda_j$ 分别为地区 $i$ 和 $j$ 的就业在都市区所占的比重；$n$ 为空间单元的个数。$G$ 统计量计算如下：

$$G = \frac{\sum_{i=1}^{n}\sum_{j=1}^{n}w_{ij}x_i x_y}{\sum_{i=1}^{n}\sum_{j=1}^{n}x_i x_y}, \quad \forall j \neq i \qquad (11\text{-}3)$$

式中，$x_i$ 和 $x_j$ 分别为地区 $i$ 和 $j$ 的就业人数，$w_{ij}$ 为空间权重矩阵 $W$ 第 $i$ 行 $j$ 列的元素，用以反映地区 $i$ 和 $j$ 之间的相邻关系，这里我们使用二分相邻矩阵。

表 11-3 列出了 2004 年和 2008 年北京都市区范围内和距城市中心 30 公里范围内各空间单元就业人数的均值和标准差，以及就业分布的区位基尼系数和 $G$ 统计量的计算结果。从结果上看，无论是在都市区范围内还是在距城市中心 30 公里范围内，2004～2008 年各空间单元就业人数的均值和标准差都有大幅增加，反映了就业的整体增长和就业分布地区差异的加大。尤其是在距城市中心 30 公里的范围内，就业人数标准差的增加较之于在都市区范围内更加显著，说明在这一范围内就业分散化加剧了就业分布的地区差异。而从区位基尼系数和 $G$ 统计量的计算结果来看，无论在都市区范围内还是在距城市中心 30 公里范围内，就业分布的集聚程度都在增加，这说明就业分散化并未降低就业的空间集聚。因此，北京都市区的就业分散化并不是"一般分散化"，而是在分散化过程中就业倾向于在外围地区再度集中，从而使就业分散的同时集聚程度有所增加。

**表 11-3　北京都市区就业分布的描述性统计、区位基尼系数和 $G$ 统计量**

| 项目 | 都市区范围内 | | 距城市中心 30 公里范围内 | |
| --- | --- | --- | --- | --- |
| | 2004 年 | 2008 年 | 2004 年 | 2008 年 |
| 就业数均值 | 27 514.58 | 32 521.91 | 35 212.17 | 42 942.01 |
| 就业数标准差 | 30 117.71 | 41 869.92 | 32 043.69 | 46 002.90 |
| 区位基尼系数 | 0.527 | 0.575 | 0.451 | 0.500 |
| $G$ 统计量 | 0.039 | 0.044 | 0.047 | 0.051 |

## 三、产业郊区化过程中北京都市区就业空间结构的变化

产业郊区化过程中就业的分散化并未造成北京都市区就业分布集聚程度的降低，这主要是因为就业在从城市中心区向郊区扩散的过程中可能形成新的集聚中心，从而使就业分布的集聚程度有所增加。为了了解就业分散化过程中北京都市区经济空间结构的变化，我们需要识别就业分布的集聚中心。这里采用局部 $G$ 统计量考察就业分布的局部空间自相关（又称"热点分析"），以此识别就业分布的局部空间集聚，即就业集聚中心。局部 $G$ 统计量计算如下：

$$G_i^* = \frac{\sum_{j=1}^{n} w_{ij}x_j - \bar{X}\sum_{j=1}^{n} w_{ij}}{S\sqrt{\dfrac{\left[n\sum_{j=1}^{n} w_{ij}^2 - \left(\sum_{j=1}^{n} w_{ij}\right)^2\right]}{n-1}}} \tag{11-4}$$

$$\bar{X} = \frac{\sum_{j=1}^{n} x_j}{n}, \quad S = \sqrt{\frac{\sum_{j=1}^{n} x_j^2}{n} - (\bar{X})^2}$$

式中，$x_j$ 为地区 $j$ 的就业人数；$w_{ij}$ 仍然为空间权重矩阵 $W$ 第 $i$ 行 $j$ 列的元素，这里使用距离倒数权重矩阵；$G_i^*$ 服从标准正态分布，其显著性检验采用 $Z$ 检验，即 $G_i^*$ 大于 1.96 代表在 5%的显著性水平下显著集聚。

分别计算各空间单元就业人数的局部 $G$ 统计量，并绘制分布地图，就业分布的集聚中心是由 $G_i^*$ 大于 1.96 的相邻空间单元组成。图 11-9 显示了 2004 年和 2008 年北京都市区就业中心的位置和范围。2004 年，就业分布的集聚中心共有 19 个街道，主要集中在城市中心区沿长安街从国贸到公主坟一线（包括建国门外、建国门、东华门、西长安街、二龙路、月坛、羊坊店、广安门外街道），以及沿西北二环和三环路之间的地区（包括甘家口、展览路、紫竹院、北下关、海淀街道），形成连续带状分布。外围的就业中心主要集中在石景山区的古城街道、海淀区的花园路和学院路街道、丰台区的卢沟桥和花乡地区，以及大兴区的亦庄地区。2004 年，就业中心共集聚就业人口 206.75 万人，19 个街道集中了都市区 31.2%的就业。2008 年，就业中心的街道数量有所减少，共有 17 个街道，集聚就业人口 264.63 万人，集中了都市区 34.0%的就业。可见虽然就业中心街道数量有所减少，但集聚就业人口的水平在不断提高。此外，2004～2008 年就业中心的分布也发生了较大的变化。首先，城市中心区沿长安街一线的就业集聚程度大幅降低，就业中心不再连续分布，而是形成了几个独立的集聚中心（建国门外和朝阳门外街道、东华门街道、金融街街道），围

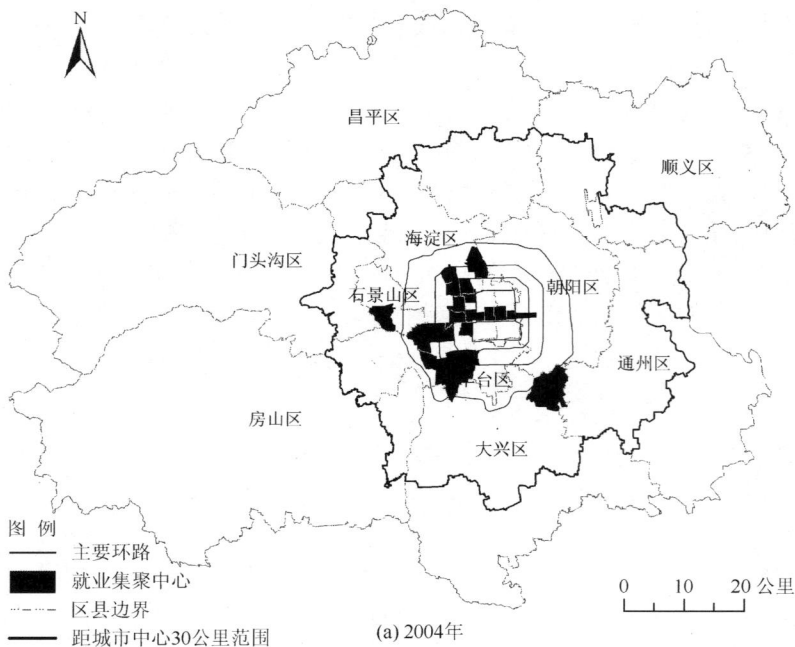

0    10    20公里

(a) 2004年

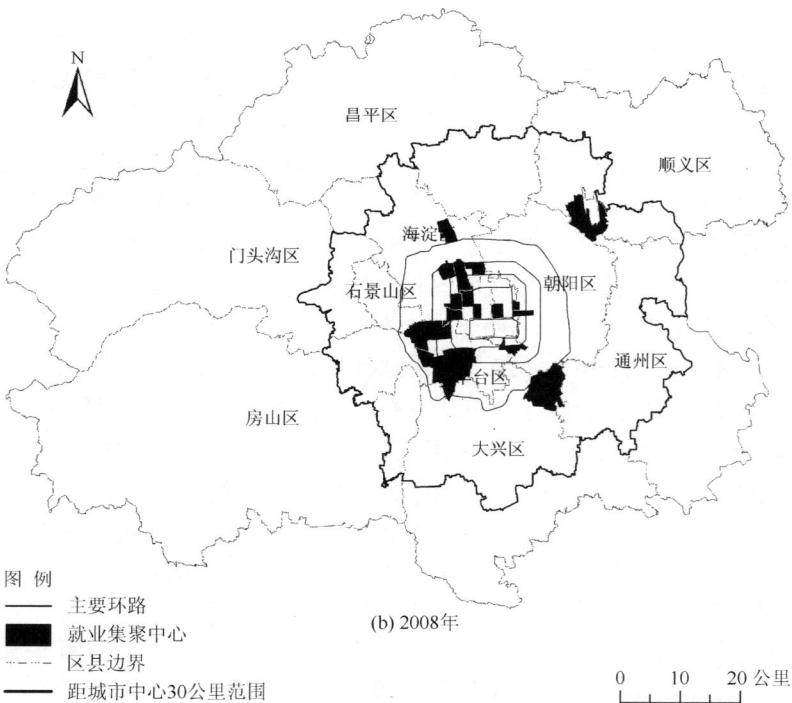

(b) 2008年

0    10    20公里

图 11-9  2004年和2008年北京都市区就业集聚中心的位置示意图

绕朝阳区 CBD 和西城区金融街的双中心结构更加清晰。其次，随着中关村就业中心的出现，西北部的就业集聚区进一步向西北方向延伸，扩展到西北三环到四环路之间的地区（进一步增加了中关村和花园路街道）。再次，外围的就业中心除丰台区的卢沟桥和花乡地区、大兴区的亦庄地区，进一步增加了海淀区的上地街道、丰台区的东铁匠营街道和顺义区的天竺地区。而随着首都钢铁公司的搬迁，石景山区的古城街道不再是就业中心。总体上，就业分布的集聚中心明显由城市中心区向外围分散，但就业分布的集聚中心仍然都集中在距城市中心 30 公里的范围内。就业空间结构的变动显示出就业分散化集聚的发展特征，城市中心区的就业集聚程度在降低，中心数量在减少，而外围地区出现多个新的集聚中心，整体上就业中心集聚就业的水平有所提高，这说明北京都市区的就业分散化并非"一般分散化"，而是在分散化的过程中形成新的集聚中心，从而改变都市区的经济空间结构特征。

## 四、产业郊区化过程中北京都市区地域分工格局的变化

就业的分散化集中往往伴随专业化集聚，因为具有相同区位指向的部门或彼此关联的产业往往倾向于在空间上集聚在一起，从而形成专业化的集聚中心。有学者对美国都市区的研究显示，郊区化过程中形成的郊区就业中心往往具有类似区域城镇体系的规模等级结构和专业化的地域分工格局（Giuliano and Small，1991；Anderson and Bogart，2001）。为了进一步分析北京都市区就业分散化过程中地域专业化程度和分工格局的变化及特征，我们采用赫芬达尔指数测度各空间单元就业结构的专业化程度，并使用区位商考察就业中心的专业化部门。赫芬达尔指数计算如下：

$$H = \frac{\sum_{c=1}^{m}(x_c / x_j)^2 - 1/m}{1 - 1/m} \qquad (11-5)$$

式中，$x_c$ 为空间单元 $j$ 行业 $c$ 的就业人数；$x_j$ 为空间单元 $j$ 的总就业人数；$m$ 为就业结构中行业的个数，这里采用除农、林、牧、渔业和国际组织的 18 个国民经济部门进行分析。赫芬达尔指数越高，说明就业结构的专业化程度越高，$H$ 指数在 0.1 以下代表多样化的就业结构，$H$ 指数在 0.1～0.2 代表中度专业化的就业结构，而 $H$ 指数在 0.2 以上代表高度专业化的就业结构。

结果显示，2004～2008 年北京都市区各街道、镇乡就业结构的平均专业化水平有所降低，各空间单元 $H$ 指数的均值从 2004 年的 0.189 下降到 2008 年的 0.177。但就业中心的平均专业化水平却大幅提升，$H$ 指数的均值从 2004 年的 0.151 增加至 2008 年的 0.188。2004 年时就业中心的平均专业化水平低于都

市区的整体平均水平，表示就业中心的就业结构相对更加多样化，但 2008 年时就业中心的平均专业化水平已明显高于都市区的整体平均水平。这说明随着就业增长，都市区内各地区的就业结构整体上是趋于多样化的，但伴随就业的分散化以及进一步的专业化集聚，就业中心的就业结构变得更加专业化于特定行业或部门，专业化程度不断提高。

表 11-4 列出了 2004 年和 2008 年北京都市区就业中心就业结构的专业化程度及专业化部门。2004～2008 年，除亦庄地区专业化水平有明显降低外，其他就业中心专业化水平都有不同程度的提高，而且 2008 年新出现的就业中心（包括朝阳门外、中关村、东铁匠营、上地街道和天竺地区）都具有较高的专业化水平，这些都使就业中心的平均专业化水平有了大幅提升。2004 年，$H$ 指数大于 0.1 的就业中心共有 7 个，其中 4 个是在长安街沿线的城市中心区。而 2008 年时，$H$ 指数大于 0.1 的就业中心增加到 9 个，其中仅有 3 个是在长安街沿线的城市中心区。这显示出伴随就业分散化和专业化集聚，外围就业中心倾向于具有更加专业化的就业结构。2004 年，高度专业化的就业中心（$H$ 指数大于 0.2）有城市中心区的建国门、西长安街街道，和外围的古城街道与亦庄地区。其中，建国门街道依托北京火车站主要专业化于交通运输、仓储和邮政业，而西长安街街道主要专业化于租赁和商务服务业，以及电力、燃气及水的生产和供应业。外围的古城街道和亦庄地区则高度专业化于制造业。2008 年，高度专业化的就业中心有城市中心区的金融街、羊坊店街道，和外围的亦庄地区，以及新出现的东铁匠营、上地街道和天竺地区。其中，金融街街道高度专业化于金融业、羊坊店街道则专业化于交通运输、仓储和邮政业。外围的亦庄地区仍专业化于制造业，东铁匠营街道专业化于租赁和商务服务业，上地街道专业化于信息传输、计算机服务和软件业，以及科学研究、技术服务和地质勘查业，天竺地区则依托首都国际机场专业化于交通运输、仓储和邮政业及金融业。

总体上，北京都市区的就业中心基本形成了较为清晰的专业化地域分工格局。长安街沿线城市中心区的就业中心主要专业化于金融业、房地产服务业、租赁和商务服务业，以及电力、燃气及水的生产和供应业等生产性服务职能，还有文化、体育和娱乐业，公共管理和社会组织，卫生、社会保障和社会福利业等公共服务职能。依托北京站和北京西站，部分街道专业化于交通运输、仓储和邮政业。市区的就业中心由于金融、电力等总部集聚，又是行政管理中心，因此主要承担着高端商务和公共管理的服务职能。同时，长安街沿线的就业中心也形成了东、中、西相互差异的分工格局。其中，东部主要以商务服务职能为主，中部主要以公共管理服务职能为主，而西部则以金融业，文化、体育和娱乐业为特色。此外，在西北二环至四环路之间的地区，除展览路和紫竹园街

表 11-4 就业集聚中心的专业化程度与专业化部门

| 就业中心位置 | 街道名称（2004年） | H指数 | 专业化部门* | 街道名称（2008年） | H指数 | 专业化部门* |
|---|---|---|---|---|---|---|
| | | | | 朝阳门外街道 | 0.194 | 金融业、租赁和商务服务业、房地产业 |
| | 建国门外街道 | 0.069 | 房地产业、租赁和商务服务业、金融业 | 建国门外街道 | 0.087 | 电力、燃气及水的生产和供应业、房地产业、租赁和商务服务业 |
| | 建国门街道 | 0.404 | 交通运输、仓储和邮政业 | | | |
| 长安街沿线城市中心 | 东华门街道 | 0.075 | 公共管理和社会组织、卫生、社会保障和社会福利业、住宿和餐饮业 | 东华门街道 | 0.076 | 公共管理和社会组织、住宿和餐饮业、社会保障和社会福利业 |
| | 西长安街街道 | 0.354 | 租赁和商务服务业、电力、燃气及水的生产和供应业 | | | |
| | 月坛街道 | 0.027 | 金融业、文化、体育和娱乐业 | | | |
| | 二龙路街道 | 0.150 | 金融业、电力、燃气及水的生产和供应业、文化、体育和娱乐业、信息传输、计算机服务和软件业、建筑业 | 金融街街道 | 0.282 | 金融业 |
| | 牛坊府街道 | 0.058 | 文化、体育和娱乐业、仓储和邮政业 | 牛坊府街道 | 0.487 | 交通运输、仓储和邮政业 |
| | 广安门外街道 | 0.151 | 交通运输、仓储和邮政业 | | | |
| | 甘家口街道 | 0.042 | 科学研究、技术服务和地质勘查业、计算机服务和软件业 | 甘家口街道 | 0.055 | 建筑业、科学研究、技术服务和地质勘查业、金融业 |
| 西北二环路至四环路之间的地区 | 展览路街道 | 0.045 | 金融业、交通运输、公共管理和社会组织、水利、环境和公共设施管理业 | 展览路街道 | 0.042 | 公共管理和社会组织 |
| | 北下关街道 | 0.058 | 信息传输、计算机服务和软件业、科学研究、技术服务和地质勘查业 | 北下关街道 | 0.072 | 信息传输、计算机服务和软件业、科学研究、技术服务和地质勘查业 |
| | 紫竹院街道 | 0.074 | 交通运输、仓储和邮政业、文化、体育和娱乐业、教育 | | | |
| | 海淀街道 | 0.073 | 信息传输、计算机服务和软件业、批发和零售业 | 海淀街道 | 0.096 | 信息传输、计算机服务和软件业、科学研究、技术服务和地质勘查业 |
| | | | | 中关村街道 | 0.123 | 信息传输、计算机服务和软件业 |

| 就业中心位置 | 街道名称 | 2004年 | | 街道名称 | 2008年 | |
|---|---|---|---|---|---|---|
| | | H指数 | 专业化部门* | | H指数 | 专业化部门* |
| | 花园路街道 | 0.057 | 信息传输、计算机服务和软件业 | 花园路街道 | 0.079 | 信息传输、计算机服务和软件业 |
| | 学院路街道 | 0.070 | 信息传输、计算机服务和软件业、科学研究、技术服务和地质勘测业、教育 | | | |
| | 卢沟桥地区 | 0.101 | 交通运输、仓储和邮政业、金融业 | 卢沟桥地区 | 0.175 | 交通运输、仓储和邮政业、金融业 |
| 外围集聚中心 | 花乡地区 | 0.071 | 水利、环境和公共设施管理业 | 花乡地区 | 0.079 | 水利、环境和公共设施管理业、交通运输、仓储和邮政业、金融业 |
| | 永定地区 | 0.452 | 制造业 | 永定地区 | 0.345 | 制造业、采矿业 |
| | 长城街道 | 0.548 | 制造业 | 东铁匠营街道 | 0.546 | 租赁和商务服务业 |
| | | | | 上地街道 | 0.216 | 信息传输、计算机服务和软件业、科学研究、技术服务和地质勘测业 |
| | | | | 天竺地区 | 0.251 | 交通运输、仓储和邮政业、金融业 |

* 专业化部门指本街道或地区区位商大于2的经济部门，顺序按区位商从大到小排序。

道外，大部分就业中心都专业化于信息传输、计算机服务和软件业，以及科学研究、技术服务和地质勘查业，主要以科学研究、技术服务、信息服务为特色。而外围地区的就业中心在专业化职能上则各具特色，主要专业化于三类职能。第一类是制造业职能，如亦庄地区和古城街道，第二类是科学研究、技术服务和信息服务职能，如花园路、学院路、上地街道，第三类是交通运输、仓储和邮政业职能，如卢沟桥、花乡和天竺地区。

## 五、小结

产业郊区化改变了都市区的经济空间组织，进而促使都市区空间结构和地域分工格局发生变化。总体上，北京都市区的就业分布呈现郊区化的发展趋势，主要在距城市中心 30 公里的范围内表现出就业分散化的特征。就业分散化的同时，北京都市区就业分布的集聚程度有所增加，说明就业分散化并未降低就业的空间集聚。且对就业集聚中心的分析显示，就业集聚中心明显由城市中心区向外围分散，城市中心区的就业集聚程度在降低，中心数量在减少，而外围郊区（主要在五环路沿线）出现多个新的集聚中心，整体上就业中心集聚就业的水平有所提高，这说明北京都市区的就业分散化并非"一般分散化"，而是分散化的集聚，即在分散化过程中就业倾向于在外围地区集中，从而使就业分散的同时集聚程度有所增加。

此外，北京都市区就业分散化的过程中，各街道、镇乡就业结构的平均专业化水平有所降低，但就业集聚中心的平均专业化水平却大幅提升，尤其是外围新出现的就业集聚中心都具有较高的专业化水平。这说明就业的分散化集中伴随着专业化集聚，尽管整体上都市区内各地区的就业结构是趋于多样化的，但随着就业的分散化以及进一步的专业化集聚，就业集聚中心的专业化程度不断提高。总体上，就业集聚中心形成了较为清晰的专业化地域分工格局。城市中心区的就业中心主要专业化于高端商务和公共管理的服务职能。而外围地区的就业中心主要专业化于分散化的行业部门，如制造业，科学研究、技术服务，信息服务，以及交通运输等职能。

### 参 考 文 献

陈雪明. 2003. 美国城市化和郊区化历史回顾及对中国城市的展望. 国外城市规划, 18（1）: 51-56.

冯健. 2005. 西方城市内部空间结构研究及其启示. 城市规划, 29（8）: 41-50.

冯健，周一星. 2003. 中国城市内部空间结构研究进展与展望. 地理科学进展，22（3）：204-215.

李国平，王立，孙铁山，等. 2012. 面向世界城市的北京发展趋势研究. 北京：科学出版社.

马清裕，张文尝. 2016. 北京市居住郊区化分布特征及其影响因素. 地理研究，25（1）：121-130.

孙铁山. 2015. 郊区化进程中的就业分散化及其空间结构演化——以北京都市区为例. 城市规划，（10）：9-15.

孙铁山，王兰兰，李国平. 2012. 北京都市区人口—就业分布与空间结构演化. 地理学报，67（6）：829-840.

王放. 2010. 对北京市郊区化问题的进一步探讨. 人口研究，34（2）：21-30.

周一星，孟延春. 1998. 中国大城市的郊区化趋势. 城市规划汇刊，（3）：22-27.

祝俊明. 1995. 我国大城市人口和产业增长的非中心化研究. 人口与经济，（1）：25-31.

Anas A，Arnott R，Small K A. 1998. Urban spatial structure. Journal of Economic Literature，36（3）：1426-1464.

Anderson N B，Bogart W T. 2001. The structure of sprawl：identifying and characterizing employment centers in polycentric metropolitan areas. American Journal of Economics and Sociology，60（1）：147-169.

Gilli F. 2009. Sprawl or reagglomeration? The dynamics of employment deconcentration and industrial transformation in greater paris. Urban Studies，46（7）：1385-1420.

Giuliano G，Small K A. 1991. Subcenters in the Los Angeles Region. Regional Science and Urban Economics，21（2）：163-182.

Glaeser E L，Kahn M. 2001. Decentralized employment and the transformation of the American city. Brookings-Wharton Papers on Urban Affairs.

Gordon P，Richardson H W. 1996. Beyond polycentricity：the dispersed metropolis，Los Angeles，1970-1990. Journal of the American Planning Association，62（3）：289-295.

Mieszkowski P，Mills E S. 1993. The causes of metropolitan suburbanization. The Journal of Economic Perspectives，7（3）：135-147.

Stanback T M. 1991. The New Suburbanization：Challenge To the Central City. Boulder：Westview Press.

Sun T，Han Z，Wang L，et al. 2012. Suburbanization and subcentering of population in Beijing metropolitan area：a nonparametric analysis. Chinese Geographical Science，22（4）：472-482.

Wheaton W C. 2004. Commuting，congestion，and employment dispersal in cities with mixed land use. Journal of Urban Economics，55（3）：417-438.

# 第四篇

# 基于微观视角的回归式产业转移与空间结构演化研究

本部分包括第十二章（回归式产业转移的转移模式与动因）、第十三章（回归式产业转移的优化效应），是本书微观案例研究的主要部分。其中，第十二章从回归式产业转移的概念阐释及与其他产业转移形式的区别分析出发，深入探讨典型地区回归式产业转移模式的理论模型，并从实证研究角度证明其理论假说；同时，为了刻画该过程的细节性特征，该章对典型地区的回归式转移动因也进行了统计分析。该章研究认为回归式产业转移探索了一条落后地区寻求跨越式发展的新路，而土地要素是该过程发生的主要动因。第十三章继续对典型地区回归式产业转移所带来的优化效应进行分析和归纳，主要涵盖对包容性城镇化和产业转型升级推动作用的度量和评价，认为回归式产业转移是高效实现区域经济跨越式发展的重要途径。

# 第十二章
## 回归式产业转移的转移模式与动因<sup>①</sup>

　　发展经济学表明一个国家地区的经济发展是一种非均衡发展过程，初期多数生产资源均集中于局部地区而形成"极化效应"，而后受益于经济社会持续发展，先发地区的生产资源逐渐扩散到落后地区而形成"回流效应"。作为"回流效应"的具体表现形式之一，产业转移就是产业从一个地区转移至另一地区的经济现象，是一种生产力空间转移形式，其既可促进落后地区的经济发展也能缓解发达地区的资源限制、生态压力与空间约束，既推动发达地区实现区域经济又好又快发展，又是欠发达地区实现跨越式发展的强大外力。改革开放以来，我国东部沿海地区通过承接海外劳动密集型产业推动了经济持续高速增长，现如今面临着严峻的产业结构升级难题。与此同时，我国西部内陆地区虽然生产资源相当丰富却一直受制于地理区域与政策历史等限制因素，区域经济远远落后于东部沿海地区，亟待承接东部沿海的产业转移，推动产业转移具有重要的现实意义与理论意义。作为产业转移的一种具体形式，回归式产业转移就是企业将产品生产的部分产业或全部产业从原生产地转移至企业家的家乡地区的转移过程，是一种相对特殊的产业转移演化路径，其尤为突出的特点就是企业迁入地与企业家之间的乡情关系。本章以固始县的回归式产业转移为例，研究企业微观尺度下回归式产业转移的转移模式，并进一步深入探讨其转移动因，探讨针对欠发达地区、企业家、产业企业的集体最优与个体最优的动态均衡与多方共赢，为回归式产业转移在欠发达地区实现空间优化探究发展路径。

---

　　① 本章部分内容已发表：周阳敏，高友才. 2011. 回归式产业转移与企业家成长："小温州"固始当代商人崛起实证研究. 中国工业经济，（05）：139-148。

# 第一节　回归式产业转移的概念界定

所谓回归式产业转移，微观地讲，就是企业将产品生产的部分或全部由原生产地转移到自己家乡（出生地或籍贯所在地）的过程，是一种特殊的产业转移路径，其尤为突出的特点就是企业迁入地和企业经营者或所有人之间的关系。这构成了欠发达地区实施回归式产业转移优于一般产业转移的理论基础，具体体现在转移模式、转移速度、转移规模、转移障碍、转移成本、转移动力和转移风险七个方面。

1. 转移模式

产业转移模式主要是指产业转移路径和转移产业企业家的特殊性。实施回归式产业转移的企业家们将所创产业从创始地迁移至家乡，产业承接地是企业家家乡所在地；实施普通产业转移的企业家大都仅从经济梯度的角度选择产业转入地，没有结合自身的成长经历这一特殊资源。这是回归式产业转移在转移模式上的突出创新之处。

2. 转移速度

产业转移速度主要是指从决定实施产业转移到实际完成产业转移中间的时间差值大小。因为企业最终迁移区位的选定要通过具体的资源、政策、环境、非正式制度等方面的考察和分析才能确定。出于企业家或创业团队对自己成长和生活过的家乡的熟悉和了解，实施回归式产业转移则能省去转移之前的考察和了解时间，形成较快的产业转移速度。

3. 转移规模

这里的产业转移规模是相对而言的。实施回归式产业转移的企业家一般将企业全部迁移回家乡，甚至能"带回"产业链中的上下游企业，集体迁至家乡，这样能够提高产业转移后的成活率和以后更大的发展。而普通产业转移的企业会出于风险规避的角度，将产业"分散"地迁移至不同的地区，而造成产业转移规模不显著（丁冰，2012）。

4. 转移障碍

产业转移障碍主要是从产业转出地和承接地政府方面考虑的。产业转出地政府通常出于地方保护主义，会限制当地产业移向其他地区，但是，回归式产业转移是将企业转移至企业家家乡所在地，实现落叶归根情结，产业转出地政府在情感上更能够理解、进而批准企业的转出决策。另外，回归式产业转移由于企业家特殊的地缘资本而形成的和家乡政府之间的信任能大大降低产业转移的风险。而尽管成功的普通的产业转移能促进欠发达地区经济发展（罗浩，2007），但是由于产业承接地和企业家之间的信任机制不成熟和完善，存在着"圈地"的风险，这使得一般产业转移的"落地"存在着无形的制度障碍。

### 5. 转移成本

转移成本包括转移前的调查成本、契约签订成本、契约维护成本等几个方面。回归式产业转移由于企业家对自己家乡的熟悉和了解，由于非正式制度与当地政府、相关企业和部门之间形成的默契和了解，能节省大量的无形的转移成本，而这些对于普通产业转移则是一笔不小的成本支出。

### 6. 转移动力

回归式产业转移动力除了具有普通出于成本因素考虑的"有形"成本节约外，也包括亲情、乡情、非正式制度等制度资本构成的无形成本节约。这点将本章予以详细讨论。

### 7. 转移风险

产业转移风险主要包括融资风险、管理风险、经营风险、政策风险等几个方面。回归式产业转移是将企业转移至家乡所在地，从而构成本土企业的一部分，为了发展地方经济的当地政府会尽力给予融资便利和政策保护；同时，企业家将企业转移至家乡所在地后，家乡的亲戚朋友加入到公司经营管理中，融合后没有文化差异，他们之间有着更强的"同甘共苦"意识，减少企业经营管理风险。但是，普通产业转移后则将面临着这些风险。

综上所述，我们将回归式产业转移的七大特征与普通一般产业转移对比分析，见表 12-1。

表 12-1　回归式产业转移与普通产业转移特征对比分析表

| 特征分析 | 回归式产业转移 | 一般产业转移 |
| --- | --- | --- |
| 转移模式 | 转移模式新 | 转移模式普通 |
| 转移速度 | 转移速度快 | 转移速度慢 |
| 转移规模 | 转移规模大 | 转移规模小 |
| 转移障碍 | 转移障碍小 | 转移障碍大 |
| 转移成本 | 转移成本低 | 转移成本高 |
| 转移风险 | 转移风险小 | 转移风险大 |
| 转移动力 | 转移动力足 | 转移动力一般 |

# 第二节　回归式产业转移的转移模式

## 一、回归式产业转移的研究假设

　　丧失比较优势的劳动密集型产业由沿海地区向内陆地区转移（陈计旺，2007；陈竹，2007），而资本技术密集型行业却持续趋于沿海地区，这是产业结构与资源禀赋的空间耦合，是动态比较优势的客观发展规律（张公嵬，2010）。国际产业转移的直接动因是工资差距（王珺，2010），而低价差距是国内产业转移的直接动因，不过其也深受人力成本（魏玮和毕超，2010）、行政政策（张建军，2007；李瑞梨等，2010）、产业集群、社会文化（白小明，2007）、技术体制（石奇和张继良，2007）等综合制约。客观而言，在财政分权度、产权多元化、政府效率值、科技创新度等诸多方面均落后于东部沿海的中部内陆却突显"固始模式"（周五七，2010），短短 5 年就实现了从沿海到固始的三大产业转移，迅速形成了以郭陆滩镇为重心的水暖器材产业集群，以张广庙乡为中心的医用银针产业集群，以三河尖乡为主导的柳编产业集群等。不论基于产业视角的产业转移理论（包括 Ozawa 的雁行模式、R. Vemon 的生命周期理论、产业梯度转移理论、Kiyochi Kojma 的边际产业扩张理论），还是基于企业视角的产业转移理论（包括 P. Buckley 的内部化产业转移理论、J. Dunning 的国际生产折衷理论、A. Weber 的区域选择产业转移理论）亦基于国家视角的产业转移理论（包括 R. Prebisch 的中心外围理论），都难以解释区位劣势的固始为何迅速实现大规模的产业转移。不过固始产业转移的企业家多具有显著共性，即都是早年外出打工并事业有成的固始本地人，鉴于此，作者提出固始产业转移的研究假设 1。

　　**假设 1**：固始产业转移模式为回归式产业转移，原动力源自固始企业家的成长发展。

　　固始被誉为"小温州"，所谓"温州模式"是以家庭工业与专业市场的方式发展非农产业，从而形成小商品、大市场的发展格局。"固始模式"与"温州模式"既相似也不同，相似即在于经济主角都是活力四射的民营企业，产业类型也为劳动密集型。不同之处则在于 5 点：一是温州模式始于 20 世纪 80 年代，固始模式则始于 21 世纪初；二是温州模式创业资金源于亲友入股或民间借贷，固始模式来自自己打工收入；三是温州模式的政府"无为而治"，固始模式的政府大力倡导务工经济，积极表彰回乡投资的固始人"二次创业"；四是温州模式善于发展规模经济与发挥集聚效应，固始模式则注重群体迁移与族群发展；最为显著差异是企业家成长路径完全不同。温州企业家随同企业发展成长，即从小商小贩起家至开办家庭作坊并逐渐形成一定规模进而低价策略占领市场，最后以质优价廉的温州产品走向世界，企业与企业家同步成长发展。固始企业随同企业家成长发展，即先外出务工进行资本与技术积累进而逐步在外创业而后取得一定成功后再组团回乡投资以形成产业集群，这也是固始模式的典型特征。故此，作者提出固始产业转移的研究假设2。

假设2：固始企业家成长模式为外出务工—积累经验—升任高管—在外创业—成功发展—回乡投资（产业转移）—集群发展（产业集群）。

## 二、回归式产业转移的理论模型

通过固始政府分别推荐代表性企业家样本，经过选择性整理分析共整理得到 62 个样本，其效能与信度都相当显著。固始产业转移多为固始企业家进行的回归式产业转移，故选用 4 个指标进行评估判定：第 1 指标为固始企业家是否实施了回归式产业转移（$I$），是为 1 而否为 0；第 2 指标为固始产业与先前从事产业是否相关（$Ir$），相关为 1 而不相关为 0；第 3 指标为固始产业是否是先前从事产业的上下游产业（$Ic$），是为 1 而否为 0；第 4 指标为固始产业是先前从事产业的简单搬迁还是深度拓展（$Id$），深度拓展为 1 而简单搬迁为 0。

作者着重讨论了固始企业家的外出打工与在外成长过程，尤其外出成长过程的倒逼机制与回归过程的政府机制。据此构建了 11 个指标进行评估探讨，第 1 指标为家庭是否困难（$P$），是为 1 而否为 0；第 2 指标为年轻时是否好面子（$V$），是为 1 而否为 0；第 3 指标为少年时是否外出打工（$W$），是为 1 而否为 0；第 4 指标为打工时是否成为所在企业的技术骨干（$K$），是为 1 而否为 0；第 5 指标为打工时是否成为所在企业的中层管理干部（$M$），是为 1 而否为 0；第 6 指标为打工时是否成为所在企业的高层管理干部（$H$），是为 1 而否为 0；第 7 指标为是否自主创业（$F$），是为 1 而否为 0；第 8 指标为是否进行第三方地域投资（$O$），是为 1 而否为 0；第 9 指标为是否形成产业集群（$A$），是为 1 而否为 0；第 10 指标为是否多元化经营（$D$），是为 1 而否为 0；第 11 指标为是否得到政府有力扶持（$G$），是为 1 而否为 0。为此构建固始回归式产业转移的理论模型：

$$I_i = a_0 + a_1 P + a_2 V + a_3 W + a_4 K + a_5 M + a_6 H + a_7 F + a_8 O \\ + a_9 A + a_{10} D + a_{11} G + \varepsilon; \quad i = r, \ c, \ d \tag{12-1}$$

实证变量均为 1-0 形式变量，故回归模型采用 Binary Logistic 计量模型，以 $p$ 表示回归式产业转移 $I_i$ 的发生概率，$p = X(I_i = 1) = X(P, \ V, \ W,$

$K$，$M$，$H$，$F$，$O$，$A$，$D$，$G$），将 $P$ 进行 Logistic 变换，并假设 $X$ 为简单线性函数，即

$$P = (e^{\wedge} x) / (1 + e^{\wedge} x)$$

$$x = (b_0 + b_1 P + b_2 V + b_3 W + b_4 K + b_5 M + b_6 H + b_7 F + b_8 O + b_9 A + b_{10} D + b_{11} G)$$

## 三、回归式产业转移的实证分析

### 1. 回归式产业转移的基本特征

固始回归式产业转移属于低层次的产业转移，回乡投资兴建的企业产业与固始企业家之前所从事产业相同，既缺少上下游的产业延伸型的产业转移（均值为 0.1129），也没有深度拓展型的产业转移（均值为 0.0161），见表 12-2。作者进一步地深入分析，进行上下游的产业延伸的固始企业多是初级加工产业，如王章春早年于上海从事茶叶推销并创建茶叶销售公司而后回乡开办茶厂进行产业后向一体化，不过无论茶叶销售还是茶叶种植都属于初级加工产业。

**表 12-2　回归式产业转移的产业转移特征的统计分析**

| 项目 | $N$ | Minimum | Maximum | Mean | Std. Deviation |
|------|-----|---------|---------|------|----------------|
| 产业相关 | 62 | 0.00 | 1.00 | 0.9516 | 0.2163 |
| 上下游 | 62 | 0.00 | 1.00 | 0.1129 | 0.3191 |
| 深度拓展 | 62 | 0.00 | 1.00 | 0.0161 | 0.2981 |

### 2. 回归式产业转移的阶段划分

回乡进行回归式产业转移的固始企业家，早年因家境贫寒、经济窘迫而外出打工的约占 72.58%，见表 12-3。故此，贫穷成为固始企业家成长发展的倒逼因素，生活所迫推动外出务工。20 世纪八九十年代，固始经济发展落后，处于弱势地位的农民不得不迫于生计而进城务工，这是农村剩余人力资源转移的内在推力。固始 88.71% 的企业家具有外地务工的生活经历，多数前往东部发达省市，而少数前往中部郑州合肥等市。虽然农村劳动力资源转移有其必然性，不过若是季节性体力劳动（农闲外出务工），这仅仅推动农民收入小幅增加却无法促使农民变为商人。故此，外出务工过程中形成了追求财富与创造财富等商业理念，学会了现代商业发展模式。受益于外出打工历练的传统农民逐渐过渡为现代商人，进行高效科学的有意识的产业选择。

表 12-3 回归式产业转移的企业家成长过程的统计分析

| 项目 | 家庭困难 | 好面子 | 外地打工 | 技术骨干 | 中层管理 | 高层管理 | 创业 |
|---|---|---|---|---|---|---|---|
| N | 62 | 62 | 62 | 62 | 62 | 62 | 62 |
| Minimum | 0 | 0 | 0 | 0 | 0 | 0 | 0 |
| Maximum | 1 | 1 | 1 | 1 | 1 | 1 | 1 |
| Mean | 0.7258 | 0.8871 | 0.8871 | 0.5968 | 0.3710 | 0.3387 | 0.9677 |
| Std. Deviation | 0.4497 | 0.3191 | 0.3191 | 0.4945 | 0.4870 | 0.4771 | 0.1781 |

回归式产业转移的固始企业 96.77%属于自主创业。基于固始企业家的成长过程状况，多数企业家都有外出务工成为技术骨干的工作经历（59.68%），而后成长为企业中层管理者（37.10%），进而成长为企业高层管理者（33.87%）。固始企业家的成长过程依次分为五个阶段，即一阶段打工成长、二阶段创业致富、三阶段群体发展、四阶段建设家乡、五阶段向外扩展，如图 12-1 所示。

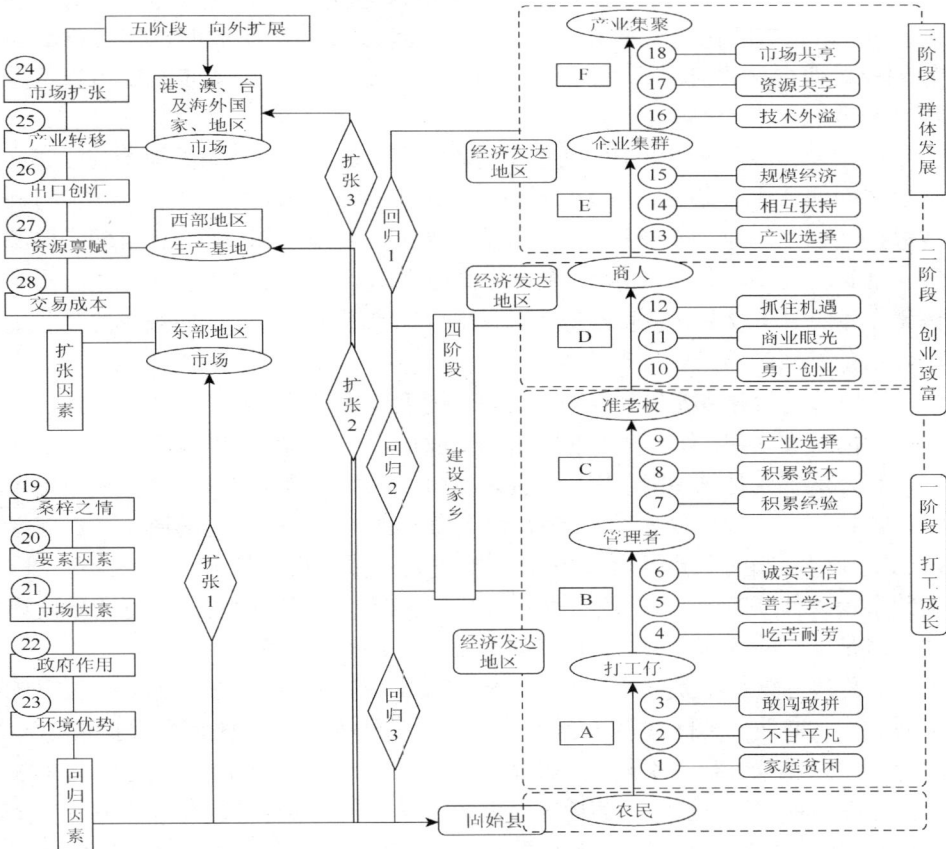

图 12-1 回归式产业转移的成长过程

一阶段打工成长包括 A/B/C 三个子过程，是由农民到打工仔后到管理者再到准老板的成长过程。20 世纪 80 年代，过程 A 的普遍发生是由于家庭贫困（1）、不甘平凡（2）、敢闯敢拼（3）等原因，固始外出务工不断增长，完成了劳动力从生产力较低部门到生产力较高部门的成功转移，其中家庭贫困（1）是最大贡献因素，而不甘平凡（2）与敢闯敢拼（3）是日后造就企业家成长发展的潜在特质。过程 B 是由普通打工仔跃升为管理者的过程，受惠于吃苦耐劳（4）与善于学习（5）等，专业技能不断增长的打工仔迅速成长为师傅，同时诚实守信（6）等良好品质帮助打工者跃升为管理者。过程 C 是管理者不断进行积累经验（7）与积累资本（8），并进行有意识的适合自身条件的产业选择（9）。由管理者至准老板是一种量变的积累过程。

二阶段创业致富包括由准老板至企业家的 D 过程，这是固始企业家高效崛起的关键所在。经过过程 C 的创业准备阶段，坚持"不是为了打工而打工，而是为了创业而打工"的固始企业管理者选择放弃安逸环境而勇于创业（10）。凭借敏锐的市场感觉、先进的思想观念与健康的财富理念推动固始创业者拥有显著的商业眼光（11）与抓住机遇（12），并逐步蜕变为真正的成功企业家。

三阶段群体发展包括 E/F 两个子过程。过程 E 是在外创业的固始企业家群体以共同的产业选择（13）进入同一行业，借助固始老乡相互扶持（14）与规模经济（15）加速了企业集群并走上群体发展。得益于技术外溢（16）、资源共享（17）与市场共享（18），企业集群促进创业伊始的固始企业家克服不利因素，降低中间成本并拉长产业链条，规模优势不断凸显而走向完备的产业集聚，这是过程 F 的产业集聚。

四阶段建设家乡是固始企业家的回归过程，也是其二次创业过程，包括不同阶段的三类回归。外出打工的固始人于成长阶段与成为企业家之后均存在回归趋势，这主要是 5 大原因所致（19~23）。家乡浓厚的眷恋思念促使固始人着力建设家乡，即桑梓之情（19），而人力资源优势与交通运输便捷等地理区位也是吸引回归的重要因素（20），固始既是消费市场也是供给市场创造了广大的市场条件（21），当地政府也着力打造回归工程以努力营造良好的软硬环境，这是固始的政府作用（22）与环境优势（23）推进因素。

五阶段向外扩张是固始企业家回归的发展趋势，包括向东部地区扩张市场（扩张一）、向西部地区建设企业（扩张二）、向海外地区扩张市场（扩张三）。固始回归企业家进行二次创业，或建设分销渠道或设立分公司，这必然与东部地区存在内在联系，加之东部地区巨大的市场需求，必将导致向东部地区扩张市场，这就是由市场扩张（24）引发的扩张一。回归后的固始企业家所创办企业多为中小型劳动密集型企业，产业规模不断发展必然导致劳动力持续稀缺，这不仅导致劳动力价值攀升也诱发原材料价格上涨，进而促使固始企业出于资源禀赋（27）与交易成本（28）等因素考虑，固始企业不断向西部地区扩展建立生产基地。中部地区的固始也具有向西部产业转移条件，故此也会向西部地区扩张性的产业转移（25）。回归的固始企业家为了持续扩张，不断承接国际产业转移并出口创汇（26）。

进一步深入分析，产业技术含量较高的固始企业家几乎都具有"外出务工—积累经验—升迁高管"的成长经历，而多数产业技术含量较低的则基本上都是一开始即自主创业，起点虽低却持续发展壮大。

### 3. 回归式产业转移与企业家成长过程的相关关系

固始回归式产业转移的主要原动力来自固始企业家的持续成长，同时回归式产业转移多为简单的产业转移，而上下游产业转移与深度拓展产业转移均相对较少，故此没有细分产业转移类型。作者基于 SPSS 的 Binary Logistic 回归分析对产业转移量 $I$ 与企业家成长因素进行回归分析，如表 12-4 所示。模型 1 的整体准确率为 88.7%，除去少数变量 $P$ 值微大于 0.05，其余变量均小于 0.05，这充分论证了作者所作的假设 1 与假设 2，得到命题 1。

**命题 1**：固始回归式产业转移的原动力来自于固始企业家的草根式成长，即外出务工—积累经验—升任高管—在外创业—成功发展—回乡投资（回归式产业转移）—集群发展等。

表 12-4　回归式产业转移的产业转移特征与企业家成长过程的统计分析

| 模型 1 | P | V | W | K | M | H | F | Constant |
|---|---|---|---|---|---|---|---|---|
| B | 1.461 | 1.103 | 7.933 | 0.326 | 7.795 | 7.415 | 8.370 | 18.440 |
| Sig. | 0.042 | 0.036 | 0.018 | 0.024 | 0.061 | 0.058 | 0.057 | 0.002 |
| Exp（B） | 0.232 | 3.013 | 0 | 0.722 | 2427.956 | 0.001 | 0 | 101 932 058 |

进一步的将是否为企业技术骨干（$K$）作为分组变量得到其他变量的差异及其显著性，见表 12-5。家庭是否困难与是否是技术骨干之间没有显著差异，而技术骨干却比非技术骨干更为显著的爱面子，也更显著的外出打工成长，同时成长为中层管理者与高层管理者也具有相对显著性。事实上 20 多年之前的东部沿海企业中高层管理者多是从技术员—组长—车间主任等逐步提升的，较少科班出身的管理者，这为早年外出打工者提供了难得的成长机会。之所以将技术骨干作为分组变量进行统计分析，主要因为技术骨干是外来务工者们踏上管理岗位的起点，缺少此步将难以直接跃升为中高层管理者，更不能实现固始回归式产业转移。技术骨干是固始企业家成长关键，尽管模型 1 中技术骨干系

数仅为 0.326。模型 1 中的外出打工（W）与创业（F）系数均达到了 7.933 与 8.370，这表明外出打工与创业为实现回归式产业转移的主要因素。为此我们得到命题 2。

**命题 2：** 固始回归式产业转移的主要因素为外出打工和创业，而关键点则是成长为所在企业的技术骨干。

表 12-5　企业家成长过程的要素显著性检验

| 统计描述 | 技术骨干 | 样本量 | 均值 | 显著性检验 | $F$ 值 | $P$ 值 | $t$ 值 | 自由度 | $P$ 值（双侧） |
|---|---|---|---|---|---|---|---|---|---|
| 家庭困难 | 0 | 25 | 0.720 | 方差齐 | 0.027 | 0.869 | −0.083 | 60 | 0.934 |
| （$P$） | 1 | 37 | 0.730 | 方差不齐 | | | −0.083 | 51.040 | 0.935 |
| 好面子 | 0 | 25 | 0.800 | 方差齐 | 14.411 | 0 | −1.799 | 60 | 0.077 |
| （$V$） | 1 | 37 | 0.946 | 方差不齐 | | | −1.623 | 34.279 | 0.114 |
| 外出务工 | 0 | 25 | 0.380 | 方差齐 | 8.221 | 0.005 | −1.376 | 60 | 0.887 |
| （$W$） | 1 | 37 | 0.892 | 方差不齐 | | | −1.834 | 49.808 | 0.888 |
| 中层管理 | 0 | 25 | 0 | 方差齐 | 384.707 | 0 | −6.304 | 60 | 0 |
| （$M$） | 1 | 37 | 0.621 | 方差不齐 | | | −7.690 | 36 | 0 |
| 高层管理 | 0 | 25 | 0 | 方差齐 | 1300.645 | 0 | −5.635 | 60 | 0 |
| （$H$） | 1 | 37 | 0.568 | 方差不齐 | | | −6.874 | 36 | 0 |

以固始回归式产业是否为先前从事产业的上下游产业与固始产业是否为先前从事产业的简单搬迁还是在先前产业基础上的深度拓展之和（Ih=Ic+Id）为分组变量（并视其为回归式产业转移的拓展性指标），就可以得到其他企业家成长变量的差异及显著性检验，见表 12-6。

表 12-6　企业家成长趋势的要素显著性检验

| 统计描述 | 转移拓展 | 样本量 | 均值 | 显著性检验 | $F$ 值 | $P$ 值 | $t$ 值 | 自由度 | $P$ 值（双侧） |
|---|---|---|---|---|---|---|---|---|---|
| 第三方投资 | 0 | 53 | 0.113 | 方差齐 | 11.531 | 0.001 | −2.895 | 59 | 0.005 |
| （$O$） | 1 | 8 | 0.500 | 方差不齐 | | | −1.994 | 7.774 | 0.082 |
| 产业集群 | 0 | 53 | 0.075 | 方差齐 | 7.476 | 0.008 | −1.041 | 59 | 0.126 |
| （$A$） | 1 | 8 | 0.250 | 方差不齐 | | | −1.550 | 7.716 | 0.330 |
| 多元化 | 0 | 53 | 0.075 | 方差齐 | 0.814 | 0.370 | −0.469 | 59 | 0.641 |
| （$D$） | 1 | 8 | 0.125 | 方差不齐 | | | −0.380 | 8.246 | 0.713 |

除去多元化于回归式产业转移是否拓展并没有显著性差异，第三方地域投资与产业集群都存在显著差异，即存在拓展型产业转移的固始企业家的第三方地域投资与产业集群的综合能力显著增强。为了进一步分析固始企业家的未来

成长趋势，作者以模型1为基础，将第三方地域投资与产业集群分别作为被解释变量，利用 Binary Logisitic 回归模型考量固始企业家的成长性及其影响因素，见表12-7。

表 12-7　企业家成长趋势的模型 2 与模型 3 的统计分析

| 模型 2 | | B | S.E. | Wald | Sig. | Exp（B） | 模型 3 | | B | S.E. | Wald | Sig. | Exp（B） |
|---|---|---|---|---|---|---|---|---|---|---|---|---|---|---|
| 第三方地域投资 | P | −0.183 | 1.298 | 0.020 | 0.888 | 0.833 | 产业集群 | P | −0.894 | 1.312 | 0.464 | 0.496 | 0.409 |
| | V | −4.123 | 1.930 | 4.564 | 0.033 | 0.016 | | V | 10.189 | 54.866 | 0.034 | 0.853 | 26 606.324 |
| | W | −2.452 | 1.526 | 2.583 | 0.108 | 0.086 | | W | 2.851 | 2.532 | 1.267 | 0.061 | 17.298 |
| | K | 3.411 | 1.628 | 4.392 | 0.036 | 30.306 | | K | −0.622 | 1.706 | 0.133 | 0.716 | 0.537 |
| | M | 0.161 | 3.411 | 0.002 | 0.962 | 1.174 | | M | 2.594 | 2.202 | 1.388 | 0.029 | 13.385 |
| | H | −0.364 | 3.319 | 0.012 | 0.913 | 0.695 | | H | 1.681 | 1.871 | 0.808 | 0.036 | 0.186 |
| | F | 4.920 | 42.749 | 0.013 | 0.908 | 137.068 | | F | 7.736 | 116.154 | 0.004 | 0.947 | 2 288.920 |
| | A | 3.201 | 1,409 | 5.159 | 0.023 | 24.551 | | A | −10.353 | 66.604 | 0.024 | 0.876 | 0 |
| | D | 5.096 | 1.762 | 8.369 | 0.004 | 163.407 | | D | 3.529 | 1.546 | 5.208 | 0.022 | 34.074 |
| | C | −4.652 | 42.820 | 0.012 | 0.913 | 0.010 | | C | −22.640 | 128.481 | 0.031 | 0.860 | 0 |

计量模型 2 的解释正确率高达 90.2%，固始企业家的第三方地域投资主要取决于企业家爱面子、外出打工、成长为技术骨干、产业集群的形成与多元化的发展等。为此 2001 年以来当地政府于交通道路两侧树立回归式产业转移的企业家照片，"将企业家高高举过所有人的头顶"，固始企业家不仅组织外出务工也推动成长为技术骨干，并于东部地区设置固始人政府服务点与维权点。

固始企业家回归固始实施的回归式产业转移只是固始企业家成功道路上的第一步，而沿着图示方向进行三个方向的扩张是固始企业家的成长趋势所在，尤其是扩张 1 和扩张 2 是当前固始企业家成长趋势中首当其冲的发展路径。扩张 1 可以借助固始企业家先前打工从事的地域性人脉关系与网络形成扩张路径；而扩张 2 则可借助西部大开发政策实施西进战略的企业家成长路径。事实上，固始银针产业已经出现了劳动力瓶颈，为此固始企业家实施西进战略将是未来 10 年的必然选择。

计量模型 3 的解释正确率高达 93.4%，产业集群发展概率主要取决于外出务工、中层管理、高层管理与第三方地域投资等。第三方地域投资系数为 3.529，产业集群发展与第三方地域投资互成双方解释要素，这表明产业集群发展并不局限于固始本地与打工所在地而更多的是进行多方位扩张；同理，固始企业家应以产业集群发展推动第三方地域投资的成功概率。外出打工也是产业集群成功发展的重要因素，而成长为中层管理者与高层管理者也是实现产业集群的关键变量，其系数依次为 2.594 与 1.681，于是我们得到命题 3。

命题 3：固始企业家的第三方地域投资的概率主要决定于固始企业家爱面子、外出打工、成长为技术骨干、产业集群的形成以及多元化的发展；而产业集群发展的概率则主要决定于外出打工、中层管理、高层管理和第三方地域投资等要素。

## 四、小结

改革开放以来固始经济一直徘徊不前，远远落后地区整体经济发展水平，不过这段时期恰是固始企业家外出务工，进行经验、技术、资金积累的成长时期。近年以来固始经济发展势头不断加强，这也是固始企业家返乡创业的时期，固始经济的飞速发展与固始企业家的返乡投资呈显著正比关系，为此初步设定固始企业家崛起是推动固始经济增长的重要因素。

固始回归式产业转移的原动力来自于固始企业家的草根式成长，即外出务工—积累经验—升任高管—在外创业—成功发展—回乡投资（回归式产业转移）—产业集群等。固始回归式产业转移的主要因素为"外出打工"与"创业"，关键点则是成长为所在企业的"技术骨干"。固始企业家的第三方地域投资发展主要取决于爱面子、外出打工、成长为技术骨干、产业集群的形成与多元化的发展；而产业集群发展则主要取决于外出打工、中层管理、高层管理与第三方地域投资等。不过当前固始回归式产业转移都处于初级阶段，而未来产业转移必然要向更高阶段、纵向延伸产业链的产业转移，以及对现有产业进行深度拓展的产业转移，同时为此进行的三大路径扩张也是未来固始企业家成长发展的必由之路。

固始企业家成长发展所引发的回归式产业转移现象不仅打破了以往传统的产业转移模式，也探索了一条落后地区寻求跨越式发展的新路。回归式产业转移不是被动的凭借地域的资源禀赋与人力资本接受产业转移，而是积极主动地先向发达地区取经并在外创业，取得一定成功后再凭借先进思想与雄厚资本进行回乡二次创业。故此，回归式产业转移具有重大的理论意义与现实价值。

## 第三节　回归式产业转移的转移动因

2013 年 2 月 22 日，中国明阳风电集团有限公司（简称明阳风电）与固始签订生物质能源基地项目投资框架协议，明阳风电未来三年建成以固始为生物能源发展总部、云贵桐子产区制造基地、东北吉林生物丁醇燃料基地，完成以固始为核心的全国绿色循环经济产业基地和研发基地，打造成为中国生物能源行业领军者。以明阳风电为代表的固始回归式产业转移持续壮大，一跃成为经济强县（孙颖萍，2012）。那么，既然固始迅速崛起得益于回归式产业转移，那么回归式产业转移向固始迅猛发展的转移动因到底是什么？

## 一、产业转移的转移动因理论探讨

所谓回归式产业转移就是企业将产品生产的部分或全部由原生产地转移到自己的家乡（出生地或籍贯所在地）。固始银针产业集群与柳编产业集群及水暖器材产业均很大程度上来自于回归式产业转移。诞生于 20 世纪 30 年代的产业转移（industrial transfer）研究理论主要基于企业视角、产业视角与国家视角三大视角进行理论研究，而现有相关文献主要分为两大类型：第一类主要研究产业转移的现状、原因与机理等（张少军，2009），第二类主要研究产业转移的影响、作用与价值等（李小平，2010）。

产业转移的转移动因实证研究相对丰富。Teng（2009）指出中国和葡萄牙等葡语国家产业转移的重要原因在于地理优势、人力资源充裕和低价便宜等。陈建军（2002）通过调查 105 家浙江企业，探讨了现阶段沿海发达地区以对外投资为主要载体的产业转移的发展状况与转移动因。范剑勇（2004）发现短短 4 年长三角地区制造业发生了激烈产业转移，上海降低了制造业份额，浙江稳步吸收上海与江苏转出的劳动密集型产业而增加了制造业份额，江苏通过吸收和释放持平而保持制造业份额稳定。金碚（2011）认为"后危机时代"中国产业转移速度将加快，产业转型升级将成为工业增长的重要动力，而朝阳产业和夕阳产业的边界趋于模糊。沈惊宏等（2012）以皖江城市带与长三角城市群的区域空间联系为实证研究，指出区域经济联系强弱很大程度上影响产业转移的规模大小。

不过现有研究也存在两个不足：第一，目前产业转移多是基于宏观角度分析产业空间的相对变化，而很少考虑决定产业转移的关键人物（企业家）的决策行为所带来的企业的空间活动与产业的空间变化。例如，绿色循环经济产业从广东中山转移到河南固始，根源在于明阳风电的企业家所做决策；银针产业从苏州转移到固始，同样是因为 100 余位企业家所做决定。目前以企业家视角的产业转移缺乏深入研究。第二，目前产业转移多基于产品周期、产业离合、区域吸引等，缺乏考虑企业家自身成长、桑梓情怀及非正式制度等现实因素，这恰是产业转移的重要影响因素。例如，绿色循环经济产业从中山转移至固始，重要因素就是企业家是固始人；银针产业从苏州转移至固始，也是由于企业家都是固始人。

## 二、产业转移的转移动因评估体系

2006 年以来，作者连续跟踪访谈了 62 位进行回归式产业转移的固始企业家。基于访谈式调查而非简单的问卷调查，根本目的在于更多的关注企业家成长过程的发展细节，从细枝末节中梳理企业家进行回归式产业转移的根本动因。为了更好地表征回归式产业转移，亟须构建回归式产业转移的转移动因评估体系，将固始县企业家投资兴建产业与原先所在产业进行比对分析，同时评估企业家的不同阶段的成长过程，以及分析当地政府的扶持作用，见表 12-8，尤其讨论了固始企业家的桑梓情怀与现实的非正式制度对回归式产业转移的影响作用。

表 12-8　回归式产业转移的转移动因评估指标

| 变量 | 变量标识 | 变量定义 |
|---|---|---|
| IR | 产业相关 | 等于 1，如果回归固始的产业与先前从事的产业相关；否则为 0 |
| IC | 上下游 | 等于 1，如果回归固始产业为先前从事产业的上下游产业；否则为 0 |
| ID | 深度拓展 | 等于 1，如果回归固始产业是在先前产业基础上的深度拓展；等于 0，如果只是简单搬迁 |
| OI | 第三方投资 | 等于 1，如果固始企业家除了在创业地和固始家乡两地投资之外，还在其他地方投资；否则等于 0 |
| A | 产业集群 | 等于 1，如果被调查企业跟随整个产业集群的转移回归固始；否则为 0 |
| D | 多元化 | 等于 1，如果被调查企业进行了多元化发展；否则为 0 |
| TI | 产业类型 | 等于 1，如果被调查企业回归固始的产业为高端产业；否则为 0 |
| TM | 市场特征 | 等于 1，如果回归固始的企业产品市场是国外市场、沿海市场或国内其他市场；等于 0，如果产品市场是固始本地市场或信阳本地市场 |
| SO | 软环境 | 等于 1，如果回归固始的企业家认为固始软环境好；等于 0，如果固始企业家认为固始软环境不好，或者软环境不是企业家回归固始的考虑因素 |
| TR | 交通 | 等于 1，如果回归固始的企业家认为固始交通便利；等于 0，如果固始企业家认为交通不便，或者交通状况不是企业家回归固始的考虑因素 |
| PS | 土地价格 | 等于 1，如果回归固始的企业家认为固始土地便宜；等于 0，如果固始企业家认为土地不便宜，或者土地价格不是企业家回归固始的考虑因素 |
| QS | 土地充裕程度 | 等于 1，如果回归固始的企业家认为固始土地充裕；等于 0，如果固始企业家认为土地不充裕，或者土地是否充裕不是企业家回归固始的考虑因素 |
| PL | 劳动力价格 | 等于 1，如果回归固始的企业家认为固始劳动力廉价；等于 0，如果固始企业家认为劳动力不廉价，或者劳动力价格不是企业家回归固始的考虑因素 |
| QL | 劳动力充裕度 | 等于 1，如果回归固始的企业家认为固始劳动力充裕；等于 0，如果固始企业家认为劳动力不充裕，或者劳动力是否充裕不是企业回归固始的考虑因素 |

| 变量 | 变量标识 | 变量定义 |
|---|---|---|
| M | 市场因素 | 等于 1，如果企业家回归固始的原因是市场；否则为 0 |
| S | 资源 | 等于 1，如果回归固始的企业家认为固始资源充足；等于 0，如果固始企业家认为资源稀缺，或者资源稀缺与否不是企业家回归固始的考虑因素 |
| OC | 其他 | 等于 1，如果还有其他传统的因素影响被调查企业家回归固始；否则为 0 |
| B | 亲情 | 等于 1，如果回归固始企业家是因为亲情的缘故；否则为 0 |
| C | 乡情 | 等于 1，如果回归固始企业家是因为乡情的缘故；否则为 0 |
| N | 非正式制度 | 等于 1，如果回归固始企业家是因为非正式制度形成成本节约；否则为 0 |
| G | 官员努力 | 等于 1，如果企业家回归固始是因为政府官员的努力争取；等于 0，如果企业家回归固始政府官员没努力，或者政府努力与否不影响回归固始的决策 |
| ON | 其他 | 等于 1，如果还有其他非传统因素影响被调查企业家回归固始；否则为 0 |

## 三、回归式产业转移的统计分析

### 1. 产业转移动因变量的统计分析

由于采用的都是 0-1 变量，均值大小表明了该变量的被选频率。固始回归式产业转移绝大多数都是相关产业的转移（均值为 0.9524），但产业转移的层次较低，很少进行上下游的延伸式产业转移（均值为 0.1111），而深度拓展的回归式产业转移更是微乎其微（均值仅为 0.0635），见表 12-9。受制于固始劳动力资源限制，一些龙头企业也逐步向外转移，柳编产业集群向安徽转移，银针产业集群向濮阳转移，形成第三方地域投资（均值为 0.1587）。

固始现有柳编产业集群、银针产业集群等 4 大产业集群，这与回归式产业转移企业近 5000 家相比仅占少数（均值仅为 0.1111），多数企业并没有形成集群式产业转移，故此作者没有将产业集群的"链式转移"作为分析变量。固始回归式产业转移的企业很少产业多元化（均值仅为 0.0952）；回归式产业转移的企业既有外向型（均值为 0.6190），也有内向型（均值为 0.3810），但目前产业类型多数是比较低端产业（均值 0.1111）。

表 12-9　产业转移动因变量的统计分析

| 转移动因 | N | 均值 | 标准差 | 方差 |
|---|---|---|---|---|
| 产业相关 | 63 | 0.952 4 | 0.214 67 | 0.046 |
| 上下游 | 63 | 0.111 1 | 0.316 79 | 0.100 |
| 深度拓展 | 63 | 0.063 5 | 0.316 79 | 0.100 |
| 第三方投资 | 63 | 0.158 7 | 0.368 36 | 0.136 |

| 转移动因 | N | 均值 | 标准差 | 方差 |
|---|---|---|---|---|
| 产业集群 | 63 | 0.111 1 | 0.316 79 | 0.100 |
| 多元化 | 63 | 0.095 2 | 0.295 90 | 0.088 |
| 产业类型 | 63 | 0.111 1 | 0.316 79 | 0.100 |
| 市场特征 | 63 | 0.619 0 | 0.489 52 | 0.240 |
| 软环境 | 63 | 0.285 7 | 0.455 38 | 0.207 |
| 交通 | 63 | 0.333 3 | 0.475 19 | 0.226 |
| 土地价格 | 63 | 0.619 0 | 0.489 52 | 0.240 |
| 土地充裕程度 | 63 | 0.571 4 | 0.498 85 | 0.249 |
| 劳动力价格 | 63 | 0.714 3 | 0.455 38 | 0.207 |
| 劳动力充裕度 | 63 | 0.476 2 | 0.503 44 | 0.253 |
| 市场因素 | 63 | 0.492 1 | 0.503 95 | 0.254 |
| 资源 | 63 | 0.269 8 | 0.447 44 | 0.200 |
| 其他传统因素 | 63 | 0.111 1 | 0.316 79 | 0.100 |
| 亲情 | 63 | 0.920 6 | 0.272 48 | 0.074 |
| 乡情 | 63 | 0.968 3 | 0.176 73 | 0.031 |
| 非正式制度 | 63 | 0.952 4 | 0.214 67 | 0.046 |
| 官员努力 | 63 | 0.777 8 | 0.419 08 | 0.176 |
| 其他非传统因素 | 63 | 0.174 6 | 0.382 68 | 0.146 |

整体上按照选择频率排序，影响回归式产业转移的重要因素依次是乡情、非正式制度、亲情、官员努力、劳动力价格、市场特征、土地价格、土地充裕程度、市场因素、劳动力充裕程度等，而资源因素较低（均值 0.2698），另外剔除传统因素的其他因素及非传统因素的其他因素，因素分析变量只有 12 个变量。

### 2. 产业转移动因变量的因素分析

由于所讨论的回归式产业转移代表性企业的特征因素较多且差异较大，故采用 SPSS19.0 的因素分析法，得到因素分析表，见表 12-10。尽管本次访谈调查的因素分析的 KMO 值都不太高，但是其 Bartlett 球形度检验的显著性概率即 Sig.值却都小于 0.01，表明数据之间具有显著相关性，适合进行因子分析。

作为第一因子的土地因素（包括土地的价格和土地的充裕程度，特别是后者）是最重要的产业转移的引致因素，这说明回归式产业转移与传统的产业转移的原因具有相似之处，事实上，作者在对众多的回归式产业转移的企业家访谈中发现，土地的价格和土地的充裕程度是他们回归家乡的首要因素，尽管他们的均值并不高（分别是 0.6190 和 0.5714），为了分析方便，这个因子就命名为土地因素。

表 12-10　产业转移动因变量的因子分析

| | 总体 | 低端产业 | 国外与沿海市场 | 非第三方投资 | 非集群式转移 | 非上下游 |
|---|---|---|---|---|---|---|
| 样本数 | 63 | 56 | 39 | 53 | 56 | 56 |
| KMO | 0.527 | 0.520 | 0.459 | 0.468 | 0.477 | 0.527 |
| Bartlett 检验 Sig. | 0.000 | 0.000 | 0.005 | 0.000 | 0.000 | 0.000 |
| 因子个数 | 5 | 5 | 6 | 6 | 6 | 5 |
| 第一因子* | 18.383 | 20.580 | 18.718 | 18.215 | 17.742 | 19.378 |
| 第二因子* | 15.607 | 14.991 | 15.881 | 15.168 | 15.396 | 16.653 |
| 第三因子* | 13.360 | 12.454 | 14.025 | 13.445 | 13.720 | 11.646 |
| 解释总方差 | 66.893 | 67.312 | 76.393 | 76 | 75.596 | 67.752 |
| 旋转成分矩阵 | 土地充裕程度 0.925 | 土地充裕程度 0.917 | 土地充裕程度 0.904 | 土地充裕程度 0.934 | 土地充裕程度 0.938 | 土地充裕程度 0.916 |
| | 土地价格 0.853 | 土地价格 0.860 | 土地价格 0.817 | 土地价格 0.897 | 土地价格 0.889 | 土地价格 0.881 |
| | 劳动力价格 0.835 | 软环境 0.760 | 软环境 0.589 | 软环境 0.858 | 软环境 0.837 | 软环境 0.818 |
| | 劳动力充裕度 0.659 | 交通 0.735 | 乡情 0.773 | 市场因素 0.739 | 市场因素 0.812 | 市场因素 0.702 |
| | 资源 0.524 | 市场因素 0.713 | 劳动力价格 0.621 | 劳动力价格 0.872 | 劳动力价格 0.891 | 劳动力价格 0.875 |
| | 软环境 0.790 | 劳动力价格 0.809 | 交通 −0.541 | 劳动力充裕度 0.623 | 劳动力充裕度 0.557 | 劳动力充裕度 0.625 |
| | 市场因素 0.745 | 劳动力充裕度 0.614 | 资源 0.478 | 亲情 0.792 | 亲情 0.745 | 亲情 0.508 |
| | 官员努力 −0.717 | 资源 0.587 | 劳动力充裕度 0.665 | 非正式制度 0.789 | 非正式制度 0.738 | 官员努力 −0.776 |
| | 非正式制度 0.662 | 亲情 0.752 | 亲情 0.514 | 交通 0.880 | 官员努力 −0.807 | 非正式制度 0.577 |
| | 亲情 0.521 | 非正式制度 0.729 | 官员努力 0.729 | 乡情 −0.640 | 资源 0.670 | 资源 0.420 |
| | 乡情 −0.797 | 官员努力 −0.710 | 市场因素 −0.508 | 官员努力 −0.811 | 交通 0.780 | 乡情 −0.823 |
| | 交通 0.638 | 乡情 0.672 | 非正式制度 0.743 | 资源 0.701 | 乡情 −0.767 | 交通 0.649 |
| 旋转收敛迭代 | 8 次 | 5 次 | 无法收敛** | 9 次 | 9 次 | 9 次 |

注：解释的总方差以旋转平方和的载入累积（%）表示；* 表示第一因子贡献率，以"初始特征值的解释方差"为分析依据（而不是"提取平方和载入"或"旋转平方和载入"），以此类推；** 表示无法收敛则表格的值为成分矩阵

整体上看，劳动力价格（载荷值 0.835）、劳动力充裕度（载荷值 0.659）和资源（载荷值 0.524）作为第二因子，主要表现的是劳动力的成本和充裕程度，命名为劳动力因素。而低端产业的回归式产业转移引致因素的第三个因子也是劳动力价格（载荷值 0.809）、劳动力充裕度（载荷值 0.614）、资源（载荷值 0.587），为此，这第三个因子也命名为劳动力因素。非第三方投资的回归式产业转移、非集群式的回归式产业转移及非上下游拓展的回归式产业转移中的劳动力因素也是第三个解释因子，他们的解释贡献度分别是 13.445%、13.720%、11.646%，具有较高的解释能力。

综上所述，土地要素和劳动力要素构成了回归式产业转移的重要因素，这也充分说明了在沿海发达地区由于土地和劳动力成本的上升使得内陆（如固始）的土地和劳动力成本相对较低的性质让内陆具备了产业转移的重要条件，于是得到命题 1。

**命题 1**：无论是哪种类型的回归式产业转移，土地要素和劳动力要素都是回归式产业转移的重要因素。

土地要素和劳动力要素在回归式产业转移动因调查中都处于比较次要的地位，然而通过因子分析发现，土地和劳动力依然是回归式产业转移的重要因素，这表明回归式产业转移与传统的产业转移也有相似之处，回乡的企业家也同样考虑企业的成本节约。本命题也被其他学者所证明，如陈英武和郑江淮（2010）发现当要素成本上升到一定阶段导致较大规模的产业转移后，先进制造业、现代服务业中心-普通制造业、农业外围的新模式就可能形成。再如，刘新争（2012）指出产业转移直接产生于比较优势的动态变化，在劳动力流动这一"倒逼"因素的驱使下，产业必然在区域间进行转移和承接。

由于不同类别的回归式产业转移的形成原因有较大的差距，因此作者将分别讨论。

第一类，低端制造业、低端服务业、零散加工业等低端产业的回归式转移主要原因有 5 个，土地因素是第一重要因素，劳动力因素成为第三重要因素，而第二重要因素则是软环境、交通和市场要素构成的传统产业转移的拉动因素，事实上，这的确是许多地方政府重点打造的吸引产业转移的关键点，如固始打出"只做环境不招商"，并认为"只要环境做好了，在外地的固始老板就会自动地愿意回固始家乡投资，他们不仅会带回来巨额的资金，还有先进的观念和技术等"。同时，市场因素也起了非常重要的作用，不仅如此，在非第三方投资的回归式产业转移，以及在非集群式的回归式产业转移和非上下游拓展的回归式产业转移中市场因素都是非常重要的因素，都是第二个解释因子（这四类回归式产业转移解释旋转成分矩阵的载荷因子分别是 0.713、0.739、0.812、0.702）。为此，得到命题 2。

**命题 2**：随着主体市场需求从国外、沿海转移到内地，则靠近市场（与市场的距离越短，竞争性越强）、软环境和交通等就成为回归式产业转移的重要引致因素。

这表明用软环境刻画的正式制度所带来的成本节约在回归式产业转移中的确起到了重要作用。而亲情、乡情和非正式制度等所形成的成本节约也是重要的引致因素，但却排在了第四位和第五位。这也说明欠发达地区固始所承受的回归式产业转移大多都是低端制造业、低端服务业、零散加工业等劳动密集型产业。傅允生（2011）也发现目前东部沿海经济发达地区向中西部地区转移了劳动密集型制造业，并认为主要因为资源配置条件变化引致的地区经济结构变动与中国经济梯度发展的规律所致。

第二类，外向型企业的回归式产业转移与其他类型的回归式产业转移有重大差别，最主要的是三点：一是官员努力在此类回归式产业转移的影响因子的解释载荷值为正（0.729），而在其他类型的解释载荷值为负，这表明政府官员对于外向型企业的回归家乡非常重视；软环境因素和土地因素一起成为回归式产业转移的第一重要因素；三是乡情因素是这类回归式产业转移的重要因素。与其他类型的回归式产业转移不同，本类型的企业家主要因为浓浓的桑梓之情而回归固始进行创业、投资与建设等，并与劳动力价格、交通和资源构成第二个解释因子（"乡情"的旋转载荷值为 0.773），与此同时，亲情因素与劳动力充裕程度因素构成了第三个重要解释因子，处于非常重要的位置（亲情因素与劳动力充裕程度因素的解释贡献度 14.025%）。这说明亲情和乡情是这类回归式产业转移的重要因素，即有命题 3。

**命题 3**：亲情、乡情、友情、非正式制度等是回归式产业转移的重要因素。

第三类、第四类和第五类的回归式产业转移的引致因素差别不大，而且固始当前的回归式产业转移也比较初级，仍然处于第一阶段，因此，第三方地域投资较少，上下游拓展发展的也较少，集群式的产业转移也不多。土地因素、软环境与市场因素和劳动力因素是这三类回归式产业转移的主要引致因素，而亲情和非正式制度在这三类产业转移中的作用差不多。需特别注意的是，乡情因素在这三类回归式产业转移的成因中都与交通组成一个解释变量，更重要的是，乡情因素的解释旋转载荷值都为负数（分别为−0.640、−0.767、−0.823）；而亲情因素和非正式制度因素都是这三类产业转移的重要因素，亲情和乡情等都是回归式产业转移的引致因素，但是，企业家的举家搬迁使得企业家回归家乡的投资行为更多地从要素成本节约及亲情乡情等对非正式制度和潜规则的成本节约的角度考虑，进一步证实了命题 1 和命题 2。综上所述，得到推论：政府官员的个人努力与软环境是形成回归式产业转移的不同引致因素，在不同类型的回归式产业转移中所解释因子的位次和载荷值都不同。

当然，欠发达地区的回归式产业转移主要依靠政府官员的个人努力，而较少改变软环境。还有许多企业家回归家乡后参政议政，除了获得政治优势，还改善了社会治理模式等。

### 3. 产业转移动因变量的显著性检验

为了更进一步分析不同类型回归式产业转移的形成因素间是否具有差异的显著性，采用独立样本的 $t$ 检验方法，得到表 12-11。

第 1 部分为 Levene 方差齐性检验，用来判断两总体方差是否齐，第 2 部分分别给出两组所在总体方差齐和方差不齐时的 $t$ 检验结果。以多元化为分组变量，可以看到软环境、土地价格、土地充裕程度及官员努力程度四个回归式产业转移的引致因素具有显著的差异性，而其他的引致因素不具有显著差异。

同理，以回归式产业转移的深度拓展与否为分组变量也可以看到土地价格（$F$ 值为 107.548，对应的 $t$ 检验值为 6.306）、土地的充裕程度（$F$ 值为 535.406，对应的 $t$ 检验值为 6.996）、劳动力价格（$F$ 值为 0.001，对应的 $t$ 检验值为 –2.169）和亲情因素（$F$ 值为 11.727，对应的 $t$ 检验值为 –2.852）具有显著的差异性。

而以市场特征为分组变量也可以看到软环境（$F$ 值为 15.396，对应的 $t$ 检验值为 –2.302）、劳动力充裕程度（$F$ 值为 3.889，对应的 $t$ 检验值为 2.406）和市场因素（$F$ 值为 11.301，对应的 $t$ 检验值为 –7.672）具有显著的差异性。

特别是，如果以产业类型为分组变量则发现土地价格（$F$ 值为 325.333，对应的 $t$ 检验值为 6.423）、土地充裕程度（$F$ 值为 47.619，对应的 $t$ 检验值为 2.036）、劳动力充裕程度（$F$ 值为 53.997，对应的 $t$ 检验值为 –2.374）、官员努力（$F$ 值为 20.333，对应的 $t$ 检验值为 4.282）、亲情（$F$ 值为 39.606，对应的 $t$ 检验值为 –1.930）等都存在统计意义上的显著差异性。

综上所述，得到命题 4。

**命题 4：**不同类型的回归式产业转移的引致因素也存在着很大的不同，亲情、乡情与非正式制度所形成的成本节约对回归式产业转移的吸引力的解释程度和载荷值存在着显著的不同（统计意义上的显著性）。

#### 表 12-11　不同产业转移类型的动因变量显著性检验

| 分组变量：多元化 | | Levene 检验 | | 均值方程的 $t$ 检验 | | | | | 95%置信区间 | |
| --- | --- | --- | --- | --- | --- | --- | --- | --- | --- | --- |
| | | $F$ | Sig. | $t$ | df | Sig.（双侧） | 均值差值 | 标准误差值 | 下限 | 上限 |
| 软环境 | 设方差相等 | 0.548 | 0.462 | 3.341 | 61 | 0.001 | 0.605 26 | 0.181 17 | 0.243 00 | 0.967 53 |
| | 设方差不等 | | | 3.442 | 6.189 | 0.013 | 0.605 26 | 0.175 85 | 0.178 15 | 1.032 38 |

| 分组变量：多元化 | | Levene 检验 | | 均值方程的 t 检验 | | | | | 95%置信区间 | |
|---|---|---|---|---|---|---|---|---|---|---|
| | | F | Sig. | t | df | Sig.（双侧） | 均值差值 | 标准误差值 | 下限 | 上限 |
| 交通 | 设方差相等 | 0.912 | 0.343 | 0.902 | 61 | 0.371 | 0.184 21 | 0.204 26 | −0.224 23 | 0.592 65 |
| | 设方差不等 | | | 0.794 | 5.798 | 0.459 | 0.184 21 | 0.232 07 | −0.388 48 | 0.756 90 |
| 土地价格 | 设方差相等 | 227.217 | 0.000 | 2.056 | 61 | 0.044 | 0.421 05 | 0.204 84 | 0.011 45 | 0.830 66 |
| | 设方差不等 | | | 6.382 | 56.000 | 0.000 | 0.421 05 | 0.065 98 | 0.288 88 | 0.553 22 |
| 土地充裕程度 | 设方差相等 | 2 091.429 | 0.000 | 2.287 | 61 | 0.026 | 0.473 68 | 0.207 16 | 0.059 45 | 0.887 92 |
| | 设方差不等 | | | 7.099 | 56.000 | 0.000 | 0.473 68 | 0.066 72 | 0.340 02 | 0.607 35 |
| 劳动力价格 | 设方差相等 | 0.231 | 0.632 | −0.267 | 61 | 0.790 | −0.052 63 | 0.196 93 | −0.446 42 | 0.341 15 |
| | 设方差不等 | | | −0.240 | 5.841 | 0.818 | −0.052 63 | 0.219 20 | −0.592 57 | 0.487 30 |
| 劳动力充裕度 | 设方差相等 | 0.016 | 0.899 | 0.121 | 61 | 0.904 | 0.026 32 | 0.217 81 | −0.409 23 | 0.461 86 |
| | 设方差不等 | | | 0.113 | 5.926 | 0.914 | 0.026 32 | 0.233 35 | −0.546 41 | 0.599 04 |
| 市场因素 | 设方差相等 | 0.002 | 0.966 | 0.040 | 61 | 0.968 | 0.008 77 | 0.218 06 | −0.427 26 | 0.444 81 |
| | 设方差不等 | | | 0.038 | 5.928 | 0.971 | 0.008 77 | 0.233 37 | −0.563 95 | 0.581 50 |
| 资源 | 设方差相等 | 2.036 | 0.159 | −0.591 | 61 | 0.557 | −0.114 04 | 0.193 06 | −0.500 08 | 0.272 01 |
| | 设方差不等 | | | −0.644 | 60.373 | 0.542 | −0.114 04 | 0.177 15 | −0.541 44 | 0.313 37 |
| 亲情 | 设方差相等 | 16.238 | 0.000 | −2.500 | 61 | 0.015 | −0.280 70 | 0.112 29 | −0.505 24 | −0.056 16 |
| | 设方差不等 | | | −1.318 | 5.202 | 0.242 | −0.280 70 | 0.212 92 | −0.821 69 | 0.260 29 |
| 乡情 | 设方差相等 | 0.910 | 0.344 | 0.460 | 61 | 0.647 | 0.035 09 | 0.076 34 | −0.117 56 | 0.187 74 |
| | 设方差不等 | | | 1.427 | 56.000 | 0.159 | 0.035 09 | 0.024 59 | −0.014 17 | 0.084 34 |
| 非正式制度 | 设方差相等 | 1.447 | 0.234 | 0.568 | 61 | 0.572 | 0.052 63 | 0.092 64 | −0.132 62 | 0.237 88 |
| | 设方差不等 | | | 1.764 | 56.000 | 0.083 | 0.052 63 | 0.029 84 | −0.007 14 | 0.112 41 |
| 官员努力 | 设方差相等 | 16.634 | 0.000 | 1.375 | 61 | 0.174 | 0.245 61 | 0.178 59 | 0.111 50 | 0.602 72 |
| | 设方差不等 | | | 4.270 | 56.000 | 0.000 | 0.245 61 | 0.057 52 | 130 38 | 0.360 84 |

## 四、小结

基于企业家真实调查所得到的本章创新性的实证研究既有重要的理论价值，也有着重要的现实价值和政策内涵，主要如下。

第一，新阶段的回归式产业转移依靠新的"回归工程"与"金桥工程"。例如，固始新任县委书记强调明确两大产业集聚区的主导产业，要求各乡镇将符合产业集聚区主导产业的大项目、好项目重点向两大产业集聚区内投放，选派招商人员驻会招商、外建商会亲情回归招商，多渠道、全方位地加强对外联系，形成招商引资的浓厚氛围，切实提高招商实效，把长三角、珠三角、京津豫和闽台地区作为招商引资的重点区域,开展常态化、专业化的招商引资活动。进一步,作者建议固始县委县政府应该分析第二阶段和第一阶段的回归式产业转移的不同,从而创造出新的适应于第二阶段回归式产业转移的"新回归工程"。特别是产业链的完整、交通的完善、高端人才的特殊政策以及制度性的招商引资方略等,这是区别于第一阶段的"回归工程"的特殊之处。很显然,在政府层面,回归式产业转移的主要因素是软环境而非政府官员个人努力,因此,打造软环境比政府官员个人努力更重要,特别是形成稳定的招商引资的软环境是重要条件,不随政府官员的升迁、调任而影响回归式产业转移。

第二,作者调查发现,土地要素是回归式产业转移的企业家们首要考虑因素,而我们长期的跟踪调查发现,许多企业家甚至回归家乡的目的就是为了"圈地",而产业转移变成了一个幌子。尤其是,作者发现,近年来由于"圈地"而形成了固始的重要社会矛盾,并构成了重大社会突发公共事件的主要原因,也是社会不和谐的主要原因,这就与包容性增长的理念完全背离。更严重的是,许多企业家圈地之后变更土地用途而降低土地投资强度(单位土地面积的投资率很低)或者拖延开发甚至完全荒芜。因此,作者建议固始县委县政府必须严格土地使用规定,定期清理未按期开发的土地,清查打击擅自改变土地用途或降低土地投资强度的行为,从而分离真假回归式产业转移。

第三,切实加强环境监控,防止和杜绝污染企业的回归式产业转移,如固始外出创业成功人士张义华在亲情、乡情的召唤下,从温州水暖器材产业回归转移到固始的中原水暖器材工业城电镀厂就严重污染了固始县郭陆滩镇何东村谷堆村等,不仅家禽死了、鱼死了、庄稼也死了,连喝水也成了重大问题。作者认为,回归式产业转移的根本目的就是让外出成功的企业家回报家乡,但如果带来了环境污染则事与愿违,必须严格把关企业污染问题。

第四,外建党支部的功能调整。很长一段时间以来,固始在各地的外建党支部就是一个个招商引资平台,不仅成本低廉,而且合法性很强。但随着第二阶段的回归式产业转移的到来,外建党支部的功能也要相应调整,从而确保高新技术产业、资本密集型产业的回归,尤其是智力型产业、高端服务业等的回归等。

第五,亲情乡情的更多链接。作者认为,亲情、乡情既是由先天的血缘或地缘形成,也由后天的各类活动或制度性措施所培养。为此,作者建议,构建为天下固始人服务的大平台,从而增进固始人的家乡感情和亲情,特别是通过根亲文化的广泛传播,加深全球固始人的回归式产业转移。

第六,随着经济体制改革的深入以及政治体制改革的启动,全国各地的正式制度和非正式制度所形成的显性与隐性成本将大幅度缩小,在此基础上的亲情、乡情、非正式制度对成本节约的效果将越来越失去明显的优势,因此,亲情乡情所形成的招商引资条件将越来越弱化，为此，作者建议，在加大亲情乡情招商引资的同时，也必须加大降低交通成本、资源成本、产业链的配套成本以及其他成本而吸引更多的企业家回归固始，更广泛的企业家来到固始。

第七，当前中西部承接产业转移过于分散，作者建议回归式产业转移应该泛化回归"家乡"的概念，除了产业集聚区之外，回归式产业转移应该加大集中力度，集约化土地使用效率。

第八，加强与西部地区的交流，扩大劳动力输入范围。当年的劳务输出大县，如今戏剧性地面临缺工的难题。为此，固始必须做好迎接其他地区劳动力向固始转移的基础条件，同时也要按产业链布局逐渐向其他区域转移生产基地，如固始银针产业集群就逐渐向濮阳等地转移生产基地，但产业链的决策中心仍布局在固始。

第九，随着企业家回归家乡，许多农民工也回归家乡，而回在家乡的农民工跳槽成本大大缩小，务工的机会成本也增加了，特别是随着管理团队的回归家乡，使得回归式产业转移的企业内部管理可能将出现许多问题。因此，必须加大对农民工的培训力度，提高农民工的素质，加强企业的管理规范化和制度化，使得亲情乡情既成为企业外部节约隐性成本的重要手段，也成为节约内部组织成本和管理成本的重要源泉。

第十，中部地区现正处于追赶型经济增长时期，必须结合包容性增长，创新地实施追赶型包容性增长战略（包容性城镇化与区域空间结构优化战略），这既是中部崛起战略的重要组成部分，更是中国整体实现包容性增长的关键环节，实现中国梦的最重要手段。

总之，偏远山区的回归式产业转移成为解决落后地区包容性城镇化与区域空间结构优化的重要方式，回归式产业转移为落后地区低成本、高速度、低风险、高效率地实现追赶型包容性增长提供了理论支撑和现实指导，成为落后地区实现中国梦的基本方略。

## 参 考 文 献

白小明. 2007. 我国产业区域转移粘性问题研究. 北方论丛，01：140-143.

陈计旺. 2007. 影响东部地区产业转移的主要因素分析. 生产力研究，05：99-101.

陈建军. 2002. 中国现阶段产业区域转移的实证研究：浙江 105 家企业的问卷调查报告的分析. 管理世界，（6）：64-74.

陈英武，郑江淮. 2010. 转型背景下"中心—外围"特征的演变机制与发展趋势. 经济地理，（3）：449-453.

陈竹. 2007. 产业转移升级下的我国劳动力要素市场建设. 发展研究，01：69-70.

丁冰, 王颖春. 2012-5-2. 中西部承接产业转移不能过于分散. 中国证券报.

范剑勇. 2004. 长三角一体化、地区专业化与制造业空间转移. 管理世界, (11): 77-84.

傅允生. 2011. 东部沿海地区产业转移趋势——基于浙江的考察. 经济学家, (10): 84-90.

金碚. 2011. 中国工业的转型升级. 中国工业经济, (7): 4-11.

李瑞梨, 邝国良, 刘灿亮. 2010. 广东省产业转移中企业主体作用的研究. 改革与战略, 12: 94-97.

李小平, 卢现祥. 2010. 国际贸易、污染产业转移和中国工业 $CO_2$ 排放. 经济研究, (1): 15-26.

刘新争. 2012. 比较优势、劳动力流动与产业转移. 经济学家, (2): 45-50.

罗浩. 2007. 自然资源与经济增长: 资源瓶颈及其解决途径. 经济研究, (6): 142-152.

沈惊宏, 孟德友, 陆玉麒. 2012. 皖江城市带承接长三角产业转移的空间差异分析. 经济地理, 32(3): 43-49.

石奇, 张继良. 2007. 区际产业转移与欠发达地区工业化的协调性. 产业经济研究, 01: 38-44.

孙颖萍, 赵亮, 夏义. 2012. 我县召开工业经济暨招商引资工作会议. http://www.gsw.gov.cn/html/zhaoshang yinzi/touzidongtai/46977_2.html[2012-3-21].

王珺. 2010. 是什么因素直接推动了国内地区间的产业转移. 学术研究, 11: 46-51.

魏玮, 毕超. 2010. 区际产业转移中企业区位决策实证分析——以食品制造业为例. 产业经济研究, 02: 46-54.

新华社. 2008. 新华纵横: 回归工程的隐忧. http://www.gushi-window.com/thread-48645-1-1.html[2008-06-13].

张公嵬. 2010. 我国产业集聚的变迁与产业转移的可行性研究. 经济地理, 10: 1670-1674, 1687.

张建军. 2007. 产业转移、比较优势与西部区域经济发展战略研究. 唐都学刊, 02: 61-65.

张少军, 刘志彪. 2009. 全球价值链模式的产业转移: 动力、影响与启示. 中国工业经济, (11): 5-15.

郑江淮, 高彦彦. 2009. 从劳动力流动到区域产业转移——江苏双二元经济结构的演变机制分析. 审计与经济研究, (4): 71-84.

周五七. 2010. 中部地区承接沿海产业转移中的制度距离与制度创新. 经济与管理, 10: 19-23.

周阳敏. 2011. 回归式产业转移与集群升级研究——对固始银针产业集群的案例实证. 产经评论, (6): 20-31.

周阳敏. 2012. 固始柳编成长: 回归式产业转移典型企业案例研究. MBA 案例研究与开发. 郑州: 郑州大学出版社.

周阳敏. 2012. 制度资本与回归式产业转移理论模型与实证研究. 济南: 2012 年中国经济学年会.

周阳敏, 高友才. 2011. 回归式产业转移与企业家成长: "小温州"固始当代商人崛起实证研究. 中国工业经济, (5): 139-148.

Guo B, Guo J J. 2011. Patterns of technological learning within the knowledge systems of industrial clusters in emerging economies: evidence from China. Technovation, 31 (2): 87-104.

Jia W, Liu L R, Xie X M. 2010. Diffusion of technical innovation based on industry-university-institute cooperation in industrial clusters. The Journal of China Universities of Posts and Telecommunications, 17 (2): 45-50.

Teng A. 2009-8-14. Industrial Transfer and Financial Services Viewed from the Perspective of Macao.5th Pan Pearl River Delta Regional Cooperation and Development Forum Held in Nanning.

# 第十三章
## 回归式产业转移的优化效应[①]

改革开放以来持续高速增长的区域经济推动东部沿海地区发展水平不断提高，工业化与城镇化取得显著增长，不过却也面临一系列的区域困境，不仅产业结构亟待调整，而且经济布局亟须均衡，生态环境与自然资源也亟须优化保护（薛澜，2013）。产业转移是克服经济社会与生态环境等发展挑战的高效途径，是实现区域可持续发展的重要保障。作为产业转移的重要形式，回归式产业转移也具备显著的独特的优化效应，不仅可以有效推动区域经济的空间结构持续优化，更可以保障区域包容性城镇化的切实实现。本章以固始县产业转移为例，深入探讨分析回归式产业转移的系列优化效应。

## 第一节　回归式产业转移对包容性城镇化的推动效应

### 一、回归式产业转移对城镇化推动效应的理论机理

在近 10 年的发展中，固始城市面积从原来的 5 平方公里扩展至 50 平方公里，而在这扩展过程中，人们生活环境、人文环境等也得到了较大的改善，特

---

① 本章部分内容已发表：a. 周阳敏. 2013. 包容性城镇化、回归式产业转移与区域空间结构优化——以河南省固始县为例. 城市发展研究，（11）：20-26；b. 周阳敏. 2011. 回归式产业转移与集群升级研究——对固始银针产业集群的案例实证.产经评论，（06）：20-31。

别是由于回归式产业转移的企业家们都是固始本地人，其对环境的保护也远远高于其他地方的企业家（孙颖萍，2012）。因此，回归式产业转移对环境的友好、和谐等也构成了偏远山区固始城市的空间结构优化与包容性城镇化的核心内容，如图 13-1 所示。

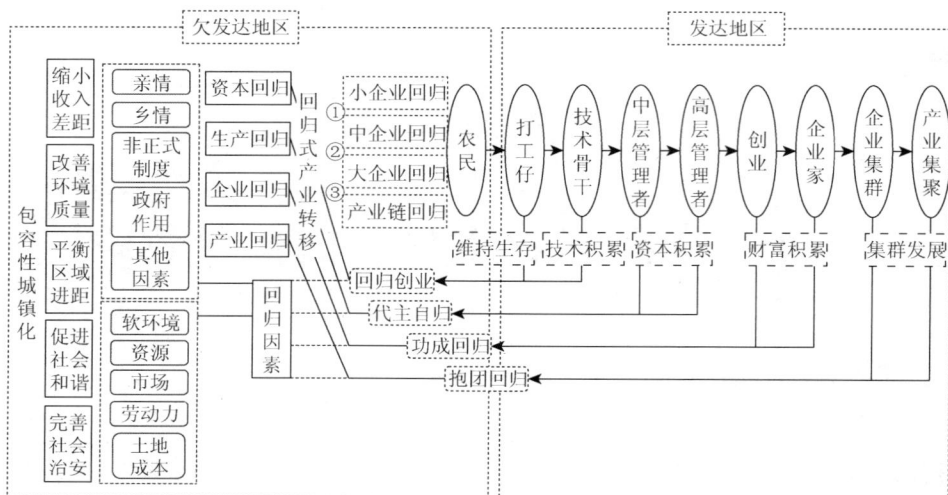

图 13-1　回归式产业转移的推动效应的理论机理

农民为了生存从欠发达地区的固始到发达地区打工，并逐渐成长为技术骨干，实现技术积累，这种技术积累是一部分固始人回归创业的重要源泉，如万正和等；但另一部分固始人则在发达地区继续成长为企业的中层管理者和高层管理者，这就实现了资本积累，此时也有一部分固始人代主回归，如俞达启等；不过还有一些固始人仍在发达地区，但此时他们已经不再为他人打工，而是自己创业成为企业家，并实现了财富积累，在此阶段，有些企业家就功成回归了，如陈良涛等；当然，还有一些企业家在发达地区形成产业集群和集聚发展，并从发达地区集群式地整个抱团回归转移到了固始，如张义虎和张义华的固始水暖产业集群及孙开明、周学生的银针产业集群等。

从回归产业看，经历了四个阶段：第一阶段主要是低端制造业、服务业回归、零散加工业等劳动密集型产业的回归；第二阶段主要是高新技术产业、资本密集型产业的回归；第三阶段主要是智力型产业、高端服务业等回归；第四阶段则是产业集群的回归。但从回归式产业转移的主体规模看，也经历了四个阶段，即第一阶段是小中型企业的回归，第二阶段则是中大型企业的回归，第三阶段则是大型企业，第四阶段则是整个产业链的回归，特别是近 2 年发生的绿色能源的整个产业链的回归式产业转移是固始实现经济起飞成为包容性城镇化与空间结构优化的典范。

回归式产业转移既有资本的回归,也有生产的回归,还有企业的回归,甚至产业的回归,而无论是哪种回归,其回归的因素已经与传统的产业转移有很大的不同。必须指出的是,目前几乎所有的"产业转移"理论都是基于产品周期、产业离合、区域吸引等角度而对产品生命周期、劳动力成本、土地成本等要素的分析而得出产业的空间转移与价值链延伸转移,如赤松要、Ozawa、Cumings 等雁行模式产业转移理论,Vernon 的产品生命周期产业转移理论,Kojma 等的边际产业扩张理论,Lewis 劳动密集型产业转移理论,Buckley、Casson、Rugman 等的内部化产业转移理论,Dunning 的国际生产折衷理论,Hymer、Kindleberger、Johnson 等的垄断优势产业转移理论,Weber、Christaler、Losch 等区位选择的产业转移理论,Prebisch、Amin、Singer 等的"中心—外围"理论等。

但这些理论都没有考虑企业家自身成长、亲情、乡情及非正式制度等至关重要的产业转移的真实现实因素,而这恰恰是产业转移的重要的驱动力;另外,回归式产业转移与传统意义的产业转移之间存在着重大差别,尤其是形成要素不同(地理环境),动力机制不同(除了经济因素,还有非经济因素等),活动主体不同(除了企业自发形成之外,还存在着政府的强力主导等)等,而这都是当前的产业转移理论所不能解释的重要理论问题。显然,回归式产业转移具有高速度、低成本,强动力、低障碍,大规模、低风险等显著特征是固始城镇化具有包容性发展特征及区域空间结构优化的包容性特征的重要原因。

更重要的是,回归式产业转移与集聚带来了人们收入的巨幅提高,环境的重大改善,社会生活的良好和谐等,即实现了偏远山区的包容性城镇化与区域空间结构的优化。而这包容性城镇化与区域空间结构优化主要得益于回归式产业转移的企业家在劳动力、土地、资源与环境等方面的选择偏好与在其他地方、其他企业家有着很大的不同(王营,2013),而亲情、乡情和非正式制度等因素是固始回归企业家的主要考虑变量,这就给劳动力、土地、资源和环境留下了更多的发展空间,即包容性城镇化,这就是偏远山区回归式产业转移与包容性城镇化及其区域空间结构优化的理论逻辑框架,如图 13-1 所示。

作为回归式产业转移的优化效应,所谓包容性城镇化就是城镇化坚持以包容性增长为目标(习近平,2013),采用包容性的手段,制订包容性的制度框架,实施包容性的配套措施等而实现城市与城市之间、城市与乡村之间及城市内部等相互协调与可持续发展的整体过程(蒋高明,2013)。显然,包容性城镇化离不开产业转移带来的产业结构调整,产业结构调整带给城镇化相关利益主体的生活模式变革、思想观念更新与收入方式变化(郭力和陈浩,2013)。

回归式产业转移因为企业家回归家乡，其投资决策更多关注环境、关注村民、关注弱势群体、关注社会生态等。因此，回归式产业转移是实现包容性城镇化的重要手段。另外，回归式产业转移所实现城镇化可推动欠发达地区自动实现了区域空间结构优化，既包括欠发达地区与发达地区之间的空间结构的优化，也包括欠发达地区自身内部的空间结构优化（丁冰和王颖春，2012），这是实现欠发达地区包容性增长的核心要素。

## 二、回归式产业转移对城镇化推动效应的实证探讨

在包容性增长理念下，区域空间结构优化应实现四个目标：一是逐步缩小地区间差距、构建均衡布局、互利共赢、协调发展的区域格局；二是依据区域资源禀赋和比较优势，构建基于产业链和价值链的分工合理、错位发展、良性竞争的区域分工格局；三是空间资源的优化配置促进重点区域（主要是集聚大规模产业和城市人口的都市圈和城市群）"高密度、高效率、节约型、现代化"的开发，形成疏密有序、结构合理的空间结构；四是完善生态建设和环境治理等支撑体系建设，在区域发展中充分考虑因地制宜和不同空间的约束特征，引导空间开发合理有序，构建具有可持续性的区域空间发展格局（吴爱芝等，2012）。

据我们长期研究发现，偏远山区的固始在近 10 年实现了区域空间结构优化，主要表现为四个方面。

第一，在改革开放之后，固始县逐步拉大了与广东、江苏等发达省份经济发展速度的差距，固始甚至在开放之后的很长一段时间里都呈现出负增长状态，这使得欠发达地区的固始越来越落后于发达省份，甚至还落后于全国平均水平，如图 13-2 所示。

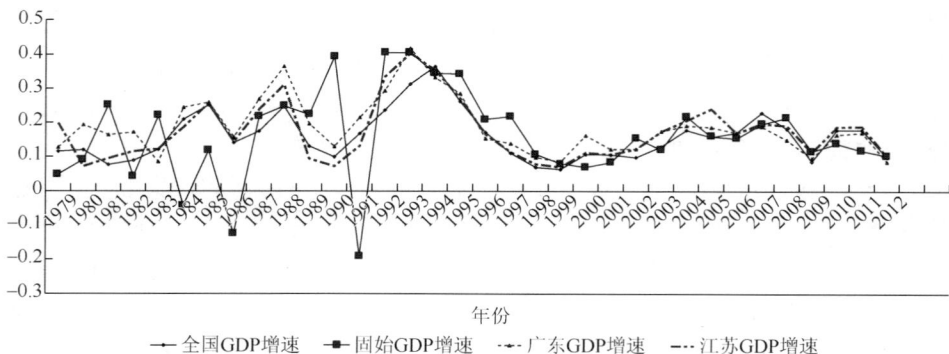

图 13-2　固始区域经济空间结构优化

第二，20 世纪 90 年代中期以来，固始经济增长速度开始逐渐加快，既高于全国平均水平，也高于广东、江苏等发达省份，这正好处于固始回归式产业转移的初级阶段。例如，万正和、马国军等分别回乡创办柳编企业，孙开明、周学生分别回乡创办银针企业，这就是为什么 1995 年之后固始经济增速高于全国平均水平，也高于浙江、江苏等地。之所以选取广东、江苏发达省份作为参照系，是因为水暖产业集群产业转移自浙江温州，银针产业集群则产业转移自江苏苏州。

第三，21 世纪初以来固始发展速度与全国经济增长速度及广东、江苏等经济增长速度又变化起伏不定，总体上看，固始经济增长速度虽然时高时低，却远远小于回归式产业转移之前，这充分表明回归式产业转移是空间结构优化的重要手段。

第四，改革开放后 10 多年，第一产业一直是固始主导产业，而第二产业处于弱势地位，尤其工业低于第三产业，而且三产差距趋于逐渐拉大。20 世纪 90 年代的回归式产业转移逐渐递增以来，固始产业空间结构得到重大优化，特别工业产值迅速增加，大大缩小与第一产业的距离，第三产业也迅速缩小与第一产业的差距，这种产业空间结构的优化还表现在固始银针产业集群、固始柳编产业集群等的崛起，改变了产业空间布局并对全国产业空间优化都起了重要作用，如图 13-3 所示。

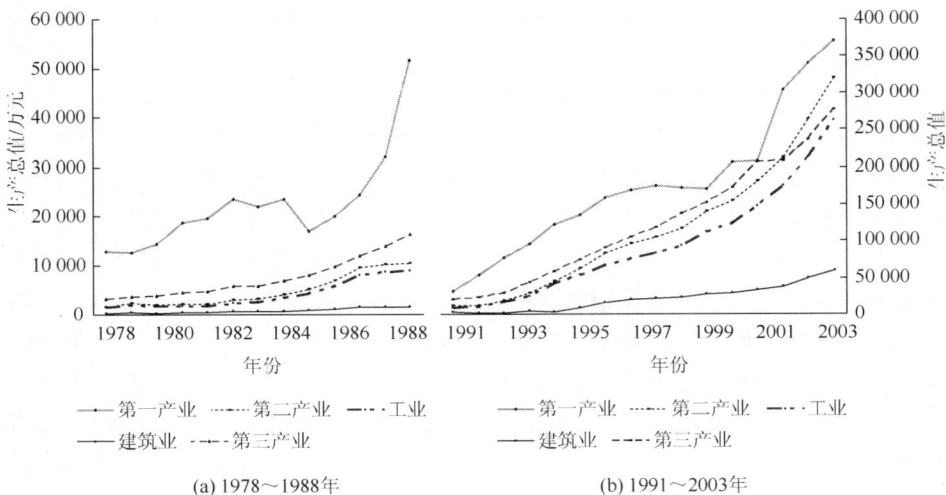

(a) 1978～1988年    (b) 1991～2003年

图 13-3　固始产业经济空间结构优化

很显然，因回归式产业转移中国柳编产业实现了空间优化，从山东、安徽等地转移并重新分布到了山东、河南、安徽、河北等地；同样地，回归式产业转移推动银针产业实现了空间优化，从苏州等地转移到了固始，而固始的半成品针已经超过苏州成为第一大生产基地。

进一步，我们以固始与全国、广东、江苏等发展水平差距作为衡量区域空间结构优化的第一组指标，而固始的三大产业间的差距为区域产业空间结构优化的第二组指标。这两组指标为因变量，而以产业增长以及固始柳编产业、银针产业的回归式产业转移等为自变量，建立回归模型：

$$y=\beta x+\mu$$

式中，$y=[c_{gz}, c_{gg}, c_{gj}, c_{21}, c_{23}]'$；$\beta=[\beta_1, \beta_2, \beta_3, \cdots]'$；$x=[yzb, jm, nm, cz, njc, jcc, ncc, oneg, twog, threeg, h, lzmg, ltcg, lbyg]'$；$\mu=[\mu_1, \mu_2, \mu_3, \cdots]'$。而 yzb 表示固始银针回归式产业转移阶段，分为 0、1、2、3、4 五个阶段；jm 为居民人均收入增长率；nm 为农民人均收入增长率；cz 为财政收入增长率；njc 为居民与农民收入差距；jcc 为居民与财政收入增长率之差；ncc 为农民与财政收入增长率之差；oneg 为第一产业增长率；twog 为第二产业增长率；threeg 为第三产业增长率；$h$ 为固始回归式产业转移的标志性变量，即 2001 年之前回归式产业没有发生，记为 0，而 2001 年之后则记为 1；lzmg 为柳条种植面积增长率；ltcg 为柳条产量增长率；lbyg 为柳编销售额增长率；$c_{gz}$ 为固始与全国差距；$c_{gg}$ 为固始与广东差距；$c_{gj}$ 为固始与江苏差距；$c_{21}$ 为第二产业与第一产业差距；$c_{23}$ 为第二产业与第三产业差距。

为此，通过 SPSS19.0 得到回归模型的结果，见表 13-1。表 13-1 最后三行表示所有模型均显著且总体变量显著（$R$ 与 $F$ 值都较高）。研究表明，第一，固始的回归式产业转移是区域差距缩小及区域空间结构优化的重要因素，更是产业差距缩小及区域空间结构优化的重要因素，虽然变量的 $t$ 检验值不高，但其系数较高（0.123、0.176）；第二，财政收入增长率是区域空间结构优化的重要影响因素，无论 $t$ 统计值和系数都较高（系数分别为 0.823、0.912、0.929），很显然，这与固始政府强力实施回归式产业转移政策密切相关；第三，第一产业和第三产业的增长也是促进区域空间结构优化的重要因素，但很明显的是，第一产业的系数均高于第三产业的系数，这表明第一产业比第三产业更能直接缩小地区之间的差距；第四，柳编产业的销售增长率既是区域差距的区域空间结构优化因素，也是产业差距的区域空间结构优化因素。总之，固始通过回归式产业转移在经济高速追赶的同时实现了包容性城镇化与区域空间结构的优化。

表 13-1　区域经济空间结构优化的回归模型

| 被解释变量 | 区域差距的区域空间结构优化 | | | 产业差距的区域空间结构优化 | |
| --- | --- | --- | --- | --- | --- |
| | $c_{gz}$ | $c_{gg}$ | $c_{gj}$ | $c_{21}$ | $c_{23}$ |
| 解释变量 | （1） | （2） | （3） | （4） | （5） |
| （Constant） | −0.026 | −0.120 | −0.060 | 0.212 | −0.008 |
| | −0.342 | −1.644 | −0.668 | 1.098 | −0.082 |
| yzb | −0.010 | 0.000 | −0.004 | −0.026 | −0.027 |
| | −0.383 | 0.019 | −0.127 | −0.372 | −0.752 |
| jm | −0.265 | −0.397 | −0.497 | −1.604 | −0.430 |
| | −0.541 | −0.839 | −0.853 | −1.302 | −0.683 |
| nm | −0.694 | −0.719 | −0.853 | 0.513 | −0.427 |
| | −0.855 | −0.917 | −0.883 | 0.229 | −0.374 |
| cz | 0.823 | 0.912 | 0.929 | −0.204 | 0.789 |
| | 1.554 | 1.782 | 1.474 | −0.147 | 1.107 |
| njc | −0.700 | −0.692 | −0.702 | 1.094 | −0.586 |
| | −0.837 | −0.856 | −0.705 | 0.484 | −0.508 |
| jcc | −0.848 | −0.980 | −1.017 | −0.030 | −0.742 |
| | −1.619 | −1.937 | −1.631 | −0.021 | −1.043 |
| ncc | — | — | — | | |
| oneg | 0.543 | 0.617 | 0.699 | | |
| | 3.214 | 3.781 | 3.479 | | |
| twog | −0.380 | −0.407 | −0.580 | — | — |
| | −1.605 | −1.779 | −2.057 | | |
| threeg | 0.254 | 0.481 | 0.535 | — | — |
| | 0.872 | 1.705 | 1.542 | | |
| $h$ | 0.058 | 0.081 | 0.063 | 0.123 | 0.176 |
| | 0.648 | 0.943 | 0.594 | 0.555 | 1.548 |
| lzmg | — | | | — | — |
| ltcg | −1.394 | −1.229 | −1.306 | −1.819 | −1.070 |
| | −2.241 | −2.044 | −1.764 | −1.205 | −1.387 |
| lbyg | 0.542 | 0.139 | 0.300 | 0.989 | 0.218 |
| | 0.613 | 0.163 | 0.285 | 0.410 | 0.177 |
| $R$ | 0.946 | 0.951 | 0.913 | 0.878 | 0.851 |
| $F$ | 5.657 | 6.256 | 3.332 | 4.119 | 3.204 |
| $P$ | 0.010 | 0.007 | 0.048 | 0.015 | 0.036 |

## 三、小结

本节以固始为案例分析了回归式产业转移如何促进欠发达地区实现包容

性城镇化和区域空间结构优化的具体实践，并给出了回归式产业转移与包容性城镇化及区域空间结构优化的内在逻辑，其结论探讨如下。

第一，欠发达地区的包容性城镇化与区域空间结构优化依赖于近年来欠发达地区所实施的"回归工程"，而经济增长的源动力来自于伴随企业家回归的产业回归，从而实现了回归式产业转移，既实现了欠发达地区内部的产业平衡，也实现了欠发达地区和发达地区之间的区域平衡，还实现了产业之间的平衡发展。

第二，欠发达地区的回归式产业转移随着基础条件和软硬环境的逐步完善，表现出阶段性回归的现象：从企业回归的规模看，第一阶段是小型企业回归，第二阶段是中型企业回归，第三阶段是大型企业回归，而第四阶段是产业链回归。

第三，回归式产业转移主要有四种类型：回归后创业型，代主自归生产型，创业成功后回归型以及产业集群抱团回归型，四种类型对应于不同成长阶段的企业家所实施的不同阶段的回归式产业转移。

第四，回归式产业转移与传统的产业转移相比，具有高速度、低成本，强动力、低障碍，大规模、低风险的典型特征，这些特征背后的深层机理是亲情、乡情和非正式制度等成为产业转移的重要拉动因素，并作用于土地、劳动力等，既改变了企业家进行产业转移的约束条件，也改变了其产业布局决策的目标函数。

第五，回归式产业转移使得产业链的决策中心发生了隐性转移，从而使得欠发达地区的企业家在产业布局、产品创新和战略调整时，更注重与环境的和谐，与员工的和谐，与政府的和谐等，并积极参与地方事务，使得回归式产业转移成为欠发达地区实现缩小收入差距、平衡区域差距、改善环境质量、促进社会和谐、完善社会治理等包容性增长的源动力和根本方法。

## 第二节　回归式产业转移对产业转型升级的推动效应

回归式产业转移不仅可推动包容性城镇化发展与区域空间结构优化，更能推动区域产业转型升级与社会经济可持续发展。为了更好地评估回归式产业转移对固始的产业转型升级与经济发展所贡献的积极效应，作者以固始银针产业集群作为实证样本进行梳理探讨以进一步对回归式产业转移的优化效应进行深入分析。

### 一、回归式产业转移对产业转型升级的理论概念

产业转型升级（transformation and upgrading）是经济学研究的一个古老主

题，也是一个新兴主题，但对产业转型升级的研究在近年来比较广泛。作者认为同时服务于多个价值链（multichain）的许多公司比那些单一价值链公司有更多更好的转型升级的前景。很显然，固始银针产业转型升级与一般产业转型升级有很大的不同，如图 13-4 所示。回归式产业转移模式区别于传统式产业转移模式，具有速度快、规模大、障碍小、模式新、成本低、动力强的特点。由此看出，固始银针产业回归式产业转移的集群式转型升级具有五个特征，即成本低、阻力小、速度快、模式新、风险小等。固始银针的回归式产业转移的集群式转型升级不仅迅速发展了银针产业集群，而且也带动了整个固始经济的发展，成为中原经济区经济增长的动力源泉。

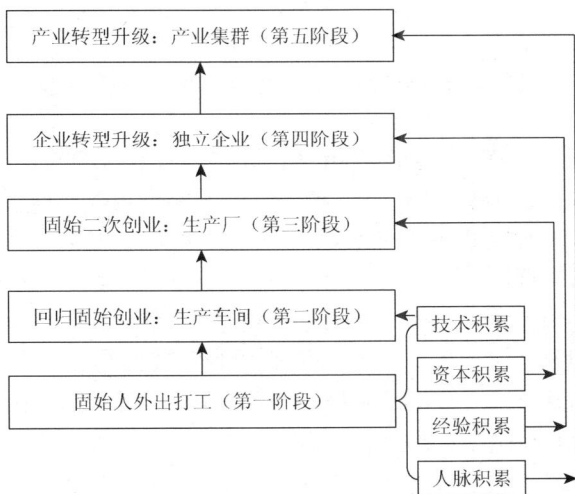

图 13-4　固始银针产业转型升级的理论机理

## 二、回归式产业转移对产业转型升级的实证探讨

1978 年以来刚刚改革开放的中国经济一片欣欣向荣，沿海地区如火如荼的飞速发展，然而固始经济一直徘徊不前，与整个中国经济发展严重的不相称、不协调。经过简单的相关系数计算，1978～1991 年固始经济发展速度与中国经济发展速度的相关系数为–0.782，而与河南经济发展速度也为–0.536，这说明固始经济在前 10 多年里无论是与中国经济发展速度相比还是与河南发展速度相比，都呈现出高度的负相关。随后 10 余年，固始经济发展速度与中国经济发展速度、河南经济发展速度的相关系数就分别为 0.495 和 0.641 了，即固始经济恢复"正常轨道"。作者认为前 10 多年（A 区域）固始人正在外出打工，积

累资本、技术、经验、管理能力、市场渠道和人脉等，如图 13-5 所示。

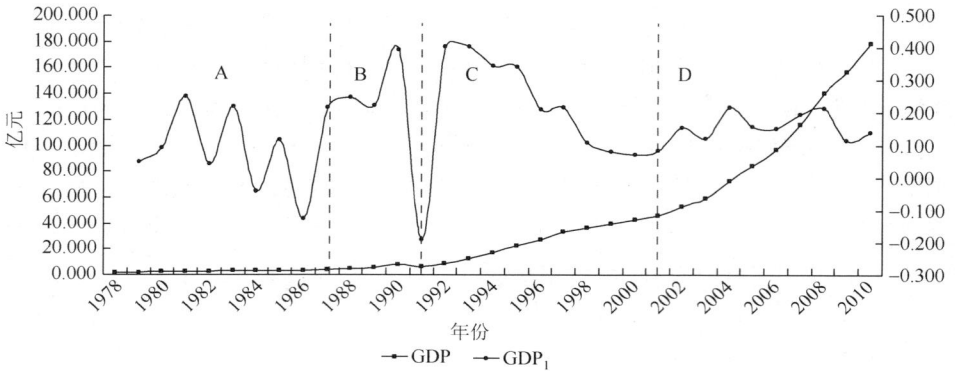

图 13-5　固始经济发展阶段、回归式产业转移阶段与固始银针产业集群转型升级阶段

很显然，基于 GDP 曲线和 GDP 增长速度曲线（GDP₁），前 10 多年的固始经济非常差，甚至 1991 年前后，经济发生了大滑坡。然而 1992 年年后，固始经济开始起步并逐渐趋于上仰，进入 B/C/D 区域。之所以分解为 B、C、D 区域，在于固始银针产业集群的发展与其他产业的发展不同步的滞后，C 区域才是银针产业外出务工的阶段，而 1995 年发生简单的回归式产业转移，随后经历第三阶段和第四阶段的企业二次创业和企业转型升级，直到 2002 年才开始了转型升级，其标志是 2002 年孙开明注册臻正牌银针，并随后带动更多银针企业，这也标志固始银针产业转型升级正式拉开了序幕，即 D 区域。将对不同阶段用阶段变量 v 表示，则对应指标分别为 0，1，2，3，通过 SPSS 分析得到表 13-2 和表 13-3。

表 13-2　固始经济各阶段表现（GDP 及增速）

| | GDP₁ | | | | GDP（亿元） | | | |
|---|---|---|---|---|---|---|---|---|
| V | 0 | 1 | 2 | 3 | 0 | 1 | 2 | 3 |
| N | 7 | 5 | 10 | 9 | 7 | 5 | 10 | 9 |
| 均值 | 0.0789 | 0.1778 | 0.2261 | 0.1627 | 2.8775 | 5.6341 | 28.6709 | 106.2431 |
| 标准差 | 0.1351 | 0.2193 | 0.1385 | 0.0383 | 0.487 | 1.6032 | 13.0482 | 44.2463 |

固始经济在第一阶段增速比较低，平均只有 7.89%，见表 13-3，这是因为固始人外出务工而出现了经济发展的短暂"空洞化"；而第二阶段增速比较快，平均达到了 17.78%，这是外出务工人员初步回归固始而形成的产业转移经济，因此速度比较快；第三阶段，固始银针产业的外出务工人员外出积累经验，而

其他产业继续回归，但同时，因为政策环境等因素的制约，即使回归的产业也部分再度迁回发达省份，使得经济表现出现了叠加效应，因此，固始经济出现了快速增长与阶段性下降相交合的趋势，也就是 C 区域中的增长速度的阶段性下降曲线；第四阶段则固始政府改变以前的落后政策，大力吸引外出务工人员返乡创业，并给予优惠措施和鼓励手段，使得这时候许多产业纷纷大规模回归，而固始银针产业也在这个阶段开始了转型升级。

表 13-3　固始经济各阶段表现之间差异的显著性检验

| 项目 | | Levene 方差齐性检验 | | 两均数是否相等的 t 检验 | | | | |
|---|---|---|---|---|---|---|---|---|
| | | $F$ 值 | $P$ 值 | $t$ 值 | 自由度 | $P$ 值 | 均数差值 | 标准误 |
| GDP1 | 第一阶段与第二阶段的比较 假设方差齐 | 0.489 | 0.500 | −0.972 | 10 | 0.354 | $-9.8869 \times 10^{-2}$ | 0.1017 |
| | 假设方差不齐 | | | −0.894 | 6.161 | 0.405 | $-9.8869 \times 10^{-2}$ | 0.1105 |
| | 第一阶段与第三阶段的比较 假设方差齐 | 0.193 | 0.666 | −2.176 | 15 | 0.046 | −0.1471 | $6.758 \times 10^{-2}$ |
| | 假设方差不齐 | | | −2.187 | 13.285 | 0.047 | −0.1471 | $6.726 \times 10^{-2}$ |
| | 第一阶段与第四阶段的比较 假设方差齐 | 7.944 | 0.014 | −1.786 | 14 | 0.096 | $-8.3729 \times 10^{-2}$ | $4.689 \times 10^{-2}$ |
| | 假设方差不齐 | | | −1.591 | 6.754 | 0.157 | $-8.3729 \times 10^{-2}$ | $5.262 \times 10^{-2}$ |
| | 第二阶段与第三阶段的比较 假设方差齐 | 0.333 | 0.574 | −0.525 | 13 | 0.608 | $-4.8210 \times 10^{-2}$ | $9.177 \times 10^{-2}$ |
| | 假设方差不齐 | | | −0.449 | 5.655 | 0.670 | $-4.8210 \times 10^{-2}$ | 0.1074 |
| | 第二阶段与第四阶段的比较 假设方差齐 | 6.177 | 0.029 | 0.208 | 12 | 0.839 | $1.514 \times 10^{-2}$ | $7.273 \times 10^{-2}$ |
| | 假设方差不齐 | | | 0.153 | 4.136 | 0.885 | $1.514 \times 10^{-2}$ | $9.888 \times 10^{-2}$ |
| | 第三阶段与第四阶段的比较 假设方差齐 | 17.239 | 0.001 | 1.324 | 17 | 0.203 | $6.335 \times 10^{-2}$ | $4.785 \times 10^{-2}$ |
| | 假设方差不齐 | | | 1.389 | 10.508 | 0.194 | $6.335 \times 10^{-2}$ | $4.562 \times 10^{-2}$ |
| GDP | 第一阶段与第二阶段的比较 假设方差齐 | 5.016 | 0.049 | −4.352 | 10 | 0.001 | −2.7567 | 0.6335 |
| | 假设方差不齐 | | | −3.724 | 4.532 | 0.016 | −2.7567 | 0.7402 |
| | 第一阶段与第三阶段的比较 假设方差齐 | 21.843 | 0.000 | −5.176 | 15 | 0.000 | −25.7934 | 4.9831 |
| | 假设方差不齐 | | | −6.245 | 9.036 | 0.000 | −25.7934 | 4.1303 |
| | 第一阶段与第四阶段的比较 假设方差齐 | 20.914 | 0.000 | −6.132 | 14 | 0.000 | −103.3656 | 16.8565 |
| | 假设方差不齐 | | | −7.008 | 8.002 | 0.000 | −103.3656 | 14.7499 |
| | 第二阶段与第三阶段的比较 假设方差齐 | 13.006 | 0.003 | −3.861 | 13 | 0.002 | −23.0368 | 5.9664 |
| | 假设方差不齐 | | | −5.501 | 9.532 | 0.000 | −23.0368 | 4.1880 |
| | 第二阶段与第四阶段的比较 假设方差齐 | 13.992 | 0.003 | −4.991 | 12 | 0.000 | −100.6089 | 20.1573 |
| | 假设方差不齐 | | | −6.813 | 8.038 | 0.000 | −100.6089 | 14.7662 |
| | 第三阶段与第四阶段的比较 假设方差齐 | 14.033 | 0.002 | −5.309 | 17 | 0.000 | −77.5721 | 14.6124 |
| | 假设方差不齐 | | | −5.065 | 9.251 | 0.001 | −77.5721 | 15.3151 |

　　尽管 GDP 增速中只有第一阶段和第三阶段之间的差异比较显著（$F$=0.193；

$t$—2.176）之外其他的 GDP 增速各阶段之间差异不显著。但是，GDP 在各阶段之间的差异却非常显著，见表 13-5，固始产业实现转型升级后其经济的稳定性也增加了，实现了跨越式的快速发展，原河南省委书记徐光春曾说过"固始让人看到了河南的希望。固始这个 160 万人的大县，在很多方面都具有符号意义和标本意义；值得挖掘，值得研究的东西太多了。"处在豫东南偏远山区的固始经济发展为河南发展增添了活力，为中原崛起起到了带动作用。回归后的固始商人进行二次创业，大力发展劳动密集型产业，提高了固始剩余劳动力利用率，还为周边县市的劳动力提供大量就业岗位，也改变了固始县城的格局。城市框架从 3.5 公里拉大到 40 多平方公里，建成区面积达 39.5 平方公里，常住人口 37.3 万人，农村集镇面积 75.7 平方公里，集镇人口 31.2 万人，全县城镇化率达到 35.2%。2010 年，全县国内生产总值达到 176.4 亿元，财政一般预算收入 4.36 亿元，全社会固定资产投资 126.80 亿元，社会消费品零售总额 75.33 亿元。2010 年固始全县工业实现增加值 50.3 亿元，重点工业企业发展到 137 家，其中销售收入超亿元工业企业达到 5 家，超 5000 万元达到 12 家。拥有国家级产业化重点龙头企业 1 家。固始经济增长的奇迹离不开回归式产业转移和集群式转型升级，固始银针产业集群式转型升级的成功经验值得河南甚至全国借鉴。

## 三、小结

本节以银针产业回归式产业转移为研究案例探讨回归式产业转移对转型升级与经济发展的推动作用，不难发现回归式产业转移具有其自身独特的优势，对欠发达地区结构优化有着重要的促进作用。具体体现在以下几个方面。

（1）回归式产业转移带动当地产业结构升级。我国欠发达地区的经济发展较低以第一产业为主，处于产业链条末端。通过回归式产业转移可将成熟产业转移至家乡，既享受了当地资源、制度政策等优惠条件，也促进当地产业结构升级优化。十几年前河南固始是偏远落后国家级贫困县，但近几年回归式产业转移推动工业化程度大幅提升，加工制造业的 GDP 贡献率已远超传统农业，被称为"小温州"。这表明回归式产业很大程度上促进欠发达地区产业结构升级优化。

（2）回归式产业转移优化当地资源配置结构。回归式产业转移对欠发达地区的转移效应体现在对欠发达地区劳动力、土地等资源的充分利用。固始银针生产工序简单，这尤其为不宜从事重体力劳动的妇女和老人提供了方便，平时农闲时间都能用来从事生产。这些在很大程度上优化了当地资源配置结构，提高了经济运行效率。

（3）回归式产业转移调节收入结构优化。我国欠发达地区经济发展水平低，收入水平处于全国人均收入以下。回归式产业转移利用当地废弃资源和闲散劳动力，提高当地居民收入水平来改善收入分配局部甚至整体的收入分配不均衡，拓宽当地群众的收入来源，从而调节贫富差距，优化收入分配结构。

（4）回归式产业转移优化城乡人口结构、改善城乡二元经济格局。回归式产业转移通过优化当地产业结构、改善收入分配状况，促进当地城镇化进程。随着收入状况的好转，农村地区的居民为了更好的生活环境、教育条件开始向城区迁移。固始县自回归工程之后，城区面积扩大了一倍，城区常住人口增加了一倍多。这表明回归式产业转移在优化城乡人口结构、改善城乡二元经济格局方面具有突出优势。

（5）回归式产业转移加速基础设施升级建设。良好的基础设施建设对引进回归式产业转移具有很强的引力作用。产业转移既促进当地经济发展，也改善基础设施建设状况。很多企业家无偿投资社会基础设施建设，造福当地父老乡亲，这是一般的产业转移所不具有的优势。当然，当地基础环境的优化和改善能吸引更多的企业家回到家乡投资，为当地经济腾飞注入新的动力。

# 参 考 文 献

丁冰，王颖春. 2012-5-2. 中西部承接产业转移不能过于分散. 中国证券报，第 3 版.

郭力，陈浩. 2013. 我国城市化动力机制的阶段差异. 城市问题，（1）：16-19.

蒋高明. 2013-03-23. 建设美丽中国要正确理解城镇化. 人民日报，第 2 版.

孙颖萍，赵亮，夏义. 2012. 我县召开工业经济暨招商引资工作会议. http://www.gsw.gov.cn/html/zhao shangyinzi/touzidongtai/46977_2.html[2012-3-21].

王营. 2013-03-21. 城镇化新增需求庞大 房企偏爱一二线. 21 世纪经济报道，第 3 版.

吴爱芝，李国平，孙铁山，等. 2012. 北京世界城市区域的空间范围划分研究. 城市发展研究，（11）：64-69.

习近平. 2013-3-9. 城镇化过快过慢都不行. 人民日报，第 1 版.

新华社. 2008. 新华纵横："回归工程"的隐忧. http://www.gushi-window.com/thread-48645-1-1.html[2008-06-13].

薛澜. 2013. 城镇化核心是保证人的城镇化. 中国经济网. http://www.ce.cn/cysc/fdc/fc/201303/23/t20130323_21452430.shtml[2013-3-23].

周阳敏. 2011. 回归式产业转移与集群升级研究——对固始银针产业集群的案例实证. 产经评论，（6）：20-31.

周阳敏. 2012. 制度资本与回归式产业转移理论模型与实证研究. 济南：2012 年中国经济学年会.

周阳敏. 2013. 包容性城镇化、回归式产业转移与区域空间结构优化——以河南省固始县为例. 城市发展研究，（11）：20-26.

周阳敏，高友才. 2011. 回归式产业转移与企业家成长："小温州"固始当代商人崛起实证研究. 中国工业经济，（5）：139-148.

Barron A D，Donn M J. 2013. Effect of urbanisation on the water balance of a catchment with shallow groundwater. Journal of Hydrology，485（2）：162-176.

Chen A，Gao J. 2011. Urbanization in China and the coordinated development model—The case of Chengdu. The Social Science Journal，48（3）：500-513.

Chen M X，Liu W D，Tao X L. 2013. Evolution and assessment on China's urbanization 1960-2010：Under-urbanization or over-urbanization. Habitat International，（38）：25-33.

Lehmann S. 2012. Can rapid urbanisation ever lead to low carbon cities? The case of Shanghai in comparison to Potsdamer Platz Berlin. Sustainable Cities and Society，（3）：1-12.

Marchetti M P，Lockwood J L，Light T. 2006. Effects of urbanization on California's fish diversity：Differentiation，homogenization and the influence of spatial scale. Biological Conservation，127（3）：310-318.

Rasoolimanesh S M，Badarulzaman N，Jaafar M. 2012. City Development strategies（CDS）and sustainable urbanization in developing world. Procedia-Social and Behavioral Sciences，（36）：623-631.

Shome S. 2013. India's urbanization and business attractiveness by 2020. Cities，31（4）：412-416.

Verma A，Sudhira H S，Rathi S，et al. 2013. Sustainable urbanization using high speed rail（HSR）in Karnataka，India. Research in Transportation Economics，38（1）：67-77.

Zhang C G，Lin Y. 2012. Panel estimation for urbanization，energy consumption and $CO_2$ emissions：a regional analysis in China. Energy Policy，（49）：488-498.

# 第五篇

---

## 中国区域产业转移与空间结构优化政策研究

本部分包括第十四章（中国区域空间结构发展特征和趋势）、第十五章（面向区域空间结构优化的产业转移推进路线与政策），是本书总结和升华的部分。其中，第十四章依托于本书中各篇大量的理论和实证研究，对中国区域空间结构在全国、大区、都市圈等多个空间维度上的基本发展特征和趋势进行了归纳。分析得出点—轴基本格局依旧存在，同时轴线延伸与交错促成了部分地区的准网络化趋势。不同大区和省市的空间格局所处阶段有一定差异，但均表现为由点状到线状、继而向多中心和网络化方向的发展趋势。

　　第十五章在区域空间结构优化的目标导向下，分别在全国、大区、都市圈三个空间尺度上提出了未来产业的转移推进路线和重点政策。在全国层面，应继续坚持自东向西的区际产业转移推进路径，缓解区域发展不平衡问题，并通过构建快速便捷的区域交通网络和提供优质高效的政府配套服务，保障产业转移的顺利实施。在大区层面，东部沿海地区应重点推动区域内部优势分散化的扩散式转移，促进空间格局继续向"多核心、网络化"演化；中部、西部和东北地区应在因地制宜地承接东部产业转移的同时，积极发展本地优势产业，推动空间格局由"点—轴"向"网络化"演化，缩小区域内发展差距。在都市圈层面，京津冀、长三角、珠三角三大都市圈作为中国区域发展格局中的优化开发区域，产业转移的重点是解决都市圈内部发展不平衡问题，在城市之间（尤其是中心城市和周边城市之间）构建基于价值链分工的区域产业体系，实现都市圈内部协同发展。

# 第十四章
# 中国区域空间结构的发展特征和趋势①

　　区域空间结构形成及其演化不仅有自然禀赋、地理区位、历史和社会文化、基础设施分布、政策制度、劳动力流动、资金流动、市场发育程度等被普遍关注的影响因素，也有信息、科技、生态环境、体制创新等新因素（Masahisa 和 Hu, 2001）。在信息化、全球化和网络化的新时代背景下，经济社会发展并没有出现"去空间化"，而是导致区域空间结构的深度演化与重构，加速了区域空间结构的网络化过程和全球经济空间的紧密联系（李国平等，2009）。对外贸易、运输成本、人口迁移限制、劳动力供给弹性和规模经济程度的持续改变都将对区域空间结构模式产生影响。

　　总的来说，新中国成立以来的中国区域空间结构发生了较大变化，尽管仍以"点—轴"模式为主，但正逐步向"网络化"模式迈进，已经呈现出"准网络化"的空间格局。随着经济发展和交通基础设施的建设，中国区域空间结构正向高级化方向加速演化。20世纪90年代中期以来的各地区竞相发展，使得中国的空间结构呈现出更加显著的区域差异。这种差异可概括为：东部沿海地区已经步入区域空间结构演化的高级阶段，表现为多中心的网络化模式；中部地区基本处于"点—轴"系统发展阶段，呈现出极核集聚、按轴带拓展的空间

---

① 本章部分内容已发表: 李国平，王志宝. 2013. 中国区域空间结构演化态势研究. 北京大学学报（哲学社会科学版），50（3）：148-157.

模式;西部地区基本上停留在"极核式"发展阶段,极核集聚成为该地区主要的空间模式;东北地区处于"点—轴"系统的成熟发展阶段,局部地区呈现出准网络化的空间发展特征。此外,东部地区的京津冀、长三角、珠三角三大都市圈均进入了多中心、网络化发展阶段,但发育程度仍然存在较大的差异。

# 第一节 全国层面的区域空间结构发展特征和趋势

当前是中国全面建成小康社会的关键时期,转变发展方式、调整经济结构,保障民生、实现可持续发展已经成为社会经济发展的主线。同时,中国以投资与创新驱动型经济增长模式正在逐步取代要素驱动型经济增长模式,区域经济增长进入规模报酬递增阶段。因此,伴随着全球化的发展,对外贸易、运输成本、人口迁移限制、劳动力供给弹性和规模经济对中国区域空间结构模式会产生怎样的影响,如何进行高效的区域空间结构调整等问题,都需要对中国区域空间结构的发展趋势进行深入探讨和总结,方能提出面向未来的中国区域空间结构战略格局。

中国区域空间结构的形成与演化受到诸多复杂因素的深刻影响,其中地理区位和自然环境仍是直接影响中国区域空间格局的主导因素。随着改革开放以来的中国快速融入全球生产网络,其区域空间结构受经济全球化的影响尤为突出,这一过程更受到国家国土开发战略和区域政策因素的强化。中国区域空间结构及其演化的基本走向并没有发生根本改变,东中西三大地带之间依然维系着非均衡发展的基本格局。同时,三大地带内部仍然表现出极其明显的区域内部差异,东部沿海部分地区的区域一体化趋势在不断加强,形成"β趋同"(贾俊雪和郭庆望,2007)。虽然地区间存在着显著的经济收敛性(许召元和李善同,2006),但"十二五"期间,全国城镇体系已向水平网络演化,区域性差异仍然很大,重组区域空间结构将成为新时期中国区域经济发展的重要战略任务,但前提是对当前中国区域空间结构演化态势的准确判断。

对当前中国区域空间结构的大势判断,基本上可以分成两大类:一类认为中国区域差异先扩大后不断缩小,区域空间结构变动趋同;另一类认为中国区域差异一直不断扩大,区域空间结构变动差异明显,尤其是地区内部差异。这种判断分歧可归因于研究时空角度、基本单元、研究方法与数据等方面的差异。

## 一、"点—轴"基本格局依旧,轴线延伸与交错促成了部分地区的"准网络化"

在中国现有的 288 个地级以上城市中,一半以上分布在占地不到 1/5 的东部沿海地区，分布密度呈现出由东向西快速降低的特征。近 20 年来，尽管中西部地区开发力度不断加大，但与东部沿海的差距还是非常明显，仍然属于东部经济核心区的腹地。ER、TW 指数分析表明，中国区域空间极化现象整体上在不断强化，尤其是沿海与内陆、高城镇化与低城镇化地区之间的极化现象（郭腾云，2004）。从全国层面来看，中国区域空间结构整体上还处于"点—轴"模式为主的发展阶段，同时出现了向网络化模式转变的态势，但转变进程仍相对缓慢。

1984 年，陆大道提出中国国土空间的"T"字形结构（即由东部沿海地带"纵轴"和长江中下游沿岸地带"横轴"所构成的"T"字形结构）（陆大道，2001），该区域空间结构顺应了中国当时推行的沿海开放战略，并随着中国东部地区的率先发展及长江中下游地区的快速开发在 20 世纪 90 年代得以强化。

"T"字形区域空间结构，主要源于依托地区生产要素、自然地理与经济基础形成的以经济地域组织形式（地域生产综合体）而客观存在的沿海、沿江发展轴线和后期建设的主要交通轴线。这种明显的非均衡区域空间结构的形成既取决于沿海、大江大河、山地与平原交接、主要铁路线的地理分布，也在于人类在不同历史时期改造自然的努力，如生产条件与开发政策等。

21 世纪以来，伴随着西部大开发、东北振兴以及中部崛起战略的实施，中国区域发展重心逐步从沿海向内地、从长江沿岸向外围扩展，"T"字形区域空间结构向不同方向进行延伸与交错，特别是东部地区的轴线交错程度高，局部地区出现了一定程度的"网络化"。关于中国区域空间结构形态方面，也有"开"字形、"弗"字形、"目"字形等提法（陈建军，2007），但这些提法都是"点—轴"式空间结构的形态。

目前，中国主要经济轴线基本覆盖了东部沿海地区和中部地区，而四大地区（东部、西部、中部、东北）间的区域空间结构差异明显，即东部沿海地区已经呈现出"准网络化"的空间结构形态，而中部地区尚处在"点—轴"和"网络"结合的区域空间结构状态，广大的西部地区已形成几条发展轴带和若干个极核，东北地区则形成一条纵向发展轴带和几个极核。区域空间结构的网络复杂程度由东部沿海地区向西部内陆地区逐步简化，并形成了北京、上海两大全国性的区域核心和几个次区域性核心。

"沿海和沿江轴线在较长时期内依然是推动中国区域经济发展的两大驱动轴"（陆玉麒和董平，2004），同时中国形成多条以交通干线为依托的新经济轴线束（蒋洪旭等，2010）。这些新的交通干线既是构建中西部地区空间结构的主要骨架，也是全国区域空间结构从"点—轴"模式向网络化演化的重要推力。中国的两条主要经济轴线（东部沿海地区轴和长江轴）将继续支撑全国区域空间结构的发展与演化。伴随着全国"T"字形区域空间结构不断向外拓展，东部沿海地区尽管仍然是人口和经济的重心，但也出现了逐步向中西部地区延伸的态势；其延伸的方向多是南北纵向勾连，而非东西横向连接；新增的经济轴线主要以连接东西向主干线的次区域间的南北向发展轴带，并主要集中于中部地区，而西部地区则没有南北向的次区域间发展轴带。

总而言之，单一的圈层式发展不再是各地区发展的唯一模式，多极化发展成为未来区域空间结构的演化重要方向。多核心、多中心的大都市圈、城镇群成为各地区发展的门户与经济高地，集聚经济型城镇体系成为未来的发展趋势。同时，由于资源禀赋和发展机制的差异，各地区的区域空间结构演化处于不同的阶段，演化速度也存在着很大差异。东部沿海地区的区域空间结构将会一直处于全国领先的地位，而中西地区的区域空间结构演化速度将会不断加快。东部沿海地区的区域空间结构进入"面域"阶段，即"内涵式"网络化阶段，而原来的测度指标将很难反映其区域空间结构变动，但可以很好地体现中西部地区的区域空间结构变动。

## 二、区域交通基础设施建设快速推进，促进了区域空间结构的网络化发展

在计划经济时代，"三线"建设的结果曾一度使全国区域空间结构向着均衡格局的方向演变，但全国经济重心仍在东部沿海地区。改革开放以来，东部沿海地区的率先发展导致了区域间差异不断扩大，加剧了全国区域空间结构的非均衡性。

2000年以前，作为能够对全国区域空间格局产生重大影响的道路基础设施建设重心在东部地区，1995~2000年东部地区道路总面积和路网密度指数（1995年为100）高达290.76，而中部、西部、东北地区分别为239.90、165.22和151.18。2000年以来，伴随着国家启动西部大开发、东北老工业基地振兴、中部地区崛起等战略实施，道路基础设施建设重心发生很大转移，中西部地区成为道路基础设施建设的重点地区，其2000年和2005年的道路总面积和路网密度指数分别为189.4和238.7，大大高于东部地区的148.8。2005~2010年则延续2000年以来的势头，中西部地区进一步加快发展，其道路建设总面积和路网密度指数分别为146.0和162.1，大大高于东部地区的122.4（表14-1）。中西部地区道路基础设施建设大大改善了区域通达条件和区位条件，有力地支撑了"十一五"期间中西部经济的快速发展，对全国区域空间结构的重塑产生了重大影响，使全国的经济轴线不断向中西部地区延伸。

表 14-1　历年全国四大地区的道路建设状况

| 区域 | 指标 | 1995 年 | 2000 年 | 2005 年 | 2010 年 |
|---|---|---|---|---|---|
| 东部地区 | 道路面积/平方公里 | 1 113.58 | 3 237.84 | 4 818.27 | 5 899.92 |
| | 相对密度/（平方公里/10³ 平方公里） | 0.12 | 0.36 | 0.54 | 0.66 |
| | 相对指数 | 100 | 290.76 | 432.68 | 529.81 |
| | | | 100 | 148.8 | 182.2 |
| | | | | 100 | 122.4 |
| 中部地区 | 道路面积/平方公里 | 530.59 | 1 272.90 | 2 410.39 | 3 518.96 |
| | 相对密度/（平方公里/10³ 平方公里） | 0.05 | 0.13 | 0.25 | 0.36 |
| | 相对指数 | 100 | 239.90 | 454.29 | 663.22 |
| | | | 100 | 189.4 | 276.5 |
| | | | | 100 | 146.0 |
| 西部地区 | 道路面积/平方公里 | 421.97 | 697.17 | 1 664.34 | 2 697.24 |
| | 相对密度/（平方公里/10³ 平方公里） | 0.02 | 0.03 | 0.08 | 0.13 |
| | 相对指数 | 100 | 165.22 | 394.43 | 639.21 |
| | | | 100 | 238.7 | 386.9 |
| | | | | 100 | 162.1 |
| 东北地区 | 道路面积/平方公里 | 319.49 | 483.01 | 747.83 | 1 080.48 |
| | 相对密度/（平方公里/10³ 平方公里） | 0.05 | 0.07 | 0.11 | 0.15 |
| | 相对指数 | 100 | 151.18 | 234.07 | 338.19 |
| | | | 100 | 154.8 | 223.7 |
| | | | | 100 | 144.5 |
| 全国 | 道路面积/平方公里 | 2 385.63 | 5 690.91 | 9 640.83 | 13 196.60 |
| | 相对密度/（平方公里/10³ 平方公里） | 0.05 | 0.12 | 0.20 | 0.28 |
| | 相对指数 | 100 | 238.55 | 404.12 | 553.17 |
| | | | 100 | 169.4 | 231.9 |
| | | | | 100 | 136.9 |

注：表中缺少西藏自治区数据，数据来源为历年《中国统计年鉴》；本表数据不包括港澳台地区

　　就各省（市）区而言，道路等基础设施建设得到普遍重视，"要想富，先修路"已经成为交通不发达地区尤其是中西部地区区域经济发展的重大战略举措。经过近 15 年的建设，各省市区路网密度均得到快速增大，为国土空间结构的均衡发展提供了基础条件。尽管 2000 年以来东部地区的道路建设速度落后于中西部地区，但东部地区主要省市的交通密度仍大大高于中西部地区特别是西部地区。值得关注的是，在 1990 年年底交通密度比较低的一些东部沿海省份快速提升，使得整个东部地区总体交通密度大大提高，除福建、海南外东部各省的路网密度均大于 0.5 公里/10³ 平方公里，上海、江苏则大于 1.0 公里/10³ 平方公里，网络化程度不断加强，区际及区内经济联系日益密切，网络化水平明显提高。

近十多年来，中国高速公路的快速发展大大加速了国土空间的可达性及其经济均衡发展。1996 年全国高速公路总里程仅有 3365 公里，路网密度仅为 0.35 公里/$10^3$ 平方公里，而到 2012 年高速公路里程 95 856 公里，路网密度达到 9.99 公里/$10^3$ 平方公里，增长 25.45 倍。其中，东部地区增长了 14.1 倍，东北地区增长了 15.4 倍，中部地区增长了 40.6 倍，而西部地区增长高达 487.5 倍（表 14-2）。

表 14-2　历年全国四大区域高速公路建设情况

| 区域 | 指标 | | 1996 年 | 2000 年 | 2005 年 | 2010 年 | 2012 年 |
|---|---|---|---|---|---|---|---|
| 东部地区 | 路网密度/ | 里程/公里 | 2 033 | 7 842 | 16 724 | 26 365 | 30 695 |
| | （公里/$10^3$ 平方公里） | 路网密度/（公里/$10^3$ 平方公里） | 2.20 | 8.49 | 18.10 | 28.53 | 33.21 |
| | | 相对指数 | 100 | 386 | 823 | 1 297 | 1 510 |
| 中部地区 | 路网密度/ | 里程/公里 | 632 | 2 925 | 10 476 | 19 893 | 26 311 |
| | （公里/$10^3$ 平方公里） | 路网密度/（公里/$10^3$ 平方公里） | 0.61 | 2.85 | 10.19 | 19.35 | 25.59 |
| | | 相对指数 | 100 | 463 | 1 658 | 3 148 | 4 163 |
| 西部地区 | 路网密度/ | 里程/公里 | 58 | 3 677 | 10 530 | 21 096 | 28 330 |
| | （公里/$10^3$ 平方公里） | 路网密度/（公里/$10^3$ 平方公里） | 0.01 | 0.54 | 1.54 | 3.08 | 4.13 |
| | | 相对指数 | 100 | 6 340 | 18 155 | 36 372 | 48 845 |
| 东北地区 | 路网密度/ | 里程/公里 | 642 | 1 707 | 3 273 | 6 906 | 10 520 |
| | （公里/$10^3$ 平方公里） | 路网密度/（公里/$10^3$ 平方公里） | 0.81 | 2.17 | 4.15 | 8.76 | 13.35 |
| | | 相对指数 | 100 | 266 | 510 | 1 076 | 1 639 |
| 全国 | 路网密度/ | 里程/公里 | 3 365 | 16 151 | 41 003 | 74 260 | 95 856 |
| | （公里/$10^3$ 平方公里） | 路网密度/（公里/$10^3$ 平方公里） | 0.35 | 1.68 | 4.27 | 7.74 | 9.99 |
| | | 相对指数 | 100 | 480 | 1 219 | 2 207 | 2 849 |

数据来源：《中国城市统计年鉴》(1997 年、2001 年、2006 年、2011 年) 和中国高速网 http://chx.cngaosu.com/
注：本表数据不包括港澳台地区

总体而言，经过三个"五年"规划期间的发展，全国道路基础设施及其主要经济轴线逐步向中西部地区延伸，并在延伸的过程中相互交叉，使得全国区域空间结构开始由"点—轴"模式向网络化模式演变，进入了"准网络化"阶段。


## 第二节　大区层面的区域空间结构发展特征和趋势

中国大区间特别是东中西三大地带间的区域空间结构差异非常明显，东中西间的区域梯度差很大，归因于各自不同的区位条件、发展阶段差异及不同时期的国家发展战略导向。不同时期的国家发展战略成为改变区域间梯度差异的重要原因之一，每一次的国家重点发展地区都成为所在区域的增长极。根据区域空间结构演化的三阶段划分法，在大区层面上，中国区域空间结构差异表现为：东部沿海地区已经进入网络化发展阶段，尤其是沿海三大都市圈；中部地区进入多中心的"点—轴"发展阶段，围绕省会城市形成了各自的省会经济区或城市群（城市圈）；东北地区"T"字形的"点—轴"结构进一步强化；西部地区还处于单中心的极核增长阶段，其"西三角"经济区最有可能发展成为引领中国区域增长的"第四极"。

## 一、东部沿海地区大多处于多中心、网络化发展阶段

新中国成立以来，东部沿海地区一直是中国经济的重心所在。东部沿海地区既是中国对外开放的门户，也是参与全球竞争的桥头堡。尽管不同时期的国家区域发展战略侧重点不同，但"区域发展战略转移"并没有动摇东部沿海地区作为全国经济重心的地位。中国内地最大的三大都市（上海、北京和广州）都分布在东部沿海地区，并构建了各自在本地区的区域生产网络和城镇体系，由此形成中国沿海地区最为发达的大都市圈，其发育程度已经接近世界发达地区的水平。东部沿海地区的区域空间结构进入网络化阶段，其特征主要表现为以下几点。

### （一）东部沿海地区大都处于网络化集聚阶段

东部沿海地区的长三角、珠三角和京津冀三大都市圈的网络化程度远高于同处于东部沿海地区的山东半岛、福建海峡西岸经济带等地区。在东部沿海地区内部，根据各地区的区域网络化程度，既有多中心的高端网络化地区（长三角地区、珠三角地区、京津冀地区），也有双中心的网络化地区（山东半岛城镇群）。根据其空间组织模式的特征，则可分成中心地模式（长三角地区）和网络化模式（京津冀地区）两类（赵渺希，2011）。

1906～2000年的全国铁路网通达性系数计算结果（金凤君和王姣娥，2004）和长三角公路网的可达性分析结果表明：东部沿海地区的铁路网交通通达性远高于全国平均水平，其交通通达性最高点呈现出从京津冀不断向南转移的态势。东部沿海地区内部的区域网络化发展程度同样存在明显差异，以各大都市区为核心分别向周边地区进行纵向或横向的网络连接。全球六大城市密集区域之一的长三角地区正处在区域网络集聚和一体化加强的阶段，而跨地域的经济交流则弱化了传统的中心地特征，转而加强向区外扩散的趋势和多

核心趋势（赵渺希，2011）。

## （二）东部沿海地区大都呈现出多中心集聚状态

中国半数以上的大中城市分布在东部沿海地区，并成为本地区中心或次中心。这些大中城市大多处于向心集聚发展阶段，其快速发展也导致了东部沿海地区的多中心集聚发展。东部沿海地区一直是中国经济最发达的地区，也是最先对外开放的地区，更成为全国经济体制改革的试验平台。单以长三角地区为例，从开埠以来的单中心（上海）到新中国成立以来的双中心（上海、南京）再到改革开放以来的多中心（上海、南京、杭州、宁波）。这一发展历程表明，多中心集聚的网络化发展模式正成为东部沿海地区区域空间结构发展的新特征。

近十年来，国家出台了多项区域发展战略，加速了各地区的网络化进程，如《珠江三角洲地区发展规划纲要（2008—2020）》、《国务院关于支持福建省加快建设海峡西岸经济区的若干意见（国发〔2009〕24号）》等。这些区域发展战略都是在本地区区域空间结构发展到一定阶段时，应对经济全球化与区域一体化的时代要求，为促进区域协调发展而制定的发展战略规划。目前，长三角、珠三角已经进入多中心的网络化集聚发展阶段，初步形成了多核心扩展联合的网络结构，形成了全球城市区域（global city-region）（赵渺希，2011），而京津冀、山东半岛等进入了双中心的网络化集聚发展阶段。

## （三）门户城市与枢纽城市促进区域开发偏向于开放和流动

东部沿海地区的区域空间结构开始由传统的向心型中心地模式向开放型的网络化模式转变（蒋洪旭等，2010），而且已经打破了原有的纵向垂直型生产网络。在这一转变过程中，门户城市和枢纽城市起到至关重要的作用。基于"流动空间"理论，东部沿海地区的区域网络交互作用加强，导致其区域空间结构随着信息技术革命的推动而偏于开放和流动，不再拘泥于传统的"诸侯经济"模式。东部沿海地区的各大城镇密集区都有自己的门户城市与枢纽城市（表14-3），对沟通内外联系、加强内部合作、提升地区竞争力具有重要作用。

表14-3　东部沿海地区主要城镇密集区的空间结构

| 城镇密集区 | 门户城市 | 枢纽城市 | 主要经济轴带 |
|---|---|---|---|
| 长三角（1+15） | 上海 | 南京、杭州 | 沪宁、沿江经济轴带；沪杭、沿湾经济轴带；沿海经济轴带 |
| 大珠三角（2+9） | 香港、澳门 | 广州、深圳 | 三轴（穗深发展轴、穗珠澳发展轴、沿海发展轴）；一湾三区（珠江口湾区和广佛、港深、澳珠三大都市区） |
| 京津冀（2+8） | 北京、天津 | 石家庄 | 三轴（京津主发展轴、京唐秦发展轴、京保石发展轴） |

| 城镇密集区 | 门户城市 | 枢纽城市 | 主要经济轴带 |
|---|---|---|---|
| 海峡西岸（2+18） | 福州、厦门 | 泉州 | 一带（沿海发展带）、五轴（福州-宁德-南平-鹰潭-上饶发展轴；厦门-漳州-龙岩-赣州发展轴；泉州-莆田-三明-抚州发展轴；温州-丽水-衢州-上饶发展轴；汕头-潮州-揭阳-梅州-龙岩-赣州发展轴）、九区（厦门湾发展区、闽江口发展区、湄洲湾发展区、泉州湾发展区、环三都澳发展区、温州沿海发展区、粤东沿海发展区、闽粤赣互动发展区、闽浙赣互动发展区） |
| 山东半岛（2+6） | 青岛 | 济南 | 两条区域发展主轴或城市带（济南-淄博-潍坊-青岛轴线、日照-青岛-威海-烟台轴线） |

数据来源：《长江三角洲地区区域规划（2009—2015）》、《珠江三角洲地区改革发展规划纲要（2008—2020）》《泛珠三角区域合作发展规划纲要（2006—2020）》、《首都圈及其功能定位研究（研究报告）》、《海峡西岸经济区发展规划（2011）》、《海峡西岸城市群发展规划（2008—2020）》、《山东半岛城市群总体规划（2006—2020）》、《山东半岛蓝色经济区发展规划（2011—2020）》等

东部沿海地区各大城镇密集区一般拥有 1～2 个门户城市，既是联系地区内外社会经济活动的重要结点，又是本地区的中心城市。与之相对应的枢纽城市则既是本地区的中心城市，又是内部主要综合交通经济带的交汇点。二者相互协同，促进了本地区生产网络的构建与竞争力的提升。近年来，伴随着高速铁路、高速公路的大规模建设，其沿线地区最有可能成为未来经济发展的隆起带（杨维凤，2010），特别是高速铁路的大规模修建将有可能改变现有各地区门户城市与枢纽城市的地位，同时更有利于提升本地区区域空间结构的开放性与流动空间的稳定。

## 二、中部地区大多处在"点—轴"系统发展阶段

自"中部崛起"战略实施以来，中部六省得到了长足发展，但发展最快的还是各省区的核心城市，并最终发展成为本地区的增长极。中部地区整体上进入了"点—轴"系统发展阶段，且以单中心的极核集聚和主要轴带拓展为主要空间发展模式。

作为"点"的城市，特别是武汉、郑州、长沙等省会城市，借助其全国性交通枢纽的地位，已经成为中部地区发展的增长极。这些省会城市在发展自身的同时，带动周边区域的发展，形成了围绕省会城市的经济集聚区或省会城市群（都市圈）。中部地区现有 6 个省会城镇群或都市圈（表 14-4），基本上都呈现出"一主一副"双中心模式，但发展程度则差异很大，如武汉城市圈已经形成了交错的几条发展轴，具备了都市圈发展的三大圈层结构，而太原城市群的发展则以"太晋一体化"为主，仅初步形成了一个地区增长极核，远没有形成地区间的圈层结构，甚至还没有形成经济发展轴带。中部地区相对成熟的城市

群或都市圈都位于全国主要经济轴带上，发育不完善的城市群或都市圈则多受区位或地形条件的影响（如大环鄱阳湖城市群），往往局限在本地区发展。

表 14-4  中部地区主要省会城市群或都市圈的区域空间结构

| 省会城镇群或都市圈 | 核心城市 | 外围城市 | 主要经济轴带 |
|---|---|---|---|
| 武汉城市圈（1+8） | 武汉（主）黄石（副） | 鄂州、黄冈、孝感、咸宁、仙桃、天门、潜江 | 二纵（京广线、京珠高速）；二横（黄金水道物流运输线以及宜黄高速公路） |
| 中原城市群（1+8） | 郑州（主）洛阳（副） | 开封、新乡、焦作、许昌、平顶山、漯河、济源 | 一条主轴（陇海产业发展带）；3条副轴（新郑漯京广产业轴、新焦济南太行产业轴、洛平漯产业轴） |
| 长株潭城市群（3+5） | 长沙（主）株洲、湘潭（副） | 益阳、娄底、岳阳、常德、衡阳 | 京广铁路、京珠高速公路、107国道及湘江生态经济带 |
| 皖江城市带（1+7） | 合肥（主）芜湖（副） | 马鞍山、铜陵、安庆、池州、滁州、宣城 | 长江一线 |
| 大环鄱阳湖城市群（1+7） | 南昌（主）九江（副） | 景德镇、上饶、鹰潭、抚州、宜春、新余 | 昌九工业走廊 |
| 太原城市圈（2+3） | 太原（主）晋中（副） | 阳泉、忻州、吕梁 | 无 |

数据来源：《武汉城市圈资源节约型和环境友好型社会建设综合配套改革试验总体方案》、《中原城市群发展战略构想》、《长株潭城市群区域规划》、《皖江城市带承接产业转移示范区规划》、《鄱阳湖生态经济区规划》、《加快太原城市群和经济圈发展研究》等

中部地区在点状"单中心集聚"发展的同时，在"轴"（交通轴线、经济轴带等）的发展上也取得了巨大进步（图 14-1）。近年来中部地区交通基础设施发展迅速，路网密度大大增加，已经接近东部沿海地区水平。借助全国大型

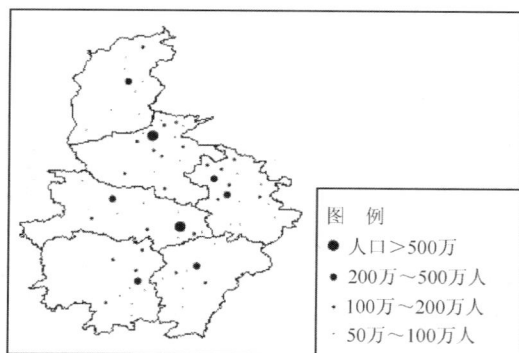

图 14-1  中部地区区域空间结构现状示意图（2010 年）

人口数据为地级市市辖区总人口

交通基础设施建设的推进，中部地区的高速铁路、高速公路建设快速发展，其作为全国主要经济轴带（沿长江经济带、沿陇海经济带、沿京广经济带和沿京九经济带长江沿岸）的作用越来越大。

整体来看，中部地区大多处在"点—轴"发展阶段，人口及经济活动主要向省会等大城市集聚，仅在部分相对发达的特大城市出现了圈层式网络化发展。中部地区内部各省会都市圈或城市群同样处在集聚发展阶段，人口多源自省内特别是省会周边地区，以"本地城市化"或"就近城市化"为主，而经济活动除了本地投资发展外，还承接了很多东部沿海地区的产业转移。

## 三、西部地区多处在"极核式"发展阶段

由于地理位置、地形等自然条件、经济开发等历史因素的综合影响，西部地区大多经济发展比较落后，整体上处在极核式发展阶段。因此，培育具有竞争力的区域经济增长极成为增强西部地区经济实力最为重要的任务。西部地区的主要经济发展轴带包括：陇海-兰新铁路西段沿线（亚欧大陆桥）和长江上游经济带（长江经济带的西段），其增长极主要分布在其附近。"西部大开发"战略实施以来，西部地区一改其原来"原料供应地"（国家计委经济研究所区域课题组，1993）的区域定位，成为当前中国大陆区域开发的重点之一，既是国家区域非均衡发展的政策试验（刘生龙等，2009）平台，也是今后国内产业转移的重要承接地。

西部地区现有的 8 个城镇群（带）（表 14-5）都是以省会（或首府）为核心城市，除"西三角"、关中-天水经济区属于跨省区的大型城镇群（带）外，主要是联系省区内周边地区所形成的本区域城镇群，而且都以"点—轴"开发模式为主，各自的经济腹地多局限在周边很小的范围。

表 14-5　西部地区主要城市群（带）的空间结构

| 城市群（带） | 核心城市 | 空间结构 | 地域范围 |
| --- | --- | --- | --- |
| 成渝城镇群 | 成都、重庆 | 两圈、多极、三轴、一带、五区 | 重庆、四川全省 |
| 关中-天水经济区 | 西安、宝鸡、天水 | 一核、一轴、三辐射 | 西安、咸阳、宝鸡、渭南、铜川、杨凌、商洛、天水 |
| 黔中城镇群 | 贵阳 | 贵阳至遵义、贵阳至安顺工业走廊和沿贵广高速公路、贵广高速铁路产业带 | 贵阳、遵义、安顺、黔东南州、黔南州部分地区 |
| 滇中城市群 | 昆明 | 一核、三极、两环、两轴 | 昆明、曲靖、玉溪、楚雄 |
| 兰白都市圈 | 兰州 | 沿黄经济带 | 兰州新区、兰州高新区、兰州经济区、白银高新区和白银工业集中区 |

| 城市群（带） | 核心城市 | 空间结构 | 地域范围 |
|---|---|---|---|
| 呼包鄂城市群 | 呼和浩特 | "井"字形发展走廊 | 呼和浩特、包头、鄂尔多斯 |
| 天山北坡经济带 | 乌鲁木齐 | 一轴、两点 | 乌鲁木齐、昌吉、米泉、阜康、呼图壁、玛纳斯、石河子、沙湾、乌苏、奎屯、克拉玛依 |
| 北部湾（4+2） | 南宁 | 一轴（南宁—滨海城镇发展主轴）、一走廊（玉崇发展走廊） | 南宁、北海、钦州、防城港四市和玉林、崇左的一部分区域 |

数据来源：《成渝城镇群协调发展规划》、《关中城镇群建设规划概要》、《黔中城镇群规划》、《黔中经济区发展规划》、《滇中城市群规划（2009—2030）》、《云南省滇中城市经济圈区域协调发展规划（2009—2020）》、《关中-天水经济区发展规划》、《兰州白银区域合作发展行动计划（2012）》、《呼包鄂城市群规划（2010—2020）》、《新疆天山北坡经济区规划》、《广西北部湾经济区城镇群规划纲要（2009—2020）》等

目前，整个西部地区已初步形成一个重点经济区（"西三角"经济区）和2个重点经济开发带（西段陇海-兰新经济带、长江上游经济带）。基于《国家高速公路网规划》、《全国城镇体系规划说明书（2006—2020）》等的全国性布局，将来还会形成4个主要经济带（环西北部边境经济带、甘南经济带、河套平原经济带、天山北坡经济带）。

成渝和关中地区一直都是西部地区的经济核心所在，"西三角"经济区的确立有利于其内部协调发展与强强联合。西部地区的主要城市是重庆、成都和西安，这三大城市构建起来的"西三角"经济区则成为对于西部地区发展具有战略意义的经济重心，有望成为全国的"第四极"。作为整个西部地区的增长极，"西三角"经济区占地37.78万平方公里，覆盖重庆、四川、陕西三省市的61个城市。2011年现有常住人口1.47亿，地区生产总值4.36万亿元，占全国的8.35%，占整个西部地区的43.45%。打造"西三角"经济区，重在发挥重庆、成都、西安三大中心城市的核心和辐射带动作用，强化三大城市的竞争力，发挥三大城市的辐射作用，提升经济区整体实力及其在全国的地位；提升连接三大城市的交通基础设施能力，增强经济区的内部联系以及和全国其他地区的联系便捷性，进而提升经济区实力和核心竞争力。

## 四、东北地区处于"点—轴"系统成熟发展阶段

东北地区作为一个比较完整的地理单元，经历近一个世纪的开发和重工业基地的建设，区域空间结构已经相当清晰，已经进入"点—轴"系统的成熟发展阶段。作为中国的重工业基地，东北地区的区域空间结构演化明显依赖于其工业城市的建设与发展。东北地区工业城市主要位于哈大铁路和满洲里—哈尔滨—绥芬河铁路沿线地区，形成了东北地区内部的"T"字形区域空间结构。

2003 年国家启动东北振兴战略，东北地区经济获得新的快速发展，特别是辽宁沿海经济带、长吉图、哈大齐经济带的建设，重塑了辽中南城市群、哈大齐工业经济带、吉林中部城市群的区域空间结构（表 14-6）。近年来，东北地区，特别是辽宁省沿海地区的发展，也使得原有发育比较完善的 T 字形空间结构在辽中南地区围绕几个特大城市呈现出网络化发展的一些特征。这些较发达地区陆续进入了"准网络化"发展阶段。

表 14-6　东北地区主要区域的空间结构

| 城市群 | 核心城市 | 空间结构 | 地域范围 |
| --- | --- | --- | --- |
| 辽中南（2+7） | 沈阳、大连 | 双核、一轴 | 沈阳、大连、鞍山、抚顺、本溪、丹东、辽阳、营口、盘锦 |
| 哈大齐 | 哈尔滨、大庆、齐齐哈尔 | 两点、一带 | 哈尔滨、大庆、齐齐哈尔、肇东、安达 |
| 吉中 | 长春、吉林 | 点—轴 | 长春、吉林、四平、辽源、松原 |

数据来源：《辽中南城市群战略规划》、《黑龙江省哈大齐工业走廊产业布局规划（2005—2020）》、《吉林中部城市群空间组织与引导规划》等

对比 1995 年和 2010 年城市规模分布（图 14-2），发现：经过近 20 年的发展，东北地区的城市进一步集聚在三大省会城市连线地带和哈大齐沿线，形成本地区区域空间结构的主要架构；21 世纪以后，东北地区部分发达地区的区域空间结构演化进入了"准网络化"发展阶段，如辽中南地区形成了以沈阳和

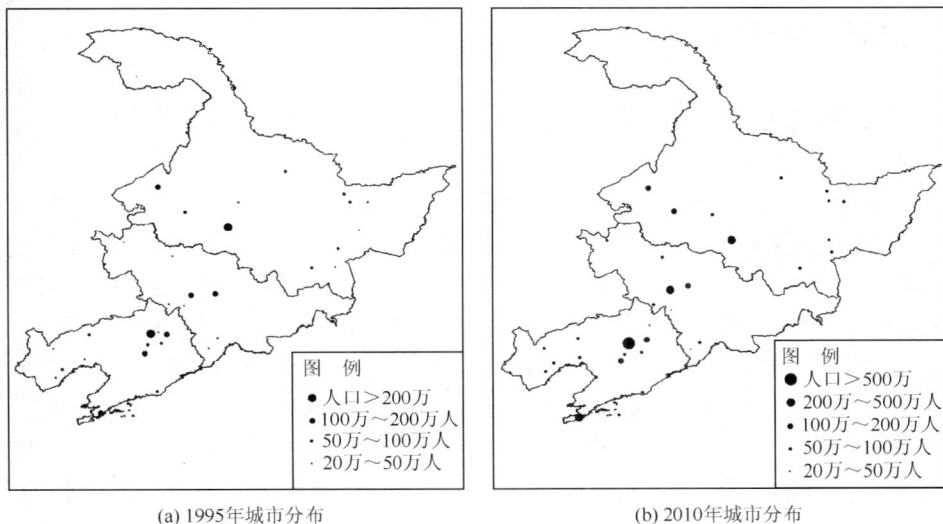

(a) 1995年城市分布　　　　　　　　　　(b) 2010年城市分布

图 14-2　东北地区城市分布（1995 年、2010 年）

1995 年人口数据为地级市市辖区非农人口，2010 年人口数据为地级市市辖区总人口

大连为双中心的区域圈层式"准网络化"集聚结构；在东北地区中北部，分别形成了以哈尔滨和长春为中心的放射型区域圈层结构，但其辐射范围明显小于辽中南城镇群。

作为中国最早开发的重工业基地，东北地区的区域空间结构演化明显依赖其本地矿产资源的开发，城镇分布具有明显的资源指向性。在 2003 年实施"东北振兴"以来，通过产业升级、替代等方式转变发展方式，使东北地区开始逐步摆脱原来过于依赖不可再生资源开采的发展模式。沈阳"铁西区"等老工业基地的成功改造就是很好的证明。目前，东北地区的发展态势还是以哈尔滨—大连一线为基本轴线向周边地区辐射形成核心集聚区域，其内外发展联系进一步加强，但对外交通仍有待于进一步改善。

## 第三节　东部三大都市圈的区域空间结构发展特征和趋势

中国的城镇密集地区是全国经济发展的战略支撑点和增长极（方创琳等，2005），作为东部沿海地区人口和城镇高度密集的京津冀、长三角、珠三角三大都市圈，其经济总量占全国的 40%左右，已经形成了双中心或多中心格局（李佳洺等，2010）。三大都市圈的网络化发展程度和水平比较高，其网络化结构趋于成熟，但也存在较大的结构性差异。

### 一、京津冀大都市圈：准多中心、网络化空间结构

京津冀大都市圈[①]，是中国沿海三大都市圈之一。京津冀大都市圈空间发展正逐步由 20 世纪 80 年代的少数核心城市主导的向心集聚阶段，向 90 年代的多中心集聚与核心城市腹地扩散并存的阶段转变（孙铁山等，2009a）。近年来，京津冀大都市圈的区域空间结构开始从"一环、双核、三轴、四区"向"一主一副、多中心、网络化结构"转变（李国平等，2004；张丹等，2012）。"一主一副"两个核心城市（北京、天津），空间关系体现为"分散式集聚"，即向三个"成长三角"（北京-天津-唐山、北京-天津-廊坊及北京-天津-保定）空间集聚，以及由"成长三角"向周边扩散的空间结构演变过程（陆军，2002）。

一方面，基于"成长三角"，京津冀大都市圈的全球城市区域（global cityre-

---

① 包括北京、天津以及河北省的廊坊、保定、唐山、秦皇岛、张家口、承德、沧州、石家庄等八市。

gion）初步形成，正在由城市走廊型向都市连绵区型过渡，并呈现出层次性特征（于涛方和吴志强，2006）。在 ArcGIS9.3 中绘制出经济空间插值曲线，发现京津冀都市圈的时空经济增长极化趋势不断加强，呈现出围绕两大极核（北京、天津）逐步扩大极化范围的态势，并具有明显的经济增长边界（图 14-3）。

另一方面，从空间格局来看，京津冀大都市圈呈现多中心、多轴带、网络化的空间格局（孙铁山等，2009b），可表述为"三轴、四区、多中心、网络化"以及"两心、一带和五轴、六星"（李国平等，2012）等。京津冀大都市圈交通路网密度大，但分布不均衡（欧阳杰和张琴，2005），其中小城镇主要分布在东南地区，环绕在两大核心城市周边，集聚于主要交通轴附近，具有强向心集聚形态（陈红霞等，2011），初步形成了大都市连绵带（陈丙欣和叶裕民，2008）。

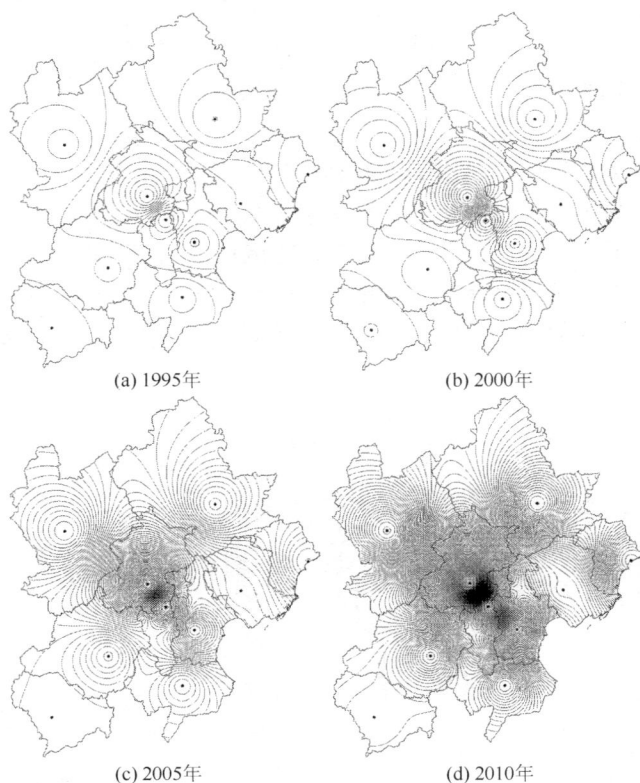

(a) 1995年      (b) 2000年

(c) 2005年      (d) 2010年

图 14-3　京津冀大都市圈 1995 年、2000 年、2005 年、2010 年极化等值线示意图

综合来看，京津冀大都市圈的区域空间结构已经由"点—轴"模式演化为网络化模式，尽管网络化程度远不如国外发达地区的大都市圈，但其区域一体化及分工趋势已非常明显。京津冀大都市圈的网络化延伸速度与强度都在不断

加强，具有服务本地、辐射更广大地域空间的趋势，处于点状扩散发展的准网络化发展阶段。

## 二、长三角大都市圈：较成熟的多中心、网络化结构

长三角大都市圈是当前全球第六大城镇密集区，也是中国规模最大的大都市圈，其地域范围一般包括上海和其周边 15 个地级以上城市[①]。长期以来，长三角大都市圈的区域空间结构演化受行政区经济（吴志强等，2008）影响非常明显，在 2000 年前后的近十年间，要素流动和产业转移（陈建军，2007）成为其区域空间结构演化的主导因素，且区域产业分工符合"雁形模式"。长三角城镇群的空间结构（夏永祥，2007）由 20 世纪 80 年代"上海–上海周边+长三角周边""V"字形演化成 21 世纪"长三角–长三角周边地区""K"字形的"中心—外围"体系（陈建军，2007），空间经济结构正从"行业类型"为主要特征转变为以"价值区段"为主要特征（唐子来和赵渺希，2010）。

在长三角大都市圈区域空间结构转变的过程中，上海的绝对中心地位并没有改变，而且其经济影响力在进一步加强。从 ArcGIS9.3 绘制的经济空间插值曲线（图 14-4）中发现：长三角大都市圈的区域空间极化以单中心（上海）模式发展，多极带动（上海-南京-杭州）的格局正在逐步形成，并以若干个核心点向周边拓展形成多个都市圈（杨俊宴和陈雯，2008）；长三角大都市圈的区

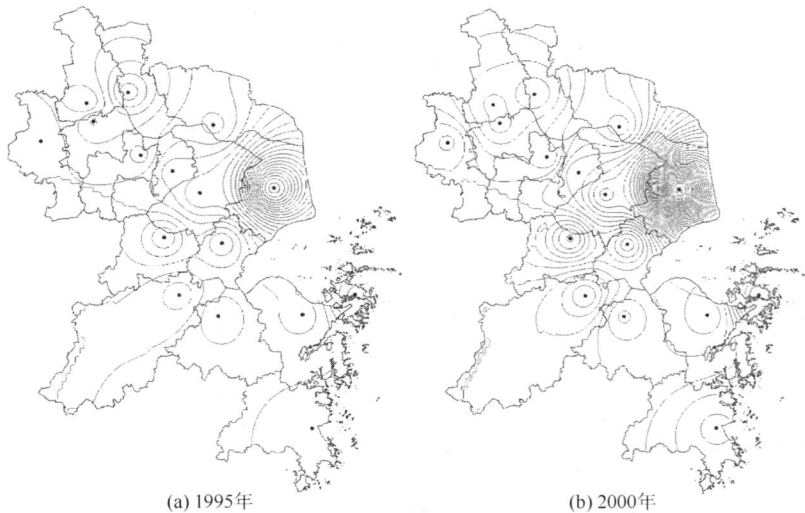

(a) 1995年　　　　　　　　　　　(b) 2000年

---

① 包括南京、扬州、泰州、镇江、常州、南通、无锡、苏州、嘉兴、湖州、杭州、绍兴、宁波、舟山和台州。

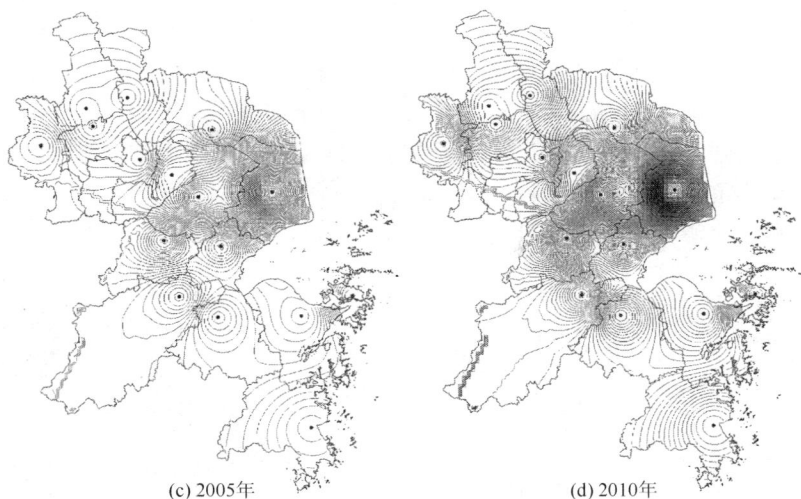

(c) 2005年            (d) 2010年

图 14-4　长三角大都市圈 1995 年、2000 年、2005 年、2010 年极化等值线示意图

域空间结构处于以"面域"集聚为主的网络化分散式发展阶段，形成了较大范围的城市集聚区。

目前，长三角地区的区域空间结构呈现出以上海为主中心、南京和杭州为次中心的"掌状"网络结构，其网络密度、城镇等级与城镇分布密度由东向西逐步降低。长三角地区区域空间结构的主要干线是长江下游沿岸和杭州湾沿岸，次干线众多。长三角地区已成为中国区域空间结构演化阶段最领先的地区之一，处于区域空间结构演化的高级阶段。

## 三、珠三角大都市圈：成熟的多中心、网络化结构

珠三角大都市圈有"大珠三角"和"小珠三角"之分，大珠三角包括香港、澳门及广东省的广州、深圳、珠海、佛山、江门、东莞、中山、惠州和肇庆九个地级以上的城市，即"9+2"。珠三角大都市圈在空间结构上表现出明显的多中心结构，围绕珠江入海口形成广佛（广州、佛山）、港深（香港、深圳）、澳珠（澳门、珠海）所构成的"三足鼎立"格局。珠三角大都市圈是中国最早对外开放的地区，由于珠港澳之间的地缘、经济、历史联系，创造性地实践了"前店后厂"分工模式，大大促进了珠三角城市与乡村之间、城镇与城镇之间、内地与港澳之间的联系，成为中国多中心、网络化水平最高的城镇化地区。

珠江三角洲大都市圈空间组织的"极化-反极化"分异运动（苏良军和王芸，2007）非常明显，多中心网络化特征正在加强，"前店后厂"的分工模式

正向内陆圈层式推进。从 ArcGIS 9.3 绘制的经济空间插值曲线（图 14-5）中发现：珠三角大都市圈的空间极化现象在不断加剧，并形成香港和广州两个极核，在珠江口周边地区形成了珠三角大都市圈的经济极核区；同时，其经济辐射强度在不断加强，区域经经济一体化程度不断提高，区域空间结构进一步紧凑化发展；珠三角大都市圈的区域空间结构正在由"点状"集聚向"面域"集聚转变，其网络化集聚以面域集聚为主，即多中心的网络化发展。

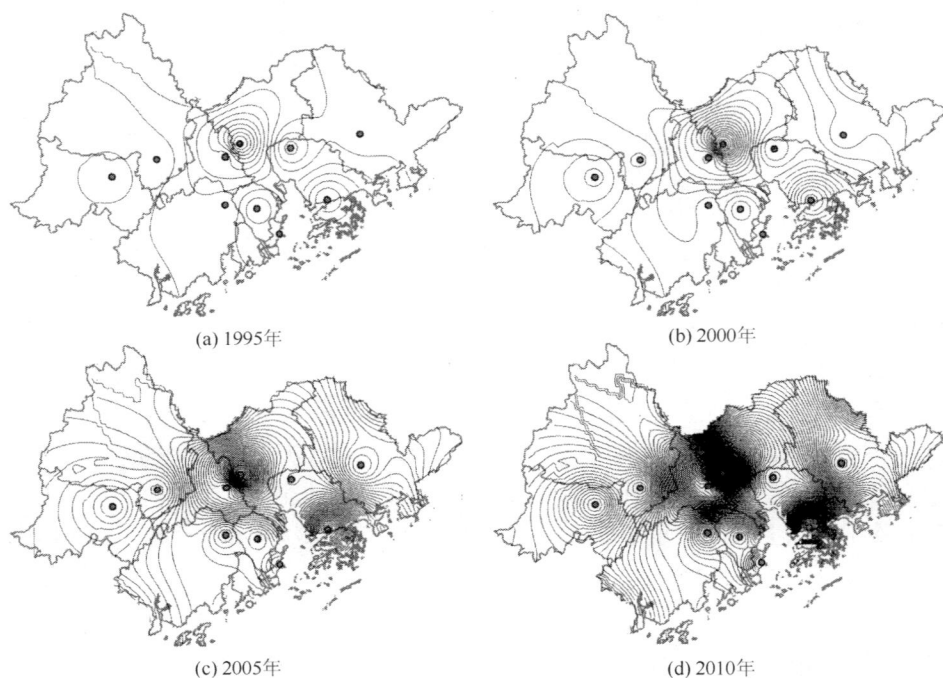

(a) 1995年

(b) 2000年

(c) 2005年

(d) 2010年

图 14-5　珠三角大都市圈 1995 年、2000 年、2005 年、2010 年极化等值线示意图

目前，珠三角地区呈现出以港澳穗为中心，向内陆辐射出 7 条发展轴带的区域圈层式区域空间结构，中心地区的面域扩张极为明显，腹地的圈层结构也特别突出。由《泛珠三角区域合作发展规划纲要（2006—2020 年）》、《珠江三角洲地区改革发展规划纲要（2008—2020 年）》等区域规划，可知：在其核心区域"面域"集聚的同时，珠三角地区的边缘腹地区域正在"点状"集聚，并将形成"准网络化"的区域空间结构。

结合已有研究成果（王冠贤等，2003；周立群和夏良科，2010）和以上分析，对比东部沿海地区的三大都市圈，发现：①三大都市圈都处于区域空间结构演化的高级阶段，但内部仍然存在差异，由高到低分别为珠三角大都市圈、长三角大都市圈、京津冀大都市圈；②珠三角大都市圈多中心极化的态势明显强于其他两大都市圈，同时珠三角大都市圈的一体化程度较高，其内部经济增长的空间相关性略高；③外向型经济与快速城镇化的差异是造成沿海地区三大都市圈区域空间演化水平差异的主要原因。

# 第四节　本　章　小　结

新中国成立以来，中国区域空间结构发生了较大变化，尽管仍以"点—轴"模式为主，但正在逐步向"网络化"模式迈进，已经呈现出"准网络化"的空间形态。由于历史基础、地理区位以及区域政策等因素作用，中国区域空间呈现出不同的模式，并且随着经济发展、交通基础设施的建设，区域空间结构进一步向高级化方向演进。特别是 20 世纪 90 年代中期以来各地区竞相发展，使得我国区域空间结构演进速度加快，并同时表现出各大区域之间以及区域内部的差异。

第一，东部沿海地区步入区域空间结构演化的高级阶段，即多中心、网络化发展阶段。东部沿海地区的区域空间结构开始由以"点状"的网络化集聚为主向以"面域"的网络化集聚为主转变，形成了点扩散与面集聚相结合的网络化发展形态。东部沿海地区的三大都市圈是网络化发展的典型代表，与区域内其他城镇密集地区存在着明显的发展阶段差异。京津冀大都市圈处于准多中心、网络化发展阶段，一方面经济增长极化趋势不断加强，呈现出围绕两大极核（北京、天津）逐步扩大极化范围，并具有明显的经济增长边界；另一方面，其空间结构方面已经呈现出"一主一副、多中心、网络化"的形态。长三角大都市圈在空间结构上呈现出较成熟的多中心、网络化形态。近年来，长三角大都市圈的空间结构演化开始逐步摆脱行政区经济的影响，要素流动和产业转移开始成为空间结构演化的主导因素，因此促进了长三角大都市圈区域空间结构向多中心方向演化。珠三角大都市圈是中国多中心、网络化水平最高的城市化地区。珠三角大都市圈在空间结构上表现出明显的多中心结构，围绕珠江入海口形成广佛（广州、佛山）、港深（香港、深圳）、澳珠（澳门、珠海）"三足鼎立"的格局。珠江三角洲大都市圈空间组织的"极化-反极化"分异运动非常明显，多中心网络化特征在逐步加强，已成为中国区域空间结构演化最高阶段的典型代表。

第二，中部地区基本处于"点—轴"系统发展阶段，呈现出极核集聚、按轴带拓展的空间模式。中部地区的省会城市不仅是中部地区发展的增长极，还以其为中心形成了不同发展水平的省会经济集聚区或城市群（都市圈），它们的空间结构基本上呈现"一主一副"双中心模式。在"轴带"（交通轴线、经济轴带等）发展上，中部地区借助全国大型交通基础设施建设的契机，通过建设高速铁路、高速公路等，成为全国某些主要经济轴带（沿长江经济带、沿陇海经济带、沿京广经济带和沿京九经济带）的重要组成部分。

第三，西部地区基本上处在较初级的"极核式"发展阶段。西部地区的空间极化不断强化，现有八个城镇群（带）均以省会（或首府）为核心城市。培育具有竞争力的区域经济增长极成为增强西部地区经济实力最为重要的任务。西部地区已初步形成了一个重点经济区（"西三角"经济区）和两个重点经济开发带（西段陇海-兰新经济带、长江上游经济带）。"西三角"经济区成为当前引领西部地区经济发展、参与国际竞争的重要平台，也是国内产业转移的重要承接地。

第四，东北地区处于"点—轴"系统成熟发展阶段。经历近一个世纪的工业化开发，形成了东北地区内部的"T"字形区域空间结构。近年来，辽宁沿海地区的快速发展，使得发育比较完善的"T"字形空间结构在辽中南地区围绕几个特大城市呈现出网络化发展的一些特征。

总而言之，在中国区域空间结构逐步网络化、多层级化的演变过程中，未来的空间格局将逐步有序促进四大板块的协同发展，以沿海三大都市圈为中心形成区域网络，在交通网络基础上增强区域联动，推进各大经济区中心城市形成全国层面的一级网络中心。由于各大区自身所处发展水平不同，阶段性目标也有差异，但各大区面向未来的战略格局均将以由点带面、逐步推进网络化进程并加强区域结构的多层级建设，增强区域空间的联动。

## 参 考 文 献

陈丙欣，叶裕民. 2008. 京津冀都市区空间演化轨迹及影响因素分析. 城市发展研究，（1）：21-28.

陈红霞，李国平，张丹. 2011. 京津冀区域空间格局及其优化整合分析. 城市发展研究，（11）：74-79.

陈建军. 2007. 长江三角洲地区产业结构与空间结构的演变. 浙江大学学报（人文社会科学版），（2）：88-98.

方创琳，宋吉涛，张蔷，等. 2005. 中国城市群结构体系的组成与空间分异格局. 地理学报，（5）：827-840.

郭腾云. 2004. 近50年来我国区域经济空间极化的变化趋势研究. 经济地理，24（6）：743-747.

国家计委经济研究所区域课题组. 1993. 关于区域结构理论研究方法及对我国区域结构现状的分析. 计划经济研究，（3）：42-48.

贾俊雪，郭庆望. 2007. 中国区域经济趋同与差异分析. 中国人民大学学报，（5）：61-68.

蒋洪旭, 赵方冉, 李小英, 等. 2010. 交通轴线约束下的中国区域经济分布特征. 地理科学进展, (10): 1225-1232.

金凤君, 王娇娥. 2004. 20 世纪中国铁路网扩展及其空间通达性. 地理学报, (2): 293-302.

李国平, 等. 2004. 首都圈结构、分工与营建战略. 北京: 中国城市出版社.

李国平, 陈红霞, 等. 2012. 协调发展与区域治理: 京津冀地区的实践. 北京: 北京大学出版社.

李国平, 杨军, 等. 2009. 网络化大都市——杭州市域空间发展新战略. 北京: 中国建筑工业出版社.

李国平, 王志宝. 2013. 中国区域空间结构演化态势研究. 北京大学学报 (哲学社会科学版), 50 (3): 148-157.

李佳洺, 孙铁山, 李国平. 2010. 中国三大都市圈核心城市职能分工及互补性的比较研究. 地理科学, 30 (4): 503-509.

刘生龙, 王亚华, 胡鞍钢. 2009. 西部大开发成效与中国区域经济收敛. 经济研究, (9): 94-105.

陆大道. 2001. 论区域的最佳结构与最佳发展: 提出"点—轴系统"和"T"型结构以来的回顾与再分析. 地理学报, 56 (2): 127-135.

陆军. 2002. 论京津冀城市经济区域的空间扩散运动. 经济地理, (5): 574-578.

陆玉麒, 董平. 2004. 中国主要产业轴线的空间定位与发展态势——兼论点—轴系统理论与双核结构模式的空间耦合. 地理研究, 23 (4): 521-529.

欧阳杰, 张琴. 2005. "京津冀"区域轨道交通网络规划刍议. 城市轨道交通研究, (1): 24-27.

苏良军, 王芸. 2007. 中国经济增长空间相关性研究——基于"长三角"与"珠三角"的实证. 数量经济技术经济研究, (12): 26-38.

孙铁山, 李国平, 卢明华. 2009. 基于区域密度函数的区域空间结构与增长模式研究——以京津冀都市圈为例. 地理科学, (4): 500-507.

孙铁山, 李国平, 卢明华. 2009. 京津冀都市圈人口集聚与扩散及其影响因素——基于区域密度函数的实证研究. 地理学报, (8): 956-966.

唐子来, 赵渺希. 2010. 经济全球化视角下长三角区域的城市体系演化: 关联网络和价值区段的分析方法. 城市规划学刊, (1): 29-34.

王冠贤, 魏清泉, 蔡小波. 2003. 20 世纪 90 年代珠三角经济区空间分异的特征分析. 经济地理, (1): 18-22.

吴志强, 王伟, 李红卫, 等. 2008. 长三角整合及其未来发展趋势——20 年长三角地区边界、重心与结构的变化. 城市规划学刊, (2): 1-10.

夏永祥. 2007. 城市体系与区域经济空间结构——以长三角地区为例. 江海学刊, (2): 36-40.

许召元, 李善同. 2006. 近年来中国地区差距的变化趋势. 经济研究, (7): 106-116.

杨俊宴, 陈雯. 2008. 1980 年代以来长三角区域发展研究. 城市规划学刊, (5): 68-77.

杨维凤. 2010. 京沪高速铁路对我国区域空间结构的影响. 河北经贸大学学报, 31 (5): 55-63.

于涛方, 吴志强. 2006. 京津冀地区区域结构与重构. 城市规划, (9): 36-41.

张丹, 孙铁山, 李国平. 2012. 中国首都圈区域空间结构特征——基于分行业就业人口分布的实证研究. 地理研究, (5): 899-908.

赵渺希. 2011. 长三角区域的网络交互作用与空间结构演化. 地理研究, (2): 311-323.

周立群, 夏良科. 2010. 区域经济一体化的测度与比较: 来自京津冀、长三角和珠三角的证据. 江海学刊, 4: 81-87.

Masahisa F, Hu D P. 2001. Regional disparity in China 1985-1994: the effects of globalization and economic liberalization. The Annals of Regional Science, 35 (1): 3-37.

# 第十五章
# 面向区域空间结构优化的产业
# 转移推进路线与政策

      第十四章阐述了中国区域空间结构的演化特征和趋势，对中国近十几年来不同空间尺度的产业转移进行了较为深入的描述和分析，初步认为中国在全国、四大板块、省区及地市尺度上均发生了各具特征的产业转移现象和进一步深化的趋势。中国区域空间结构也相应地产生了一系列新的演化趋势，其中既包括发达地区带动次发达和欠发达地区的经济增长，促使区域发展水平和空间结构不断复杂化和层次化，同时也包括在部分发达地区网络化格局基础上逐步形成了若干个城市群和大都市圈。

      产业转移和区域空间格局是相互推动的两股力量，在这一相互作用过程中，如何促进这一影响机制形成良性循环、发挥最大效益，并实现面向未来的空间结构优化，这无疑需要制定一整套体系化的产业转移推动路线及配套政策。

## 第一节　全国层面的产业转移推进路线与政策

      未来二三十年将是中国区域空间结构转型，进入区域网络化阶段的关键时期。为引导未来中国区域空间结构向高效、协调、可持续方向演变，需牢固树立创新、协调、绿色、开发、共享的发展理念，在"一带一路"建设、京津冀协同发展、长江经济带建设等一系列区域发展战略的指引下稳步推进区际产业转移，缓解区域发展不平衡问题。同时需要从全国层面构建快速便捷的区域交通网络，提供优质高效的政府配套服务，以保障产业转移的顺利实施。

## 一、坚持推进自东向西产业转移路径

改革开放以来，东部沿海和西部内陆之间的经济发展水平差异不断拉大，区域经济发展不平衡现象越发严峻。为促进区域间协同发展，自 20 世纪末期起我国逐步推动实施了西部大开发、东北振兴、中部崛起等区域发展战略。目前东部地区土地、劳动力等生产要素价格不断上涨、能源资源供应逐渐紧张、环境污染日益严重、生态压力巨大等现实难题难以有效解决，自东向西的区际产业转移既能成为推动实现我国区域协调发展的关键路径，也能高效解决东部产业的优化升级与扩大就业之间的矛盾。为了加速推动东部沿海向中部、西部及东北部等内陆地区的产业转移，国家先后出台了一系列促进产业转移的政策意见和指导目录（表 15-1）。

表 15-1　国务院及各部委下发有关产业转移的政策意见和指导目录

| 时间 | 政策文件 | 主要内容 |
| --- | --- | --- |
| 2007 年 10 月 | 《商务部、国家开发银行关于支持中西部地区承接加工贸易梯度转移工作的意见》（商产发[2007]428 号） | 一是在中西部建设一批加工贸易梯度转移承接地，二是对承接地和实施梯度转移企业的重点加工贸易项目给予金融支持 |
| 2008 年 12 月 | 国家发展改革委和商务部发布的《中西部地区外商投资优势产业目录（2008 年修订）》 | 结合中西部发展优势，提出我国鼓励外商在中西部地区投资的产业、产品和工艺 |
| 2010 年 7 月 | 工业和信息化部出台《关于推进纺织产业转移的指导意见》（工信部发[2010]258 号） | 提出纺织产业转移和区域发展重点，并提出相关政策保障措施 |
| 2010 年 8 月 | 《国务院关于中西部地区承接产业转移的指导意见》（国发[2010]28 号） | 要求中西部地区加强规划统筹，优化产业布局，引导转移产业向园区集中。完善基础设施保障，改善承接产业转移环境。加强资源节约和环境保护，完善承接产业转移体制机制，强化人力资源支撑和就业保障。并从财税、金融、土地等方面给与政策支持和引导 |
| 2011 年 12 月 | 商务部、人力资源社会保障部、海关总署《关于促进加工贸易梯度转移重点承接地发展的指导意见》（商产发[2011]473 号） | 三部门共同认定和培育加工贸易梯度转移重点承接地，同时从改善承接转移环境等方面提出了指导意见 |
| 2012 年 6 月 | 工业和信息化部发布的《产业转移指导目录》 | 提出四大经济板块的工业发展导向和各省市优先承接转移发展的产业 |
| 2014 年 4 月 | 国家发展改革委发布的《西部地区鼓励类产业目录》 | 结合西部地区发展特色和优势，在《产业结构调整指导目录》的基础上新增鼓励类产业目录 |

| 时间 | 政策文件 | 主要内容 |
|---|---|---|
| 2015 年 6 月 | 财政部、国家税务总局发布的《京津冀协同发展产业转移对接企业税收收入分享办法》 | 明确了京津冀地区产业转移对接企业税收分享方案和保障措施 |
| 2015 年 6 月 | 国家发展改革委发布的《关于建设长江经济带国家级转型升级示范开发区的实施意见》 | 为长江经济带开发区新一轮的跨区域合作和承接产业转移再次注入了动力 |
| 2015 年 12 月 | 国家发展改革委发布的《关于进一步加强区域合作工作的指导意见》 | 为区域合作和产业转移提出系统指导意见 |

部分数据来源：陈雪琴. 2013. 我国推进产业转移的主要做法及其效果分析. http://cyzy.miit.gov.cn/node/2786/[2013-4-20]

在东部要素成本逐步上升、迫切需要转型升级的客观要求和中西部地区经济发展相对迟缓、亟须新鲜血液带动的背景下，依靠国家政策的路径引导和大力支持，我国自东向西的产业转移已初步取得进展。近年来，尤其十八大以来，中国经济增长速度持续趋于"西高东低"空间格局，中西部地区与东部地区之间的经济发展水平差距不断缩小，产生这种现象的主要因素是越来越明显的跳跃式、大空间尺度的自东向西产业转移。目前，中西部内陆地区经济发展水平仍然相对落后，调整区域空间格局和实现区域协调发展战略目标的压力仍然较大。未来我国应继续坚持以东西区际产业转移为手段，依托完善的交通基建设施，在我国东部和中部、西部、东北部区域之间实现合纵连横、互联互通，以点带线、由线到面的网络化空间发展格局，促进区域协调发展。

## 二、继续完善交通基础设施网络体系

交通基础设施体系的建设是支撑产业转移可持续发展的重要基础。为促进全国层面自东向西的产业转移，要着力完善区域间交通基础设施网络，提升东部沿海和中西内陆之间的交通便捷度，尤其要持续加强对西部基础设施的运营与维护，予以一定的补贴和扶持。

以高速铁路建设为重要手段，继续完善交通基础设施网络体系。高速铁路网络是国家尺度上区际产业转移能否顺利实施的关键因素。全国高速铁路网络体系的建设可以强化东部沿海和西部内陆之间的交通联系，进而加快东部地区的产业转移和产业升级，也为中部、西部和东北部等高铁沿线地区承接转移产业提供了良好的设施环境，培育形成一些原本并不存在明显发展基础或区位优势的新增长极。高铁沿线地区可通过制定科学合理的产业战略，积极改善交通基础设施等硬件配套设施，以及规范服务市场等软件环境，破除高铁的"过道效应"或"虹吸效应"。

## 三、稳步提升政府配套服务质量和效率

我国未来的产业转移活动应是在遵循市场规律的基础上，通过政府的作用破除产业发展障碍，实现要素有序自由流动的进程。在这一进程中，地方自由平等的投资环境、高效率的投资运行体制、公正透明的投资奖励政策，是吸引企业落户发展的重要条件。为创造这一条件，各地政府应加强目标管理和考核，着力优化投资服务的制度环境，加强政府职能和管理方式的转变，为区域产业转移提供政策服务保障。

增强政府的服务意识，创优服务方式，积极主动地为有转移意向的企业提供政策咨询、登记发照等高质量的政府服务工作。探索下放审批权，提高审批效率。成立专门的产业转移招商机构，创新服务理念，规范办事流程，着力优化政务环境。

## 第二节　四大区域产业转移推进路线与政策

受资源禀赋、区位条件、开发历史和政策条件等因素影响，我国四大区域空间结构所处的发展阶段存在较大差异，因此各区域空间结构的优化方向存在明显差异。各区域均应以由点带面、逐步推进网络化进程为区域空间结构优化的主导方向，通过区域内部的产业转移承接，增强区域空间联动功能，促进区域内部协同发展。

## 一、东部地区

加快推进东部地区产业空间向"多核心、网络化"发展，着力解决产业布局过密和过疏问题，促进产业空间优化和产业结构转型升级。以建设世界级城市群为目标，继续强化三大都市圈的核心带动作用，一方面加强高端产业功能的集聚，另一方面加快低端产业环节向周边地区疏解。加快济南、石家庄、厦门、福州等区域性中心城市建设，做大做强城市经济规模和实力，并以这些城市为中心带动省内中小城镇发展，最终形成东部地区经济发展的多中心格局。加强城市发展轴线建设，打通东部沿海高速铁路大动脉，通过高铁、高速公路、城际铁路等快速交通设施加强三大都市圈与沿海各省份间的联系，加快人才、

信息、资本在区域内部的流动性，缩小东部地区内部经济发展的差距，形成网络化、一体化的产业发展新格局。

着力推动制造业在东部地区内部的就近扩散转移。东部地区内部也存在着一定的经济发展水平差距，对于东部地区内一些目前仍处于工业化阶段且具有一定经济基础和产业发展空间、资源环境承载能力较强的区域，要充分发挥其临近三大都市圈的距离优势，着力承接其制造业产业转移，做大做强本地产业集群。例如，冀中南地区、山东内陆地区积极承接京津的制造业转移，发展装备制造、生物医药、汽车、新型化工等产业；东陇海地区、海峡西岸经济区积极承接长三角制造业转移，发展纺织服装、电子信息、生物医药等产业；广东省西南部、海南省西北部等环北部湾的部分地区积极承接珠三角产业转移，发展石油钢铁、海洋、装备制造、汽车、新材料等产业。

大力实施创新驱动战略，发挥科技创新的引领作用，进一步提高人力资本和科技资本在东部地区经济增长中的贡献。推动东部地区从传统的以劳动密集型产品为主，向高技术、高附加值的技术密集型和资本密集型产品的"中国创造"过渡，率先实现产业转型升级。依托东部地区大学和科研院所的资源优势，鼓励企业开展基础性前沿性创新研究。在《中国制造2025》的指导下，瞄准新一代信息技术、高端装备、新材料、生物医药等战略重点产业，引导社会各类资源集聚，推动优势和战略产业快速发展。实施智能制造工程，构建新型制造体系，引导制造业朝着分工细化、协作紧密方向发展，促进信息技术向市场、设计、生产等环节渗透，推动生产方式向柔性、智能、精细转变。

## 二、中部地区

充分发挥中部地区承东启西和地形平坦的地域优势，加快承接东部发达地区产业转移。围绕皖江城市带承接产业转移示范区、湘南承接产业转移示范区、荆州承接产业转移示范区、赣南承接产业转移示范区等4个国家级承接产业转移示范区的建设，打造承接东部发达地区产业转移的核心区域。

缩小中部地区各城市群的发展差距，建立城市群协调发展机制。武汉城市圈、中原城市群、长株潭城市群、皖江城市带、大环鄱阳湖城市群以及太原城市圈6个城市群发展程度存在较大差异，位于全国主要经济轴带上的城市群已呈现圈层式空间发展格局，而太原城市群、大环鄱阳湖城市群则受区位或地形条件的影响，仍处于以单中心的极核集聚为主的空间发展阶段。在中部崛起战略深入推进以及区域协调发展的大背景下，中部地区各城市群之间应根据各自比较优势和资源禀赋，突破行政壁垒，加强产业的良性互动合作。武汉城市圈、中原城市群、长株潭城市群 3 个城市群应充分发挥已有的规模优势，在中部崛起中发挥引领作用。

继续加大中部地区交通基础设施的投资力度，巩固郑州、武汉等城市的全国性交通枢纽地位。借助大型高速铁路、高速公路等交通设施建设的推进，缩短中部地区城市之间的通勤时间，促进生产要素的快速流动和资源要素的高效配置，增强区域中心城市对周边城市的辐射带动力，推动中部地区 6 个城市群中心城市之间的产业互补合作。

## 三、西部地区

大力推进西部地区国家重点开发区域建设，充分发挥"极核"带动效应。以主体功能区规划为指导，重点开发呼包鄂榆、广西北部湾、桂东、成渝、黔中、滇中、藏中南、关中-天水、兰州-西宁、宁夏沿黄经济区以及天山北坡等地区。这些地区经济基础好、资源环境承载力强，应作为西部地区承接产业转移的重点区域。大力实施优势资源转化战略，加快沿边开发开放，将这些地区建设为国家重要的能源化工、资源精深加工、新材料和绿色食品加工基地，以及区域性的高技术产业和先进制造业基地。依托"一带一路"战略，统筹利用国际国内市场，注重沿线城市产业的布局与协作，形成横贯东中西、连接南北方的对外经济走廊。

协调资源开发和生态保护的关系，有序承接东部地区产业转移。从注重数量扩张向数量质量并重转变，有选择、有条件地进行产业承接，鼓励承接技术含量高的产业、非资源依赖型产业，以及为本地特色优势产业延伸配套加工的产业，同步实现承接产业转移与推动产业升级。防止对环境资源的破坏，注重节能降耗，保护土地资源，对污染十分严重、处理能力不强、处理成本过高、节能降耗不达要求的企业与项目，坚决拒绝落户。同时，按照项目的投资强度、产出能力和市场状况供应土地，保护好土地资源。在国家区域发展战略布局指导下，加强区域内的统筹协调，因地制宜、因时制宜，结合各地实际，找准定位，培育发展特色产业，避免产业趋同和恶性竞争。

努力改善西部地区的基础设施和软环境，为区域产业转移提供有力条件。进一步加大对西部重点开发区域基础设施建设的投资支持力度，全面改善西部重点开发区域的对外交通和区位条件；实行差别化产业政策，增强西部重点开发区域产业配套能力，最大限度地降低企业物流成本，为产业尤其是资源型产业、劳动密集型产业向西部重点开发区域转移创造良好条件；在加强土地集约利用的同时，适当扩大重点开发区域建设用地供给，改善重点开发区域承接产业转移的空间制约；鼓励人口在重点开发区域集聚，提高本地市场规模，改善重点开发区域承接产业转移的劳动力条件；大力改善西部地区在医疗、教育、文化娱乐等公共服务方面的条件，为吸引外来人口就业提供有力保障。

## 四、东北地区

推进空间结构由"点轴"向"网络化"快速演化。通过传统资源型产业的转型升级，弱化东北区域空间演化的资源指向型特征。进一步提升沈阳、长春、哈尔滨、大连、吉林等中心城市的要素集聚能力，扩大对周边城市的辐射带动范围。构建以沈阳、长春、哈尔滨、大连、吉林为区域性中心城市，以哈大齐工业走廊、长吉图、辽宁沿海经济带为主轴，各城市间产业联系紧密的网络化空间格局。

落实《国务院关于近期支持东北振兴若干重大政策举措的意见》等相关措施，设立国家级承接产业转移示范区，积极承接国内外产业转移。东北三省应根据产业发展基础，明确重点承接的行业。辽宁省应重点承接机械、船舶及海洋工程装备等装备制造业，吉林省优先承接汽车、化工、食品等优势支柱产业，黑龙江省则重点承接机械、轨道交通、汽车等行业。

以哈长地区为承接产业转移的重点区域，着重推动传统优势产业结构调整和升级，促进哈长地区成为东北经济发展的重要增长极。加快推进哈大齐工业走廊和牡绥地区能源、石化、医药和重型装备制造业发展，依托绥芬河综合保税区强化对外的产业转移合作；长吉图经济区重点发展交通运输设备制造、石化、生物、光电子和农产品加工业，加快长吉经济一体化进程。

加快鸡西、双鸭山、鹤岗、七台河等资源型城市产业转型升级进程，建设一批接续替代产业园区和集聚区，重点承接和发展纺织服装等能充分吸纳就业的劳动密集型产业。快速推进城区老工业区和独立工矿区的搬迁改造工作，优化产业发展环境，提升产业转移承接能力。

## 第三节　东部三大都市圈产业转移推进路线与政策

作为东部沿海地区人口和城镇高度密集的京津冀、长三角、珠三角三大都市圈，是我国经济最具活力、开放程度最高、创新能力最强、吸纳人口最多的地区。三大都市圈在支撑和引领全国经济发展的同时，也存在核心城市大城市病凸显、资源环境承载超负、内部发展不平衡突出等突出问题。作为我国未来区域发展格局中的优化开发区域，三大都市圈产业转移推进的重点方向应是促进核心城市部分过度集中功能向周边城市疏解，优化都市圈产业空间结构，实现都市圈内部结构更加合理、联系更加紧密、发展差距逐渐缩小。

## 一、京津冀都市圈

随着京津冀协同发展成为我国新时期区域发展的重大战略，京津冀都市圈未来应在《京津冀协同发展纲要》的重要指引下，进一步加快产业转型升级步伐，推动区域产业转移承接，优化区域产业格局，强化创新驱动发展，建设成为以首都为核心的世界级城市群，在引领和支撑全国经济社会发展中发挥更大作用。

打造"一圈、两核、三轴、四区、多平台"的区域产业格局。发展环首都创新创业与文化休闲旅游产业圈，将北京和天津发展成为总部经济、服务经济中心城市，沿京津、京保石、京唐秦等主要通道建设产业发展带，推动产业要素沿轴向集聚，推动产业分区集聚发展。构建以重要城市为支点，以战略性功能区平台为载体，以交通廊道为纽带的网络化空间格局。

构建基于价值链分工的区域产业分工体系。按照京津冀区域整体功能定位和三省市功能定位，合理规划产业布局，优化产业结构。北京应发挥科技创新中心的作用，发展服务经济、知识经济、绿色经济，构建高精尖经济结构；天津优化发展高端装备、电子信息等先进制造业，打造全国先进制造研发基地及生产性服务业集聚区；河北积极承接首都产业功能转移和京津科技成果转化，改造提升传统产业。

疏解北京非首都功能，优化调整首都功能布局。采用集中疏解与分散疏解相结合的方式，推动非首都功能有序转移，提升首都四个中心（政治中心、文化中心、国际交往中心、科技创新中心）核心功能，调整经济结构和空间结构。将一般性产业、区域性物流基地等部分第三产业、部分社会公共服务功能以及部分行政事业性服务机构和企业总部功能迁出，与周边地区形成良性互动、优势互补，促进区域产业的集体提升。

建设一批特色鲜明的高质量产业转移承接园，加速产业转移承接进程。以曹妃甸区、新机场临空经济区、张承生态功能区、滨海新区等4个战略合作功能区为主体，以功能有别、错位发展为原则，建设产业功能承接平台。为中小城市提供充足的发展空间，鼓励中小城市发展特色产业和民营经济，增强其发展的经济支撑，并为其承接核心城市的产业转移奠定基础。

发挥政府和市场双重的作用促进区域内产业有序转移。政府引导与市场机制相结合，对具有行政功能和公共服功能的单位，主要依靠规划引导和行政手段进行疏解，对具有经营性质的企事业单位，主要依靠市场手段进行疏解。充分发挥市场机制的引导作用，通过企业主体来推动在区域一体化中的合作，使一体化的行为和结果有市场根基，最终形成自发的区域协同发展。

## 二、长三角都市圈

长三角地区处于区域空间结构演化的高级阶段，未来应按照优化开发区域的总体要求和《长江三角洲地区区域规划》的相关部署，进一步优化提升区域发展空间格局，增强高端要素集聚和综合服务功能，提高自主创新能力和区域核心竞争力。

进一步提升上海的核心地位，强化综合服务功能，在长三角地区发挥自主创新示范引领作用。提升南京、苏州、无锡、杭州、宁波等区域性中心城市的产业带动能力，形成沿沪宁和沪杭甬线、沿江、沿湾等九条发展带为骨架的多中心网络化产业空间格局。

加强国内外区域合作，提升开放水平和协调程度。充分利用国际国内两个市场、两种资源，在更大范围、更广领域、更高层次上参与国际合作与竞争，积极拓展经济、贸易、科技、文化、旅游等领域对外交流，提高开放型经济水平。加强与周边地区的联合与协作，推动生产要素跨区域合理流动和资源优化配置，实现优势互补。

深化行政改革和市场体系建设，促进要素跨地区自由流动。长三角区域一体化步入深水区，区域环境治理同样面临着制度瓶颈，需要在经济社会发展全方位的深度合作时，重视行政调控力量的约束作用。在未来的发展中，要逐步打破区域分割，消除地方保护主义，深入推进区域人才、交通、生态等建设一体化，建立统一开放的人力资源、资本、技术等各类要素市场，实现人口和产业有序转移。

## 三、珠三角都市圈

珠三角都市圈位于全国"两横三纵"城市化战略格局中沿海通道纵轴和京哈京广通道纵轴的南端，是南方地区对外开放的门户和辐射带动华南、中南和西南地区的龙头，同时也是我国区域发展格局中的优化开发区域。未来应在《珠江三角洲地区改革发展规划纲要》的战略部署下，优化都市圈空间开发格局，促进核心区域"面域"集聚、形成多中心网络化空间结构。构建以广州、深圳为中心，以珠海、佛山、中山、东莞等为次中心，以东中西三大城市群体为依托的多中心、网络化空间结构，形成资源要素优化配置、地区优势充分发挥的协调发展新格局。

构建错位发展、互补互促的区域产业发展格局，推进产业协同发展。广州应大力提升核心城市的服务和管理水平，重点发展商业、服务、文教、交通、科技等职能，建成更具国际竞争力的商贸流通中心、科技研发中心和现代服务中心。深圳应重点发展商业、金融和服务等职能，向商贸、物流、金融和信息一体化的现代化区域性中心城市迈进。珠海应立足于自身比较优势，发展成为信息技术产业、现代商业及旅游业发达的区域性中心城市。

创新合作机制，建立更广泛的利益共享机制。加强都市圈内商品、资金、劳动力、技术等要素自由流动，发挥市场机制，实现资源合理有效配置。探索建立有利于促进一体化发展的行政管理体制、财政体制和考核奖惩机制。在广东省政府的统一领导和协调下，建立有关城市之间、部门之间、企业之间及社会广泛参与的多层次合作机制，降低交易成本。以广州佛山同城化为示范，以交通基础设施一体化为切入点，积极稳妥地构建城市规划统筹协调、基础设施共建共享、产业发展合作共赢、公共事务协作管理的一体化发展格局，提升整体竞争力。通过沟通和协商解决基础设施共享方面的矛盾，有效提高区域基础设施的整体利用效率。

# 参 考 文 献

陈雪琴. 2013. 我国推进产业转移的主要做法及其效果分析. http://cyzy.miit.gov.cn/node/2786/[2013-4-20]

李国平，王志宝. 2013. 中国区域空间结构演化态势研究. 北京大学学报(哲学社会科学版)，(03): 148-157.

李国平.2014.西部大开发应有持续的支持政策.人民政协报，2014-11-04(006).

许召元，李善同. 2006. 近年来中国地区差距的变化趋势. 经济研究，(07): 106-116.

张辽. 2013. 要素流动、产业转移与区域经济发展. 武汉：华中科技大学博士学位论文.

# 附　　录

## 附录 1：短期均衡下的技术劳动力名义报酬率

综合正文中的短期均衡经济方程组（15）-（17）如下：

$$E_1 = \frac{1}{2}\left(\mu + \frac{\eta}{1-\eta}\right)G_1^{\frac{-\eta}{1-\eta}} + \frac{\mu}{\sigma}n_1 r_1 \quad E_2 = \frac{1}{2}\left(\mu + \frac{\eta}{1-\eta}\right)G_2^{\frac{-\eta}{1-\eta}} + \frac{\mu}{\sigma}n_2 r_2$$

$$G_1^{1-\sigma} = n_1 + \phi n_2 \quad G_2^{1-\sigma} = \phi n_1 + n_2$$

$$r_1 = \frac{E_1}{G_1^{1-\sigma}} + \phi\frac{E_2}{G_2^{1-\sigma}} \quad r_2 = \phi\frac{E_1}{G_1^{1-\sigma}} + \frac{E_2}{G_2^{1-\sigma}}$$

整理后得到关于 $r_1$、$r_2$ 的二元一次方程组：

$$r_1 = \frac{1}{2}\left(\mu + \frac{\eta}{1-\eta}\right)\left(G_1^{\sigma-\frac{1}{1-\eta}} + \phi G_2^{\sigma-\frac{1}{1-\eta}}\right) + \frac{\mu}{\sigma}\frac{n_1}{n_1+\phi n_2}r_1 + \phi\frac{\mu}{\sigma}\frac{n_2}{\phi n_1+n_2}r_2$$

$$r_2 = \frac{1}{2}\left(\mu + \frac{\eta}{1-\eta}\right)\left(\phi G_1^{\sigma-\frac{1}{1-\eta}} + G_2^{\sigma-\frac{1}{1-\eta}}\right) + \phi\frac{\mu}{\sigma}\frac{n_1}{n_1+\phi n_2}r_1 + \frac{\mu}{\sigma}\frac{n_2}{\phi n_1+n_2}r_2$$

$$\Rightarrow \begin{array}{l} r_1\left(1 - \frac{\mu}{\sigma}\frac{n_1}{n_1+\phi n_2}\right) + r_2\left(-\phi\frac{\mu}{\sigma}\frac{n_2}{\phi n_1+n_2}\right) = \frac{1}{2}\left(\mu + \frac{\eta}{1-\eta}\right)\left(G_1^{\sigma-\frac{1}{1-\eta}} + \phi G_2^{\sigma-\frac{1}{1-\eta}}\right) \\[4mm] r_1\left(-\phi\frac{\mu}{\sigma}\frac{n_1}{n_1+\phi n_2}\right) + r_2\left(1 - \frac{\mu}{\sigma}\frac{n_2}{\phi n_1+n_2}\right) = \frac{1}{2}\left(\mu + \frac{\eta}{1-\eta}\right)\left(\phi G_1^{\sigma-\frac{1}{1-\eta}} + G_2^{\sigma-\frac{1}{1-\eta}}\right) \end{array}$$

利用矩阵表达方式，可以将以上方程组简洁表述为

$$\begin{bmatrix} (1-a_1) & (-a_2)\phi \\ (-a_1)\phi & (1-a_2) \end{bmatrix}\begin{bmatrix} r_1 \\ r_2 \end{bmatrix} = \begin{bmatrix} q_1 \\ q_2 \end{bmatrix}$$

其中，$a_1 \equiv b\dfrac{n_1}{n_1+\phi n_2}$，$a_2 \equiv b\dfrac{n_2}{\phi n_1+n_2}$，$b \equiv \dfrac{\mu}{\sigma}$，$q_1 \equiv \dfrac{1}{2}\left(\mu+\dfrac{\eta}{1-\eta}\right)\left(G_1^{\sigma-\frac{1}{1-\eta}}+\right.$

$\left.\phi G_2^{\sigma-\frac{1}{1-\eta}}\right)$，$q_2 \equiv \dfrac{1}{2}\left(\mu+\dfrac{\eta}{1-\eta}\right)\left(\phi G_1^{\sigma-\frac{1}{1-\eta}}+G_2^{\sigma-\frac{1}{1-\eta}}\right)$

设矩阵：$\Delta = \begin{vmatrix} (1-a_1) & (-a_2)\phi \\ (-a_1)\phi & (1-a_2) \end{vmatrix}$　$\Delta_1 = \begin{vmatrix} q_1 & (-a_2)\phi \\ q_2 & (1-a_2) \end{vmatrix}$　$\Delta_2 = \begin{vmatrix} (1-a_1) & q_1 \\ (-a_1)\phi & q_2 \end{vmatrix}$，解可

表示为：$r_1 = \dfrac{\Delta_1}{\Delta}$　$r_2 = \dfrac{\Delta_2}{\Delta}$。

其中，

$$\Delta = \begin{vmatrix} (1-a_1) & (-a_2)\phi \\ (-a_1)\phi & (1-a_2) \end{vmatrix} = 1-a_1-a_2+\left(1-\phi^2\right)a_1a_2$$

$$= \frac{(n_1+\phi n_2)(\phi n_1+n_2)-bn_1(\phi n_1+n_2)-bn_2(n_1+\phi n_2)+\left(1-\phi^2\right)b^2n_1n_2}{(n_1+\phi n_2)(\phi n_1+n_2)}$$

$$= \frac{\phi\left(n_1^2+n_2^2\right)-b\phi\left(n_1^2+n_2^2\right)+\left(1+\phi^2\right)n_1n_2-2bn_1n_2+\left(1-\phi^2\right)b^2n_1n_2}{(n_1+\phi n_2)(\phi n_1+n_2)}$$

$$= \frac{\phi(1-b)}{(n_1+\phi n_2)(\phi n_1+n_2)}\left\{\left(n_1^2+n_2^2\right)+\left[(1-b)/\phi+\phi(1+b)\right]n_1n_2\right\}$$

$$\Delta_1 = \begin{vmatrix} q_1 & (-a_2)\phi \\ q_2 & (1-a_2) \end{vmatrix} = q_1(1-a_2)+q_2a_2\phi$$

$$= \frac{1}{2}\left(\mu+\frac{\eta}{1-\eta}\right)\begin{bmatrix} \left(G_1^{\sigma-\frac{1}{1-\eta}}+\phi G_2^{\sigma-\frac{1}{1-\eta}}\right)\left(1-b\dfrac{n_2}{\phi n_1+n_2}\right) \\ +\left(\phi G_1^{\sigma-\frac{1}{1-\eta}}+G_2^{\sigma-\frac{1}{1-\eta}}\right)b\dfrac{n_2}{\phi n_1+n_2}\phi \end{bmatrix}$$

$$= \frac{1}{2}\left(\mu+\frac{\eta}{1-\eta}\right)\left\{\left[1-b\frac{n_2}{\phi n_1+n_2}\left(1-\phi^2\right)\right]G_1^{\sigma-\frac{1}{1-\eta}}+\phi G_2^{\sigma-\frac{1}{1-\eta}}\right\}$$

$$\Delta_2 = \begin{vmatrix} (1-a_1) & q_1 \\ (-a_1)\phi & q_2 \end{vmatrix} = q_2(1-a_1) + q_1 a_1 \phi$$

$$= \frac{1}{2}\left(\mu + \frac{\eta}{1-\eta}\right) \left[ \begin{array}{l} \left(\phi G_1^{\sigma-\frac{1}{1-\eta}} + G_2^{\sigma-\frac{1}{1-\eta}}\right)\left(1 - b\frac{n_1}{n_1+\phi n_2}\right) \\ + \left(G_1^{\sigma-\frac{1}{1-\eta}} + \phi G_2^{\sigma-\frac{1}{1-\eta}}\right) b\frac{n_1}{n_1+\phi n_2}\phi \end{array} \right]$$

$$= \frac{1}{2}\left(\mu + \frac{\eta}{1-\eta}\right)\left\{\left[1 - b\frac{n_1}{n_1+\phi n_2}(1-\phi^2)\right]G_2^{\sigma-\frac{1}{1-\eta}} + \phi G_1^{\sigma-\frac{1}{1-\eta}}\right\}$$

整理方程组的解如下:

$$r_1 = \frac{\Delta_1}{\Delta} = \frac{(n_1+\phi n_2)(\phi n_1+n_2)}{2\phi(1-b)} \frac{\left(\mu+\frac{\eta}{1-\eta}\right)\left\{\left[1 - b\frac{n_2}{\phi n_1+n_2}(1-\phi^2)\right]G_1^{\sigma-\frac{1}{1-\eta}} + \phi G_2^{\sigma-\frac{1}{1-\eta}}\right\}}{n_1^2 + n_2^2 + \left[(1-b)/\phi + \phi(1+b)\right]n_1 n_2}$$

$$= \frac{\mu+\eta/(1-\eta)}{2(1-b)}(n_1+\phi n_2)\frac{\left\{n_1 + \left[(1-b)/\phi + b\phi\right]n_2\right\}G_1^{\sigma-\frac{1}{1-\eta}} + (\phi n_1+n_2)G_2^{\sigma-\frac{1}{1-\eta}}}{n_1^2 + n_2^2 + \left[(1-b)/\phi + \phi(1+b)\right]n_1 n_2}$$

$$= \frac{Q_1}{Q}$$

$$r_2 = \frac{\Delta_2}{\Delta} = \frac{\mu+\eta/(1-\eta)}{2(1-b)}(\phi n_1+n_2)\frac{\left\{n_2 + \left[(1-b)/\phi + b\phi\right]n_1\right\}G_2^{\sigma-\frac{1}{1-\eta}} + (n_1+\phi n_2)G_1^{\sigma-\frac{1}{1-\eta}}}{n_1^2 + n_2^2 + \left[(1-b)/\phi + \phi(1+b)\right]n_1 n_2}$$

$$= \frac{Q_2}{Q}$$

(A1)

其中, $Q \equiv \dfrac{\left[\mu+\eta/(1-\eta)\right]/\left[2(1-b)\right]}{n_1^2 + n_2^2 + \left[(1-b)/\phi + \phi(1+b)\right]n_1 n_2}$, $Q_1 \equiv (n_1+\phi n_2)\left\{\left[n_1 + \left(\dfrac{1-b}{\phi} + b\phi\right)n_2\right]\cdot\right.$

$\left. G_1^{\sigma-\frac{1}{1-\eta}} + (\phi n_1+n_2)G_2^{\sigma-\frac{1}{1-\eta}}\right\}$ 和

$$Q_2 \equiv (\phi n_1+n_2)\left\{\left[n_2 + \left(\frac{1-b}{\phi} + b\phi\right)n_1\right]G_2^{\sigma-\frac{1}{1-\eta}} + (n_1+\phi n_2)G_1^{\sigma-\frac{1}{1-\eta}}\right\}$$

# 附录2：技术劳动力名义报酬率对称点分析

由于 $Q \equiv \dfrac{\left[\mu + \eta/(1-\eta)\right]/\left[2(1-b)\right]}{n_1^{\,2} + n_2^{\,2} + \left[(1-b)/\phi + \phi(1+b)\right]n_1 n_2} > 0$，利用（A1）的结果比较

两地区技术劳动力名义报酬率的差别，即只需要关注比较的符号，因此，只需关注

$$
\begin{aligned}
Q_1 - Q_2 &= \left(n_1 + \phi n_2\right)\left[\left\{n_1 + \left[(1-b)/\phi + b\phi\right]n_2\right\} - \left(\phi n_1 + n_2\right)\right]G_1^{\,\sigma - \frac{1}{1-\eta}} \\
&\quad - \left(\phi n_1 + n_2\right)\left[\left\{n_2 + \left[(1-b)/\phi + b\phi\right]n_1\right\} - \left(n_1 + \phi n_2\right)\right]G_2^{\,\sigma - \frac{1}{1-\eta}} \\
&= \left(n_1 + \phi n_2\right)\left\{n_1(1-\phi) + \left[(1-b)/\phi + b\phi - 1\right]n_2\right\}G_1^{\,\sigma - \frac{1}{1-\eta}} \\
&\quad - \left(\phi n_1 + n_2\right)\left\{n_2(1-\phi) + \left[(1-b)/\phi + b\phi - 1\right]n_1\right\}G_2^{\,\sigma - \frac{1}{1-\eta}} \\
&= \frac{1-\phi}{\phi}\left\{
\begin{array}{l}
\left(n_1 + \phi n_2\right)\left[n_1\phi + (1-b-b\phi)n_2\right]G_1^{\,\sigma - \frac{1}{1-\eta}} \\
-\left(\phi n_1 + n_2\right)\left[n_2\phi + (1-b-b\phi)n_1\right]G_2^{\,\sigma - \frac{1}{1-\eta}}
\end{array}
\right\} \\
&= \frac{1-\phi}{\phi}\Phi
\end{aligned}
$$

其中，

$$
\begin{aligned}
\Phi &= \left(n_1 + \phi n_2\right)\left[n_1\phi + (1-b-b\phi)n_2\right]G_1^{\,\sigma - \frac{1}{1-\eta}} - \left(\phi n_1 + n_2\right)\left[n_2\phi + (1-b-b\phi)n_1\right]G_2^{\,\sigma - \frac{1}{1-\eta}} \\
&= \left[\phi n_1\left(n_1 + \phi n_2\right)G_1^{\,\sigma - \frac{1}{1-\eta}} - \phi n_2\left(\phi n_1 + n_2\right)G_2^{\,\sigma - \frac{1}{1-\eta}}\right] \\
&\quad + (1-b-b\phi)\left[n_2\left(n_1 + \phi n_2\right)G_1^{\,\sigma - \frac{1}{1-\eta}} - n_1\left(\phi n_1 + n_2\right)G_2^{\,\sigma - \frac{1}{1-\eta}}\right] \\
&= \phi\left[\left(n_1^{\,2}G_1^{\,\sigma - \frac{1}{1-\eta}} - n_2^{\,2}G_2^{\,\sigma - \frac{1}{1-\eta}}\right) + (1-b-b\phi)\left(n_2^{\,2}G_1^{\,\sigma - \frac{1}{1-\eta}} - n_1^{\,2}G_2^{\,\sigma - \frac{1}{1-\eta}}\right)\right] \\
&\quad + n_1 n_2\left(G_1^{\,\sigma - \frac{1}{1-\eta}} - G_2^{\,\sigma - \frac{1}{1-\eta}}\right)\left(\phi^2 + 1 - b - b\phi\right)
\end{aligned}
$$

两个特例：

（1）当 $\eta=0$ 时[①]，为"自由企业家"（FE，footloose entrepreneurs）模型。此时，名义报酬率（不受技术劳动力空间分布影响）的对称点 $\phi^{e0}=\phi^e(\eta=0)$ 满足：

$$\Phi=0\big|_{\eta=0}\Rightarrow\Phi=(n_1-n_2)\big[(1+b)\phi^{e0}-(1-b)\big]=0\Rightarrow\phi^{e0}=\frac{1-b}{1+b}$$

（2）当 $\eta=1-\dfrac{1}{\sigma}$ 时，名义报酬率区际差异的关键表达式为

$$\Phi\big|_{\eta=1-1/\sigma}=\big(n_1^{\,2}-n_2^{\,2}\big)b\phi(1+\phi)$$

上式显示，特例（2）中，只有在技术劳动力对称分布的情况下，名义报酬率才会相同。更重要的是，容易推断得出，当 $\eta\geqslant1-\dfrac{1}{\sigma}$ 时，技术劳动力要素相对集中的地区，其名义报酬率更大；由于厂商相对集中的地方还享有"生活成本"相对较低的优势，综合收入和生活成本两方面因素，此时经济将陷入"黑洞"状态：只要某个地区经济相对集中，该地区的技术劳动力的实际报酬率将增大，促使要素进一步向这一地区集聚，并最终形成以该地区为中心的完全的"中心—外围"格局。这一现象的出现不受贸易成本的影响。因此，使空间经济不陷入"黑洞"的必要但非充分条件是：$\eta<1-\dfrac{1}{\sigma}$，这与传统"中心—外围"模型（Krugman，1991）针对现代部门占总体经济的比重的设置类似：$\mu<1-\dfrac{1}{\sigma}$。但此后的由"突破点"推出的非黑洞（充要）条件将是 $\eta<\eta_{\mathrm{NBH}}$，其中 $\eta_{\mathrm{NBH}}<1-1/\sigma$。

名义报酬率（不受技术劳动力空间分布影响）的对称点为 $\phi^e(\eta)=\phi^e\big|_{\eta\in[0,1-1/\sigma)}$。这一对称的特性是无论技术劳动力空间分布 $\{n_1,n_2\}$ 为何种状态，其在两地区的名

---

[①] 要基于 $\Phi=\phi\bigg[\bigg(n_1^{\,2}G_1^{\sigma\frac{1}{1-\eta}}-n_2^{\,2}G_2^{\sigma\frac{1}{1-\eta}}\bigg)+(1-b-b\phi)\bigg(n_2^{\,2}G_1^{\sigma\frac{1}{1-\eta}}-n_1^{\,2}G_2^{\sigma\frac{1}{1-\eta}}\bigg)\bigg]+n_1n_2\bigg(G_1^{\sigma\frac{1}{1-\eta}}-G_2^{\sigma\frac{1}{1-\eta}}\bigg)(\phi^2+$

$1-b-b\phi)$ 验证特例（1），需要利用以下式结果：

$$n_1^{\,2}G_1^{\sigma\frac{1}{1-\eta}}-n_2^{\,2}G_2^{\sigma\frac{1}{1-\eta}}=\frac{n_1^{\,2}\left(\phi n_1+n_2\right)-n_2^{\,2}\left(n_1+\phi n_2\right)}{\left(n_1+\phi n_2\right)\left(\phi n_1+n_2\right)}=(n_1-n_2)\frac{\phi n_1^{\,2}+\phi n_2^{\,2}+n_1n_2\left(1+\phi\right)}{\left(n_1+\phi n_2\right)\left(\phi n_1+n_2\right)}$$

$$n_2^{\,2}G_1^{\sigma\frac{1}{1-\eta}}-n_1^{\,2}G_2^{\sigma\frac{1}{1-\eta}}=-\frac{n_1^{\,2}\left(n_1+\phi n_2\right)-n_2^{\,2}\left(\phi n_1+n_2\right)}{\left(n_1+\phi n_2\right)\left(\phi n_1+n_2\right)}=-(n_1-n_2)\frac{n_1^{\,2}+n_2^{\,2}+n_1n_2\left(1+\phi\right)}{\left(n_1+\phi n_2\right)\left(\phi n_1+n_2\right)}$$

$$G_1^{\sigma\frac{1}{1-\eta}}-G_2^{\sigma\frac{1}{1-\eta}}=-\frac{\left(n_1+\phi n_2\right)-\left(\phi n_1+n_2\right)}{\left(n_1+\phi n_2\right)\left(\phi n_1+n_2\right)}=-(n_1-n_2)\frac{\left(1-\phi\right)}{\left(n_1+\phi n_2\right)\left(\phi n_1+n_2\right)}$$

义报酬率 $\{r_1, r_2\}$ 都相等。因此，可以选择任意一种空间分布计算该对称点与各外生变量的关系。最方便的空间分布是 $\{n_1 = 1, n_2 = 0\}$，此时 $G_1 = 1$，$G_2 = \phi^{1/(1-\sigma)}$，对称点可以由以下隐函数决定：

$$\Phi = \phi^e \left[ 1 - \left( 1 - b - b\phi^e \right) \phi^{e^{\frac{\sigma - 1/(1-\eta)}{1-\sigma}}} \right] = 0 \Rightarrow \frac{\eta}{1-\eta} = (\sigma - 1) \left[ 1 - \frac{\ln\left( 1 - b - b\phi^e \right)}{\ln \phi^e} \right]$$

设 $f\left( \phi^e, b \right) = \dfrac{\ln\left( 1 - b - b\phi^e \right)}{\ln \phi^e}$，由于 $\phi^e \in [0,1]$，所以容易推断 $\dfrac{\partial f}{\partial \phi^e} > 0$，$\dfrac{\partial f}{\partial b} > 0$。

由此可得：① $\phi^e \propto \eta^{-1}$，也即 $\eta$ 上升，将导致对称点值下降，这种情形说明除"生活成本"效应之外的分散力和集聚力的平衡点进一步向贸易自由度更低的方向移动。由于 $\eta$ 越大，产业关联在现代部门厂商生产中的影响越大，由此产生的集聚效应越强，集聚力占据主导的贸易自由度范围越大。②除此之外，$\phi^e \propto \sigma$（$\sigma$ 上升，其他不变的情况下，$b$ 下降，保持名义报酬率对称，则 $f(\cdot)$ 增大；由于 $b$ 下降，$f(\cdot)$ 增大必然导致 $\phi^e$ 上升），$\phi^e \propto \mu^{-1}$。

# 附录 3：长期均衡中的特征点（Crack points）：支撑点和突破点

基于区位条件，可以得到，在本模型中技术劳动力区位决策的依据是区际间的间接效用（也即其实际报酬率）的差值。

$$\frac{r_1/G_1^{\mu}}{r_2/G_2^{\mu}} = \frac{G_1^{1-\sigma-\mu}}{G_2^{1-\sigma-\mu}} \frac{\left\{ n_1 + \left[ (1-b)/\phi + b\phi \right] n_2 \right\} G_1^{\sigma - \frac{1}{1-\eta}} + \left( \phi n_1 + n_2 \right) G_2^{\sigma - \frac{1}{1-\eta}}}{\left\{ n_2 + \left[ (1-b)/\phi + b\phi \right] n_1 \right\} G_2^{\sigma - \frac{1}{1-\eta}} + \left( n_1 + \phi n_2 \right) G_1^{\sigma - \frac{1}{1-\eta}}} = \frac{\tilde{Q}_1}{\tilde{Q}_2}$$

$$\tilde{\Phi} = \tilde{Q}_1 - \tilde{Q}_2 = G_1^{1-\sigma-\mu} \left( \left\{ n_1 + \left[ (1-b)/\phi + b\phi \right] n_2 \right\} G_1^{\sigma - \frac{1}{1-\eta}} + \left( \phi n_1 + n_2 \right) G_2^{\sigma - \frac{1}{1-\eta}} \right)$$

$$- G_2^{1-\sigma-\mu} \left( \left\{ n_2 + \left[ (1-b)/\phi + b\phi \right] n_1 \right\} G_2^{\sigma - \frac{1}{1-\eta}} + \left( n_1 + \phi n_2 \right) G_1^{\sigma - \frac{1}{1-\eta}} \right)$$

## 1. 支撑点

不妨设经济在地区 1 完全集聚，可以得到：$\{ n_1 = 1, n_2 = 0 \}$，$G_1 = 1$，$G_2 = \phi^{1/(1-\sigma)}$。

该集聚状态可支撑点条件是

$$\tilde{\Phi}_{n_1=1} = \left(1 + \phi^{1+\frac{\sigma}{1-\sigma}\frac{1}{1-\eta}}\right) - \phi^{1-\frac{\mu}{1-\sigma}}\left(\left[\frac{1-b}{\phi^2} + b\right]\phi^{\frac{\sigma}{1-\sigma}\frac{1}{1-\eta}+1} + 1\right) \geqslant 0$$

$$\Rightarrow (1-b)\phi^{\frac{\eta}{1-\eta}\frac{1}{\sigma-1}} + \left(b\phi^{\frac{\eta}{1-\eta}\frac{1}{\sigma-1}} + 1\right)\phi^2 - \left(1 + \phi^{\frac{\eta}{1-\eta}\frac{1}{\sigma-1}}\right)\phi^{1+\frac{\mu}{1-\sigma}} \leqslant 0$$

因此，支撑点由如下隐函数表示。

$$(1-b)\phi^{s\frac{\eta}{1-\eta}\frac{1}{\sigma-1}} + \left(b\phi^{s\frac{\eta}{1-\eta}\frac{1}{\sigma-1}} + 1\right)\phi^{s2} - \left(1 + \phi^{s\frac{\eta}{1-\eta}\frac{1}{\sigma-1}}\right)\phi^{s1+\frac{\mu}{1-\sigma}} = 0$$

$$\Rightarrow \left[(1-b) + b\phi^{s2} - \phi^{s1+\frac{\mu}{1-\sigma}}\right]\phi^{s\frac{\eta}{1-\eta}\frac{1}{\sigma-1}} = \phi^{s1+\frac{\mu}{1-\sigma}} - \phi^{s2}$$

$$\Rightarrow \phi^{s\frac{\eta}{1-\eta}\frac{1}{\sigma-1}} = \frac{\phi^{s1+\frac{\mu}{1-\sigma}} - \phi^{s2}}{(1-b) + b\phi^{s2} - \phi^{s1+\frac{\mu}{1-\sigma}}}$$

容易证明，$\eta = 0$ 时支撑点即为 FE 模型中的支撑点隐函数了；$\eta \geqslant 1 - 1/\sigma$ 时支撑点为 0，即集聚均衡总是可以维持。

此外，支撑点与主要的外生参数的关系如下。

（1）$\phi^s \propto \eta^{-1}$。

证明：上式左边与 $\phi^s$ 负相关，右边是形如集聚租金的倒 "U" 形曲线。在关于 $\phi^s$ 的二维坐标系中［原点（0，1），固定点（1，1）］，$\eta$ 的增大，使得左边的曲线关于固定点逆时针旋转，而右边的倒 "U" 形曲线与之无关。容易推断，$\eta$ 增大，左右两条曲线的左边交点逐渐左移，即向 $\phi$ 减小的方向移动。所以 $\phi^s \propto \eta^{-1}$。

$\frac{r_1 / G_1^\mu}{r_2 / G_2^\mu} = \phi^{s1-\sigma}\frac{r_1}{r_2}$ 由 $\phi^e$ 的分析中已知的 $\frac{\partial \Phi}{\partial \eta} > 0$ 和 $\phi^e \propto \eta^{-1}$ 可知，$\eta$ 上升将导致既有的支撑点上，中心地区实际报酬率上升，支撑点值可以进一步减小，在其重新使得 $\frac{r_1}{r_2}$ 接近变化前状态时，$\phi^{\frac{\mu}{1-\sigma}}$ 体现的"生活成本"效应进一步强化了中心地区的实际报酬率优势，使支撑点值可以较名义报酬率对称点更大幅度的下降。

（2）此外，$\phi^s \propto \sigma$ 和 $\phi^s \propto \mu^{-1}$ 两者均会影响 $\phi^{\frac{\mu}{1-\sigma}}$，进而使其对突破点的影响程度大于对名义报酬率对称点的影响程度。

## 2. 突破点

在对称状态的领域内求 $\dfrac{\partial \tilde{\Phi}}{\partial n_1}$，在满足 $\left.\dfrac{\partial \tilde{\Phi}}{\partial n_1}\right|_{n_1=1/2} < 0$ 的贸易自由度取值范围内，对称状态均为稳定均衡。容易推断，这一值域的最大值即为突破点。在对称状态领域内，基于对称状态进行线性化处理，从而得到 $\mathrm{d}G_1 = -\mathrm{d}G_2$，$\mathrm{d}n_1 = -\mathrm{d}n_2$，容易推断 $\mathrm{d}\tilde{Q}_1 = -\mathrm{d}\tilde{Q}_2$，$\mathrm{d}\tilde{\Phi} = 2\mathrm{d}\tilde{Q}_1$。此外，

一般模型

$$\tilde{Q}_1 = G_1^{1-\sigma-\mu}\left(\left\{n_1 + \left[(1-b)/\phi + b\phi\right]n_2\right\}G_1^{\sigma-\frac{1}{1-\eta}} + \left(\phi n_1 + n_2\right)G_2^{\sigma-\frac{1}{1-\eta}}\right)$$

$$\frac{\mathrm{d}\tilde{Q}_1}{\tilde{Q}_1} = (1-\sigma-\mu)\frac{\mathrm{d}G_1}{G_1} + \frac{\mathrm{d}\left(\left\{n_1 + \left[(1-b)/\phi + b\phi\right]n_2\right\}G_1^{\sigma-\frac{1}{1-\eta}}\right) + \mathrm{d}\left[\left(\phi n_1 + n_2\right)G_2^{\sigma-\frac{1}{1-\eta}}\right]}{\left\{n_1 + \left[(1-b)/\phi + b\phi\right]n_2\right\}G_1^{\sigma-\frac{1}{1-\eta}} + \left(\phi n_1 + n_2\right)G_2^{\sigma-\frac{1}{1-\eta}}}$$

$$\frac{\mathrm{d}\left(\left\{n_1 + \left[(1-b)/\phi + b\phi\right]n_2\right\}G_1^{\sigma-\frac{1}{1-\eta}}\right)}{\left\{n_1 + \left[(1-b)/\phi + b\phi\right]n_2\right\}G_1^{\sigma-\frac{1}{1-\eta}}} = \left(\sigma - \frac{1}{1-\eta}\right)\frac{\mathrm{d}G_1}{G_1} + \frac{(b+b\phi-1)(1-\phi)\mathrm{d}n_1}{\phi\left\{n_1 + \left[(1-b)/\phi + b\phi\right]n_2\right\}}$$

$$= \frac{\mathrm{d}\left[\left(\phi n_1 + n_2\right)G_2^{\sigma-\frac{1}{1-\eta}}\right]}{\left[\left(\phi n_1 + n_2\right)G_2^{\sigma-\frac{1}{1-\eta}}\right]}$$

$$= \left(\sigma - \frac{1}{1-\eta}\right)\frac{\mathrm{d}G_2}{G_2} - \frac{(1-\phi)\mathrm{d}n_1}{\left(\phi n_1 + n_2\right)}$$

$$\frac{\mathrm{d}\left(\left\{n_1 + \left[(1-b)/\phi + b\phi\right]n_2\right\}G_1^{\sigma-\frac{1}{1-\eta}}\right)}{\left\{n_1 + \left[(1-b)/\phi + b\phi\right]n_2\right\}G_1^{\sigma-\frac{1}{1-\eta}}} = \left(\sigma - \frac{1}{1-\eta}\right)\frac{\mathrm{d}G_1}{G_1} + \frac{(b+b\phi-1)(1-\phi)\mathrm{d}n_1}{\phi\left\{n_1 + \left[(1-b)/\phi + b\phi\right]n_2\right\}}$$

$$\frac{\mathrm{d}\left[\left(\phi n_1 + n_2\right)G_2^{\sigma-\frac{1}{1-\eta}}\right]}{\left[\left(\phi n_1 + n_2\right)G_2^{\sigma-\frac{1}{1-\eta}}\right]} = \left(\sigma - \frac{1}{1-\eta}\right)\frac{\mathrm{d}G_2}{G_2} - \frac{(1-\phi)\mathrm{d}n_1}{\left(\phi n_1 + n_2\right)}$$

对称状态下，$n_1 = n_2 = 1/2$，$G_1 = G_2 = \left(\dfrac{1+\phi}{2}\right)^{1/(1-\sigma)}$，$n_1 + \left[(1-b)/\phi + b\phi\right]n_2 = \dfrac{(1-b+b\phi)(1+\phi)}{2\phi}$

$$\mathrm{d}\left(\left\{n_1 + \left[(1-b)/\phi + b\phi\right]n_2\right\}G_1^{\sigma-\frac{1}{1-\eta}}\right)$$

$$= G_1^{\sigma-\frac{1}{1-\eta}}\left[\left(\sigma - \frac{1}{1-\eta}\right)\frac{\mathrm{d}G_1}{G_1}\frac{(1-b+b\phi)(1+\phi)}{2\phi} + \frac{(b+b\phi-1)(1-\phi)\mathrm{d}n_1}{\phi}\right]$$

$$\mathrm{d}\left[(\phi n_1 + n_2)G_2^{\sigma-\frac{1}{1-\eta}}\right] = G_2^{\sigma-\frac{1}{1-\eta}}\left[\left(\sigma - \frac{1}{1-\eta}\right)\frac{\mathrm{d}G_2}{G_2}\left(\frac{1+\phi}{2}\right) - (1-\phi)\mathrm{d}n_1\right]$$

$$\left\{n_1 + \left[(1-b)/\phi + b\phi\right]n_2\right\}G_1^{\sigma-\frac{1}{1-\eta}} + (\phi n_1 + n_2)G_2^{\sigma-\frac{1}{1-\eta}}$$

$$= \frac{(1+\phi)\left[(1-b)+(1+b)\phi\right]}{2\phi}G_1^{\sigma-\frac{1}{1-\eta}}$$

$$\frac{\mathrm{d}\tilde{Q}_1}{\tilde{Q}_1} = (1-\sigma-\mu)\frac{\mathrm{d}G_1}{G_1} + \frac{\mathrm{d}\left(\left\{n_1 + \left[(1-b)/\phi + b\phi\right]n_2\right\}G_1^{\sigma-\frac{1}{1-\eta}}\right) + \mathrm{d}\left[(\phi n_1 + n_2)G_2^{\sigma-\frac{1}{1-\eta}}\right]}{\left(\left\{n_1 + \left[(1-b)/\phi + b\phi\right]n_2\right\}G_1^{\sigma-\frac{1}{1-\eta}} + (\phi n_1 + n_2)G_2^{\sigma-\frac{1}{1-\eta}}\right)}$$

$$= (1-\sigma-\mu)\frac{\mathrm{d}G_1}{G_1}$$

$$+ \frac{G_1^{\sigma-\frac{1}{1-\eta}}\left[\left(\sigma - \frac{1}{1-\eta}\right)\frac{\mathrm{d}G_1}{G_1}\frac{(1-b+b\phi)(1+\phi)}{2\phi} + \frac{(b+b\phi-1)(1-\phi)\mathrm{d}n_1}{\phi}\right] + G_2^{\sigma-\frac{1}{1-\eta}}\left[\left(\sigma - \frac{1}{1-\eta}\right)\frac{\mathrm{d}G_2}{G_2}\left(\frac{1+\phi}{2}\right) - (1-\phi)\mathrm{d}n_1\right]}{\frac{(1+\phi)\left[(1-b)+(1+b)\phi\right]}{2\phi}G_1^{\sigma-\frac{1}{1-\eta}}}$$

$$= \left[(1-\sigma-\mu) + \frac{(1-b)(1-\phi)}{(1-b)+(1+b)\phi}\left(\sigma - \frac{1}{1-\eta}\right)\right]\frac{\mathrm{d}G_1}{G_1} - \frac{2(1-b)(1-\phi)}{(1-b)+(1+b)\phi}\mathrm{d}n_1$$

$$\frac{\mathrm{d}\left(n_1+\phi n_2\right)}{n_1+\phi n_2}=\left(1-\sigma\right)\frac{\mathrm{d}G_1}{G_1}，\quad 对称状态下，\quad \frac{\mathrm{d}G_1}{G_1}=\frac{1-\phi}{1+\phi}\frac{2\mathrm{d}n_1}{1-\sigma}$$

$$\frac{\mathrm{d}\tilde{Q}_1}{\tilde{Q}_1}=\left[\left(1-\sigma-\mu\right)+\frac{\left(1-b\right)\left(1-\phi\right)}{\left(1-b\right)+\left(1+b\right)\phi}\left(\sigma-\frac{1}{1-\eta}\right)\right]\frac{1-\phi}{1+\phi}\frac{2\mathrm{d}n_1}{1-\sigma}-\frac{2\left(1-b\right)\left(1-\phi\right)}{\left(1-b\right)+\left(1+b\right)\phi}\mathrm{d}n_1$$

$$=\left\{\left[\frac{\left(1+b\right)\phi-\left(1-b\right)}{\left(1+b\right)\phi+\left(1-b\right)}\right]-\frac{\mu}{1-\sigma}-\frac{\left(1-b\right)\left(1-\phi\right)}{\left(1-\sigma\right)\left[\left(1+b\right)\phi+\left(1-b\right)\right]}\frac{\eta}{1-\eta}\right\}\frac{1-\phi}{1+\phi}2\mathrm{d}n_1$$

$$=\left\{\left[\frac{\left(1+b\right)\phi-\left(1-b\right)}{\left(1+b\right)\phi+\left(1-b\right)}\right]-\frac{\mu}{1-\sigma}-\frac{\left(1-b\right)\left(1-\phi\right)}{\left(1-\sigma\right)\left[\left(1+b\right)\phi+\left(1-b\right)\right]}\frac{\eta}{1-\eta}\right\}\frac{1-\phi}{1+\phi}2\mathrm{d}n_1$$

$$=\left\{\frac{1}{\left(1+b\right)\phi+\left(1-b\right)}\left[\left(1+b\right)\frac{1-\eta\left(\dfrac{\sigma-\dfrac{2b}{1+b}}{\sigma-1}\right)}{1-\eta}\phi-\left(1-b\right)\frac{1-\eta\dfrac{\sigma}{\sigma-1}}{1-\eta}\right]-\frac{\mu}{1-\sigma}\right\}\frac{1-\phi}{1+\phi}2\mathrm{d}n\right.$$

$$\left[\frac{\left(1+b\right)\phi-\left(1-b\right)}{\left(1+b\right)\phi+\left(1-b\right)}\right]-\frac{\mu}{1-\sigma}-\frac{\left(1-b\right)\left(1-\phi\right)}{\left(1-\sigma\right)\left[\left(1+b\right)\phi+\left(1-b\right)\right]}\frac{\eta}{1-\eta}\leqslant 0$$

$$\left[\frac{\left(1+b\right)\phi-\left(1-b\right)}{\left(1+b\right)\phi+\left(1-b\right)}\right]-\frac{\mu}{1-\sigma}\leqslant 0$$

$$\left[\frac{\left(1+b\right)\phi-\left(1-b\right)}{\left(1+b\right)\phi+\left(1-b\right)}\right]-\frac{\mu}{1-\sigma}+\frac{\left(1-b\right)\left(1-\phi\right)}{\left[\left(1+b\right)\phi+\left(1-b\right)\right]}\leqslant 0$$

$$\frac{\mathrm{d}\tilde{Q}_1}{\tilde{Q}_1}=\left\{\left[\left(1-\sigma-\mu\right)\right]\frac{1-\phi}{1+\phi}\frac{1}{1-\sigma}-\frac{\left(1-b\right)\left(1-\phi\right)}{\left(1-b\right)+\left(1+b\right)\phi}\right\}\mathrm{d}n_1$$

$$K\geqslant\left[\frac{\left(1+b\right)}{\left(1-b\right)}\left(1-K\right)-1\right]\phi$$

对称均衡稳定的充要条件：

$$\frac{\mathrm{d}\tilde{Q}_1}{\tilde{Q}_1}\leqslant 0\Rightarrow\frac{\left(1+b\right)A\phi-\left(1-b\right)B}{\left(1+b\right)\phi+\left(1-b\right)}\leqslant K$$

其中，

$$K \equiv \frac{\mu}{1-\sigma} < 0 , \quad B \equiv \frac{1-\eta\frac{\sigma}{\sigma-1}}{1-\eta} = 1 - \frac{\eta}{1-\eta}\frac{1}{\sigma-1} , \quad A \equiv \frac{1-\eta\left(\frac{\sigma-\frac{2b}{1+b}}{\sigma-1}\right)}{1-\eta}$$

$$= B + \frac{\eta}{1-\eta}\frac{1}{\sigma-1}\frac{2b}{1+b}$$

由此得到突破点 $\phi^b$ 及对称均衡稳定的充分条件：

$$\phi \leqslant \phi^b = \frac{(1-b)}{(1+b)}\frac{(K+B)}{(A-K)} = \frac{(1-b)}{(1+b)}\frac{1-\left(\frac{\eta}{1-\eta}+\mu\right)\frac{1}{\sigma-1}}{1-\left(\frac{\eta}{1-\eta}\frac{1-b}{1+b}-\mu\right)\frac{1}{\sigma-1}}$$

$$= \frac{(1-b)}{(1+b)}\frac{1-\frac{\mu}{\sigma-1}-\frac{\eta}{1-\eta}\frac{1}{\sigma-1}}{1+\frac{\mu}{\sigma-1}-\frac{\eta}{1-\eta}\frac{1}{\sigma-1}\frac{1-b}{1+b}}$$

$\phi^b \propto \eta^{-1}$ 证明。

假设 $\eta$ 上升，只要证明 $\dfrac{1-\dfrac{\mu}{\sigma-1}-\dfrac{\eta}{1-\eta}\dfrac{1}{\sigma-1}}{1+\dfrac{\mu}{\sigma-1}-\dfrac{\eta}{1-\eta}\dfrac{1}{\sigma-1}\dfrac{1-b}{1+b}}$ 下降，问题可简化为

$$\frac{1-A-P}{1+A-Pk} > \frac{1-A-(P+\Delta)}{1+A-(P+\Delta)k} \Leftrightarrow 0 < (1+A-Pk)-k(1-A-P) = 1-k+A(1+k)$$

由此得到非黑洞条件：

$$\frac{\eta_{NBH}}{1-\eta_{NBH}} < \sigma-1-\mu , \quad 显然 \eta_{NBH} < 1-1/\sigma$$

两个特例：

（1）$\eta = 1-1/\sigma$，得到 $\phi^b = \dfrac{(1-b)}{(1+b)}\dfrac{-\dfrac{\mu}{\sigma-1}}{\dfrac{2b}{1+b}+\dfrac{\mu}{\sigma-1}} < 0$

（2）$\eta = 0$ 与 FE 模型完全一致。

$$\tilde{\Phi} = G_1^{1-\sigma-\mu}\left(\frac{n_1+\left[(1-b)/\phi+b\phi\right]n_2}{n_1+\phi n_2}+1\right)-G_2^{1-\sigma-\mu}\left(\frac{n_2+\left[(1-b)/\phi+b\phi\right]n_1}{\phi n_1+n_2}+1\right)$$

$$=G_1^{-\mu}\left(2n_1+\left[(1-b)/\phi+(1+b)\phi\right]n_2\right)-G_2^{1-\sigma-\mu}\left(\frac{n_2+\left[(1-b)/\phi+b\phi\right]n_1}{\phi n_1+n_2}+1\right)$$

$$\frac{\mathrm{d}\left\{G_1^{-\mu}\left(2n_1+\left[(1-b)/\phi+(1+b)\phi\right]n_2\right)\right\}}{G_1^{-\mu}\left(2n_1+\left[(1-b)/\phi+(1+b)\phi\right]n_2\right)}$$

$$=-\mu\frac{\mathrm{d}G_1}{G_1}+\frac{\mathrm{d}\left\{2n_1+\left[(1-b)/\phi+(1+b)\phi\right]n_2\right\}}{2n_1+\left[(1-b)/\phi+(1+b)\phi\right]n_2}$$

$$=-\mu\frac{1-\phi}{1+\phi}\frac{2\mathrm{d}n_1}{1-\sigma}+2\frac{\left[(1+b)\phi-(1-b)\right](1-\phi)}{\left[(1+b)\phi+(1-b)\right](1+\phi)}\mathrm{d}n_1$$

$$\frac{\left[(1+b)\phi-(1-b)\right]}{\left[(1+b)\phi+(1-b)\right]}<\frac{\mu}{1-\sigma}$$

# 后　记

　　自 2011 年以来，来自北京大学、中国科学院地理科学与资源研究所、国务院发展研究中心等高校、科研机构的数十名学者及其领导的研究团队紧密合作，围绕国家社科基金重大项目"产业转移与我国区域空间结构优化研究"（项目编号：10ZD&022），开展了涵盖多维度、多层次的有关中国区域产业转移与区域空间结构演化的理论与实证研究，最终形成《产业转移与中国区域空间结构优化》一书。本书遵循由理论研究到实证分析、由宏观到微观的基本原则，对中国区域产业转移与空间结构演化进行了详尽的分析和讨论，以期为国家重大区域战略制定及其产业转移政策提供决策支撑。

　　课题首席专家李国平教授，各子课题负责人（北京大学杨开忠教授、韩茂莉教授、贺灿飞教授、薛领教授、沈体雁教授、宋磊副教授，中国科学院地理科学与资源研究所张文忠研究员，国务院发展研究中心刘勇研究员）及主要研究人员（日本冈山大学张红教授，中共贵州省委政策研究室李裴研究员，北京市科学技术评价研究所李岱松研究员，北京大学陆军教授、张波副教授、白彦副教授、李永军副教授、孙铁山副教授、吴爱芝博士，北京决策咨询中心王海芸副研究员，中央财经大学戴学珍副教授、王兰兰副教授、陈红霞副教授，首都师范大学卢明华副教授，首都经济贸易大学李青淼博士，北京第二外语学院刘霄泉博士，山东师范大学王志宝博士等）在四年多的时间里，投入了大量时间和精力，开展了卓有成效的研究工作。特别需要说明的是，在课题组织和研究方面北京大学孙铁山副教授发挥了不可替代的重要作用，郑州大学周阳敏教授、中国科学院梁涵博士后、南开大学席强敏博士、西北工业大学原嫄博士在后期研究中发挥了重要作用。课题组成员通过对大量文献、资料进行总结与综述，在数据搜集、整理、分析和评价的基础上，构建了统一数据库，并针对课题目标整合和开发研究技术，进而在理论和实证分析的基础上，完成若干专题性研究报告，并公开发表学术论文 70 余篇，并在这些成果的基础上最终形成本书。

本书由课题首席专家、子课题负责人及主要成员共同讨论确定结构框架、各章节的主要内容及基本观点，进而由各执笔人承担相应章节的写作工作。其中，第一章由李国平、孙铁山、吴爱芝执笔；第二章由陈曦、吴爱芝、原嫄、王帅执笔；第三章由梁涵执笔；第四章由孙铁山、刘霄泉、候韵执笔；第五章由原嫄、吴爱芝、陈曦执笔；第六章由吴爱芝执笔；第七章由赵浚竹执笔；第八章由席强敏执笔；第九章由李亚薇、魏文栋、张杰斐执笔；第十章由张杰斐、孙瑜康执笔；第十一章由孙铁山、李楠执笔；第十二章由周阳敏、高友才、刘浩执笔；第十三章由周阳敏、刘浩执笔；第十四章由李国平、张文忠、王志宝执笔；第十五章由李国平、薛领、席强敏、闫梅执笔。另外，张清正、袁薇薇、梁岩、方晓晖、齐云蕾、金航、罗燕、刘禹君、武暾辉、朱昱玮等也参与了数据分析以及书稿形成的部分工作。本书最终由李国平、孙铁山、席强敏、原嫄统稿。

本书以理论框架创新为基本指导，以实证分析为基本抓手，力图在多个空间尺度以及不同视角对近年来中国产业转移和区域空间结构演化的趋势和规律进行总结和归纳，进而提出面向区域空间结构优化的产业转移路径及其政策。但由于理论水平和实践经验有限，本书中难免存在疏漏或不足之处，恳请广大读者批评指正。